OEUVRES
DE
WALTER SCOTT,

TRADUITES

PAR M. LOUIS VIVIEN,

AVEC TOUTES LES NOTES, PRÉFACES, INTRODUCTIONS ET MODIFICATIONS
AJOUTÉES PAR L'AUTEUR A LA DERNIÈRE ÉDITION D'ÉDIMBOURG ;

ET

DE NOUVELLES NOTES HISTORIQUES ET LITTÉRAIRES PAR LE TRADUCTEUR.

TROISIÈME ÉDITION.

Tome Quatorzième.

L'ABBÉ.

PARIS :

Chez LEFÈVRE, Éditeur, rue de l'Eperon,

POURRAT FRÈRES, Éditeurs, │ DAUVIN et FONTAINE, Libraires,
Rue des Petits-Augustins, 5. │ Passage des Panoramas, 35.

1840.

OEUVRES

DE

WALTER SCOTT.

TOME XIV.

Imprimerie de Beaulé, rue François Miron, 8.

OEUVRES

DE

WALTER SCOTT

TRADUITES

PAR M. LOUIS VIVIEN,

AVEC TOUTES LES NOTES, PRÉFACES, INTRODUCTIONS ET MODIFICATIONS AJOUTÉES PAR L'AUTEUR
A LA DERNIÈRE ÉDITION D'ÉDIMBOURG;
ET DE NOUVELLES NOTES HISTORIQUES ET LITTÉRAIRES PAR LE TRADUCTEUR.

TROISIÈME ÉDITION.

TOME QUATORZIÈME.

L'ABBÉ.

Paris,

CHEZ LEFÈVRE, Éditeur, rue de l'Éperon, 6
DAUVIN ET FONTAINE, Libraires, passage des Panoramas, 35
POURRAT FRÈRES, Éditeurs, rue des Petits-Augustins, 5.

1840.

L'ABBÉ.

CHAPITRE PREMIER.

> *Domum mansit, — lanam fecit.*
> (Ancienne épitaphe romaine.)
> She keepit close the hous, and birlit at the quhele.
> GAWAIN DOUGLAS.
> Sédentaire au logis, elle fila sa laine.

Le temps, qui pour nous s'écoule si imperceptiblement, apporte dans nos habitudes, nos mœurs et notre caractère, la même altération graduelle que dans notre extérieur. A chaque révolution d'un nouveau lustre, nous nous trouvons changés et cependant les mêmes; — les objets extérieurs nous semblent différents, parce que nous les envisageons sous un nouveau jour; nos motifs ne sont plus les mêmes, non plus que nos actions. Près de deux fois cet espace de temps avait passé sur la tête d'Halbert et de lady Glendinning, entre les derniers événements de notre précédente narration, où ils jouent un rôle si important, et l'époque où commence notre récit actuel [1].

Deux circonstances seulement avaient jeté de l'amertume sur leur union, qui autrement était aussi heureuse que pouvait la rendre une affection mutuelle. La première était une calamité à la vérité commune à toute l'Écosse, c'est-à-dire l'état de déchirement de ce malheureux pays, où l'épée de chacun menaçait le sein de son voisin. Glendinning s'était montré ce que Murray avait attendu de lui, ami sûr, brave dans le combat, sage dans le conseil, et suivant par gratitude le parti de son bienfaiteur, en des situations où sans ce motif déterminant il fût resté neutre ou se serait joint au parti opposé. Il en résultait qu'à l'approche du danger — et le danger était rarement fort éloigné — sir Halbert Glendinning (car il avait alors le rang de chevalier) ne manquait jamais d'être appelé à accompagner son patron dans des expéditions éloignées

[1] Le lecteur a vu par le titre et l'Introduction que la fiction actuelle forme la continuation du *Monastère*. (L. V.)

ou dans de périlleuses entreprises, ou à l'assister de ses conseils dans les obscures intrigues d'une cour à demi-barbare. Il se trouvait ainsi, et pour de longs intervalles, éloigné de son château et de sa dame ; et à cette cause de chagrins il faut ajouter le regret éprouvé par lady Avenel que le Ciel ne lui eût point accordé d'enfants, pour adoucir ses ennuis tandis qu'elle était ainsi privée de la société domestique de son époux.

En de telles occasions, elle vivait à peu près complétement isolée du monde dans l'enceinte de son manoir paternel. Se visiter entre voisins était une chose entièrement hors de question, sauf dans les occasions de fêtes solennelles, et alors ces visites ne sortaient guère du cercle de la parenté la plus rapprochée. Or, il ne restait à lady Avenel aucun proche parent, et les dames des barons du voisinage affectaient de la regarder moins comme l'héritière de la maison d'Avenel que comme la femme d'un paysan, fils d'un vassal de l'Église, élevé d'hier à une position éminente par la faveur capricieuse de Murray.

Cet orgueil de la naissance, qui remplissait l'âme de l'ancienne *gentry*[1], était plus ouvertement manifesté par les femmes des barons, et en outre n'était pas peu envenimé par les dissensions politiques du temps ; car la plupart des chefs du sud étaient partisans de la reine et très-jaloux du pouvoir de Murray. Par tous ces motifs, le château d'Avenel était donc pour sa dame la résidence la plus triste et la plus solitaire qui se puisse imaginer. Mais il avait pour lui l'avantage essentiel d'une grande sécurité. Le lecteur sait déjà que la forteresse était construite sur un îlot au milieu d'un petit lac, et n'était accessible que par une chaussée coupée d'un double fossé et défendue par deux ponts-levis, de sorte que sans artillerie il pouvait à cette époque être regardé comme imprenable. Il ne fallait donc que le mettre à l'abri d'une surprise, et le service de six hommes sûrs dans l'intérieur du château était suffisant à cet effet. Si on se trouvait menacé d'un danger plus sérieux, une ample garnison était fournie par les habitants mâles d'un petit hameau qui s'était formé, sous les auspices d'Halbert Glendinning, sur un étroit espace de terrain uni entre le lac et les hauteurs, tout près de l'endroit où la chaussée joignait la terre ferme. Il n'avait pas été difficile au lord d'Avenel de peupler le nouveau village ; car non-seulement c'était un maître bon et généreux, mais il était parfaitement en état, tant par son expérience dans les armes que par sa haute réputation de prudence et d'intégrité, et par sa faveur près du puissant comte de Murray, de protéger et de défendre ceux qui se ralliaient à sa bannière. Lors donc qu'il lui fallait quitter son château, quelque prolongée que dût être son absence, il avait la consolation de penser qu'au moindre signal ce village fournissait une troupe de trente hommes résolus, ce qui était plus que suffisant pour sa défense ; tandis que les

---

[1] Petite noblesse. (L. V.)

familles des villageois, selon l'usage en de telles occasions, s'enfuyaient dans les parties les moins accessibles de la montagne, emmenant avec elles leur bétail aux mêmes places de refuge, et laissant l'ennemi faire ce qu'il voudrait de leurs misérables chaumières.

Un seul hôte résidait habituellement, sinon constamment, au château d'Avenel. C'était Henry Warden, qui alors se sentait moins en état de soutenir la tâche orageuse imposée au clergé de la Réforme, et qui, ayant par son zèle offensé personnellement nombre de seigneurs et de chefs influents, ne se regardait plus comme parfaitement en sûreté qu'à l'abri des murailles du château-fort de quelque ami éprouvé. Il ne cessa cependant pas de servir de sa plume la cause dont il s'était montré un si courageux champion, avec autant de chaleur que précédemment il l'avait servie de sa voix, et il s'était engagé dans une dispute ardente et pleine d'acrimonie, au sujet de ce qu'on nommait le sacrifice de la messe, avec l'abbé Eustatius, ci-devant sous-prieur de Kennaquhair. Attaques et réponses, ripostes et répliques, se succédaient sans interruption, et montraient, comme il n'est pas rare en controverse, au moins autant de zèle que de charité chrétienne. La dispute devint en peu de temps aussi célèbre que celle de John Knox avec l'abbé de Crossraguel, et ne s'envenima guère moins ; et je crois que les publications auxquelles elle donna naissance ne seraient pas moins précieuses aux yeux des bibliophiles [1]. Mais la nature absorbante des occupations du théologien faisaient de lui un compagnon peu attrayant pour une femme seule ; et son air grave, austère et réfléchi, qui s'animait rarement, excepté sur ce qui avait rapport à ses opinions religieuses, faisait que sa présence augmentait plutôt qu'elle ne diminuait la tristesse qui semblait planer sur le château d'Avenel. Surveiller les travaux des nombreuses servantes était la partie principale de l'occupation journalière de la dame ; sa quenouille et son fuseau, sa Bible et une promenade solitaire sur les remparts du château ou sur la chaussée, et parfois, mais plus rarement, sur les bords du petit lac, employaient le reste du jour. Mais tel était le peu de sécurité du temps, que lorsqu'elle s'aventurait à pousser sa promenade au delà du hameau, il était enjoint à la sentinelle placée en vigie sur la tour de garde de porter un regard attentif dans toutes les directions, et que quatre ou cinq hommes se tenaient prêts à monter à cheval et à sortir du château au moindre signal d'alarme.

Telle était la situation des choses au château. Après une absence de plusieurs semaines, le chevalier d'Avenel, titre sous lequel sir Halbert Glendinning était alors le plus fréquemment désigné, y était attendu

---

[1] Les Traités qui parurent dans la dispute entre le réformateur de l'Écosse et l'abbé de Crossraguel, Quentin Kennedy, sont au nombre des pièces les plus rares de la bibliographie écossaise. — *Voyez* la *Vie de Knox* de Mac Crie. (W. S.)

de jour en jour. Mais les jours succédaient aux jours, et il ne revenait point. A cette époque, on écrivait rarement, et le chevalier aurait été obligé d'avoir recours à un secrétaire pour faire connaître ses intentions par cette voie; d'ailleurs, les relations de toute espèce étaient précaires et peu sûres, et personne ne se souciait d'annoncer publiquement d'avance l'instant et la direction d'un voyage, attendu que dans ce cas il était fort probable qu'on rencontrerait en route plus d'ennemis que d'amis. Le jour précis du retour de sir Halbert n'était donc pas fixé; mais celui sur lequel avait compté la tendresse impatiente de sa dame était passé depuis longtemps, et l'espoir déçu commençait à faire place aux angoisses de l'inquiétude.

Un soir d'une chaude journée d'été, au moment où le soleil avait déjà à demi caché son disque derrière les montagnes lointaines du Liddesdale bornant l'horizon au couchant, lady Avenel prenait son exercice solitaire sur la plate-forme crénelée d'une suite de bâtiments formant le front du château, et où un dallage de pierres plates présentait une promenade large et commode. La surface unie du lac, dont rien ne troublait le calme parfait, sauf çà et là le plongeon d'une sarcelle ou d'une poule d'eau, était colorée par les rayons obliques de l'astre, et réfléchissait, comme dans un miroir d'or, les collines au sein desquelles il était caché. La scène, autrement si isolée, était de temps à autre animée par la voix des enfants du village, qui parvenait, adoucie par la distance, jusqu'aux oreilles de lady Glendinning durant sa promenade solitaire, ou par les cris lointains du pâtre, ramenant ses bestiaux du glen où ils avaient pâturé tout le jour, pour les mettre plus en sûreté pendant la nuit au voisinage des habitations. Lady Avenel contemplait et écoutait; les sons qu'elle entendait lui rappelaient ses jours passés, alors qu'à Glendearg son occupation la plus importante aussi bien que son plaisir le plus grand, étaient d'aller aider dame Glendinning et Tibb Tacket à traire les vaches. Ce souvenir était empreint de mélancolie.

— Pourquoi, se dit-elle, n'étais-je pas la petite paysanne qu'aux yeux de tous je semblais être! Halbert et moi nous eussions alors passé tranquillement notre vie dans sa vallée natale, sans être troublés par les fantômes de la crainte ni par ceux de l'ambition. Son plus grand orgueil aurait été de montrer le plus beau troupeau du Halidome; son plus grand danger, de repousser quelque maraudeur du Border; et la plus grande distance qui nous aurait séparés eût été celle où l'aurait entraîné la chasse d'un daim. Mais, hélas! à quoi bon le sang qu'Halbert a versé, et les dangers qu'il affronte, pour soutenir un rang et un nom qui lui sont chers parce qu'il les tient de moi, mais que nous ne transmettrons jamais à notre postérité! — le nom d'Avenel doit mourir avec moi.

Ces pensées lui arrachèrent un soupir; et, portant les yeux vers le bord du lac, ses regards furent attirés par un groupe d'enfants de différents âges réunis pour voir un petit navire, œuvre de quelque artiste villageois, accomplir son premier voyage sur eau. Il y fut lancé au milieu d'acclamations joyeuses et des battements de toutes ces petites mains, et partit bravement poussé par un vent favorable, qui promettait de le porter de l'autre côté du lac. Quelques-uns des enfants les plus forts firent le tour en courant pour le recevoir et le mettre en sûreté sur la rive opposée, et pareils à de jeunes faons ils essayaient leur agilité l'un contre l'autre en luttant de vitesse sur le bord caillouteux du lac. Les autres, pour qui une telle course semblait trop difficile, restaient à suivre des yeux les mouvements du beau navire depuis le point où il avait été lancé. La vue de leurs jeux oppressa la poitrine de lady Avenel, jusqu'alors étrangère aux joies maternelles.

— Pourquoi un de ces enfants n'est-il pas à moi, continua-t-elle, poursuivant le cours de ses tristes réflexions. Leurs parents ont à peine à leur donner la nourriture la plus grossière ; — et moi qui pourrais les élever dans l'abondance, je suis condamnée à ne jamais entendre un enfant m'appeler sa mère !

Cette pensée retomba sur son cœur avec une amertume qui ressemblait à l'envie, tant le sentiment de la maternité est profondément empreint dans le sein de la femme. Elle joignit les mains avec une expression de désespoir, comme si elle eût reproché au Ciel l'arrêt porté contre elle. Un énorme chien courant, de ceux que l'on employait à la chasse au cerf, s'approcha en ce moment, et, attiré peut-être par le geste, lui lécha les mains et pressa contre elles sa large tête. Il obtint la caresse qu'il désirait, mais l'impression de tristesse n'en fut pas effacée.

— Wolf, dit-elle, comme si l'animal eût pu comprendre ses plaintes, tu es un noble et bel animal ; mais, hélas ! l'amour et l'affection que je voudrais épancher sont d'une nature trop élevée pour toi, et je t'aime bien, pourtant.

Et comme si elle se fût excusée près de Wolf de lui refuser quelque part de son amitié, elle caressait sa noble tête et son cou, tandis que, les yeux fixés sur ceux de sa maîtresse, il semblait lui demander ce qu'elle désirait, ou en quoi il pouvait lui montrer son attachement. En ce moment, un cri de détresse se fit entendre sur le rivage, du milieu du groupe tout à l'heure si joyeux. Lady Avenel regarda dans cette direction, et vit avec une anxiété extrême la cause de ce cri.

Le petit navire, objet de l'attention charmée des enfants, s'était engagé parmi quelques touffes de la plante qui porte le lis d'eau, lesquelles indiquaient un bas-fond dans le lac à environ une portée de flèche du bord. Un hardi petit garçon, qui avait de l'avance dans la course exécutée autour du lac, n'hésita pas un instant à se dépouiller de son *wylie-coat*[1], à plonger et à nager vers l'objet de leur commune

---

[1] Expression écossaise. Sorte de veste de laine. (L. V.)

sollicitude. Le premier mouvement de lady Avenel fut d'appeler au secours, mais elle remarqua que l'enfant nageait vigoureusement et sans crainte; et, comme elle vit que deux ou trois villageois, spectateurs éloignés de l'incident, semblaient ne s'en mettre nullement en peine, elle supposa qu'il était accoutumé à cet exercice, et qu'il n'y avait pas de danger. Mais, soit qu'en nageant l'enfant se fût frappé la poitrine contre une roche cachée sous l'eau, soit qu'il eût été pris d'une crampe subite ou qu'il eût trop compté sur ses forces, il arriva qu'après avoir dégagé le petit jouet des herbes où il s'était embarrassé et lui avoir fait reprendre sa course en avant, il eut à peine nagé quelques brassées pour revenir au rivage, qu'il se souleva tout à coup au-dessus de l'eau, et poussa un cri perçant, en même temps qu'il frappait des mains avec une expression de crainte et de douleur.

Lady Avenel, vivement alarmée, se hâta d'appeler quelqu'un pour faire mettre promptement le bateau à flot; mais cette opération prit quelque temps. La seule barque dont il fût permis de se servir sur le lac était amarrée dans l'intérieur du second fossé qui coupait la chaussée, et il fallut plusieurs minutes pour la détacher et la mettre en mouvement. Pendant ce temps, lady Avenel voyait avec une anxiété pleine d'agonie que les efforts du pauvre enfant pour se maintenir au-dessus de l'eau n'étaient plus maintenant qu'une faible lutte, qui serait bientôt finie s'il ne recevait un secours aussi prompt qu'inespéré. Wolf, qui, de même que quelques chiens courants de cette grande espèce, avait l'habitude de l'eau, avait remarqué l'objet des inquiétudes de sa maîtresse, et, quittant son côté, avait cherché le point le plus proche d'où il pourrait avec sûreté plonger dans le lac. Avec le merveilleux instinct que ces nobles animaux ont si souvent déployé en de telles circonstances, il nagea droit à la place où son assistance était si nécessaire; et, saisissant de la gueule les vêtements de dessous de l'enfant, non-seulement il le maintint à flot, mais il le toua vers la chaussée. La chaloupe, qui s'avançait montée d'une couple d'hommes, rencontra le chien à mi-chemin, et le soulagea de son fardeau. Ils vinrent reprendre terre à la chaussée près de la porte du château, avec leur charge inanimée, et ils y trouvèrent lady Avenel, accompagnée d'une ou deux de ses femmes, impatientes de porter secours au pauvre enfant.

Il fut porté dans l'intérieur du château, déposé sur un lit, et on eut recours à tous les moyens de le rappeler à la vie que purent fournir les connaissances du temps et l'habileté d'Henry Warden, lequel se piquait de quelques notions médicales. Pendant quelque temps, tous les secours furent vains, et lady Avenel observait avec une inexprimable anxiété la physionomie pâle du bel enfant. Il paraissait avoir dix ans. Ses vêtements étaient des plus communs; mais ses longs cheveux bouclés et la distinction naturelle de ses traits ne répondaient pas à cet extérieur de pauvreté. Le seigneur le plus fier d'Écosse eût pu être plus fier encore s'il eût appelé cet enfant son fils. Tandis qu'inquiète et respirant à peine, lady Avenel tenait les yeux fixés sur ces traits si réguliers et si expressifs, un léger coloris s'y remontra peu à peu ; la vie suspendue revint par degrés. L'enfant poussa un profond soupir, ouvrit les yeux, qui, pour la physionomie humaine, produisent l'effet de la lumière sur un paysage ; puis, étendant les bras vers la dame, il murmura le mot : « Ma mère ! » ce mot, le plus doux de tous aux oreilles de la femme.

— Dieu, madame, a rendu l'enfant à vos vœux, dit le prédicateur. Ce doit être maintenant à vous de l'élever de manière qu'il n'ait pas à regretter un jour de ne pas avoir péri dans son innocence.

— Je m'en charge, répondit lady Avenel ; et entourant de nouveau l'enfant de ses bras, elle l'accabla de baisers et de caresses, tant elle était agitée par la terreur que lui avait fait éprouver le danger d'où il venait de sortir, et par la joie de sa délivrance inespérée.

— Mais vous n'êtes pas ma mère, dit l'enfant, recouvrant ses souvenirs, et s'efforçant, quoique faiblement, de se dérober aux caresses de lady Avenel ; vous n'êtes pas ma mère... Hélas ! je n'ai pas de mère ! — j'avais seulement rêvé que j'en avais une.

— Je réaliserai le rêve pour vous, mon cher enfant ; je serai votre mère. Sûrement Dieu a entendu mes vœux, et par les voies merveilleuses qui lui sont propres, il m'a envoyé un objet sur lequel mes affections puissent se répandre. En parlant ainsi, elle regardait Warden. Le prédicateur hésita sur ce qu'il devait répondre à un élan de sensibilité où il trouvait peut-être plus d'enthousiasme que n'en demandait l'occasion. Cependant, Wolf, tout mouillé qu'il était, avait suivi sa maîtresse dans l'appartement et s'était accroupi près du lit, patient et tranquille spectateur de tous les moyens employés pour rappeler à la vie celui qu'il avait sauvé ; commençant alors à s'impatienter de rester inaperçu, il se mit à geindre et à toucher de sa large patte la robe de sa maîtresse.

— Oui, mon bon Wolf, dit-elle ; on se souviendra de vous aussi pour votre ouvrage d'aujourd'hui. Je n'en penserai que plus à vous, pour avoir sauvé la vie d'un enfant si beau.

Mais Wolf ne fut pas entièrement satisfait de la part d'attention qu'il avait ainsi attirée ; il continua de japper et de se frotter contre sa maîtresse, caresses d'autant plus gênantes que ses longs poils étaient encore ruisselants d'eau. Impatientée enfin, elle dit à un des domestiques, à qui le chien avait habitude d'obéir, d'emmener l'animal hors de l'appartement. Wolf se refusa à obéir, jusqu'à ce que, d'un ton irrité, sa maîtresse lui eût positivement ordonné de sortir ; mais alors, se tournant vers le lit sur lequel l'enfant était encore étendu, à demi revenu à lui, à demi plongé dans les aberrations intermittentes du délire, il proféra un grognement sourd et sinistre, ses naseaux se plissèrent sa lèvre se releva, laissant voir une double rangée de dents blanches et aiguës qui ne l'eussent pas cédé à celles d'un loup véritable[1]; puis, suivant le domestique d'un air encore menaçant, il quitta la chambre.

— C'est singulier, dit lady Avenel en s'adressant à Warden ; l'animal qui est non-seulement si doux, mais qui aime tant les enfants! Qui peut le fâcher contre ce pauvre petit dont il a sauvé la vie?

— Les chiens, répondit le prédicateur, ne ressemblent que trop à la race humaine dans ses faiblesses, quoique leur instinct soit moins sujet à errer que la raison de l'homme, quand il se repose sur ses seules lumières. La jalousie, madame, est une passion qui ne leur est pas inconnue, et ils en font souvent preuve non-seulement à propos des préférences dont ils voient des individus de leur espèce être l'objet de la part de leurs maîtres, mais alors même que leurs rivaux sont des enfants. Vous avez caressé celui-ci longtemps et avec affection, et le chien se regarde comme un favori disgracié.

— C'est un étrange instinct ; à la gravité avec laquelle vous en parlez, mon vénérable ami, je croirais presque que vous supposez cette singulière jalousie de mon favori Wolf non-seulement bien fondée, mais justifiable. Mais peut-être plaisantez-vous?

— Je plaisante rarement, madame; la vie ne nous a pas été donnée pour la dissiper en une vaine gaieté qui ressemble au pétillement des épines dans l'âtre. J'aurais seulement voulu que vous pussiez tirer de ce que j'ai dit cette leçon que nos meilleurs sentiments, quand nous nous y abandonnons avec excès, peuvent causer de la peine à d'autres. Il n'est qu'un sentiment auquel nous pouvons nous livrer avec toute la véhémence dont notre cœur est capable, sûrs que, quelle qu'en soit l'intensité, nous n'avons pas à en craindre l'excès : —je veux parler de l'amour de notre Créateur.

— Sûrement la même autorité nous commande d'aimer notre prochain?

— Oui, madame, mais notre amour pour Dieu doit être sans limites ; — nous devons l'aimer de tout notre cœur, de toute notre âme et de toutes nos forces. L'amour que le précepte nous commande de porter à notre prochain porte avec lui une limite et une restriction : — nous devons aimer notre prochain comme nous-mêmes, ainsi qu'il est expliqué ailleurs par le grand commandement que nous devons faire pour lui ce que nous voudrions qui fût fait pour nous. Il y a là une limite et des bornes à nos affections même les plus louables, en tant qu'elles sont dirigées vers les objets sublunaires et terrestres. Nous devons avoir pour notre prochain, quels que soient son rang et sa naissance, cette portion correspondante d'affection que nous pourrions raisonnablement attendre de ceux qui sont à notre égard dans la même situation rela-

---

[1] *Wolf*, en anglais, signifie loup. (L. V.)

tive. Il suit de là que ni mari ni femme, ni fils ni fille, ni ami ni parent, ne peuvent être licitement pour nous des objets d'idolâtrie. Le Seigneur notre Dieu est un Dieu jaloux, et il ne veut pas souffrir que nous accordions à la créature cet excès d'amour que réclame pour lui Celui qui nous a créés. Je vous dis, madame, que même dans les meilleurs, les plus purs et les plus honorables sentiments de notre nature, on retrouve cette tache originelle du péché, qui devrait nous faire hésiter et réfléchir avant de nous y abandonner à l'excès.

— Je ne comprends pas ceci, révérend père, dit lady Avenel; non plus que je ne devine ce que j'ai pu maintenant dire ou faire, pour m'attirer une admonition qui a quelque chose du reproche.

— Je vous demande pardon, madame, si j'ai dépassé en quelque chose les bornes de mon devoir. Mais réfléchissez si dans la promesse sacrée d'être pour ce pauvre enfant non-seulement une protectrice, mais une mère, vos intentions peuvent s'accorder avec les désirs du noble chevalier votre époux. La tendresse que vous avez témoignée à cet infortuné et, j'en conviens, très-aimable enfant, a trouvé une sorte de reproche dans les manières du chien de la maison. — Ne mécontentez pas votre noble époux. Les hommes, aussi bien que les animaux, sont jaloux des affections de ceux qu'ils aiment.

— C'en est trop, révérend père, repartit lady Avenel sérieusement offensée. Vous êtes notre hôte depuis longtemps, et vous avez reçu du chevalier d'Avenel et de moi l'honneur et les égards que votre caractère et votre profession réclament à si juste titre. Mais je suis encore à apprendre que nous ayons jamais autorisé votre intervention dans nos arrangements de famille, ni que nous vous ayons établi juge de notre conduite l'un envers l'autre. Je vous prie que ceci ne se renouvelle pas à l'avenir.

— Madame, répliqua le prédicateur avec la hardiesse particulière alors au clergé de sa communion, quand vous serez lasse de mes admonitions, — quand je verrai que mes services ne vous sont plus agréables, à vous et au noble chevalier votre époux, je saurai que mon Maître ne veut pas que je demeure plus longtemps ici; et, tout en lui demandant dans mes prières la continuation de ses bénédictions sur votre famille, je sortirai alors d'ici, serait-ce au cœur de l'hiver et à l'heure de minuit, et je traverserai les solitudes de ces montagnes sauvages, seul et sans assistance comme lorsque je rencontrai pour la première fois votre époux dans la vallée de Glendearg, mais bien plus abandonné qu'alors. Mais tant que je resterai ici, je ne vous verrai pas vous écarter du droit chemin, non, pas de l'épaisseur d'un cheveu, sans faire entendre la voix et les remontrances du vieillard.

— Non, non, nous ne nous séparerons pas ainsi, mon bon ami, dit la dame, qui aimait et respectait le digne homme, bien que parfois elle se trouvât un peu offensée de ce qu'elle regardait comme un **excès** de zèle. Les femmes sont promptes et vives dans leurs sentiments ; mais, croyez-moi, mes désirs et mes intentions à l'égard de cet enfant sont tels que mon époux et vous les approuverez. L'ecclésiastique s'inclina et se retira à son appartement.

CHAPITRE II.

> Comme il tenait ses yeux fixés sur moi ! — ses yeux noirs qui brillaient à travers deux larmes oubliées ! — Il me tendit ses petits bras, et m'appela sa mère ! Que pouvais-je faire ? Je pris le pauvre petit à la maison ; — je ne pouvais dire au pauvre innocent qu'il n'avait pas de mère.
>
> *Le comte Basile.*

QUAND Warden eut quitté la chambre, lady Avenel donna un libre cours aux démonstrations que lui avaient inspirées la vue de l'enfant, le danger qu'il avait couru et la manière dont il y avait échappé ; et, ne se sentant plus retenue par la froide austérité du ministre, elle couvrit de baisers l'aimable et intéressante créature. Il était remis alors jusqu'à un certain point des suites de son accident, et recevait avec une contenance passive, mais non pourtant sans étonnement, les marques de tendresse dont il était ainsi accablé. Le visage de la dame lui était étranger ; ses habits étaient différents et bien plus somptueux qu'aucun de ceux dont il se souvînt. Mais le petit n'était pas d'un caractère timide ; outre que les enfants sont généralement d'excellents physionomistes, et non-seulement charmés par ce qui est beau en soi-même, mais singulièrement prompts à distinguer les attentions de ceux qui les aiment réellement, et à y répondre. S'ils voient en compagnie une personne passionnée pour les enfants, quoique cette personne leur soit parfaitement inconnue, les petits démons semblent la deviner par une sorte de franc-maçonnerie, au lieu que les tentatives toujours gauches de ceux qui leur font des avances en vue de plaire aux parents réussissent rarement à attirer leur attention. Le petit parut donc jusqu'à un certain point sensible aux caresses de lady Avenel, et ce ne fut pas sans peine qu'elle s'éloigna de son chevet pour lui laisser le temps de prendre un repos nécessaire.

— A qui appartient notre petit vaurien ? ce fut la première question que fit lady Avenel à sa suivante Lilias, quand elles furent revenues à la salle.

— A une vieille femme du hameau, répondit Lilias, qui est même venue jusqu'à la loge du portier pour s'enquérir de ses nouvelles. Vous plaît-il qu'on la fasse entrer ?

CHAPITRE II.

— S'il me plaît qu'on la fasse entrer? répéta lady Avenel d'un ton prononcé de déplaisir et d'étonnement ; pouvez-vous en faire aucun doute? Quelle femme n'aurait pas pitié des angoisses d'une mère dont le cœur bat d'inquiétude pour un si aimable enfant?

— C'est que, madame, cette femme est trop vieille pour être la mère de l'enfant ; je croirais plutôt que ce doit être sa grand'mère, ou quelque parente plus éloignée.

— Qu'elle soit ce qu'elle voudra, Lilias, elle doit avoir le cœur dévoré d'inquiétudes tant que la sûreté d'une si aimable créature est incertaine. Va la trouver sur-le-champ, et amène-la ici. Je serais d'ailleurs bien aise d'apprendre quelque chose sur sa naissance.

Lilias quitta la salle et revint au bout d'un moment, suivie d'une femme de haute stature, très-pauvrement habillée, mais chez laquelle on remarquait plus de recherche, de décence et de propreté que n'en comportent d'ordinaire des vêtements aussi grossiers qu'étaient les siens. Dès qu'elle parut, lady Avenel reconnut ses traits. C'était l'usage de la famille que tous les dimanches, et en outre deux soirs chaque semaine, Henry Warden prêchât ou fît entendre une instruction à la chapelle du château. L'extension de la foi protestante était, par principes aussi bien qu'en bonne politique, un objet capital pour le chevalier d'Avenel. Les habitants du village étaient donc invités à assister aux instructions d'Henry Warden, et bon nombre d'entre eux furent promptement gagnés à la doctrine que suivait leur maître et protecteur. Ces sermons, homélies ou instructions, avaient fait une forte impression sur l'esprit de l'abbé Eustatius ou Eustache, et c'était un aiguillon suffisant à l'animosité et à l'aigreur de sa polémique avec son ancien compagnon d'études. Avant le détrônement de la reine Marie, et tandis que les catholiques avaient encore dans les provinces frontières une autorité respectable, il menaça plus d'une fois de lever ses vassaux et de venir assiéger et raser ce repaire d'hérésie, le château d'Avenel. Mais, nonobstant le ressentiment impuissant de l'abbé, et nonobstant aussi les dispositions peu favorables du pays en faveur de la nouvelle religion, Henry Warden poursuivait sans relâche ses labeurs, et chaque semaine gagnait sur la foi romaine quelque néophyte à l'Église réformée. Parmi les plus assidus et les plus fervents auditeurs du ministre était cette femme âgée, dont la stature et l'extérieur étaient trop remarquables pour qu'on les oubliât, et qui depuis peu avait fréquemment attiré l'attention de la dame du château au milieu du petit auditoire ; elle avait même plus d'une fois manifesté le désir de savoir qui était cette femme à l'extérieur imposant, dont l'apparence était si fort au-dessus de la pauvreté de ses vêtements. Mais on lui avait toujours répondu que c'était une Anglaise qui s'était temporairement arrêtée au hameau, et que personne n'en savait davantage à son sujet. Elle lui demanda alors comment on la nommait et quelle était sa naissance.

— Mon nom est Magdalen Grœme, répondit la femme; je sors des Grœmes de Heathergill, du Nicol-Forest[1], famille d'ancien sang.

— Et que faites-vous si loin de vos foyers?

— Je n'ai pas de foyers; ma maison a été brûlée par vos *riders* du Border[2]. — Mon mari et mon fils ont été tués : il ne reste pas une seule goutte de sang dans les veines de personne au monde qui soit de mes parents.

— C'est un sort assez commun dans ces malheureux temps et dans ce pays sans règle, repartit lady Avenel; les mains anglaises ne se sont pas moins teintes de notre sang que les mains écossaises du sang anglais.

— Vous avez raison de le dire, madame; car on parle d'un temps où ce château n'a pas été assez fort pour sauver la vie de votre père, et pour assurer un refuge à votre mère et à son enfant. Comment donc me demandez-vous pourquoi je ne reste pas dans mes foyers et au milieu des miens?

— C'était en effet une question inutile, là où la misère chasse tant de gens de chez eux. Mais pourquoi chercher un refuge dans un pays ennemi?

— Mes voisins étaient papistes et marchands de messes[3]; il a plu au Ciel de me donner une vue plus claire de l'Évangile, et je me suis arrêtée ici pour jouir des instructions de ce digne homme, Henry Warden, qui, à la louange et pour la consolation de tant de chrétiens, enseigne l'Évangile en toute pureté et sincérité.

— Etes-vous pauvre?

— Vous ne m'entendez demander l'aumône à personne.

Il y eut ici un moment de silence. Si elles n'étaient pas irrespectueuses, les manières de la femme n'étaient rien moins que gracieuses; et elle ne semblait pas disposée à encourager d'autres questions. Lady Avenel reprit l'entretien sur un sujet différent.

— Vous avez appris le danger qu'a couru votre petit? lui dit-elle.

— Oui, madame, et comment, par une providence spéciale, il a été sauvé de la mort. Puisse le Ciel nous en rendre reconnaissants, lui et moi!

— A quel degré lui êtes-vous parente?

— Je suis sa grand'mère, madame, s'il vous plaît, la seule parente qui lui reste sur terre pour prendre soin de lui.

— Le fardeau de son entretien doit nécessairement vous être lourd, dans cette situation difficile?

— Je ne m'en suis plainte à personne, dit Magdalen Grœme, du

---

[1] District du Cumberland situé près de la frontière écossaise. (W. S.)

[2] *Border-Riders*, expression fréquente dans ceux des ouvrages de Walter Scott dont la scène est placée vers la frontière anglo-écossaise. *Border-Riders* signifie littéralement *Cavaliers du Border*, c'est-à-dire maraudeurs de la frontière. (L. V.)

[3] *Mass-mongers*, une des épithètes de mépris que les partisans de la Réforme donnaient au clergé catholique. (L. V.)

CHAPITRE II.

même ton calme, sec et indifférent dont elle avait répondu a toutes les questions précédentes.

— Et si votre petit-fils était reçu dans une noble famille, vous et lui ne vous en trouveriez-vous pas bien?

— Reçu dans une noble famille! dit la vieille en se redressant, et fronçant les sourcils au point de donner à son front une expression de sévérité peu commune; et dans quel but, je vous prie? — Pour être le page de mylady, ou le *jackman* [1] de mylord; pour manger les aliments de rebut, et disputer aux autres domestiques les restes de la table du maître? Voudriez-vous qu'il servît à chasser les mouches du visage de mylady quand elle dort, à porter sa queue quand elle se promène, à lui présenter son tranchoir [2] quand elle est à table, à aller devant elle à cheval ou derrière elle à pied, à chanter quand elle le demande, et à se taire quand elle l'ordonne? — véritable coq de girouette, muni en apparence d'ailes et de plumes, mais qui ne peut pas prendre son essor dans l'air; — qui ne peut pas s'envoler de la place où il est perché, mais qui obéit dans ses moindres mouvements et dans toutes ses révolutions au souffle changeant d'une femme frivole? Quand l'aigle d'Helvellin perchera sur la tour de Lanercost, et qu'il tournera et changera de place pour montrer d'où vient le vent, Roland Grœme sera ce que vous voulez faire de lui.

La femme parlait avec une volubilité et une véhémence qui semblaient accuser un certain dérangement d'esprit; et une pensée soudaine du danger auquel l'enfant devait nécessairement être exposé, livré aux soins d'une telle garde, accrut encore le désir qu'avait lady Avenel de le garder au château, s'il était possible.

— Vous m'avez mal comprise, dame Grœme, reprit-elle avec douceur; je ne souhaite pas votre enfant pour être attaché à ma personne, mais à celle du brave chevalier mon époux. Serait-il le fils d'un comte, il ne pourrait être mieux élevé pour les armes, et pour tout ce qui convient à un gentleman, que sous les instructions et la discipline de sir Halbert Glendinning.

— Oui, repartit la vieille du même ton d'ironie amère, je connais les gages de ce service : — une malédiction quand le corselet n'est pas assez brillant, — un coup quand le ceinturon n'est pas bien serré; — être battu parce que les chiens sont en faute, — être injurié parce que l'expédition n'est pas heureuse, — tremper ses mains à l'ordre du maître indifféremment dans le sang des bêtes ou de l'homme; — égorger le daim sans défense, massacrer et défigurer la propre image de Dieu, non à sa volonté, mais à celle de son seigneur et maître; — vivre en rufian bretailleur et en assassin; — exposé à la chaleur, au froid, au manque

---

[1] Les notes du *Monastère* ont expliqué la signification de ce mot. (L. V.)
[2] Assiette, ordinairement de bois. (L. V.)

de nourriture, et à toutes les privations d'un anachorète, non pour l'amour de Dieu, mais pour le service de Satan ;—mourir sur le gibet ou dans quelque obscure escarmouche ;—s'endormir à la fin de sa courte vie dans une sécurité charnelle, et se réveiller dans le feu éternel qui ne s'éteint jamais.

—Votre petit-fils, dit lady Avenel, ne sera pas exposé ici à cette existence impie. Mon époux est juste et bon pour ceux qui vivent sous sa bannière ; et vous savez vous-même que les jeunes gens ont ici un précepteur sévère autant que bon dans la personne de notre chapelain.

La vieille parut réfléchir.

—Vous avez mentionné la seule circonstance qui puisse me toucher, dit-elle enfin. Il faudra bientôt que je parte, la vision l'a dit ;—je ne dois pas m'arrêter dans le même lieu :—il faut que j'aille en avant, —toujours en avant,—c'est mon lot.—Jurez donc que vous protégerez l'enfant comme si c'était le vôtre propre, jusqu'à ce que je revienne ici le réclamer, et je consentirai à me séparer de lui pour un temps. Mais jurez surtout qu'il ne sera pas privé des instructions du saint homme qui a placé la vérité évangélique hors de l'atteinte de ces tonsurés idolâtres, les moines et les frères.

— Soyez satisfaite, dame Græme, reprit lady Avenel ; l'enfant sera entouré d'autant de soins que s'il était né de mon propre sang. Voulez-vous le voir maintenant?

— Non, répondit la vieille d'un ton de sombre résolution ; c'est assez de m'en séparer. Je pars pour accomplir ma mission. Je ne veux pas m'amollir le cœur par des larmes et des lamentations inutiles, comme celle qui ne serait pas appelée à un devoir.

— Ne voulez-vous rien accepter pour vous aider dans votre pèlerinage? dit lady Avenel en lui glissant dans la main deux couronnes au soleil. La vieille les jeta sur la table.

— Suis-je de la race de Caïn, femme orgueilleuse, s'écria-t-elle, que vous m'offriez de l'or en échange de ma chair et de mon sang?

— Je n'ai pas eu une telle intention, repartit doucement lady Avenel ; non plus que je ne suis, comme vous le dites, une femme orgueilleuse. Hélas! ma propre vie aurait pu m'enseigner l'humilité, lors même qu'elle ne serait pas née en moi.

La vieille parut se relâcher un peu de son ton de dureté.

— Vous êtes de noble sang, dit-elle, sans quoi nous n'aurions pas eu ensemble un si long entretien. — Vous êtes de noble sang, et à celui-là, continua-t-elle en se redressant à mesure qu'elle parlait, l'orgueil sied aussi bien que le panache à la toque. Mais quant à ces pièces d'or, mylady, il faut que vous les repreniez. Je n'ai pas besoin d'argent. Je suis bien pourvue; et je ne puis ni prendre souci de moi, ni penser comment et par qui je serai sustentée. Adieu, et tenez votre parole. Faites ouvrir vos portes et abaisser vos ponts. Je veux partir ce soir même. Quand je reviendrai, je réclamerai de vous un compte rigoureux, car j'aurai laissé avec vous le joyau de ma vie ! Le sommeil ne me visitera que par courts intervalles, la nourriture ne me profitera pas, le repos ne me rendra pas mes forces, tant que je n'aurai pas revu Roland Græme. Encore une fois, adieu !

— Saluez mylady, dame Græme, dit Lilias à Magdalen au moment où celle-ci se retirait ; saluez mylady, et remerciez-la de sa bonté, comme il convient et comme vous le devez.

La vieille se retourna subitement vers la servante officieuse. — Qu'elle me fasse donc son salut, dit-elle, et je le lui rendrai. Pourquoi me courberais-je devant elle ? — est-ce parce que son kirtle[1] est de soie et le mien de lockeram[2] bleu ? — Allez, servante de mylady ; sachez que le rang de l'homme fait celui de la femme, et que celle qui épouse un fils de paysan, serait-ce la fille d'un roi, n'est qu'une femme de paysan.

Lilias allait répondre avec grande indignation ; mais sa maîtresse lui imposa silence, et ordonna que la vieille fût conduite en sûreté de l'autre côté de la chaussée.

— La conduire en sûreté ! exclama la servante irritée tandis que Magdalen Græme quittait l'appartement ; moi je dis, faites-lui faire le plongeon dans le lac, et alors nous verrons si elle est sorcière, comme tout le monde dans le village de Lochside le dira et le jurera. Je m'étonne que mylady ait pu supporter si longtemps son insolence.

Néanmoins les ordres de lady Avenel furent exécutés, et la vieille, renvoyée du château, fut laissée à sa fortune. Elle tint parole et ne resta pas longtemps dans le village, car elle le quitta le soir même de l'entrevue, et s'en fut personne ne demanda où. Lady Avenel s'enquit des circonstances de son apparition parmi les habitants du hameau ; mais tout ce qu'elle put apprendre fut qu'on la croyait veuve de quelque homme de conséquence parmi les Græmes, lesquels habitaient alors le Pays Contesté[3], nom que l'on donnait à une certaine portion de territoire qui était un fréquent sujet de dispute entre l'Écosse et l'Angleterre ; — qu'elle avait grandement souffert dans quelqu'une des fréquentes incursions qui désolaient ce malheureux district, et qu'elle avait été chassée de sa demeure. Elle était venue dans le hameau personne ne savait dans quel dessein ; quelques-uns des habitants la tenaient pour sorcière, d'autres pour zélée protestante, d'autres enfin pour dévote catholique. Son langage était mystérieux et ses manières répulsives ; et tout ce qui pouvait être recueilli de sa conversation semblait impliquer qu'elle était sous l'influence ou d'un charme ou d'un vœu, — on ne pouvait dire lequel des deux, — car elle parlait en femme dont les actions étaient dirigées par un puissant agent extérieur.

[1] Robe. (L. V.)
[2] Sorte de toile grossière. (L. V.)
[3] *Debatable land.*

Telles furent les particularités que purent rassembler sur Magdalen Grœme les informations de lady Avenel, informations beaucoup trop insuffisantes et trop contradictoires pour autoriser aucune déduction satisfaisante. Dans le fait, les misères du temps, et les divers retours de fortune fréquents dans un pays frontière, chassaient continuellement de leurs habitations ceux à qui manquaient les moyens de défense ou de protection. On voyait trop de ces malheureux réduits à errer dans le pays, pour qu'ils excitassent beaucoup d'attention ou de pitié. Ils recevaient le froid secours qu'arrachait le sentiment d'humanité le plus ordinaire; sentiment qu'excitait chez quelques-uns et que refroidissait peut-être chez d'autres la pensée que celui-là qui faisait la charité aujourd'hui pourrait en avoir demain besoin pour lui-même. Magdalen Grœme était donc passée comme une ombre au voisinage du château d'Avenel.

L'enfant que la Providence, à ce qu'elle pensait, avait ainsi étrangement remis à ses soins, fut tout d'abord établi sur le pied d'un favori près de la dame du château. Comment en aurait-il été autrement? Il devint l'objet de ces sentiments affectueux, qui, ne trouvant personne auparavant sur qui s'épancher, avaient accru la sombre tristesse du château, et rendu plus amère la solitude où y vivait sa maîtresse. Lui apprendre à lire et à écrire autant que le comportait son propre savoir, veiller à son bien-être, assister à ses jeux d'enfant, devint l'amusement de prédilection de lady Avenel. Dans les circonstances où il lui fallait vivre, n'entendant que les beuglements lointains des bestiaux sur la colline, ou le pas pesant de la sentinelle à son poste, ou le rire à demi envié de ses servantes tandis qu'elles tournaient leurs rouets, l'apparition de cet enfant beau et enjoué jeta sur son existence un intérêt qu'auront peine à concevoir ceux qui vivent au milieu de scènes plus gaies et plus actives. Le jeune Roland était pour lady Avenel ce qu'est la fleur qui croît sur la fenêtre de quelque prisonnier solitaire pour le malheureux qui l'arrose et la cultive, — quelque chose qui en même temps excitait et récompensait sa sollicitude; et en donnant à l'enfant son affection, elle se sentait en quelque sorte reconnaissante envers lui pour l'avoir tirée de l'état de tristesse et d'apathie où la laissaient habituellement les absences de sir Halbert Glendinning.

Mais l'attrait même de cet aimable favori ne pouvait chasser les appréhensions toujours renaissantes que lui causaient les retards sans cesse renaissants du retour de son époux. Peu de temps après l'installation de Roland Grœme au château, un messager dépêché par sir Halbert y apporta l'avis que des affaires d'importance retenaient encore le chevalier à la cour d'Holyrood. L'époque plus éloignée que le messager avait assignée pour l'arrivée de son maître se passa; l'été avait fait place à l'automne, l'automne allait disparaître devant l'hiver, et cependant il n'arrivait pas.

CHAPITRE III.

> La lune déclinante de la moisson était encore large e
> brillante; le cor de la sentinelle se fait entendre au mo-
> ment où la nuit allait faire place à l'aube, et tandis que
> s'ouvraient les deux battants de la porte d'entrée, les pas
> des chevaux faisaient retentir le pavé.   LEYDEN.

Et vous aussi, Roland, vous voudriez être soldat? dit lady Avenel à son jeune pupille, un jour qu'assise sur un banc de pierre au bout de l'une des plates-formes crénelées, elle voyait l'enfant essayer d'imiter avec un long bâton les mouvements de la sentinelle, selon que tour à tour celle-ci épaulait, présentait ou inclinait sa pique.

— Oui, madame, répondit Roland, — car il était devenu familier, et répondait aux questions de sa protectrice avec vivacité et présence d'esprit; — oui, je veux être soldat, car il n'y a jamais eu de gentilhomme que celui qui porte une épée à son ceinturon.

— Toi gentilhomme? dit Lilias, qui, selon son habitude, était près de sa maîtresse; un gentilhomme comme j'en ferais un d'une cosse de fève avec un couteau rouillé.

— Allons, Lilias, ne le contrariez pas; car je jurerais qu'il est de noble sang. — Voyez comme votre plaisanterie injurieuse lui fait monter le rouge au visage.

— Si j'étais la maîtresse, madame, une bonne verge de bouleau lui ferait venir des couleurs pour quelque chose de mieux.

— Sur ma parole, Lilias, on croirait que vous avez à vous plaindre du pauvre enfant! — ou bien est-il si avant du côté glacé de vos bonnes grâces, parce que dans les miennes il occupe le côté du soleil?

— Que le bon Dieu du Ciel m'en préserve, mylady! j'ai trop longtemps vécu avec les gens de qualité, j'en rends grâce à mon étoile, pour trouver à redire à leurs folies ou à leurs fantaisies, qu'elles se rapportent à une bête, à un oiseau ou à un enfant.

Lilias était dans sa classe une favorite, une servante gâtée, et habituée souvent à prendre plus de liberté qu'en aucun temps sa maîtresse n'était disposée à le permettre. Mais ce qui ne plaisait pas à lady Avenel, elle jugeait à propos de ne pas l'entendre, et il en fut ainsi dans l'occasion actuelle. Elle résolut de veiller plus attentivement et de plus près sur l'enfant, qui jusque-là avait été principalement confié aux soins de Lilias. Il devait, pensait-elle, être né de noble sang; c'eût été une honte de penser autrement d'une forme si noble et de traits si beaux. — Les écarts mêmes auxquels il se laissait quelquefois emporter, son mépris du danger, son impatience de toute contrainte, avaient en eux quelque chose de noble ; — assurément l'enfant était né dans une classe élevée. Telle fut sa conclusion, et elle agit en conséquence. Les domestiques qui l'entouraient, moins jaloux que Lilias ou moins scrupuleux, se conduisaient comme se conduisent ordinairement des domestiques, suivant la pente, et flattant, en vue de leurs propres intérêts, l'humeur de leur maîtresse ; de sorte que l'enfant prit bientôt ces airs de supériorité que manque rarement d'inspirer la vue d'une déférence habituelle. Il semblait réellement que commander fût sa sphère naturelle, tant il se fit aisément à exiger et à recevoir des marques de soumission à ses volontés. Il est vrai que le chapelain aurait pu s'interposer pour réprimer l'air de présomption auquel Roland Græme se laissait si facilement aller ; mais la nécessité de concerter avec ses frères quelques points controversés de discipline ecclésiastique l'avait éloigné pour quelque temps d'Avenel, et le retenait dans une partie distante du royaume.

Les choses allaient ainsi au château, quand les sons aigus et prolongés d'un *bugle*[1] se firent entendre des bords du lac, et qu'à ce signal le cor de la sentinelle de garde répondit par des notes joyeuses. Lady Avenel reconnut les sons de son époux, et courut à la fenêtre de la chambre où elle était assise. Une troupe d'une trentaine de porte-lances, le pennon déployé devant eux, suivait les contours sinueux du lac, et s'approchait de la chaussée. Un cavalier s'avançait seul en avant de la troupe, ses armes brillantes reflétant à chaque mouvement de sa marche assurée les rayons du soleil d'octobre. Même à cette distance, lady Avenel reconnut le haut panache où se mêlaient les couleurs de ses propres armoiries et de celles des Glendonwynes, et où s'unissait une branche de houx ; et l'attitude ferme et pleine de dignité du cavalier, ainsi que l'allure majestueuse du coursier bai-brun, annonçaient assez Halbert Glendinning.

La première pensée de lady Avenel fut tout à la joie du retour de son époux ; — à la seconde se mêla une crainte qui s'était quelquefois glissée en elle, celle qu'il n'approuvât pas entièrement la distinction particulière avec laquelle elle avait traité son orphelin d'adoption. Dans cette crainte était impliquée la conscience de lui avoir témoigné une faveur excessive ; car Halbert Glendinning était pour le moins aussi doux et aussi indulgent qu'il était ferme et raisonnable dans l'administration de sa maison, et envers sa dame en particulier sa conduite avait toujours été pleine d'une tendresse affectueuse.

Néanmoins elle craignait que dans le cas actuel ce qu'elle avait fait

---

[1] Sorte de cor, ou plutôt cornet à bouquin, formé d'une corne de bœuf. *Bugle* est en même temps le nom du bœuf sauvage. (L. V.)

n'encourût la censure de sir Halbert ; et, prenant à la hâte la résolution de ne pas mentionner jusqu'au lendemain l'anecdote de l'enfant, elle ordonna à Lilias de l'emmener hors de la chambre.

— Je n'irai pas avec Lilias, madame, dit l'enfant gâté, qui plus d'une fois était venu à ses fins par persévérance, et qui, comme d'autres d'un âge plus raisonnable, se complaisait dans l'exercice d'une telle autorité ; — je n'irai pas dans la vilaine chambre de Lilias. — Je veux rester à voir ce brave guerrier qui passe si fièrement le pont-levis.

— Vous ne pouvez pas rester, Roland, répliqua lady Avenel d'un ton plus positif qu'elle ne parlait d'habitude à son petit favori.

— Je le veux, réitéra l'enfant, qui déjà avait senti son importance, et la chance probable de succès.

— Vous *voulez*, Roland ! quelle sorte de mot est-ce là ? Je vous dis qu'il faut vous en aller.

— *Je veux*, répliqua le présomptueux enfant, est un mot pour un homme, et *il faut* n'est pas un mot pour une dame.

— Vous êtes bien effronté, petit drôle ! — Lilias, emmenez-le sur-le-champ !

— J'ai toujours pensé, dit Lilias en riant à demi, en même temps qu'elle prenait par le bras l'enfant récalcitrant, que mon jeune maître devrait céder la place à l'autre.

— Et vous aussi vous êtes insolente, mistress ? la lune a-t-elle changé que vous vous oubliiez tous ainsi ?

Lilias ne répondit pas, mais elle emmena l'enfant, qui, trop fier pour tenter une résistance inutile, lança à sa bienfaitrice un regard où se voyait clairement combien volontiers il aurait bravé son autorité, s'il eût eu le pouvoir de réussir.

Lady Avenel fut contrariée en s'apercevant combien cet incident futile l'avait troublée, au moment où naturellement elle aurait dû être tout entière au retour de son époux. Mais nous ne recouvrons pas le calme par cela seul que nous sentons notre agitation déplacée. La rougeur du mécontentement n'avait pas encore disparu de ses joues, elle n'était pas encore entièrement remise de son trouble, quand son époux entra dans la chambre, la tête débarrassée de son casque, mais couvert encore du reste de son armure. Sa vue bannit toute autre pensée, elle s'élança vers lui, enlaça de ses bras son corps enveloppé de fer, et couvrit de baisers son mâle et noble visage avec une affection aussi évidente que sincère. Le guerrier lui rendit avec la même tendresse ses caresses et ses embrassements ; car le temps écoulé depuis leur union en avait diminué l'ardeur romanesque, peut-être, mais il avait plutôt accru qu'affaibli la partie raisonnable de son amour, et les longues et fréquentes absences de sir Halbert Glendinning loin de son château avaient empêché son affection de dégénérer par habitude en indifférence.

Après l'échange mutuel de ces premiers transports, lady Avenel arrêta tendrement ses regards sur le visage de son époux. — Vous êtes changé, Halbert, lui dit-elle; — vous aurez fait aujourd'hui une traite longue et fatigante, ou vous avez été malade?

— Je me suis bien porté, Marie, répondit le chevalier, je me suis parfaitement bien porté; et une longue chevauchée n'est pour moi, tu le sais, qu'une chose de constante habitude. Ceux qui sont nés nobles peuvent sommeiller toute leur vie dans les murs de leurs castels et de leurs manoirs; mais il faut que celui qui a conquis la noblesse par ses propres faits soit toujours en selle, pour montrer qu'il mérite le rang où il est parvenu.

Tandis qu'il parlait ainsi, l'œil affectueux de lady Avenel semblait chercher sur ses traits à lire jusqu'au fond de son âme; car son accent était celui de l'abattement et de la tristesse.

Sir Halbert Glendinning était à la fois le même homme et un homme différent de celui que nous ont montré ses jeunes années. La franchise impétueuse du jeune ambitieux avait fait place au calme et à la gravité froide du soldat expérimenté et du politique habile. Les soucis avaient marqué de traces profondes ces nobles traits, sur lesquels chaque émotion passait autrefois comme de légères vapeurs sur un ciel d'été. Ce ciel était maintenant, non pas peut-être assombri par des nuages, mais calme et tranquille comme celui d'une paisible soirée d'automne. Le front était plus haut et plus découvert que dans sa première jeunesse, et les mèches de son épaisse et noire chevelure qui garnissaient encore la tête du guerrier avaient disparu des tempes, non par l'âge, mais par la pression constante du bonnet d'acier ou du heaume. Sa barbe, selon la mode du temps, croissait courte et épaisse, relevée en moustaches sur sa lèvre supérieure, et taillée en pointe à son extrémité. Les joues, hâlées et brunies par l'air et les intempéries, avaient perdu le vif coloris de la jeunesse, mais montraient le teint vigoureux d'une active et robuste virilité. Halbert Glendinning était en un mot un chevalier digne de marcher à la droite d'un roi, de porter sa bannière en temps de guerre et d'être son conseiller pendant la paix; car dans son air se lisait cette fermeté réfléchie qui sait résoudre avec sagesse et exécuter avec intrépidité. Toutefois, sur ces nobles traits était répandu en ce moment un air d'abattement dont peut-être le chevalier lui-même n'avait pas conscience, mais qui n'échappa point à l'observation de son inquiète et affectionnée compagne.

— Il est arrivé quelque chose, ou quelque chose est sur le point d'arriver, dit lady Avenel; cette tristesse ne siège pas sans cause sur votre front. — Il faut que nous soyons menacés d'un malheur, soit national, soit particulier.

— Il n'y a rien de nouveau que je sache, repartit Halbert Glendinning; mais de tous les maux qui peuvent tomber sur un royaume, il en est peu qu'on ne puisse appréhender dans un malheureux pays si divisé.

— Hé bien, alors, je vois qu'il y a réellement eu quelque besogne fatale sur le tapis. Mylord de Murray ne vous aurait pas si longtemps retenu à Holyrood s'il n'avait eu besoin de votre aide pour quelque entreprise grave.

— Je n'ai pas été à Holyrood, Marie ; j'ai été pendant plusieurs semaines à l'étranger.

— A l'étranger ! et ne m'avoir pas fait parvenir un mot !

— A quoi vous aurait-il servi de le savoir, si ce n'est à vous rendre malheureuse, ma chère Marie ? votre imagination aurait transformé la plus légère brise qui aurait ridé votre lac, en une tempête rugissant sur l'océan Germanique.

— Avez-vous donc réellement passé la mer ? dit lady Avenel, à qui la pensée seule d'un élément qu'elle n'avait jamais vu suscitait des idées de terreur et d'étonnement ; — avez-vous réellement quitté votre terre natale, et foulé des rivages lointains, où la langue écossaise n'est ni comprise ni connue ?

— Réellement, oui, bien réellement, j'ai fait cet exploit merveilleux' répondit le chevalier en lui prenant la main avec un enjouement affectueux ; — j'ai roulé sur l'Océan pendant trois jours et trois nuits, les vagues soulevées en montagnes venant frapper à côté de mon oreiller, qui n'en était séparé que par une planche de quelques pouces.

— En vérité, mon Halbert, c'était tenter la divine Providence. Je ne vous ai jamais demandé de déboucler l'épée de votre côté, ni de quitter la lance ; je ne vous ai jamais demandé de rester tranquille et assis quand l'honneur vous appelait à vous lever et à monter à cheval : mais l'épée et la lance n'ont-ils pas assez de dangers pour la vie d'un homme ? et pourquoi vous hasarder sur des vagues enflées et des mers furieuses ?

— Nous avons en Allemagne et dans ce qu'on nomme les Pays-Bas des hommes qui ont avec nous une foi commune, et avec lesquels il convient que nous soyons unis par une alliance. J'ai été envoyé vers quelques-uns d'entre eux pour une affaire aussi importante que secrète. Je suis allé en toute sécurité, et je suis revenu de même ; il y a plus de dangers pour la vie d'un homme entre ce château et Holyrood, que dans toutes les mers qui baignent les pays bas de Hollande.

— Et le pays, mon Halbert ? et les habitants ? — ressemblent-ils à nos bons Écossais ? Comment reçoivent-ils les étrangers ?

— C'est un peuple, Marie, fort dans sa richesse, qui rend toutes les autres nations faibles, et faible dans ces arts de la guerre par lesquels d'autres nations sont fortes.

— Je ne vous comprends pas, Halbert.

— Le Hollandais et le Flamand, Marie, consacrent au commerce, et non à la guerre, toute l'activité de leur esprit; leurs richesses leur achètent les bras de soldats étrangers qui leur servent à les défendre. Ils élèvent des digues sur les bords de la mer pour protéger le pays qu'ils ont conquis, et ils lèvent des régiments patients et courageux chez les Suisses et les Allemands pour protéger les trésors qu'ils ont amassés. Et ainsi ils sont forts dans leur faiblesse; car la richesse même qui exciterait des nations plus belliqueuses à les dépouiller, arme les étrangers pour eux.

— Les lâches paresseux! s'écria Marie, pensant et sentant en Écossaise de son temps; ont-ils des bras pour ne pas défendre la terre qui les porte? On devrait les leur couper jusqu'au coude!

— Ce serait une sentence rigoureuse, Marie; car leurs bras servent leur pays, bien que ce ne soit pas en guerre, comme les nôtres. Regarde ces collines pelées, Marie, et cette profonde vallée sinueuse par laquelle le bétail revient maintenant de sa maigre pâture. La main de l'industrieux Flamand couvrirait ces montagnes de plantations de bois, et ferait lever du blé là où maintenant nous voyons une chétive et maigre bruyère. Cela me peine, Marie, de regarder cette terre, et de penser quelle amélioration elle pourrait recevoir d'hommes pareils à ceux que j'ai vus naguère; — d'hommes qui ne cherchent pas la vaine gloire d'ancêtres morts, ni le sanglant renom acquis dans les modernes dissensions, mais qui foulent le pays en conservateurs et en améliorateurs, et non pas en tyrans et en destructeurs.

— Ces améliorations ne seraient ici qu'un vain rêve, mon Halbert; les arbres seraient brûlés par les Anglais nos ennemis avant d'avoir eu le temps de grossir, et les grains que vous feriez lever seraient récoltés par le premier voisin qui aurait à sa suite plus de cavaliers que vous. Pourquoi vous affligeriez-vous de ce qui est? Le destin qui vous a fait naître Écossais vous a donné tête et cœur pour en soutenir le nom comme il faut qu'il soit soutenu.

— Il ne m'a *pas* donné de nom à soutenir, dit Halbert en parcourant lentement la chambre. Mon bras a été en avant dans toutes les luttes, — ma voix s'est fait entendre dans tous les conseils, et les plus sages n'ont pas combattu mes avis. L'astucieux Lethington, le profond et sombre Morton, ont tenu des conseils secrets avec moi; Grange et Lindsay ont avoué que sur le champ de bataille je faisais ce que doit faire un brave chevalier: — mais que la circonstance soit passée où ils ont besoin de ma tête et de mon bras, et ils ne me connaissent plus que comme le fils de l'obscur vassal de Glendearg.

C'était là un sujet que lady Avenel redoutait toujours; car le rang conféré à son époux, la faveur où il était près du puissant comte de Murray, et les talents éminents par lesquels il avait justifié son droit à ce rang et à cette faveur, étaient autant de qualités qui augmentaient plutôt qu'elles ne diminuaient l'envie que conservait contre Halbert

Glendinning une aristocratie orgueilleuse, qui voyait en lui un homme de naissance obscure et inférieure, élevé par son seul mérite personnel à la position éminente qu'il occupait. La solidité naturelle de son esprit ne suffisait pas pour lui faire mépriser l'avantage idéal d'une plus haute généalogie, avantage tenu si universellement en estime par tous ceux avec qui il se trouvait en rapport; et tel est l'accès que de tristes inconséquences trouvent dans les plus nobles esprits, qu'il était des moments où il se sentait mortifié que Marie jouît de ces avantages de naissance et de haut lignage que lui-même ne possédait pas, et où il regrettait que son importance comme propriétaire d'Avenel fût diminuée par ce fait qu'il ne le possédait que comme époux de l'héritière. Il n'était pas assez injuste pour permettre à d'indignes sentiments de prendre possession de son esprit, mais ils se représentaient néanmoins de temps en temps, et ils n'avaient pas échappé à l'inquiète observation de lady Avenel.

— Si le Ciel nous eût accordé des enfants, se disait-elle habituellement en de telles occasions, si notre sang s'était mêlé dans un fils, qui aurait pu joindre à mes avantages de famille le mérite personnel de mon époux, ces pénibles réflexions n'auraient pas troublé notre union un seul moment. Mais cet héritier, sur lequel nos affections ainsi que nos prétentions auraient pu se concentrer, un tel héritier nous a été refusé.

Dans cette disposition mutuelle, on ne peut être surpris que lady Avenel entendît avec peine son époux tendre vers ce sujet de mutuels regrets. Dans l'occasion actuelle, comme en d'autres semblables, elle s'efforça de détourner les pensées du chevalier de cette direction pénible.

—Comment pouvez-vous, lui dit-elle, vous arrêter sur des choses qui ne profitent à rien? Est-il donc vrai que vous n'ayez pas de nom à soutenir? Vous, le digne et le brave, le sage dans le conseil et le fort dans le combat, n'avez-vous pas à soutenir la réputation que vous ont acquise vos propres faits, réputation plus honorable que ne pourrait l'être une simple noblesse d'aïeux? Les hommes de bien vous aiment et vous honorent, le méchant vous craint et le turbulent vous obéit; n'avez-vous rien à faire pour vous assurer la continuation de cette estime, de cet honneur, de cette crainte salutaire et de cette utile obéissance?

Tandis qu'elle parlait ainsi, l'œil de son époux puisait dans les siens force et courage; et son regard brillait d'un vif éclat lorsque, lui prenant la main, il lui dit : Cela est bien vrai, Marie, et je mérite tes reproches, moi qui oublie qui je suis, en me plaignant de n'être pas ce que je ne puis être. Je suis maintenant ce qu'étaient les ancêtres les plus renommés de ceux que j'envie, l'homme obscur élevé à un rang éminent par ses propres efforts; et certes, il est aussi honorable d'avoir ces qualités nécessaires à la fondation d'une famille, que de descendre d'une lignée qui les posséda il y a plusieurs siècles. Le Hay de Loncarty, qui légua son joug sanglant à ses descendants, — le « sombre homme gris », premier fondateur de la maison de Douglas, ne pouvaient pas même se vanter d'aïeux tels que les miens. Car tu sais, Marie, que mon nom sort d'une suite d'anciens guerriers, quoique mes aïeux immédiats aient préféré l'humble situation où tu nous as trouvés; la guerre et le conseil ne conviennent pas moins à la maison de Glendinning, même dans ses descendants les plus éloignés, qu'aux barons les plus fiers de leur noblesse [1].

Tout en parlant, il parcourait la chambre à grands pas; et lady Avenel souriait intérieurement en remarquant combien son esprit s'arrêtait aux prérogatives de la naissance, et comment il s'efforçait d'établir les droits, bien qu'éloignés, qu'il avait d'y participer, au moment même où il affectait de les mépriser le plus. On supposera aisément, néanmoins, qu'elle se garda bien de laisser échapper aucun indice qu'elle s'aperçût de la faiblesse de son époux, perspicacité que peut-être la fierté d'Halbert n'eût pas très-aisément endurée.

En revenant de l'extrémité de la salle qu'il avait traversée tout en s'attachant à justifier le titre de la maison de Glendonwyne, dans ses branches les plus éloignées, à tous les priviléges de l'aristocratie, Halbert remarqua l'absence de son chien favori. — Où donc est Wolf? dit-il. Je ne l'ai pas vu depuis mon retour, et il était ordinairement le premier à saluer mon arrivée.

— Wolf, répondit la dame avec un léger embarras, dont peut-être elle eût eu peine à se rendre compte à elle-même, Wolf est enchaîné pour le moment. — Il a été hargneux pour mon page.

— Wolf enchaîné! — Wolf hargneux pour votre page! repartit Halbert Glendinning; Wolf n'a jamais été hargneux pour personne, et la chaîne le rendra lâche ou sauvage. — Holà! — qu'on détache Wolf sur-le-champ.

Il fut obéi, et l'énorme chien se précipita dans la salle, dérangeant, par les sauts désordonnés de ses formidables gambades, toute l'économie des rouets, des fuseaux et des quenouilles après lesquels les servantes de la maison étaient occupées quand l'arrivée de leur maître leur avait donné le signal de la retraite, et arrachant à Lilias, qu'on appela pour les remettre en ordre, l'observation assez naturelle « que le chien du laird ne valait guère mieux que le page de mylady. »

— Quel est ce page, Marie? demanda le chevalier, dont l'attention était une seconde fois appelée sur ce sujet par l'observation de la femme de chambre; — quel est ce page, que chacun semble mettre en balance avec mon vieil ami et favori Wolf? — Depuis quand aspirez-

---

[1] *Voyez* la note A, à la fin du volume.

vous à la distinction d'un page, et qu'est-ce que c'est que cet enfant?

— Je me flatte, mon Halbert, répondit la dame en rougissant, que vous ne regarderez pas votre femme comme n'ayant pas droit à avoir la même suite que d'autres dames de sa qualité?

— Non, non, madame, repartit le chevalier; il suffit que vous la désiriez. — Pourtant je n'ai jamais aimé à élever ces sortes de serviteurs inutiles. — Un page de dame! — il peut convenir aux orgueilleuses dames anglaises d'avoir un frêle jeune homme pour porter la queue de leurs robes du boudoir à la salle, pour les éventer quand elles dorment, et leur toucher du luth quand il leur plaît de l'entendre; mais nos matrones écossaises avaient coutume d'être au-dessus de telles vanités, et nos jeunes Écossais doivent être élevés pour la lance et l'étrier.

— Mais, mon cher Halbert, je n'ai fait que plaisanter quand j'ai appelé cet enfant mon page; la vérité est que c'est un petit orphelin que nous avons sauvé au moment où il allait périr dans le lac, et que depuis lors j'ai gardé au château par charité. — Lilias, amenez ici le petit Roland.

Roland arriva bientôt après, et courant se placer contre lady Avenel, il s'attacha à sa robe; puis, se retournant, il contempla avec une attention qui n'était pas sans un certain mélange de crainte la stature imposante du chevalier. — Roland, lui dit la dame, va baiser la main du noble chevalier, et demande-lui d'être ton protecteur.

Mais Roland n'obéit pas, et, se tenant à son poste, continua de fixer sur sir Halbert Glendinning un regard intimidé. — Va au chevalier, Roland, reprit la dame; que crains-tu, enfant? Va baiser la main de sir Halbert.

— Je ne baiserai pas d'autre main que la vôtre, mylady, repartit l'enfant.

— Allons, faites ce qui vous est commandé, enfant, reprit lady Avenel. — Il est intimidé par votre présence, ajouta-t-elle, l'excusant près de son époux; mais n'est-ce pas un bel enfant?

— Et Wolf aussi est un beau chien, dit sir Halbert, en caressant de la main son favori quadrupède; mais il a ce double avantage sur votre nouveau favori, qu'il fait ce qu'on lui commande et n'entend pas quand on le loue.

— Vous êtes fâché contre moi, répliqua la dame, et cependant pourquoi seriez-vous fâché? Il n'y a rien de mal à secourir l'orphelin malheureux, ni à aimer ce qui est aimable et digne d'affection. Mais vous avez vu M. Warden à Édimbourg, et il vous a prévenu contre le pauvre enfant.

— Ma chère Marie, M. Warden sait trop se tenir à sa place pour avoir la présomption d'intervenir dans vos affaires ou dans les miennes. Je ne vous blâme ni de ce que vous avez secouru cet enfant, ni de votre affection pour lui ; mais je crois qu'eu égard à sa naissance et à son avenir, vous n'auriez pas dû le traiter avec une tendresse peu judicieuse, qui ne peut aboutir qu'à le rendre impropre à l'humble situation à laquelle le Ciel l'a destiné.

— Mais, mon Halbert, regardez seulement l'enfant, et voyez s'il n'a pas l'air d'être destiné par le Ciel à quelque chose de plus noble qu'à rester un simple paysan. Ne peut-il pas être prédestiné, comme d'autres l'ont été, à s'élever d'une humble situation à un rang honorable et éminent ?

Ici la pensée qu'elle entrait sur un terrain délicat se présenta tout à coup à elle, et la conduisit à prendre le parti le plus naturel, mais aussi le pire de tous en une occasion pareille, soit en conversation, soit si l'on se trouve réellement engagé dans un sol plein de fondrières, celui de s'arrêter court. Son front s'empourpra, et un léger nuage passa sur celui de sir Halbert Glendinning. Mais ce ne fut que pour un instant, car il était incapable de se méprendre sur les sentiments de sa dame, et de supposer qu'intentionnellement elle eût voulu le blesser.

— Faites en ceci comme il vous plaira, ma chère Marie, dit-il ; je vous dois trop pour vous contrarier en rien dans ce qui peut rendre plus supportable votre genre de vie solitaire. Faites de ce jeune homme ce que vous voudrez, je vous laisse à cet égard pleine autorité. Mais souvenez-vous qu'il est votre élève, et non le mien ; — souvenez-vous qu'il a des membres pour s'en servir en homme, qu'il a une âme et une langue pour honorer Dieu ; élevez-le donc dans l'amour de son pays et du Ciel, et quant au reste disposez de lui comme vous l'entendrez : — c'est et cela restera votre propre affaire.

Cette conversation décida du sort de Roland Græme, qui depuis lors fut peu remarqué par le maître du château d'Avenel, mais protégé et favorisé par la châtelaine.

Cette situation eut plusieurs conséquences importantes, et, par le fait, tendit à faire ressortir le caractère du jeune homme avec tous ses reliefs et toutes ses ombres. Comme le chevalier lui-même parut tacitement abjurer tout intérêt et tout contrôle sur le favori particulier de sa dame, le jeune Roland se trouva par là exempté de la stricte discipline à laquelle, comme attaché à la maison d'un noble Écossais, il aurait sans cela été assujetti, conformément aux usages rigoureux du temps. Mais l'intendant, ou majordome[1], — tel était le titre ambitieux que prenait le domestique en chef de chaque petit baron, — ne crut pas devoir intervenir dans ce qui avait rapport au favori de mylady, d'autant plus que c'était la dame qui avait apporté le domaine dans la famille actuelle. M. Jasper Wingate était un homme qui se vantait d'avoir l'expérience des grandes familles et de leur manière d'être, et de savoir

---

[1] *Master of the household.*

comment conduire sa barque en droit chemin quand il arrivait que vent et marée se trouvaient en opposition.

Ce prudent personnage fermait les yeux sur bien des choses, et évitait de donner occasion à de plus grands griefs, en n'exigeant guère de Roland Grœme que le degré d'attention que l'enfant était disposé à accorder de lui-même ; conjecturant avec raison que quelque petite que fût la place occupée par le jeune homme dans la faveur du chevalier d'Avenel, faire de lui un mauvais rapport n'en serait pas moins provoquer l'inimitié de mylady sans s'assurer la faveur de son époux. Grâces à ces considérations de prudence, et sans doute aussi ne perdant pas de vue ses propres aises et ses convenances, il enseignait à l'enfant tout juste ce que celui-ci voulait apprendre et rien au delà, se montrant toujours disposé à admettre toute excuse qu'il plaisait à son élève d'alléguer pour justifier sa paresse ou sa négligence. Comme les autres personnes du château à qui des tâches analogues étaient déléguées imitaient volontiers la conduite prudente du majordome, il y avait peu de contrôle exercé sur Roland Grœme, qui, naturellement, n'acquérait de connaissances que celles auxquelles pouvaient le conduire un esprit très-actif et l'ennui d'une oisiveté absolue. Les efforts du jeune Roland n'étaient, au reste, réellement sérieux que lorsque lady Avenel voulait bien être elle-même l'institutrice de son protégé, et examiner les progrès qu'il avait faits.

Il résultait aussi de sa qualité de favori de mylady que Roland n'était pas vu du meilleur œil par les suivants du chevalier, dont plusieurs, du même âge que l'heureux page, et en apparence de même origine, étaient assujettis à la sévère observance de l'ancienne et rigoureuse discipline du service féodal. Pour ceux-là, Roland Grœme était naturellement un objet d'envie, et, en conséquence, d'aversion et de détraction ; mais le jeune homme possédait des qualités qu'il était impossible de déprécier. L'orgueil et le sentiment d'une ambition précoce faisaient pour lui ce que la sévérité et une application assidue faisaient pour les autres. Le jeune Roland montrait cette flexibilité précoce de corps et d'esprit qui fait de tout exercice, intellectuel ou physique, un jeu plutôt qu'une étude ; et il semblait qu'il acquît accidentellement, et comme par accès, ces talents qu'une instruction sérieuse et constante, renforcée de fréquentes réprimandes, et parfois de châtiments, avait inculquée aux autres. Il se rendit si familiers et les exercices militaires et les connaissances du temps auxquels il jugeait agréable ou nécessaire de s'adonner, qu'il confondait ceux qui ignoraient jusqu'à quel point le défaut d'application suivie est souvent compensé par la pénétration d'esprit et un ardent enthousiasme. Ainsi donc, les jeunes gens plus régulièrement instruits au maniement des armes, en équitation, et aux autres exercices nécessaires de l'époque, tout en portant envie à Roland Grœme pour l'indulgence et la négligence avec lesquelles il paraissait être traité, n'avaient guère à se vanter de la supériorité de leurs talents ; quelques heures, et la puissante action de la volonté la plus énergique, semblaient faire pour lui plus que des semaines d'instruction régulière ne pouvaient obtenir pour d'autres.

Ce fut sous de tels avantages, si à la vérité on peut les qualifier ainsi, que le caractère du jeune Roland commença à se développer. Il était hardi, impérieux, tranchant et despote ; généreux pour ceux qui ne lui résistaient ni ne le contrariaient ; colère et emporté si on le censurait ou qu'on s'opposât à ses volontés. Il semblait se regarder comme n'étant attaché à personne, et comme n'ayant personne à qui répondre de ses actions, excepté sa maîtresse ; encore avait-il graduellement acquis sur elle cette sorte d'ascendant qui résulte si aisément d'une excessive indulgence. Et quoique les serviteurs et dépendants immédiats de sir Halbert Glendinning vissent cet ascendant avec jalousie, et qu'ils saisissent toutes les occasions de mortifier la vanité du page, il ne manquait pas de gens disposés à s'acquérir la faveur de lady Avenel en se pliant à l'humeur de son protégé et en prenant parti pour lui ; car, bien qu'un favori n'ait pas d'ami, comme le poëte nous l'assure, il manque rarement d'avoir et des complaisants et des flatteurs.

C'était surtout parmi les habitants du petit hameau des bords du lac que se trouvaient les partisans de Roland Grœme. Ces villageois, parfois tentés de comparer leur propre situation avec celle des suivants habituels et immédiats du chevalier, qui l'accompagnaient dans ses fréquents voyages à Édimbourg et ailleurs, aimaient à se regarder eux-mêmes et à se représenter comme étant plus particulièrement les sujets de lady Avenel que ceux de son époux. Il est vrai que sa conduite, prudente et affectionnée en toute occasion, était loin de les appuyer dans la distinction qu'ils voulaient ainsi faire ; mais les villageois persistaient à penser qu'il devait lui être agréable de recevoir leur hommage particulier et sans partage, ou du moins à agir comme si telle eût été leur pensée ; et le principal moyen par lequel ils faisaient ressortir leurs sentiments était le respect qu'ils témoignaient au jeune Roland Grœme, le suivant favori de la fille de leurs anciens seigneurs. C'était un genre de flatterie trop agréable pour rencontrer réprimande ou censure ; et l'occasion qu'elle procura au jeune homme de se former en quelque sorte un parti à lui dans les limites de l'ancienne baronnie d'Avenel, n'ajouta pas peu à l'audace et au ton tranchant d'un caractère naturellement hardi, impétueux et ingouvernable.

Des deux membres de la famille qui s'étaient les premiers montrés défavorables à Roland Grœme, Wolf fut celui dont les préventions furent le plus aisément surmontées ; et d'ailleurs, avec le temps, le noble animal s'endormit avec Bran, Luath [1], et les chiens renommés

---

[1] Chiens célébrés dans les chants ossianiques. (L. V.)

des anciens jours. Mais M. Warden, le chapelain, vivait toujours, et conservait son aversion pour le jeune homme. Ce digne homme, malgré la droiture et la bienveillance naturelles de son esprit, se formait une idée quelque peu exagérée du respect qui lui était dû comme ministre, et exigeait des habitants du château plus de déférence que le jeune page, naturellement hautain, fier en outre de la faveur de sa maîtresse, et avec la pétulance de son âge et de sa situation, n'était en aucun temps disposé à lui en accorder. Sa conduite hardie et indépendante, son goût pour les riches habits et la parure, son défaut d'aptitude à recevoir l'instruction, et son endurcissement contre les réprimandes, étaient autant de circonstances qui portaient le bon vieillard, avec plus de précipitation que de charité, à représenter le présomptueux page comme un vase de colère, et à présager que le jeune homme nourrissait en lui cet orgueil d'esprit et cette disposition hautaine qui sont des avant-coureurs de ruine et de destruction. De son côté, Roland montrait parfois pour le chapelain une aversion prononcée, et même quelque chose qui approchait du mépris. La plupart des serviteurs immédiats de sir Halbert Glendinning partageaient la charitable manière de voir du révérend M. Warden ; mais tant que Roland était en faveur près de leur dame, et enduré par leur maître, ils ne pensaient pas qu'il fût politique d'énoncer publiquement leur opinion.

Roland Græme n'était pas sans sentir le désagrément de sa situation ; mais son cœur altier renvoyait aux autres serviteurs les manières hautaines, froides ou sarcastiques avec lesquelles ils le traitaient ; il prenait un air de supériorité qui contraignait les plus obstinés à l'obéissance, et s'il était cordialement détesté, il avait du moins la satisfaction d'être craint.

L'aversion marquée du chapelain eut pour effet de recommander Roland Græme à l'attention d'Edward, le frère de sir Halbert, qui alors, sous le nom conventuel de père Ambroise, continuait d'être du petit nombre de moines à qui, nonobstant la chute presque totale de leur communion sous la régence de Murray, il avait encore été permis de demeurer avec l'abbé Eustatius dans l'abbaye de Kennaquhair. Par égard pour sir Halbert, on ne les avait pas entièrement expulsés du cloître, quoique leur ordre fût maintenant presque entièrement supprimé, que l'exercice public de leur rituel leur fût interdit, et que de leurs splendides revenus on ne leur eût laissé qu'une faible pension. Dans cette situation, le père Ambroise venait quelquefois, quoique très-rarement, visiter les châtelains d'Avenel ; et dans ces occasions on remarqua qu'il témoignait à Roland Græme une attention particulière, à laquelle le jeune homme semblait répondre avec plus d'effusion que n'en comportaient ses habitudes ordinaires.

Ainsi s'écoulèrent plusieurs années, durant lesquelles le chevalier d'Avenel remplit fréquemment, comme auparavant, un rôle important au milieu des convulsions de sa malheureuse patrie ; tandis que le jeune Grœme anticipait également par ses vœux et ses qualités personnelles sur l'âge qui pourrait le mettre à même de sortir de l'obscurité à laquelle le condamnait sa situation actuelle.

CHAPITRE IV.

> Au milieu de leurs coupes où le vin coulait à flots, au milieu des joies de leur orgie, un jeune lord reprocha à Valentin une naissance basse et douteuse.
>
> *Valentin et Orson.*

ROLAND Grœme était un jeune homme d'environ dix-sept ans, lorsque par une matinée d'été il lui arriva de descendre à la fauconnerie de sir Halbert Glendinning, pour y surveiller l'éducation d'un fauconneau qu'au risque imminent de son cou et de ses membres il avait déniché lui-même dans une aire renommée des environs, appelée Gledscraig[1]. Comme il ne fut nullement satisfait de l'attention qui avait été donnée à son oiseau favori, il ne se fit pas faute de témoigner son déplaisir au garçon du fauconnier, qui par devoir aurait dû y veiller.

— Hé quoi, monsieur le drôle ! exclama Roland, est-ce ainsi que vous donnez aux fauconneaux de la viande non lavée, comme si vous aviez à gorger l'ignoble branchier d'une mauvaise corneille ? — Par la messe ! et voilà aussi deux jours que tu as négligé sa cure ! Penses-tu que j'ai risqué mon cou pour rapporter l'oiseau de son rocher, afin que tu le laisses dépérir par ta négligence ? Et pour donner plus de force à ses remontrances, il appliqua un ou deux soufflets à l'indolent garçon de fauconnerie, lequel, criant un peu plus haut qu'en tout état de choses il n'était nécessaire, amena à son secours le maître fauconnier.

Adam Woodcock[2], le fauconnier d'Avenel, était Anglais de naissance, mais depuis si longtemps au service de Glendinning qu'une grande partie de son attachement national s'était changée en affection pour son maître. C'était un favori dans son département, jaloux et entiché de son habileté, comme le sont habituellement les maîtres en vénerie ; au demeurant, railleur et un peu poëte (qualités qui ne contribuaient nullement à diminuer sa suffisance naturelle), joyeux compagnon, aimant mieux, quoique bon protestant, un flacon d'ale qu'un

---

[1] Rocher au Milan.
[2] Adam Bécasse.

CHAPITRE IV.

long sermon; vigoureux de ses bras quand le besoin l'exigeait, sincèrement attaché à son maître, et présumant un peu de son crédit sur lui.

Adam Woodcock, tel que nous l'avons dépeint, ne goûta nullement la liberté que le jeune Groome avait prise de châtier son assistant. — Holà! holà! page de mylady! dit-il en venant se mettre entre son fils et Roland; tout beau et tout doux, s'il plaît à votre belle jaquette! — Jeu de mains, vilain jeu. — Si mon garçon a fait mal, je puis bien le battre moi-même; tenez-vous les mains douces.

— Je le battrai, et toi aussi, repartit Roland sans hésiter, si vous ne veillez pas mieux à votre affaire. Voyez dans quel état vous laissez l'oiseau. J'ai trouvé l'insouciant lourdaud lui donnant de la chair non lavée, à un fauconneau[1]!

— Va donc, tu n'es qu'un fauconneau toi-même, mon petit Roland, répliqua le fauconnier. — Est-ce que tu entends quelque chose à la manière de les nourrir? Je te dis que le fauconneau doit avoir sa viande non lavée jusqu'à ce qu'il devienne branchier[2]; — ça serait le sûr moyen de lui donner la frisure[3], que de lui laver sa viande plus tôt; c'est ce que savent tous ceux qui distinguent un gled[4] d'un faucon.

— C'est ta propre paresse, mauvais sang d'Anglais, toi qui ne fais rien que de boire et de dormir, et qui laisses tout l'ouvrage à ce grand lâche, qui ne s'en met pas plus en peine que toi.

— Ah! je suis un paresseux, moi qui ai à soigner trois paires de faucons au perchoir, et à les faire voler, par-dessus le marché? — Le page de mylady est-il un homme si occupé qu'il puisse me venir prendre en faute? — Et je suis un mauvais sang d'Anglais? — je voudrais bien savoir de quel sang tu es, toi? — Ni Anglais ni Écossais, — ni poisson ni chair, — un bâtard du Pays Contesté, sans parent ni allié! — Marry! détale d'ici, mauvais épervier, qui voudrais faire le noble tiercelet[5]!

La réplique à ce sarcasme fut un soufflet sur l'oreille, si bien appliqué que le fauconnier alla tomber à la renverse dans la citerne où se conservait l'eau pour les faucons. Adam Woodcock se releva vivement, le bain froid n'ayant nullement calmé sa colère, et saisissant un bâton qui se trouva là, il aurait eu bientôt tiré vengeance de l'injure qu'il avait reçue, si Roland n'avait pas mis la main à son poignard, et juré par tout ce qu'il y a de sacré que s'il lui portait un seul coup il lui enfoncerait la lame dans le corps. Le bruit devint alors si grand, que plus d'un domestique fut attiré au lieu de la scène, et entre autres le ma-

---

[1] Il y a dissidence parmi les autorités quant au temps durant lequel le petit du faucon doit être nourri de chair préalablement lavée. (W. S.)
[2] Terme de fauconnerie. Jusqu'à ce qu'il perche. (L. V.)
[3] *Frounce*; maladie des jeunes oiseaux. (L. V.)
[4] Épervier. (L. V.)
[5] On sait qu'on nomme *tiercelet* le mâle de certains oiseaux de proie, notamment du faucon. (L. V.)

jordome, grave personnage que nous avons déjà mentionné, et dont la chaîne d'or et la baguette blanche annonçaient l'autorité. A l'apparition de ce dignitaire, la dispute s'apaisa momentanément. Il profita, néanmoins, d'une si belle occasion pour débiter à Roland Græme un sermon sévère sur l'inconvenance de sa conduite envers ses camarades, et pour l'assurer que s'il parlait de cette scène à son maître (qui était alors absent pour une de ses fréquentes expéditions, mais qu'on attendait de moment en moment), ce qu'il ferait très-certainement n'était par respect pour mylady, la résidence du coupable au château d'Avenel ne serait pas de longue durée. — Mais néanmoins, ajouta le prudent majordome, je ferai d'abord mon rapport à mylady.

— Oui, oui, maître Wingate, exclamèrent plusieurs voix en même temps; mylady verra si les dagues doivent être levées sur nous à la première parole un peu légère, et si nous sommes pour vivre dans une maison bien ordonnée où l'on a la crainte de Dieu, ou bien au milieu des dirks et des couteaux.

L'objet de ce ressentiment universel lança un regard de colère autour de lui, et contenant avec peine l'envie qu'il avait de répondre en termes de fureur ou de mépris, il remit sa dague au fourreau, promena un œil dédaigneux sur les domestiques rassemblés, tourna court sur ses talons, et, repoussant du coude ceux qui se trouvaient entre lui et la porte, quitta la fauconnerie.

— Cette maison-ci ne sera pas arbre pour mon nid, dit le fauconnier, si ce moineau-là doit chanter au-dessus de nous comme ça en a l'air.

— Il m'a donné hier des coups de houssine, ajouta un des palefreniers, parce que la queue du hongre de Sa Révérence n'était pas arrangée tout à fait à sa fantaisie.

— Et je vous promets, dit la lessiveuse, que monsieur ne se gênera pas pour donner à une honnête femme des noms qui ne lui conviennent pas, s'il y a seulement une tache de suie sur le col de sa chemise.

— Si maître Wingate ne fait pas son rapport à mylady (telle fut la conclusion générale), il n'y aura pas moyen de demeurer dans la même maison que Roland Græme.

Le majordome les écouta tous quelque temps; puis leur imposant silence d'un geste, il prit la parole avec toute la dignité de Malvolio lui-même : — Mes maîtres, — sans vous oublier, mesdames, — ne pensez pas mal de moi parce que je procède en cette affaire avec autant de soin que de hâte. Notre maître est un brave chevalier, et il exercera son autorité à la maison et dehors, au bois et aux champs, dans la salle et la chambre à coucher, comme dit le proverbe. Notre dame, que Dieu la bénisse, est aussi une noble personne d'ancienne famille, légitime héritière de ce château et de la baronnie, et elle aime aussi sa volonté ; et quant à cela, montrez-moi la femme qui ne l'aime pas. Or, elle a favorisé, favorise et favorisera ce malin démon, — pour quoi de bon en lui, c'est ce que je ne sais pas, si ce n'est que comme une noble dame aimera un petit chien, une autre un braillard de perroquet, et une troisième un singe de Barbarie, de même il plaît à notre noble dame de mettre ses affections sur ce lutin de page, je ne peux pas deviner à cause de quoi, sinon parce que c'est elle qui l'a empêché de se noyer (ce qui n'aurait pas été grand dommage). Ici maître Wingate fit une pause.

— J'aurais été sa caution pour un gris groat[1] contre l'eau salée ou l'eau douce, dit l'adversaire de Roland, le fauconnier. Marry! s'il ne fait pas sentir le poids de son corps à une corde pour avoir joué du poignard ou des mains, je ne veux jamais chaperonner un faucon de ma vie!

— Paix, Adam Woodcock! reprit Wingate en agitant la main; paix, je te prie, mon ami. — Or, mylady, en aimant ce garnement, comme je vous le disais, diffère en cela de mylord, qui n'a jamais aimé un os dans sa peau. Or, est-ce à moi de jeter la zizanie entre eux, et de mettre, comme on le dit, le doigt entre l'écorce et l'arbre, à cause d'un jeune brouillon, que néanmoins je verrais volontiers chasser de la baronnie à coups de fouet? Prenez patience, le clou crèvera sans que nous nous en mêlions. J'ai été au service depuis que j'ai eu de la barbe au menton jusqu'à présent que ma barbe est devenue grise, et j'ai rarement vu quelqu'un gagner quelque chose même en prenant le parti de mylady contre mylord; mais je n'ai jamais vu personne qui ne s'enferrât lui-même, s'il prenait le parti de mylord contre mylady.

— De façon, dit Lilias, qu'il faut que nous entendions ce petit mendiant parvenu chanter plus haut que nous tous tant que nous sommes, hommes et femmes, coq et poule? — J'essaierai pourtant auparavant qu'est-ce qui l'emportera de nous deux, je vous le promets. — J'imagine, maître Wingate, que tout prudent que vous avez l'air d'être, vous voudrez bien dire ce que vous avez vu aujourd'hui, si mylady vous l'ordonne?

— Dire la vérité quand mylady me l'ordonne, répondit le prudent majordome, est jusqu'à un certain point mon devoir, mistress Lilias; sauf et excepté toujours les cas où on ne pourrait la dire sans mal et inconvénient pour moi ou mes compagnons de service : car la langu d'un rapporteur brise les os aussi bien qu'un bâton de Jeddart[2].

— Mais ce rejeton de Satan n'est pas de vos amis ni de vos compa-

---

[1] *Groat*, petite monnaie d'Écosse. *Groat gris (gray groat)*, façon de parler populaire analogue à notre expression « un rouge liard. » (L. V.)

[2] Sorte de hache de bataille, ainsi nommée de ce qu'elle est spécialement en usage dans cette ancienne ville, dont l'écusson représente encore un cavalier armé brandissant une hache de cette espèce. (W. S.)

Jeddart ou Jedburgh est une ville du Teviotdale, dans le sud de l'Écosse. (L. V.)

gnons de service; et j'espère que vous ne voulez pas prendre parti pour lui contre tout le reste des habitants du château?

— Croyez-moi, mistress Lilias; si je voyais le moment convenable, je lui ferais bien volontiers sentir le côté rude de ma langue.

— Assez parlé, maître Wingate; en ce cas, comptez que sa chanson sera bientôt dite. Si ma maîtresse ne me demande pas ce qui se passe au bas des escaliers, avant qu'elle soit de dix minutes plus vieille, elle n'est pas femme et mon nom n'est pas Lilias Bradbourne.

Pour arriver à ses fins, mistress Lilias ne manqua pas de se présenter devant sa maîtresse avec tous les dehors d'une personne qui est en possession d'un secret important, — c'est-à-dire les coins de la bouche abaissés, les yeux levés vers le ciel, les lèvres aussi serrées que si elles eussent été cousues pour l'empêcher de jaser, et dans toute sa personne et ses manières un air affecté d'importance mystérieuse qui semblait dire : Je sais quelque chose que je suis décidée à ne pas vous dire.

Lilias avait bien étudié le caractère de sa maîtresse, qui, toute sage et toute bonne qu'elle était, n'en était pas moins aussi une fille de notre grand'mère Ève, et qui ne put voir cette conduite mystérieuse de sa suivante sans qu'il lui tardât d'en connaître la cause secrète. Pendant quelque temps, mistress Lilias fit la sourde oreille à toutes les questions, soupira, leva les yeux au ciel encore plus haut qu'auparavant, espéra que tout irait pour le mieux, mais n'eut rien de particulier à communiquer. Tout ceci, comme on devait naturellement s'y attendre, ne fit que stimuler la curiosité de la dame, dont l'impatience ne pouvait se contenter de demi-mots et de réticences, tels que : Dieu merci, je ne suis pas un boute-feu, — ni une rapporteuse; — Dieu merci, je n'ai jamais envié la faveur de personne, et je n'ai jamais été empressée de divulguer leur inconduite; — seulement, grâce à Dieu, il n'y a pas eu dans la maison de sang versé ni de meurtre, — voilà tout.

— De sang versé ni de meurtre! exclama la dame; que veut dire cette folle?—Si vous ne parlez pas clairement, il vous arrivera quelque chose dont vous ne rendrez guère grâces à Dieu.

— Hé bien, mylady, repartit Lilias, impatiente de décharger son cœur, ou, pour employer l'expression de Chaucer « de déboucler sa valise, » si vous m'ordonnez de dire la vérité, il ne faudra pas vous fâcher de ce qui pourra vous déplaire. — Roland Grœme a poignardé Adam Woodcock, — voilà tout.

— Juste Ciel! s'écria la dame en pâlissant; l'homme est-il tué?

— Non, madame, mais il aurait été tué s'il n'y avait pas eu là un prompt secours; mais c'est peut-être le bon plaisir de mylady que ce jeune écuyer poignarde les domestiques, aussi bien qu'il les houssine et les bâtonne.

— Allons donc, mignonne, vous vous oubliez. — Dites à l'intendant de venir me trouver sur-le-champ.

Lilias se hâta d'aller chercher M. Wingate, et de l'amener en présence de sa maîtresse, ayant soin de lui dire en route, en guise d'avertissement : J'ai mis la meule en branle ; ayez soin de ne pas la laisser s'arrêter.

L'intendant, personnage trop prudent pour se commettre autrement, répondit par un clignement d'yeux et un signe de tête d'intelligence, et un moment après il se trouva en présence de lady Avenel, devant laquelle il parut avec un respect en partie réel, en partie affecté, et un air de sagacité qui annonçait une bonne opinion de soi-même peu ordinaire.

— Qu'est ceci, Wingate ? lui dit la dame, et quelle discipline tenez-vous dans le château, que les domestiques de sir Halbert Glendinning tirent la dague les uns contre les autres comme dans une caverne de brigands et de meurtriers ? — La blessure est-elle dangereuse ? — et qu'est devenu... qu'est devenu ce malheureux enfant ?

— Il n'y a encore personne de blessé, madame, répondit le dignitaire à la chaîne d'or ; mais cela passe mon humble savoir de dire combien il pourra y en avoir d'ici à Pâques, si on ne prend pas quelques mesures à l'égard de ce jeune homme. — Non que ce ne soit un beau jeune homme, ajouta-t-il en se reprenant, et habile à ses exercices ; mais il est un peu trop prompt du bout de ses doigts, du manche de sa houssine et de la pointe de sa dague.

— Et à qui la faute sinon à vous, qui auriez dû lui inculquer une meilleure discipline que de se quereller et de tirer la dague ?

— S'il plaît à mylady de rejeter le blâme sur moi, c'est sans doute à moi de le porter ; — seulement, je soumettrai à votre considération, qu'à moins de clouer son arme au fourreau, je ne pourrais pas plus l'y tenir en repos que je ne pourrais fixer le vif-argent, ce qui a défié l'habileté de Raymond Lullius lui-même.

— Ne me parlez pas de Raymond Lullius, et envoyez-moi ici le chapelain, dit la dame avec impatience. Vous devenez tous trop savants pour moi, durant les longues et fréquentes absences de votre maître. Plût à Dieu que ses affaires lui permissent de demeurer chez lui et de gouverner lui-même sa maison, car cela passe mon esprit et mon habileté !

— A Dieu ne plaise, mylady, que vous pensiez véritablement ce que vous voulez bien dire ! repartit l'intendant ; vos vieux serviteurs ont droit d'espérer qu'après avoir durant tant d'années rempli leurs devoirs, vous serez trop juste envers eux pour retirer votre confiance à leurs cheveux gris, parce qu'ils ne peuvent régler l'humeur difficile d'une jeune tête, que celui à qui elle appartient porte peut-être une couple de pouces plus haut qu'il ne convient.

— Laissez-moi, répliqua la dame ; le retour de sir Halbert doit maintenant être attendu au premier jour, et il examinera tout ceci lui-même. — Laissez-moi, vous dis-je, Wingate, et qu'il n'en soit plus question. Je sais que vous êtes un bon et honnête serviteur, et je crois que le jeune homme est pétulant ; et pourtant, je pense que c'est la faveur que je lui ai témoignée qui vous a tous ligués contre lui.

L'intendant salua et se retira, après que sa maîtresse lui eut une seconde fois imposé silence lorsqu'il voulait expliquer les motifs qui l'avaient fait agir.

Le chapelain arriva ; mais lady Avenel ne reçut pas non plus de lui une grande consolation. Elle le trouva disposé, au contraire, à mettre sans ménagement sur le compte de l'indulgence qu'elle avait montrée pour Roland Grœme tous les désordres qu'avait déjà occasionnés au château, ou que pourrait y occasionner par la suite, le caractère emporté du jeune homme. — Je voudrais, dit-il, honorée dame, que vous eussiez daigné vous régler sur mes avis au début de cette affaire ; car il est aisé d'arrêter le mal dans sa source, au lieu qu'il est difficile de lutter contre lui quand il est dans la force de son cours. Il vous a plu, honorée dame (mot que je n'emploie pas selon les vaines formules de ce monde, mais parce que je vous ai toujours aimée et honorée comme une dame honorable et élue du Ciel), il vous a plu, dis-je, madame, contrairement à mes conseils humbles, mais pressants, de sortir cet enfant de sa situation pour l'élever presque à votre niveau.

— Que voulez-vous dire, révérend père ? J'ai fait de ce jeune homme un page : — y a-t-il là quelque chose qui ne convienne pas à mon caractère ou à ma qualité ?

— Je ne conteste pas, madame, repartit l'obstiné prédicateur, vos intentions bienveillantes en vous chargeant de ce jeune homme, ni le droit que vous aviez de lui donner ce vain caractère de page, si tel était votre plaisir ; bien que mon esprit n'aille pas jusqu'à découvrir à quoi peut tendre l'éducation d'un enfant élevé à la suite d'une femme, sinon à enter la vanité et la mollesse sur l'amour-propre et l'arrogance. Mais, ce dont je vous blâme plus directement, c'est du peu de soin que vous avez pris de le mettre en garde contre les périls de sa condition, aussi bien que de dompter et d'humilier un esprit naturellement hautain, despote et impatient. Vous avez élevé près de vous un lionceau ; charmée de la beauté de son pelage et de la grâce de ses gambades, vous ne lui avez pas mis les entraves qu'exigeait la férocité de sa nature. Vous l'avez laissé grandir aussi indépendant de tout respect et de toute contrainte que s'il eût été encore un habitant de la forêt, et maintenant vous êtes surprise, et vous appelez à votre aide, quand il commence à courir, à mordre et à déchirer, suivant son instinct naturel.

— M. Warden, dit la dame vivement blessée, vous êtes l'ancien ami de mon époux, et je crois à votre sincère affection pour lui et sa maison. Permettez-moi de dire, cependant, qu'en vous demandant conseil je ne m'attendais pas à cette âpreté de réprimande. Si j'ai fait mal en aimant ce pauvre orphelin plus que d'autres enfants de sa classe, j'ai peine à croire que l'erreur méritât une censure aussi sévère ; et si une plus stricte discipline était nécessaire pour maintenir dans les bornes son caractère impétueux, on devait, ce me semble, considérer que je suis une femme, et que si j'ai erré en ceci, il convient au caractère d'un ami de venir à mon secours plutôt que de me faire des reproches. Je voudrais que ces désordres fussent réparés avant le retour de mylord. Il n'aime ni la discorde domestique ni les querelles intérieures ; et je ne voudrais pas qu'il pensât que cette discorde et ces querelles proviennent de quelqu'un que j'ai favorisé. — Que me conseillez-vous de faire ?

— De renvoyer ce jeune homme de votre service, madame.

— Vous ne pouvez me conseiller de faire cela, M. Warden ; comme chrétien, par simple humanité, vous ne pouvez me conseiller de renvoyer ainsi une créature sans protection, à laquelle ma faveur, faveur peu judicieuse, si vous voulez, a suscité tant d'ennemis.

— Il n'est pas nécessaire que vous l'abandonniez tout à fait, mais seulement que vous le renvoyiez à un autre service, ou à une vocation plus convenable à sa naissance et à son caractère ; ailleurs il pourra devenir un membre utile et profitable de la communauté : — ici ce n'est qu'un porte-trouble et une pierre d'achoppement. Le jeune homme a des éclairs de bon sens et d'intelligence, quoiqu'il manque d'application. Je lui donnerai moi-même des lettres de recommandation pour Olearius Schinderhausen, savant professeur à la célèbre Université de Leyde, où on a besoin d'un sous-janitor [1] ; — là, outre l'instruction gratuite, si Dieu lui fait la grâce de la chercher, il recevra cinq marcs par an, et les vieux habits du professeur, qui les renouvelle tous les deux ans.

— Cet arrangement ne pourra convenir, mon bon M. Warden, dit la dame, ayant peine à retenir un sourire ; nous penserons à cette affaire plus à loisir. En attendant, je compte sur vos remontrances à cet ingouvernable enfant et aux gens du château pour mettre un terme à ces jalousies malséantes et à ces violents accès de colère ; et je vous conjure de leur mettre sous les yeux, à lui et à eux, leur devoir à cet égard envers Dieu et envers leur maître.

— Vous serez obéie, madame. Jeudi prochain je ferai une exhortation à la famille, et, avec l'aide de Dieu, je lutterai de telle sorte contre le démon de la colère et de la violence qui s'est introduit dans mon petit troupeau, que j'espère chasser le loup de la bergerie, comme si je lançais les chiens à sa poursuite.

---

[1] Sous-portier. (L. V.)

Cette partie de la conférence fut la plus agréable à M. Warden. La chaire était à cette époque un instrument aussi puissant pour exciter les émotions populaires que la presse l'est devenue depuis, et il avait eu des succès comme prédicateur, ainsi que nous l'avons déjà vu. Il s'ensuivait comme conséquence naturelle qu'il surestimait quelque peu la puissance de son éloquence oratoire, et que, de même que quelques-uns de ses confrères du temps, il était enchanté qu'une occasion s'offrît d'aborder une affaire importante, soit publique, soit privée, et d'en introduire la discussion dans ses discours. Dans ce siècle encore rude, on ignorait cette délicatesse qui prescrit pour des exhortations personnelles le moment et le lieu convenables ; et de même que le prédicateur de la cour s'adressait souvent au roi en personne, et lui dictait la conduite qu'il devait tenir dans des affaires d'état, de même le baron ou les personnes de sa suite étaient souvent, dans la chapelle du château féodal, irrités ou effrayés, selon le cas, par la discussion de leurs fautes privées dans les exercices du soir, et par les censures spirituelles dirigées contre eux, en spécifiant les faits, les personnes et les noms.

Le sermon par lequel Henry Warden se proposait de ramener la concorde et le bon ordre au château d'Avenel avait pour texte ces paroles bien connues : *Celui qui frappera du glaive périra par le glaive*, et offrit un singulier mélange de bon sens et de pédantisme, de puissance oratoire et de mauvais goût. Il s'étendit assez au long sur le mot *frapper*, qui comprenait, assura-t-il à ses auditeurs, les coups portés avec la pointe aussi bien qu'avec le tranchant, et plus généralement les coups d'armes à feu, d'arbalètes, d'arcs, de lances, et de tout autre objet quelconque au moyen duquel la mort peut être occasionnée à l'adversaire. Il prouva d'une manière non moins satisfaisante que le mot *glaive* se rapportait aux épées de toutes les sortes, sabres ou épées proprement dites, espadons ou rapières, *falchions* ou cimeterres. — Mais si le texte, continua-t-il, s'animant de plus en plus, comprend dans son anathème chacune de ces armes que l'homme a inventées pour en user dans ses querelles ouvertes, à plus forte raison se rapporte-t-il à celles qui par leur forme et leurs dimensions sont imaginées plutôt pour satisfaire par trahison une animosité privée, que pour détruire un ennemi préparé à l'attaque et se défendant de pied ferme. Tels, poursuivit-il en dirigeant un regard sévère du côté où le page était assis sur un coussin aux pieds de sa maîtresse, portant à son ceinturon écarlate une belle dague à poignée dorée, — tels surtout je tiens être ces instruments de mort, qui, dans la bizarrerie de nos temps modernes, sont portés non-seulement par les voleurs et les coupe-jarrets, à qui ils appartiennent en propre, mais même par des gens attachés au service de dames, et qui attendent dans les appartements les ordres de leurs honorables maîtresses. Oui, mes amis, — chaque espèce de cette malheureuse arme, fabriquée pour tout mal et pour rien de bon, est comprise sous cette dénonciation terrible, que ce soit le stylet que nous avons emprunté au perfide Italien, ou le dirk porté par le sauvage Highlander, ou le *whinger* passé à la ceinture de nos propres bandits et de nos coupe-jarrets du Border, ou enfin que ce soit une dague, toutes sont également des engins inventés par le diable lui-même comme autant d'instruments rapides de colère et de mort, prompts à attaquer et difficiles à parer. Le spadassin vulgaire lui-même dédaigne l'usage d'un tel instrument de trahison et de malignité, qui conséquemment convient non à des hommes et à des soldats, mais à ceux qui, élevés sous la discipline féminine, deviennent eux-mêmes d'efféminés hermaphrodites, chez lesquels l'irritabilité et la couardise de la femme s'ajoutent aux faiblesses et aux mauvaises passions de leur nature d'homme.

Il serait difficile de rendre l'effet que produisit cette allocution sur la congrégation réunie du château d'Avenel. La dame semblait à la fois embarrassée et offensée; les domestiques pouvaient à peine réprimer, sous une contenance affectée de profonde attention, la joie avec laquelle ils entendaient le chapelain lancer ses foudres à la tête du favori détesté, et anathématiser l'arme qu'ils considéraient comme un objet d'affectation et de parure. Mistress Lilias se rengorgeait et relevait la tête avec tout l'orgueil profondément senti du ressentiment satisfait; tandis que l'intendant, conservant sur sa physionomie une stricte neutralité, tenait les yeux fixés sur un vieil écusson appendu à la muraille opposée, et semblait l'étudier avec un soin extrême, aimant peut-être mieux encourir le reproche d'avoir été inattentif au sermon, que celui de paraître écouter avec une approbation marquée ce qui semblait être si peu du goût de sa maîtresse.

Le malheureux objet de la harangue, à qui la nature avait donné des passions que jusqu'alors il n'avait pas appris à contraindre, ne pouvait cacher le ressentiment qu'il éprouvait de se voir ainsi directement désigné au mépris ainsi qu'à la censure des habitants réunis du petit monde au milieu duquel il vivait. Son front devint pourpre, ses lèvres pâlirent; il grinça des dents, serra les poings; et alors, par un mouvement machinal, sa main se porta à l'arme à laquelle le ministre avait donné un si hideux caractère; puis enfin, à mesure que le prédicateur ajoutait de nouvelles couleurs à son attaque, il sentit sa rage s'accroître à un tel point, que, craignant d'être poussé à quelque acte de violence désespérée, il se leva, traversa la chapelle à pas précipités, et quitta la congrégation.

Le prédicateur étonné s'arrêta subitement, tandis que l'impétueux jeune homme traversait la chapelle comme un éclair, et lui lançait en passant un regard où il eût voulu concentrer la même puissance de foudroyer et de consumer; mais à peine Roland fut-il sorti, à peine eut-il violemment tiré sur lui la porte d'entrée par laquelle la chapelle communiquait au château, que l'inconvenance de sa conduite fournit à Warden un de ces heureux sujets d'éloquence dont nous savons qu'il aimait à prendre avantage pour faire sur ses auditeurs une impression convenable. Il fit une courte pause ; puis, d'une voix lente et solennelle, il prononça le terrible anathème : Il est parti du milieu de nous, parce qu'il n'était pas des nôtres! — Le malade n'a pu supporter la salutaire amertume de la médecine ; — le blessé a tressailli sous le fer amical du chirurgien ; — la brebis s'est enfuie de la bergerie et s'est livrée elle-même au loup, parce qu'elle n'a pu se soumettre à la conduite humble et paisible exigée de nous par le grand Pasteur. — Ah! mes frères, défiez-vous de la colère, — défiez-vous de l'orgueil, — défiez-vous du péché mortel et destructeur, qui si souvent se montre à nos yeux débiles sous les vêtements de la lumière. Qu'est notre honneur terrestre? — orgueil, et rien qu'orgueil. Que sont nos dons et nos grâces terrestres? — orgueil et vanité. — Les voyageurs parlent d'Indiens qui se parent de coquillages et s'enduisent de fard, et sont aussi fiers de leur parure que nous le sommes de nos misérables avantages charnels. — L'orgueil a pu précipiter du Ciel l'étoile matinale jusqu'aux confins de l'Abîme ; — l'orgueil et la présomption allumèrent l'épée flamboyante qui nous chassa du paradis ; — l'orgueil rendit Adam mortel, et fit de lui un malheureux errant sur la face de la terre, dont autrement il serait aujourd'hui le seigneur immortel ; — l'orgueil a amené le péché parmi nous, et double chaque péché apporté par lui. C'est la sentinelle avancée que le démon et la chair maintiennent avec le plus d'opiniâtreté contre les assauts de la grâce; et jusqu'à ce qu'il soit dompté et ses barrières abaissées au niveau du sol, il y a plus d'espoir en un fou qu'en un pécheur. Arrachez donc de votre sein ce rejeton maudit de la pomme fatale ; arrachez-en jusqu'aux dernières racines, fussent-elles entrelacées avec les fibres mêmes de votre vie. Profitez de l'exemple du misérable pécheur qui s'est éloigné de vous, et embrassez les moyens du salut tandis qu'il est appelé aujourd'hui, — avant que vos consciences soient desséchées comme par un brandon ardent, avant que vos oreilles soient devenues sourdes comme celles de la couleuvre, avant que votre cœur soit endurci comme la meule gisante du moulin. Debout donc, et agissez! — Luttez et terrassez! — résistez, et l'ennemi fuira loin de vous. — Veillez et priez, de peur que vous ne tombiez en tentation, et que la chute des autres vous serve d'avertissement et d'exemple. Par-dessus tout, ne comptez pas sur vous-mêmes ; car une telle confiance en soi est le pire symptôme de la maladie. Le pharisien se croyait peut-être humble, quand il s'agenouillait dans le temple et remerciait Dieu de ne pas ressembler aux autres hommes, et surtout aux publicains; mais tandis que ses genoux touchaient le marbre du pavé, sa tête était aussi haute que le pinacle le plus élevé du temple. Ne vous abusez donc pas vous-mêmes, et n'offrez pas de monnaie fausse, là où la plus pure que vous puissiez présenter n'est encore que scorie. — Ne pensez pas qu'elle passerait à la pierre de touche de la sagesse suprême ; mais ne vous reculez pas de la tâche, parce que, comme mon devoir m'y oblige, je ne vous en déguise pas les difficultés. L'examen de soi-même peut beaucoup, — la Méditation peut beaucoup, — la Grâce peut tout.

Et il conclut par une exhortation vive et touchante à ses auditeurs de chercher la grâce divine, qui montre toute sa perfection dans la faiblesse humaine.

L'auditoire n'écouta pas cette allocution sans en être profondément affecté, quoiqu'on pût mettre en doute si les sentiments de triomphe excités par la retraite ignominieuse du page favori n'affaiblissaient pas notablement dans l'esprit de nombre des assistants l'effet des exhortations du prédicateur à la charité et à l'humilité. Et, de fait, l'expression de leurs physionomies ressemblait beaucoup à l'air satisfait et triomphant d'une troupe d'écoliers qui, venant de voir punir un camarade d'une faute à laquelle ils n'ont pas eu de part, s'appliquent à leurs tâches avec une double ardeur, d'abord parce qu'ils ne sont point dans l'embarras, puis parce que le coupable s'y trouve.

Ce fut dans une disposition bien différente que lady Avenel regagna son appartement. Elle se sentait irritée contre Warden de ce qu'il avait fait d'une affaire domestique à laquelle elle prenait un intérêt personnel le sujet d'une telle discussion publique. Toutefois, elle savait que c'était là un point que le digne ministre réclamait comme un droit de sa liberté chrétienne en sa qualité de prédicateur, et que d'ailleurs cette prétention était justifiée par l'usage universel de ses confrères. Mais la conduite imprudente de son protégé l'affligeait encore plus profondément. Avoir enfreint d'une manière si éclatante, non-seulement le respect dû à sa présence, mais encore celui avec lequel était toujours reçue à cette époque une admonition religieuse, objet d'une déférence toute particulière, c'était justifier l'imputation d'arrogance indomptable que lui faisaient ses ennemis. Et cependant, tant qu'il avait été sous ses yeux, elle n'avait jamais rien vu en lui au delà de cette impétuosité que lui paraissaient excuser l'âge et la vivacité de son jeune protégé. Cette opinion pouvait, jusqu'à un certain point, être entachée de partialité ; jusqu'à un certain point aussi, elle pouvait avoir été influencée par la bonté indulgente qu'elle avait toujours eue pour lui ; mais, néanmoins, elle regardait comme impossible qu'elle se fût totalement méprise dans l'opinion qu'elle s'était formée de son caractère. Une extrême violence est difficilement compatible avec une hypocrisie continuelle (malgré les charitables insinuations de Lilias, qu'on les avait quelquefois trouvées heureusement unies), et conséquemment elle ne pouvait pas s'en rapporter absolument à l'opinion des autres contre sa propre expérience et ses observations personnelles. La pensée de cet orphelin s'était attachée aux fibres de son cœur, et elle éprouvait pour lui une tendresse qu'elle-même ne pouvait s'expliquer. Il semblait lui avoir été envoyé par le Ciel pour occuper les intervalles de vide et de langueur qui jetaient tant d'ennui sur sa vie. L'idée qu'elle seule l'aimait ne contribuait peut-être pas à le lui rendre moins cher, non plus que la pensée qu'en lui retirant son appui elle ménagerait au jugement de son mari et à celui des autres un triomphe aux dépens du sien,—circonstance qui n'est jamais absolument indifférente aux meilleurs époux, à quelque sexe qu'ils appartiennent.

Finalement, lady Avenel prit la résolution intérieure de ne pas abandonner son page tant que son page pourrait raisonnablement être protégé; et afin de s'assurer jusqu'à quel point cette protection lui pouvait être continuée, elle donna l'ordre qu'on le fit venir devant elle.

CHAPITRE V.

> Dans une tempête furieuse, le nautonier abat son mât, et le marchand jette aux vagues les marchandises qui naguère lui semblaient si précieuses; ainsi, prince et ministre, au milieu des dissensions civiles, sacrifient leurs favoris à l'animosité populaire. *Ancienne Comédie*

L s'écoula quelque temps avant que Roland Grœme parût. La messagère (son ancienne amie Lilias) avait d'abord essayé d'ouvrir la porte de la petite chambre du page, dans le charitable dessein, sans doute, de jouir de la confusion du coupable et de voir quelle serait son attitude. Mais cette petite barre de fer qu'on nomme un verrou retenait la porte en dedans, et mit obstacle à ses intentions bienveillantes. Lilias frappa, puis appela : Roland! — Roland Grœme! — *Monsieur* Roland Grœme! (appuyant avec affectation sur le mot monsieur) voulez-vous être assez bon pour ouvrir la porte? — Qu'est-ce que vous avez? — êtes-vous en prières dans votre chambre, pour compléter les dévotions que vous avez laissées inachevées en public? — Sûrement il faudra que nous ayons une tribune grillée pour vous dans la chapelle, afin que monseigneur ne soit pas exposé aux regards des gens du commun! On ne faisait toujours pas de réponse. — Hé bien, M. Roland, reprit la femme de chambre, il faut que j'aille dire à ma maîtresse que si elle veut avoir une réponse il faut qu'elle vienne elle-même, ou qu'elle vous envoie des gens en état d'abattre la porte.

— Que demande votre maîtresse? dit le page, de l'intérieur.

— Marry! ouvrez la porte, et vous le saurez. Il me semble qu'il convient qu'un message de mylady soit écouté face à face; et je ne veux pas, pour votre bon plaisir, vous le siffler à travers un trou de serrure.

— Le nom de votre maîtresse, dit le page en ouvrant la porte, est un trop beau couvert pour votre impertinence. — Que veut mylady?

— Que vous vouliez bien venir la trouver sur-le-champ dans son cabinet. Je présume qu'elle a quelques instructions à vous donner sur la manière dont vous devrez quitter la chapelle à l'avenir.

— Dites à mylady que je me rends près d'elle à l'instant même; et rentrant dans sa chambre, il en referma la porte au nez de l'ambassadrice.

— C'est d'une rare politesse! murmura Lilias? et revenant vers sa maîtresse, elle lui rapporta que Roland Græme se rendrait devant elle quand ce serait à sa convenance.

— Quoi! sont-ce là ses expressions, Lilias, ou est-ce une addition de vous? dit la dame froidement.

— Oh! madame, repartit la suivante, évitant de répondre directement à la question, il avait l'air disposé à dire bien d'autres impertinences, si j'avais bien voulu les écouter. — Mais le voici qui vient répondre lui-même.

Roland Græme avait en entrant l'air plus fier que de coutume et le teint plus animé; on voyait dans ses manières un certain embarras, qui pourtant n'était pas celui de la crainte ou du repentir.

— Jeune homme, dit la dame, qu'imaginez-vous que je puisse penser de votre conduite d'aujourd'hui?

— Si elle vous a offensée, madame, j'en suis profondément peiné, répondit Roland.

— M'avoir offensée seule serait peu de chose; — mais vous vous êtes rendu coupable d'une conduite dont votre maître sera grandement blessé : — violence envers vos camarades, et manque de respect envers Dieu lui-même, dans la personne de son envoyé.

— Permettez-moi de répondre, mylady, que si j'ai offensé ma seule maîtresse, ma seule amie, ma seule bienfaitrice, ma faute est là tout entière, et que c'est de cela seulement que je dois être puni. — Sir Halbert Glendinning ne me donne pas plus le titre de serviteur que je ne lui donne celui de maître; — il n'a aucun titre pour me blâmer d'avoir châtié un valet insolent, — et je ne redoute pas non plus la colère du Ciel pour avoir traité avec mépris l'intervention inautorisée d'un prêcheur présomptueux.

Lady Avenel avait parfois vu dans son favori les symptômes d'une pétulance enfantine et d'une disposition prononcée à recevoir avec impatience des observations ou des reproches; mais sa conduite actuelle avait un caractère de résolution plus grave, et un instant elle ne sut comment traiter le jeune homme qui semblait avoir pris tout à coup non-seulement le caractère d'un homme fait, mais encore d'un homme hardi et déterminé. Elle se tut un moment; puis, prenant la dignité qui lui était naturelle, elle lui dit : Est-ce à moi, Roland, que vous tenez ce langage? Est-ce dans l'intention de me faire repentir de la faveur que je vous ai montrée, que vous vous déclarez également indépendant de tout maître terrestre et céleste? Avez-vous oublié ce que vous étiez, et à quoi la perte de ma protection vous aurait bientôt réduit?

— Madame, repartit le page, je n'ai rien oublié ; je ne me souviens que trop. Je sais que sans vous j'aurais péri dans ces eaux, ajouta-t-il en désignant de la main le lac qu'on apercevait à travers la fenêtre, agité en ce moment par le vent d'ouest. Votre bonté a été plus loin, madame ; vous m'avez protégé contre la malice des autres, et contre ma propre folie. Vous êtes libre, si telle est votre volonté, d'abandonner l'orphelin que vous avez élevé. Vous avez tout fait pour lui, et il ne se plaint de rien. Et cependant, mylady, ne croyez pas que j'aie été ingrat : — j'ai, pour ma part, enduré quelque chose que je n'aurais supporté pour personne au monde autre que ma bienfaitrice.

— Pour moi! et que puis-je vous avoir soumis à endurer, dont vous puissiez vous souvenir avec d'autres sentiments que ceux de gratitude?

— Vous êtes trop juste, madame, pour exiger que je sois reconnaissant du froid dédain avec lequel votre époux m'a constamment traité, — dédain qui n'a pas été sans mélange d'aversion plus prononcée. Vous êtes trop juste, madame, pour exiger que je sois reconnaissant des marques continuelles, incessantes, de mépris et de malveillance que j'ai reçues des autres, ou d'une homélie telle que celle dont votre révérend chapelain a aujourd'hui même régalé à mes dépens toute la maison réunie.

— Oreilles mortelles ont-elles jamais rien entendu de semblable! dit la femme de chambre, les mains jointes et les yeux levés au ciel ; il parle comme s'il n'était pas d'un penny moins que le fils d'un comte, ou tout au moins d'un chevalier !

Le page jeta sur elle un regard de souverain mépris, mais sans daigner répondre autrement. Sa maîtresse, qui elle-même commençait à se sentir sérieusement offensée, et qui cependant voyait avec douleur la folie du jeune homme, reprit du même ton :

— En vérité, Roland, vous vous oubliez si étrangement, que vous me pousseriez à prendre de sérieuses mesures pour vous rabaisser dans votre propre opinion, en vous réduisant au rang qui vous est propre dans la société.

— Et le mieux pour cela, ajouta Lilias, serait de le renvoyer dans le méchant habit de mendiant où mylady l'a pris.

— Lilias parle trop rudement, continua lady Avenel, mais elle a dit la vérité, jeune homme ; et je ne pense pas devoir ménager cet orgueil qui vous a si complétement tourné la tête. Vous avez été couvert de beaux vêtements et traité en fils de gentilhomme, et cela vous a fait oublier la source de votre sang rustique.

— Je vous demande pardon, très-honorable dame; Lilias n'a *pas* dit la vérité, et vous-même ne connaissez rien de mon origine qui vous mette en droit de la traiter avec un mépris si décidé. Je ne suis pas fils de mendiant : — ma grand'mère n'a jamais rien mendié de personne, ici ni ailleurs ; — elle aurait plutôt péri au milieu des bruyères. Nous avons été pillés et chassés de chez nous,—chance qui est arrivée ailleurs et à d'autres. Le château d'Avenel, avec son lac et ses tours, n'a pas toujours suffi pour mettre ses habitants à l'abri du besoin et de la désolation.

— Entendez-vous son assurance! s'écria Lilias; il reproche à mylady les malheurs de sa famille !

— C'est en effet un sujet que sa reconnaissance aurait dû m'épargner, ajouta lady Avenel, affectée néanmoins de l'allusion.

— Cela était nécessaire à ma justification, madame; sans quoi je n'aurais pas hasardé le moindre mot qui pût vous affliger. Mais croyez-moi, honorable dame, je ne suis pas de sang rustique. Je ne connais pas mon origine; mais ma seule parente me l'a dit, et mon cœur m'a confirmé la vérité de ses paroles : je suis issu de noble sang, et je mérite d'être noblement traité.

— Et c'est sur une assurance aussi vague, repartit la dame, que vous prétendez jouir de tous les égards, de tous les priviléges dus seulement à un rang éminent et à une naissance distinguée, et que vous aspirez à des prérogatives auxquelles les nobles seuls ont droit? Allez, monsieur, apprenez à vous mieux connaître, ou l'intendant vous apprendra que vous êtes passible d'un honteux châtiment comme un enfant impudent. Vous avez trop peu connu la discipline convenable à votre âge et à votre situation.

— L'intendant sentira ma dague avant que je sente sa discipline, répliqua le page, s'abandonnant à la colère qu'il avait contenue jusque-là. Mylady, j'ai été trop longtemps le vassal d'une pantoufle et l'esclave d'un sifflet d'argent. Il faudra dorénavant que vous en trouviez un autre pour répondre à votre appel ; et choisissez-le assez bas de naissance et d'esprit pour endurer le mépris de vos domestiques et pour donner le titre de maître à un rustre vassal.

— J'ai mérité cette insulte, dit lady Avenel, dont les joues devinrent pourpres, pour avoir si longtemps enduré et encouragé votre insolence. Sortez, monsieur! quittez ce château ce soir même; — je vous ferai tenir des moyens de subsistance jusqu'à ce que vous trouviez quelque voie honnête de vous suffire à vous-même, bien que je craigne que vos idées de grandeur imaginaire n'éloignent toutes les autres, sauf celles de rapine et de violence. Sortez, monsieur, et ne vous présentez plus devant moi !

Le page se jeta à ses pieds dans une agonie de douleur. — Ma chère et honorée maîtresse !... mais il fut hors d'état d'articuler une syllabe de plus.

— Levez-vous, monsieur, et lâchez ma mante, reprit lady Avenel ; — l'hypocrisie est un pauvre couvert pour l'ingratitude.

— Je suis incapable de l'une et de l'autre, madame, dit le page en se relevant avec la précipitation colérique qui appartenait à son caractère prompt et impétueux. Ne pensez pas que je veuille implorer la permission de résider ici ; depuis longtemps j'ai pris la résolution de quitter Avenel, et je ne me pardonnerai jamais de vous avoir laissée dire le mot *sortez !* avant de vous avoir dit *je vous quitte.* Je ne m'agenouillais que pour vous demander pardon d'une parole inconsidérée que j'ai employée dans la chaleur de mon ressentiment, mais qui ne convenait pas dans ma bouche, ni adressée à vous. Je ne demandais pas d'autre grâce. — Vous avez beaucoup fait pour moi ; — mais je vous répète que vous savez mieux ce que vous-même avez fait que ce que j'ai souffert.

— Roland, repartit la dame, quelque peu apaisée et touchée de pitié pour son favori, vous aviez à en appeler à moi quand vous vous trouviez offensé. Vous n'étiez pas obligé de souffrir une injure, pas plus que vous n'aviez le droit de vous en venger, tant que vous étiez sous ma protection.

— Et ces injures, si je les recevais de ceux que vous aimez ou qui ont votre faveur, devais-je troubler votre tranquillité par d'oiseux rapports et d'éternelles plaintes ? Non, madame ; j'ai porté mon fardeau en silence, et sans vous troubler par des murmures ; et le respect dont vous m'accusez de manquer est la seule raison qui m'a empêché d'en appeler à vous, ou de me venger de ma propre main d'une manière plus efficace. Il est bien, pourtant, que nous nous séparions. Je n'étais pas né pour être serviteur à gages, jouissant de la faveur de sa maîtresse jusqu'à ce que les calomnies des autres la lui aient fait perdre. Puisse le Ciel multiplier ses bénédictions les plus précieuses sur votre tête honorée, et, pour l'amour de vous, sur tous ceux qui vous sont chers !

Il était sur le point de quitter la chambre, quand lady Avenel le rappela. Il s'arrêta. — Ce n'était pas mon intention, lui dit-elle, et ce ne serait pas juste, non plus, malgré tout mon déplaisir, de vous renvoyer sans moyens de subsistance ; prenez cette bourse d'or.

— Pardonnez-moi, mylady, et laissez-moi partir d'ici avec la conscience de ne m'être pas dégradé jusqu'à accepter l'aumône. Si mes pauvres services peuvent entrer en compensation de mes vêtements et de ma subsistance, je ne vous reste débiteur que de la vie, et cela seul est une dette que je ne pourrai jamais acquitter ; reprenez donc cette bourse, et dites-moi plutôt que vous n'êtes plus fâchée contre moi.

—Fâchée, non, mais plutôt affligée de votre opiniâtreté. Mais prenez l'or ; — vous en aurez nécessairement besoin.

—Encore une fois, puisse Dieu vous récompenser de votre ton de bonté et de votre parole affectueuse ! mais je ne puis prendre cet or. J'ai des membres robustes, et ne manque pas autant d'amis que peut-être vous le pensez ; le temps pourra venir où je serai à même de prouver ma reconnaissance mieux que par de simples paroles.

Il se précipita aux genoux de lady Avenel, lui baisa la main qu'elle ne retira pas, puis quitta précipitamment la chambre.

Lilias tint un moment ses yeux fixés sur sa maîtresse, dont les joues s'étaient couvertes d'une telle pâleur qu'elle semblait sur le point de s'évanouir ; mais lady Avenel se remit presque aussitôt, et, refusant l'assistance que sa suivante lui offrait, se dirigea vers son appartement.

CHAPITRE VI.

> Tu as tous les secrets de la famille, Francis ; et j'oserais jurer que tu as été à l'office, arrosant ton humeur curieuse d'ale épaisse, et dans les bonnes grâces d'un sommelier bavard ; — oui, ou bien excitant le caquet de la femme de chambre en lui parlant de ses confitures. — C'est là la clef de tous les mystères domestiques. *Ancienne Comédie.*

Le lendemain de la scène que nous venons de rapporter, le favori disgracié quitta le château de grand matin ; et à l'heure du déjeuner, le circonspect intendant et mistress Lilias, assis dans la chambre de cette dernière, devisaient gravement sur l'important événement du jour, tout en faisant honneur à quelques pots de confitures sèches, auxquels la prévoyance de M. Wingate avait ajouté un petit flacon d'excellent canarie.

—Il est parti, à la fin ! disait la douce soubrette en savourant son vin à petits coups ; voilà qui est à son bon voyage.

—Amen ! repartit gravement l'intendant ; je ne veux pas de mal au pauvre abandonné.

—Et il est parti en vrai canard sauvage, comme il était arrivé ; pour lui, pas de ponts-levis à baisser ni de chaussée à traverser. Monsieur a poussé au large dans la barque qu'on appelle *la Petite Hérode* (et c'est une honte de donner un nom de chrétien à du bois et à du fer), et il a ramé lui-même de ses propres bras jusqu'à l'autre bord du lac ; et il est parti comme un petit saint Jean, en laissant tous ses beaux habits semés dans sa chambre. Je voudrais bien savoir qu'est-ce qui rangera sa fripperie après lui; — quoique les nippes vaillent la peine d'être ramassées, pourtant.

— Sans doute, mistress Lilias; et, en ce cas-là, j'ai bien le droit de penser qu'elles n'encombreront pas longtemps le plancher.

— Et maintenant, dites-moi, M. Wingate, est-ce que vous ne vous réjouissez pas jusqu'au fond du cœur de voir la maison débarrassée de ce mendiant parvenu, qui nous rejetait tous dans l'ombre?

— Eh! mistress Lilias, quant à se réjouir.... ceux qui ont aussi longtemps vécu dans les grandes familles que ç'a été mon lot d'y vivre, ne se presseront pas de se réjouir de quoi que ce soit. Et quant à Roland Grœme, quoiqu'au total ça puisse être un bon débarras, pourtant, que dit le proverbe? — On sait ce qu'on perd, on ne sait pas ce qu'on gagne[1].

— On ne sait pas ce qu'on gagne, vraiment! moi, je dis que nous ne pouvons jamais avoir pire, ni à moitié aussi mauvais. Il aurait été la ruine de notre pauvre chère maîtresse (ici Lilias prit son mouchoir), corps et âme, et domaine aussi; car elle dépensait plus d'argent pour ses habits à lui que pour quatre domestiques de la maison.

— Mistress Lilias, repartit le sage intendant, m'est avis que notre maîtresse n'a pas besoin que nous ayons pitié d'elle, et qu'elle est en état à tous égards de prendre soin de son propre corps, de son âme, et de son domaine par-dessus le marché.

— Vous n'auriez peut-être pas dit cela, si vous aviez vu de quelle femme de Lot elle avait l'air quand notre jeune homme l'a quittée. Ma maîtresse est une bonne dame, vertueuse, bienfaisante, et dont il n'y a que du bien à dire; — mais pour deux et un plack,[2] je ne voudrais pas que sir Halbert l'eût vue hier au soir.

— Fi! fi! mistress Lilias; les domestiques doivent voir, entendre, et ne rien dire. Sans compter que mylady est dévouée de corps et d'âme à sir Halbert, en quoi elle a bien raison; car c'est le chevalier le plus renommé du pays.

— Bien, bien, je n'y entends pas autrement de mal; mais moins on va chercher d'honneur dehors, plus on est tranquille chez soi, voilà tout. Et il faut faire attention à l'isolement de mylady, qui lui a fait recueillir le premier fils de mendiant qu'un chien lui apportait du lac.

— Et c'est pourquoi je vous dis de ne pas trop vous presser de vous réjouir, mistress Lilias; car si votre maîtresse voulait un favori pour passer le temps, soyez sûre que le temps ne lui en paraîtra pas plus court à présent qu'il est parti. De façon qu'elle aura à choisir un autre

---

[1] Le proverbe anglais est *seldom comes a better*, « rarement vient un meilleur. »
(L. V.)

[2] Façon de parler proverbiale en Écosse: *For two and a plack*. Le *plack* est la plus petite monnaie du pays. (L. V.)

favori ; et soyez sûre que si elle souhaite un pareil passe-temps, elle n'en manquera pas.

— Et où en devrait-elle choisir un, sinon parmi ses serviteurs éprouvés et fidèles, qui depuis tant d'années ont mangé son pain et bu son ale? J'ai connu plus d'une dame aussi haut placée qu'elle, qui ne pensait jamais à chercher une amie ou une favorite plus loin que sa femme de chambre, — ayant toujours en même temps les égards convenables pour l'ancien et fidèle intendant de la maison, M. Wingate.

— Véritablement, mistress Lilias, je vois bien à peu près à quel but vous visez ; mais je doute que votre flèche y arrive. Les choses étant avec notre maîtresse comme il vous plaît de le supposer, ce ne seront ni vos coiffes chiffonnées, mistress Lilias (sans leur manquer de respect), ni mes cheveux blancs ou ma chaîne d'or, qui rempliront le vide que Roland Grœme devra nécessairement laisser dans les loisirs de mylady. Il se trouvera un jeune et savant ministre avec quelque doctrine nouvelle, — ou un savant médecin avec quelque nouveau remède, — ou un hardi cavalier, à qui on ne refusera pas la faveur de porter les couleurs de mylady à une course à la bague, — ou un rusé harpiste qui avec sa harpe saurait s'emparer du cœur d'une femme, comme on dit que le signor David Rizzio a fait avec notre pauvre reine ; — voilà l'espèce de gens qui suppléent à la perte d'un favori bien-aimé, et non un vieil intendant, ou une suivante sur le retour.

— Bien, bien, vous avez de l'expérience, M. Wingate ; et en vérité je voudrais que mon maître cessât de courir à droite et à gauche, et qu'il eût plutôt l'œil aux affaires de sa maison. Il faut qu'il y ait un nid de papistes parmi nous, car autrement comment aurais-je trouvé dans les habits du page un chapelet à grains d'or? oui, je vous jure, un chapelet avec les *ave* et les *credo!* — Je suis tombée dessus comme un faucon.

— Je n'en doute pas, je n'en doute pas, dit l'intendant en clignant de l'œil d'un air fin ; j'ai souvent remarqué que le jeune homme avait d'étranges observances qui sentaient le papisme, et qu'il était très-soigneux de s'en cacher. Mais vous trouverez le catholique sous le manteau du presbytérien aussi souvent que le fripon sous le capuchon du moine. — Que s'ensuit-il? que nous sommes tous mortels. — C'est un véritable rosaire, ajouta-t-il en examinant attentivement les grains du chapelet, et qui peut bien peser quatre onces de fin or.

— Que je vais faire fondre sur-le-champ, avant que ce chapelet n'ait égaré quelque pauvre âme aveuglée.

— Excellente précaution, en vérité, mistress Lilias, dit l'intendant avec un signe de tête d'assentiment.

— Et j'en ferai faire une paire de boucles de souliers, continua mistress Lilias ; je ne voudrais pas porter les colifichets du pape, ou n'importe ce qui en aurait une fois eu la forme, un pouce au-dessus du coude-pied, quand ce seraient des diamants au lieu d'or. — Mais ceci vient d'avoir reçu le père Ambroise au château, avec son air patelin comme un chat qui veut voler la crême.

— Le père Ambroise est le frère de notre maître, dit gravement l'intendant.

— C'est très-vrai, M. Wingate; mais est-ce une raison pour pervertir les fidèles sujets du roi et en faire des papistes?

— A Dieu ne plaise, mistress Lilias! mais il y a encore de pires gens que les papistes.

— Je voudrais bien savoir où on les trouverait, repartit la femme avec une certaine aigreur; mais je crois, M. Wingate, que si on vous parlait du diable lui-même, vous diriez qu'il y a de pires gens que Satan.

— Assurément, il se pourrait que je le disse, supposant que je visse Satan debout là à mes côtés.

La femme de chambre tressaillit; et s'étant écriée : Dieu nous bénisse! elle ajouta : Je m'étonne, M. Wingate, que vous preniez plaisir à effrayer ainsi les gens?

— Allons, mistress Lilias, ce n'est pas mon intention; mais voyez un peu : — Les papistes sont à bas quant à présent; mais qui sait combien de temps durera ce *quant à présent?* Il y a dans le nord de l'Angleterre deux grands comtes papistes, qui ont en abomination le mot seul de Réforme : je veux parler des comtes de Northumberland et de Westmoreland, hommes assez puissants pour ébranler n'importe quel trône de la chrétienté. Et puis, quoique notre roi d'Écosse, Dieu le bénisse! soit bon protestant, ce n'est pourtant qu'un enfant; et il y a sa mère, qui était notre reine, — j'espère qu'il n'y a pas de mal à dire aussi Dieu la bénisse! — et elle est catholique; et bien des gens commencent à penser qu'elle a été traitée bien durement, tels que les Hamiltons dans l'ouest, et quelques-uns de nos clans du Border par ici, et les Gordons dans le nord, qui tous souhaitent voir du nouveau; et, s'il se trouvait que ce nouveau arrivât, il est probable que la reine reprendrait sa couronne, et que la messe et la croix reviendraient de mode, et alors adieu les chaires, les robes de Genève et les calottes de soie noire.

— Et avez-vous bien, M. Jasper Wingate, vous qui avez entendu la parole, et qui avez écouté le pur et précieux M. Henri Warden, avez-vous bien la patience de parler du papisme revenant sur nous comme un orage, ou de cette Marie faisant de nouveau du siége royal d'Écosse un trône d'abomination? Avez-vous la patience d'en parler, ou seulement d'y penser? Je ne m'étonne pas que vous soyez si civil avec ce moine encapuchonné, ce père Ambroise, quand il vient ici avec ses yeux baissés, qu'il ne lève jamais sur mylady, et avec son ton de voix bas et mielleux, et ses *benedicite*, et ses bénédictions! Qu'est-ce qui est aussi prêt que M. Wingate à recevoir tout cela comme argent comptant?

— Mistress Lilias, répliqua le majordome de l'air d'un homme qu veut clore le débat, il y a des raisons pour tout. Si j'ai reçu le père Ambroise avec honnêteté, et que je l'aie laissé échanger un mot par-ci par-là avec ce Roland Grœme, ce n'est pas que je fisse plus de cas que d'un bodle[1] de cuivre de sa bénédiction, ni de sa malédiction non plus, mais seulement parce que je respectais le sang de mon maître. Et qui peut répondre, si Marie revient, que le père Ambroise ne soit pas un arbre aussi vigoureux et un aussi solide appui que son frère l'ait jamais été pour nous? Car adieu le comte de Murray, quand la reine reprendra son bien; et il sera bien heureux s'il peut garder sa tête sur ses épaules. Et alors notre chevalier tombe avec le comte son patron; et alors qu'est-ce qui a autant de chance de monter sur sa selle vide que ce même père Ambroise? Le pape de Rome aura bientôt fait de le dispenser de ses vœux, et alors nous aurons sir Edward le soldat au lieu d'Ambroise le prêtre.

Mistress Lilias restait muette de colère et d'étonnement, tandis que son vieil ami, de son air satisfait de lui-même, lui exposait ses spéculations politiques. Enfin son ressentiment put s'exhaler en paroles d'ire et de mépris : Quoi, maître Wingate! avez-vous mangé durant tant d'années le pain de ma maîtresse, pour ne rien dire de celui de mon maître, pour en venir à penser qu'elle puisse être dépossédée de son château d'Avenel par un misérable moine, qui ne lui est pas parent d'une goutte de sang? Moi, qui ne suis qu'une femme, je voudrais voir auparavant lequel de mon fuseau ou de son froc serait du meilleur métal. Honte à vous, M. Wingate! Si je ne vous avais pas regardé comme une aussi vieille connaissance, ceci serait allé aux oreilles de mylady, quand j'aurais dû être encore appelée pour mes peines flagorneuse et pie rapporteuse, comme quand j'ai dit que Roland Grœme avait tiré sur le cygne sauvage.

M. Wingate fut quelque peu déconcerté en voyant que ce qu'il avait dit pour montrer sa pénétration en politique avait excité chez son auditeur plus de soupçons sur sa fidélité que d'admiration pour sa sagesse, et il s'efforça, aussi vite que possible, d'excuser et d'expliquer ses paroles, quoique intérieurement fort offensé du sens très-déraisonnable, à son avis, qu'il avait plu à mistress Lilias Bradbourne d'y attacher, et mentalement convaincu que la désapprobation qu'elle affichait pour ses sentiments provenait uniquement de cette considération, que quoique le père Ambroise, supposant qu'il devînt maître du château, dût certainement avoir besoin des services d'un intendant, ceux d'une femme de chambre, dans le cas supposé, seraient tout à fait superflus.

Après que cette explication eut été reçue comme les explications le sont d'ordinaire, les deux amis se séparèrent, Lilias pour obéir au sifflet d'argent qui l'appelait à la chambre de sa maîtresse, et le pru-

[1] Petite monnaie d'Écosse. (L. V.)

dent majordome pour aller vaquer aux devoirs de son office. Ils se quittèrent avec moins de démonstrations et de cordialité que de coutume ; car l'intendant sentait que sa sagesse mondaine avait été prise en défaut par l'attachement plus désintéressé de la suivante, et mistress Lilias Bradbourne était forcée de regarder son ancien ami comme ne valant guère mieux qu'un complaisant des circonstances.

CHAPITRE VII.

> Quand j'ai six pence sous le pouce, on me fait crédit partout; mais quand je suis pauvre, on me dit d'aller à côté. — Oh ! comme pauvreté sépare bonne compagnie !
> *Vieille Chanson.*

TANDIS que le départ du page était le sujet de la conversation que nous avons rapportée dans notre dernier chapitre, l'ex-favori avançait rapidement dans son voyage solitaire, sans trop savoir quel en était l'objet ni quel pourrait en être le terme. Il avait dirigé l'esquif dans lequel il avait quitté le château vers l'extrémité du lac la plus éloignée du village, dans le désir d'échapper à l'attention des habitants. Sa fierté lui soufflait tout bas que, dans la situation où il se trouvait, il ne pourrait être pour eux qu'un objet d'étonnement et de compassion ; et sa générosité lui disait que toute marque de sympathie qu'exciterait son abandon pourrait être défavorablement rapportée au château. Un incident peu important le convainquit que, sur ce dernier point, il avait peu à craindre pour ses amis. Il fit la rencontre d'un jeune homme plus âgé que lui de quelques années, et qui, plusieurs fois, s'était montré trop heureux qu'il lui fût permis de prendre part aux chasses du page, en qualité d'assistant subalterne. Ralph Fisher s'approcha pour le saluer, avec tout l'empressement d'un inférieur reconnaissant de l'amitié qu'on lui avait témoignée.

— Quoi ! monsieur Roland, vous voilà par ici, et sans faucon ni chien ?

— J'ai peut-être dit adieu pour toujours aux chiens et aux faucons, Ralph. J'ai été renvoyé.... c'est-à-dire, j'ai quitté le château.

Ralph fut surpris. — Quoi ! vous allez passer au service du chevalier, et prendre le jack noir et la lance ?

— Vraiment, non ; — je quitte maintenant le service d'Avenel pour toujours.

— Et où allez-vous donc ?

— Ma foi, c'est une question qui demande du temps pour y répondre ; — c'est sur quoi je ne suis pas encore arrêté.

— Bon, bon, je garantis que n'importe où vous alliez, c'est la même chose pour vous ; — mylady ne vous aurait pas renvoyé sans mettre quelque doublure aux poches de votre pourpoint.

— Esclave sordide ! dit Roland Grœme, penses-tu que j'aurais voulu accepter quelque chose de celle qui m'abandonnait et me sacrifiait, à l'instigation d'un prêtre hypocrite et d'une femme de chambre intrigante ? Le pain que m'aurait procuré une pareille aumône m'aurait étouffé à la première bouchée.

Ralph regarda son ci-devant ami d'un air d'étonnement mêlé de mépris. — Hé bien, reprit-il enfin, il n'y a pas de quoi se fâcher ; — chacun connaît son estomac mieux que personne. — Seulement, si je me trouvais à cette heure du jour au milieu des bruyères, sans savoir où aller, je serais bien aise d'avoir en poche une couple de pièces d'or, n'importe comment je les aurais eues. — Mais peut-être que vous voudrez venir avec moi chez mon père ; — c'est-à-dire, pour une nuit, car demain nous attendons mon oncle Menelaus et tout son monde. Mais, comme je vous disais, pour une nuit....

La froideur de cette offre et la restriction que Ralph en faisait à une seule nuit, blessèrent la fierté du favori disgracié.

— J'aimerais mieux, interrompit-il, dormir au frais sur la bruyère, comme cela m'est arrivé mainte fois en des occasions moins urgentes, que dans la hutte enfumée de votre père, qui sent la tourbe et l'usquebaugh autant qu'un plaid de Highlander.

— A votre choix, mon maître, si vous êtes si délicat ; vous pourrez être bien aise de sentir un feu de tourbe, et de l'usquebaugh aussi, pour peu que vous voyagiez longtemps de la manière que vous vous proposez. Vous auriez pu dire : *Merci de votre offre*, tout de même : — tout le monde ne se soucierait pas de s'exposer à être mal vu pour avoir abrité un domestique congédié.

— Ralph ! s'écria Roland Grœme, je vous prierais de vous souvenir que je vous ai déjà corrigé plus d'une fois, et la houssine que voilà est la même dont vous avez déjà tâté.

Ralph, rustre trapu, arrivé à toute sa force et se sentant la supériorité personnelle la plus complète, ne fit que rire dédaigneusement aux menaces de cet enfant délicat.

— Ça peut bien être la même houssine, répliqua-t-il, mais ça n'est plus la même mine [1] ; et c'est une bonne rime comme si c'était dans une ballade. Voyez-vous, monsieur le page de mylady que vous étiez, quand votre houssine était levée, ce n'était pas crainte de vous, mais

---

[1] Il y a dans le texte : It may be the same *wand*, but not the same *hand* ; «ça peut bien être la même *baguette*, mais non la même *main*.» (L. V.)

de vos maîtres, qui tenait la mienne bas ; — et je ne sais pas qu'est-ce qui me retient de régler nos vieux comptes avec cette baguette de coudrier, et de vous faire voir que c'était la livrée de mylady que j'épargnais et non votre chair et votre sang, maître Roland.

Au milieu de sa rage, Roland Grœme fut encore assez prudent pour voir qu'en continuant cette altercation il s'exposerait à être rudement mené par le paysan, auquel il était si inférieur en années et en force ; et tandis qu'avec une sorte de rire moqueur son antagoniste semblait provoquer les hostilités, il sentit toute l'amertume de son changement de condition, et ses yeux se remplirent de larmes qu'il s'efforça vainement de cacher en se couvrant le visage de ses deux mains.

Le grossier villageois lui-même fut ému de la détresse de son ci-devant compagnon.

— Allons, maître Roland, je ne voulais en quelque façon que badiner avec toi ; — je ne voudrais pas te faire de mal, mon garçon, quand ça ne serait qu'à cause de notre ancienne connaissance. Mais regarde toujours à la taille d'un homme avant de parler de le houssiner ; — ton bras n'est qu'un fuseau, comparé au mien, mon garçon. — Mais, écoute : j'entends le vieux Adam Woodcock qui hèle son faucon ; — viens avec moi, Roland ; nous passerons une joyeuse après-midi, puis nous nous en irons gaîment chez mon père, malgré la fumée de tourbe et l'usquebaugh. Peut-être que nous pourrons vous trouver quelque moyen honnête de gagner votre pain, malgré que ça soit difficile par le malheureux temps qui court.

L'infortuné page ne répondit pas, et continua de se tenir le visage couvert de ses deux mains ; Fisher continua, d'un ton qu'il s'imaginait propre à consoler le pauvre Roland :

— Ma foi, mon garçon, quand vous étiez le mignon de mylady, on vous croyait fier, et il y en avait qui vous croyaient papiste, et je ne sais quoi encore ; ainsi donc, à présent que vous n'avez plus personne pour vous soutenir, il faut être bon compagnon et le cœur ouvert, et assister aux examens du ministre, et faire sortir ces idées-là de la tête des gens. Et s'il vous dit que vous êtes en faute, il faut baisser la tête devant lui ; et si un gentleman, ou un des gens d'un gentleman, vous lance un mot un peu rude, ou un léger coup, il faudra seulement dire : « Merci d'avoir épousseté mon habit, » ou quelque chose comme ça, comme j'ai fait avec vous. — Mais voilà encore le sifflet de Woodcock. Allons, venez ; je vous apprendrai le reste tout en marchant.

— Je vous remercie, dit Grœme, s'efforçant de prendre un air d'indifférence et de supériorité ; j'ai un autre chemin devant moi, et, en serait-il autrement, je ne pourrais suivre le vôtre.

— C'est bien vrai, M. Roland ; chacun connaît mieux que personne ses propres affaires, et ainsi je ne vous tiendrai pas hors du chemin, comme vous dites. Donnons-nous une poignée de main, mon garçon ;

CHAPITRE VII.

voilà longtemps que ça ne nous était arrivé. — Quoi ! pas de poignée de main avant de nous quitter ? — hé bien, à votre aise : — il faut laisser un entêté suivre sa route. Ainsi donc, adieu, et bon voyage !

— Bonjour, — bonjour, répondit précipitamment Roland ; et le rustre s'éloigna lestement tout en sifflant, charmé, selon toute apparence, d'être débarrassé d'une connaissance qui pouvait lui devenir à charge et n'avait plus les moyens de lui être utile.

Roland Grœme fit effort sur lui-même pour avancer tant qu'ils furent en vue l'un de l'autre, de peur que s'il restait à la même place son ancien compagnon de courses n'en augurât que sa résolution était mal arrêtée et ses intentions incertaines ; mais cet effort lui fut pénible. Il était comme étourdi et pris de vertige ; le sol lui semblait mobile et vacillant sous ses pieds comme la croûte d'un marécage, et une ou deux fois il avait failli tomber, quoique le chemin qu'il suivait fût un gazon ferme et uni. Néanmoins, il continua résolument d'avancer, en dépit de l'agitation intérieure que décelaient ces symptômes, jusqu'à ce que la forme éloignée de Ralph Fisher eût disparu derrière un accident de terrain : alors le cœur lui manqua tout à coup. Il s'assit sur l'herbe, et, loin de tout œil humain, il s'abandonna à l'expression naturelle de la fierté blessée, du chagrin et de la crainte, et versa alors sans contrainte des larmes d'une inexprimable amertume.

Quand la violence du premier paroxysme de sa douleur fut apaisée, le pauvre jeune homme, malgré son isolement et son abandon, éprouva ce soulagement intérieur qui suit habituellement de tels accès de désespoir. De grosses larmes continuaient de rouler sur ses joues, mais elles n'étaient plus accompagnées du même sentiment de désolation. Des pensées, tristes encore, mais cependant plus douces, furent éveillées dans son âme par le souvenir de sa bienfaitrice, et de l'infatigable bonté qui l'avait attachée à lui en dépit de tant d'actes d'insubordination irritante qu'il se reprochait alors comme autant de crimes ; qui l'avait protégé contre les machinations des autres, aussi bien que contre les conséquences de sa propre folie, et qui lui aurait continué cette protection si l'excès de sa présomption ne l'eût forcée de la lui retirer.

— Quelque indignité que j'aie supportée, se dit-il, elle a été la juste récompense de mon ingratitude. Et n'ai-je pas mal fait d'accepter l'hospitalité de ma bienfaitrice, et les témoignages d'une affection plus que maternelle, et de lui laisser cependant ignorer quelle était ma religion ? — Mais il faut qu'elle sache qu'un catholique a autant de gratitude qu'un puritain, — que j'ai été inconsidéré, mais non méchant, — que dans les moments de mes plus grands écarts, je l'ai aimée, respectée et honorée ; — elle saura que l'orphelin peut avoir été étourdi, mais qu'il n'a jamais été ingrat !

Lorsque ces pensées lui eurent traversé l'esprit, il revint sur ses pas, et reprit rapidement la direction du château. Mais il ralentit la première ardeur de son empressement repentant, quand il réfléchit au dédain et au mépris avec lesquels tous les habitants d'Avenel verraient sûrement le retour du fugitif, qu'ils supposeraient nécessairement venir implorer en suppliant le pardon de sa faute, et la permission de reprendre son service. Il se hâta moins, mais il ne s'arrêta cependant pas.

— Peu m'importe, se dit-il avec résolution; qu'ils me montrent du doigt avec des clignements d'yeux et des signes de tête, qu'ils ricanent, qu'ils parlent du présomptueux humilié, de l'orgueil abattu, — peu m'importe. C'est une pénitence due à ma folie, et je l'endurerai avec patience. Mais si ma bienfaitrice, elle aussi, allait me croire assez vil et assez faible d'esprit pour penser que j'implore non pas seulement mon pardon, mais le renouvellement des avantages que je devais à sa faveur! — Ce soupçon de bassesse, je ne puis, — je ne veux pas le supporter d'*elle!*

Il s'arrêta, et son orgueil, se joignant à son obstination naturelle contre le mouvement auquel il avait un instant obéi, lui représenta qu'il encourrait le mépris de lady Avenel plutôt qu'il n'obtiendrait sa faveur, en suivant le parti que lui avait dicté la première ferveur de ses sentiments de repentir.

— Si j'avais seulement quelque prétexte plausible, pensa-t-il, quelque raison apparente pour mon retour, quelque excuse à alléguer qui montrât que je ne reviens point en suppliant dégradé, en domestique congédié, j'y pourrais aller; — mais autrement je ne le peux pas: — mon cœur se soulèverait et se briserait dans ma poitrine.

Comme il faisait rapidement ces réflexions, quelque chose passa dans l'air assez près de lui pour lui faire involontairement fermer les yeux et pour frôler presque la plume de sa toque. Il leva la tête : — c'était le faucon favori de sir Halbert, qui, tournoyant autour de sa tête, semblait réclamer son attention comme celle d'un ami bien connu. Roland tendit le bras, et fit le cri habituel; le faucon vint immédiatement se poser sur son poignet, et se mit à s'éplucher les plumes, dirigeant de temps à autre sur le jeune homme le regard vif et brillant de son œil fauve, d'où semblaient s'échapper des jets de lumière, comme pour lui demander pourquoi il ne le caressait pas avec sa tendresse habituelle.

— Ah, Diamant! dit-il, comme si l'oiseau l'eût compris, il nous faut dorénavant être étrangers l'un à l'autre. Je t'ai vu faire bien des prouesses et abattre maint brave héron; mais tout cela est désormais fini, et il n'y a plus de chasse au faucon pour moi!

— Et pourquoi non, M. Roland? dit Adam Woodcock le fauconnier, qui sortit en cet instant de derrière un bouquet d'aunes qui l'avait caché à la vue; pourquoi n'y aurait-il plus de chasse au faucon pour vous? Eh! mon cher M. Roland, que serait la vie sans la chasse? — Vous connaissez la vieille chanson :

> « Allan aimerait mieux les fers d'un noir conjon,
> Que la liberté sans la chasse ;
> Allan au cimetière aimerait mieux sa place,
> Que la vie sans chien ni faucon. »

La voix de l'honnête fauconnier était amicale, et le ton dont il avait à demi chanté, à demi récité sa rude ballade, annonçait franchise et cordialité. Néanmoins, le souvenir de leur querelle et de ses suites embarrassait Roland et l'empêchait de répondre. Le fauconnier vit son hésitation et en devina la cause.

— Hé bien, M. Roland? dit-il; pensez-vous, vous qui êtes à moitié Anglais, que moi qui le suis tout à fait je vous garderais rancune, surtout quand vous êtes dans le malheur? Ce serait faire comme certains Écossais (sauf toujours la révérence que je dois à mon maître), qui savent avoir bonne mine et mauvaise pensée, guetter leur temps, garder leurs idées pour eux, comme ils disent, trinquer avec vous, chasser avec vous, et après tout ça, quand l'occasion arrive, payer quelque vieille querelle avec la pointe de la dague. Le Yorkshire d'heureuse mémoire ne connaît pas de telles rancunes. Au surplus, mon garçon, quand bien même vous m'auriez envoyé un bon coup à mon adresse, peut-être bien que je l'aurais pris de vous plus aisément qu'une rude parole d'un autre; car vous vous connaissez assez bien en fauconnerie, quoique vous soyez pour laver la viande des fauconneaux. Ainsi, donnons-nous la main, mon garçon, et pas de rancune.

Quoique son sang orgueilleux se révoltât contre la familiarité de l'honnête Adam, Roland ne put résister à la franchise de son abord. Se couvrant le visage d'une main, il tendit l'autre au fauconnier, et lui rendit de bon cœur sa pression amicale.

— Bien, voilà qui est cordial, dit Woodcock; j'ai toujours dit que vous aviez un bon cœur, quoique vous ayez un grain de diablerie dans le caractère, cela est bien certain. J'étais venu par ici avec le faucon dans le dessein de vous trouver, et ce lourdaud à moitié élevé que voilà là-bas m'a dit de quel côté vous preniez votre volée. Vous avez toujours eu trop bonne idée de cette crécerelle-là, M. Roland, et il ne sait rien en fait de chasse, après tout, que ce qu'il a appris de vous. J'ai vu de quoi il avait retourné entre vous, et je me suis bien vite débarrassé de sa compagnie; — j'aimerais mieux un rifleur[1] à mon perchoir qu'un faux ami à mon côté. — Et maintenant, dites-moi. M. Roland, de quel côté tirez-vous de l'aile?

---

[1] Terme de fauconnerie, dont nous avons déjà eu occasion d'expliquer la signification. C'est un faucon vicieux. (L. V.)

— Là où il plaira à Dieu, répondit le page, qui ne put retenir un soupir.

— Allons, mon garçon, ne vous découragez pas parce qu'on vous a donné la clef des champs ; qui sait si vous n'en prendrez pas un essor plus haut et plus beau ? Voyez Diamant que voilà : c'est un noble oiseau, et qui se montre bravement avec son capuchon, ses clochettes et ses jesses [1] ; pourtant il y a bien des faucons sauvages en Norvége qui ne voudraient pas changer de condition avec lui ; — et c'est ce que je voulais dire de vous. Vous n'êtes plus page de mylady, et vous n'aurez plus d'aussi beaux habits, ni une nourriture aussi friande, ni un lit aussi mollet, ni un air aussi galant; — qu'est-ce que tout ça fait? Si vous n'êtes pas son page, vous êtes votre maître, et vous pouvez aller où vous voudrez sans vous mettre en peine du sifflet d'argent. Le pis est la perte de la chasse ; mais qui sait à quoi vous pouvez arriver? On dit que sir Halbert lui-même, parlant en toute révérence, a été autrefois charmé d'être forestier de l'abbé ; et maintenant il a des chiens et des faucons à lui, et Adam Woodcock pour fauconnier, qui plus est.

— Vous avez raison, ce que vous dites est juste, Adam, repartit le jeune homme dont les joues s'étaient animées ; le faucon volera plus haut libre qu'avec ses clochettes, quoiqu'elles soient d'argent.

— Voilà qui est bien parlé ! Et où allez-vous de ce pas?

— Je pensais à aller à l'abbaye de Kennaquhair demander conseil au père Ambroise.

— Que la joie aille avec vous, quoiqu'il soit probable que vous pourrez trouver les vieux moines un peu dans le chagrin. On dit que les communes les menacent de les expulser de leurs cellules, et d'en chanter une messe du diable dans la vieille église, pensant qu'on les a épargnés trop longtemps ; et, en vérité, je suis tout à fait de la même opinion.

— En ce cas, le père Ambroise ne s'en trouvera que mieux d'avoir un ami près de lui, dit le page d'un ton décidé.

— Oui, mon jeune brave-tout ; mais c'est tout au plus si l'ami s'en trouvera mieux d'être auprès du père Ambroise ; il pourra bien se trouver pris entre deux, et c'est là qu'on reçoit les plus mauvais coups.

— Je m'en inquiète peu ; ce n'est pas la crainte d'un coup qui me fera reculer. Mais je crains d'amener la discorde entre les deux frères, en allant voir le père Ambroise. Je m'arrêterai ce soir à la cellule de Saint-Cuthbert, où le vieux prêtre me donnera l'hospitalité pour la nuit; et j'enverrai demander au père Ambroise son avis avant d'aller au couvent.

— Par Notre-Dame, c'est un beau plan ! repartit le fauconnier. — Et maintenant, poursuivit-il, la franchise de son ton et de ses manières faisant place à une sorte d'embarras gauche, comme s'il avait eu quel-

---

[1] Courroies attachées aux pattes des faucons dressés. (L. V.)

que chose à dire qu'il n'eût su comment amener, — maintenant, vous savez bien que je porte une poche pour la nourriture de mon faucon [1], et cætera; mais savez-vous de quoi elle est doublée, M. Roland

— De cuir, à coup sûr, répondit Roland, quelque peu étonné de l'hésitation avec laquelle Adam Woodcock lui avait adressé une question si simple en apparence.

— De cuir, mon garçon? oui, et d'argent aussi. Voyez, ajouta-t-il en lui montrant une ouverture secrète dans la doublure de son sac d'office, — il y a là trente Harry-groats [2], aussi bons qu'on en ait jamais frappé du temps du vieux Hal [3] : il y en a dix de bien bon cœur à votre service; et maintenant voilà le gros mot lâché.

La première idée de Roland fut de refuser cette offre ; mais il se souvint des vœux d'humilité qu'il se faisait à lui-même quelques moments auparavant, et l'occasion se présentait de mettre à l'épreuve sa résolution de fraîche date. Faisant effort sur lui-même, il répondit à Adam Woodcock, avec autant de franchise que sa nature le lui permettait en faisant une chose si contraire à ses inclinations, qu'il acceptait avec reconnaissance son offre obligeante; mais, comme adoucissement pour sa fierté mal comprimée, il ne put s'empêcher d'ajouter qu'il espérait s'acquitter bientôt de l'obligation.

— Comme il vous plaira, — comme il vous plaira, jeune homme, répliqua le fauconnier, en comptant d'un air vivement satisfait et en mettant dans la main de son jeune ami les subsides qu'il lui avait si généreusement offerts ; puis il ajouta avec enjouement : Maintenant, vous pouvez aller par le monde. Celui qui sait monter à cheval, donner du cor, héler un limier, lancer un faucon et jouer de l'épée et du bouclier, et qui a aux pieds une paire de souliers, une jaquette verte sur le corps et dans sa poche dix beaux groats d'argent, peut dire au père Le Chagrin [4] de se pendre à ses propres jesses. Adieu, et que le Ciel vous protége!

A ces mots, et comme voulant échapper aux remercîments de son compagnon, il s'éloigna en toute hâte, et laissa Roland Grœme poursuivre seul son voyage.

[1] Ce sac, de même que tout ce qui appartenait à la fauconnerie, était regardé comme une honorable distinction, et souvent porté par la noblesse et la *gentry*. Un des Somerville de Camnethan fut appelé *sir John au Sac Rouge*, parce qu'il avait coutume de porter sa poche à faucon couverte en satin de cette couleur. (W. S.)

[2] Groats de Henry, ancienne monnaie d'Angleterre. (L. V.)

[3] Abréviation familière du nom de Henry. Il s'agit ici de Henry VIII, père d'Élisabeth, alors régnante. (L. V.)

[4] *Father Care*. Jusqu'ici nous n'avions dans notre langue que le père La Joie. (L. V.)

CHAPITRE VIII.

> La lumière des cierges sacrés est éteinte, la mousse grisâtre a couvert la pierre de l'autel, la sainte image est abattue, la cloche a cessé de sonner. Les longs arceaux des voûtes sont crevassés et ébranlés, les saintes châsses tombent en ruine, et le pieux moine est parti : — Que la bénédiction de Dieu soit sur son âme !
>
> *Rediviva.*

Ce qu'on nommait la cellule de Saint-Cuthbert marquait, ou était supposé marquer une de ces places de repos qu'il avait plu à ce vénérable saint d'assigner à ses moines, quand sa communauté, expulsée de Lindisfern par les Danois, devint une société de religieux péripatéticiens, et que, chargeant sur leurs épaules le corps de leur patron, ses moines le transportèrent de place en place à travers l'Écosse et sur les frontières d'Angleterre, jusqu'à ce qu'enfin il lui plût de leur épargner la peine de le porter plus loin, et de choisir pour lieu de repos définitif les magnifiques tours de Durham. Une odeur de sainteté resta après lui à chacune des places où il avait accordé aux labeurs de ses moines un répit momentané, et fiers étaient ceux qui pouvaient montrer dans leur voisinage l'emplacement d'une de ces haltes temporaires. Peu d'ermitages étaient plus célèbres et plus honorés que celui de Saint-Cuthbert, vers lequel se dirigeait alors Roland Græme, et qui était situé assez loin au nord-ouest de la grande abbaye de Kennaquhair, dont il relevait. Le voisinage offrait plusieurs de ces avantages qui eurent toujours un grand poids sur l'esprit habile des prêtres de Rome, dans le choix des sites de leurs fondations religieuses.

Il y avait près de là une source possédant quelques vertus médicinales, qui, naturellement, réclamait le saint pour gardien et patron, et produisait de temps à autre quelques avantages au reclus qui occupait sa chapelle, car personne ne pouvait raisonnablement s'attendre à profiter des vertus de la fontaine sans avoir donné quelques marques de libéralité au chapelain du saint. Quelques perches de terre fertile avaient permis au moine d'y établir un jardin; une éminence bien boisée s'élevait derrière l'ermitage et l'abritait des vents du nord et de l'est, tandis que le front, s'ouvrant au sud-ouest, regardait une vallée sauvage, mais pittoresque, au fond de laquelle s'égarait un petit ruisseau dont l'eau murmurante livrait un combat à chaque pierre qui interrompait son cours.

La construction de l'ermitage lui-même était plutôt simple que grossière; — c'était un bâtiment gothique peu élevé, partagé en deux petits compartiments, l'un desquels servait au prêtre d'habitation, et l'autre de chapelle. Comme peu de prêtres séculiers osaient s'aventurer à résider si près de la frontière, l'assistance de ce moine dans les affaires spirituelles n'avait pas été inutile à la communauté tant que la religion catholique avait conservé son ascendant, attendu qu'il pouvait marier, baptiser, et administrer les autres sacrements de l'Église romaine. Mais, plus récemment, à mesure que les doctrines protestantes gagnaient du terrain, il avait cru devoir vivre dans une reclusion plus absolue, afin d'éviter, autant que possible, d'attirer sur lui l'attention et l'animadversion. L'aspect de son habitation, néanmoins, quand Roland Grœme y arriva à la chute du jour, montrait clairement que sa précaution avait fini par être inefficace.

Le premier mouvement du page avait été de heurter à la porte, lorsqu'à sa grande surprise il s'aperçut qu'elle était ouverte, non parce qu'on aurait négligé d'en baisser le loquet, mais parce qu'arrachée de son gond supérieur et ne tenant plus au mur que par celui d'en bas, elle ne pouvait plus remplir ses fonctions. Quelque peu alarmé à cette vue, et après avoir frappé et appelé sans recevoir de réponse, Roland se mit à examiner plus à loisir l'extérieur de la petite habitation, avant de s'aventurer à y pénétrer. Les fleurs dont les murs avaient été soigneusement tapissés, semblaient avoir été récemment arrachées, et leurs guirlandes flétries traînaient à terre; la fenêtre vitrée était brisée et enfoncée en dedans. Le jardin, que les soins constants du moine entretenaient dans le meilleur et le plus bel ordre, portait des traces indiquant que depuis peu il avait été saccagé et foulé aux pieds des hommes et des animaux.

La source consacrée n'avait pas échappé. Elle surgissait sous un dôme d'arches côtelées, dont la dévotion des anciens temps avait abrité et protégé ses eaux salutaires: ces arches étaient maintenant presque entièrement démolies, et les pierres dont elles avaient été formées encombraient la fontaine, comme si on avait voulu combler et détruire cette source, qui, de même qu'elle avait autrefois partagé les honneurs du saint, était aujourd'hui condamnée à partager son impopularité. Une partie du toit de l'ermitage avait même été enlevée, et une tentative avait été faite avec des leviers sur un des angles, dont on avait déplacé plusieurs pierres; mais la solidité de l'ancienne maçonnerie avait excédé le temps ou lassé la patience des assaillants, et ils avaient abandonné leur œuvre de destruction. Des édifices ainsi dilapidés, après un laps d'années durant lequel la nature a graduellement couvert de plantes grimpantes et de mousse les traces de la violence, offrent, au milieu de leur désolation, une beauté mélancolique. Mais quand les effets visibles de la violence se montrent frais et récents, rien n'adoucit l'idée de dévastation dont ils pénètrent le spectateur; et telle était alors la scène que contemplait le jeune page avec le sentiment pénible qu'elle était de nature à faire naître.

Après le premier moment de surprise, Roland Græme ne fut pas en peine de deviner la cause de ces ravages. La destruction des édifices papistes ne s'accomplit pas simultanément dans toute l'étendue de l'Écosse, mais bien en différents temps et selon l'esprit qui animait le nouveau clergé, quelques réformateurs poussant leurs auditeurs à ces actes de démolition, tandis que d'autres, avec plus de goût et de jugement, s'efforçaient de protéger les anciennes églises, en même temps qu'ils les voulaient voir purifiées des objets qui y avaient attiré une dévotion idolâtre. Aussi, de temps à autre, la populace des villes et des villages d'Écosse, soit sous l'inspiration de sa propre haine pour la superstition papiste, soit à l'instigation de prédicateurs plus zélés, reprenait l'œuvre de destruction contre quelque église isolée, quelque chapelle ou quelque ermitage, qui avaient échappé à la première explosion de sa colère contre la religion de Rome. En maint endroit les vices du clergé catholique, provenant des richesses et de la corruption de cette redoutable hiérarchie, ne fournissaient qu'une trop bonne excuse à la vengeance dirigée contre les splendides édifices qu'il avait habités; c'est ce dont un ancien historien écossais nous fournit un exemple remarquable.

— Pourquoi, disait une matrone âgée, en voyant le mécontentement de quelques-uns de ses concitoyens tandis qu'un magnifique couvent était brûlé par la multitude, — pourquoi pleurez-vous sa destruction? Si vous connaissiez la moitié des infamies et des abominations qui ont eu lieu dans cette maison, vous rendriez plutôt grâces au jugement céleste, qui ne permet pas que même les murailles insensibles qui ont abrité de telles corruptions surchargent plus longtemps une terre chrétienne.

Mais quoiqu'en bien des cas la destruction des édifices du culte romain pût être, selon la manière de voir de la matrone, un acte de justice, et en d'autres cas un acte de politique, il n'est pas douteux que cet esprit de démolition tourné contre les monuments de la pieuse munificence des anciens temps, et cela dans un pays aussi pauvre que l'Écosse, où il n'y avait nulle chance qu'ils fussent remplacés, n'ait été à la fois inutile, malfaisant et barbare.

Dans le cas actuel, la paisible reclusion du moine de Saint-Cuthbert l'avait jusque-là sauvé du naufrage général; mais il semblait que la ruine l'eût enfin atteint. Inquiet de découvrir si du moins il n'avait pas souffert de violence personnelle, Roland Græme entra dans l'ermitage à demi ruiné.

L'état où il trouva l'intérieur du bâtiment justifiait pleinement l'opinion que lui avaient donnée les dévastations extérieures. Le peu d'ustensiles grossiers que renfermait la demeure du solitaire était brisé, et les débris en étaient épars sur le plancher, où il semblait qu'un feu avait été fait de quelques-uns des fragments pour détruire le surplus de ce qui avait appartenu au moine, et pour consumer, notamment, la vieille et rude statue de Saint-Cuthbert revêtu de ses habits épiscopaux, laquelle gisait à terre comme l'antique Dagon, mutilée à coups de hache, entamée par la flamme, et cependant n'était qu'à demi détruite. Dans la petite pièce qui servait de chapelle, l'autel était renversé, et les quatre grosses pierres dont il avait été formé couvraient le sol de leurs éclats. Le grand crucifix de pierre qui occupait la niche derrière l'autel, et faisait face au suppliant tandis qu'il y accomplissait ses dévotions, en avait été précipité, et par son propre poids s'était brisé en trois fragments. Sur tous les trois il y avait des marques de marteaux de forge; néanmoins l'image avait été préservée d'une destruction complète par la dimension et la solidité des fragments, lesquels, quoique fort endommagés, conservaient assez de la sculpture originelle pour montrer ce qu'on avait voulu représenter [1].

Roland Græme, secrètement élevé dans la foi romaine, vit avec horreur la profanation de ce que sa croyance lui représentait comme l'emblème le plus sacré de notre sainte religion.

— C'est le signe de notre rédemption, s'écria-t-il, que les infâmes ont osé profaner! — Plût à Dieu que mes faibles forces me permissent de le relever! — que mon humble vénération pût expier le sacrilège!

Il se mit immédiatement à l'œuvre, et par un effort soudain, dont lui-même n'aurait pas cru ses forces capables, il souleva l'extrémité inférieure de la croix, et parvint à la poser sur l'angle du large dé de pierre qui lui servait de piédestal. Encouragé par ce succès il appliqua toute sa force à l'autre extrémité, et à son propre étonnement il réussit à dresser la partie inférieure du crucifix dans le socle d'où on l'avait arraché et à remettre ainsi dans sa situation naturelle ce fragment de la sainte image.

Tandis qu'il était occupé à ce travail, ou plutôt au moment même où il venait de redresser le fragment, les accents pénétrants d'une voix bien connue se firent entendre derrière lui : — Fort bien, bon et fidèle serviteur! s'écria cette voix; c'est ainsi que je voulais retrouver l'enfant de mon amour, l'espoir de ma vieillesse!

Roland surpris se retourna : la stature élevée et imposante de Magdalen Græme était devant lui. Elle était couverte d'une sorte de vêtement lâche, semblable par la forme à celui que portaient les pénitents dans les pays catholiques, mais de couleur noire, et approchant d'une robe de pèlerin autant que le permettait la prudence, dans un pays où en nombre d'endroits le simple soupçon de dévotion catholique suffisait pour mettre en danger la vie de ceux qu'on suspectait d'attachement à l'ancienne foi. Roland Græme se jeta à ses pieds. Elle le releva

---

[1] *Voyez* la note B, à la fin du volume.

et l'embrassa avec affection, à la vérité, mais avec un mélange de gravité austère qui allait presque jusqu'à la sévérité.

— Tu as bien gardé l'oiseau dans ton sein¹, lui dit-elle. Enfant et jeune homme, tu as été fidèle à ta foi au milieu des hérétiques ; — tu as gardé ton secret et le mien au milieu de tes ennemis. Je pleurai quand je me séparai de toi ; — moi qui pleure rarement, je versai alors des larmes, moins pour ta mort que pour ton danger spirituel. — Je n'osai même pas te voir pour te faire un dernier adieu : — la douleur qui me gonflait le sein m'eût trahie près de ces hérétiques. Mais tu as été fidèle ; — à genoux, à genoux devant le saint emblème, que les méchants outragent et blasphèment ; à genoux, et remercie les saints et les anges de la grâce qu'ils t'ont faite en te préservant de la lèpre contagieuse qui s'attache à la maison où tu as été élevé !

— Ma mère, repartit Grœme, — car je dois toujours vous appeler ainsi, — si je suis revenu tel que vous m'aviez désiré, il faut en rendre grâces aux soins du pieux père Ambroise, dont les instructions ont confirmé les préceptes que mon enfance avait reçus de vous, et m'ont appris tout à la fois à être fidèle et à être silencieux.

— Qu'il en soit béni ! s'écria-t-elle, béni dans la cellule et dans le champ, dans la chaire et à l'autel ! — que les saints fassent pleuvoir leurs bénédictions sur lui ! — Ils sont justes, et emploient ses soins pieux à balancer le mal que son détestable frère fait au royaume et à l'Église. Mais il ne sait rien de ton lignage ?

— Je ne pouvais lui dire cela moi-même ; tout ce que je savais obscurément d'après vos paroles, c'est que sir Halbert Glendinning tient mon héritage, et que mon sang est aussi noble que celui qui court dans les veines d'aucun baron d'Écosse. — Ce ne sont pas là choses à oublier ; mais pour l'explication, c'est maintenant de vous que je l'attends.

— Et quand le temps sera venu, tu ne la demanderas pas en vain. Mais on dit, mon fils, que tu es prompt et hardi ; et à ceux qui montrent un tel caractère il ne faut pas confier à la légère ce qui doit les émouvoir fortement.

— Dites plutôt, ma mère, que mon sang est lent et froid ; — quelle patience pouvez-vous exiger dont il ne soit pas capable, *celui* qui pendant des années a entendu sa religion ridiculisée et insultée, et qui pourtant n'a pas plongé sa dague dans le sein du blasphémateur ?

— Sois satisfait, mon fils ; le temps qui voulait, qui veut encore de la patience, sera bientôt mûr pour les efforts et l'action ; — de grands événements arrivent sur son aile, et toi-même auras ta part dans leur accomplissement. — Tu as laissé le service de lady Avenel ?

---

¹ Expression employée à ses derniers moments par sir Ralp Percy, tué à la bataille de Hedgelymoor en 1464, pour se glorifier d'avoir conservé sans tache sa fidélité à la maison de Lancastre. (W. S.)

— J'en ai été congédié, ma mère; — j'ai assez vécu pour être congédié, comme le moindre de ses valets.

— Tant mieux, mon fils; ton âme n'en sera que plus affermie à entreprendre ce qui doit être accompli.

— Mais que ce ne soit rien contre lady Avenel, du moins, comme ton air et tes paroles semblent l'annoncer. J'ai mangé son pain, — j'ai éprouvé sa faveur : — je ne l'outragerai ni ne la trahirai.

— Nous en reparlerons, mon fils; mais apprends qu'il ne t'appartient pas de capituler dans ton devoir, et de dire je ferai ceci, et ceci je ne le ferai pas. — Non, Roland! ni Dieu ni les hommes ne veulent supporter plus longtemps la méchanceté de cette génération. — Vois-tu ces fragments? — reconnais-tu ce qu'ils représentent? — et peux-tu penser que c'est à toi de faire des distinctions dans une race assez maudite du Ciel pour renoncer, profaner, blasphémer et détruire tout ce qui est recommandé à notre vénération?

Tandis qu'elle parlait, en baissant la tête vers l'image brisée, avec une physionomie où la chaleur du ressentiment et du zèle se mêlait à une expression de dévotion extatique, elle leva la main gauche comme si elle allait prononcer un vœu, puis elle continua ainsi : Porte-moi témoignage, bienheureux symbole de notre salut, porte-moi témoignage saint béni du Ciel dans le temple profané duquel nous sommes, que comme ce n'est pas par vengeance personnelle que ma haine les poursuit, de même non plus nulle faveur, nulle affection terrestre envers aucun d'eux ne me fera retirer la main de la charrue quand elle passera dans le sillon qu'elle doit ouvrir! Porte-moi témoignage, saint révéré, toi qui fus errant et fugitif comme nous le sommes aujourd'hui! — Porte-moi témoignage, Mère de Miséricorde, Reine du Ciel! — saints et anges, portez-moi témoignage!

Elle restait plongée dans cette extase d'enthousiasme, les yeux levés vers la voûte entr'ouverte de la chapelle, à travers laquelle on commençait à voir scintiller les étoiles au milieu du pâle crépuscule, et les longues mèches de ses cheveux gris flottant sur ses épaules au souffle de la brise du soir, qui pénétrait à travers les crevasses et les fenêtres brisées.

Roland Grœme avait appris de trop bonne heure à la regarder avec une vénération craintive, et ce sentiment d'enfance était trop fortifié en ce moment par le sens mystérieux de ses paroles, pour qu'il lui demandât de plus amples explications sur les desseins auxquels elle avait fait une obscure allusion. Elle ne revint pas non plus sur ce sujet; et après avoir terminé sa prière, ou peut-être ses supplications, en joignant les mains dans une attitude solennelle, puis en faisant le signe de la croix, elle adressa de nouveau la parole à son petit-fils d'un ton plus en rapport avec les choses ordinaires de la vie.

— Il faut que tu t'éloignes d'ici, Roland, lui dit-elle; il faut que tu t'éloignes d'ici, mais non avant le matin. — Et maintenant, comment vas-tu t'installer pour la nuit? — tu as pris des habitudes plus molles que quand nous errions ensemble au milieu des montagnes brumeuses du Cumberland et du Liddesdale.

— J'ai du moins conservé, ma bonne mère, mes habitudes d'alors : — je puis coucher sur la dure et me nourrir de peu sans en être affecté. Depuis que j'ai erré avec toi dans les montagnes, j'ai été chasseur, oiseleur et pêcheur; et ceux qui se livrent à de tels exercices sont habitués à dormir sous de plus mauvais abris que celui que le sacrilége nous a laissé ici.

— Que le sacrilége nous a laissés ici! dit la matrone, répétant lentement les paroles de Roland. — Il est bien vrai, mon fils; et c'est maintenant quand ils logent dans la propre maison de Dieu et dans le domaine de ses bienheureux saints, que les fidèles enfants de Dieu sont le plus mal abrités. Il nous faudra dormir ici au froid, sous le vent de la nuit qui siffle à travers les brèches que l'hérésie a faites. Ils seront couchés plus chaudement, ceux-là qui les ont faites, — oui, et durant l'éternité!

Nonobstant la singularité de cette femme et la bizarrerie de ses manières, elle paraissait conserver pour Roland Grœme, à un haut degré, cet amour attentif et affectueux que les femmes portent aux enfants qu'elles ont nourris et élevés. Il semblait qu'elle ne voulût lui laisser rien faire pour lui-même de ce qu'autrefois sa tendresse avait été habituée à faire pour lui, et qu'à ses yeux le jeune homme qui se trouvait là près d'elle fût tout aussi dépendant de ses soins empressés qu'il l'avait été jadis, alors qu'enfant et orphelin il devait tout à sa sollicitude affectionnée.

— Que vas-tu manger maintenant? dit-elle, lorsque, quittant la chapelle, ils entrèrent dans la chambre déserte du prêtre; et comment allumer du feu, pour te défendre de l'inclémence de cet air pénétrant? Pauvre enfant! tu as fait de légères provisions pour un long voyage; et encore n'as-tu pas l'expérience qui supplée par adresse au manque de moyens. Mais Notre-Dame a placé à ton côté une femme à qui le besoin, sous toutes ses formes, est aussi familier que l'abondance et la splendeur le lui furent autrefois; et avec le besoin, Roland, vient l'industrie dont il est le père.

Avec une activité et une diligence officieuse qui contrastaient étrangement avec l'enthousiasme et l'extase religieuse qu'elle avait montrés tout à l'heure, elle se mit à faire ses arrangements domestiques pour la soirée. D'une poche cachée sous sa robe elle tira une pierre et un briquet d'acier, et réunissant les débris épars dans la chambre (en exceptant scrupuleusement ceux qui avaient appartenu à la statue de saint Cuthbert), elle eut assez d'éclisses pour en faire un feu vif et pétillant dans l'âtre de la cellule abandonnée.

— Maintenant, dit-elle alors, songeons au souper.

— Ne vous en occupez pas, mère, repartit Roland, à moins que vous n'ayez faim vous-même. C'est peu de chose pour moi d'endurer une nuit d'abstinence, et une légère expiation pour les transgressions inévitables aux règles de l'Église dont je me suis rendu coupable malgré moi durant mon séjour au château.

— A moins que je n'aie faim moi-même! répliqua la matrone; — sache, jeune homme, qu'une mère ne connaît pas la faim tant que celle de son enfant n'est pas satisfaite. Et, par une inconséquence qu'inspirait l'affection et qui différait totalement de ses manières habituelles, elle ajouta : Roland, vous ne devez pas jeûner; vous avez dispense. Vous êtes jeune, et pour la jeunesse, la nourriture et le sommeil sont d'indispensables nécessités. Ménagez vos forces, mon enfant; — votre souveraine, votre religion, votre pays l'exigent. Laisse la vieillesse macérer par le jeûne et les veilles un corps qui ne peut plus que souffrir; et que la jeunesse, dans ces temps d'activité, entretienne les membres et les forces que l'action demande.

Tandis qu'elle parlait ainsi, la poche où déjà elle avait trouvé les moyens de se procurer du feu lui fournissait les éléments d'un repas. Elle-même y prit à peine part; mais elle observait son petit-fils avec une inquiète sollicitude, et semblait trouver un plaisir d'épicurien à le voir manger avec son appétit de dix-sept ans, qu'avait encore aiguisé l'abstinence. Roland avait aisément obéi à ses exhortations, et faisait rapidement disparaître ce qu'elle avait placé devant lui. Mais elle secoua la tête, quand à son tour il l'engagea à mieux faire honneur au souper qu'avaient fourni ses propres soins; et, comme il la pressait davantage, elle le refusa d'un ton plus prononcé.

— Jeune homme, dit-elle, vous ne savez pas à qui ni de quoi vous parlez. Ceux à qui le Ciel révèle ses desseins doivent mériter ses communications par la mortification des sens; ils ont en eux ce qui n'exige pas la superfluité d'un aliment terrestre, nécessaire à ceux qui sont en dehors de la sphère de la Vision. Pour eux, la veille passée en prière est un sommeil rafraîchissant; sentir qu'ils font la volonté du Ciel est pour eux un plus riche banquet que les tables royales n'en peuvent étaler devant les monarques! — Mais toi, mon fils, dors d'un sommeil paisible, continua-t-elle en passant de l'exaltation fanatique au ton affectueux de la tendresse maternelle; — dors d'un sommeil paisible, tandis que la vie est jeune en toi, et que les soucis du jour peuvent être noyés dans le sommeil du soir. Ton devoir et le mien ne sont pas les mêmes; et non moins différents sont les moyens par lesquels nous devons nous fortifier et nous mettre en état de les remplir. A toi, il faut la force du corps; — à moi, la force de l'âme.

En même temps elle préparait avec adresse et promptitude une couche en partie composée des feuilles sèches qui avaient fourni un lit au solitaire ainsi qu'aux hôtes qui, de temps à autre, recevaient son hospitalité, et qui, négligées par les destructeurs de son humble cellule, étaient restées à peu près intactes dans le coin qui leur était réservé. La sollicitude de Magdalen Græme y ajouta quelques vêtements déchirés épars sur le plancher. D'une main attentive elle choisit ceux qui paraissaient n'avoir pas appartenu aux ornements sacerdotaux, mettant ceux-ci de côté, comme trop sacrés pour être employés à des usages ordinaires; puis elle fit du reste, avec une rare dextérité, un lit sur lequel tout homme fatigué se serait volontiers étendu, repoussant avec une sorte d'acrimonie, pendant qu'elle le préparait, toute tentative que fit le jeune homme pour l'aider, aussi bien que les prières par lesquelles il voulut l'engager à accepter pour elle-même le lieu de repos. — Dors, Roland Græme, dit-elle; — dors, orphelin persécuté et déshérité, — toi, le fils d'une mère infortunée, — dors! Je prierai près de toi dans la chapelle.

Il y avait dans le ton dont elle parlait trop de sérieux, d'enthousiasme et de fermeté, pour permettre à Roland Græme de s'opposer plus longtemps à sa volonté. Néanmoins, il sentait une sorte de honte à y céder. Il semblait qu'elle eût oublié les années écoulées depuis leur séparation, et qu'elle s'attendît à retrouver, dans le jeune homme grandi, gâté et volontaire, la passive obéissance de l'enfant qu'elle avait autrefois laissé au château d'Avenel. C'est ce qui ne pouvait manquer de blesser la fierté naturelle de son petit-fils, trait dominant de son caractère. Il céda, à la vérité, plié à la soumission par le souvenir instinctif de son ancienne obéissance, aussi bien que par un sentiment d'affection et de gratitude. Néanmoins il sentit le joug.

— Ai-je laissé le faucon et le chien, se dit-il, pour devenir l'esclave de sa volonté, comme si j'étais encore un enfant? moi, que mes camarades eux-mêmes reconnaissaient, malgré leur envie, pour leur supérieur dans ces exercices pour lesquels ils se donnaient tant de peines, et auxquels, moi, je me faisais tout naturellement, comme si leur connaissance eût été pour moi un droit de naissance. C'est ce qui ne peut pas, c'est ce qui ne doit pas être. Je ne serai pas l'épervier apprivoisé qui est porté, la tête chaperonnée, sur le poing d'une femme, et à qui l'on ne montre sa curée que quand on lui découvre les yeux pour lui donner sa volée. Je connaîtrai ses desseins, avant qu'il me soit proposé de les aider.

Ces pensées, ainsi que beaucoup d'autres, occupèrent longtemps l'esprit de Roland Græme; et, malgré les fatigues de sa journée, il ne put fermer les yeux que fort tard.

CHAPITRE IX.

> A genoux avec moi ! — engage-toi par serment. — Ce n'est pas à des paroles que je me fie, à moins qu'elles ne soient fortifiées par un appel au Ciel.
>
> *Ancienne Comédie.*

Après avoir passé la nuit dans ce sommeil profond auquel l'avaient préparé l'agitation et la fatigue, Roland fut éveillé par la fraîcheur de l'air du matin et les rayons du soleil levant. Sa première impression fut celle de la surprise ; car, au lieu d'apercevoir d'une fenêtre de tourelle les eaux du lac d'Avenel, perspective que lui offrait la chambre qu'il avait quittée la veille, une ouverture sans châssis lui laissait voir ici le jardin saccagé de l'anachorète. Il s'assit sur sa couche de feuilles, et repassa dans sa mémoire, non sans étonnement, les événements singuliers du jour précédent ; et plus il y réfléchissait, plus il les trouvait surprenants. Il avait perdu la protectrice de sa jeunesse, et le même jour il avait retrouvé celle qui avait veillé sur son enfance. Il sentait que la première privation serait pour lui la cause d'un éternel regret, et il ne savait trop si la seconde circonstance devait être le sujet d'une satisfaction sans mélange. Il se souvenait de cette femme, qui lui avait tenu lieu de mère, comme s'étant montrée non moins absolue dans son autorité qu'affectionnée dans ses soins. Un singulier mélange d'amour et de crainte se rattachait à celles de ses impressions d'enfance qui se rapportaient à elle ; et l'appréhension qu'il éprouvait qu'elle ne voulût reprendre le même contrôle absolu sur ses mouvements, — appréhension que sa conduite de la veille n'était pas propre à dissiper, — tempérait puissamment la joie de cette seconde réunion.

— Elle ne peut vouloir me conduire et me diriger comme un enfant, disait son orgueil soulevé, quand j'ai atteint l'âge de juger de mes actions ? — elle ne peut vouloir cela ; et si elle le veut, elle se trouvera étrangement déçue.

Un sentiment de gratitude envers celle contre qui son cœur se révoltait ainsi, arrêta le cours que prenaient ses réflexions. Il résista aux pensées qui s'élevaient involontairement dans son esprit, comme il aurait résisté à une instigation directe du démon ; et, pour se soutenir dans cette lutte, il éprouva le besoin de dire son chapelet. Mais, dans son départ précipité du château d'Avenel, il l'avait oublié et laissé derrière lui.

— Voilà qui est encore pis, se dit-il ; je n'ai appris d'elle que deux choses, sous les plus graves recommandations de garder le secret : — dire mon chapelet, et en faire mystère à tous ; et j'ai tenu parole jusqu'à présent. Mais, quand elle me demandera où est le rosaire, il faudra que je lui dise que je l'ai oublié ! Mériterai-je qu'elle me croie quand je lui dirai que j'ai tenu ma foi secrète, alors que j'aurai l'air de si peu tenir à son symbole ?

Il se promenait dans la chambre, en proie à une anxieuse agitation. Par le fait, son attachement à sa foi était d'une nature fort différente de celle qui animait l'enthousiaste matrone, bien qu'y renoncer eût été sa dernière pensée.

Les recommandations que dans les premières années de sa jeunesse il avait reçues de sa grand'mère, s'étaient adressées à un esprit et à une mémoire d'une nature particulièrement tenace. Tout enfant qu'il était, il se sentait fier de la confiance que l'on mettait en sa discrétion, et il avait résolu de montrer qu'il en était digne. Toutefois, sa résolution n'était que celle d'un enfant, et elle aurait nécessairement dû s'effacer peu à peu, durant sa résidence au château d'Avenel, sous la double action du précepte et de l'exemple, s'il n'avait pas été soutenu par les exhortations du père Ambroise, celui qui, dans son domaine paternel, avait porté le nom d'Edward Glendinning. Ce zélé religieux avait été informé, par une lettre anonyme que lui avait remise un pèlerin, qu'un enfant, élevé dans la foi catholique, se trouvait alors au château d'Avenel, dans une position aussi périlleuse (ainsi s'exprimait le billet) que l'avaient jamais été les trois enfants qui furent jetés dans la fournaise ardente de la persécution. La lettre rendait le père Ambroise responsable de la perte de l'enfant, si cet agneau isolé, laissé forcément dans le repaire du loup dévorant, finissait par en devenir la proie. Il ne fallait pas au moine d'autre exhortation que cette idée qu'une âme était en danger, et qu'un catholique pouvait devenir apostat ; il fit alors de plus fréquentes visites au château d'Avenel, de peur que, faute des encouragements secrets et des instructions qu'il trouvait toujours quelque occasion de dispenser, l'Église ne perdît un prosélyte, et, d'après les croyances romaines, que le diable ne gagnât une âme.

Néanmoins, ces entrevues étaient rares ; et, bien qu'elles encourageassent l'enfant solitaire à garder son secret et à rester attaché à sa religion, elles n'étaient ni assez fréquentes ni assez prolongées pour rien lui inspirer au delà d'un aveugle attachement pour les observances que le prêtre lui recommandait. Il se tenait aux formes de sa religion, plutôt parce qu'il lui semblait qu'il y aurait du déshonneur à changer celle de ses pères, que par aucune conviction raisonnée ou une croyance sincère à ses mystérieuses doctrines. C'était, dans ses idées, un point principal de la distinction qui le séparait de ceux au milieu desquels il vivait, et il y puisait une raison additionnelle, quoique interne et cachée, de mépriser ceux des membres de la famille qui lui montraient une aversion non déguisée, et de se raidir contre les instructions du chapelain, Henry Warden.

— Le fanatique prêcheur! pensait-il parfois en lui-même lors des fréquents discours du chapelain contre l'Église de Rome, il ne sait guère à quelles oreilles s'adressent ses doctrines impies, et avec quel mépris et quelle horreur elles entendent ses blasphèmes contre la sainte religion, par laquelle les rois ont été couronnés et pour laquelle sont morts les martyrs!

Mais à ces sentiments d'un orgueilleux défi, porté à ce qu'il qualifiait d'hérésie ainsi qu'à ses ministres, sentiments qui chez lui associaient la religion catholique à une idée de généreuse indépendance, et celle des protestants à la soumission de son esprit et de ses penchants aux directions de M. Warden ; à ces sentiments, dis-je, commençait et finissait la foi de Roland Græme, qui, indépendamment du plaisir que trouvait sa fierté à s'isoler des autres, ne cherchait pas à comprendre ce qui particularisait les doctrines qu'il professait, et qui n'avait non plus personne pour les lui expliquer. Aussi, le regret qu'il éprouvait de la perte du rosaire, lequel lui avait été remis par l'intermédiaire du père Ambroise, était plutôt la honte d'un soldat qui a perdu sa cocarde, insigne de son service, que celle du zélé sectateur d'une religion qui en a oublié le symbole visible.

Ses réflexions à cet égard n'en étaient pas moins mortifiantes, surtout par l'appréhension où il était que sa négligence ne parvînt à la connaissance de sa parente. Il comprenait que personne, autre qu'elle, n'avait pu transmettre ainsi secrètement ce chapelet au père Ambroise pour qu'il lui fût remis, et qu'en avoir eu si peu de soin était assez mal reconnaître ses bontés.

— Elle ne manquera pas de me questionner à ce sujet, se dit-il ; car son zèle est de ceux que l'âge n'amortit pas. Et si son caractère n'est pas changé, ma réponse ne manquera pas de l'irriter.

Tandis qu'il s'entretenait ainsi avec lui-même, Magdalen Græme entra dans la chambre. — Que les bénédictions du matin soient sur votre jeune tête, mon fils, lui dit-elle avec une solennité d'expression qui fit tressaillir Roland jusqu'au fond du cœur, tant était triste et grave la bénédiction qui sortait des lèvres de la matrone, et tant ses manières respiraient un mélange de dévotion et de tendresse. — T'es-tu levé si matin de ta couche, continua-t-elle, pour jouir de la première fraîcheur de l'aube? Mais cela n'est pas bien, mon Roland. Jouis du sommeil tandis que tu le peux ; le temps peut n'être pas éloigné où les veilles devront être ton partage, aussi bien que le mien.

Elle prononça ces mots d'un ton d'affection et d'inquiétude qui montrait que si la dévotion absorbait habituellement les facultés de son âme, la pensée de l'enfant qu'elle avait élevé la rattachait néanmoins à la terre par les liens de l'affection humaine.

Mais elle ne resta pas longtemps dans une disposition que probablement elle regardait comme une déviation momentanée de sa haute mission imaginaire. — Allons, jeune homme, reprit-elle, debout et en action! — il est temps que nous quittions ce lieu.

— Et où allons-nous? demanda le jeune homme; quel est l'objet de notre voyage?

La matrone recula de deux pas, et le regarda avec une surprise qui n'était pas sans un mélange de déplaisir.

— Pourquoi une telle question? dit-elle; n'est-ce pas assez que je te guide? As-tu assez vécu avec les hérétiques pour apprendre à mettre la vanité de ton jugement personnel en place du respect et de l'obéissance?

Voici, pensa Roland Grœme, le moment d'assurer ma liberté. si je ne veux être éternellement esclave; — je sens qu'il me faut prendre promptement mon parti.

En ce moment même, Magdalen justifia les prévisions de son petit-fils, en revenant sur le sujet dont sa pensée semblait être le plus constamment remplie, quoique personne ne sût mieux qu'elle, quand il lui plaisait, dissimuler sa religion.

— Ton chapelet, mon fils; — as-tu dit ton chapelet?

Roland Grœme rougit jusqu'aux yeux; il sentit que l'orage approchait, mais il dédaigna de le détourner par un mensonge.

— J'ai oublié mon rosaire au château d'Avenel, répondit-il.

— Oublié ton rosaire! s'écria-t-elle; infidèle à la fois à ta religion et à ton devoir naturel, as-tu perdu ce qui te fut envoyé de si loin et à de tels risques, un signe de la plus pure affection, dont chaque grain t'aurait dû être aussi cher que la prunelle de tes yeux?

— Je suis désolé de ce qui est arrivé, mère, et j'attachais un grand prix à ce signe, comme venant de vous. Quant au reste, j'espère gagner assez d'or quand je ferai mon chemin dans le monde; et, jusque-là, un chapelet de chêne noirci, ou un rosaire de noisettes, me servira tout autant.

— L'entendez-vous? tout jeune qu'il est, il a déjà pris les leçons de l'école du démon! Le rosaire, consacré par le saint père lui-même et sanctifié par sa bénédiction, n'est pour lui qu'une réunion de quelques grains d'or, dont la valeur peut se remplacer par le salaire de son labeur profane, et dont la vertu peut être suppléée par une enfilade de noisettes! — C'est une hérésie! — Henry Warden, le loup qui ravage le troupeau du Pasteur, t'a appris à parler et à penser ainsi.

— Mère, dit Roland Grœme, je ne suis pas hérétique; je crois et je prie selon les règles de notre Église. Je regrette ce malheur, mais je ne puis y remédier.

— Tu peux du moins l'expier par le repentir, répliqua sa directrice spirituelle; te couvrir la tête de poussière et de cendre, jeûner, prier, et chercher une expiation dans la pénitence, au lieu de me regarder d'un air aussi dégagé que si tu n'avais perdu qu'un bouton de ta toque.

— Mère, reprit Roland, apaisez-vous ; je rappellerai ma faute dans la prochaine confession que j'aurai le temps et l'occasion de faire, et je me soumettrai à la pénitence que le prêtre m'imposera en expiation. Pour la faute la plus grave je ne puis faire plus. — Mais ne me faites pas de nouveau encourir votre déplaisir, mère, ajouta-t-il après un instant de pause, si je vous demande quel est le but de notre voyage, et quel en est l'objet. Je ne suis plus un enfant, mais un homme, libre de moi-même, avec du duvet au menton et une épée au côté. — Pour vous faire plaisir, j'irai avec vous au bout du monde ; mais je me dois à moi-même de m'enquérir du dessein et de la direction de nos courses.

— Vous vous devez cela à vous-même, ingrat enfant ? repartit Magdalen, sur les joues de qui la colère rappela rapidement les couleurs que depuis longtemps l'âge en avait bannies ; — vous ne vous devez rien à vous-même, — vous ne pouvez vous rien devoir. — C'est à moi que vous devez tout, — votre vie, quand vous étiez enfant, — votre soutien dans vos premières années, — vos moyens d'instruction et vos espérances d'honneur. — Plutôt que de te voir abandonner la noble cause à laquelle je t'ai dévoué, j'aimerais mieux te voir étendu mort à mes pieds.

Roland fut alarmé de l'extrême agitation avec laquelle elle parlait, et qui semblait devoir excéder ses forces. — Je n'oublie rien de ce que je vous dois, ma bonne mère, se hâta-t-il de répondre ; — dites-moi comment mon sang peut vous attester ma reconnaissance, et vous jugerez si j'en suis avare. Mais une aveugle obéissance a en elle aussi peu de mérite que de raison.

— Saints et anges ! s'écria Magdalen, et c'est de l'enfant de mes espérances que j'entends de telles paroles ! du nourrisson au chevet duquel je me suis agenouillée, et pour lequel j'ai fatigué de prières chaque saint du Ciel ! Roland, c'est seulement par l'obéissance que tu peux montrer ton affection et ta gratitude. Que te servirait d'adopter peut-être le parti que je te propose, s'il t'était pleinement expliqué ? tu ne suivrais plus mes ordres, alors, mais ton propre jugement ; tu ne ferais plus la volonté du Ciel, communiquée par l'intermédiaire de ta meilleure amie, à qui tu dois la tienne tout entière, mais tu te guiderais sur les aveugles injonctions de ta raison imparfaite. Écoute-moi, Roland ! Une mission t'appelle, — elle te sollicite, — elle te réclame, — la mission la plus belle à laquelle un homme puisse être destiné, et elle s'annonce par la voix de ta plus ancienne, de ta meilleure, de ta seule amie. — T'y refuseras-tu ? — s'il en est ainsi, suis ton chemin, — laisse-moi ici : — mes espérances sur la terre sont flétries et détruites. — Je me prosternerai devant cet autel profané, et quand reviendront ces furieux hérétiques, ils le teindront du sang d'une martyre !

— Mais, ma bonne mère, dit Roland Grœme, dont les souvenirs d'enfance que sa violence lui avait laissés étaient puissamment réveillés par ces expressions exagérées de colère et d'emportement, je ne veux pas vous abandonner. — Je veux rester près de vous ; — rien au monde ne me forcera de vous quitter. — Je vous protégerai, — je vous défendrai, — je vivrai avec vous ou je mourrai pour vous !

— Un seul mot, mon fils, vaudrait tous les autres ; — dis seulement : Je vous obéirai !

— N'en doutez pas, ma mère ; je vous obéirai, et cela de tout mon cœur. Seulement....

— Je ne veux pas de conditions à ta promesse, interrompit Magdalen Grœme. L'obéissance que j'exige est absolue ; et sois béni, toi le souvenir chéri d'une enfant bien-aimée, sois béni pour avoir eu le pouvoir de faire une promesse si dure à l'orgueil humain ! Crois-moi bien quand je te dis que, dans l'entreprise où tu t'embarques, tu as pour associés le puissant et le vaillant, le pouvoir de l'Église et l'orgueil du noble. Que tu réussisses ou que tu échoues, que tu vives ou que tu meures, ton nom sera parmi ceux pour lesquels la réussite ou l'insuccès sont également glorieux, dont la mort ou la vie sont également enviables. En avant, donc, en avant ! la vie est courte, et notre plan est laborieux. — Anges, saints, toute la bienheureuse armée du Ciel, tous ont maintenant les yeux sur cette terre d'Écosse aride et désolée. — Que dis-je, sur l'Écosse ? — leurs yeux sont fixés sur *nous*, Roland, — sur la faible femme, sur le jeune homme inexpérimenté, qui, au milieu des ruines que le sacrilège a faites en ce saint lieu, se dévouent à la cause de Dieu et à celle de leur légitime souveraine ! Ainsi soit-il ! Les yeux bénis des saints et des martyrs, qui voient notre résolution, seront témoins de l'exécution ; ou leur oreille, qui entend notre vœu, entendra notre soupir de mort pour la cause sacrée !

Tandis qu'elle parlait ainsi, elle tenait Roland Grœme d'une main ferme, en même temps que de l'autre elle lui désignait le Ciel, comme pour ne lui laisser aucun moyen de protester contre le vœu solennel auquel elle l'associait ainsi. Après cet appel au Ciel, elle ne lui laissa le temps ni d'hésiter davantage ni de lui demander aucune explication de ses desseins ; mais passant, par une transition aussi prompte que la veille, au ton de sollicitude d'une mère inquiète et attentive, elle l'accabla de questions touchant sa résidence au château d'Avenel, et sur les connaissances ou les talents qu'il y avait acquis.

— C'est bien, dit-elle, quand il eut répondu à toutes ses informations ; mon noble autour[1] a été bien dressé, et prendra haut son essor : seulement, ceux qui l'ont élevé auront lieu d'être effrayés autant qu'étonnés de son vol. — Maintenant, continua-t-elle, songeons à notre

---

[1] *Voyez* la note *C*, à la fin du volume.

déjeuner, et ne nous mettons pas en peine s'il est un peu maigre. Quelques heures de marche nous conduiront à de meilleurs quartiers.

Ils déjeunèrent, en effet, de ce qui leur restait des provisions de la veille, et, immédiatement après, ils reprirent leur voyage. Magdalen Grœme ouvrait le chemin, d'un pas plus ferme et plus alerte que ne l'auraient annoncé ses années, et Roland Grœme la suivait, inquiet et pensif, bien loin d'être satisfait de l'état de dépendance auquel il semblait être de nouveau réduit.

— Dois-je donc toujours, se disait-il, être dévoré du désir de l'indépendance et de mon libre arbitre, et cependant être toujours amené par les circonstances à suivre la volonté des autres?

CHAPITRE X.

> Elle demeurait, inconnue et solitaire, près des sources de Dove : jeune fille qui jamais n'entendait de louanges, et que bien peu aimaient.
> WORDSWORTH.

Dans le cours de leur voyage, Magdalen et Roland échangèrent peu de paroles. La première, de temps à autre, chantait à voix basse quelques versets de ces vieilles et belles hymnes latines appartenant au rituel catholique, murmurait un *Ave* ou un *Credo*, et poursuivait ainsi son chemin, absorbée dans une contemplation mystique. Les méditations de son petit-fils appartenaient davantage aux choses mondaines. Mainte fois, quand un oiseau des landes se levait du milieu des bruyères et prenait son vol en proférant son cri de défi, il pensa au joyeux Adam Woodcock et à son fidèle autour ; ou bien, lorsqu'ils passaient près d'un bouquet de bois où des arbustes et des buissons étaient mêlés de fougère élevée, de bruyère et de genêts, de manière à former un épais fourré presque impénétrable, il rêvait de daims et de lévriers. Mais son esprit revenait fréquemment à la bienveillante et bonne maîtresse qu'il avait laissée derrière lui justement offensée, sans qu'il eût fait aucun effort pour se réconcilier avec elle.

Mon pas serait plus léger, pensait-il, et mon cœur aussi, si j'étais seulement retourné pour la voir un instant, et pour lui dire : Mylady, l'orphelin a été volontaire et insoumis, mais non pas ingrat !

Occupés de ces pensées diverses, nos deux voyageurs arrivèrent vers l'heure de midi à un petit village composé de maisons éparses, et dans lequel, comme de coutume, se voyaient deux ou trois de ces tours ou *peel-houses* dominant le reste des habitations, et que, pour des raisons de défense exposées ailleurs, on trouvait à cette époque dans chaque hameau du Border. Un ruisseau passait près du village, et arrosait la vallée où il était situé. Au bout, et à une petite distance du village, il y avait aussi une habitation en fort mauvais état, mais qui paraissait avoir été la demeure de personnes d'une certaine importance. La situation en était agréable ; c'était un angle formé par le courant d'eau, et où croissaient trois ou quatre sycomores élevés, qui alors étaient en pleine feuille et servaient à égayer le sombre aspect de la maison construite en pierres d'un rouge foncé. La maison elle-même était grande, mais elle était alors évidemment trop spacieuse pour ses occupants ; plusieurs fenêtres en étaient murées, notamment celles qui s'ouvraient à l'étage inférieur ; d'autres étaient bouchées d'une manière moins solide. La cour, en avant de la porte, qui autrefois avait été défendue par une sorte de parapet bas, alors en ruines, était pavée ; mais les pierres en étaient complétement couvertes de longues orties grises, de chardons et d'herbes, qui, s'élevant de l'interstice des dalles, en avaient soulevé et dérangé un grand nombre. Les choses même qui exigeaient une attention plus rigoureuse avaient été négligées à un point qui annonçait ou une extrême incurie ou une pauvreté extrême. Le courant d'eau, minant une portion de sa rive près d'un mur ruiné, l'avait renversé, en même temps qu'une tourelle angulaire dont les décombres obstruaient le lit du ruisseau. Le courant, intercepté par les ruines qu'il avait faites, et repoussé encore plus près de la base de la tour, avait considérablement agrandi la brèche que ses eaux avaient pratiquée, et menaçait de miner le sol même sur lequel la maison était assise, à moins qu'elle ne fût promptement protégée par un boulevard suffisant.

L'ensemble de ce tableau attira l'attention de Roland Grœme à mesure qu'ils approchèrent de l'habitation en suivant un sentier sinueux, qui, par intervalles, le leur laissait apercevoir.

— Si nous allons à cette maison, dit-il à sa mère, j'espère que ce ne sera que pour une courte visite. On dirait à la voir que deux jours de pluie, par un vent du nord-ouest, suffiraient pour l'envoyer tout entière dans le ruisseau.

— Vous ne voyez que par les yeux du corps, repartit la vieille Magdalen ; Dieu défendra ce qui est à lui, malgré l'abandon et le mépris des hommes. Mieux vaut demeurer sur le sable à l'abri de sa loi, que d'escalader le rocher de la confiance humaine.

Comme elle parlait ainsi ils entrèrent dans l'avant-cour de la vieille maison, et Roland put voir alors que la façade en avait été autrefois ornée d'une grande quantité de sculptures, exécutées dans la même pierre brune dont la maison était bâtie. Mais tous ces ornements avaient été brisés et détruits, et çà et là des vestiges de niches et d'entablements montraient seuls les places qu'ils avaient occupées. L'entrée principale de la façade était murée ; mais un étroit sentier, qu'à son apparence on pouvait juger être rarement foulé, conduisait à un petit guichet défendu par une porte bien garnie de grosses têtes de clous. Magdalen Grœme y frappa trois fois, faisant à chaque fois une pause, jusqu'à ce qu'un autre coup lui eût répondu du dedans. Au troisième coup, le guichet fut ouvert par une femme maigre et pâle, qui dit : *Benedicti qui veniunt in nomine Domini*[1]. Ils entrèrent, et la portière referma promptement le guichet sur eux, puis eut soin de repousser les ferrures massives qui assuraient la porte en dedans.

La femme les conduisit, par un étroit passage, à un vestibule dallé de quelque étendue, autour duquel régnaient des bancs de pierre. A l'extrémité supérieure était une fenêtre gothique à compartiments de pierre ; mais quelques-uns de ces compartiments ayant été murés, la salle était fort sombre.

Ce fut là qu'ils s'arrêtèrent, et que la maîtresse de la maison, car c'était elle-même qui les avait introduits, embrassa Magdalen Grœme sur les deux joues d'un air singulièrement grave, en la saluant du titre de sœur.

— Que la bénédiction de Notre-Dame soit sur vous, ma sœur ! tels furent es premières paroles, et elles ne laissèrent aucun doute dans l'esprit de Roland touchant la religion de leur hôtesse, alors même qu'il eût pu soupçonner sa vénérable et zélée conductrice de vouloir s'arrêter ailleurs que dans l'habitation d'une catholique orthodoxe. Elles se parlèrent quelque temps à voix basse, ce qui lui laissa le loisir d'observer plus particulièrement l'extérieur de l'amie de sa grand'mère.

Elle pouvait avoir de cinquante à soixante ans. Son air respirait cette mélancolie que produit le malheur, expression qui, chez elle, allait presque jusqu'à la dureté, et qui obscurcissait les restes de beauté que l'âge avait laissés sur ses traits. Ses vêtements, de couleur foncée, étaient des plus simples et des plus ordinaires, et, comme ceux de Magdalen Grœme, ils avaient quelque chose de l'habit religieux. Une propreté scrupuleuse, dans ses habits comme sur sa personne, semblait indiquer que, si elle était pauvre, elle n'était pas réduite aux extrémités de la détresse, et qu'elle était encore assez attachée à la vie pour conserver le goût de ses convenances, sinon de ses recherches. Ses manières, aussi bien que sa physionomie et tout son extérieur, annonçaient une condition originelle et une éducation fort au-dessus de l'humilité de son apparence actuelle. En un mot, tout son ensemble était de nature à faire naître cette idée : La vie de cette femme doit être digne d'intérêt. Au moment même où Roland Grœme faisait cette réflexion, le chuchotement des deux femmes cessa, et la maîtresse de l'habitation, s'approchant de lui, regarda son visage et sa personne avec

[1] Bénis soient ceux qui viennent au nom du Seigneur.

grande attention, et aussi, à ce qu'il semblait, avec un certain intérêt.

— Voilà donc, dit-elle, en s'adressant à la parente du jeune homme, l'enfant de ta malheureuse fille, sœur Magdalen? et cet enfant, unique rejeton de votre antique souche, vous voulez le consacrer à la cause de Dieu?

— Oui, par la croix! répondit Magdalen Grœme de son ton habituel de détermination résolue; je le consacre à la bonne cause, chair et sang, nerfs et membres, corps et âme!

— Tu es une heureuse femme, sœur Magdalen, reprit sa compagne, de t'élever assez au-dessus des affections humaines et des sentiments humains pour avoir la force d'attacher une telle victime aux angles de l'autel. Si j'avais été appelée à faire un pareil sacrifice, — à plonger un enfant si jeune et si beau dans les complots et les machinations sanguinaires du temps, le patriarche Abraham, quand il conduisit Isaac sur la montagne, n'eut pas une plus pénible obéissance que n'aurait été la mienne.

Elle continua si longtemps de considérer Roland d'un air de tristesse compatissante, que ce regard soutenu le fit rougir, et qu'il allait changer de place pour s'y soustraire, quand sa grand'mère, le retenant d'une main, lui partagea de l'autre les cheveux sur le front, vivement coloré par la honte et l'embarras, et s'écria, avec un mélange de tendresse orgueilleuse et de ferme résolution : Oui, regarde-le bien, ma sœur, car jamais ton œil ne put reposer sur un plus beau visage. Moi aussi, quand je l'ai revu pour la première fois après une longue séparation, j'ai éprouvé un sentiment mondain, et j'ai été à demi ébranlée dans mon dessein. Mais le vent ne peut arracher une feuille de l'arbre flétri, depuis longtemps dépouillé de son feuillage, et rien d'humain ne peut réveiller les sentiments de notre nature mortelle, depuis longtemps endormis dans le calme de la dévotion.

Tandis que la vieille Magdalen parlait ainsi, ses manières démentaient son langage, car ses yeux se remplirent de larmes lorsqu'elle ajouta : Mais la victime n'est-elle pas d'autant plus digne d'être acceptée, ma sœur, qu'elle est plus belle et plus pure? Puis, comme pour échapper aux sensations qui l'agitaient, elle reprit aussitôt : Il échappera, ma sœur; — il se trouvera un bélier pris dans le buisson, et le bras de nos frères révoltés ne s'appesantira pas sur le jeune Joseph. Le Ciel sait défendre ses droits même par le moyen de nouveau-nés et d'enfants à la mamelle, de jeunes vierges et de faibles adolescents.

— Le Ciel nous a abandonnés, repartit l'autre femme; à cause de nos péchés et des péchés de nos pères, les secours des bienheureux saints sont retirés à cette terre maudite. Nous pouvons gagner la couronne du martyre, mais non celle du triomphe terrestre. Un autre aussi, dont la prudence était si indispensable en ce moment de crise, a été appelé vers un meilleur monde. L'abbé Eustatius n'est plus.

— Puisse son âme avoir merci! dit Magdalen Grœme; et puisse le

Ciel avoir aussi pitié de nous qui restons après lui sur cette terre de sang ! Sa perte est en effet un coup dangereux porté à notre entreprise ; car qui possède après lui sa longue expérience, son zèle plein d'abnégation, sa sagesse consommée, son courage inébranlable ? Il est tombé l'étendard de l'Église en main, mais Dieu suscitera un autre champion pour relever la sainte bannière. Qui le chapitre a-t-il élu à sa place ?

— Le bruit court qu'aucun du petit nombre de frères qui reste encore n'ose accepter l'office. Les hérétiques ont juré qu'à l'avenir ils ne permettraient plus d'élection, et qu'ils puniraient sévèrement toute tentative de créer un nouvel abbé de Sainte-Marie. *Conjuraverunt inter se principes, dicentes : Projiciamus laqueos ejus* [1].

— *Quousque, Domine* [2] ! exclama Magdalen. Ceci, ma sœur, serait en effet une dangereuse et fatale lacune dans notre troupe ; mais je suis ferme dans ma croyance qu'un autre s'élèvera en place de celui qui nous est enlevé dans un si malheureux moment. — Où est ta fille Catherine ?

— Dans le parloir [3], répondit la matrone ; mais... Elle regarda Roland Græme, et dit quelques mots à l'oreille de son amie.

— Ne craignez pas cela, répliqua Magdalen Græme ; c'est à la fois légitime et nécessaire. — Ne craignez rien de lui. — Je souhaiterais qu'il fût aussi ferme dans la foi, qui est la seule voie du salut, qu'il est exempt de toute action, de toute pensée, de toute parole de corruption. Il y a à louer dans la discipline des hérétiques, ma sœur, qu'ils inculquent à leurs enfants des principes solides de moralité, et qu'ils ferment tout passage aux déréglements de la jeunesse.

— Ce n'est que rendre brillant l'extérieur de la coupe, repartit son amie ; c'est seulement blanchir le sépulcre. Néanmoins il verra Catherine, puisque vous le jugez sûr et convenable, ma sœur. — Suivez-nous, jeune homme, ajouta-t-elle ; et elle sortit de la salle avec Magdalen. C'étaient les seules paroles que la matrone eût adressées à Roland Græme ; celui-ci obéit en silence. Tandis qu'ils parcouraient d'un pas très-lent différents passages tortueux et plusieurs appartements délabrés, le jeune page eut le temps de faire quelques réflexions sur sa situation, — réflexions d'une nature que son caractère ardent regardait comme particulièrement désagréable. Il lui semblait qu'il avait maintenant deux maîtresses ou deux directrices au lieu d'une ; toutes deux vieilles, et toutes deux liguées en apparence pour diriger ses mouvements selon leur volonté, et pour l'accomplissement de plans auxquels il était étranger. C'était trop, pensait-il ; se disant, avec assez de raison, que quelque droit qu'eût sa grand'mère, sa bienfaitrice, à diriger ses démarches, elle n'avait pas celui de transférer son autorité ni de la

---

[1] Les princes se conjurèrent entre eux, disant : Nous jetterons au loin ses filets.

[2] Jusques à quand, Seigneur !

[3] *Parlour*; pièce qui, dans les constructions modernes, est remplacée par le salon. (L. V.)

partager avec une autre, qui semblait prendre sur lui, sans cérémonie, le même ton de commandement absolu.

— Mais cela ne durera pas longtemps ainsi, pensa Roland ; je ne serai pas toute ma vie esclave d'un sifflet de femme, pour aller où elle veut et venir quand elle appelle. Non, par saint André ! la main qui peut porter la lance n'est plus sous le contrôle de la quenouille. Je leur laisserai le collet dans les mains à la première occasion, et elles pourront exécuter leurs plans avec leurs propres forces. Cela les sauvera peut-être, l'une et l'autre, d'un grand danger, car je soupçonne que ce qu'elles méditent ne se trouvera probablement ni sûr ni facile ; — le comte de Murray et son hérésie sont trop bien enracinés pour être extirpés par deux vieilles femmes.

Comme il prenait cette résolution, ils entrèrent dans une chambre basse où une troisième femme était assise. Cette pièce était la première de la maison où il eût vu des siéges mobiles ; il y avait aussi une table de bois sur laquelle était une pièce de tapisserie. Un tapis était étendu sur le plancher ; il y avait une grille dans la cheminée ; en un mot la chambre avait l'air d'un appartement habitable et habité.

Mais les yeux de Roland trouvaient à se mieux occuper qu'à faire des remarques sur l'ameublement de la chambre ; car cette seconde habitante de la maison semblait quelque chose de très-différent de tout ce qu'il avait vu jusqu'alors. A sa première entrée elle avait salué d'une inclination profonde et silencieuse les deux vieilles matrones ; puis, portant les yeux sur Roland, elle avait ramené sur son visage un voile qui était rejeté en arrière sur ses épaules, mouvement qu'elle exécuta avec une grande modestie, mais sans montrer ni empressement affecté ni timidité embarrassée.

Cependant Roland avait eu le temps de remarquer que les traits étaient ceux d'une jeune fille qui ne paraissait pas avoir dépassé seize ans, et que les yeux avaient autant de douceur que d'éclat. A ces observations, déjà très-favorables, s'ajoutait la certitude que celle qui en était l'objet avait une taille charmante, bien que peut-être un peu marquée, ce qui lui donnait plus de ressemblance avec celle d'Hébé qu'avec les contours déliés d'une sylphide, mais, au total, parfaitement prise, et ressortant avec grand avantage sous les vêtements serrés qu'elle portait d'après une mode étrangère. Sa robe n'était pas tout à fait assez longue pour cacher entièrement un fort joli pied, posé sur une barre de la table près de laquelle elle était assise. Ses bras arrondis et ses doigts effilés étaient très-activement occupés à réparer la pièce de tapisserie étendue sur la table, et qui montrait plusieurs solutions déplorables, suffisantes pour exiger toute l'habileté de l'aiguille la plus experte.

Il est bon de remarquer que ce fut seulement à la dérobée que Roland Grœme put saisir ces particularités intéressantes ; et il crut une ou deux fois malgré la texture du voile, s'apercevoir que de son côté la demoiselle était occupée à prendre de sa personne a lui une connaissance analogue. Pendant ce temps les deux matrones continuaient de s'entretenir entre elles, tournant de temps à autre les yeux vers les jeunes gens, de manière à ne laisser aucun doute à Roland qu'ils ne fussent le sujet de leur conversation. Enfin, il entendit distinctement Magdalen Grœme prononcer ces paroles : — Mais oui, ma sœur, il faut que nous leur donnions l'occasion de se parler et de faire connaissance ; il faut qu'ils se connaissent personnellement l'un l'autre, car sans cela comment pourraient-ils exécuter ce qui leur sera confié?

Il semblait que la matrone, n'étant pas pleinement satisfaite des raisons de son amie, continuât de faire quelques objections; mais elles furent écartées par sa compagne plus impérieuse.

— Il faut qu'il en soit ainsi, ma chère sœur, dit-elle; ainsi donc, allons sur le balcon finir notre entretien. — Et vous, ajouta-t-elle en s'adressant à Roland et à la jeune fille, faites connaissance ensemble.

S'approchant en même temps de la jeune personne, elle lui leva son voile, montrant ainsi des traits couverts en ce moment d'un vif incarnat.

— *Licitum sit* [1], dit Magdalen en regardant l'autre matrone.

— *Vix licitum* [2], répondit celle-ci, dont l'adhésion était loin de paraître spontanée; puis, rajustant le voile de la jeune fille, elle le ramena en partie sur ses traits toujours colorés d'une vive rougeur, de manière à les ombrager sans les cacher entièrement, et elle lui dit à demi-voix, assez haut pourtant pour que le page l'entendît : Souviens-toi qui tu es, Catherine, et à quoi tu es destinée.

La matrone sortit alors avec Magdalen Grœme par une des fenêtres du salon ouvrant sur un large balcon, qui, avec sa lourde balustrade, avait autrefois régné sur toute la façade méridionale du bâtiment du côté du ruisseau, et qui formait en plein air une promenade commode et agréable. Il était maintenant privé en quelques places de la balustrade, et dans d'autres en partie rompu et rétréci; mais, malgré son état de dégradation, on pouvait encore s'y promener sans danger. C'est ce que firent les deux vieilles dames, tout en continuant de causer ensemble, mais non pourtant tellement occupées de leur conversation, que Roland ne pût remarquer, chaque fois que leurs tailles amaigries projetaient leur ombre dans la chambre en passant et repassant devant la fenêtre, qu'elles jetaient un regard à l'intérieur pour voir comment y allaient les choses.

[1] Qu'il soit permis.
[2] A peine permis.

CHAPITRE XI.

> La vie a son printemps, et c'est alors le temps du plaisir : les bois ont une voix qui nous répond, et les fleurs sont tout parfum. L'orage lui-même a son charme ; — et les jeunes filles, tout en s'enveloppant de leurs mantes pour garantir leurs robes, rient de la pluie qui les mouille.
>
> *Ancienne Comédie.*

CATHERINE était dans l'âge heureux de l'innocence et de la gaîté ; aussi, lorsque le premier moment d'embarras fut passé, une situation aussi singulière que celle où on la laissait subitement pour faire connaissance avec un beau jeune homme dont elle ignorait jusqu'au nom, la frappa, en dépit d'elle-même, par son point de vue comique. Elle tint ses regards baissés sur l'ouvrage auquel elle était occupée, et garda une gravité imperturbable pendant les deux premiers tours des matrones sur le balcon ; mais alors levant à demi sur Roland son bel œil bleu, et remarquant le laborieux embarras du jeune homme, qui tantôt se retournait sur sa chaise, et tantôt jouait avec sa toque, toute sa personne montrant combien il était en peine de savoir comment il entamerait la conversation, elle ne put garder son sérieux plus longtemps, et après de vains efforts pour se retenir elle éclata d'un rire si franc, quoique bien involontaire, ses yeux s'animèrent en même temps d'une telle expression d'hilarité, à travers les larmes dont l'effort qu'elle avait fait sur elle-même les avait remplis, et l'ondulation des riches tresses de sa chevelure accompagnait si bien les mouvements saccadés de cet accès de gaîté, que la déesse des ris elle-même ne parut jamais plus attrayante que ne l'était Catherine en ce moment. Un page de cour ne l'aurait pas longtemps laissée rire seule ; mais Roland avait été élevé à la campagne, et en outre, susceptible autant que timide, il se mit en tête que sa personne était l'objet de ces rires inextinguibles. Aussi ses efforts pour sympathiser avec Catherine ne purent ils aboutir qu'à une sorte de contraction nerveuse où il y avait plus de déplaisir que de gaîté, et qui augmenta tellement celle de la jeune fille, qu'il semblait que tous ses efforts ne pourraient plus y mettre de terme. Car chacun a éprouvé, lorsqu'un tel paroxysme s'empare de nous en un moment et dans un lieu non convenables, que les efforts que l'on fait pour le réprimer, que même la seule pensée de l'inconvenance d'y donner cours, n'aboutissent qu'à en augmenter et à en prolonger l'irrésistible impulsion.

Il fut certainement heureux pour Catherine, aussi bien que pour Roland, que le dernier ne partageât pas l'excessive gaîté de la première. Assise comme elle était, le dos tourné au balcon, Catherine pouvait aisément échapper à l'observation des deux promeneuses; au lieu que Græme, obliquement tourné vers la fenêtre, était placé de telle sorte, que sa gaîté, s'il eût pris part à celle de sa compagne, aurait été aperçue à l'instant même, et n'aurait pu manquer d'offenser les deux graves matrones. Il attendit, toutefois, avec quelque impatience, que Catherine eût épuisé ou ses forces ou son envie de rire, et se fût remise de bonne grâce à l'exercice de son aiguille; et alors il lui dit avec quelque sécheresse qu'il ne paraissait pas fort nécessaire qu'on leur eût recommandé de faire plus ample connaissance, attendu qu'ils semblaient être déjà passablement familiers.

Catherine ressentit un extrême désir de recommencer sur nouveaux frais; mais elle parvint à le réprimer, et, les yeux fixés sur son ouvrage, elle répondit en lui demandant pardon et en lui promettant d'éviter de l'offenser à l'avenir.

Roland eut assez de bon sens pour sentir qu'un air de dignité blessée serait souverainement déplacé, et que c'était avec un maintien tout autre qu'il devait répondre à l'attaque des deux beaux yeux qui avaient si bien joué leur rôle dans cette scène d'hilarité. Il essaya donc de se tirer aussi bien que possible de son faux pas, en prenant un ton d'enjouement, et en priant la nymphe de lui dire comment elle désirait qu'ils continuassent une connaissance si joyeusement commencée.

— C'est ce qu'il faut que vous trouviez vous-même, répondit-elle; peut-être ai-je déjà fait un pas de trop en ouvrant la conférence.

— Si nous commencions, comme dans un livre de contes, par nous demander réciproquement notre nom et notre histoire?

— Voilà qui est très-bien imaginé, et qui montre un jugement subtil. Commencez, et je vous écouterai, en vous faisant seulement des questions sur les parties obscures de la narration. Allons, ma nouvelle connaissance, apprenez-moi votre nom et votre histoire.

— Mon nom est Roland Græme, et cette grande vieille femme est ma grand'mère.

— Et votre tutrice. Bon. Quels sont vos parents?

— Ils sont morts tous les deux.

— Oui, mais qu'étaient-ils? Vous *avez eu* un père et une mère, je présume?

— Je le suppose; mais je n'ai jamais été à même de savoir grand'chose de leur histoire. Mon père était un chevalier écossais, qui est mort bravement dans ses étriers; — ma mère était une Græme de Heathergill, du Pays Contesté. — Presque toute sa famille périt lorsque ce pays fut saccagé par lord Maxwell et Herries de Caerlaveroch.

— Y a-t-il longtemps de cela?

— C'était avant que je ne fusse né.

— Ce ne doit pas être d'hier, repartit la demoiselle en secouant gravement la tête; voyez-vous, je ne saurais pleurer sur eux.

— Cela est inutile; ils sont tombés avec honneur.

— Assez sur votre lignage, beau sire, répliqua Catherine; ce que j'en aime le moins, ajouta-t-elle en jetant un regard vers la fenêtre du balcon, c'est l'échantillon vivant. Votre très-honorée grand'mère a un air à faire pleurer tout de bon. Et maintenant, beau sire, passons à votre personne : — si vous n'allez pas plus vite dans votre récit, il sera coupé court par le milieu ; mère Brigitte fait une pause de plus en plus longue chaque fois qu'elle passe devant la fenêtre, et avec elle il n'y a pas plus à rire que dans la tombe de vos ancêtres.

— Mon récit ne sera pas long. — Je suis entré au château d'Avenel pour y être page de la dame de la maison.

— N'est-ce pas une rigide huguenote?

— Rigide comme Calvin lui-même; mais ma grand'mère sait jouer la puritaine quand cela convient à ses desseins, et elle avait je ne sais quel plan à elle pour me faire entrer au château. — Son plan eût bien pu échouer, cependant, quoique nous fussions depuis plusieurs semaines dans le hameau, sans un maître de cérémonies inattendu....

— Quel était donc ce maître de cérémonies?

— Un grand chien noir, appelé Wolf, qui un jour m'apporta au château en me tenant à sa gueule comme un canard blessé, et qui me présenta à la dame.

— Très-respectable introduction, en vérité. Et qu'avez-vous pu apprendre dans ce château? J'aime beaucoup savoir ce que mes connaissances peuvent faire au besoin.

— A lancer un faucon, à héler un chien, à monter à cheval, et à manier la lance, l'arc et l'épée.

— Et à vous vanter de tout cela après l'avoir appris, ce qui est, du moins en France, le talent le plus certain d'un page. Mais continuez, beau sire. Comment votre maître huguenot et votre non moins huguenote maîtresse en vinrent-ils à recevoir et à garder dans la famille une aussi dangereuse personne qu'un page catholique?

— Parce qu'ils ignoraient cette partie de mon histoire, que depuis mon enfance on m'avait appris à tenir secrète, — et parce que l'assiduité que mon aïeule avait précédemment montrée aux instructions de leur chapelain hérétique avait endormi tous les soupçons, très-belle Callipolis. Et en même temps le page avançait sa chaise plus près de celle de sa jolie questionneuse

— Gardez votre distance, très-galant sire, dit la belle aux yeux bleus; car ou je me trompe fort, ou ces vénérables dames ne tarderont pas à interrompre notre conférence amicale, si la connaissance qu'elles nous ont recommandé de faire leur paraît dépasser certaines bornes :

— ainsi donc, beau sire, veuillez vous tenir à votre poste et répondre à mes questions.—Par quels exploits avez-vous mis à l'épreuve ces qualités de page que vous avez si heureusement acquises?

Roland, qui commençait à entrer dans le ton et l'esprit de la conversation de la demoiselle, lui répondit en riant :

— On ne me trouvait inexpert à aucun haut fait qui voulait de la malice, belle dame. Je tirais sur les cygnes, je donnais la chasse aux chats, j'effrayais les servantes, je poursuivais la biche et je pillais le verger. Je ne dis rien du chapelain que je tourmentais de toutes les manières, parce que c'était mon devoir comme bon catholique.

— Je crois vraiment que ces hérétiques ont fait une pénitence catholique en entretenant chez eux un serviteur si accompli en toutes choses! Et quel peut avoir été, beau sire, le malheureux événement qui les a privés d'un hôte si agréable?

— Votre proverbe dit avec vérité, belle dame, que la plus longue ruelle aura un détour; la mienne a fait mieux, — elle a eu une fin.

— Bon! je vous entends. — Et quelle a été l'occasion d'une si grave catastrophe?—Mais pas de métaphores; je ne suis pas forte en scolastique. — En simples termes, pourquoi avez-vous été congédié?

Le page répondit avec un mouvement d'épaules : Courte histoire est bientôt dite, — et cheval court bientôt étrillé. Je fis sentir ma houssine au fils du fauconnier, — le fauconnier me menaça de me faire sentir le poids de son bâton. — C'est un rustre aussi bon de cœur que robuste de bras, et j'aimerais mieux être bâtonné par lui que par personne autre de la chrétienté; — mais je ne connaissais pas alors ses qualités. — Aussi, je le menaçai de lui faire faire connaissance avec mon poignard, et mylady me fit faire connaissance avec le Partez! Ainsi donc, adieu à l'office de page et au beau château d'Avenel; — et je n'avais pas été bien loin, que je rencontrai ma vénérable parente. — Maintenant, dites-moi votre histoire, belle dame, car la mienne est finie.

— Heureuse grand'mère, qui a eu la bonne chance de retrouver le page égaré juste au moment où sa maîtresse venait de lui lâcher sa laisse! et plus heureux page, qui d'un seul bond, de page qu'il était, devient écuyer d'une vieille dame!

— Tout ceci ne me dit rien de votre histoire, reprit Roland Græme, qui commençait à se sentir vivement intéressé par la franche vivacité et l'enjouement de cette jeune fille : — histoire pour histoire, c'est la justice de compagnons de route.

—Attendez donc que nous le soyons.

— Oh! vous ne m'échapperez pas ainsi; si vous n'en agissez pas loyalement avec moi, j'appelle dame Brigitte, ou n'importe son nom, et je vous proclame traître et déloyale.

—Vous n'en aurez pas besoin; — mon histoire est la contre-partie de la vôtre. Les mêmes mots peuvent presque servir, en changeant seulement l'habit et le nom. Je m'appelle Catherine Seyton, et je suis comme vous orpheline.

— Vos parents sont-ils morts depuis longtemps?

— C'est la seule question à laquelle je ne puisse rire, répondit-elle en baissant les yeux avec une soudaine expression de tristesse.

— Et dame Brigitte est votre grand'mère?

Le nuage subit se dissipa comme celui qui obscurcit un instant le soleil d'été, et elle répondit avec sa vivacité accoutumée : Vingt fois pis que cela : — dame Brigitte est ma tante, et elle est fille.

— Que tous les dieux vous protégent! — Hélas! quelle triste histoire vous aurez à dire! Et quelles horreurs viennent ensuite?

— Votre propre histoire, exactement. Je fus prise à l'essai pour le service....

— Et renvoyée pour avoir pincé la duègne ou tenu tête à la femme de chambre de mylady?

— Non, nos histoires diffèrent ici. — Notre maîtresse congédia sa maison, ou eut sa maison congédiée, ce qui est la même chose, et je me trouve une femme indépendante des forêts.

— Et j'en suis aussi aise que si quelqu'un avait doublé mon pourpoint de drap d'or.

— Je vous remercie de votre satisfaction; mais il n'est pas probable que la chose vous intéresse.

— N'importe, continuez, car vous allez être interrompue tout à l'heure; je vois là-bas nos deux bonnes dames sur le balcon, où elles ressemblent à deux vieilles corneilles chaperonnées, et leur croassement devient plus enroué à mesure que la nuit tombe : elles vont revenir au juchoir tout à l'heure. — Cette maîtresse que vous aviez, belle dame, qui était-elle, au nom du Ciel?

— Oh! c'était un beau nom dans le monde. Peu de dames tiennent une plus belle maison, et y entretiennent un plus grand nombre de nobles demoiselles; ma tante Brigitte était une de ses intendantes. Ce qu'il y a de sûr, c'est que nous ne voyions jamais la bienheureuse face de notre maîtresse; mais nous entendions assez parler d'elle. Nous nous levions de bonne heure et nous nous couchions tard; on nous tenait à de longues prières et on nous faisait faire de courts repas.

— Foin de la vieille avare! fit le page.

— Pour l'amour du Ciel, ne blasphémez pas! dit la jeune fille avec une expression de crainte. — Dieu nous pardonne à tous les deux! je n'avais pas mauvaise intention. Je parle de notre bienheureuse sainte Catherine de Sienne. — Puisse Dieu me pardonner d'avoir parlé si légèrement, et d'être cause que vous avez fait un grand péché et un grand blasphème! Cette maison était son couvent, où il y avait douze nonnes et une abbesse. Ma tante en a été l'abbesse, jusqu'à ce que les hérétiques aient renvoyé tout le monde.

CHAPITRE XI.

— Et où sont vos compagnes?

— Avec la neige de l'année dernière, — à l'est, au nord, au sud et à l'ouest; — quelques-unes en France, d'autres en Flandre, et d'autres, je le crains, ont été retrouver le monde et ses plaisirs. Nous avons obtenu la permission de rester, ou plutôt on a fermé les yeux sur notre séjour ici, parce que ma tante a de puissants parents parmi les Kerrs, et qu'ils ont menacé de leur vengeance mortelle quiconque nous ferait le moindre mal. Dans les temps où nous vivons, l'arc et la lance sont les meilleures garanties.

— Ainsi donc vous êtes sous un ombrage sûr; et je suppose que vous vous êtes perdu les yeux à force de pleurer quand sainte Catherine a fait maison nette avant que vous ayez reçu les arrhes de son service?

— Silence, pour l'amour du Ciel! dit la demoiselle en se signant; plus un mot là-dessus! Au surplus, je ne suis pas tout à fait devenue aveugle, ajouta-t-elle en tournant les yeux vers lui et en les reportant aussitôt sur son ouvrage : — un de ces regards qui exigeraient autour du cœur la triple cuirasse d'airain qu'Horace recommande aux marins pour affronter les fureurs de l'Océan; et notre jeune page n'avait nulle défense à y opposer.

— Qu'en dites-vous, Catherine? reprit-il; si vous et moi, qui nous trouvons si étrangement renvoyés de service en même temps, nous donnions la torche à tenir à nos deux vénérables duègnes, tandis que nous essaierions ensemble d'une joyeuse mesure sur le plancher de ce monde de douleurs?

— Belle proposition, en vérité, et bien digne de la cervelle éventée d'un page congédié! — Et de quoi Votre Révérence pense-t-elle que nous pourrions vivre? — est-ce en chantant des ballades, en coupant des bourses, ou en courant les grands chemins? car c'est là, je pense, que vous trouveriez votre trésor le plus productif?

— A votre choix, petite dédaigneuse! dit le page, se reculant d'un air piqué, en voyant la raillerie froide et dégagée avec laquelle son absurde proposition était reçue. Au moment où il prononçait ces mots, l'ombre des deux matrones se dessina de nouveau sur la fenêtre du balcon; — immédiatement après elle s'ouvrit, et Magdalen Græme rentra dans le parloir avec celle que nous devons maintenant appeler la mère abbesse.

CHAPITRE XII.

> Ecoute-moi, frère : — je suis le plus âgé, le plus sage et le plus saint. Or, l'âge, la sagesse et la sainteté ont des droits péremptoires, et veulent être écoutés.
>
> *Ancienne Comédie.*

Quand les deux matrones eurent mis fin par leur arrivée à la conversation que nous avons rapportée dans le dernier chapitre, dame Magdalen Grœme s'adressa en ces termes à son petit-fils et à sa jolie compagne : — Vous êtes-vous parlé, mes enfants? — avez-vous fait connaissance ensemble comme deux compagnons jetés par le hasard sur la même route ténébreuse et semée de dangers, qui s'étudient à connaître le caractère et les dispositions de ceux par qui leurs périls doivent être partagés?

Il était rare que la gaîté de Catherine pût retenir une plaisanterie, de sorte que souvent elle parlait quand il eût été plus sage à elle de se taire.

— Votre petit-fils, dit-elle, est si enthousiasmé du voyage que vous proposez, que tout à l'heure il voulait le commencer à l'instant même.

— C'est être trop empressé, Roland, reprit la dame en se tournant vers lui, de même qu'hier vous étiez trop lent; — le juste milieu est dans l'obéissance, qui attend le signal et part dès qu'il est donné. — Mais encore une fois, mes enfants, avez-vous mutuellement assez bien examiné vos traits pour que quand vous vous rencontrerez, quelque déguisement que les temps puissent vous imposer, chacun de vous reconnaisse dans l'autre l'agent secret de la grande œuvre dans laquelle vous allez être associés? — Regardez-vous bien, de manière à connaître le moindre trait, le moindre linéament de vos physionomies. Apprenez à distinguer au pas, au son de la voix, au mouvement de la main, à un simple coup d'œil, le partenaire que le Ciel a envoyé pour aider à l'accomplissement de sa volonté. — Reconnaîtras-tu cette jeune fille, en quelque lieu et en quelque temps que tu la revoies, mon Roland Grœme?

Avec autant d'empressement que de vérité, Roland répondit par l'affirmative.

— Et toi, ma fille, continua Magdalen, te souviendras-tu des traits de ce jeune homme?

— Vraiment, mère, répondit Catherine Seyton, je n'ai pas depuis quelque temps vu assez d'hommes pour pouvoir oublier immédiatement votre petit-fils, quoique je ne voie pas grand'chose en lui qui mérite un souvenir spécial.

— Unissez donc vos mains, mes enfants, dit Magdalen Grœme; mais ici elle fut interrompue par sa compagne, que ses idées claustrales avaient mise de plus en plus mal à l'aise devant cette scène, et qui ne put y donner plus longtemps son assentiment.

— Mais vous oubliez, ma bonne sœur, dit-elle à Magdalen, que Catherine est la fiancée du Ciel; — ces familiarités ne sauraient être.

— C'est dans la cause du Ciel que je leur ordonne de s'embrasser, repartit Magdalen avec toute l'énergie de sa puissante voix; la fin, sœur, sanctifie les moyens qu'il nous faut employer.

— Ceux qui m'adressent la parole m'appellent *dame abbesse*, ou tout au moins *mère*, dit dame Brigitte en se redressant comme offensée des manières impérieuses de son amie; — lady Heathergill oublie qu'elle parle à l'abbesse de Sainte-Catherine.

— Quand je portais le titre que vous me donnez, dit Magdalen, vous étiez en effet l'abbesse de Sainte-Catherine; mais ni votre nom ni le mien n'existent plus, non plus que le rang qu'y attachaient le monde et l'Église, et nous sommes maintenant aux yeux des hommes deux femmes pauvres, méprisées, courbées sous l'oppression, traînant notre vieillesse dégradée vers une humble tombe. Mais que sommes-nous aux yeux du Ciel? — des instruments envoyés pour accomplir sa volonté, — des instruments dans la faiblesse desquels se manifestera la force de l'Église, — des instruments devant lesquels s'humilieront la sagesse et la force perverses de Morton. — Est-ce à de tels instruments que tu voudrais appliquer les règles étroites de la reclusion claustrale? et as-tu oublié l'ordre de ton supérieur que je t'ai montré, et qui te subordonne à moi en toute cette affaire?

— Que le scandale et le péché retombent donc sur ta tête! dit l'abbesse avec humeur.

— Que tous deux retombent sur ma tête! — Et maintenant, mes enfants, je vous l'ai dit, embrassez-vous.

Mais Catherine, prévoyant peut-être comment se terminerait la contestation, s'était esquivée du salon, et avait ainsi désappointé le petit-fils pour le moins autant que la vieille matrone.

— Elle est allée, dit l'abbesse, préparer quelques rafraîchissements. Ils auront peu de saveur pour ceux qui demeurent dans le monde; car moi, du moins, je ne puis me dispenser des règles auxquelles mes vœux m'obligent, parce que la volonté des méchants a été de détruire le sanctuaire où ces vœux étaient observés.

— Il est bien, ma sœur, repartit Magdalen, d'acquitter jusqu'à la moindre des dîmes de menthe et de cumin que réclame l'Église, et je ne blâme pas ta scrupuleuse observance des règles de ton ordre. Mais elles ont été établies par l'Église et au bénéfice de l'Église; et la raison veut qu'elles cèdent devant le salut de l'Église elle-même.

L'abbesse ne répondit pas.

Un homme à qui la nature humaine eût été plus connue qu'elle ne l'était à l'inexpérience de notre page, aurait pu trouver quelque amusement à comparer les genres différents de fanatisme que montraient ces deux femmes. L'abbesse, timide, aigrie et d'un esprit étroit, s'attachait aux anciens usages et à des prétentions auxquelles la réforme avait mis fin, et se montrait dans l'adversité ce qu'elle avait été dans la prospérité, scrupuleuse, faible d'esprit et bigote ; tandis que l'âme plus ardente et plus élevée de sa compagne lui ouvrait un champ plus vaste, et ne voulait pas s'astreindre aux règles ordinaires dans les plans extraordinaires que lui suggérait son imagination hardie et désordonnée. Mais Roland Græme, au lieu de s'arrêter à étudier ces particularités de caractère dans les deux vieilles dames, était tout entier à son impatience dans l'attente du retour de Catherine, pensant que peut-être la proposition du baiser fraternel serait renouvelée, dans la disposition où il voyait sa grand'mère de prendre la haute main dans la conduite des affaires.

Son attente (ou son espoir, si nous pouvons qualifier ainsi le sentiment qui l'agitait) fut néanmoins déçue ; car quand Catherine rentra, sur l'appel de l'abbesse, et plaça sur la table une cruche d'eau et quatre assiettes de bois, avec des gobelets de même matière, la dame de Heathergill, satisfaite de la supériorité qu'elle avait montrée sur l'opposition de l'abbesse, ne poussa pas sa victoire plus loin, modération dont, au fond du cœur, son petit-fils ne lui sut qu'un très-faible gré.

Cependant Catherine continuait de placer sur la table les maigres préparatifs d'un repas de recluse, consistant à peu près exclusivement en choux cuits à l'eau et servis sur un plat de bois, sans autre assaisonnement qu'un peu de sel, et n'ayant pour tout accompagnement que du pain d'orge grossier en quantité très-modérée. La cruche d'eau déjà mentionnée fournissait la seule boisson du repas. Après un *benedicite* prononcé en latin par l'abbesse, les hôtes s'assirent à leur modeste table. La simplicité du festin ne parut pas nuire à l'appétit des trois femmes, qui cependant mangèrent modérément. Mais Roland Græme avait été habitué à une meilleure chère. Sir Halbert Glendinning, qui affectait dans la tenue de sa maison une libéralité peu commune, la maintenait sur un pied d'abondante hospitalité qui rivalisait avec celle des barons du nord de l'Angleterre. Peut-être pensait-il qu'en agissant ainsi il remplissait encore plus complétement le rôle pour lequel il se sentait né, — celui d'un grand baron et d'un chef. Deux bœufs et six moutons étaient l'ordinaire d'une semaine quand le baron était au château, et cette quantité n'était pas notablement diminuée durant son absence. Chaque semaine on brassait un *boll* de malt, et l'ale qui en était faite était distribuée à discrétion. Le pain était cuit dans la même proportion pour la consommation de ses domestiques et des hommes de sa suite, et c'était sur ce théâtre d'abondance que Roland Græme avait vécu plusieurs années. C'était une mauvaise préparation pour faire honneur à des légumes tièdes et à de l'eau pure; et probablement sa physionomie laissa deviner quelque chose de ce qui se passait en lui, car l'abbesse lui dit : Il semblerait, mon fils, que les tables du baron hérétique avec lequel vous êtes si longtemps resté sont plus délicatement servies que celles des filles souffrantes de l'Église, et cependant, aux fêtes les plus solennelles, quand les nonnes avaient la permission de manger leur portion à ma propre table, les *mets* qui nous étaient alors servis ne me paraissaient pas moitié aussi délicieux que me le paraissent aujourd'hui ces végétaux et cette eau, dont j'aime mieux me nourrir que de rien faire qui puisse déroger à la rigidité de mes vœux. Il ne sera jamais dit que la maîtresse de cette maison en a fait une maison de joie et de festins, quand les jours de ténèbres et d'affliction étaient suspendus sur la sainte Église dont je suis un membre indigne.

— C'est bien dit, ma sœur, repartit Magdalen Græme; mais maintenant nous n'avons pas seulement à souffrir pour la bonne cause, nous avons à agir pour elle; et, puisque notre repas de pèlerin est fini, allons nous concerter entre nous pour notre voyage de demain, et aviser à la manière dont ces enfants devront être employés, et aux mesures que nous pourrons prendre pour parer à leur étourderie et à leur manque de discrétion.

Nonobstant la chère plus que médiocre que Roland Græme avait faite, son cœur bondit à cette proposition, qu'il ne doutait pas devoir amener un second tête-à-tête entre lui et la jolie novice; mais il se trompait. Catherine, à ce qu'il semblerait, n'avait pas l'intention de le favoriser jusque-là; car, soit par délicatesse, soit par caprice, soit enfin sous l'inspiration de quelqu'une de ces nuances indéfinissables entre le caprice et la délicatesse, par lesquelles les femmes se plaisent à tourmenter, et en même temps à captiver le sexe le plus fort, elle rappela à l'abbesse qu'il était nécessaire qu'elle se retirât pour une heure avant les vêpres; et, sur le signe d'assentiment que sa supérieure s'empressa de lui faire, elle se leva pour se retirer. Avant de quitter le salon, toutefois, elle fit une profonde révérence aux deux matrones, puis une révérence plus légère à Roland, accompagnée d'une faible inclination de tête. Elle s'acquitta avec une extrême gravité de cet acte de politesse; mais celui à qui il s'adressait crut apercevoir, dans le regard rapide de la jeune fille, une expression de triomphe sur le désappointement secret qu'il éprouvait. — Au diable la malicieuse fille, pensa-t-il au fond du cœur, quoique la présence de l'abbesse eût dû réprimer des pensées si profanes; — elle est aussi dure de cœur que la hyène souriante dont le livre d'histoire parle : — elle ne veut pas que je l'oublie, du moins de ce soir.

Les matrones se retirèrent alors aussi, en intimant au page la recommandation expresse de ne bouger du couvent pour aucun motif, et de ne se pas montrer aux fenêtres, l'abbesse lui donnant pour raison la disposition où étaient les grossiers hérétiques de saisir toutes les occasions de médire des ordres religieux.

— Voilà qui est pire que la rigueur de M. Henry Warden lui-même, se dit le page quand il se trouva seul; car, pour lui rendre justice, quoiqu'il exigeât strictement l'attention la plus rigide durant le temps de ses homélies, il nous laissait ensuite pleine liberté, — oui, et même il prenait volontiers part à nos amusements, qui plus est, s'il les jugeait tout à fait innocents; mais les vieilles femmes sont complétement enveloppées de tristesse, de mystère et d'abnégation. Hé bien, alors, s'il faut que je ne passe pas la porte et que je ne regarde pas à la fenêtre, je veux au moins voir ce que l'intérieur de la maison renferme qui puisse aider à passer son temps; — peut-être que j'apercevrai les yeux bleus de cette rieuse dans un coin ou dans l'autre.

Sortant donc du parloir par une porte opposée à celle par laquelle les deux matrones s'étaient retirées (car on peut aisément supposer qu'il n'avait nul désir de troubler *leur* conférence secrète), il erra de chambre en chambre dans l'édifice abandonné, cherchant, avec une avidité d'enfant, quelque source d'intérêt ou d'amusement. Il parcourut une longue galerie, sur laquelle ouvraient de chaque côté les petites cellules des religieuses, toutes désertes, et vides du petit nombre d'objets d'ameublement que les règles de l'ordre admettaient.

— Les oiseaux sont envolés, pensa le page; se trouveront-ils plus mal au grand air que dans ces cages humides et étroites, c'est ce que je laisse à mylady l'abbesse et à ma vénérable parente à décider entre elles. Je crois que la jeune alouette sauvage qu'ils ont laissée derrière eux aimerait tout autant chanter sous la liberté du ciel.

Un escalier tournant, raide et étroit, comme pour rappeler aux nonnes leurs devoirs de jeûne et de mortification, conduisait à une suite inférieure de pièces occupant le rez-de-chaussée de la maison. Ces chambres étaient encore plus délabrées que celles qu'il venait de quitter; car ayant essuyé la première furie des assaillants par lesquels le couvent avait été dévasté, les fenêtres y avaient été brisées, les portes enfoncées, et même les cloisons séparant les chambres démolies en quelques endroits. Comme il marchait ainsi de désolation en désolation, et qu'il songeait à abandonner une recherche si infructueuse pour retourner à la chambre qu'il avait quittée, il fut surpris d'entendre tout près de lui le meuglement d'une vache. En ce moment et en un tel lieu ce bruit était si peu attendu, que Roland Grœme tressaillit comme si c'eût été la voix d'un lion, et qu'il portait déjà la main à sa dague lorsqu'au même moment la forme légère et gracieuse de Catherine Seyton se présenta à la porte de la pièce d'où le son était parti.

CHAPITRE XII.

— Bonsoir, vaillant champion ! dit-elle ; depuis le temps de Guy de Warwick, jamais aucun ne fut plus digne de tenir tête à une vache.

— Une vache? repartit Roland Grœme ; sur ma foi, je croyais que c'était le rugissement du diable que je venais d'entendre près de moi. Qui a jamais entendu dire qu'un couvent contînt une étable à vaches?

— Vache et veau peuvent maintenant venir ici, et nous n'avons pas non plus les moyens de les entretenir dehors. Mais je vous conseille, bon sire, de retourner à la place d'où vous venez.

— Pas avant d'avoir vu votre élève, belle sœur, répliqua Roland ; et il pénétra dans la pièce d'où le meuglement s'était fait entendre, en dépit des remontrances à demi sérieuses, à demi badines, de la jeune fille.

La pauvre vache solitaire, maintenant la seule recluse condamnée à tout l'isolement du cloître, était logée dans une pièce spacieuse qui autrefois avait été le réfectoire du couvent. Le plafond en était orné d'arches côtelées, et les murailles de niches d'où les statues avaient été arrachées. Ces restes d'ornements d'architecture faisaient un étrange contraste avec la crèche grossièrement construite pour la vache dans un angle de la pièce, et avec les bottes de fourrage empilées tout auprès pour sa nourriture [1].

— Sur ma foi, dit le page, Crombie [2] est mieux logée que personne ici !

— Vous devriez rester près d'elle, repartit Catherine, et suppléer par vos attentions filiales à la privation de la progéniture qu'elle a eu le malheur de perdre.

— Je resterai du moins pour vous aider à préparer sa litière du soir, charmante Catherine, dit Roland en saisissant une fourche.

— Non pas, non pas ; car outre que vous ne vous entendez pas le moins du monde à lui rendre ce service-là, vous m'attireriez une réprimande, et j'en ai assez dans le cours ordinaire des choses.

— Quoi ! pour accepter mon aide? — pour accepter mon aide, à *moi*, qui vais être votre confédéré dans quelque grave affaire de haute importance? Ce serait tout à fait déraisonnable. — Et maintenant que j'y pense, dites-moi donc quelle est cette importante entreprise à laquelle je suis destiné.

— Un nid d'oiseau à dénicher, je supposerais, à en juger par le champion qu'on a choisi.

— Sur ma foi, celui qui a enlevé un nid de faucon dans les Scaurs [3] de Polmoodie a fait quelque chose dont on peut se vanter, ma jolie sœur.

— Mais tout cela est maintenant passé ; — et la peste soit des nids, des fauconneaux et de leur nourriture, lavée ou non lavée, car ç'a été

---

[1] *Voyez* la note D, à la fin du volume.

[2] Nom familier d'une vache en Écosse. (**L. V.**)

[3] *Scaur* est, dans sa généralité, un terme écossais désignant une rive escarpée dominant une rivière. (**L. V.**)

pour m'en être mêlé que j'ai été envoyé à mon présent voyage. N'était-ce que j'ai fait votre rencontre, jolie sœur, je mangerais le manche de ma dague de rage contre ma propre folie. Mais puisque nous allons être compagnons de route....

— Compagnons de travaux, mais non compagnons de route; car, pour votre consolation, sachez que la dame abbesse et moi nous partirons demain avant vous et votre respectable parente, et que c'est en partie parce qu'il peut se faire qu'il se passe bien du temps avant que nous nous revoyions, que je souffre en ce moment votre compagnie.

— Par saint André, cela ne sera pas, pourtant! Je ne me mettrai pas en chasse à moins que nous ne nous y mettions ensemble.

— Je soupçonne qu'en cela comme en d'autres points nous devrons faire selon qu'il nous sera ordonné. — Mais écoutez! j'entends la voix de ma tante.

La vieille dame entra en effet, et lança un regard sévère à sa nièce, tandis que Roland avait eu la présence d'esprit de paraître occupé après l'attache de la vache.

— Le jeune homme, dit gravement Catherine, m'aide à mieux attacher la vache à son poteau, car j'imagine qu'hier au soir, quand elle a sorti la tête à la fenêtre et qu'elle s'est mise à meugler, elle a dû alarmer tout le village; et nous serons soupçonnées de sorcellerie parmi les hérétiques si on ne découvre pas la cause de l'apparition, ou bien, si on la découvre, nous perdrons notre vache.

— Remettez-vous de cette crainte, répliqua l'abbesse d'un ton quelque peu ironique; la personne à qui elle est maintenant vendue va venir la prendre tout à l'heure.

— Bonsoir donc, ma pauvre compagne, dit Catherine en caressant de la main le cou de l'animal; j'espère que tu es tombée en bonnes mains, car depuis quelque temps mes heures les plus heureuses ont été celles où je m'occupais de toi. — Je voudrais n'être pas née pour une autre tâche!

— Honte à des sentiments si bas! reprit l'abbesse; sont-ce là des paroles dignes du nom de Seyton, et devraient-elles sortir de la bouche d'une sœur de cette maison, marchant dans le sentier d'élection? — et devant un étranger, encore! — Allez à mon oratoire, mignonne; — vous y lirez vos heures jusqu'à ce que je vous y rejoigne, et alors je vous lirai une leçon qui vous fera sentir tout le prix des biens que vous possédez.

Catherine se disposait à se retirer sans répondre, en jetant à Roland Grœme un coup d'œil à demi chagrin, à demi comique, qui semblait dire : Vous voyez à quoi m'a exposée votre malencontreuse visite, quand, changeant tout à coup d'idée, elle se rapprocha du page et lui tendit la main comme pour lui souhaiter le bonsoir. Leurs mains s'étaient pressées avant que l'étonnement eût permis à la matrone de dire un mot, et

Catherine eut le temps d'ajouter : Pardonnez-moi, ma mère ; il y a longtemps que nous n'avions vu une figure qui eût pour nous un regard de bonté. Depuis que ces désordres ont troublé notre paisible retraite, tout n'a été qu'ennui et malignité. Je fais à ce jeune homme un adieu amical, parce qu'il est venu ici en ami, et qu'il y a fort à parier que nous ne nous retrouverons jamais en ce monde. Je devine mieux que lui que l'entreprise dans laquelle vous vous précipitez est au-dessus de vos forces, et qu'en ce moment vous ébranlez une pierre qui ne peut manquer de vous écraser dans sa chute. Je dis adieu, ajouta-t-elle, à une victime comme moi.

Ces paroles furent prononcées d'un ton profondément pénétré, tout à fait différent de la légèreté habituelle des manières de Catherine, et qui montrait clairement que, sous l'étourderie de l'extrême jeunesse et du manque total d'expérience, elle renfermait en elle une puissance de jugement et de pénétration que jusqu'alors sa conduite n'avait pas laissé soupçonner.

L'abbesse resta un moment silencieuse après le départ de Catherine. La réprimande projetée expira sur ses lèvres, et elle parut frappée du ton grave et presque prophétique dont sa nièce avait prononcé son adieu. Elle conduisit Roland sans rien dire au parloir où ils s'étaient déjà réunis, et où était préparé ce que l'abbesse appela une légère réfection, consistant en lait et en pain d'orge. Magdalen Grœme, appelée pour prendre part à cette collation, sortit d'une pièce attenante ; mais Catherine ne reparut pas. On dit peu de choses durant le repas, qui fut fait à la hâte ; et quand il fut achevé, on envoya Roland Grœme à la cellule la plus voisine, où quelques préparatifs avaient été faits pour son repos de la nuit.

Les circonstances étranges dans lesquelles il se trouvait eurent leur effet ordinaire, en empêchant le sommeil de descendre promptement sur lui, et il put distinctement entendre, au chuchotement animé partant de la pièce qu'il avait quittée, que les deux matrones continuaient leur consultation, qui dura jusqu'à une heure avancée. Au moment où elles se séparèrent, il entendit parfaitement l'abbesse dire à sa compagne : En un mot, ma sœur, je vénère votre caractère et l'autorité dont mes supérieurs vous ont investie ; cependant il me semble qu'avant d'entrer dans cette périlleuse entreprise, nous devrions consulter quelqu'un des pères de l'Église.

— Comment et où trouverons-nous un évêque ou un abbé fidèle à qui nous puissions demander conseil ? répliqua Magdalen. Le fidèle Eustatius n'est plus ; — il est retiré d'un monde de perversité, et délivré de la tyrannie des hérétiques. Puissent le Ciel et Notre-Dame l'absoudre de ses péchés, et abréger la pénitence de ses infirmités mortelles ! — Où en trouverons-nous un autre de qui nous puissions prendre conseil ?

— Le Ciel n'abandonnera pas l'Église, et les saints pères, qu'on souffre encore dans la maison de Kennaquhair, procéderont à l'élection d'un abbé. Ils ne souffriront pas que le bâton pastoral tombe faute d'une main pour le tenir, ni que la mitre reste vide, à cause des menaces de l'hérésie.

— C'est ce que je saurai demain ; mais qui prend maintenant l'office d'une heure, sauf pour partager avec les spoliateurs leur œuvre de spoliation ? — Demain nous dira si un des milliers de saints qui sont sortis de la maison de Sainte-Marie continue de jeter un regard sur elle dans sa misère. — Adieu, ma sœur, nous nous retrouverons à Édimbourg.

— Le Ciel soit avec vous ! répondit l'abbesse ; et elles se séparèrent.

C'est donc à Kennaquhair et à Édimbourg que nous conduira notre chemin, pensa Roland Grœme. Je dois cette information à une heure d'insomnie ; — cela, au reste, s'accorde bien avec mes projets. A Kennaquhair, je verrai le père Ambroise ; — à Édimbourg, je trouverai les moyens de faire mon chemin dans ce monde turbulent, sans être à charge à ma bonne parente. — A Édimbourg, aussi, je reverrai cette ensorcelante novice, avec ses yeux bleus et son sourire malicieux. — Il s'endormit enfin, et ce fut pour rêver de Catherine Seyton.

CHAPITRE XIII.

> Quoi, Dagon relevé ! — je pensais que nous l'avions renversé sur le seuil, de manière à ce qu'il ne se relève jamais. Apportez des coins et des haches ; et vous, voisins, prêtez-moi le secours de vos bras pour faire de l'idole un fagot d'hiver !
> *Athelstane, ou le Danois converti.*

ROLAND Grœme dormit longtemps et d'un sommeil profond, et le soleil était levé sur l'horizon quand la voix de sa conductrice l'appela pour continuer leur pèlerinage ; et lorsqu'après s'être habillé à la hâte il descendit la rejoindre, l'enthousiaste matrone était déjà sur le seuil, prête à se mettre en route. Il y avait dans toutes les actions de cette femme remarquable une promptitude d'exécution et une fermeté de persévérance dont la source était dans le fanatisme qu'elle nourrissait si profondément en elle, et qui semblait absorber toutes les impulsions ordinaires des sentiments humains. Une seule affection terrestre jetait quelques lueurs à travers son énergie enthousiaste, comme les rayons brisés du soleil percent un instant les nuages accumulés durant un orage : c'était sa tendresse maternelle pour son petit-fils, — tendresse qui allait presque jusqu'aux extravagances de la passion dans les circonstances où la religion catholique n'était pas intéressée, mais qui s'effaçait dès l'instant qu'elle se trouvait en opposition ou en contact avec les desseins plus fermement arrêtés de son âme, et le devoir plus sacré auquel elle avait voué sa vie. Sa vie, elle l'aurait donnée sans hésiter pour sauver l'objet de son affection mortelle; mais cet objet lui-même, elle était prête à le hasarder, et elle en aurait fait le sacrifice, si le rétablissement de l'Église de Rome avait dû être acheté au prix de son sang. Ses discours durant le chemin, sauf dans le petit nombre de cas où son amour extrême pour son petit-fils eut occasion de se manifester en sollicitude pour sa santé et pour ses besoins, roula exclusivement sur le devoir de relever les honneurs abattus de l'Église, et de replacer sur le trône une souveraine catholique. Parfois elle semblait insinuer, quoiqu'en termes très-obscurs et très-détournés, qu'elle-même était prédestinée par le Ciel à jouer un rôle dans cette tâche importante, et qu'elle avait une garantie plus qu'humaine pour le zèle avec lequel elle s'y engageait. Mais, sur ce sujet, elle s'exprimait en termes si généraux, qu'il n'était pas aisé de décider si elle avait en effet des prétentions positives à un appel direct et surnaturel, comme la célèbre Élisabeth Barton, communément appelée la Nonne de Kent [1], ou si elle n'entendait parler que du devoir général imposé à tous les catholiques de l'époque, et dont elle sentait l'obligation à un degré plus qu'ordinaire.

Cependant, bien que Magdalen Grœme n'affichât pas précisément la prétention d'être regardée comme s'élevant au-dessus de la classe ordinaire des mortels, la conduite de quelques-uns des voyageurs qu'ils rencontrèrent de temps à autre quand ils eurent atteint la partie de la vallée plus fertile et plus populeuse sembla indiquer leur croyance en ses attributs supérieurs. Il est vrai que deux paysans qui poussaient devant eux un troupeau de gros bétail, — qu'une ou deux villageoises, qui paraissaient se rendre à quelque joyeuse réunion, — qu'un soldat rôdeur en morion rouillé, et un étudiant qui sortait de l'école, ainsi que l'annonçaient son habit noir râpé et son paquet de livres liés par une courroie, — passèrent près de nos voyageurs sans prendre garde à eux, ou en leur jetant un regard de mépris; et que, de plus, deux ou trois enfants, attirés par un costume si près ressemblant à celui d'un pèlerin, se mirent à crier après Magdalen : Ohé! ohé! la vieille mass-monger [2]! mais un ou deux passants, qui nourrissaient dans leur sein

---

[1] Religieuse fanatique, appelée la sainte fille de Kent, qui prétendait au don de prophétie et au pouvoir de faire des miracles. — Ayant annoncé, contre Henry VIII, la sentence d'une mort prochaine, à cause de son mariage avec Anne Boleyn, la prophétesse fut condamnée dans le Parlement, et exécutée avec ses complices. Son imposture eut pour un temps un tel succès, que sir Thomas More lui-même était disposé à se ranger parmi ses croyants. (W. S.)

[2] Nous avons précédemment expliqué le sens de cette épithète de mépris que les réformés donnaient aux religieux catholiques. (L. V.)

un respect secret pour la hiérarchie déchue, — promenant d'abord autour d'eux un regard timide pour voir si personne ne les observait, — firent précipitamment le signe de la croix, — fléchirent le genou devant sœur Magdalen, nom sous lequel ils la saluèrent, — lui baisèrent la main, ou même le pan de sa tunique, — reçurent avec humilité la bénédiction dont elle paya leur hommage, — puis, se relevant promptement, et regardant de nouveau autour d'eux d'un air craintif pour s'assurer qu'ils n'avaient pas été remarqués, reprirent en toute hâte leur voyage. Il y en eut même d'assez hardis pour oser, quoique en vue de personnes professant la religion dominante, indiquer de loin par un signe silencieux, en croisant les bras sur leur poitrine et en faisant une inclination de tête, qu'ils reconnaissaient sœur Magdalen et honoraient également sa personne et ses projets.

Elle ne manqua pas de faire remarquer à son petit-fils ces marques d'honneur et de respect qu'elle recevait de temps à autre. — Vous voyez, mon fils, lui disait-elle, que les ennemis n'ont pu détruire entièrement le bon esprit ni extirper la pure semence. Au milieu des hérétiques et des schismatiques, des spoliateurs des terres de l'Église et des blasphémateurs des saints et des sacrements, il reste encore quelques fidèles.

— C'est vrai, ma mère, repartit Roland Græme; mais il me semble qu'ils sont d'une qualité qui ne nous promet pas grande aide. Ne voyez-vous pas que tous ceux qui ont de l'acier au côté, et portent des marques de qualité supérieure, passent auprès de nous comme ils passeraient auprès du dernier mendiant? car ceux qui nous donnent quelque marque de sympathie sont les plus pauvres des pauvres et les plus misérables des nécessiteux, des gens qui n'ont ni pain à partager avec nous, ni épée pour nous défendre, ni habileté pour s'en servir s'ils en avaient une. Ce pauvre malheureux qui vient de s'agenouiller devant vous d'un air de si profonde dévotion, et dont les joues semblent creusées à la fois par l'atteinte de quelque maladie interne et par l'étreinte de la misère, — ce misérable mendiant pâle et tremblant, de quel secours peut-il être aux grands projets que vous méditez?

— D'un grand secours, mon fils, répondit la matrone avec plus de douceur que le page ne s'y attendait peut-être. Quand ce pieux fils de l'Église va revenir de la châsse de saint Ringan où il se rend maintenant par mon avis, et par l'aide des bons catholiques, — quand il va revenir guéri de la maladie qui le mine, plein de santé et vigoureux de membres, est-ce que la gloire de sa foi et la miraculeuse récompense qu'elle aura eue ne parleront pas plus haut aux oreilles de ce peuple abusé d'Écosse que tout le bruit qui se fait chaque semaine dans mille chaires hérétiques?

— Oui, ma mère; mais je crains que le secours du saint ne manque. Il y a longtemps que nous n'avons entendu parler d'un miracle accompli par saint Ringan.

La matrone parut comme frappée de stupeur, et, après un instant de profond silence, elle reprit d'une voix que l'émotion rendait tremblante : Es-tu assez malheureux pour douter du pouvoir du bienheureux saint?

— Non, mère, se hâta de répondre le jeune homme; je crois ce qu'ordonne de croire la sainte Église, et ne doute pas du pouvoir que saint Ringan a de guérir. Mais, soit dit en toute révérence, depuis quelque temps il n'en a pas montré l'inclination.

— Et cette terre l'a-t-elle mérité? repartit la matrone catholique, en même temps qu'elle gravissait d'un pas rapide le penchant d'une petite éminence que le sentier franchissait, et au sommet de laquelle elle s'arrêta. — Ici, continua-t-elle, s'élevait la croix, limite du Halidome de Sainte-Marie, — ici, — sur cette éminence, — du haut de laquelle l'œil du pieux pèlerin pouvait apercevoir pour la première fois cet ancien monastère, la lumière du pays, la demeure des saints, le tombeau des monarques. — Où est maintenant cet emblème de notre foi? Le voilà gisant à terre, — bloc informe, dont les fragments brisés ont été emportés pour les usages les plus vils, au point qu'il ne reste plus trace de sa destination originelle. Regarde à l'est, mon fils, là où le soleil était accoutumé à éclairer de majestueux clochers, — d'où les croix et les cloches sont maintenant enlevés, comme si le pays avait été envahi de nouveau par des païens barbares; — regarde ces créneaux, dont nous pouvons même à cette distance apercevoir la démolition partielle, et demande-moi si cette terre peut attendre des bienheureux saints, dont les châsses et les images ont été profanées, d'autres miracles que des miracles de vengeance. — Combien de temps encore, exclama-t-elle en levant les yeux au Ciel, combien de temps encore ceux-là se feront-ils attendre? Elle se tut, puis elle reprit avec une volubilité enthousiaste : Oui, mon fils, tout sur terre n'a qu'un temps : — joie et chagrin, triomphe et désolation, se succèdent l'un à l'autre comme le nuage et l'éclat du soleil; — la vigne ne sera pas à jamais foulée aux pieds, les brèches seront réparées, les branches fécondes seront de nouveau taillées et parées. Aujourd'hui même, — oui, dans peu d'instants, je compte apprendre des nouvelles d'importance. Ne nous amusons pas en route, — avançons : — le temps est court et le jugement est certain.

Elle reprit le chemin qui conduisait à l'abbaye, — chemin qui, dans les anciens temps, était soigneusement marqué par des poteaux et des barrières, pour aider le pèlerin dans son voyage; — les uns et les autres étaient maintenant arrachés et détruits. Une demi-heure de marche les amena devant la façade du monastère naguère si splendide, mais qui n'avait pas échappé à la fureur des temps, quoique l'église fût encore entière. La longue rangée de cellules et d'appartements destinés à l'usage des frères, qui occupait deux côtés du grand carré, était presque entièrement démolie, l'intérieur en ayant été consumé par le feu, auquel l'architecture massive des murs extérieurs avait seule pu résister. Les appartements de l'abbé, qui formaient le troisième côté du *square* ou carré, étaient encore habités, quoique endommagés aussi, et offraient un refuge au petit nombre de frères à qui la résidence de Kennaquhair était encore permise, plutôt par tolérance que comme un droit. Leurs superbes salles de réfectoire et autres, — leurs agréables jardins, — les cloîtres magnifiques construits pour leur récréation, tout était dévasté et en ruines; et une partie des matériaux paraissait avoir été enlevée par des habitants du village et des environs, autrefois vassaux du monastère, et qui n'avaient pas hésité à s'approprier une part dans les dépouilles. Roland vit des fragments de colonnes gothiques richement sculptées employés en guise de jambages de porte dans de misérables chaumières; et çà et là une statue mutilée, la tête en bas ou couchée en travers, servait de jambage ou de seuil à une étable à vaches. L'église avait moins souffert que les autres bâtiments du monastère. Mais les statues autrefois placées dans les nombreuses niches de ses colonnes et de ses arcs-boutants, ayant toutes tombé sous l'accusation d'idolâtrie à laquelle la dévotion superstitieuse des papistes les avait justement exposées, avaient été précipitées et brisées, sans grand égard à la conservation de leurs riches piédestaux, et des dais sculptés à jour sous lesquels elles étaient placées : encore, si la dévastation s'était arrêtée là, nous n'aurions pu considérer la conservation de ces monuments d'antiquité comme un objet à mettre en balance avec l'introduction du culte réformé.

Nos pèlerins virent avec des sentiments bien différents la démolition de ces représentations vénérables et sacrées de saints et d'anges, — car on leur avait appris à les considérer comme sacrées et vénérables. A l'antiquaire, il peut être permis de regretter qu'une telle violence ait été nécessaire; mais aux yeux de Magdalen Grœme c'était un acte d'impiété méritant la vengeance immédiate du Ciel, — sentiment auquel son petit-fils s'associait en ce moment aussi cordialement qu'elle-même. Ni l'un ni l'autre, cependant, n'exprimèrent par des paroles ce qu'ils éprouvaient; leurs mains et leurs yeux levés au Ciel pouvaient seuls indiquer ce qui se passait en eux. Le page se dirigeait vers la grande entrée orientale de l'église, mais il fut retenu par son guide. — Cette porte, lui dit-elle, a été murée depuis longtemps, afin que la canaille hérétique ne puisse pas savoir qu'il existe encore, parmi les frères de Sainte-Marie, des hommes qui osent rendre à Dieu un culte pur là où leurs prédécesseurs priaient pendant leur vie et étaient enterrés après leur mort. — Suis-moi par ici, mon fils.

Roland Grœme la suivit en effet; et Magdalen, jetant autour d'elle un regard rapide pour voir s'ils n'étaient pas observés (car le danger des temps lui avait enseigné la prudence), ordonna à son petit-fils de frapper à un petit guichet qu'elle lui désigna; — mais frappe doucement, ajouta-t-elle, avec un geste qui recommandait la précaution. Après un court intervalle, durant lequel personne ne répondit, elle fit signe à Roland de frapper une seconde fois ; et la porte s'entr'ouvrant enfin laissa entrevoir les formes amaigries de celui qui remplissait l'office de portier, et qui, d'un air craintif, tâchait de se dérober à l'observation des arrivants tout en cherchant à les apercevoir. Quelle différence avec l'air d'importance et de prospérité répandu autrefois dans toute la personne du frère portier, alors que le front haut et le sentiment de sa dignité empreint sur ses traits, il accueillait les pèlerins qui arrivaient à Kennaquhair ! Au lieu du solennel *Intrate, mei filii*, ce fut maintenant un « vous ne pouvez entrer en ce moment, — les frères sont dans leurs chambres, » prononcé d'une voix tremblante. Mais quand Magdalen Grœme lui eut dit à demi-voix : M'as-tu oublié, mon frère ? il répondit avec empressement : Entrez, mon honorée sœur ; entrez promptement, car les yeux des méchants sont sur nous.

Ils entrèrent donc ; et ayant attendu qu'avec une attention scrupuleuse le portier eût barré et verrouillé le guichet, ils le suivirent lentement à travers plusieurs passages sombres et tortueux. Tout en marchant il parlait à demi-voix à la matrone, comme s'il eût craint de confier même aux murailles l'aveu qu'il lui faisait.

— Nos pères sont assemblés dans la chambre du chapitre, digne sœur, — oui, dans la chambre du chapitre, — pour l'élection d'un abbé. — Ah, *benedicite!* il n'y aura pas de cloches, — pas de messe solennelle, — pas d'ouverture de grandes portes pour que le peuple puisse voir son père spirituel et lui rendre hommage ! Il faut que nos pères se cachent, plutôt comme des voleurs qui se choisissent un chef, que comme de saints prêtres qui élisent un abbé mitré !

— Ne vous arrêtez pas à cela, mon frère, repartit Magdalen Grœme ; les premiers successeurs de saint Pierre lui-même furent élus non à la face du soleil, mais au sein des tempêtes, — non dans les salles du Vatican, mais sous les voûtes souterraines et dans les cachots de Rome païenne. — Ils n'étaient pas salués d'acclamations, de salves d'artillerie et de mousqueterie, et par des déploiements de feux d'artifice, — non, mon frère, — mais par la voix rude des licteurs et des préteurs, qui venaient traîner les pères de l'Église au martyre. C'est du sein de cette adversité que l'Église s'éleva autrefois, — c'est par une adversité semblable qu'elle sera maintenant purifiée. — Et faites attention, frère ! Jamais aux jours les plus prospères de l'abbaye un supérieur ne fut choisi que sa dignité dût honorer autant que *celui-là* sera honoré qui osera maintenant s'en charger aux jours de la tribulation. Sur qui, mon frère, le choix tombera-t-il ?

— Sur qui peut-il tomber ? ou plutôt, hélas ! qui oserait répondre à l'appel, si ce n'est le digne élève du saint père Eustatius, — le bon et courageux père Ambroise ?

— Je le sais ; mon cœur me l'avait dit longtemps avant que vos lèvres n'eussent articulé son nom. Montre-toi, courageux champion, et défends la fatale brèche ! — lève-toi, pilote expérimenté, hardi nautonier, et saisis le gouvernail pendant que la tempête rugit ! — Retourne au combat, brave défenseur de l'étendard tombé ! — prends la houlette et la fronde, noble pasteur du troupeau dispersé !

— Silence, ma sœur, je vous en prie ! dit le portier en ouvrant une porte qui conduisait dans la grande église ; les frères vont venir ici dans un instant célébrer leur élection par une messe solennelle. Il faut que je les précède au grand autel : — tous les offices de cette vénérable maison sont maintenant dévolus à un pauvre vieillard décrépit.

Il quitta l'église, et Magdalen resta seule avec Roland dans cet immense vaisseau voûté, dont le style d'architecture, chaste quoique riche, reportait la construction à la première partie du quatorzième siècle, la meilleure époque des édifices gothiques. Mais les niches étaient dépouillées de leurs statues à l'intérieur aussi bien qu'à l'extérieur de l'église ; et dans la confusion du dégât, les tombeaux des guerriers et des princes avaient été compris dans la démolition des châsses idolâtres. Des lances et des épées de dimension antique, qui avaient été suspendues au-dessus des tombeaux des puissants guerriers des anciens jours, étaient maintenant jetées et confondues pêle-mêle avec les reliques dont la dévotion des pèlerins avait paré la tombe de leurs saints de prédilection, et avec les fragments de statues de chevaliers et de dames, qui naguère étaient couchées ou à genoux dans une attitude de dévotion, indiquant la place où reposaient les restes mortels de ceux qu'elles représentaient, et qui maintenant gisaient à terre, confondues avec les représentations de saints et d'anges taillées par le ciseau gothique, et qu'une main violente avait précipitées de la place qu'elles avaient occupée.

Le plus fatal de tous les symptômes semblait être que bien que plusieurs mois se fussent maintenant écoulés depuis que ces violences avaient été commises, les pères avaient si complétement perdu tout cœur et toute résolution, qu'ils ne s'étaient pas même hasardés à déblayer les décombres, ni à remettre l'église dans un ordre décent. C'est pourtant ce qu'on aurait pu faire sans un grand travail. Mais la terreur avait subjugué les faibles débris d'un corps autrefois si puissant ; et sentant qu'on ne souffrait leur présence dans cet ancien siège que par tolérance et par compassion, ils ne risquaient aucune démarche qu'on pût interpréter comme une revendication de leurs anciens droits, se contentant du secret et obscur exercice de leur culte, avec aussi peu d'ostentation que possible.

Deux ou trois des frères les plus âgés avaient succombé sous l'affliction des temps et les décombres avaient été enlevés sur quelques points pour qu'on pût les enterrer. Une pierre posée sur la tombe du père Nicolas rappelait de lui en particulier qu'il avait prononcé ses vœux sous l'abbé Ingilram, époque à laquelle sa mémoire se reportait si fréquemment; une autre pierre, encore plus récemment placée, couvrait les restes du sacristain Philippe, signalé pour son excursion aquatique avec l'esprit d'Avenel; une troisième, enfin, la plus récente de toutes, portait l'esquisse d'une mitre, et ces mots *Hic jacet Eustatius Abbas,* car personne n'avait osé ajouter un mot d'éloge pour son savoir et son zèle infatigable en faveur de la foi catholique.

Magdalen Grœme passa en revue ces monuments et en parcourut les inscriptions laconiques; elle s'arrêta sur celui du père Eustache.—Dans une heureuse heure pour toi, dit-elle, mais, hélas! déplorable pour l'Église, tu as été rappelé de ce monde. Que ton esprit reste avec nous, saint homme!—encourage ton successeur à marcher sur tes traces. —Donne-lui ta capacité hardie et inventive, ton zèle et ta prudence, car ta piété même ne surpasse pas la sienne. Comme elle parlait, une porte latérale, formant un passage communiquant des appartements de l'abbé à l'église, s'ouvrit de toute sa grandeur, afin que les pères pussent entrer dans le chœur et conduire au maître autel le supérieur qu'ils avaient élu.

Dans l'ancien temps, c'était une des pompes les plus splendides de celles que le clergé romain avait établies en grand nombre pour attirer la vénération des fidèles. Le temps durant lequel le siège abbatial restait vacant était un état de deuil, ou, pour employer leur expression emblématique, une période de veuvage: intervalle de tristesse qui se changeait en réjouissances et en triomphe quand un nouveau supérieur était choisi. Lorsque les deux battants des portes s'ouvraient, en ces occasions solennelles, et que le nouvel abbé paraissait sur le seuil dans tout l'éclat de sa dignité, avec l'anneau et la mitre, la dalmatique et la crosse, précédé de ses vénérables porte-bannières et des jeunes lévites dispensateurs de l'encens, suivi de l'imposant cortége de tous ses moines, et entouré en outre de tout ce qui pouvait annoncer la dignité suprême à laquelle il venait d'être élevé, son apparition était un signal pour le magnifique *jubilate* que faisaient entendre les orgues, et auquel la congrégation tout entière joignait les éclats de ses *alleluia!* Maintenant tout était changé : au milieu des ruines et de la désolation, sept ou huit vieillards, courbés et usés, autant par le chagrin et la terreur que par les années, enveloppés à la hâte des habits proscrits de leur ordre, s'avançaient à travers les décombres, semblables à une procession de spectres, de la porte qui venait de s'ouvrir au maître autel, pour y installer chef de ruines le supérieur qu'ils venaient d'élire. C'était comme une troupe de voyageurs égarés se choisissant un chef dans les solitudes de l'Arabie, ou comme un équipage naufragé élisant un capitaine sur la plage stérile où le sort l'a jeté.

Ceux qui, dans les temps paisibles, sont les plus ambitieux d'autorité, ne sont jamais au nombre des compétiteurs dans ces périodes d'agitation, où ni bien-être ni montre extérieure n'en accompagnent la possession, et alors qu'elle ne donne qu'une pénible prééminence dans le danger et dans le labeur, et qu'elle expose l'infortuné chef aux murmures de ses subordonnés mécontents, aussi bien qu'aux premiers coups de l'ennemi commun. Mais celui à qui la dignité d'abbé de Sainte-Marie venait d'être conférée était doué d'une âme propre à la situation à laquelle il était appelé. Hardi et enthousiaste, quoique généreux et prompt à pardonner, — prudent et habile, quoique plein de zèle et d'activité, — il lui manquait seulement une cause meilleure que le soutien d'une superstition à son déclin, pour l'élever au rang d'un homme véritablement grand. Mais de même que la fin couronne l'œuvre, elle forme aussi la règle sur laquelle l'œuvre doit en définitive être jugée; et ceux qui, dans la sincérité d'un cœur généreux, combattent et succombent pour une mauvaise cause, la postérité ne peut que les plaindre comme victimes d'une erreur à la fois respectable et fatale. Parmi ceux-là, nous devons ranger Ambrosius, le dernier abbé de Kennaquhair, dont les principes doivent être condamnés, car leur triomphe aurait rivé sur l'Écosse les chaînes de l'antique superstition et de la tyrannie spirituelle, mais dont les talents commandaient le respect, et dont les vertus arrachaient l'estime même des ennemis de sa foi.

L'attitude du nouvel abbé releva la dignité d'une cérémonie privée de tout autre attribut de grandeur. Sentant le péril où ils se trouvaient, et se rappelant sans doute les jours meilleurs qu'ils avaient vus, ses frères portaient sur leur physionomie une expression de terreur, de douleur et de honte qui les poussait à hâter l'office qu'ils célébraient, et dans lequel ils semblaient voir un acte à la fois dégradant et dangereux.

Mais il n'en était pas ainsi du père Ambroise. Ses traits, à la vérité, exprimaient une profonde tristesse, lorsqu'il s'avança dans l'aile du centre, au milieu des ruines de choses qu'il considérait comme saintes; mais sur son front il n'y avait pas d'abattement, et sa démarche était ferme et solennelle. Il semblait penser que la dignité qu'il allait recevoir ne dépendait nullement des circonstances extérieures au milieu desquelles elle était conférée; et si un esprit si ferme était accessible à la douleur ou à la crainte, ce n'était pas pour son propre compte, mais pour celui de l'Église, à laquelle il s'était dévoué.

Enfin, il gravit les marches rompues du maître autel, pieds nus, selon la règle, et tenant en main le bâton pastoral; car l'anneau orné d'une pierre précieuse et la mitre incrustée de joyaux étaient devenus la proie des spoliateurs séculiers. Les vassaux obéissants ne venaient pas un à un rendre leur hommage et offrir le tribut qui fournissait à leur supérieur spirituel le palefroi et son harnais. Nul évêque n'assistait à la solennité pour recevoir dans les rangs les plus élevés de la noblesse de l'Église un dignitaire dont la voix était aussi puissante que la sienne dans les assemblées ecclésiastiques. Avec un cérémonial précipité et mutilé, le peu de frères qui restaient vinrent successivement donner le baiser de paix à leur nouvel abbé, en signe d'affection fraternelle et d'hommage spirituel. Puis la messe fut célébrée à la hâte, avec la même précipitation que si on l'eût expédiée pour satisfaire aux scrupules de quelques jeunes gens impatients de partir pour la chasse [1], au lieu d'être la partie la plus solennelle d'une solennelle ordination. Le prêtre officiant balbutiait en récitant le service, et portait fréquemment les yeux autour de lui, comme s'attendant à être interrompu au milieu de la cérémonie ; et les frères écoutaient d'un air qui indiquait que toute courte qu'était la messe, ils l'auraient voulue encore plus abrégée.

Ces symptômes d'alarme augmentaient à mesure que la cérémonie avançait, et, à ce qu'il semblait, n'étaient pas seulement causés par de simples appréhensions ; car entre les pauses de l'hymne on entendait dehors des sons d'une nature bien différente, d'abord faibles et éloignés, puis enfin très-rapprochés de l'extérieur de l'église, et étourdissant de clameurs dissonantes ceux qui célébraient l'office. Le bruit des cornets à bouquin, dans lesquels on soufflait sans s'inquiéter ni d'harmonie ni d'accord ; — le tintement des cloches, le bruit des tambours, les criaillements nasillards des cornemuses et le retentissement des cymbales ; — les cris de la multitude, qui tantôt ressemblaient à des éclats de rire, et tantôt à des rugissements de rage ; — les tons aigus des voix de femmes et ceux des enfants, se mêlant aux clameurs plus sourdes des hommes, tout cela formait une confusion de sons, qui d'abord domina, puis qui fit taire entièrement les hymnes religieuses des frères. On verra dans le chapitre suivant quelle était la cause et quel fut le résultat de cette interruption extraordinaire.

---

[1] Dans les pays catholiques, afin de concilier les plaisirs des grands avec les observances de la religion, il était ordinaire, quand une compagnie était prête à partir pour la chasse, de célébrer une messe abrégée et écourtée dans ses rites, appelée *messe de chasse*, dont on voulait faire accorder la brièveté avec l'impatience des assistants.

(W. S.)

CHAPITRE XIV.

> Ni les vagues orageuses quand elles rompent leurs digues, — ni les vents déchaînés s'échappant de leurs cavernes, — ni le démon malfaisant qui les mêle ensemble, et verse leur rage sur les moissons jaunissantes, ne peuvent égaler les débordements sauvages de cette joyeuse réunion, comique et pourtant terrible, — burlesque et pourtant destructive.
> *La Conspiration.*

ES moines avaient cessé leurs chants, qui, de même que celui des choristes dans la légende de la Sorcière de Berkley, s'étaient éteints dans une note de consternation. Comme une couvée de poussins effrayés par la présence de l'épervier, ils avaient d'abord fait un mouvement pour se disperser et fuir en différentes directions; puis, ramenés par le désespoir plutôt que par aucune espérance, ils s'étaient pressés autour de leur nouvel abbé. Celui-ci, conservant l'air de dignité calme et élevée qui ne l'avait pas abandonné durant toute la cérémonie, se tenait sur la plus haute marche de l'autel, comme pour se mettre plus en évidence et se désigner aux premiers coups, afin de sauver ses frères en se dévouant pour eux, puisqu'il ne pouvait les protéger autrement.

Par un mouvement en quelque sorte involontaire, Magdalen Grœme et le page quittèrent la place où ils s'étaient tenus jusque-là sans être aperçus, et se rapprochèrent de l'autel, comme pour partager le sort qui menaçait les moines, quel qu'il pût être. Tous deux s'inclinèrent profondément devant l'abbé; et tandis que Magdalen semblait se disposer à parler, le jeune homme, portant ses regards vers l'entrée principale où le vacarme rugissait maintenant dans toute sa fureur, et que l'on avait assaillie à coups redoublés, mit la main à sa dague.

L'abbé leur fit signe à tous les deux de s'arrêter. — Paix! ma sœur, dit-il d'une voix grave, qui se fit parfaitement entendre même au milieu du tumulte extérieur; — paix! laissez le nouveau supérieur de Sainte-Marie répondre aux acclamations empressées des vassaux qui viennent célébrer son installation. — Et toi, mon fils, abstiens-toi, je te l'ordonne, de toucher à ton arme terrestre; — si c'est le bon plaisir de notre Protectrice que son sanctuaire soit aujourd'hui profané par des actes de violence, et souillé par l'effusion du sang, que ce ne soit pas, je te l'enjoins, du fait d'un catholique, d'un fils de l'Église.

Le bruit du dehors et les coups qui faisaient retentir la porte à l'extérieur devenaient plus forts de moment en moment; et on entendait des voix confuses qui demandaient qu'on ouvrît. L'abbé s'avança vers l'entrée, avec dignité et d'un pas que l'imminence même du danger ne rendait ni plus précipité ni moins ferme, et d'un ton d'autorité demanda qui les troublait ainsi dans l'exercice de leur culte, et ce qu'on voulait.

Il se fit un moment de silence, puis un rire bruyant partit du dehors. Enfin une voix répondit : Nous voulons l'entrée de l'église ; et quand la porte sera ouverte, vous aurez bientôt vu qui nous sommes.

— De quelle autorité requérez-vous l'entrée? reprit le père.

— De l'autorité du très-révérend lord-abbé de la Déraison[1], répliqua la même voix ; et à en juger par les rires qui suivirent cette réponse, il semblait qu'elle eût en elle quelque chose de très-burlesque.

— Je ne sais ni ne cherche à savoir ce que vous voulez dire, repartit l'abbé, car probablement vos intentions sont outrageantes. Mais, au nom de Dieu, retirez-vous, et laissez en paix ses serviteurs. Je vous parle comme ayant le droit légitime de commander ici.

— Ouvrez la porte, dit une autre voix d'un ton rude, et nous vous montrerons aussi nos titres, sire moine ; et nous vous ferons voir un supérieur auquel nous devons obéir tous.

— Brisons les portes s'il tergiverse plus longtemps, s'écria un troisième, et à bas les charognes de moines qui voudraient nous frustrer de notre privilége !

Une acclamation générale suivit cette proposition. — Oui, oui, notre privilége ! — notre privilége ! — A bas les portes ! à bas les lourdauds de moines s'ils résistent !

La porte fut alors attaquée à coups de lourds marteaux, et malgré sa solidité elle n'aurait pu tenir longtemps. Mais l'abbé, qui vit que la résistance serait vaine, et qui ne voulait pas irriter inutilement les assaillants, réclama instamment le silence, et l'obtint enfin à grand' peine. — Mes enfants, dit-il, je vous empêcherai de commettre un grand péché. Le portier va vous ouvrir dans un instant : — il est allé chercher les clefs. — Mais, je vous en prie, considérez en vous-mêmes si vous êtes dans un état d'esprit à franchir le seuil d'une sainte demeure.

— Au diable votre papisme ! répliqua-t-on du dehors ; nous sommes dans l'humeur où sont les moines quand ils sont le plus joyeux, c'est-à-dire quand ils ont du bouillon de bœuf au lieu de choux de carême. Ainsi donc, si votre portier n'a pas la goutte, faites-le revenir promptement, sans quoi nous aurons bientôt fait sa besogne. Ai-je bien dit, camarades?

— Oui, oui, bravement dit, et ça sera aussi bravement fait, répondit la multitude. Et si les clefs n'étaient pas arrivées au même moment, et que le portier, avec une précipitation augmentée par la terreur, n'eût pas aussitôt rempli son office en ouvrant de toute sa grandeur la porte princi-

---

[1] *Voyez* la note E, à la fin du volume.

pale, la populace lui en aurait épargné l'embarras. Le *janitor* effrayé eut à peine fait rouler sur leurs gonds les deux battants de la porte, qu'il s'enfuit au plus vite, comme un homme qui a tiré les barres d'une écluse et qui s'attend à être submergé par l'impétuosité de l'inondation. Les moines, d'un mouvement unanime, s'étaient retirés derrière l'abbé, qui seul était resté immobile à cinq ou six pas de l'entrée, ne montrant aucun signe ni de crainte ni de trouble. Ses frères, — encouragés par son dévouement, honteux de l'abandonner, et animés par le sentiment du devoir, — se pressaient les uns contre les autres à deux pas en arrière de leur supérieur. Un rire bruyant et un retentissant hourra saluèrent l'ouverture de la porte; mais, contre ce qu'on aurait pu prévoir, on ne vit pas se ruer dans l'église une foule d'assaillants furieux. On entendit au contraire l'exclamation Halte! — halte! — en ordre, mes maîtres! — laissons les deux révérends pères se saluer l'un l'autre comme il convient.

Le spectacle que présentait la foule ainsi rappelée à l'ordre était grotesque à l'extrême. Elle se composait d'hommes, de femmes et d'enfants burlesquement déguisés de diverses manières, et présentant différents groupes aussi bizarres que variés. Ici un des acteurs, une tête de cheval peinte en avant, en arrière une queue, et le tout recouvert d'un ample drap qui était censé cacher le corps de l'animal, bondissait, caracolait, faisait des ruades et des plongeons, remplissant, en un mot, le rôle célèbre du *hobby-horse* [1], auquel il est si souvent fait allusion dans nos anciennes pièces dramatiques, et qui fait encore ses gambades sur la scène dans la bataille qui termine la tragédie de Bayes. Pour rivaliser d'adresse et d'agilité avec ce personnage, un autre s'avançait sous les dehors plus formidables d'un énorme dragon aux ailes dorées, dont la gueule ouverte laissait apercevoir une langue couleur de sang bifurquée à son extrémité, et qui faisait des efforts variés pour atteindre et dévorer un jeune garçon fuyant devant lui sous le costume de la charmante Sabœa, fille du roi d'Égypte; tandis qu'un saint Georges à l'air martial, grotesquement armé d'une casserole en guise de casque et d'une broche au lieu de lance, intervenait de temps à autre et forçait le monstre d'abandonner sa proie. Un ours, un loup, et une ou deux autres bêtes sauvages jouaient leurs rôles avec la retenue de Snug le menuisier; car la préférence décidée qu'ils donnaient à l'usage de leurs pattes de derrière était suffisante, sans qu'il fût besoin d'annonce plus formelle, pour assurer aux spectateurs les plus timorés qu'ils avaient affaire à des êtres habituellement bipèdes. Il y avait un groupe d'*outlaws* ayant à leur tête Robin Hood et Little John [2], — la partie la mieux jouée de la représentation; et il n'y avait pas lieu de s'en étonner, attendu que la plupart

---

[1] *Voyez* la note F, à la fin du volume.
[2] *Voyez* la note G, à la fin du volume.

des acteurs étaient, par profession, les voleurs mêmes et les bannis qu'ils représentaient. Il y avait encore d'autres masques d'un caractère moins tranché. Des hommes étaient déguisés en femmes et des femmes en hommes ; — des enfants portaient les habits de gens âgés, et marchaient en chancelant, une béquille à la main, leurs petits corps affublés de robes fourrées, et leur tête bouffie enveloppée de bonnets ; — tandis que des grands-pères prenaient le ton enfantin aussi bien que des habits d'enfants. Outre ceux-là, nombre d'autres avaient le visage peint, et portaient leur chemise par-dessus leurs habits ; d'autres s'étaient fait des parures de carton peint et de rubans de toutes couleurs. Ceux à qui tout cela manquait s'étaient noirci la face et avaient retourné leurs habits, ce qui rendait complète la transformation de l'assemblée entière en une troupe de fous grotesquement déguisés.

La pause que fit la mascarade, qui semblait attendre quelqu'un d'une haute autorité parmi eux, donna à ceux qui se trouvaient dans l'intérieur de l'église tout le temps d'observer ces absurdités. Ils n'eurent pas de peine à en comprendre le caractère et le motif.

Peu de lecteurs peuvent ignorer qu'à une époque ancienne, et durant la plénitude de son pouvoir, l'Église romaine non-seulement tolérait, mais encourageait même des saturnales licencieuses telles qu'en célébraient en ce moment les habitants de Kennaquhair et des environs, et qu'en ces occasions le vulgaire n'était pas seulement autorisé, mais était même encouragé à se dédommager, par une foule de gambades parfois puériles et grotesques, mais quelquefois aussi immorales et profanes, des privations et des pénitences qui lui étaient imposées en d'autres temps. De tous les sujets se prêtant au burlesque et au ridicule, les rites et les cérémonies de l'Église elle-même étaient ceux auxquels on s'attachait le plus souvent ; et cela, chose étrange à dire, avec l'approbation du clergé lui-même !

Tant que la hiérarchie fut dans toute sa gloire, elle ne paraît pas avoir redouté les conséquences d'une semblable tolérance accordée au peuple, à qui on permettait ainsi une familiarité si irrévérencieuse envers les choses saintes ; on regardait alors le laïque comme étant en grande partie dans la situation du cheval de peine, qui n'en obéit pas avec plus de répugnance à la bride et au fouet, parce qu'à de rares intervalles on lui permet de prendre ses ébats dans le pré où il pâture, et même de regimber alors contre le maître qui le conduit d'habitude. Mais quand les temps changèrent, — quand du sein de la réforme s'éleva le doute contre les doctrines de l'Église romaine et la haine contre son clergé, celui-ci s'aperçut, mais trop tard, que de graves inconvénients provenaient de cet ancien usage de jeux et de mascarades, où lui-même, ainsi que tout ce qui à ses yeux était le plus sacré, était livré au ridicule. Il devint alors évident même pour des politiques moins pénétrants que les prêtres de la communion romaine, que les mêmes actions ont une portée bien différente selon qu'on y met un esprit d'insolence, de sarcasme et de haine, ou qu'on s'y livre seulement dans une exubérance de gaîté grossière et ingouvernable. Ils tâchèrent donc, quoique tardivement, partout où il leur restait quelque influence, d'arrêter le renouvellement de ces farces indécentes ; et en ceci le clergé catholique eut le concours de la plupart des prédicateurs de la réforme, plus choqués du caractère profane et immoral d'un grand nombre de ces mascarades, que disposés à profiter du jour ridicule sous lequel elles plaçaient l'Église romaine et ses cérémonies. Mais il se passa du temps avant que ces divertissements d'une scandaleuse immoralité pussent être abolis : — la multitude grossière restait attachée à ses passe-temps favoris ; et en Angleterre, aussi bien qu'en Écosse, la mitre du prélat catholique, — le rochet de l'évêque réformé, — le manteau et le rabat du théologien calviniste, étaient tour à tour obligés de faire place à ces personnages grotesques, le Pape des Fous, l'Enfant Évêque, et l'Abbé de la Déraison [1].

C'était le dernier de ces trois personnages qui en ce moment approchait, en grand costume, de la porte principale de l'église de Sainte-Marie, accoutré de manière à former la caricature ou la parodie du costume et de l'entourage du supérieur réel qu'il venait narguer le jour même de son installation, en présence de son clergé, et jusque dans le chœur de sa propre église. Le faux dignitaire était un homme d'apparence vigoureuse, de taille moyenne, dont la rotondité naturelle avait reçu le grotesque supplément d'un ventre postiche bien rembourré. Il portait une mitre de cuir, dont le devant ressemblait à un bonnet de grenadier, et qui avait pour ornements des broderies de clinquant et des colifichets d'étain. Cette prétendue mitre surmontait un visage dont le nez était la partie saillante, car il était d'une taille peu commune et orné d'autant de rubis que la mitre elle-même. Sa robe était de bougran, et sa chape de grosse toile, bizarrement peinte et découpée en points à jour. Sur une de ses épaules était fixée la représentation peinte d'un hibou ; il portait à sa main droite un bâton pastoral, de la gauche il tenait un petit miroir à poignée, et il ressemblait ainsi à un bouffon célèbre, dont les aventures, translatées en anglais, furent jadis fort populaires, et dont on peut encore se procurer des exemplaires en lettres gothiques au taux modéré d'environ une livre sterling par feuillet.

La suite de cette parodie de dignitaire avait son costume et son équipage appropriés, offrant avec les officiers du couvent la même ressemblance burlesque que leur chef avec le supérieur. Ils suivaient leur abbé en procession régulière, et les masques bigarrés, qui avaient attendu son arrivée, se pressèrent alors dans l'église où il les précédait, en

---

[1] D'après l'intéressant roman intitulé *Anastasius*, il paraît que les mêmes cérémonies burlesques étaient pratiquées dans l'Église grecque. (W S.)

criant, à mesure qu'ils entraient : Place! place! place au vénérable père Howleglas[1], au savant moine de Misrule[2], au très-révérend Abbé de la Déraison!

Les sons discordants du charivari recommencèrent; les enfants criaient et hurlaient, les hommes riaient, se hélaient entre eux, les femmes chantaient et glapissaient, les animaux rugissaient, le dragon sifflait, le *hobby-horse* hennissait, ruait et caracolait, et tous les autres sautaient et gambadaient, faisant résonner le pavé sous la ferrure de leurs souliers, au point que les étincelles en jaillissaient au milieu de leurs cabrioles frénétiques.

C'était, en un mot, une scène de confusion ridicule qui assourdissait l'oreille, donnait des éblouissements, et aurait suffi pour étourdir complétement même un spectateur désintéressé ; les moines, avec des appréhensions personnelles, et la pensée qu'une bonne partie de cette effervescence de gaîté populaire provenait de ce que le ridicule était déversé sur eux, étaient peu rassurés par la réflexion qu'enhardis par leurs déguisements, les masques qui vociféraient et cabriolaient autour d'eux pouvaient, sur la moindre provocation, passer de la bouffonnerie au sérieux, ou du moins en venir à ces plaisanteries en action auxquelles en tout temps la populace aime tant à se porter quand elle est montée à un certain degré d'exaltation à la fois joyeuse et malfaisante. Ils fixaient sur leur abbé, au milieu du tumulte, des regards semblables à ceux que les passagers attachent sur le pilote au plus fort de l'orage, — regards où se lit le découragement d'hommes qui n'ont plus d'espoir en leurs propres efforts, et qui ne comptent que bien médiocrement sur le succès de ceux de leur Palinure.

L'abbé lui-même semblait en peine, non par aucun sentiment de crainte personnelle, mais parce qu'il sentait le danger de donner un libre cours à son indignation croissante, qu'il avait peine à réprimer. Il fit de la main, comme pour commander le silence, un geste auquel on ne répondit d'abord que par un redoublement de cris et de grands éclats de rire. Quand, pourtant, le même geste eut été répété par Howleglas avec une gravité bouffonne, il fut obéi à l'instant par ses turbulents compagnons, qui, n'ayant pas une médiocre confiance dans l'esprit vulgaire et l'impudence de leur chef, s'attendirent à trouver dans la conversation du faux abbé et de l'abbé véritable un nouvel aliment à leur grosse gaîté. Aussi se mirent-ils à crier : Allons, révérends pères! — allons! — Moine contre fou, — abbé contre abbé, c'est partie égale! Raison contre déraison, malice contre moinerie!

— Silence, camarades! dit Howleglas; est-ce que deux savants pères

---

[1] Littéralement *Miroir à Hibou*. On vient de voir, par la description du personnage, que le miroir et le hibou étaient deux de ses attributs. (L. V.)

[2] *Misrule*, joie déréglée. (L. V.)

de l'Église ne sauraient tenir conférence ensemble sans que vous veniez ici avec vos cris et vos beuglements de ménagerie, comme si vous excitiez un mâtin contre un taureau? Silence, vous dis-je! laissez ce savant père et moi conférer ensemble sur une affaire qui touche à notre juridiction et à notre autorité mutuelles.

— Mes enfants...., commença le père Ambroise.

— *Mes* enfants aussi, dit sa burlesque contre-partie ; — et ce sont d'heureux enfants, ceux-là ! Nombre d'enfants bien sages ne connaissent pas leur père, et en voilà qui en ont deux à choisir.

— Si tu as en toi autre chose que raillerie et ribauderie, reprit le véritable abbé, permets-moi, par égard pour ton âme, d'adresser quelques mots à ces hommes égarés.

— Si j'ai en moi autre chose que raillerie, dis-tu? — ma foi, révérend père, j'ai en moi tout ce qui convient à mon office à l'heure qu'il est ; — j'ai du bœuf, de l'ale et du brandevin, avec autres accessoires que ce n'est pas la peine de citer ; — et, quant à ce qui est de parler, camarade, — hé bien, parle, et nous aurons notre tour après, comme d'honnêtes compagnons.

Durant cette discussion, la colère de Magdalen Grœme s'était élevée au plus haut point ; elle s'approcha de l'abbé, et, se plaçant à son côté, elle lui dit d'un ton de voix distinct, quoique concentré : Réveille-toi et lève-toi, père ! — le glaive de saint Pierre est dans ta main : — frappe, et venge le patrimoine de saint Pierre ! Charge-les des chaînes de l'excommunication que l'Église rive sur terre, et qui sont aussi rivées par le Ciel !....

— Paix, sœur ! interrompit l'abbé ; ne fais pas que leur folie détruise le fruit de notre prudence. — Paix ! je t'en prie ; et laisse-moi remplir mon office. C'est la première fois, et peut-être aussi sera-ce la dernière, que je suis appelé à m'en acquitter.

— Allons, mon saint confrère, dit Howleglas, je vous le conseille, prenez avis de la sainte sœur ; — jamais couvent n'a prospéré sans avis de femme.

— Paix, homme présomptueux ! répliqua l'abbé ; et vous, mes frères...

— Non pas, non pas ! interrompit de nouveau l'Abbé de la Déraison, ne parlez pas aux laïques avant d'avoir conféré avec votre confrère en capuchon. Je jure par la cloche, le livre et le cierge, que personne de ma congrégation n'écoutera un seul mot de ce que vous avez à dire ; ainsi, vous ferez aussi bien de vous adresser à moi, qui vous écouterai.

Pour échapper à une conférence si burlesque, l'abbé essaya un nouvel appel à ce qui pouvait rester encore de sentiments de respect chez les habitants du Halidome, jadis si dévoués à leur supérieur spirituel. Hélas ! l'Abbé de la Déraison n'eut qu'à agiter le bâton qui figurait sa

CHAPITRE XIV.

crosse, et les hurlements, les cris et les danses recommencèrent avec un bruit qui aurait défié les poumons de Stentor.

— Maintenant, camarades, reprit l'Abbé de la Déraison, faites encore une fois bouche close, et taisez-vous. — Voyons si le coq de Kennaquhair voudra combattre, ou se sauvera la crête basse.

Il se fit encore une fois un profond silence d'attente; le père Ambroise en profita pour s'adresser à son antagoniste, voyant clairement qu'il ne pouvait se faire écouter autrement. — Malheureux! lui dit-il, ne saurais-tu mieux employer ton esprit charnel qu'à conduire ces créatures faibles et aveuglées au gouffre des dernières ténèbres?

— Vraiment, mon frère, répliqua Howleglas, je ne vois guère d'autre différence entre votre emploi et le mien, sauf que vous faites un sermon d'une plaisanterie, et que moi je fais une plaisanterie d'un sermon.

— Malheureux! reprit l'abbé, qui n'a pas de meilleur sujet de plaisanterie que ce qui devrait le faire trembler, — pas d'autre objet de dérision que tes propres péchés, — pas d'autre objet de moquerie que ceux qui seuls peuvent t'en absoudre!

— Véritablement, mon révérend frère, ce que vous dites pourrait être vrai si, en riant des hypocrites, j'entendais rire de la religion. — Oh! c'est une précieuse chose de porter une longue robe, avec une ceinture et un froc! — nous devenons un saint pilier de notre mère l'Église, et un enfant ne peut pas jouer à la balle contre les murailles, de peur de briser une vitre peinte.

— Et vous, mes frères, s'écria l'abbé en portant les yeux autour de lui, et parlant avec une véhémence qui le fit écouter tranquillement pendant quelques moments, — souffrirez-vous qu'un bouffon profane, dans l'église même de Dieu, insulte ses ministres? Nombre d'entre vous, — vous tous, peut-être, — avez vécu sous mes saints prédécesseurs, qui furent appelés à gouverner cette église où je suis appelé à souffrir. Si vous avez des biens terrestres, c'est à eux que vous les devez; et quand vous ne dédaigniez pas des dons plus précieux, — la miséricorde et le pardon de l'Église, — ne furent-ils pas toujours à votre disposition? — Ne passions-nous pas en prières le temps que vous passiez dans la joie? — ne veillions-nous pas tandis que vous dormiez?

— C'est ce qu'avaient coutume de dire quelques bonnes femmes du Halidome, fit l'Abbé de la Déraison; mais cette fois sa plaisanterie n'obtint que peu d'applaudissements, et le père Ambroise se hâta de profiter du moment d'attention qu'il avait obtenu.

— Quoi! reprit-il, est-il reconnaissant, — est-il décent, — est-il honnête de vous attaquer, l'injure à la bouche, à quelques vieillards, aux prédécesseurs de qui vous devez tout, dont le seul désir est de mourir en paix parmi ces ruines de ce qui fut autrefois la lumière du pays, et dont la prière de chaque jour est que Dieu les rappelle de ce monde avant que soit venue l'heure où s'éteindra la dernière étincelle, et où le pays sera laissé dans les ténèbres qu'il a préférées à la lumière? Nous n'avons pas tourné contre vous le tranchant du glaive spirituel pour venger notre persécution temporelle; la tempête de votre colère nous a dépouillés de terres, et presque privés de notre nourriture quotidienne; et cependant nous n'y avons pas répondu par les foudres de l'excommunication : — nous ne vous demandons que la permission de vivre et de mourir dans l'église qui est à nous, invoquant Dieu, Notre-Dame et les bienheureux saints de pardonner vos péchés et les nôtres, et de ne pas venir nous y troubler par d'ignobles bouffonneries et de grossiers blasphèmes.

Ce discours, si différent par le ton et la conclusion de celui auquel s'était attendu la foule, produisit sur elle un effet peu favorable à la continuation de ses folies. Les danses cessèrent, — le *hobby-horse* mit fin à ses gambades, — cornemuse et tambour restèrent muets, et le silence, « comme un nuage épais, » sembla descendre sur la foule tout à l'heure si bruyante. Plusieurs des animaux étaient évidemment touchés de componction; l'ours ne put retenir ses soupirs, et on vit un énorme renard s'essuyer les yeux avec sa queue. Mais le dragon surtout, monstre naguère si formidable, cessa de montrer ses terribles griffes, replia ses effroyables anneaux, et de son horrible gosier on entendit sortir ces mots murmurés d'un ton repentant : Par la messe! je ne pensais pas qu'il y eût du mal à nous livrer à notre ancien divertissement; si j'avais seulement pensé que le bon père prît la chose si à cœur, j'aurais autant aimé jouer votre diable que votre dragon.

Pendant ce moment de calme, l'abbé s'élevait triomphant au milieu des formes diversement grotesques dont il était entouré, comme saint Antoine dans les tentations de Callot; mais Howleglas ne voulait pas abandonner la partie.

— Hé bien, mes maîtres! s'écria-t-il, ceci est-il un franc jeu, ou non? Ne m'avez-vous pas choisi pour Abbé de la Déraison? et est-il permis à aucun de vous d'écouter aujourd'hui le sens commun? N'ai-je pas été élu par vous dans toutes les formes et en chapitre solennel, au cabaret de la mère Martin, et voulez-vous maintenant me planter là et renoncer à votre ancien divertissement et à votre privilège? — Jouez la pièce jusqu'au bout; — et celui qui dira le premier mot de sens ou de raison, ou qui nous parlera de penser et de réfléchir, ou autres choses semblables qui ne conviennent pas au jour, je lui ferai faire un plongeon solennel à l'écluse du moulin!

La foule, variable comme de coutume, poussa de bruyants hourras. Cornemuse et tambour se remirent à souffler et à battre de plus belle, les bêtes sauvages rugirent, et le repentant dragon lui-même recommença à dérouler ses spirales et se disposa à de nouveaux sauts. Néanmoins l'abbé aurait peut-être pu, par son éloquence et ses supplications, maîtriser les dispositions malicieuses des tapageurs, si dame Magdalen Grœme n'avait enfin lâché bride à l'indignation qu'elle contenait depuis longtemps.

— Blasphémateurs! hommes de Bélial! s'écria-t-elle, — impies hérétiques! tyrans sanguinaires!....

— Contenez-vous, ma sœur, je vous en prie et je vous l'ordonne! interrompit l'abbé; laissez-moi faire mon devoir, — ne me troublez pas dans mon office!

Mais dame Magdalen continuait de fulminer ses menaces au nom des papes et des conciles, et au nom de tous les saints, depuis saint Michel jusqu'au dernier.

— Camarades! dit l'Abbé de la Déraison, cette bonne dame n'a pas dit un seul mot de raison, et en cela elle peut se regarder comme en dehors de la loi. Mais ce qu'elle a dit, elle l'a dit pour de la raison, et en conséquence, à moins qu'elle ne confesse et n'avoue que tout ce qu'elle a débité n'a pas le sens commun, ça passera pour de la raison de bon aloi, et ça rentrera sous la pénalité de nos statuts. — Ainsi donc, sainte dame, pèlerine, abbesse, ou quoi que tu sois, trève à tes momeries et gare à l'écluse! Nous ne voulons de censure ni spirituelle ni temporelle dans notre diocèse de la Déraison!

Tout en parlant ainsi il avançait la main vers la vieille femme, tandis que son cortége hurlait : Une sentence! — une sentence! et se disposait à seconder son projet, quand il fut subitement déconcerté. Roland Grœme avait vu avec indignation les insultes faites à son ancien précepteur spirituel, et néanmoins il avait eu assez de raison pour réfléchir qu'il ne pouvait lui être d'aucun secours, et que même, par une intervention inefficace, il pourrait bien empirer les choses. Mais quand il vit sa vieille grand'mère en danger de violences personnelles, il s'abandonna à l'impétuosité naturelle de son caractère, et s'élançant sur l'Abbé de la Déraison il lui porta dans le corps un coup de poignard qui l'étendit sur la dalle.

CHAPITRE XV.

> Ainsi quand se lève la populace ameutée, se ruant comme un insensé, proférant des cris, faisant voler dans sa furie désordonnée les pierres et les brandons enflammés, et s'emparant de tout ce qui peut servir d'armes à son aveugle colère : — qu'un homme grave et pieux apparaisse, le tumulte s'apaise aussitôt, et tous prêtent une oreille attentive.
> VIRGILE.

Un terrible cri de vengeance s'éleva de la foule, dont le divertissement était ainsi troublé ; mais pour un instant le manque d'armes dans la multitude, aussi bien que l'air menaçant de Roland Grœme et le poignard qu'il brandissait, la tint en respect. Saisi d'horreur à cet acte de violence, et les mains levées au ciel, l'abbé implorait le pardon divin pour le sang versé dans le sanctuaire. Magdalen Grœme, seule, semblait triompher du coup que son petit-fils avait porté au profanateur, quoiqu'à cette expression de triomphe se mêlât cependant sur ses traits une expression non moins vive de terreur et d'anxiété pour la sûreté de Roland. — Qu'il périsse dans son blasphème ! s'écria-t-elle ; — qu'il meure sur le saint pavé qu'il a insulté !

Mais la rage de la multitude, la douleur de l'abbé, et l'exultation de l'enthousiaste Magdalen, étaient également intempestifs et inutiles. Howleglas, tout mortellement blessé qu'on le supposait être, se releva lestement de la dalle, en s'écriant : Miracle ! miracle, mes maîtres ! un aussi brave miracle que jamais on en vit dans l'église de Kennaquhair ! — Et je vous ordonne, mes maîtres, comme votre abbé légalement choisi, de ne toucher à personne sans mon commandement. — Vous, loup et ours, vous allez garder ce jeune trouble-fête, mais sans lui faire de mal ; — et vous, révérend frère, vous allez, avec vos camarades, vous retirer à vos cellules, car notre conférence a fini comme finissent toutes les conférences, laissant chacun de son sentiment comme avant ; et si nous en venons aux coups, vous, vos frères et l'église en serez les mauvais marchands. — Ainsi donc, prenez vos flûtes, et en route !

Le tumulte commençait à se réveiller, mais le père Ambroise hésitait encore, comme incertain du parti que lui prescrivait son devoir, et ne sachant s'il devait faire face à l'orage actuel ou se réserver pour un meilleur moment. Son frère de la Déraison vit son embarras, et lui dit, d'un ton plus naturel et moins affecté que celui qui jusque-là avait soutenu son caractère: Nous sommes venus ici, mon révérend, plus en joie qu'en mauvaises intentions; — nous aboyons plus que nous ne mordons, — et surtout nous n'en voulons pas à votre personne. — Allez-vous-en donc pendant que le jeu est bon; car il ne faut pas siffler un faucon quand une fois il a pris l'essor, et il faut encore moins enlever la curée au limier. — Que ces camarades-là commencent une fois leur vacarme, et la Folie elle-même, encore bien moins l'Abbé de la Déraison, ne pourront pas les ramener au leurre[1].

Les frères se pressèrent autour du père Ambrosius, et se réunirent pour l'engager à céder au torrent. Cette saturnale, lui dirent-ils, était un ancien usage que ses prédécesseurs avaient toléré, et le vieux père Nicolas avait lui-même rempli le rôle du dragon au temps de l'abbé Ingilram.

— Et nous recueillons maintenant les fruits de ce qu'ils ont si inconsidérément semé, dit Ambrosius; ils ont appris aux hommes à faire un objet de dérision de ce qui est saint; doit-on s'étonner que les descendants de profanateurs deviennent voleurs et pillards? — Mais qu'il en soit ce que vous voudrez, mes frères; — rendons-nous au dortoir. — Et vous, femme, je vous ordonne, par l'autorité que j'ai sur vous, et par votre respect pour la sûreté de ce jeune homme, de venir avec nous sans plus de discours. — Mais un moment. — Quelles sont vos intentions à l'égard de ce jeune homme que vous retenez prisonnier? — Savez-vous, ajouta-t-il en s'adressant à Howleglas d'un ton sévère, qu'il porte la livrée de la maison d'Avenel? Ceux qui ne craignent pas la colère du Ciel peuvent au moins redouter le courroux de l'homme.

— Ne vous embarrassez pas de lui, répondit Howleglas; nous savons très-bien qui il est et ce qu'il est.

— Laissez-moi vous conjurer, reprit l'abbé d'un ton suppliant, de ne lui pas faire de mal pour l'acte téméraire auquel l'a poussé son zèle imprudent.

— Je vous dis de ne pas vous en mettre en peine, père, repartit Howleglas, mais de partir avec votre suite, mâle et femelle, sans quoi je ne me charge pas de sauver cette sainte-là de la cage à plongeon.
— Et, quant à de la rancune, il n'y a pas là place pour elle, ajouta-t-il en frappant sur son énorme ventre: c'est trop bien bourré de paille et de bougran. — Grand merci à tous deux! — ils m'ont préservé de la dague de cette tête folle, aussi bien qu'un corselet de Milan aurait pu le faire.

Dans le fait, le coup de poignard bien appliqué de Roland Græme avait rencontré la bourre du ventre postiche que l'Abbé de la Déraison portait comme partie de son costume caractéristique, et c'était seulement la force du coup qui avait renversé ce révérend personnage.

---

[1] Terme de fauconnerie. (L. V.)

Satisfait jusqu'à un certain point des assurances de cet homme, et contraint de céder à une force supérieure, l'abbé Ambrosius se retira de l'église à la tête des moines, et laissa le parvis à la libre disposition de la bande joyeuse. Mais, tout déréglés et tout désordonnés qu'étaient les tapageurs, ils n'accompagnèrent la retraite des religieux d'aucune de ces acclamations de dérision et de mépris dont ils les avaient salués à leur arrivée. Le discours de l'abbé avait fait éprouver à quelques-uns d'entre eux une atteinte de remords, à d'autres un mouvement de honte, à tous un sentiment momentané de respect. Ils restèrent silencieux jusqu'à ce que le dernier moine eût disparu sous la porte latérale qui communiquait de l'église au cloître; et même alors il fallut quelques exhortations de la part d'Howleglas, quelques cabrioles du cheval de bois, et quelques contorsions du dragon, pour réveiller en eux leur joie bruyante.

— Qu'avez-vous donc, mes maîtres? s'écria l'Abbé de la Déraison, et pourquoi me regardez-vous avec des faces aussi blêmes que des visages de carême? Est-ce que vous voulez perdre votre ancien passe-temps, à cause des histoires de saints et de purgatoire d'une vieille femme? Eh! je croyais que vous auriez voulu avoir tout brisé depuis longtemps. — Allons, commencez, tambours et harpes! commencez, violons et rebecs! — Dansez et soyez joyeux aujourd'hui, et viennent demain les soucis! — Ours et loup, ayez l'œil à votre prisonnier. — Sautez, cheval! — sifflez, dragon! — Hourra, enfants! chaque instant que nous restons à rien faire nous vieillit, et la vie est trop courte pour qu'on la passe à jouer à bouche-cousue.

Cette exhortation pathétique produisit l'effet désiré. Ils firent dans l'église des fumigations de laine brûlée et de plumes au lieu d'encens, remplirent d'eau sale les bénitiers, et célébrèrent une parodie du service divin, l'abbé postiche officiant à l'autel; ils chantèrent d'indécentes et bouffonnes parodies sur les airs des hymnes de l'Église; ils profanèrent tous ceux des vêtements et des vases appartenant à l'abbé sur lesquels ils purent mettre la main; et, après s'être abandonnés aux actions les plus bizarres que le caprice du moment put suggérer à leur imagination désordonnée, ils en vinrent enfin à des actes de destruction plus prononcés, renversèrent et détruisirent quelques ouvrages de buis sculpté, brisèrent les vitraux peints qui avaient échappé à une première violence, et, dans leur rigoureuse recherche des sculptures consacrées à l'idolâtrie, se mirent à mutiler le peu d'ornements restés intacts sur les tombes et aux corniches des colonnes.

L'esprit de destruction, comme les autres goûts, s'accroît en s'y livrant; après ces premiers essais d'imaginations malfaisantes, la partie la plus tumultueuse de l'assemblée commença à méditer la destruction sur une plus vaste échelle. — Abattons tout à fait le vieux nid de corbeaux! devint un cri général parmi eux; — il a servi trop longtemps au pape et à sa couvée ! Et en même temps ils entonnèrent une ballade alors fort en vogue dans le bas peuple :

« Le pape, ce païen, plein d'orgueil, nous a tenus assez longtemps aveugles ; quand un aveugle en conduit un autre, ce n'est pas étonnant qu'ils aillent mal tous les deux. Comme prince et roi, il conduit la course de toute iniquité. — Sous l'arbre du bois verdoyant, chantons le Hay-trix, Trim-go-trix !

« Le riche évêque ne pouvait pas prêcher, tant il était occupé à donner la chasse aux filles ; le moine imbécile s'en allait quêtant de son ton nasillard ; le curé ne savait pas lire son bréviaire : — Honte à toute la compagnie ! — Sous l'arbre du bois verdoyant, chantons le Hay-trix, Trim-go-trix [1] ! »

Répétant d'une voix tonnante ce refrain d'une chanson de chasseurs bien connue, que quelque poëte avait enrôlée de force au service de la polémique du jour, le cortége de l'Abbé de la Déraison devenait de moment en moment plus tumultueux, et commençait à ne pouvoir plus être gouverné même par ce révérend prélat, quand un chevalier armé de toutes pièces, et suivi de deux ou trois hommes d'armes, entra dans l'église, et d'une voix impérieuse leur ordonna de mettre fin à leur tumultueuse mascarade.

[1] Ces couplets grossiers sont tirés, avec quelques légers changements, d'une ballade intitulée *Trim-go-trix*. Elle se trouve dans une collection singulière ayant pour titre : *Livre abrégé de chansons pieuses et spirituelles, recueillies des diverses parties de l'Écriture, avec un grand nombre d'autres ballades composées sur des chansons profanes, pour détourner du péché et ribauderie ; le tout augmenté de nombre de bonnes et saintes ballades. Edinburgh, imprimé par Andro Hart.* Cette curieuse collection a été réimprimée dans celle des *Poëmes écossais du seizième siècle* de M. John Grahame Dalyell. *Édimbourg*, 1801, 2 vol. (W. S.)

Voici l'original de la Ballade.

The paip, that pagan full of pride,
   Hath blinded us over lang;
For where the blind the blind doth lead,
   No marvel baith gae wrang.
     Like prince and king,
     He led the ring
     Of all iniquity.
Sing Hay-trix, trim-go-trix,
   Under the greenwood tree.

The bishop rich, he could not preach,
   For sporting with the lasses ;
The silly friar behoved to fleech
   For awmous as he passes.
     The curate his creed
     He could not read :
     Shame fa' the compagny!
Sing Hay-trix, trim-go-trix,
   Under the greenwood tree.

Sa visière était levée ; mais, eût-elle été baissée, la branche de houx aurait suffi pour faire reconnaître sir Halbert Glendinning. Traversant le village de Kennaquhair en se rendant à son château, il avait entendu le vacarme qui se faisait dans l'église, et, inquiet peut-être pour la sûreté de son frère, il s'y était rendu directement.

— Que signifie ceci, mes maîtres ? dit-il ; sont-ce des chrétiens et des sujets du roi qui saccagent et démolissent église et chœur comme autant de païens ?

Tous restèrent silencieux, quoique sans doute plus d'un parmi eux fût surpris et désappointé de recevoir d'un aussi zélé protestant une mercuriale au lieu de remercîments.

Le dragon, à la vérité, prit à la fin sur lui de se constituer l'orateur de la troupe, et, faisant entendre une sorte de grognement du fond de son enveloppe de carton peint, dit qu'ils ne faisaient que passer le balai de la destruction dans l'église pour en extirper le papisme.

— Quoi ! mes amis, répliqua sir Halbert Glendinning, pensez-vous qu'il n'y ait pas plus de papisme dans ces momeries et cette mascarade que dans ces murs de pierre ? Faites disparaître la lèpre de votre chair, avant de parler de purifier des murailles de pierre ; — réprimez votre insolente licence, qui ne conduit qu'à une puérile vanité et à de condamnables excès ; et sachez que ce que vous faites maintenant est un des inconvenants et profanes divertissements introduits par les prêtres de Rome eux-mêmes, pour égarer et abrutir les âmes qui tombent dans leurs filets.

— Au diable le sermon ! — est-ce que nous sommes ici pour recevoir vos mercuriales ? murmura le dragon d'un ton de révolte tout à fait d'accord avec son rôle ; nous aurions aussi bien fait de rester romains, si nous ne devons pas avoir la liberté de nous divertir !

— Oses-tu me répondre sur ce ton ? dit sir Halbert ; et y a-t-il quelque divertissement à ramper là sur la terre comme un grand ver de chou ? — Sors de ton étui peint, ou, foi de chevalier, je vais te traiter comme le reptile en qui tu t'es changé !

— Reptile ? riposta le dragon offensé ; à part votre titre, sire chevalier, je tiens que ma naissance vaut la vôtre.

Pour toute réponse, le chevalier fit tomber sur le récalcitrant dragon deux coups de la hampe de sa lance si bien appliqués, que si les cerceaux qui formaient les côtes de la machine n'eussent été d'une certaine force, ils auraient difficilement empêché celles de l'acteur d'être rompues. Le masque se dégagea en toute hâte de son déguisement, peu soucieux d'y attendre un troisième choc de la lance du terrible chevalier ; et quand le ci-devant dragon se montra sous sa forme naturelle, Halbert Glendinning retrouva sur sa physionomie les traits bien connus de Dan de Howlet-Hirst, un de ses anciens camarades, avant d'avoir été élevé par le destin si fort au-dessus du rang où il était né. Le paysan regardait sir

Halbert d'un air d'humeur, comme pour lui reprocher d'avoir ainsi traité une vieille connaissance ; et le bon naturel de Glendinning lui-même lui reprocha la violence à laquelle il venait de se porter.

— J'ai mal fait de te frapper, Dan, dit-il ; mais en vérité je ne te connaissais pas. — Tu as toujours été une tête folle. — Viens au château d'Avenel, et nous verrons comment mes faucons volent.

— Et si nous ne lui faisons pas voir des faucons qui s'élèvent aussi joyeusement que des fusées volantes, dit l'Abbé de la Déraison, je veux que Votre Honneur daube aussi dur sur mes os que vous le faisiez tout à l'heure sur les siens.

— Comment, sire drôle ! répliqua le chevalier ; et qui vous a amené ici ?

L'abbé, se débarrassant rapidement du faux nez qui lui déguisait la physionomie et de l'abdomen supplémentaire qui complétait sa métamorphose, parut devant son maître sous ses véritables traits, ceux d'Adam Woodcock, le fauconnier d'Avenel.

— Hé bien, varlet ! reprit le chevalier, as-tu bien osé venir ici porter le trouble dans la maison même où demeure mon frère ?

— Et c'est pour cette raison-là même, j'en demande pardon à Votre Honneur, que je suis venu ici ; — car j'avais entendu rapporter que le pays était en l'air pour choisir un Abbé de la Déraison, et pour sûr, ai-je pensé, moi qui peux chanter, danser, sauter en arrière sur un sabre, et qui suis un aussi bon fou qu'aucun fou qui ait jamais brigué une promotion, j'ai toute chance d'emporter l'office ; et si je me fais élire, je puis être de quelque utilité au frère de Son Honneur, dans la supposition où les choses viendraient à se gâter à l'église de Sainte-Marie.

— Tu n'es qu'un rusé coquin, repartit sir Halbert, et je sais bien que l'amour de l'ale et de l'eau-de-vie, pour ne rien dire de ton goût pour les folies et le désordre, t'auraient plutôt fait aller à un mille que l'amour de ma maison ne t'aurait fait faire deux pas. Mais va-t'en ; — emmène ailleurs tes tapageurs, — au cabaret, si cela leur plaît : voilà quelques couronnes pour payer vos dépenses. Achevez cette journée de folie sans faire d'autre mal, et soyez demain des hommes raisonnables ; et à l'avenir apprenez à mieux servir une bonne cause qu'en agissant comme des bouffons ou des bandits.

Obéissant à l'injonction de son maître, le fauconnier s'occupa de réunir ses compagnons découragés, et il leur soufflait à l'oreille : En route ! en route ! — *lace* est un mot latin pour chandelle[1] ; — ne vous mettez pas en peine du puritanisme du bon chevalier : — nous achèverons notre pièce autour d'un broc d'ale double dans la cour de dame Martin la brasseuse. — Soyez muets jusqu'à ce que vous soyez hors de l'église, et alors que la voûte du ciel retentisse de nouveau. — En

[1] Expression proverbiale. (L V.)

avant, loup et ours, — tenez-vous sur votre train de derrière jusqu'à ce que vous ayez passé le porche de l'église, et puis alors montrez-vous en bêtes bien apprises. — Qui diable l'a envoyé ici en guise de trouble-fête? — mais filez doux, mes petits cœurs; sa lance n'est pas une plume d'oie, comme les côtes de Dan peuvent le dire.

— Sur mon âme! dit celui-ci, si ç'avait été tout autre qu'un ancien camarade, ses oreilles auraient fait connaissance avec le vieux renard[1] de mon père.

— Paix! paix, camarade! reprit Adam Woodcock; pas un mot dans ce genre-là, si vous tenez à la sûreté de vos os. — Eh quoi, camarade! il faut prendre l'argent comme on le donne et savoir porter un léger horion, quand on n'y a pas mis de méchanceté préméditée.

— Mais moi je ne m'en arrangerai pas, répliqua Dan de Howlet-Hirst, tout en résistant obstinément aux efforts de Woodcock qui cherchait à l'entraîner hors de l'église. — En ce moment, le rapide coup d'œil militaire de sir Halbert Glendinning découvrant Roland Græme entre ses deux gardes, le chevalier s'écria: Oho, sire fauconnier! — Woodcock! — drôle! tu as donc amené le page de mylady dans ma propre livrée pour figurer dans cette belle équipée avec tes loups et tes ours? Puisque vous en étiez à une pareille mascarade, vous auriez pu du moins, si vous l'aviez voulu, sauver l'honneur de ma maison en l'habillant en singe. — Amenez-le ici, drôles!

Adam Woodcock était trop honnête et trop consciencieux pour laisser tomber sur le jeune homme un blâme non mérité. — Je jure, dit-il, par saint Martin des Bouillons[2]...

— Et qu'as-tu à faire avec saint Martin?

— Ma foi, pas grand'chose, monsieur, si ce n'est quand il nous envoie un temps si pluvieux qu'on ne peut faire voler un faucon. — Mais je disais à Votre Seigneurie, sire chevalier, qu'aussi vrai que je suis honnête homme....

— Si vous aviez dit: Que je suis un coquin, je vous aurais plutôt cru.

— Ma foi, si Votre Honneur ne veut pas me laisser parler, je puis tenir ma langue; mais ce n'est pas moi qui ai fait venir l'enfant ici, au bout du compte.

— Il y est venu pour satisfaire son impertinente curiosité, je le garantis. — Approchez, petit drôle, et dites-moi si vous avez la permission de votre maîtresse pour venir si loin du château, et pour déshonorer ma livrée en la mêlant à de pareils jeux de mai?

---

[1] *Fox*; un sabre à l'ancienne mode était souvent nommé ainsi. (W. S.)

[2] Le saint Swithin* de l'Écosse. S'il pleut le jour de sa fête (le 4 juillet), on s'attend à quarante jours de pluie. (W. S.)

* Un Français aurait dit le saint Médard. (L. V.)

CHAPITRE XV.

— Sir Halbert Glendinning, répondit Roland Græme avec fermeté, j'ai obtenu la permission, ou plutôt j'ai reçu l'ordre de votre dame de disposer dorénavant de mon temps à ma volonté. J'ai été bien malgré moi spectateur de ces jeux de mai, comme il vous plaît de les nommer; et je ne conserve votre livrée que jusqu'à ce que j'aie pu avoir des habits qui ne portent pas de pareilles marques de servitude.

— Comment dois-je entendre ceci, jeune homme? parle clairement, car je ne devine pas les énigmes. Je sais que tu avais la faveur de mylady. Qu'as-tu fait pour la désobliger, et pour occasionner ton renvoi?

— Rien qui vaille la peine d'en parler, dit Adam Woodcock, répondant pour le page; — une sotte querelle avec moi, qu'on a encore plus sottement rapportée à mylady, a coûté sa place à ce pauvre enfant. Pour ma part, je dirai franchement que j'avais tort depuis le commencement jusqu'à la fin, excepté sur la viande lavée des fauconneaux. Là-dessus je soutiens que j'avais raison.

Sur ce, l'honnête fauconnier répéta à son maître toute l'histoire de la dispute qui avait amené la disgrâce de Roland Græme près de sa maîtresse; mais il le fit d'une manière tellement favorable au page, que sir Halbert ne put se méprendre sur son généreux motif.

— Tu es un drôle d'un bon naturel, Adam Woodcock, dit-il.

— Autant que l'ait jamais été faucon sur le poing, repartit Adam; et après tout, M. Roland me ressemble en cela. Mais étant à demi gentilhomme par son office, son sang s'échauffe aisément, de même que le mien.

— En tout cas, reprit sir Halbert, qu'il en soit ce qu'il voudra, mylady a été un peu prompte; car il n'y avait pas là grand sujet d'offense pour congédier l'enfant qu'elle avait élevé depuis des années. Mais lui, je n'en doute pas, aura empiré son affaire par son caquet. — Au surplus, cela tombe bien avec un projet que j'avais dans l'esprit. — Emmène ces gens-là, Woodcock; — et vous, Roland Græme, suivez-moi.

Le page le suivit en silence dans la maison de l'abbé, où le chevalier, gagnant la première chambre qu'il trouva ouverte, ordonna à un de ses gens d'aller prévenir son frère, M. Edward Glendinning, qu'il désirait lui parler. Les hommes d'armes furent charmés d'aller rejoindre leur camarade Adam Woodcock et la bande joyeuse qu'il avait réunie chez la dame Martin, la femme de l'hôtelier; le page et le chevalier restèrent seuls dans la pièce où ils attendaient le père Ambroise. Sir Halbert Glendinning fit quelques tours en silence, puis il s'adressa ainsi au jeune page:

— Tu peux avoir remarqué, jeune homme, que je n'ai jamais paru faire grande attention à toi.... Je vois le rouge qui te monte au visage, mais laisse-moi dire jusqu'au bout. Je dis que je ne t'ai jamais accordé grande attention, non parce que je ne voyais en toi rien qu'on pût louer mais parce que j'y voyais des dispositions blâmables, que de telles louanges auraient pu empirer. Ta maîtresse, faisant ce qui lui plaît dans son intérieur, et nulle femme n'est plus en droit de le faire, t'a distinguée des autres, et t'a traité en parent plus qu'en domestique ; et si, te voyant l'objet d'une telle distinction, tu as montré quelque vanité et quelque pétulance, il y aurait de l'injustice à ne pas dire que tu as profité tant dans tes exercices que dans ton éducation, et que mainte fois tu as montré des étincelles d'un esprit noble et mâle. De plus, il ne serait pas généreux, après t'avoir élevé de manière à développer tes dispositions volontaires et emportées, de te livrer à une existence nécessiteuse et vagabonde pour avoir montré précisément cette humeur difficile et cette impatience de toute discipline qui provenaient des habitudes trop délicates de ton éducation. En conséquence, et pour l'honneur de ma maison, je suis résolu à te garder à ma suite, jusqu'à ce que je puisse disposer honorablement de toi d'une autre manière, avec une perspective suffisante de te voir faire ton chemin dans le monde de manière à faire honneur à la maison qui t'a élevé.

S'il y avait dans le discours de sir Halbert Glendinning quelque chose qui flattait l'orgueil de Roland, il s'y trouvait aussi, selon sa manière de voir, bien du faux alliage. Et cependant sa conscience lui dit sur-le-champ qu'il devait accepter, avec gratitude et déférence, l'offre que lui faisait l'époux de sa bonne protectrice ; et sa prudence, bien qu'assez mince, ne put s'empêcher de reconnaître qu'il entrerait dans le monde sous des auspices bien différents comme appartenant à sir Halbert Glendinning, si renommé pour sa sagesse, son courage et son influence, que s'il y arrivait sous ceux d'une vieille fanatique, dont il lui faudrait partager les courses vagabondes, et aux plans visionnaires de laquelle (car tels lui paraissaient les desseins de sa grand'mère Magdalen) il devrait s'associer. Toutefois, une forte répugnance à rentrer à un service d'où il avait été renvoyé avec mépris, contre-balançait presque ces considérations.

Sir Halbert regarda le jeune homme avec surprise, et reprit : Vous semblez hésiter, jeune homme. Votre propre perspective dans le monde, est-elle donc si engageante, que vous deviez balancer à accepter celle que je vous ouvre ? et faut-il que je vous rappelle que quoique vous ayez offensé votre protectrice au point de l'obliger à vous congédier, je suis cependant convaincu que la pensée que vous serez entré sans guide et sans protection dans un monde aussi orageux que l'est maintenant notre pays d'Écosse ne peut, en définitive, que l'affliger et l'attrister ? d'où il suit que la simple gratitude vous fait un devoir de lui épargner cette peine, non moins que la sagesse la plus commune ne vous impose celui d'accepter, par amour pour vous-même, la protection que je vous offre, alors que le corps et l'âme seraient également mis en péril si vous la refusiez.

Roland Græme répondit, d'un ton respectueux mais en même temps avec quelque chaleur, qu'il n'était pas ingrat pour ce qu'avait fait pour lui le lord d'Avenel, et qu'il était charmé d'apprendre, pour la première fois, qu'il n'avait pas été assez malheureux pour rester tout à fait au-dessous de son attention, ainsi qu'il l'avait cru. — Il ne faut que me montrer comment je puis attester mon respect et ma gratitude envers mon ancienne et constante bienfaitrice, au hasard même de ma vie, continua-t-il, et je la risquerai de grand cœur. Il s'arrêta.

— Ce ne sont là que des mots, jeune homme, repartit Glendinning ; de grandes protestations sont souvent employées pour tenir lieu de services réels. Je ne sais pas en quoi le risque de votre vie peut servir lady Avenel ; tout ce que je puis dire, c'est qu'elle sera bien aise d'apprendre que vous aurez pris un parti qui puisse assurer la sûreté de votre personne et le salut de votre âme. — Qu'avez-vous qui vous empêche d'accepter cette sûreté quand elle vous est offerte?

— La seule parente que j'aie en vie, dit Roland, du moins la seule parente que j'aie jamais vue, m'a rejoint depuis mon renvoi du château d'Avenel, et je dois me consulter avec elle pour savoir si je puis adopter ce que vous me proposez maintenant, ou si ses infirmités croissantes, et l'autorité qu'elle est en droit d'exercer sur moi, n'exigent pas que je reste près d'elle.

— Où est cette parente?

— Dans cette maison.

— Va donc la trouver ; il est plus que convenable que tu aies son approbation, et cependant elle montrerait plus que de la folie en te la refusant.

Roland quitta la chambre pour aller chercher sa grand'mère ; au moment où il sortait, l'abbé entra.

L'accueil des deux frères fut celui de frères qui s'aiment tendrement, et qui, cependant, se trouvent rarement ensemble. Une affection mutuelle les attachait l'un à l'autre ; mais en toute entreprise, en toute habitude, en tout sentiment liés aux discordes du temps, l'ami et conseiller de Murray se montrait opposé au prêtre catholique. Ils n'auraient pu non plus, à la vérité, se voir très-fréquemment sans de part et d'autre offenser leurs alliés et donner lieu à des soupçons. Après un embrassement cordial des deux côtés, et une bénédiction de l'abbé, sir Halbert Glendinning exprima sa satisfaction d'être arrivé assez à temps pour apaiser le tumulte causé par Howleglas et ses bruyants compagnons. — Et cependant, ajouta-t-il, quand je regarde votre habit, frère, je ne puis m'empêcher de penser qu'il reste encore un abbé de la Déraison dans l'enceinte du monastère.

— Pourquoi railler mon habit, frère Halbert? c'est l'armure spirituelle de ma vocation, et, comme tel, il me sied aussi bien que la cuirasse et le baudrier conviennent à votre poitrine.

— Oui, mais il y a peu de sagesse, ce me semble, à endosser une armure là où nous n'avons pas le pouvoir de combattre ; ce n'est rien autre chose qu'une dangereuse témérité de défier l'ennemi auquel nous ne pouvons résister.

— C'est ce dont personne ne peut répondre, frère, tant que la bataille n'est pas livrée ; et en serait-il comme vous dites, il me semble qu'un homme brave, alors même qu'il désespérerait de la victoire, aimerait mieux combattre et succomber, que de rendre son épée et son écu à des conditions basses et déshonorantes, imposées par un antagoniste arrogant. Mais ne nous divisons pas, mon cher Halbert, à l'occasion d'un sujet sur lequel nous ne pouvons nous accorder ; restez plutôt à partager, quoique hérétique, le festin de mon intronisation. Vous n'avez pas à craindre, mon frère, que votre zèle pour ramener la discipline de la primitive Église soit choqué dans l'occasion actuelle par la profusion d'un banquet claustral. Les jours de votre ancien ami l'abbé Boniface sont passés ; et le supérieur de Sainte-Marie n'a ni forêts ni pêches, ni bois ni pâtures, ni champs chargés de moissons ; — il n'a ni troupeaux ni gros bétail, ni daims ni gibier ; — il n'a ni greniers remplis de froment, ni provisions d'huile et de vin, d'ale et d'hydromel. Le réfectionnaire n'a plus aujourd'hui qu'un titre sans fonctions ; et un repas tel que dans les romans un ermite peut l'offrir à un chevalier errant est tout ce que nous avons à placer devant vous. Mais si vous voulez le partager avec nous, nous nous y assoirons le cœur joyeux, et nous vous remercierons, mon frère, de la protection que vous nous avez apportée si à temps contre ces grossiers railleurs.

— Mon cher Edward, répondit le chevalier, je suis profondément peiné de ne pouvoir demeurer avec vous ; mais il serait peu prudent pour nous deux qu'un homme qui appartient à la congrégation réformée vînt s'asseoir à votre festin d'intronisation ; et si jamais je puis avoir la satisfaction de vous apporter une protection efficace, ce sera surtout parce que je serai resté hors de l'atteinte du soupçon d'appuyer ou d'approuver vos rites religieux et vos cérémonies. Il me faudra toute la considération que je puis avoir acquise parmi mes propres amis, pour abriter l'homme assez hardi pour avoir osé, contrairement à la loi et aux édits du Parlement, accepter l'office d'abbé de Sainte-Marie.

— Ne vous mettez pas en peine de cette tâche, mon frère. Je donnerais le plus pur de mon sang pour savoir que vous défendez l'Église par amour pour l'Église ; mais tant que malheureusement vous resterez son ennemi, je ne voudrais pas que vous compromissiez votre propre sûreté, ou que vous pussiez vous nuire en quoi que ce fût, pour ma protection individuelle. — Mais qui vient ici troubler le peu de minutes de communication fraternelle que nous laisse notre mauvais destin ?

La porte de la chambre s'ouvrait tandis que l'abbé prononçait ces derniers mots, et dame Magdalen entra.

— Quelle est cette femme? dit sir Halbert Glendinning avec quelque dureté ; que nous veut-elle?

—Que vous ne me connaissiez pas, repartit la matrone, peu importe. Je viens, par vos propres ordres, vous donner mon libre consentement à ce que le jeune Roland Grœme retourne à votre service ; et maintenant, je ne vous embarrasserai pas plus longtemps de ma présence. La paix soit avec vous !

Elle se détournait pour sortir, mais elle fut retenue par les questions de sir Halbert Glendinning.

— Qui êtes-vous ? — qu'êtes-vous ? — et pourquoi ne vous arrêtez-vous pas pour me répondre ?

— Tant que j'appartins au monde, répondit-elle, j'étais une matrone dont le nom était loin d'être vulgaire ; maintenant je suis Magdalen, pauvre pèlerine pour l'amour de la sainte Église.

— Oui-da ! es-tu catholique ? Je croyais avoir entendu dire par ma dame que Roland Grœme venait d'une parenté réformée.

— Son père était un hérétique, ou plutôt c'était un homme pour qui il n'y avait ni orthodoxie ni hérésie, ni Église ni temple de l'Antechrist. Moi aussi—car les péchés des temps font les pécheurs—j'ai paru me conformer à vos rites impies :—mais j'avais ma dispense et mon absolution.

— Vous voyez, frère, dit sir Halbert en se tournant vers l'abbé avec un sourire significatif, — vous voyez que ce n'est pas tout à fait sans fondement que nous vous accusons de restrictions mentales.

— Mon frère, vous nous faites injustice, répliqua l'abbé ; cette femme, comme sa conduite doit vous en donner l'assurance, n'est pas parfaitement saine d'esprit, et cela, je dois le dire, grâce à la persécution de vos barons maraudeurs et de votre clergé latitudinaire.

— C'est un point que je ne disputerai pas, frère ; les maux du temps sont malheureusement si nombreux, que les deux Églises peuvent se les partager, et que chacune en aura assez pour son lot. A ces mots il avança la tête hors de la fenêtre, et sonna de son *bugle*.

— Pourquoi sonnez-vous de votre cor, mon frère ? demanda l'abbé ; nous n'avons passé que quelques minutes ensemble.

— Hélas ! repartit Halbert, et encore ce peu de minutes a été gâté par des discussions. Je sonne le boute-selle, mon frère ; — d'autant plus que pour détourner les conséquences de votre témérité d'aujourd'hui il faut de ma part de promptes démarches. — Dame, vous m'obligerez de prévenir votre jeune parent que nous montons à cheval à l'instant même. Mon intention n'est pas qu'il revienne à Avenel avec moi ; — cela conduirait à de nouvelles querelles entre lui et mes gens, ou tout au moins à des brocards que sa fierté ne pourrait endurer, et mon désir est d'agir envers lui avec bienveillance. Il va donc partir pour Édimbourg avec un de mes gens, que j'enverrai là-bas dire ce qui s'est passé ici. — Vous semblez vous réjouir de cette nouvelle ? ajouta-t-il en fixant un regard pénétrant sur Magdalen Grœme, qui le lui rendit avec une froide indifférence.

— J'aimerais mieux, dit-elle, que Roland, pauvre orphelin sans amis, fût le jouet du monde en général, que celui des domestiques d'Avenel.

— Ne craignez rien, dame; — il ne sera pas méprisé d'un côté plus que de l'autre.

— Cela peut être, — cela peut bien être; — mais je me reposerai davantage sur sa propre tenue que sur votre appui. A ces mots elle quitta la chambre.

Le chevalier la suivit un instant des yeux; mais se retournant presque aussitôt vers son frère, il lui exprima, dans les termes les plus affectueux, ses vœux pour sa tranquillité et son bonheur, et lui demanda la permission de le quitter. — Mes drôles, dit-il, sont trop occupés au cabaret pour quitter leur orgie au simple son d'un bugle.

— Vous les avez affranchis d'une autorité plus élevée, Halbert, et par là vous leur avez appris à se révolter contre la vôtre même.

— Ne craignez pas cela, Edward, s'écria sir Halbert, qui jamais ne donnait à son frère le nom monastique d'Ambrosius; nul n'obéit si bien aux commandements du devoir réel que celui qui est libre de toute soumission servile.

Il avait déjà fait quelques pas vers la porte, quand l'abbé lui dit : Ne nous séparons pas encore, mon frère; — voici venir quelques légers rafraîchissements. Ne quittez pas cette maison, que je dois maintenant appeler mienne jusqu'à ce que la force m'en expulse, avant d'avoir au moins rompu le pain avec moi.

Le pauvre frère lai, le même qui remplissait les fonctions de portier, entra en ce moment dans la chambre, apportant quelques rafraîchissements fort simples et un flacon de vin. — Il l'avait trouvé, dit-il avec une officieuse humilité, en furetant dans tous les coins du cellier.

Le chevalier remplit une petite coupe d'argent; et, après l'avoir vidée, il demanda à son frère de lui faire raison, faisant observer que le vin était du Baccarach[1] de premier crû, et très-vieux.

— Oui, dit le pauvre frère lai, il vient du coin que le vieux frère Nicolas (puisse son âme être heureuse!) avait coutume d'appeler le coin de l'abbé Ingilram; et l'abbé Ingilram avait été élevé au couvent de Wurtzbourg, que je sais n'être pas éloigné de l'endroit où croît ce vin de choix.

— C'est vrai, révérend père; et, en conséquence, je supplie mon frère et vous de me faire raison par un verre de ce vin orthodoxe.

Le vieux portier tourna vers l'abbé un regard de convoitise. — *Do veniam*[2], lui dit son supérieur; et le vieillard prit d'une main tremblante un breuvage auquel depuis longtemps il n'était plus accoutumé, vida

---

[1] Vin d'un crû du Rhin. (L. V.)

[2] Je te le permets.

lentement la coupe, comme pour mieux en savourer le goût et le bouquet, puis la reposa sur la table en secouant la tête avec un sourire mélancolique, comme disant un dernier adieu à des libations aussi délicieuses. Les deux frères sourirent aussi en se regardant; mais, quand sir Halbert fit signe à l'abbé de prendre sa coupe et de lui faire raison, le père Ambroise, à son tour, secoua la tête et répondit : Ce n'est pas aujourd'hui un jour où l'abbé de Sainte-Marie puisse se livrer au plaisir de la bonne chère et des boissons recherchées. C'est avec l'eau du puits de Notre-Dame, ajouta-t-il en remplissant un gobelet du limpide élément, que je vous souhaite, mon frère, toute espèce de bonheur, et, par-dessus tout, celui d'ouvrir les yeux sur vos erreurs spirituelles.

— Et à vous, mon bien-aimé Edward, repartit Glendinning, je vous souhaite le libre exercice de votre libre raison, et l'accomplissement de devoirs plus importants que ceux qui se rattachent au vain titre que vous avez si imprudemment accepté.

Les deux frères se séparèrent avec un vif regret; et chacun d'eux, cependant, confiant dans sa propre opinion, sentit une sorte de soulagement de ne plus se trouver en présence d'un homme qu'il respectait tant, et avec lequel il pouvait si peu s'accorder.

Bientôt après, le son des trompettes du chevalier d'Avenel se fit entendre, et l'abbé monta au haut de la tour, des créneaux démantelés de laquelle il put bientôt voir les cavaliers remontant les bords de la rivière en se dirigeant vers le pont. Tandis qu'il regardait ainsi, Magdalen Græme arriva près de lui.

— Tu es venue, ma sœur, lui dit-il, jeter un dernier regard sur ton petit-fils? Le voilà qui s'éloigne, laissé aux soins du meilleur chevalier d'Écosse, sa foi exceptée.

— Tu peux porter témoignage, mon père, répondit la matrone, que ce n'a été ni mon désir ni celui de Roland qui a porté celui qu'on nomme le chevalier d'Avenel à reprendre mon petit-fils dans sa maison. Le Ciel, qui confond le sage dans sa propre sagesse et le méchant dans les propres combinaisons de sa politique, l'a placé là même où, pour le service de l'Église, je souhaitais le plus qu'il fût.

— Je ne sais ce que vous voulez dire, ma sœur.

— Révérend père, n'as-tu jamais entendu dire qu'il est des esprits assez puissants pour entr'ouvrir les murailles d'un château quand une fois ils y sont admis, et qui néanmoins ne peuvent entrer dans la maison à moins d'y être invités, et même d'être forcés d'en franchir le seuil[1]? Deux fois Roland Græme a été introduit ainsi dans la maison d'Avenel par ceux qui maintenant en portent le titre. Qu'ils attendent l'issue.

A ces mots elle quitta la tour; et l'abbé, après s'être arrêté un instant

---

[1] *Voyez* la note II, à la fin du volume.

sur les paroles qu'il venait d'entendre, paroles qu'il attribua au dérangement d'esprit de Magdalen Græme, descendit après elle l'escalier tournant pour aller célébrer son élection à la dignité qu'on lui avait conférée, non par un festin et des actions de grâces, mais par le jeûne et la prière.

CHAPITRE XVI.

> Jeune homme ! tu vas bientôt être un homme fait. Ta lèvre s'ombrage, ton front prend plus de gravité, ton pas plus d'assurance et ton air plus de réflexion ; il te faudra maintenant endurer les veilles nocturnes, et saisir à la dérobée les moments de ton repos et de tes repas. Sauter et folâtrer était ce que tu aimais le mieux : maintenant il faut te donner à des folies plus graves, mais non moins insensées, non moins fausses et non moins vides.
>
> *La Vie*, poëme.

Le jeune Roland Græme allait alors gaîment en avant à la suite de sir Halbert Glendinning. Il était soulagé de son appréhension la plus poignante, — celle du mépris et des railleries qui peut-être auraient pu saluer son retour immédiat au château d'Avenel. — Il y aura du changement avant qu'ils ne me revoient, se disait-il en lui-même ; je porterai la cotte de métal au lieu de la jaquette verte, et j'aurai changé la toque à plume pour le morion d'acier. Ils seront hardis ceux qui s'aventureront à lancer un sarcasme sur l'homme d'armes à cause des folies du page ; et je compte bien qu'avant notre retour j'aurai fait quelque chose plus digne de note que de héler un chien après un daim ou d'escalader un rocher pour un nid de milan. Malgré lui, cependant, il s'étonnait que sa grand'mère, avec tous ses préjugés religieux, penchant, à ce qu'il semblait, de l'autre côté, eût consenti si aisément à sa rentrée au service de la maison d'Avenel ; et il s'expliquait encore moins la joie mystérieuse avec laquelle elle avait pris congé de lui à l'abbaye.

— Le Ciel, lui avait-elle dit en l'embrassant et en lui faisant ses adieux, le Ciel opère ses propres œuvres, même par les mains de ceux de nos ennemis qui se croient les plus forts et les plus sages. Toi, mon enfant, sois prêt à agir à l'appel de ta religion et de ton pays ; et souviens-toi que tous les liens terrestres que tu peux former, comparés à ceux qui t'enchaînent à ces deux causes sacrées, ne sont pas plus que le brin de chanvre auprès du plus fort câble. Tu n'as pas oublié les traits et la taille de Catherine Seyton ?

Roland aurait voulu répondre par la négative, mais le mot semblait s'attacher à son gosier, et Magdalen continua ses exhortations.

— Il ne faut pas que tu les oublies, mon fils ; et je vais te confier ici un signe que tu trouveras bientôt, je l'espère, une occasion de lui remettre secrètement en main propre.

Elle remit à Roland un très-petit paquet dont elle lui enjoignit encore de prendre le plus grand soin, et qu'elle lui recommanda de ne laisser voir à personne autre qu'à Catherine Seyton, la même jeune fille (l'explication était fort inutile) avec laquelle il s'était rencontré la veille. Puis elle lui donna sa bénédiction solennelle, et demanda à Dieu de le protéger.

Il y avait dans ses manières et sa conduite quelque chose qui supposait un mystère ; mais Roland Græme n'était ni d'âge ni de caractère à perdre beaucoup de temps en cherchant à le pénétrer. Tout ce qui s'offrait clairement à lui dans le voyage actuel lui promettait plaisir et nouveauté. Il se réjouissait d'aller à Édimbourg, afin de prendre le caractère d'homme et de déposer celui d'enfant. Il était ravi en pensant qu'il aurait une occasion de se rapprocher de Catherine Seyton, dont l'œil vif et les manières animées avaient fait sur son imagination une impression si favorable ; et en jeune homme inexpérimenté, mais plein d'ardeur, entrant pour la première fois dans le mouvement de la vie active, son cœur bondissait à l'idée de voir bientôt toutes ces scènes de splendeur de cour et d'aventures guerrières que les suivants de sir Halbert avaient coutume de tant vanter durant leurs visites occasionnelles au château, au grand ébahissement et à l'envie non moins grande de ceux qui, comme Roland, ne connaissaient les camps et les cours que par ouï-dire, et se voyaient condamnés aux distractions solitaires et à la réclusion presque monastique d'un château entouré d'un lac isolé et enfoncé au milieu de ses montagnes sans chemins. — On mentionnera mon nom, se disait-il, si le risque de ma vie peut m'acheter les occasions de me distinguer ; et l'œil narguer de Catherine Seyton s'arrêtera avec plus de respect sur le soldat distingué que sur le page novice et inexpérimenté dont elle était si disposée à rire. Il ne manquait qu'un accessoire pour compléter son ravissement, et il le possédait dans le cheval actif et plein de feu sur lequel il se voyait encore une fois monté, au lieu de voyager péniblement à pied comme il l'avait fait les deux jours précédents.

Excités par sa vivacité naturelle, que tant de circonstances tendaient naturellement à exalter, la voix et les rires de Roland Græme se firent bientôt distinguer au milieu du bruit des chevaux de la suite, et plus d'une fois ils attirèrent l'attention de leur chef, qui fut satisfait de voir que le jeune homme répondait par des railleries et de la bonne humeur à ceux de ses compagnons qui le plaisantaient sur son renvoi et sur son retour au service de la maison d'Avenel.

— Je croyais que la branche de houx de votre toque n'était plus que du bois mort, M. Roland ? dit un des hommes d'armes.

— Seulement saisie par une gelée d'une demi-heure, et vous voyez qu'elle est redevenue aussi verte que jamais.

— C'est une plante trop grave pour prospérer sur un sol aussi chaud que ta coiffure, M. Roland Grœme, répliqua l'autre, un vieil écuyer de sir Halbert Glendinning.

— Si elle n'y prospère pas seule, je l'y mêlerai avec le laurier et le myrte, — et je les porterai assez près du ciel pour compenser leur croissance bornée.

En parlant ainsi, il enfonça ses éperons dans les flancs de son cheval, et, retenant la bride en même temps, il le força de bondir sur lui-même. Sir Halbert Glendinning éprouvait, en voyant la vivacité de son nouvel écuyer, cette sorte de plaisir mélancolique avec lequel celui qui a long-temps poursuivi les rêves de la vie et en a reconnu la vanité regarde la jeunesse gaie, ardente, impatiente, pour qui l'existence n'est qu'espoir et avenir.

Sur ces entrefaites, Adam Woodcock le fauconnier, dépouillé de son déguisement, et vêtu, conformément à sa classe et à sa profession, d'un *jerkin* ou pourpoint vert, une poche de fauconnier d'un côté et un *hanger*[1] court de l'autre, la main gauche couverte d'un gant qui lui montait jusqu'à mi-bras, et la tête surmontée d'une toque à plumes, rejoignit la petite troupe d'un aussi bon pas que pouvait le porter son petit mais actif galloway[2], et entra immédiatement en conversation avec Roland Grœme.

— Ainsi donc, mon jeune maître, vous voilà encore une fois à l'ombre de la branche de houx?

— Et en état de vous rendre vos dix groats d'argent, mon bon ami.

— Qu'il y a une heure vous m'avez presque payés avec dix pouces d'acier. Sur ma foi, il faut, après tout, qu'il soit écrit dans le livre de nos destinées que je dois sentir votre dague.

— Ne parlez pas de cela, mon bon ami; j'aurais mieux aimé que ma dague fît connaissance avec ma poitrine qu'avec la vôtre. Mais qui aurait pu vous reconnaître sous le déguisement que vous portiez?

— Oui, repartit le fauconnier, — car, comme poëte et comme acteur, il avait sa bonne part d'amour-propre professionnel, oui, je crois que j'étais un aussi bon Howleglas qu'on en ait jamais vu jouer son rôle un jour de carnaval, et un Abbé de la Déraison pas trop mauvais non plus. Je défie le vieil Ennemi[3] de me reconnaître quand je veux garder mon masque. Qui diable nous a amené le chevalier avant que nous n'ayons fini la pièce? vous m'auriez entendu chanter la nouvelle ballade de ma façon, d'une voix qui serait allée jusqu'à Berwick. Mais je vous en prie,

---

[1] Couteau de chasse. (L. V.)

[2] Petits bidets tirés de la province de ce nom, dans le sud-ouest de l'Écosse.

[3] *Old Enemy*, une des épithètes de Satan. (L. V.)

M. Roland, soyez moins prodigue d'acier en de légères occasions; car sans la rembourrure de mon respectable pourpoint, je n'aurais quitté l'église que pour prendre place au cimetière.

— Allons, faites-moi grâce de cette querelle, car nous n'aurions pas le temps de la vider. Par l'ordre de mylord, je vais partir pour Édimbourg.

— Je le sais, et c'est ce qui fait que nous aurons le temps de solder nos comptes chemin faisant; car sir Halbert m'a désigné pour être votre compagnon et votre guide.

— Oui-da! et dans quel dessein?

— C'est là une question à laquelle je ne puis répondre; ce que je sais, c'est qu'il faille ou non laver la viande des fauconneaux, je suis pour aller avec vous à Édimbourg, et veiller à ce que vous soyez remis en toute sûreté au régent à Holyrood.

— Comment! au régent?

— Oui, sur ma foi, au régent; je vous garantis que si vous n'êtes pas pour entrer à son service, vous êtes destiné tout au moins à rester près de lui en qualité de suivant de notre chevalier d'Avenel.

— J'ignore quel droit a le chevalier d'Avenel de transférer à d'autres mes services, en supposant que je les lui doive à lui-même.

— Silence! silence! c'est une question que je ne conseille à personne de soulever jusqu'à ce qu'il ait la montagne, ou le lac, ou, ce qui vaut encore mieux, la frontière d'un autre royaume, entre lui et son supérieur féodal.

— Mais sir Halbert Glendinning n'est pas mon supérieur féodal, et il n'a nulle autorité...

— Je vous en prie, mon fils, mettez un frein à votre langue, interrompit Adam Woodcock; le déplaisir de mylord, si vous le provoquez, sera plus difficile à apaiser que celui de mylady. L'attouchement de son petit doigt serait plus rude que le plus fort coup que vous auriez pu recevoir d'elle. Et, sur ma foi, c'est un homme d'acier, aussi fidèle et aussi pur, mais aussi dur et aussi impitoyable. Vous vous souvenez de Cock de Capperlaw, qu'il a fait pendre devant la porte du château pour une simple méprise, — une pauvre paire de bœufs qu'il avait prise en Écosse, pendant qu'il croyait les prendre sur la terre anglaise? J'aimais le Cock de Capperlaw; les Kerrs n'ont pas un plus honnête homme dans leur clan, et pourtant ils ont eu des hommes qui auraient pu servir de modèles au Border; — des hommes qui n'auraient pas enlevé moins de vingt vaches à la fois, qui se seraient crus déshonorés s'ils avaient pris un troupeau de moutons ou d'autres menues bêtes de même espèce et qui ont conduit leurs excursions en tout honneur. — Mais voyez, voilà Sa Seigneurie qui fait halte, et nous sommes près du pont. Avançons, — avançons; — il faut prendre ses dernières instructions.

Adam Woodcock ne s'était pas trompé. Sir Glendinning avait fait faire halte à sa suite dans le chemin creux qui descendait au pont, et qui était encore sous la garde de Pierre, surnommé Bridgeward ou Garde-Pont, quoiqu'il fût alors bien vieux. Le chevalier fit signe à Woodcock et à Grœme d'avancer à la tête de la troupe.

— Woodcock, dit-il, tu sais à qui tu dois conduire ce jeune homme? Et toi, jeune homme, obéis discrètement et avec promptitude aux ordres qui te seront donnés. Fais plier ton caractère vain et fougueux. Sois loyal, sincère et fidèle, et il y a en toi ce qu'il faut pour t'élever de bien des degrés au-dessus de ta situation présente. La protection et l'appui d'Avenel, — toujours dans la supposition où tes efforts seront loyaux et fidèles, — ne te manquera pas non plus.

Les laissant alors vis-à-vis du pont, dont la tour centrale commençait à jeter une ombre prolongée sur la rivière, le chevalier d'Avenel prit à gauche, sans traverser la Tweed, et poursuivit sa route vers la chaîne d'élévations dans la profondeur desquelles étaient situés le lac et le château d'Avenel. Il ne resta en arrière que le fauconnier, Roland Grœme, et un domestique du chevalier, de rang inférieur, qui leur fut laissé pour avoir soin en route de leurs chevaux, veiller sur leur bagage et être à leurs ordres.

Dès que le corps de cavaliers le plus nombreux se fut éloigné dans sa direction à l'ouest, ceux qui avaient à traverser la rivière, et dont la route se dirigeait au nord, appelèrent le gardien du pont et réclamèrent le libre passage.

— Je ne baisserai pas le pont, répondit Pierre d'une voix que l'âge et la mauvaise humeur rendaient tremblante; — vienne papiste, vienne protestant, vous êtes tous les mêmes. Les papistes nous menaçaient du purgatoire et nous pipaient par leurs pardons; — le protestant nous montre le bout de son épée, et nous amorce avec la liberté de conscience; mais jamais un seul ni des uns ni des autres qui me dise : « Pierre, voilà votre penny. » Je suis bien las de tout cela, et le pont ne tombera pour personne qu'on ne me paie argent comptant. Je suis bien aise que vous sachiez que je me soucie aussi peu de Genève que de Rome, — que je ne m'inquiète pas plus d'homélies que de pardons; les pennies d'argent sont les seuls passe-ports dont je veuille entendre parler.

— A-t-on vu ce vieux rustre! dit Woodcock à son compagnon; puis élevant la voix il cria au gardien : Écoute, chien! — scélérat de garde-pont, penses-tu que nous avons refusé à Rome les pence de ton homonyme Pierre, pour payer les tiens au pont de Kennaquhair? Abaisse ton pont à l'instant même aux serviteurs de la maison d'Avenel, ou, par la main de mon père! — et elle a manié plus d'une bride, car c'était un rude compère du Yorkshire, — par la main de mon père, te dis-je, notre chevalier te fera sauter de ton nid d'oie sauvage au milieu de la rivière, avec le fauconneau que nous ramènerons demain d'Édimbourg vers le sud.

Le garde-pont n'entendit que trop. — La peste soit des faucons et des fauconneaux, murmura-t-il, et des canons et des demi-canons, et de tous les bouledogues aboyants qu'ils lâchent contre la pierre et le mortier au jour d'aujourd'hui ! C'était le bon temps, que le temps où on n'avait guère à craindre que des coups de lance ou d'épée, ou peut-être bien une volée de flèches qui ne faisaient pas plus de mal à un mur de moellons que si ç'avaient été autant de grêlons. Mais il faut baisser la tête et se taire.

Se consolant ainsi par cet ancien et prudent adage de la diminution de son importance, Peter Bridgeward baissa le pont-levis et leur permit de traverser. A la vue de ses cheveux blancs, quoique les traits qu'ils ombrageaient eussent une expression de mauvaise humeur que l'âge et le malheur leur avaient donnée, Roland se sentit porter à lui faire une aumône ; mais Adam Woodcock l'en empêcha. — Laissez-le porter la peine de son ancienne rudesse et de son avidité, dit-il ; le loup, quand il a perdu ses dents, ne doit pas être mieux traité qu'un chien de mauvaise race.

Laissant le Bridgeward déplorer la détérioration des temps, qui envoyait à son pont des soldats arrogants et des serviteurs de maisons féodales au lieu de paisibles pèlerins, et le réduisait au rôle d'opprimé au lieu de celui d'exacteur qu'il avait si longtemps rempli, les voyageurs prirent leur route au nord ; et Adam Woodcock, qui connaissait parfaitement cette partie du pays, proposa d'abréger considérablement le chemin en coupant par la petite vallée de Glendearg, si fameuse par les aventures dont elle a été le théâtre dans la première partie du manuscrit du bénédictin. Naturellement, Roland Græme était bien au fait de ces aventures, ainsi que des mille commentaires, broderies et additions dont elles avaient été l'occasion ; car les gens du château d'Avenel, de même que ceux de toute autre grande maison, ne parlaient de rien si souvent et avec autant de plaisir que des affaires privées de leur maître et de leur maîtresse. Mais, tandis que Roland contemplait avec intérêt ces lieux hantés par des êtres surhumains, où, disait-on, s'étaient passées des choses qui sortaient des lois ordinaires de la nature, Adam Woodcock regrettait encore au fond de l'âme et l'interruption de la fête et la suppression forcée de sa ballade, dont il avait pu à peine chanter quelques couplets, et de temps à autre se laissait aller à en fredonner une ou deux strophes, telles que celle-ci :

« Les frères-pêcheurs boivent de l'ale brune, la meilleure qu'on ait jamais bue ; les moines de Melrose font de bons choux le vendredi, quand ils jeûnent. La sœur Sainte-Monance, le frère-gris l'embrasse... Le diable sauve la compagnie ! — Sous l'arbre du bois verdoyant, chantons le Hay-trix, Trim-go-trix. »

— Par ma main, ami Woodcock, dit le page, quoique je vous connaisse pour un hardi gospeller [1], qui ne craint ni saint ni diable, pourtant, si j'étais de vous, je ne voudrais pas chanter vos chansons profanes dans cette vallée de Glendearg, en raison des choses qui s'y sont passées avant nous.

— Foin de vos esprits errants! répliqua Adam Woodcock; je m'en soucie comme un aigle d'une volée d'oies sauvages. — Ils sont tous décampés, depuis que les chaires sont remplies par des hommes honnêtes, et les oreilles du peuple d'une saine doctrine. Oh! je leur portais une botte dans ma ballade, si j'avais seulement eu la chance de la chanter jusqu'au bout; et il reprit sur le même air :

« De la source hantée et du cercle des prés, lutins, elfs et fairies ont décampé; le kelpie a quitté les noires fondrières, et le brownie a été obligé de faire comme eux. Ils ont tous pris le chemin du lac des limbes, et il leur restait tout au plus la force de se sauver. — Sous l'arbre du bois verdoyant, chantons le Hay-trix, Trim-go-trix. »

Je crois, ajouta-t-il, que si la patience de sir Halbert lui avait laissé écouter jusqu'à ce couplet-là, il aurait ri de bon cœur, ce qui ne lui arrive pas souvent.

— Si tout ce qu'on dit de sa jeunesse est vrai, répliqua Roland, il est moins en droit que personne de rire des lutins.

— Oui, *si* tout est vrai; mais qui peut nous l'assurer? D'ailleurs, c'étaient autant d'histoires avec lesquelles les moines avaient l'habitude de nous berner, nous autres simples laïques : ils savaient que les fairies et les hobgoblins mettaient les *Ave* et les *Pater noster* en réputation; mais maintenant que nous avons renoncé au culte des images de bois et de pierre, il me semble que ce n'est plus le moment de nous effrayer de bulles dans l'eau ni d'ombres dans l'air.

— Pourtant, comme les catholiques disent qu'ils ne rendent pas de culte au bois ni à la pierre, mais qu'ils les révèrent seulement comme emblèmes de bienheureux saints, et non comme choses saintes par elles-mêmes...

— Ta! ta! ta! je me soucie de ce qu'ils disent comme d'un fétu. Ils nous chantaient une autre gamme quand leurs idoles baptisées attiraient des quatre points cardinaux des bâtons pointus et des sandales, et soutiraient aux vieilles femmes leur blé et leurs bouts de chandelle, leur beurre, leur lard, leur laine et leur fromage, et quand pas un gris groat n'échappait à leurs dîmes.

Roland Grœme avait par nécessité appris depuis longtemps à considérer sa croyance religieuse comme un profond secret, et à ne rien dire pour sa défense, quand elle était attaquée, de peur d'attirer sur lui le

---

[1] Nous avons déjà eu occasion d'expliquer le sens de ce mot, dont la signification littérale est *évangéliste*, et que les catholiques appliquaient aux réformés. (L. V.)

soupçon d'appartenir à l'Église impopulaire et proscrite. Il laissa donc Adam Woodcock triompher tout à son aise, curieux seulement en lui-même de voir si quelqu'un de ces esprits, jadis si actifs, se vengerait des grossières railleries du fauconnier avant qu'ils ne quittassent la vallée de Glendearg. Mais rien de pareil n'arriva. Ils passèrent la nuit paisiblement dans une chaumière du glen, et le lendemain ils reprirent leur route pour Édimbourg.

CHAPITRE XVII.

> Edina! métropole bien-aimée de l'Écosse, salut à tes palais et à tes tours, où jadis, aux pieds du monarque, siégèrent les pouvoirs souverains de la législation
>
> BURNS.

'EST donc là Édimbourg? dit le jeune homme au moment où les voyageurs atteignaient la sommité d'une des éminences qui la dominent au sud, et d'où leur vue s'étendait sur cette grande capitale du nord; — c'est donc là cet Édimbourg dont nous avons tant ouï parler?

— Précisément, répondit le fauconnier; voilà Auld Reekie [1]; — vous pouvez voir la fumée planer au-dessus d'elle, à vingt milles de distance, comme l'autour sur une volée de jeunes canards sauvages. — Oui, voilà là-bas le cœur de l'Écosse, et chaque pulsation qu'il donne se fait sentir depuis les bords du Solway jusqu'au cap de Duncansby [2]. Voyez, voilà là-bas le vieux château; et à droite, sur cette petite éminence, c'est le château de Craigmillar, que j'ai connu joyeux dans mon temps.

— N'était-ce pas là que la reine tenait sa cour? dit le page à demi-voix.

— Oui, oui, elle était reine alors, malgré qu'il ne faut plus que vous lui en donniez le nom aujourd'hui. — Hé bien, on peut dire ce qu'on voudra; — bien des cœurs honnêtes s'affligeront pour Marie Stuart, quand bien même tout ce qu'on dit d'elle serait vrai. Car voyez-vous, M. Roland, — c'était la créature la plus charmante à voir que mes yeux aient jamais vue, et pas une dame dans le pays n'avait plus de goût qu'elle pour un beau vol de faucon. J'étais au grand défi de Roslin-Moor

---

[1] Les lecteurs du *Cœur de Midlothian* se souviendront que cette expression d'Auld Reekie, *la Vieille Enfumée*, est en Écosse le nom populaire d'Édimbourg. (L. V.)

[2] Points extrêmes de l'Écosse, au sud-ouest et au nord-est. (L. V.)

entre Boxwell,—c'était sa bête noire que Boxwell,—et le baron de Rosslin, qui pouvait juger du vol d'un faucon aussi bien que pas un homme en Écosse ; — l'enjeu était une barrique de vin du Rhin et un anneau d'or, et il fut disputé aussi loyalement que le fut jamais rouge or et vin vermeil. Il fallait la voir sur son palefroi blanc, qui allait comme s'il n'eût pas voulu toucher plus que les fleurs de la bruyère ; il fallait entendre sa voix, aussi claire et aussi douce que le chant du mauvis, mêlée à nos cris joyeux et à nos sifflements ; il fallait voir tous les nobles caracoler autour d'elle, heureux qui pouvait avoir un mot ou un regard ! — courant à travers marais et fondrières, et risquant de se rompre le cou et les membres, pour s'entendre louer par elle comme hardi cavalier, et obtenir un regard des beaux yeux d'une si jolie reine !

— Elle ne verra guère de vol au faucon, là où elle est maintenant ; — oui, oui, pompes et plaisirs passent aussi vite qu'un faucon à tire d'aile.

— Et où cette pauvre reine est-elle maintenant confinée? demanda Roland Grœme, intéressé au sort d'une femme dont la beauté et la grâce avaient fait une si forte impression même sur un esprit aussi peu accessible et aussi indifférent que celui d'Adam Woodcock à des charmes de cette nature.

— Où elle est maintenant emprisonnée? répondit l'honnête Adam ; ma foi, dans quelque château du nord, à ce qu'on dit, — je ne sais pas où, pour ma part, et ce n'est pas non plus la peine de se tourmenter de ce qui ne peut pas s'amender ; — si elle avait bien conduit son pouvoir pendant qu'elle l'avait, elle n'en serait pas venue à une si mauvaise passe. On dit qu'il faut qu'elle résigne sa couronne à ce petit bambin de prince, parce qu'on ne veut pas la lui confier plus longtemps. Notre maître a été aussi occupé que ses voisins à toute cette besogne-là. Si la reine reprenait son trône, le château d'Avenel pourrait bien en fumer, à moins qu'il ne fasse son marché pour le mieux.

— La reine Marie est confinée dans un château du nord?

— Oui, — on le dit, du moins ; — dans un château situé par delà cette grande rivière qui descend là-bas, et qui a l'air d'une rivière, mais qui n'est qu'un bras de mer, aussi amer que de la saumure.

— Et de tous ses sujets, continua le page avec quelque émotion, il n'en est pas un qui risquerait quelque chose pour la secourir?

— C'est une question chatouilleuse ; et, si vous la répétez souvent, M. Roland, je suis bien aise de vous dire que vous serez perché vous-même dans quelqu'un de ces châteaux, à moins qu'on ne préfère vous enlever la tête du cou pour vous sauver les embarras de ce monde. Risquer quelque chose? eh, bon Dieu ! Murray a le vent en poupe maintenant, mon garçon, et il vole si haut et si fort, que du diable si une de leurs ailes peut le suivre. — Non, non ; là où elle est, là il faut qu'elle reste, jusqu'à ce que le Ciel lui envoie sa délivrance, ou jusqu'à ce que son fils ait les rênes en main. — Mais Murray ne la relâ-

chera jamais, il la connaît trop bien. — Écoute. Nous allons arriver tout à l'heure à Holyrood, où tu trouveras abondance de nouvelles et de courtisans pour les débiter.; — suis mon avis, et garde un souffle calme, comme disent les Écossais. — Écoute l'avis de chacun, et garde le tien. Et s'il vous arrive d'apprendre des nouvelles à votre goût, ne sautez pas comme si vous y deviez prendre directement fait et cause.
— Notre vieux M. Wingate, — et il connaît bien le bétail de cour, — dit que si l'on vous annonce que le vieux roi Coul est ressuscité, il faut vous contenter de répondre : « Est-il vraiment ressuscité ? — je n'en avais pas entendu parler, » et qu'on ne doit pas paraître plus ému que si on vous disait comme une nouveauté que le vieux roi Coul est mort et enterré. Ainsi donc, veillez bien sur votre conduite, M. Roland, car je vous promets que vous allez vous trouver au milieu d'une race aussi âpre qu'un faucon affamé ; — et ne mettez pas la dague hors du fourreau à chaque mot de travers que vous entendrez, car vous trouverez des lames aussi chaudes que la vôtre, et vous seriez bientôt saigné sans avis de médecin ou d'almanach.

— Vous verrez comme je serai posé et prudent, mon ami, repartit Grœme ; mais, bienheureuse Vierge ! quelle est donc cette sainte maison que voilà tout en ruines si près de la cité ? Est-ce qu'on a joué ici à l'Abbé de la Déraison ? et ont-ils fini la mascarade par brûler l'église ?

— Là ! vous voilà encore qui prenez le vent comme un jeune faucon, qui n'écoute ni à cri ni à signe ; — c'est une question qu'il fallait me faire d'un ton aussi bas que je vais y répondre.

— Si je demeure longtemps ici, il est probable que je perdrai l'usage naturel de ma voix ; — mais quelles sont donc ces ruines ?

— C'est l'église de Field, répondit le fauconnier à demi-voix et d'un ton de mystère, en même temps qu'il posait un doigt sur ses lèvres. Ne m'en demandez pas davantage là-dessus ; — quelqu'un a triché au jeu, et quelqu'un en a eu le blâme ; et la partie qu'on a commencée là pourra peut-être bien ne pas se finir de notre temps. — Pauvre Henry Darnley ! pour n'être qu'un âne, il entendait quelque chose à un faucon ! Mais on lui a fait prendre à lui-même son vol dans l'air par un beau clair de lune.

La mémoire de cette catastrophe était si récente, que le page détourna les yeux avec horreur de l'édifice dévasté où elle avait eu lieu ; et les accusations contre la reine que cet événement avait soulevées se présentèrent à son esprit avec assez de force pour balancer la compassion que sa malheureuse situation actuelle avait commencé à faire naître en lui.

Ce fut en effet dans cet état de trouble et d'agitation que produit en partie l'horreur, mais qui provient plus encore d'un anxieux intérêt et de la curiosité, que le jeune Grœme passa sur la scène de ces terribles événements, dont le retentissement avait troublé les solitudes les plus éloignées d'Écosse, comme les échos d'un tonnerre lointain roulant au milieu des montagnes.

—Maintenant, pensa-t-il, il faut que je devienne un homme, et que j'aie ma part dans ces faits que les simples habitants de nos hameaux se répètent l'un à l'autre comme s'ils étaient accomplis par des êtres d'un ordre supérieur! Je saurai maintenant pourquoi le chevalier d'Avenel porte son cimier si fort au-dessus des barons ses voisins, et comment des hommes se font un chemin, par leur valeur et leur prudence, de la veste de gros drap gris au manteau d'écarlate brodé d'or. On dit que je ne me recommande pas par une grande prudence : si la chose est vraie, ce sera au courage à la remplacer; car je veux être un homme parmi les vivants, ou un cadavre au milieu des morts.

De ces rêves d'ambition il tourna ses pensées vers des rêves de plaisir, et commença à former nombre de conjectures quand et où il verrait Catherine Seyton, et de quelle manière leur connaissance se renouvellerait. Il était encore tout occupé de conjectures de cette sorte quand il s'aperçut qu'ils étaient entrés dans la ville; tout autre sentiment fut alors suspendu, dominé par la sensation d'étonnement et l'espèce de vertige dont un habitant de la campagne est saisi quand, pour la première fois, il se trouve dans les rues d'une grande et populeuse cité, en quelque sorte perdu au milieu de la foule.

La principale rue d'Édimbourg était alors, comme elle l'est encore aujourd'hui, une des plus spacieuses de l'Europe. L'extrême élévation des maisons, et la variété de pignons gothiques, de créneaux et de balcons dont la ligne se dessinait de chaque côté sur le ciel, jointes à l'étendue de la rue elle-même, auraient pu frapper de surprise un œil moins novice que celui du jeune Grœme. La population resserrée dans les murs de la ville, et encore accrue en ce moment du grand nombre de seigneurs du parti du roi qui se pressaient à Édimbourg pour entourer le régent Murray, semblait un essaim d'abeilles remplissant de son mouvement et de ses bourdonnements la vaste et majestueuse rue. Au lieu des devantures vitrées qui sont disposées maintenant dans chaque boutique pour la montre des marchandises, les marchands avaient leurs étalages découverts et en saillie sur la rue, et c'était là qu'à la mode des bazars modernes ils exposaient tout ce qu'ils avaient à mettre en vente. Et bien que les marchandises ne fussent pas des plus riches, Grœme n'en crut pas moins voir réunis les trésors du monde entier dans les balles diverses de draps de Flandre, et dans les échantillons de tapisserie; en d'autres endroits, l'étalage d'ustensiles domestiques et de pièces d'argenterie le frappait d'étonnement. La vue des magasins de coutellerie, où se voyaient des épées et des poignards sortis des manufactures d'Écosse, ainsi que des pièces d'armures défensives importées de Flandre, ajouta à sa surprise; et, à chaque pas, il trouvait tant à admirer et à contempler, que ce ne fut pas sans peine qu'Adam Woodcock le détermina à avancer à travers une telle scène d'enchantement.

La vue de la foule qui remplissait les rues n'était pas un sujet de moindre étonnement. Ici, une dame élégamment habillée, enveloppée de sa mante ou d'un voile de soie, s'avançait d'un pas délicat, précédée d'un écuyer qui lui faisait faire place, suivie d'un page qui portait la queue de sa robe, et accompagnée d'une suivante portant la Bible de sa maîtresse, indiquant par là qu'elle se rendait à l'Église. — Là on pouvait voir un groupe de citadins se dirigeant vers le même point, avec leurs courts manteaux flamands, leurs larges hauts-de-chausses et leurs pourpoints à grands collets, mode à laquelle les Écossais furent longtemps fidèles, aussi bien qu'à leurs toques à plume. Plus loin venait le ministre lui-même, en manteau noir de Genève et en rabat, prêtant une oreille grave et attentive aux discours de plusieurs personnes qui l'accompagnaient, et qui sans doute étaient en sérieuse controverse avec lui sur le sujet dont il allait traiter. Il ne manquait pas non plus d'autres passants de toute classe et de toute apparence.

A chaque pas Roland Grœme pouvait voir un élégant suivre la rue d'un air important, vêtu à la dernière mode, c'est-à-dire à la française. avec un pourpoint à crevés et ses *pointes*[1] de la même couleur que la doublure, sa longue épée d'un côté et son poignard de l'autre, suivi d'une troupe de serviteurs vigoureux, en proportion de sa fortune et de sa qualité, tous affectant une démarche militaire et armés de l'épée et du bouclier : celui-ci était un petit écu de forme ronde, peu différent du *target* highlandais, et muni au centre d'une pointe d'acier. Il arriva que deux de ces troupes, conduite l'une et l'autre par des personnages importants, vinrent à se rencontrer au milieu même de la rue, ou, comme on disait, sur la couronne de la chaussée, poste d'honneur qui n'est pas plus aisément cédé en Écosse que ne l'est le côté du mur dans la partie plus méridionale de l'île. Les deux seigneurs étant de rang égal, et, très-probablement, animés par une différence d'opinions politiques ou par le souvenir de quelque inimitié féodale, marchèrent droit l'un à l'autre sans dévier d'un pouce à droite ou à gauche ; et comme ni l'un ni l'autre ne montrait la moindre disposition à céder le passage, ils s'arrêtèrent un moment, puis mirent l'épée à la main. Leurs gens suivirent leur exemple ; une vingtaine de lames brillèrent à la fois au soleil, et immédiatement après ce ne fut plus qu'un cliquetis d'épées et de boucliers, tandis que de part et d'autre les suivants proclamaient le nom de leur maître. les uns criant : A l'aide, un Leslie ! un Leslie ! tandis que les autres répondaient par des acclamations de Seyton ! Seyton ! et, jouant sur le mot, ajoutaient l'espèce de *slogan* ou cri de guerre *Set on! set on*[2] ! couchons les coquins par terre !

---

[1] *Voyez* à ce sujet une note du chapitre XVI du *Monastère*. (L. V.)

[2] En avant ! en avant !

Si tout à l'heure le fauconnier trouvait difficile de déterminer le page à avancer, il lui fût maintenant absolument impossible de lui faire faire un pas de plus. Roland avait arrêté son cheval, il frappait des mains, et, captivé par la vue du conflit, criait tout aussi haut et aussi fort qu'aucun de ceux qui y avaient une part active.

Le bruit et les cris s'élevant ainsi de *High-gate*, ainsi qu'on nommait la rue, attirèrent dans la querelle deux ou trois autres troupes de *gentlemen* avec leur suite, outre plusieurs passants isolés, lesquels, entendant un combat engagé entre ces deux noms bien connus, y prirent aussi part, soit par sympathie, soit par haine.

Le combat devint alors très-acharné, et, quoique ceux qui étaient armés d'épées et de boucliers[1] fissent plus de bruit que de mal réel, plus d'un bon horion fût néanmoins porté entre eux ; et ceux qui portaient des rapières, — arme plus formidable que l'épée écossaise ordinaire, — firent et reçurent des blessures dangereuses. Deux hommes étaient déjà étendus sur le pavé, et le parti de Seyton commençait à perdre du terrain, étant fort inférieur en nombre au parti adverse, auquel plusieurs des citadins s'étaient joints, quand le jeune Roland Græme s'aperçut que le chef de la première des deux troupes, noble gentilhomme, combattant bravement, quoique rudement pressé par le nombre, ne pouvait tenir plus longtemps. — Adam Woodcock, s'écria-t-il, si vous êtes un homme, dégaînez, et prenons parti pour les Seytons ! et sans attendre une réponse ni écouter les vives supplications que lui faisait le fauconnier de ne pas se mêler d'une querelle qui ne le regardait pas, l'impétueux jeune homme sauta à bas de son cheval, tira son épée courte, et se mettant à crier comme les autres « Un Seyton ! un Seyton ! *Set on !* il se jeta dans la mêlée et abattit un de ceux qui pressaient le plus vivement le gentilhomme dont il embrassait la cause. Ce renfort soudain ranima le courage du parti le plus faible, qui commençait à renouveler le combat avec une nouvelle ardeur, quand quatre des magistrats de la ville, distingués par leur manteau de velours et leur chaîne d'or, arrivèrent avec une garde de hallebardiers et de citadins armés de longues épées et accoutumés à ce genre de service, et se jetèrent hardiment au milieu des combattants qu'ils forcèrent de se séparer. Les gens des deux partis firent immédiatement retraite dans différentes directions, laissant sur le terrain ceux qui, de part et d'autre, avaient été blessés et mis hors de combat dans la bagarre.

Le fauconnier, qui avait vu l'escapade de son compagnon en s'arrachant la barbe de colère, galopa alors vers lui avec le cheval qu'il avait pris par la bride : Monsieur Roland ! lui cria-t-il. — monsieur l'oison. —

---

[1] *Sword-and-buckler-men.* L'usage de l'épée courte et du bouclier était universel en Écosse avant l'introduction de la rapière, arme plus longue et plus dangereuse importée d'Italie, et dont l'emploi exclut celui du bouclier devenu trop faible. (**L. V.**)

monsieur le fou, — vous plairait-il de remonter à cheval et de vous bouger de là? Voulez-vous rester là pour être mené en prison et répondre de la belle besogne d'aujourd'hui?

Le page, qui avait commencé sa retraite avec les Seytons, ni plus ni moins que s'il eût été un de leurs alliés naturels, fut rappelé à lui par cette interpellation assez peu cérémonieuse, et sentit qu'il jouait un rôle de fou; obéissant à Adam Woodcock avec un certain sentiment de honte, il remonta lestement à cheval, écarta, par l'élan de l'animal, un officier de milice qui venait à lui; et, partant au galop avec son compagnon en descendant la rue, il fut bientôt hors de vue et d'atteinte. Au fait, des rencontres de cette sorte étaient alors si communes à Édimbourg, que, quand l'affaire était passée, le désordre excitait rarement beaucoup d'attention, à moins que quelque personne marquante n'eût succombé, circonstance qui imposait à ses amis le devoir de venger sa mort à la première occasion convenable. Telle était, à la vérité, la faiblesse du bras de la police, qu'il n'était pas rare que de telles escarmouches durassent des heures entières, quand les deux partis étaient nombreux et que leurs forces se balançaient. Mais depuis peu le régent, homme d'un caractère ferme, sachant tout le mal que de pareils actes de violence occasionnaient habituellement, avait obtenu des magistrats qu'ils tinssent constamment une garde sur pied, pour prévenir ou arrêter les querelles telles que celle qui avait eu lieu dans le cas actuel.

Le fauconnier et son jeune compagnon chevauchaient alors le long de la Canongate[1], et avaient ralenti leur pas pour ne pas attirer l'attention, d'autant plus qu'on ne voyait maintenant nulle apparence de poursuite. Roland baissait la tête, en homme qui a conscience que sa conduite n'a pas été des plus sages, tandis que son compagnon lui adressait ainsi la parole :

— Vous plairait-il de me dire une chose, M. Roland Gœme? c'est s'il y a ou non un diable incarné en vous.

— Vraiment, M. Adam Woodcock, j'aimerais à espérer que non, répondit le page.

— En ce cas, je voudrais bien savoir par quelle autre influence ou instigation vous êtes perpétuellement à un bout ou à l'autre de quelque méchante affaire? Qu'avez-vous à faire, je vous prie, avec ces Seytons ou ces Leslies, dont de votre vie vous n'aviez entendu prononcer les noms?

— Vous vous trompez en cela, mon ami; j'ai mes raisons pour être ami des Seytons.

— En ce cas il faut que ç'aient été des raisons bien secrètes, car je

---

[1] Principale rue du vieil Édimbourg. *Voyez* le plan joint au *Cœur de Midlothian.*

(L. V.)

crois que j'aurais pu parier que vous n'aviez jamais connu personne du nom ; et je suis encore porté à croire que ç'a été votre passion impie pour ce froid cliquetis du fer, qui a autant de charme pour vous que le son d'une marmite de cuivre pour un essaim d'abeilles, qui vous a poussé à jeter votre tête de fou dans une querelle qui ne vous concernait en rien, plutôt que le souci que vous preniez des Seytons ou des Leslies. Mais tenez-vous pour averti, mon jeune maître, que si vous êtes pour tirer l'épée avec le premier venu qui dégaînera dans High-gate, ce ne sera guère la peine que vous remettiez votre lame au fourreau du reste de votre vie, car, si je ne me trompe, vous ne vivrez pas bien des heures sur ce pied-là : — toutes choses que je laisse à votre sérieuse considération.

- Sur ma parole, Adam, j'honore votre avis ; et je vous promets que je m'y conformerai aussi fidèlement que si j'étais votre apprenti juré dans l'art de me diriger avec toute prudence et sécurité au milieu des nouveaux chemins de la vie où je suis sur le point de m'engager.

— Et en cela vous ferez bien ; et je ne vous ferai pas une querelle, M. Roland, d'avoir un grain de trop d'ardeur, parce que je sais qu'on peut venir à bout d'un faucon sauvage et qu'on ne fera jamais rien d'une poule de basse-cour ; — ainsi entre deux défauts vous avez le meilleur côté. Mais outre votre penchant tout particulier pour trouver des querelles et tirer du fourreau votre camarade de côté, mon cher M. Roland, vous avez aussi le don de regarder sous le capuchon et le voile de chaque femme qui passe, comme si vous vous attendiez à retrouver une ancienne connaissance ; quoique pourtant si vous en cherchiez une, j'en serais tout aussi surpris que je l'ai été tout à l'heure en vous voyant prendre un si vif intérêt aux Seytons, sachant combien peu vous avez vu de ces oiseaux sauvages.

— Allons donc, Adam ! folie et sottise, que vous nous dites là ! Je voulais seulement voir quels yeux ces gentils faucons ont sous leurs chaperons.

— Oui, mais c'est une curiosité dangereuse ; vous feriez mieux de présenter votre poignet nu à un aigle pour s'y percher. — Voyez-vous, M. Roland, on ne peut sans risque donner la chasse à ces jolies oies sauvages[1] ; — elles ont autant de ruses, de détours subits et de faux-fuyants que la proie la plus maligne que faucon ait jamais poursuivie. — Et puis il n'y a pas une de ces femmes qui ne soit sous la garde d'un mari, ou d'un bon ami, ou d'un frère, ou d'un cousin, ou d'un fidèle serviteur tout au moins. — Mais vous ne prenez pas garde à ce que je vous dis, M. Roland, moi qui connais si bien la chasse ; — vous n'avez l'œil qu'à cette jolie demoiselle qui descend si lestement la rue devant nous. — *My Certie !* je la garantis joyeuse danseuse dans un *reel* ou dans

---

[1] On se souvient involontairement des Oies du père Philippe. (L. V.)

CHAPITRE XVII.

un *revel;* — une paire de clochettes moresques d'argent siérait aussi bien à ces jolis petits bas de jambes que les jesses iraient au plus beau faucon de Norvége.

— Tu es fou, Adam, et je me soucie comme d'un bouton de la fille et de ses bas de jambes ; — mais, de par tous les diables ! il faut qu'on regarde quelque chose.

— C'est très-vrai, M. Roland Grœme, mais laissez-moi vous prier de mieux choisir vos objets d'examen. Voyez-vous, il y a à peine une femme de celles que vous voyez passer ici dans High-gate avec des voiles de soie ou des mantes de dentelle, qui n'ait, comme je vous le disais tout à l'heure, ou un gentleman-écuyer devant elle, ou à côté d'elle un parent, un amant ou un mari, ou peut-être bien après elle une couple de vigoureux gaillards munis d'épées et de boucliers, et qui ne la suivent pas d'assez loin pour ne pas pouvoir être près d'elle en un clin d'œil. — Mais vous ne prenez pas plus garde à moi qu'un autour ne s'inquiète d'un moineau !

— Oh ! si, — si, je vous écoute, — je suis à ce que vous dites, vraiment ; — mais tenez mon cheval un petit moment : je suis à vous, le temps d'échanger un coup de sifflet. A ces mots, et avant qu'Adam Woodcock pût achever le sermon qui vint expirer sur ses lèvres, Roland, à l'indicible étonnement du fauconnier, lui avait jeté la bride de son genet, était sauté de cheval, et pénétrant dans une des *closes* ou ruelles étroites qui viennent déboucher par une arcade sur la rue principale, s'était élancé à la poursuite de cette jeune fille à laquelle son ami l'avait accusé de donner tant d'attention, et qui avait tourné par un des passages en question.

— Sainte Marie ! sainte Magdeleine ! saint Benoît ! saint Barnabas ! exclama le pauvre fauconnier quand il se vit ainsi subitement forcé de s'arrêter au beau milieu de la Canongate, et qu'il vit son jeune pupille partir comme un fou à la recherche d'une demoiselle qu'il n'avait vue de sa vie, à ce que supposait Adam ; — saint Satan et saint Belzébuth ! — car ceci ferait jurer par les saints et les diables, — qu'est-ce qui peut avoir passé par la tête de ce garçon-là, au nom du diable ! et qu'est-ce que je vais faire pendant ce temps-là ? — Il va se faire couper la gorge, le pauvre garçon, aussi sûr que je suis né au pied du Roseberry-Topping. Si je pouvais trouver quelqu'un à qui donner les chevaux à tenir ! mais ils sont aussi malins dans ces quartiers du nord que dans le bienheureux Yorkshire lui-même, et qui quitte bride quitte bête, comme nous disons. Si je pouvais seulement apercevoir un de nos gens dans ce moment-ci, un rameau de houx vaudrait un gland d'or ; ou si seulement je voyais un des hommes du régent ! — Mais laisser les chevaux à un étranger, c'est ce que je ne peux pas faire ; — et quitter la place pendant que le garçon est en danger, c'est ce que je ne ferai pas.

Il nous faut cependant laisser le fauconnier au milieu de sa perplexité, et suivre la tête ardente qui l'occasionnait.

La dernière partie des sages remontrances d'Adam Woodcock avait été à peu près perdue pour Roland, au profit de qui elles étaient destinées, parce que dans une des formes féminines qui montaient et descendaient la rue, enveloppées d'un voile de soie rayée comme en portent aujourd'hui les Bruxelloises, son œil avait discerné quelque chose qui ressemblait fort à la taille gracieuse et à la tournure pleine de vivacité de Catherine Seyton. — Durant tout le grave sermon que le fauconnier lui avait tinté aux oreilles, son œil n'avait pas quitté un objet d'observation si intéressant; et enfin, au moment où la demoiselle fut sur le point de s'enfoncer dans un de ces passages voûtés qui offraient un débouché sur la Canongate aux maisons situées au-dessous (passage orné d'un écusson en relief supporté par deux grands renards de pierre), en ce moment, dis-je, la demoiselle ayant relevé son voile, dans l'intention, peut-être, de voir quel était ce cavalier qui depuis quelque temps l'examinait avec tant d'attention, le jeune Roland, sous l'ombre du plaid de soie, vit assez de deux yeux d'azur vifs et brillants, de boucles dorées et de traits enjoués, pour le pousser, en jeune fou plein de témérité et vide d'expérience, dont les volontés n'avaient jamais été traversées par la contradiction ni assujetties à une grande contrainte, à jeter la bride de son cheval entre les mains d'Adam Woodcock, et à lui laisser faire le pied de grue, tandis qu'il se précipitait dans la cour pavée sur les pas de Catherine Seyton : — le tout comme nous l'avons dit.

La promptitude d'esprit des femmes est passée en proverbe; mais il paraît que celui de Catherine ne lui suggéra pas de meilleur expédient que de se confier elle-même à la légèreté de ses pieds pour déjouer la vivacité du page, en se mettant en sûreté dans une maison avant qu'il eût pu découvrir où. Mais on ne déroute pas aisément un jeune homme de dix-huit ans à la poursuite d'un objet aimé. Catherine traversa rapidement une cour pavée, décorée de grands vases de pierre d'un style sévère, où des ifs, des cyprès et d'autres arbrisseaux verts végétaient dans une sombre majesté, et donnaient un aspect grave et triste au haut et lourd édifice, à la façade duquel ils étaient placés comme ornements, semblant aspirer l'air que leur pouvait fournir la portion quadrangulaire du ciel azuré que dessinaient les quatre énormes murailles noires qui enceignaient la cour, percées dans leur hauteur de cinq rangs de fenêtres, toutes surmontées de lourds architraves portant des écussons armoriés et des insignes religieux.

Catherine Seyton traversa cette cour avec la rapidité d'une biche poursuivie par la meute, faisant le meilleur usage de ces jolies jambes lui avaient attiré les louanges même du grave et circonspect Adam Woodcock. Elle se hâta de gagner une grande porte située au milieu de la partie de la maison faisant face à l'entrée, tira le cordon qui soulevait le loquet, et se réfugia dans l'antique bâtiment. Mais, si elle avait fui comme une biche, Roland Grœme l'avait suivie avec la rapidité et l'ardeur d'un jeune lévrier lâché pour la première fois sur sa proie. Malgré tout ce qu'elle put faire, il la tint constamment en vue; car c'est une chose remarquable que l'avantage qu'a dans une telle lutte de vitesse le galant qui veut voir sur la jeune fille qui ne veut pas être vue, — avantage que j'ai vu balancer une avance considérable. En un mot, il aperçut à un détour l'ondoiement de son voile, il entendit le bruit de son pas, quelque léger qu'il fût, tandis qu'elle traversait la cour, et entrevit encore sa forme, juste au moment où elle passait la porte de la maison.

Étourdi et inconsidéré comme nous l'avons dépeint, ne connaissant le monde que par les romans qu'il avait lus, et n'ayant même pas l'idée de résister à l'impulsion du moment, quelle qu'elle fût; doué en outre d'autant de courage que de vivacité, Roland Grœme n'hésita pas un instant à s'approcher de la porte où l'objet de sa poursuite avait disparu. Lui aussi tira la bobine; et le loquet, quoique massif et pesant, répondit à son appel et se leva. Le page entra avec la même précipitation, qui avait marqué toute sa course, et se trouva dans une sombre et large salle ou vestibule, où les vitraux peints des fenêtres à compartiments étroits n'admettaient qu'un jour douteux, encore affaibli par l'élévation des murs qui entouraient l'avant-cour, et ne permettaient pas aux rayons du soleil d'arriver jusqu'aux étages inférieurs. Le pourtour des murailles de la salle était alternativement couvert d'anciennes armures rouillées et de massifs et larges écussons de pierre entourés de doubles trécheurs, et chargés de fleurons et de doubles fleurons, de gerbes de froment, de *coronets*[1] et autres emblèmes armoriaux, toutes choses auxquelles Roland Grœme ne donna pas un instant d'attention.

Le seul objet qu'il daigna remarquer fut Catherine Seyton, qui, se regardant maintenant comme en sûreté, s'était arrêtée pour reprendre haleine après sa course, et s'était assise pour un moment sur un grand siége de chêne qui se trouvait à l'extrémité supérieure de la salle. Le bruit que fit Roland en entrant après elle la troubla tout à coup; elle se leva en poussant un faible cri de surprise, et s'échappa par une des portes pliantes qui ouvraient sur le vestibule comme sur un centre commun. Cette porte, dont Roland Grœme s'approcha aussitôt, donnait accès sur une vaste galerie bien éclairée, au haut de laquelle il put entendre plusieurs voix, ainsi que le bruit de pas précipités qui semblaient se diriger vers la salle d'entrée. Un peu rappelé à lui par une apparence de danger sérieux, il était à délibérer s'il demeurerait ou se retirerait, quand

---

[1] Petite couronne, couronne ducale; par opposition à la couronne royale, *crown*.
(L. V.)

Catherine Seyton rentra par une porte latérale, accourant à lui avec autant de hâte que peu de minutes auparavant elle en avait mis à le fuir.

— Oh! quelle mauvaise inspiration vous a conduit ici? dit-elle; fuyez! — fuyez, ou vous êtes un homme mort! — Ou plutôt, demeurez; — les voici qui viennent, — la fuite est impossible. — Dites que vous venez demander après lord Seyton.

Elle le quitta précipitamment, et regagna la porte par laquelle elle avait fait sa seconde apparition; au même instant, deux grandes portes pliantes s'ouvrirent avec force de toute leur largeur au haut bout de la galerie, et six ou sept jeunes gens, richement habillés, se précipitèrent dans la galerie, ayant pour la plupart l'épée à la main.

— Qui ose s'introduire dans notre propre maison? dit l'un d'eux.

— Taillons-le en pièces, dit un autre; qu'il paie pour l'insolence et la violence d'aujourd'hui. — C'est quelqu'un des suivants des Rothes.

— Non, par sainte Marie! dit un troisième; c'est un des gens de cet archi-démon, de ce paysan ennobli, Halbert Glendinning, qui prend le titre d'Avenel, — autrefois vassal de l'Église, dont il est aujourd'hui le spoliateur.

— C'est bien cela, ajouta un quatrième; je le reconnais au rameau de houx qui est leur emblème. Assurez-vous de la porte; il faut qu'il réponde de cette insolence.

Deux des jeunes gens, tirant précipitamment leur épée, coururent à la porte par laquelle Roland Græme était entré dans le vestibule, et s'y placèrent comme pour prévenir son évasion. Les autres s'avancèrent sur Græme, qui eut assez de bon sens pour voir que toute tentative de résistance serait à la fois infructueuse et imprudente. Plusieurs voix, dont aucune n'était amicale, lui demandèrent à la fois qui il était, d'où il venait, son nom, ce qui l'amenait, qui l'envoyait? Le nombre des questions qui lui étaient ainsi adressées en même temps lui fournit une excuse momentanée de ne répondre à aucune, et avant que cette trêve d'un instant fût écoulée, on vit entrer dans la salle un personnage à l'apparition duquel ceux qui avaient entouré Roland Græme d'un air menaçant se reculèrent avec respect.

C'était un homme de taille élevée, dont la noire chevelure commençait à grisonner, quoique son œil et sa physionomie altière conservassent toute la vivacité de la jeunesse. Il était sans pourpoint, et les amples plis de sa chemise de toile de Hollande étaient tachés de sang; mais un manteau pourpre, bordé d'une riche fourrure, était jeté autour de lui et lui tenait lieu des habits qu'il avait quittés. Il portait sur la tête une toque de velours cramoisi, relevée d'un côté par une mince chaîne d'or faisant trois fois le tour de la toque et qui était arrêtée par un médaillon, selon la mode des seigneurs du temps.

— Autour de qui vous pressez-vous donc ainsi de cet air menaçant?

mes enfants et mes amis? leur dit-il; — ne savez-vous pas que ce toit doit mettre à l'abri de toute violence quiconque en a passé le seuil, qu'il vienne ici en ami ou avec des sentiments d'hostilité déclarée?

— Mais, mylord, dit un des jeunes gens, c'est un drôle qui vient ici dans des intentions d'espionnage et de trahison!

— C'est une accusation que je repousse, s'écria hardiment Roland Grœme; je viens m'enquérir de mylord Seyton.

— C'est un conte bien vraisemblable dans la bouche d'un suivant de Glendinning, repartit son accusateur.

— Un moment, jeunes gens, reprit lord Seyton : car c'était ce seigneur lui-même; laissez-moi mieux voir ce jeune homme. — Par le Ciel! c'est lui-même qui est si hardiment venu à mon aide il y a à peine une demi-heure, quand quelques-uns de mes coquins songeaient plus à leur respectable sûreté qu'à la mienne. Reculez-vous de lui, car il mérite de votre part honneur et réception amicale, au lieu de ce rude traitement.

Tous les jeunes gens se retirèrent en arrière, obéissant aux ordres de lord Seyton; celui-ci, prenant Roland Grœme par la main, le remercia de sa prompte et brave assistance, ajoutant qu'il ne doutait pas que le même intérêt qui lui avait fait embrasser sa cause durant la dispute ne l'eût conduit chez lui pour s'informer de sa blessure.

Roland s'inclina en signe d'acquiescement.

— Ou bien est-il quelque chose en quoi je puisse vous servir, pour vous montrer combien je suis reconnaissant du service que vous m'avez rendu?

Mais le page, pensant qu'il ferait mieux de s'en tenir à l'excuse que lord Seyton lui-même lui avait suggérée si à propos, répondit que l'unique motif de son indiscrétion aurait été de s'assurer de l'état de Sa Seigneurie. — Il avait cru s'apercevoir, ajouta-t-il, qu'il avait reçu une blessure durant l'action.

— Presque rien, repartit lord Seyton; j'avais seulement ôté mon pourpoint pour que le chirurgien mît un léger appareil sur cette misérable égratignure, quand ces étourdis nous ont interrompus par leurs clameurs.

Roland Grœme, s'inclinant de nouveau profondément, se disposa alors à se retirer; car, sorti du danger d'être traité comme espion, il commença alors à craindre que son compagnon Adam Woodcock, qu'il avait planté là avec si peu de cérémonie, ne vînt le remettre dans quelque nouvel embarras en s'aventurant dans l'hôtel à sa recherche, ou qu'il ne partît et ne le laissât tout à fait en arrière. Mais lord Seyton ne le laissa pas échapper si aisément. — Attends, jeune homme, lui dit-il, et fais-moi connaître ton rang et ton nom. Lord Seyton a, depuis quelque temps, été plus habitué à se voir abandonné de ses amis et de ses suivants qu'à recevoir un aide étranger; — mais un nouvel ordre de choses peut revenir, et alors il aura peut-être la chance de récompenser ceux qui lui auront voulu du bien.

— Mon nom est Roland Græme, mylord, répondit le jeune homme, pour le moment page au service d'Halbert Glendinning.

— C'est ce que j'ai dit tout d'abord, reprit un des jeunes gens; je gagerais ma vie que ceci est une flèche sortie du carquois de l'hérétique, — un stratagème depuis le commencement jusqu'à la fin, pour insinuer dans votre confiance quelque espion à lui. Ils savent comment on apprend aux enfants et aux femmes à jouer le rôle d'espions.

— C'est faux, si vous parlez de moi! s'écria Roland; personne, en Écosse, ne m'apprendrait à jouer ce rôle infâme!

— Je te crois, jeune homme, dit lord Seyton, car tes coups étaient trop bien appliqués pour que tu t'entendisses avec ceux qui les recevaient. Crois-moi, cependant; je ne m'attendais guère à être secouru par quelqu'un de la maison de ton maître, et je voudrais savoir qui t'a porté à embrasser ma querelle, à tes propres risques?

— S'il vous plaît, mylord, je pense que mon maître lui-même ne serait pas resté inactif près du plus faible, si son bras avait pu le secourir. Telles sont du moins les leçons de chevalerie qu'on nous enseignait au château d'Avenel.

— Et la bonne semence est tombée en bon sol, jeune homme; mais, hélas! si tu mets en pratique ces honorables préceptes dans ces temps de déshonneur, où partout le droit est assujetti à la force, ta vie, mon pauvre enfant, ne sera pas longue.

— Qu'elle soit courte, mais qu'elle soit honorable, mylord; et permettez-moi maintenant, mylord, de me recommander à Votre Grâce et de prendre congé. Un camarade m'attend dans la rue avec mon cheval.

— Prends ceci, néanmoins, jeune homme, dit lord Seyton [1], en détachant de sa toque la chaîne d'or et le médaillon; prends ceci, et porte-le à cause de moi.

Roland ne fut pas peu fier de recevoir un tel don, qu'il fixa à la hâte autour de son bonnet, comme il avait vu les élégants porter cette espèce d'ornement; puis renouvelant son salut au baron, il quitta le vestibule, traversa la cour, et reparut dans la rue juste au moment où Adam Woodcock, inquiet et contrarié de son retard, se déterminait à laisser les chevaux à leur sort, et à se mettre en quête de son jeune compagnon. — Quelle grange viens-tu encore d'abattre [2]? s'écria-t-il dès qu'il aperçut le page, grandement soulagé par son apparition, quoique la physionomie du jeune homme indiquât qu'il avait passé par une scène d'agitation.

— Ne me faites pas de questions, dit Roland en sautant gaîment sur son cheval; mais voyez combien peu de temps il faut pour gagner une

---

[1] *Voyez* la note I, à la fin du volume.

[2] Expression proverbiale du Border. (L. V.)

chaîne d'or, ajouta-t-il en lui désignant celle qu'il portait à sa toque.

— Dieu te préserve de l'avoir dérobée ou de l'avoir eue par violence! repartit le fauconnier; et pourtant je ne sais pas comment diable tu aurais pu te la procurer autrement. Je suis venu souvent ici pendant des mois entiers, et personne ne m'a jamais donné ni chaîne ni médaillon.

— Tu vois que je n'ai pas eu besoin de faire si longue connaissance avec la ville pour en gagner une; et pourtant mets ton honnête cœur en repos. Ce qui est honorablement gagné et librement donné n'est ni enlevé ni dérobé.

— Marry! la potence soit de toi, avec ta fanfaronne [1] au cou! Je crois que l'eau ne te noierait pas, et que le chanvre ne pourrait pas t'étrangler. Tu as été congédié du service de mylady pour redevenir écuyer de mylord; et pour avoir suivi une noble demoiselle dans quelque grande maison, tu gagnes une chaîne et un médaillon, là où un autre aurait eu le bâton en travers des épaules, s'il n'avait pas eu le dirk dans le corps.
— Mais nous voici arrivés devant la vieille abbaye. Porte ta bonne chance avec toi en passant ces portes, et, par Notre-Dame! tu peux défier l'Écosse.

Comme il achevait ces mots, ils arrêtèrent leurs chevaux, se trouvant vis-à-vis de la vieille et large porte cintrée qui servait d'entrée principale à l'abbaye ou palais d'Holyrood, et où venait aboutir la rue qu'ils avaient suivie. L'avant-cour du palais s'ouvrait en dedans de ce sombre porche, montrant la façade d'un assemblage irrégulier de constructions monastiques dont une aile existe encore, formant une partie du palais moderne, élevé au temps de Charles Ier.

A l'entrée du porche, le fauconnier et le page remirent leurs chevaux au domestique de service, à qui Adam Woodcock ordonna d'un ton d'autorité de les conduire en sûreté aux écuries. — Nous appartenons, ajouta-t-il, à la suite du chevalier d'Avenel. — Il faut nous faire valoir ce que nous sommes, dit-il ensuite bas à Roland, car chacun ici est considéré selon qu'il s'apprécie lui-même, et celui qui est trop modeste doit tenir la muraille, comme dit le proverbe. Ainsi donc, relève ton bonnet, mon garçon, et prenons bravement le haut du pavé.

Se donnant donc un air de conséquence qui convenait, dans son opinion, à l'importance et à la qualité de son maître, Adam Woodcock, suivi de Roland, entra dans l'avant-cour du palais d'Holyrood.

---

[1] Nom que l'on donnait aux chaînes d'or que portaient les militaires de l'époque. Ce nom est d'origine espagnole; car la mode de ces coûteux ornements était fort en vogue parmi les conquérants du Nouveau-Monde. (W. S.)

CHAPITRE XVIII.

> Le ciel est couvert, Gaspard, et l'océan inquiet dort
> d'un sommeil agité, aux pâles rayons du soleil couchant.
> Un sommeil semblable plane sur les pays mécontents, alors
> que les factions hésitent encore, ne sachant si leurs forces
> leur permettent d'affronter le combat.
>
> <div align="right"><i>Albion</i>, Poëme.</div>

Le jeune page s'arrêta à l'entrée de l'avant-cour, et pria son guide de lui laisser le temps de respirer un moment. — Laissez-moi seulement regarder autour de moi, lui dit-il ; vous ne faites pas attention que je n'ai jamais vu spectacle pareil. — Voilà donc Holyrood, — séjour du brave et du riche, de la beauté, de la sagesse et de la puissance !

— Oui, marry, c'est Holyrood ! répliqua Woodcock ; mais je voudrais pouvoir te chaperonner comme on fait des faucons, car tu ouvres d'aussi grands yeux que si tu cherchais une autre querelle ou une autre fanfaronnade. Je voudrais déjà t'avoir mis sain et sauf entre les quatre murs de la maison, car tu as l'air effaré comme un autour.

Ce n'était pas, à la vérité, un spectacle ordinaire pour Roland, que le vestibule d'un palais traversé par ses divers groupes, — ceux-ci gais et radieux, — ceux-là pensifs, et paraissant accablés sous le poids des affaires d'état ou des leurs propres. Ici l'homme d'état à cheveux gris, à l'air à la fois prudent et impérieux, avec son manteau fourré et ses pantoufles noires ; là le soldat couvert de buffle et d'acier, sa longue rapière faisant retentir les dalles, et l'épaisse moustache de sa lèvre supérieure, ainsi que son front menaçant, semblant toujours porter au danger un défi que peut-être il ne soutint pas toujours. Plus loin passait le serviteur de mylord, le cœur haut, la main rouge de sang, humble devant son maître, insolent avec tous les autres. A ceux-là on pouvait ajouter le pauvre solliciteur, l'air anxieux et la mine piteuse ; — l'officier, tout plein de sa fraîche importance, repoussant du coude hors de son chemin des gens qui valent mieux que lui, et dont peut-être il a reçu les bienfaits ; — le prêtre orgueilleux qui sollicite un meilleur bénéfice ; — l'orgueilleux baron, qui sollicite la concession des terres de l'Église ; — le voleur en chef, qui vient chercher le pardon des déprédations qu'il a commises aux dépens de ses voisins ; — le *franklin*[1] dépouillé, qui vient

---

[1] Propriétaire roturier. (L. V.)

demander vengeance des déprédations qu'il a souffertes. Et puis c'était encore la revue des gardes et la pose des sentinelles, — le départ ou l'arrivée des messagers, — le galop et le hennissement des chevaux en dehors de l'enceinte, — l'éclat des armes, le bruissement des plumets et le retentissement des éperons à l'intérieur. C'était, en un mot, cette confusion élégante et splendide, où l'œil de la jeunesse ne voit qu'éclat et bravoure, et où l'œil plus expérimenté voit surtout ce qui est douteux, trompeur, faux et creux, — espérances qui ne seront jamais satisfaites, — promesses qui ne seront jamais remplies, — orgueil sous le masque de l'humilité, — insolence sous celui de la franchise et d'une généreuse libéralité.

Comme Adam Woodcock, fatigué de l'attention avide et de l'espèce de ravissement avec lesquels le page contemplait une scène si nouvelle pour lui, s'efforçait de le faire avancer avant que son air étonné ne devînt un objet de remarque pour l'esprit caustique des habitués de la cour, le fauconnier lui-même fut aperçu et reconnu par un fringant domestique en toque verte à plume, avec un habit de couleur correspondante, garni de six larges galons d'argent avec une bordure violet et argent. Tous deux proférèrent en même temps une exclamation de reconnaissance : — Ha ! Adam Woodcock à la cour ! — Ha ! Michel Aile-au-Vent [1] ! — et comment va la fameuse chienne ?

— Hé ! elle est comme nous, Adam, elle ne gagne pas à vieillir ; — quatre pattes ne portent pas un chien éternellement. Mais nous la gardons pour la race, et c'est ce qui la sauve de la sentence du Border. — Mais qu'est-ce que vous avez à regarder là ? je vous promets que mylord vous attend et qu'il a demandé après vous.

— Mylord de Murray demande après moi, lui, régent du royaume ! exclama Adam. J'ai faim et soif de présenter mes respects à cet excellent seigneur ; — j'imagine que Sa Seigneurie se souvient de la chasse de Carnwath-Moor, le jour où mon faucon Drummelzier battit les faucons de l'île de Man, et fit gagner à Sa Seigneurie cent couronnes contre un baron du Sud qu'on nommait Stanley.

— Pour ne pas te flatter, Adam, il ne se souvient pas de toi le moins du monde, ni de ton faucon non plus. Il a pris depuis ce temps-là une bien autre volée, et il a frappé sa curée, qui plus est. Mais allons, ne restons pas ici ; j'espère que nous serons toujours bons camarades sur l'ancien pied ?

— Aha ! vous voudriez que j'aille trinquer avec vous ? Mais il faut d'abord que je case mon fauconneau là où il n'ait ni fille à chasser ni garçon à battre.

— Est-ce que le jeune gars est de cette trempe-là ?

— Oui, par mon chaperon ! il court tous les gibiers.

---

[1] *Wing-the-Wind.*

— En ce cas, le mieux est qu'il vienne avec nous, car nous ne pouvons faire en ce moment partie complète ; seulement je voudrais m'humecter les lèvres, et sûrement vous aussi. J'ai besoin de savoir des nouvelles de Sainte-Marie avant que vous voyiez mylord, et je vous dirai d'où le vent souffle là-haut.

Tout en parlant ainsi, il les précédait vers une porte latérale ouvrant sur la cour ; et, parcourant plusieurs passages obscurs de l'air d'un homme qui connaît les plus secrets détours du palais, il les conduisit à une petite chambre nattée. Là, il plaça devant le fauconnier et son jeune compagnon du pain, du fromage et un flacon d'ale mousseuse, auquel Adam fit immédiatement honneur en y puisant une longue rasade qui mit la mesure presque à sec. Après avoir repris haleine et avoir essuyé la mousse restée attachée à ses moustaches, il fit observer que son inquiétude pour l'enfant lui avait horriblement desséché le gosier.

— Redoublez, lui dit son hôte hospitalier, qui, en même temps, prit une cruche posée près de la table, pour remplir de nouveau le flacon ; je connais le chemin du robinet de l'office. Et maintenant, faites attention à ce que je dis : — Ce matin, le comte de Morton est venu chez mylord dans une colère terrible.

— Quoi! ils ont donc toujours leur vieille amitié?

— Oui, oui, camarade ; est-ce que ça peut être autrement? il faut qu'une main gratte l'autre. Ainsi donc, lord de Morton était dans une colère terrible ; et, pour dire la vérité, quand il est ainsi il a l'air tout à fait hors de lui, et pour ainsi dire endiablé ; et il a dit à mylord… car j'étais dans la chambre, prenant des ordres au sujet d'un couple de faucons qu'on doit apporter de Darnoway, — des oiseaux qui vaudront vos faucons à longues ailes, l'ami Adam.

— Je croirai cela quand je les aurai vus voler aussi haut, répliqua Woodcock, cette observation professionnelle formant une sorte de parenthèse.

— Au surplus, continua Michel, reprenant son récit, mylord de Morton, dans une terrible colère, demanda au lord régent si on en agissait bien avec lui? — car mon frère, qu'il lui dit, aurait dû, à titre de don, être *commendateur* de Kennaquhair, et avoir toutes les dépendances temporelles érigées à son profit en seigneurie régalienne ; et voilà, dit-il, que les traîtres de moines ont eu l'insolence d'élire un nouvel abbé pour jeter ses prétentions en travers du chemin de mon frère ; et outre cela, la canaille des environs a brûlé et pillé tout ce qu'on avait laissé dans l'abbaye, de sorte que mon frère n'aura pas une maison où habiter quand il aura chassé ces chiens fainéants de prêtres. — Et mylord, le voyant en colère, lui a dit tranquillement : Voilà de méchantes nouvelles, Douglas, mais j'espère qu'elles ne sont pas vraies : car Halbert Glendinning est parti hier pour le sud avec une troupe de lances, et assurément, si l'une ou l'autre de ces deux choses-là était arrivée, que les moines eussent osé choisir un abbé, ou que l'abbaye eût été brûlée, comme vous dites, il aurait pris des mesures sur-le-champ pour le châtiment d'une telle insolence, et nous aurait dépêché un messager. Et le comte de Morton a répondu... Je vous prie, Adam, de remarquer que ce que je dis est par pure amitié pour vous et votre lord, et aussi en considération de notre vieille camaraderie, et aussi parce que sir Halbert m'a fait du bien et peut m'en faire encore, — et aussi parce que je ne suis pas l'ami du comte de Morton, que je crains, s'il faut le dire, plus que je ne l'aime ; — ainsi donc ce serait bien mal à vous de me trahir. — Donc, le comte a répondu au régent : Prenez garde, mylord, de trop vous fier à ce Glendinning ; — il sort d'un sang paysan, qui n'a jamais été bien franchement ami des nobles. — Par saint André ! ce sont ses propres paroles. — Et puis, dit-il encore, il a un frère moine à Sainte-Marie, et ne marche que sur ses avis, et il se fait des amis sur le Border avec Buccleugh et avec Ferniehurst¹, et il joindra les mains avec eux dès qu'il y aura apparence de changement. Et mylord a répondu, comme un noble lord qu'il est : Bast, mylord de Morton ! je réponds de la foi de Glendinning ; et quant à son frère, c'est un songe-creux qui ne pense qu'à son missel et à son bréviaire ; — et si chose pareille à ce que vous dites est arrivée, je m'attends à recevoir de Glendinning le froc d'un moine pendu et la tête d'un des vassaux séditieux, par voie de brève et sommaire justice. — Sur ce, mylord de Morton a quitté la place, et, à ce qu'il m'a semblé, quelque peu mécontent. Mais, depuis lors, mylord m'a demandé plus d'une fois s'il n'était pas arrivé de messager du chevalier d'Avenel. Et je vous ai rapporté tout cela pour que vous puissiez arranger pour le mieux ce que vous avez à dire ; car il me semble que mylord ne sera pas très-content s'il est arrivé quelque chose de pareil à ce que mylord de Morton a dit, et que votre lord n'ait pas pris des mesures rigoureuses.

Il y avait dans cette communication quelque chose qui décontenança complétement la physionomie intrépide d'Adam Woodcock, en dépit du renfort que son assurance naturelle avait reçu de l'ale brune d'Holyrood.

— Qu'est-ce que ce bourru de lord Morton a dit d'une tête de vassal ? dit le pauvre fauconnier à son ami.

— Non, non, c'est mylord le régent qui a dit qu'il s'attendait, si l'abbaye avait souffert, à ce que votre chevalier lui enverrait la tête de celui des tapageurs qui avait conduit la danse.

— Mais est-ce là le fait d'un bon protestant, d'un franc lord de la congrégation ? Nous étions leurs enfants gâtés, leurs amis choyés, quand nous abattions les couvents dans le Fife et le Perthshire.

— Oui, mais c'était quand la vieille mère l'Église de Rome était

---

¹ Ces deux *chieftains* du Border étaient grands amis de la reine Marie. (W. S.)

encore maîtresse chez elle, et que ses grandes gens étaient déterminés à ce qu'elle n'eût pas d'abri où poser la tête en Écosse. Mais maintenant que les prêtres ont lâché pied sur tous les points, et que leurs maisons et leurs terres sont données à nos grands seigneurs, ils n'entendent pas que nous opérions l'œuvre de la réforme en détruisant les palais des zélés protestants.

— Mais je vous dis que l'abbaye de Sainte-Marie n'est pas détruite! s'écria Woodcock, en proie à une agitation croissante : quelques fanfreluches de fenêtres peintes ont été brisées, — choses que pas un seigneur n'eût souffertes dans sa maison ; — on a brisé les os de quelques saints de pierre, comme le vieux Widdrington à Chevy-Chase ; mais quant à avoir mis le feu, nous n'avions pas tant seulement avec nous une mèche allumée, excepté la mèche que le dragon avait pour mettre le feu aux étoupes qu'il devait vomir contre saint Georges. Oh! j'avais veillé à cela.

— Comment! j'espère, Adam Woodcock, que tu n'as pas mis la main à une si belle besogne? — Voyez-vous, Adam, je ne voudrais pas vous epouvanter, vous qui ne faites que d'arriver de voyage ; mais je vous promets que le comte de Morton vous a rapporté d'Halifax une demoiselle dont vous n'avez jamais vu la pareille ; — elle vous embrassera le cou, et votre tête lui restera dans les bras.

— Bast! je suis trop vieux pour qu'une demoiselle me tourne la tête. Je sais que mylord de Morton irait aussi loin qu'un autre pour la mine réjouie d'une jolie fille ; mais quel diable lui a pris d'en ramener une d'Halifax? et s'il a trouvé là une demoiselle, qu'a-t-elle de commun avec ma tête?

— Beaucoup, beaucoup! La fille d'Hérode, qui jouait si bien des pieds et des jambes, ne faisait pas sauter une tête d'homme aussi proprement que cette Demoiselle de Morton [1]. C'est une hache, mon camarade, — une hache qui tombe d'elle-même comme une fenêtre à châssis, et qui ne donne pas à l'exécuteur la peine de la manier.

— Sur ma foi, c'est une invention précieuse ; que le Ciel nous garde d'elle!

Le page, voyant que la conversation de ces deux vieux camarades ne finissait pas, et inquiet, d'après ce qu'il en avait entendu, au sujet du sort de l'abbé, interrompit leur conférence.

— Adam Woodcock, dit-il, il me semble que tu ferais mieux de remettre au régent la lettre de ton maître ; sans nul doute, il y a rendu compte de ce qui s'est passé à Kennaquhair de la manière la plus favorable à tous les intérêts.

---

[1] *Maiden of Morton.* — Espèce de guillotine que le régent Morton fit venir d'Halifax, à une époque certainement très-postérieure à celle indiquée ici. Ce fut lui-même qui le premier fut exécuté par cette machine. (W. S.)

— Le jeune homme a raison, dit Michel l'Aile-au-Vent ; mylord sera très-impatient.

— L'enfant a assez d'esprit pour se tenir chaud, ajouta Adam Woodcock en tirant de sa poche de fauconnier la lettre de son maître adressée au comte de Murray ; et à cet égard-là je lui ressemble. Ainsi donc, monsieur Roland, vous voudrez bien présenter vous-même cette lettre au lord régent ; un jeune page figurera mieux devant lui qu'un vieux fauconnier.

— Bien dit, rusé Yorkshire[1] ! s'écria son ami ; et tout à l'heure vous étiez si impatient de voir votre bon lord ! — Eh ! est-ce que tu voudrais mettre ce garçon-là dans la nasse pour t'en tirer toi-même ? — ou bien, crois-tu que la Demoiselle embrassera son beau jeune cou plus volontiers que ta vieille nuque tannée ?

— Allons donc ! ton esprit vole haut, mais il passe à côté de la curée. Je te dis que le jeune homme n'a rien à craindre : — il n'a été pour rien dans la farce ; — et c'était une aussi excellente farce, Michel, que têtes folles en aient jamais jouée ; et j'avais fait une excellente ballade, que malheureusement nous n'avons pas pu chanter jusqu'au bout. Mais *motus* là-dessus ; — *tace*, comme je l'ai déjà dit, est un mot latin qui veut dire chandelle. Conduis le jeune homme devant le régent, et je resterai ici, la bride en main, prêt à jouer de l'éperon au cas où le faucon prendrait ma voie. — J'aurai bientôt mis Soltra Edge, j'imagine, entre le régent et moi, s'il veut me jouer quelque mauvais tour.

— Viens donc, mon garçon, dit Michel, puisqu'il faut que tu sautes le pas avant le rusé Yorkshire. A ces mots il sortit ; et, faisant traverser à Roland Græme, qui le suivait de près, différents corridors tortueux, il le conduisit jusqu'à un large escalier tournant, dont les longues marches de pierre étaient à la fois si larges et si basses, que la montée en était extraordinairement facile. Lorsqu'ils furent arrivés à peu près à la hauteur d'un étage, le guide ouvrit sur le côté la porte d'une sombre antichambre, tellement sombre, en effet, que son jeune compagnon trébucha et faillit tomber sur un petit pas maladroitement placé au seuil même.

— Prends garde, lui dit Michel l'Aile-au-Vent d'un ton de voix très-bas ; et, après avoir jeté autour de lui un coup d'œil attentif pour s'assurer que personne ne l'entendait : — Prends garde, mon jeune ami ; car ceux qui tombent sur ce plancher s'en relèvent rarement. — Vois-tu cela ? ajouta-t-il en baissant encore la voix et en lui désignant du doigt plusieurs taches d'un rouge obscur sur le parquet, à une place qu'éclairait vivement un rayon de lumière auquel donnait accès une petite ou-

---

[1] Les habitants du comté d'York, dans le nord de l'Angleterre, ont une réputation de finesse cauteleuse qui ressemble assez à celle que se sont faite nos paysans normands. (L. V.)

verture, et qui traversait l'obscurité générale de la pièce; — vois-tu cela, jeune homme? — Marche avec précaution, car d'autres sont tombés ici avant toi.

— Que voulez-vous dire? repartit le page, dont les chairs se resserrèrent, quoiqu'il ne sût pas précisément pourquoi. Est-ce du sang?

— Oui, oui, répondit le domestique du même ton de voix et en entraînant le jeune homme par le bras; — oui, c'est du sang : — mais ce n'est pas le moment de faire des questions, ni même de regarder cela. C'est du sang traîtreusement et horriblement répandu, et qui a été aussi traîtreusement et aussi horriblement vengé. C'est le sang du signor David, ajouta-t-il de manière à ce que Roland put à peine l'entendre.

Le cœur de Roland Græme battit avec force quand il se vit si inopinément sur le théâtre du meurtre de Rizzio, catastrophe qui avait glacé d'horreur tous les Écossais, même dans ce siècle grossier, et qui avait été partout un sujet d'étonnement et de pitié, dans les chaumières aussi bien que dans les châteaux, sans en excepter celui d'Avenel. Mais son guide le pressa d'avancer, ne lui permettant pas d'autres questions, et de l'air d'un homme qui s'est déjà trop arrêté sur un sujet dangereux. Il frappa légèrement à une porte basse placée au bout du vestibule; un huissier ouvrit avec précaution, et reçut de Michel l'annonce qu'un page, chargé d'une lettre du chevalier d'Avenel, attendait le loisir du régent.

— Le conseil se lève en ce moment même, dit l'huissier; mais donnez-moi la lettre : Sa Grâce le régent verra le messager dans un instant.

— La lettre, dit le page, doit être remise au régent en main propre; tels sont les ordres de mon maître.

L'huissier le toisa de la tête aux pieds, comme surpris de sa hardiesse; puis il répliqua avec une certaine aigreur : Oui-da, mon jeune maître! tu chantes bien haut pour un jeune poussin, et un poussin de basse-cour provinciale, encore.

— Si c'étaient un moment et une place convenables, repartit Roland, tu verrais que je puis faire mieux que de chanter; mais faites votre devoir, et informez le régent que j'attends ses ordres.

— Tu n'es qu'un drôle impertinent, de me parler de mon devoir, dit l'officier de cour; mais je trouverai une occasion de vous montrer que vous sortez du vôtre. En attendant, restez ici jusqu'à ce qu'on ait besoin de vous. A ces mots, il ferma la porte au nez de Roland.

Michel l'Aile-au-Vent, qui durant cette altercation s'était tenu en arrière, conformément à la maxime invariable des courtisans de tout rang et de tous les siècles, enfreignit alors leur prudente ligne de conduite jusqu'à se rapprocher de son jeune compagnon. — Tu es un jeune gaillard qui promet, lui dit-il, et je vois fort bien que le vieux

Yorkshire avait raison dans sa précaution. Il n'y a que cinq minutes que tu es à la cour, et tu as si bien employé ton temps, que tu t'es fait un puissant et mortel ennemi de l'huissier de la chambre du conseil. Ma foi, camarade, autant presque aurait valu offenser le sous-sommelier !

— Peu m'importe ce qu'il est, répliqua Roland Græme ; j'apprendrai à n'importe qui je parlerai à me répondre civilement. Je ne suis pas venu d'Avenel pour me voir narguer à Holyrood.

— Bravo, mon garçon ! c'est un beau feu, si vous pouvez l'entretenir.
— Mais voyez, la porte s'ouvre.

L'huissier reparut, et, avec plus de politesse dans le ton et les manières, dit que Sa Grâce le régent était prêt à recevoir le message du chevalier d'Avenel. En conséquence, il précéda Roland Græme jusqu'à la salle que venait de quitter le conseil après la clôture de ses délibérations. Il y avait dans la chambre une table de chêne, entourée de siéges du même bois, et à la tête de laquelle était un grand fauteuil couvert de velours cramoisi. Des encriers, des plumes et des papiers couvraient la table dans une apparence de désordre ; et deux ou trois des conseillers privés, restés après les autres, prenant leurs manteaux, leurs bonnets et leurs épées, et disant adieu au régent, sortaient lentement par une grande porte située vis-à-vis de celle par où le page entrait. Selon toute apparence, le comte de Murray avait dit quelque bon mot ; car les physionomies souriantes des hommes d'état avaient cette sorte d'expression cordiale avec laquelle les courtisans reçoivent les plaisanteries auxquelles un prince daigne se laisser aller devant eux.

Le régent lui-même riait de bon cœur en leur disant : Adieu, mylords, et rappelez-moi au souvenir du coq du nord.

Il se tourna alors lentement vers Roland Græme, et l'expression de gaîté, réelle ou feinte, s'effaça de sa physionomie aussi complétement que disparaissent les bulles rapides qu'une pierre jetée par un voyageur dans un lac calme et profond amène à la surface de son obscur miroir. En moins d'une minute ses nobles traits eurent repris leur expression naturelle de gravité profonde et même de mélancolie.

Cet homme d'état distingué, car ses plus grands ennemis eux-mêmes le reconnaissaient pour tel, avait toute la dignité extérieure, aussi bien que presque toutes les nobles qualités, qui pouvaient relever le pouvoir dont il était revêtu ; et s'il fût monté sur le trône à titre d'héritier légitime, il est probable qu'il eût laissé après lui le renom d'un des plus sages et des plus grands rois d'Écosse. Mais avoir dû son autorité à la déposition et à l'emprisonnement de sa sœur et bienfaitrice, fut un crime que ceux-là seulement peuvent excuser qui regardent l'ambition comme une excuse à l'ingratitude. Il portait un habillement simple de velours noir à la mode flamande, et son chapeau à haute forme était relevé d'un côté par une agrafe en pierreries, seul joyau qu'on vît sur lui. Son poignard était à son côté, et son épée posée sur la table du conseil.

Tel était le personnage devant qui se présentait Roland Grœme, la poitrine oppressée par un sentiment de crainte respectueuse bien différent de la hardiesse et de la vivacité de caractère qui lui étaient habituelles. Dans le fait, son éducation et la nature lui avaient donné de l'assurance, mais non de l'effronterie, et la supériorité morale provenant de talents éminents et d'un grand renom chez ceux avec qui il se trouvait en rapport, lui imposait beaucoup plus aisément que les prétentions seulement fondées sur le rang ou sur le faste extérieur. Il aurait pu soutenir avec indifférence la présence d'un comte simplement distingué par son ceinturon et sa couronne; mais il se sentait dominé par une émotion profonde en présence du soldat valeureux, de l'homme d'état éminent, dépositaire de la puissance d'une nation et chef de ses armées. — Les plus grands et les plus sages sont flattés de la déférence que leur témoigne la jeunesse, — tant cette déférence est en elle-même chose belle et bienséante; aussi Murray prit-il avec beaucoup de courtoisie la lettre que lui présentait en rougissant le page déconcerté, et répondit-il avec complaisance au compliment à demi articulé que Roland s'efforça de lui adresser de la part de sir Halbert d'Avenel. Il s'arrêta même un moment avant de rompre le fil de soie qui entourait la lettre, pour demander au page comment on le nommait, — tant il était frappé de la beauté remarquable de ses traits et de son port.

— Roland Graham, dit-il, répétant les paroles que le page venait de prononcer avec hésitation; est-ce que vous appartenez aux Grahams du Lennox?

— Non, mylord, répondit Roland; mes parents habitaient le Territoire Contesté.

Murray ne poursuivit pas ses questions, et se mit à lire ses dépêches; à mesure qu'il avançait, son front prenait l'expression sévère et mécontente d'un homme qui trouve quelque chose dont il est à la fois surpris et troublé. Il s'assit sur le siége qui se trouvait près de lui, les sourcils froncés au point de se toucher; puis il relut deux fois la lettre, et resta silencieux durant plusieurs minutes. Enfin, levant la tête, ses yeux rencontrèrent ceux de l'huissier, qui chercha en vain à changer le regard d'observation avide et curieux avec lequel il avait parcouru les traits du régent, pour cette expression de physionomie ouverte et insignifiante qui regarde tout sans paraître rien voir ni rien remarquer, — expression qui ne peut qu'être avantageuse à tous ceux, quel que soit leur rang, qui sont admis près de leurs supérieurs aux heures où ceux-ci croient pouvoir se dispenser de se tenir sur leurs gardes. Les grands sont jaloux de leurs pensées autant que la femme du roi Candaule l'était de ses charmes, et seront tout aussi prêts à punir ceux qui, même involontairement, les auront vus dans le déshabillé mental.

CHAPITRE XVIII.

— Sortez, Hyndman, dit le régent d'un ton sévère, et portez ailleurs votre talent d'observation. Vous êtes trop connaisseur pour votre poste, qui, par mesure d'ordre spéciale, est destiné à des hommes d'une moins haute capacité, monsieur. Ha! maintenant vous avez l'air plus sot que tout à l'heure (car Hyndman, comme on peut bien le supposer, n'était pas peu déconcerté par cette apostrophe) ; — gardez cette mine confuse, peut-être pourra-t-elle vous conserver votre office. Sortez, monsieur!

L'huissier quitta la salle fort effrayé, et parmi ses autres motifs d'aversion contre Roland Græme, il n'oublia pas qu'il avait été témoin de cette réprimande humiliante. Quand il fut sorti, le régent s'adressa de nouveau au page.

— Votre nom, dites-vous, est Armstrong?

— Non, mylord; mon nom est Græme, s'il vous plaît, — Roland Græme, dont les ancêtres portaient le surnom d'Heathergill, dans le Territoire Contesté.

— Oui, je savais que c'était un nom du Territoire Contesté. As-tu quelques connaissances ici à Édimbourg?

— Mylord, dit Roland Græme, voulant plutôt éluder la question qu'y répondre directement, car la nécessité de garder un silence prudent touchant l'aventure de lord Seyton le frappa immédiatement, — mylord, il y a à peine une heure que je suis à Édimbourg, et cela pour la première fois de ma vie.

— Quoi! et tu es page de sir Halbert Glendinning?

— J'ai été élevé comme page de mylady, et j'ai quitté le château d'Avenel pour la première fois de ma vie,—du moins depuis mon enfance,—il y a seulement trois jours.

— Page de mylady! répéta le comte de Murray comme se parlant à lui-même; il est étrange de m'avoir envoyé le page de sa dame pour une affaire d'une telle importance. — Morton dira que c'est le pendant de la nomination de son frère au poste d'abbé; et cependant un jeune homme inexpérimenté est en quelque sorte ce qui conviendra le mieux. — Et qu'as-tu appris, jeune homme, dans ton illustre apprentissage?

— A chasser au poil et à la plume, mylord.

— A chasser les *coneys* et les *ouzels*[1]? repartit le régent en souriant; ce sont là les chasses des dames et de leurs suivants.

Le rouge monta au visage de Græme, et il répondit, non sans une certaine emphase : Et à chasser le daim rouge de première tête, mylord, et à abattre le héron au plus haut de son vol ; mais peut-être qu'en langage du Lothian[2] on les nomme des *coneys* et des *ouzels*. — J'ai aussi appris à manier et à mettre en arrêt ce que, sur nos Borders, on nomme

---

[1] Termes écossais. Le *coney* (en anglais *rabbit*) est un lapin; l'*ouzel* (en anglais *blackbird* ou l'oiseau noir) est un merle. (L. V.)

[2] Partie de l'Écosse dont Édimbourg est la capitale. (L. V.)

une épée et une lance, — que peut-être dans l'intérieur du pays on nomme joncs et roseaux.

— Ta parole sonne haut, dit le régent, mais je pardonne la vivacité en faveur de la franchise. — Ainsi, tu es au fait de ce qui entre dans les devoirs d'un homme d'armes?

— Autant, du moins, que l'exercice peut l'enseigner sans un service réel en rase campagne; car notre chevalier ne permettait à personne de sa maison de faire des courses armées, et je n'ai jamais eu la bonne fortune de voir un champ de bataille.

— La bonne fortune! répéta le régent avec un sourire qui avait quelque chose de douloureux; crois-en ma parole, jeune homme, la guerre est le seul jeu où les deux parties perdent.

— Pas toujours, mylord, si la renommée dit vrai, repartit le page avec son audace caractéristique.

— Comment cela, monsieur? dit le régent, rougissant à son tour, et peut-être soupçonnant une allusion indiscrète à la hauteur où lui-même avait atteint par le hasard de la guerre civile.

— Parce que celui qui se bat bien, mylord, répondit Roland Græme sans changer de ton, doit avoir ou du renom s'il vit, ou de l'honneur s'il succombe; et ainsi la guerre est un jeu où aucune partie ne peut perdre.

Le régent sourit de nouveau et secoua la tête; en ce moment la porte s'ouvrit, et le comte de Morton se présenta.

— Je viens quelque peu à la hâte, dit-il, et j'entre sans me faire annoncer, parce que mes nouvelles sont graves. — C'est comme je l'avais dit; Edward Glendinning est nommé abbé, et....

— Silence, mylord! interrompit le régent; je sais cela, mais....

— Et peut-être le saviez-vous avant moi, mylord de Murray, interrompit Morton à son tour, la teinte hâlée de son front prenant une nuance encore plus rouge et plus foncée.

— Morton, reprit Murray, ne me soupçonnez pas, n'attaquez pas mon honneur; — j'ai assez à souffrir des calomnies ennemies: que je n'aie pas à combattre les injustes soupçons de mes amis. — Nous ne sommes pas seuls, ajouta-t-il, se rappelant le page, sans quoi je pourrais t'en dire plus.

Il conduisit Morton à l'une des profondes embrasures que formaient les croisées dans l'épaisse muraille, et qui leur offrait une place isolée pour leur conversation à part. Dans cet enfoncement, Roland les vit s'entretenir avec une extrême vivacité, Murray paraissant toujours grave et sérieux, et l'expression soupçonneuse et offensée de la physionomie de Morton semblant s'effacer peu à peu devant les assurances du régent.

A mesure que leur conversation devenait plus animée, leur ton devenait graduellement plus élevé, peut-être parce qu'ils avaient oublié

CHAPITRE XVIII.

la présence du page, ce qui était d'autant plus facile que sa position dans l'appartement le plaçait hors de vue, de sorte que sans le vouloir il se trouva en tiers dans plus de choses qu'il ne se fût soucié d'en entendre. Tout page qu'il était, en effet, une basse curiosité pour les secrets des autres n'avait jamais été au nombre des défauts de Roland : et en outre, malgré toute sa témérité naturelle, il ne pouvait se dissimuler le danger d'être ainsi initié à l'entretien secret de ces deux hommes puissants et redoutés. Et cependant il ne pouvait ni se boucher les oreilles, ni avec convenance quitter la salle; et tandis qu'il cherchait en lui-même quelque moyen de rappeler qu'il était là, il en avait déjà tant entendu, que se montrer subitement aurait été aussi maladroit, et peut-être non moins dangereux, que d'attendre tranquillement la fin de leur conférence. Ce qu'il entendait, cependant, n'était qu'une partie rompue de leur entretien ; et bien qu'un politique plus expert, au fait des circonstances du temps, en eût sans peine saisi le sens, Roland Græme ne put former à cet égard que des conjectures générales et très-vagues.

— Tout est prêt, disait Murray, et Lindesay va partir.—Il ne faut pas qu'elle hésite plus longtemps.—Tu vois que je suis ton conseil, et que je m'endurcis contre toute considération qui pourrait me faire mollir.

— Il est vrai, mylord, repartit Morton, qu'en ce qui est nécessaire pour arriver au pouvoir vous allez au but hardiment et sans hésiter. Mais mettez-vous le même soin à défendre et à conserver ce que vous avez obtenu ? — Pourquoi ce nombreux domestique autour d'elle ? — Votre mère n'a-t-elle pas assez d'hommes et de suivantes pour la servir, sans qu'il soit besoin que vous consentiez à cet entourage superflu et dangereux ?

— Par pudeur, Morton ! — une princesse, et ma sœur ! — Pouvais-je moins faire que de lui accorder une suite convenable ?

— Oui, c'est ainsi que vont toutes vos flèches : — assez vigoureusement décochées et dirigées avec assez d'adresse ; — mais toujours un souffle de folle affection vient en traverser la course et les détourner du but.

— Ne dites pas cela, Morton ! j'ai osé et j'ai fait...

— Oui, assez pour acquérir, mais non pas assez pour conserver. — Ne comptez pas qu'elle pense et agisse ainsi ; — vous l'avez profondément blessée dans sa fierté et dans son pouvoir : — il est maintenant inutile de chercher à adoucir sa blessure par des baumes inefficaces. — Au point où en sont les choses à votre égard, vous devez déposer le titre de frère affectionné pour vous en tenir à celui d'homme d'état hardi et résolu.

— Morton ! dit Murray avec quelque impatience, je ne souffre pas ces reproches. — Ce que j'ai fait, je l'ai fait ; — ce qu'il me faudra faire encore, je le ferai : mais je ne suis pas de fer comme toi, et je ne puis m'empêcher de me souvenir... Mais assez là-dessus ; — je persiste dans mon dessein.

— Et je garantis que le choix de ces consolations domestiques tombera sur...

Ici Morton prononça à demi-voix des noms qui échappèrent à l'oreille de Roland Grœme. Murray répliqua du même ton, qui néanmoins s'éleva assez vers la fin de sa réponse pour que le page pût entendre ces mots : Et je suis sûr de lui, sur la recommandation de Glendinning.

— Oui, qui est peut-être aussi digne de confiance que sa conduite récente à l'abbaye de Sainte-Marie ; — vous avez appris que l'élection de son frère a eu lieu. Votre favori sir Halbert, mylord de Murray, a autant d'affection fraternelle que vous-même.

— Par le Ciel, Morton, ce brocard voudrait une réponse sévère ; mais je vous le pardonne, parce que votre frère aussi est intéressé en tout ceci. Au surplus, cette élection sera annulée. Je vous dis, comte de Morton, que tant que je tiendrai le glaive de l'État au nom de mon royal neveu, ni lord ni chevalier ne contestera mon autorité ; et si je supporte des insultes de mes amis, c'est seulement tant que je les sais tels. Je pardonne leurs folies en considération de leur fidélité.

Morton parut murmurer quelque excuse, et le régent reprit d'un ton adouci : En outre, j'ai un autre gage de la fidélité de ce jeune homme que les recommandations de Glendinning : — sa plus proche parente s'est d'elle-même placée entre mes mains comme sa caution, pour que je la traite selon que le méritera la conduite de celui pour lequel elle s'engage.

— C'est quelque chose ; mais cependant, par amitié et par intérêt, je n'en dois pas moins vous prier de vous tenir sur vos gardes. Les ennemis se remuent de nouveau, comme les mouches et les frélons après l'orage. Georges de Seyton était par les rues ce matin avec une vingtaine d'hommes à sa suite, et a eu une prise avec mes amis de la maison de Leslie. — Ils en sont venus aux mains au Tron [1], et le combat était au plus chaud, quand le prévôt est arrivé avec ses gardes qui se sont servis de leurs hallebardes pour les séparer, comme on sépare un chien d'un ours.

— Il n'a fait qu'exécuter mes ordres en intervenant. — Quelqu'un a-t-il été blessé?

— Georges de Seyton lui-même ; par le rude Ralph Leslie ; — le diable emporte la rapière qui ne l'a pas percé de part en part ! Ralph a eu une crête sanglante [2] par un coup que lui a porté un chien de page que personne ne connaissait. — Dick Seyton de Windygowl a eu le bras traversé, et deux braves parmi les Leslies ont été saignés. Voilà tout le sang noble qui a coulé dans la fête ; mais des deux côtés un ou deux

---

[1] Église située dans High-street. (L. V.)
[2] *Bloody coxcomb*, expression écossaise. (L. V.)

CHAPITRE XVIII.

ycomen ont eu les os brisés ou les oreilles coupées. Les servantes d'auberge, les seules probablement qui aient quelque chose à perdre à la mésaventure des drôles, les ont enlevés de la rue, et sont à leur chanter un coronach d'ivrognes.

— Vous prenez cela légèrement, Douglas; ces querelles et ces violences publiques seraient une honte pour la capitale du Grand Turc, à plus forte raison pour celle d'un état chrétien et réformé. Mais si je vis, cet état de choses changera; et on dira, quand on lira mon histoire, que si ce fut ma cruelle destinée de m'élever au pouvoir par le détrônement d'une sœur, je m'en servis, une fois obtenu, pour le bien commun.

— Et pour celui de vos amis, ajouta Morton; aussi, je compte sur votre ordre immédiat pour annuler l'élection de ce lourdaud d'abbé, Edward Glendinning.

— Vous allez être satisfait à l'instant même, dit le régent; et, s'avançant dans la salle, il appela l'huissier : Holà, Hyndman! mais tout à coup ses yeux tombèrent sur Roland Grœme. — Sur ma foi, Douglas, dit-il en se tournant vers son ami, nous avons été ici trois en conseil!

— Oui, mais nous ne devions être que deux; il faut disposer de ce gaillard-là.

— Fi, Morton! — un orphelin! — Approche, mon enfant. — Tu m'as dit quelques-uns de tes talents; — sais-tu dire la vérité?

— Oui, mylord, quand elle m'est utile, répondit Grœme.

— Elle te sera utile, et le mensonge sera ta perte. — Qu'as-tu entendu et compris de ce que nous avons dit, le comte et moi?

— Peu de chose que j'aie pu comprendre, mylord, sauf qu'il m'a semblé qu'en un certain point vous doutiez de la foi du chevalier d'Avenel, sous le toit de qui j'ai été élevé.

— Et qu'as-tu à dire sur ce point, jeune homme? continua le régent en fixant sur lui un regard pénétrant et scrutateur.

— C'est selon la qualité de ceux qui parleraient contre l'honneur de celui dont j'ai longtemps mangé le pain. Si c'étaient mes inférieurs, je leur dirais qu'ils en ont menti, et je le soutiendrais avec mon bâton; si c'étaient mes égaux, je leur dirais encore qu'ils en ont menti, et si ça leur plaisait, j'appuierais mon démenti de mon épée; si c'étaient mes supérieurs... Il s'arrêta.

— Continue hardiment, dit le régent. — Qu'arriverait-il si tes supérieurs disaient quelque chose qui touchât de près à l'honneur de ton maître?

— Je leur dirais qu'ils font mal de mal parler d'un absent, et que mon maître est homme à rendre compte de ses actions à quiconque le lui demandera en homme et face à face.

— Et ce serait parler en homme, dit le régent; — qu'en penses-tu, mylord de Morton?

— Je pense que si le jeune gaillard ressemble autant à certain de nos anciens amis par la duplicité de caractère que par les yeux et le front, il peut y avoir une grande différence entre ce qu'il pense et ce qu'il dit.

— Et à qui trouves-tu qu'il ressemble de si près ?

— A notre franc et fidèle Julien Avenel.

— Mais ce jeune homme est du Territoire Contesté ?

— Cela peut être ; mais Julien était un habile dénicheur de gibier, et il a fait plus d'une excursion au loin quand il était en chasse d'une belle biche.

— Bast ! c'est une folle idée. — Approche, Hyndman, — monsieur de la Curiosité, continua le régent en se tournant vers l'huissier qui entrait en ce moment ; reconduis ce jeune homme à son compagnon. — Vous vous tiendrez prêts tous les deux, ajouta-t-il en s'adressant à Groeme, à partir au premier avis. — Et alors, lui faisant d'un air bienveillant signe de se retirer, il mit fin à l'entrevue.

CHAPITRE XIX.

> C'est et ce n'est pas ; — c'est la chose que j'ai cherchée, pour laquelle j'ai prié à deux genoux, pour laquelle j'ai hasardé ma renommée et ma vie, et cependant ce n'est pas elle : — pas plus que l'image réfléchie par la surface insensible, froide, plate et polie du miroir, n'est la substance chaude et gracieuse, arrondie et vivante, dont elle présente la forme et le contour.
> *Ancienne Comédie.*

L'HUISSIER, avec une gravité qui dissimulait mal son humeur jalouse, conduisit Roland Groeme à un appartement inférieur, où il trouva son compagnon le fauconnier. Le fonctionnaire officiel les informa en peu de mots que cet appartement leur servirait de résidence jusqu'aux ordres ultérieurs de Sa Grâce, et qu'ils auraient à aller aux heures accoutumées à la paneterie, à l'office, au cellier et à la cuisine, pour y recevoir ce qui leur serait assigné selon leur condition, — instructions que les anciennes habitudes que Woodcock avait eues de la cour lui firent parfaitement comprendre. — Quant à vos lits, ajouta l'huissier, il faudra que vous alliez à l'hôtellerie de *Saint-Michel*, attendu que le palais est en ce moment rempli par les domestiques des premiers seigneurs d'Écosse.

L'homme n'eut pas plutôt le dos tourné, qu'Adam s'écria, avec toute l'ardeur d'une vive curiosité : Et maintenant, M. Roland, les nouvelles ! — les nouvelles ! — Allons, déboutonne ton sac et donne-nous tes nouvelles. — Que dit le régent ? demande-t-il après Adam Woodcock?—Tout est-il soldé, ou faut-il que l'abbé de la Déraison allonge la courroie?

—Tout est bien de ce côté, répondit le page; et quant au reste... Eh bien! est-ce que vous avez ôté la chaîne et le médaillon de ma toque?

—Et il en était grand temps, car ce coquin d'huissier, avec sa face de vinaigre, commençait à s'enquérir quelles reliques papistes vous portiez là. —Par la messe! le métal aurait été confisqué par scrupule de conscience, comme votre autre babiole là-bas à Avenel, que mistress Lilias porte après ses souliers en guise de boucles. —Voilà ce que c'est que de porter sur vous des fariboles papistes.

—La coquine! exclama Roland Grœme, a-t-elle fait fondre mon rosaire en boucles pour ses gros vilains pieds, à qui une pareille garniture sied à peu près autant qu'aux sabots d'une vache? —Mais qu'elle les garde, et qu'elle aille au diable! —j'ai joué plus d'un mauvais tour à la vieille Lilias, faute d'avoir autre chose de mieux à faire, et les boucles serviront de souvenir. Vous souvenez-vous du verjus que je mis dans les confitures, ce matin de Pâques où le vieux Wingate et elle devaient déjeuner ensemble?

—Oui, vraiment, M. Roland;—la bouche du majordome en fut aussi crochue durant toute la matinée que le bec d'un faucon, et tout autre page à votre place aurait tâté pour cela de la discipline à la loge du portier. —Mais la faveur de mylady s'est trouvée entre votre peau et bien des corrections; —que le Seigneur vous fasse la grâce d'en mieux valoir pour sa protection en de telles affaires!

—J'en suis du moins reconnaissant, Adam; et je suis charmé que vous me le remettiez en esprit.

—Bien, bien; mais les nouvelles, mon jeune maître? contez-moi les nouvelles. —Par où allons-nous prendre notre vol? —Qu'est-ce que le régent vous a dit?

—Rien que j'aie à répéter, répondit Roland Grœme en secouant la tête.

—Oho! vous êtes devenu bien prudent tout d'un coup! Vous avez fait de rares progrès en peu de temps, M. Roland. Vous vous êtes presque fait casser la tête, et vous avez gagné votre chaîne d'or, et vous vous êtes fait un ennemi de monsieur l'huissier, avec ses jambes pareilles à des perchoirs à faucons; et vous avez eu audience du premier homme du royaume, et vous portez autant de mystère sur votre front que si vous voliez sous le ciel de la cour depuis que vous êtes éclos. —Je crois, sur mon âme, que vous pourriez courir avec un morceau de coquille d'œuf sur la tête comme les courlis (je voudrais que nous fussions revenus nous mettre à leurs trousses), que nous appelions ordinairement des whaups dans le Halidome et les environs. —Mais assieds-toi, mon garçon; Adam Woodcock n'a jamais été homme à vouloir pénétrer des secrets interdits. —Assieds-toi, et je vais aller chercher les vivres; — je connais de longue main le sommelier et le panetier.

Le digne fauconnier sortit en effet pour se procurer des rafraîchissements, et durant son absence Roland Grœme s'abandonna à l'agitation que faisaient naître en lui les réflexions étranges et compliquées auxquelles donnaient lieu les événements du matin. La veille encore, enfant obscur et ignoré, il errait à la suite d'une femme du jugement de laquelle lui-même n'avait pas la plus haute opinion; et maintenant il était devenu, il ne savait ni pourquoi, ni comment, ni jusqu'à quel point, le gardien, comme on dit en Écosse, de quelque important secret d'état, dans lequel le régent lui-même était intéressé. Que Roland lui-même ne comprît pas parfaitement en quoi consistaient ces secrets d'état auxquels il avait été involontairement associé, c'était ce qui augmentait encore, loin de le diminuer, l'intérêt d'une situation si peu attendue. Il éprouvait la même sensation que celui qui contemple un paysage romantique qui s'offre à lui pour la première fois, et dont les accidents sont alors à demi voilés par le brouillard et la tourmente d'une tempête. La vue imparfaite que l'œil saisit des rochers, des arbres et des autres objets environnants, ajoute une nouvelle majesté à ces montagnes enveloppées de nuages et à ces abîmes que l'obscurité dérobe aux regards, et dont l'élévation. la profondeur et l'étendue sont laissées à l'imagination.

Mais les mortels, surtout à cet âge de bon appétit qui précède vingt ans, sont rarement assez absorbés par un sujet de réflexions, réel ou conjectural, pour que les besoins terrestres ne réclament pas leur tour d'attention. Aussi notre héros, car le lecteur peut, s'il le veut, lui donner ce titre, salua-t-il d'un sourire de satisfaction la réapparition de son ami Adam Woodcock, portant sur un plat de bois une formidable portion de bœuf bouilli, et sur un autre une copieuse ration de légumes. ou plutôt de ce que les Écossais appellent lang-kale[1]. Un valet le suivait avec du pain, du sel, et les autres accessoires d'un repas; et quand tous deux eurent posé sur la table de chêne ce dont ils étaient chargés, le fauconnier observa que depuis qu'il connaissait la cour, la vie y était devenue tous les jours de plus en plus dure pour les pauvres gentlemen et les gens de leur suite, mais que maintenant il fallait littéralement se jeter sur les choses, comme les puces sur le pauvre monde pour la peau et le suif. C'étaient d'insolents rustres trônant aux guichets, et des bourrades au lieu de réponses polies, et puis, au bout du compte, deux ou trois os de bœuf décharnés; et c'était encore pis à l'office et au cellier, où il fallait jouer du coude pour arriver à obtenir un peu de petite ale, ou tout au plus une simple mesure de malt pour contre-balancer une double ration d'eau. — Par la messe! malgré ça, mon jeune ami, ajouta-t-il en voyant disparaître les provisions sous

---

[1] Littéralement *choux longs*. (L. V.)

les attaques pressées de Roland, il vaut encore mieux profiter du présent que de se lamenter sur le passé, sans quoi on pourrait bien perdre des deux côtés.

En même temps Adam Woodcock approcha sa chaise de la table, tira son couteau de sa gaîne (car chacun portait avec soi ce ministre des plaisirs gastronomiques), et suivit l'exemple de son jeune compagnon, qui en ce moment avait oublié ses inquiétudes sur l'avenir pour ne songer qu'à satisfaire un appétit aiguisé par la jeunesse et l'abstinence.

La vérité est que bien que les éléments n'en fussent pas recherchés, le repas qu'ils firent aux dépens de l'allocation royale fut très-confortable ; et Adam Woodcock, nonobstant la censure consciencieuse qu'il avait faite de la bière de ménage du palais, avait puisé quatre copieuses rasades à la *black-jack*[1] avant de se souvenir qu'il en avait mal parlé. Puis se renversant avec volupté dans un vieux fauteuil danois, et regardant le page d'un air de jubilation insouciante, en même temps qu'il passait négligemment sa jambe gauche sur sa jambe droite étendue, il rappela à son compagnon qu'il n'avait pas encore entendu la ballade qu'il avait composée pour la fête de l'Abbé de la Déraison. Et en conséquence il entonna joyeusement

« Le pape, ce païen plein d'orgueil,
Nous a tenus assez longtemps aveugles... »

Roland Grœme, qui ne trouvait pas grand plaisir, on peut bien le supposer, à la satire du fauconnier, eu égard à ce qui en était le sujet, prit aussitôt son manteau et le jeta sur ses épaules, ce qui interrompit aussitôt le chant d'Adam Woodcock.

— Où diable vas-tu maintenant, coureur infatigable ? dit-il ; — tu as du vif-argent dans les veines, à coup sûr, et tu ne peux pas plus rester en compagnie tranquille et sensée, qu'un faucon déchaperonné ne resterait perché sur mon poing !

— Hé mais, Adam, s'il faut que vous le sachiez, je vais faire un tour et voir un peu cette belle ville. On aurait tout aussi bien pu rester enfermé dans le vieux château du lac, s'il faut demeurer toute la soirée entre quatre murailles à écouter de vieilles ballades.

— C'est une ballade nouvelle, — le Seigneur te préserve ! et une des meilleures à qui on ait jamais cousu un refrain en chorus.

— Je ne conteste pas cela, et je l'entendrai un autre jour, quand la pluie battra les fenêtres, et qu'il n'y aura au voisinage ni piaffement de chevaux, ni éperons qui résonnent, ni plumes qui s'agitent, pour m'empêcher de l'écouter avec attention. Mais quant à présent, j'ai besoin d'être dans le monde et de regarder autour de moi.

[1] Cruche. (L. V.)

— Mais vous ne ferez pas une enjambée sans moi jusqu'à ce que le régent vous ait pris de mes mains intact et entier ; ainsi donc, si vous voulez, nous pouvons aller à l'hôtellerie de *Saint-Michel*, et vous y verrez assez nombreuse compagnie, mais par la fenêtre, entendez-vous ? car pour ce qui est de rôder dans les rues en quête de Seytons et de Leslies, pour vous faire administrer une douzaine de boutonnières dans votre pourpoint neuf à coups de rapière ou de poignard, c'est ce que je ne permettrai pas.

— Hé bien donc, à l'hôtellerie de *Saint-Michel*, de tout mon cœur, dit le page ; et en conséquence ils quittèrent le palais, déclinèrent leurs noms et leur qualité aux sentinelles de la porte extérieure, qui venaient d'être posées pour la soirée, sortirent par un petit guichet pratiqué dans la grande entrée alors fermée jusqu'au lendemain, et eurent bientôt atteint l'auberge de *Saint-Michel*, située au fond d'une avant-cour, à quelque distance de la grande rue, près de la descente de Calton-Hill. Le bâtiment, vaste, nu, sans commodités d'aucune sorte, ressemblait plutôt à un caravansérail d'Orient, où on ne trouve rien autre chose que l'abri, et où chacun est obligé d'apporter tout le reste, qu'à une de nos hôtelleries modernes

« Où nul confort jamais ne manque
A qui ne songe pas au prix. »

Mais aux yeux inexpérimentés de Roland Grœme le tumulte et la confusion de ce lieu d'affluence publique n'en offraient pas moins un spectacle attachant et plein d'amusement. Dans la vaste salle où ils s'étaient frayé passage plutôt qu'ils n'y avaient été introduits par l'hôte, des voyageurs et des bourgeois entraient et sortaient, s'accostaient et se saluaient, jouaient et buvaient ensemble, formant le contraste le plus complet avec le silence et l'ordre monotone sévèrement maintenus dans la maison si régulièrement tenue du chevalier d'Avenel. Des sons et des cris de toute nature, depuis la querelle jusqu'à la plaisanterie, s'élevaient du sein de chaque groupe, sans que le bruit et la confusion des voix parussent troubler personne, ni même être remarqués par personne autre que par ceux mêmes qui composaient le groupe d'où provenaient les clameurs.

Le fauconnier traversa la salle jusqu'à une fenêtre en saillie dont l'embrasure formait une sorte de cabinet séparé de la chambre. S'y étant établi avec son compagnon, il appela pour demander quelques rafraîchissements ; et un garçon, après qu'Adam eut répété vingt fois cet ordre de toute la force de ses poumons, lui servit les débris d'un chapon froid et d'une langue de bœuf, avec un *stoup* ou pot d'étain plein d'un petit vin de France. — Apporte-nous un stoup de brandevin, maraud ! dit-il au garçon. — Nous allons passer une joyeuse soirée, M. Roland, continua-t-il quand il fut servi à sa guise ; à demain les soucis !

Mais il y avait trop peu de temps que Roland avait dîné pour qu'il fût en état de faire honneur à la bonne chère ; et se sentant bien plus vivement excité par la curiosité que par l'appétit, il préféra regarder par la fenêtre, qui donnait sur une vaste cour entourée des écuries de l'auberge, et assister aux scènes animées qui se succédaient en bas, tandis qu'Adam Woodcock, après avoir comparé son compagnon aux oies du laird de Macfarlane, « qui aimaient mieux jouer que manger, » partageait son temps entre son gobelet et son assiette, fredonnant par-ci par-là le refrain de sa ballade mort-née, et battant la mesure avec les doigts sur la petite table ronde, fréquemment interrompu dans cet exercice par les exclamations qui échappaient à son compagnon lorsqu'il voyait dans la cour au-dessous de lui quelque chose de nouveau de nature à attirer son attention et à l'intéresser.

C'était un spectacle bruyant et animé, car le grand nombre de gentlemen et de nobles qui en ce moment se pressait dans la ville avait rempli de chevaux et de suivants militaires tout ce qui s'y trouvait d'écuries disponibles et de lieux de réception publique. Il y avait dans la cour quelques vingtaines de *yeomen* pansant leurs chevaux ou ceux de leurs maîtres, sifflant, chantant, riant, et s'apostrophant les uns les autres dans un style que la réserve du château d'Avenel faisait paraître étrange aux oreilles de Roland Grœme. D'autres s'occupaient activement à nettoyer leurs armes ou à fourbir celles de leurs maîtres. Un homme, qui venait d'apporter un faisceau d'une vingtaine de lances, s'était assis dans un coin, occupé à en peindre les hampes neuves en jaune et en vermillon. Des laquais conduisaient en laisse de grands chiens de chasse de noble race, de ceux qu'on nomme chiens à cerfs ou chiens à loups [1], soigneusement muselés pour prévenir les accidents auxquels les passants auraient pu être exposés. Tous allaient et venaient, se mêlaient et se séparaient, sous les yeux charmés du page, dont l'imagination ne s'était même pas figuré une scène si gaîment diversifiée par les objets qu'il avait le plus de plaisir à voir ; de sorte qu'à chaque instant il interrompait la tranquille rêverie de l'honnête Woodcock, occupé à repasser dans son esprit tous les couplets de sa ballade, en s'écriant : Voyez donc, Adam ! — venez voir le joli cheval bai. — Saint Antoine ! quel noble poitrail ! — et voyez la belle jument pie, que ce drôle en jaquette de drap de Frise étrille aussi gauchement que s'il n'avait jamais touché qu'une vache ; — je voudrais être près de lui pour lui apprendre son métier ! — Et voyez-vous, Adam, la riche armure de Milan que l'écuyer est en train de fourbir, tout acier et argent, comme l'armure d'apparat de notre chevalier, dont le vieux Wingate fait tant de cas ? — Et voyez là-bas cette jolie fille, Adam, qui vient en trottinant à travers eux tous avec son seau au lait ; — je garantis que la course est longue

---

[1] *Stag-hounds or wolf-dogs.*

d'ici au pré [1]. Elle a un corsage d'étamine pareil à celui de votre favorite Cicely Sunderland, M. Adam !

— Par mon chaperon ! repartit le fauconnier, il est heureux pour toi que tu aies été élevé en lieu de grâce, mon garçon. Même au château d'Avenel tu étais déjà assez éveillé ; mais si tu avais été élevé ici, à une portée de flèche de la cour, tu aurais été le plus pendard de page qui ait jamais porté plume à sa toque et acier à son côté. Vraiment, je souhaite que tout cela finisse bien pour toi.

— Mais finis donc de fredonner et de battre du tambour sur la table, Adam, et viens à la fenêtre avant d'avoir laissé ce qui te reste de raison au fond de cette pinte. Tiens, voici venir un joyeux ménestrel avec sa *crowd* [2] ; il a une jeune fille avec lui, qui danse avec des clochettes aux chevilles ; et vois donc, les yeomen et les pages laissent leurs chevaux et les armures qu'ils étaient en train de polir, et se rassemblent autour d'eux, comme c'est bien naturel, pour entendre la musique. — Viens, mon vieil Adam, nous allons y aller aussi.

— Je consens à ce que vous m'appeliez buse si je descends, M. Roland ; vous avez à côté de vous d'aussi bonne musique que le rôdeur peut vous en faire, si seulement vous aviez le bon esprit de l'écouter.

— Mais la fille au corsage d'étamine s'y arrête aussi, Adam. — Par le Ciel ! les voilà qui vont danser. La jaquette de frise veut danser avec le corsage d'étamine ; mais elle se tient à l'écart et refuse.

Alors passant subitement du ton de légèreté à une expression de vif intérêt et de surprise, il s'écria : Reine du Ciel ! qu'est-ce que je vois ? Puis il resta silencieux.

Le sage Adam Woodcock, que les exclamations de Roland avaient amusé jusqu'à un certain point, tout en affectant de les dédaigner, finit par éprouver le désir de remettre la langue du page en mouvement, afin de pouvoir déployer toute la supériorité que lui donnait sa familiarité intime avec tout ce qui excitait tant d'étonnement dans l'esprit de son jeune compagnon.

— Hé bien, dit-il enfin, qu'est-ce que vous voyez donc, M. Roland, que vous êtes tout d'un coup devenu muet ?

Roland ne répondit pas.

— Monsieur Roland Græme, reprit le fauconnier, l'usage de mon pays est qu'un homme réponde quand on lui parle.

Roland Græme continua de garder le silence.

— La peste soit de l'enfant ! s'écria Adam Woodcock ; je crois que les yeux lui sont sortis de la tête et qu'il a avalé sa langue !

Le fauconnier acheva à la hâte de vider son pot de vin, et vint à Roland, qui restait immobile comme une statue, les yeux avidement fixés

---

[1] *Loaning*, partie réservée du pâturage où l'on trait les vaches. (L. V.)

[2] Probablement quelque ancien instrument de musique. (L. V.)

sur la cour, quoique Adam Woodcock fût incapable de découvrir, au milieu de la scène joyeuse qu'elle présentait, rien qui méritât une attention si exclusive.

—Ce garçon-là est ensorcelé! se dit le fauconnier en lui-même.

Mais la surprise de Roland Græme était fondée sur de bonnes raisons, quoique ces raisons ne fussent pas de nature à ce qu'il pût les communiquer à son compagnon.

Les sons de l'instrument du vieux ménestrel, car il avait déjà commencé à en jouer, avaient attiré de la rue plusieurs auditeurs, lorsque Roland Græme en vit un passer la porte de la cour, dont l'extérieur fixa exclusivement son attention. Il était de l'âge de Roland lui-même, ou un peu plus jeune, et à son costume ainsi qu'à sa tournure il paraissait être du même rang et de la même profession, ayant tout à fait l'air de fatuité et de prétention d'un page, justifié, du reste, par une taille parfaitement prise, quoiqu'un peu petite et mince, et par un élégant costume en partie caché par un ample manteau pourpre. Lorsqu'il entra, il leva les yeux vers les fenêtres, et Roland, à son extrême étonnement, reconnut sous la toque de velours rouge surmontée d'une plume blanche les traits si profondément empreints dans sa mémoire, la chevelure lustrée et touffue, les yeux bleus toujours pleins de gaîté, les sourcils bien arqués, le nez légèrement aquilin, les lèvres vermeilles, dont un sourire malicieux à demi réprimé semblait être l'expression habituelle, — en un mot la taille et les traits de Catherine Seyton, en habits d'homme néanmoins, et imitant assez heureusement, à ce qu'il semblait, la démarche d'un page étourdi.

— Par saint Georges et saint André! exclama en lui-même l'étonné Roland Græme, y eut-il jamais fille si audacieuse?—pourtant elle paraît un peu honteuse de sa mascarade; car elle se couvre une partie du visage avec son manteau, et elle est un peu plus colorée que de coutume. — Mais, sancta Maria! comme elle fend la foule, d'un pas aussi ferme et aussi hardi que si elle n'avait jamais attaché un jupon à sa ceinture! — Saints du paradis! elle lève sa houssine comme si elle voulait en caresser les oreilles de ceux qui lui barrent le passage. — Par la main de mon père! elle se comporte comme le modèle des pages. — Eh! pour sûr elle ne voudra pas frapper tout de bon la jaquette de frise? Mais il ne resta pas longtemps dans l'incertitude; car le rustre que plusieurs fois déjà il avait signalé se trouvant dans le passage du page, et restant immobile à sa place avec l'obstination ou la stupidité d'un paysan, la houssine déjà levée lui cingla vigoureusement les épaules sans un instant d'hésitation, de manière à le faire sauter de côté en se frottant la partie qui avait reçu un avertissement si peu cérémonieux qu'il se trouvait dans le passage de ses supérieurs. Le valet proféra en grognant un ou deux jurons d'indignation, et Roland Græme pensait à descendre rapidement l'escalier pour voler à l'aide de la métamorphosée Catherine; mais les rires de la cour ne furent pas pour la jaquette de frise, qui, à la vérité, n'aurait pas eu beau jeu, à cette époque, dans une querelle avec un manteau de velours brodé. Le drôle, qui était un domestique de l'auberge, se déroba donc aux huées universelles, et s'en fut achever d'étriller la jument grise, poursuivi surtout par les sarcasmes de la fille au corsage d'étamine, sa camarade de service, qui, pour couronner sa disgrâce, eut la cruauté d'adresser un sourire d'approbation à l'auteur de l'offense, en même temps qu'avec une liberté plus ordinaire chez la laitière des villes que chez celle des campagnes, elle l'accostait en lui disant : Y a-t-il ici quelqu'un que vous vouliez voir, mon joli gentleman, que vous paraissez si pressé ?

— Je cherche un étourneau, répondit le semblant de page, qui porte un rameau de houx à son bonnet, cheveux noirs, yeux noirs, jaquette verte, l'air d'un petit-maître campagnard. — Je l'ai cherché par toutes les rues et les impasses de la Canongate, que le diable le darde !

— Hé bien, merci, nonne ! murmura Roland Grœme fort ébahi.

— Je vais m'informer de lui à l'heure même; pour en éviter la peine à Votre gentille Révérence, dit la fille de l'auberge.

— Faites, repartit le galant écuyer, et si vous me le trouvez, vous aurez un groat ce soir, et un baiser dimanche, quand vous aurez une robe plus propre.

— Eh! mais, merci de Dieu, nonne ! murmura de nouveau Roland, voilà qui va de plus fort en plus fort.

Un moment après, la servante entra dans la chambre, suivie de l'objet de l'étonnement de notre jeune homme.

Tandis que d'un front assuré la vestale déguisée promenait sur les diverses parties de la vaste salle un regard hardi et rapide, Roland Grœme, qui sentait en lui un sentiment d'embarras et de confusion qu'il jugeait tout à fait indigne du caractère hardi et entreprenant auquel il aspirait, résolut de ne pas se laisser abattre et dominer par cette femme singulière, mais de l'aborder avec un coup d'œil d'intelligence si fin, si pénétrant, si malicieusement expressif, qu'il lui ferait sentir tout d'abord qu'il était en possession de son secret et maître de son sort, et la forcerait de s'humilier devant lui, ou tout au moins de prendre avec lui un air et des manières de supplication respectueuse.

C'était un excellent plan; mais au moment même où Roland Grœme appelait à lui le regard d'intelligence, le demi-sourire et l'air de finesse qui devaient assurer son triomphe, il rencontra l'œil hardi, ferme et assuré de l'autre page, frère ou sœur, qui, jetant sur Roland un coup d'œil d'aigle, et le reconnaissant tout d'abord pour l'objet de sa recherche, marcha droit à lui de l'air le plus dégagé, et avec le sang-froid le plus imperturbable le salua d'un « sire Tête-de-Houx, je voudrais vous parler. »

Quoique la voix fût bien la voix qu'il avait entendue dans le vieux couvent, et que les traits eussent avec ceux de Catherine une ressemblance encore plus frappante de près que de loin, le parfait sang-froid et l'assurance avec lesquels ces mots furent prononcés jetèrent néanmoins l'esprit de Roland dans une telle confusion, qu'il commença à douter si depuis le commencement de la scène il n'était pas sous le coup d'une méprise. La finesse et l'air d'intelligence qui devaient animer son visage s'effacèrent en une expression de sotte timidité, et le sourire à demi-supprimé, que la demoiselle déguisée devait si bien comprendre, devint la grimace forcée et insignifiante de quelqu'un qui veut rire pour dissimuler le désordre de ses idées.

— Comprend-on l'écossais dans ton pays, Tête-de-Houx ? reprit ce merveilleux specimen de transformation. Je t'ai dit que je voulais te parler.

— Quelle affaire avez-vous avec mon camarade, mon jeune coq de combat ? dit alors le fauconnier, voulant venir en aide à son compagnon, bien qu'il lui fût tout à fait impossible de s'expliquer la disparition subite de la hardiesse habituelle de Roland et de sa présence d'esprit.

— Aucune qui vous regarde, mon vieux coq du perchoir, répliqua le galant ; allez vous occuper de vos faucons. Je devine à votre sac et à votre gantelet que vous êtes garde du corps dans quelque compagnie de milans.

Il accompagna cette apostrophe d'un éclat de rire, et cet accès d'hilarité, auquel le page se laissait aller de tout cœur, rappela si irrésistiblement à Roland celui auquel Catherine s'était livrée à ses dépens lors de leur première rencontre dans le vieux cloître, qu'il eut peine à retenir l'exclamation : Catherine Seyton, par le Ciel ! — Il se contint, cependant, et se contenta de dire : Je crois, monsieur, que nous ne sommes pas absolument étrangers l'un à l'autre.

— En ce cas il faut que nous nous soyons rencontrés dans nos rêves ; et mes journées sont trop occupées pour que je me souvienne de mes pensées de la nuit.

— Ou apparemment pour vous souvenir aujourd'hui de ceux que vous avez pu voir la veille, repartit Roland Grœme.

L'autre à son tour jeta sur Roland un regard où se peignait quelque surprise, en même temps qu'il répliquait : Je ne sais pas plus ce que vous voulez dire que le cheval que je monte ; — si c'est une querelle que vous voulez me chercher, vous me trouverez aussi prêt à vous répondre que pas un garçon du Lothian.

— Vous savez bien, quoiqu'il vous plaise de me parler en étranger, qu'avec vous je ne puis avoir aucune intention de querelle.

— Laissez-moi donc faire ma commission et me débarrasser de vous. Approchez par ici, de manière à ce que nous ne soyons pas entendus de ce vieux poing de cuir.

Ils s'enfoncèrent dans l'embrasure de la fenêtre, que Roland avait quittée au moment où le jeune homme était entré dans la salle. Le messager tourna alors le dos à la compagnie, après avoir jeté autour d'eux un coup d'œil rapide et pénétrant pour s'assurer qu'ils n'étaient pas observés. Roland fit de même, et le page à la toque rouge s'adressa ainsi à lui, en même temps qu'il tirait de dessous son manteau une épée à lame courte, mais du plus beau travail, dont la poignée et le fourreau étaient garnis d'ornements d'argent massif ciselés et dorés. — Je vous apporte cette arme de la part d'un ami, qui vous la donne sous la condition solennelle que vous ne la tirerez pas du fourreau avant d'en avoir reçu l'ordre de votre souveraine légitime. Car on connaît votre caractère bouillant, et la présomption avec laquelle vous vous mêlez des querelles des autres; et en conséquence cette condition vous est imposée comme pénitence par ceux qui vous veulent du bien, et dont la main influera sur votre destinée ou en bien ou en mal. C'est ce que j'étais chargé de vous dire. Si donc vous voulez donner une parole franche pour une belle épée, et engager votre promesse, par la main et le gant, c'est bon et bien; sinon, je reporterai Caliburn[1] à ceux qui l'envoient.

— Et ne puis-je vous demander qui sont ces personnes? dit Roland Grœme, tout en admirant la beauté de l'arme qui lui était ainsi offerte.

— Ma commission ne va pas jusqu'à répondre à une telle question.

— Mais si je suis offensé, ne puis-je pas la tirer pour me défendre?

— Non pas *celle-là*; mais vous avez la vôtre à vos ordres. D'ailleurs, pourquoi portez-vous votre poignard?

— Pour rien de bon, dit Adam Woodcock, qui s'était alors approché d'eux; pour rien de bon, c'est ce dont je puis témoigner aussi bien que personne.

— Arrière, camarade, répliqua le messager; tu as une face curieuse et indiscrète qui rencontrera un soufflet si on la trouve où elle n'a que faire.

— Un soufflet, mon jeune monsieur Malappris? dit Adam, tout en reculant de deux pas; vous ferez bien de tenir la main basse, ou, par Notre-Dame! ce sera soufflet pour soufflet.

— Un peu de patience, Adam Woodcock, lui dit Roland Grœme; et vous, beau sire, puisque c'est ainsi que pour le moment vous voulez qu'on s'adresse à vous, ne pourrai-je pas même, je vous prie, sortir cette arme du fourreau uniquement par le désir de savoir si l'excellence de la lame répond à la beauté de la poignée et du fourreau?

— En aucune façon; en un mot, il faut que vous la preniez sous promesse de ne pas la tirer du fourreau avant d'en avoir reçu l'ordre de votre légitime souveraine, ou que vous la refusiez.

---

[1] Nom de l'épée du roi Arthur. (L. V.)

— Sous cette condition donc, et venant d'une main amie, j'accepte l'épée ; mais croyez-moi : si nous devons coopérer ensemble à quelque entreprise importante, comme je suis induit à le croire, un peu de confiance et d'ouverture de votre part seront nécessaires pour donner à mon zèle l'impulsion convenable. — Je n'insiste pas quant à présent : il suffit que vous me compreniez.

— Moi, vous comprendre ! s'écria le page, montrant à son tour tous les dehors d'une surprise non feinte ; — que je sois donné au diable si c'est vrai ! — Vous êtes là à me faire des mines, et à rire d'un air de mystère, et à me regarder en clignant de l'œil, comme s'il y avait sous jeu quelque grande intrigue à laquelle nous soyons initiés vous et moi, quand c'est la première fois que vous me voyez !

— Quoi ! nierez-vous que nous nous soyons déjà rencontrés ?

— Marry ! oui, je le nierai, dans toute cour chrétienne.

— Et nierez-vous aussi qu'il nous a été recommandé de bien étudier mutuellement nos traits, afin que sous quelque déguisement que les temps nous puissent imposer, chacun de nous reconnaisse dans l'autre l'agent secret d'une œuvre importante ? Ne vous souvenez-vous pas que sœur Magdalen et dame Brigitte....

Le messager l'interrompit en haussant les épaules d'un air de compassion : — Brigitte et Magdalen ! ma foi ceci est rêve et folie. Écoutez, monsieur Tête-de-Houx, votre esprit bat la campagne [1] ; réconfortez-vous avec un chaudeau, couvrez-vous votre tête à cerveau malade d'un bon bonnet de laine, et que Dieu soit avec vous !

Comme il achevait ce compliment d'adieu, Adam Woodcock, qui avait repris sa place à table, où figurait la mesure fraîchement remplie, lui dit : Voulez-vous boire un coup, jeune homme, par manière de courtoisie, maintenant que vous avez achevé votre commission, et écouter une bonne chanson ? et, sans attendre une réponse, il commença son couplet :

> « Le pape, ce païen plein d'orgueil,
> Nous a tenus assez longtemps aveugles... »

Il est probable que le bon vin avait produit quelque révolution dans la cervelle du fauconnier, sans quoi il eût réfléchi au danger de hasarder quelque chose qui ressemblât à une plaisanterie politique ou dogmatique au milieu d'une réunion publique, à une époque où les esprits étaient dans un état d'extrême irritabilité. Pour lui rendre justice, il faut dire qu'il reconnut sa faute ; il s'arrêta court dès qu'il vit que le mot pape avait subitement interrompu les conversations séparées des

---

[1] L'adage anglais, assez singulier, est : Vos esprits sont allés ramasser de la laine, *your wits are go on wool-gathering.* (L. V.)

diverses sociétés réunies dans la salle, et que beaucoup de ceux qui se trouvaient là s'étaient levés en fronçant le sourcil, et se disposaient à prendre part à la querelle qui semblait se préparer ; tandis que d'autres, personnes d'un esprit plus paisible et plus prudent, se hâtaient de payer leur écot et se mettaient en devoir de quitter la place avant que les choses n'allassent de mal en pis.

Et les choses paraissaient devoir en venir bientôt au pis ; car à peine les premiers vers du couplet de Woodcock eurent-ils frappé les oreilles du page étranger, que levant sa houssine il s'écria : Celui qui parle irrévérencieusement du saint Père de l'Église en ma présence est le fils d'une chienne hérétique, et je le fouaillerai de ma houssine comme je fouaillerais un mauvais chien bâtard !

— Et moi, je briserai ta jeune caboche si tu oses lever un doigt sur moi, riposta Adam. Et alors, comme pour braver les menaces du jeune Drawcansir, il entonna de nouveau, d'une voix sonore et retentissante :

« Le pape, ce païen plein d'orgueil,
Assez longtemps... »

Mais Adam ne put aller plus loin, car lui-même fut malheureusement aveuglé par un coup de houssine que l'irritable page lui cingla à travers le visage. Furieux à la fois du coup et de l'affront, le fauconnier bondit de sa chaise, et tout aveugle qu'il était ; — car ses yeux pleuraient trop abondamment par la douleur du coup pour lui permettre de rien voir, — il n'aurait pas tardé à serrer de près son insolent adversaire, si Roland Græme, contrairement à sa nature, n'eût rempli cette fois le rôle d'homme prudent et de pacificateur, et ne se fût jeté entre eux en conjurant Woodcock de se contenir. — Vous ne savez pas, lui dit-il, à qui vous avez affaire. — Et toi, continua-t-il, s'adressant au messager, qui riait dédaigneusement de la rage d'Adam, qui que tu sois, retire-toi ; si tu es ce que je suppose, tu sais bien qu'il y a de sérieuses raisons pour que tu te retires.

— Pour cette fois, Tête-de-Houx, tu as touché juste, quoique je soupçonne que tu aies tiré ta flèche au hasard, dit le page. — Holà, l'hôte ! faites apporter un pot de vin à ce yeoman pour se laver les yeux et faire disparaître la douleur ; — et voici pour lui une couronne française. A ces mots il jeta sur la table la pièce d'argent, puis il quitta la salle d'un pas assez rapide, quoique ferme, regardant à droite et à gauche d'un œil assuré, comme pour défier toute opposition, et faisant un geste de nargue à deux ou trois respectables bourgeois qui, déclarant que c'était une honte de souffrir qu'on vînt faire le rodomont en défense du pape, s'efforçaient laborieusement de trouver la poignée de leur épée, malheureusement embarrassée pour le moment dans les plis de leur manteau. Mais comme l'adversaire était parti avant qu'aucun d'eux fût parvenu à dégager son arme, ils ne crurent pas nécessaire de dégaîner, et se contentèrent de remarquer entre eux que c'était une chose qui ne pouvait se supporter de voir un pauvre homme frappé au visage rien que pour avoir chanté une ballade contre la Prostituée de Babylone. — Si les champions du pape viennent faire ainsi les matamores jusque dans nos propres maisons publiques, nous verrons bientôt revenir les anciens tondus.

— Le prévôt devrait veiller à cela, dit un autre, et tenir toujours sur pied cinq ou six gardes armés de pertuisanes qui accoureraient au premier coup de sifflet pour donner la leçon à ces freluquets-là. Car voyez-vous, voisin Lugleather [1], ce n'est pas à d'honnêtes bourgeois comme nous à ferrailler avec les valets sans foi ni loi et avec les impertinents pages des nobles, qui ne sont guère élevés à autre chose qu'à verser le sang et à blasphémer.

— Malgré tout, voisin, repartit Lugleather, j'aurais corroyé le cuir de ce godelureau-là aussi proprement que j'aie jamais corroyé une peau d'agneau, si j'avais pu mettre la main sur la poignée de mon bilbo [2]; et avant que j'eusse pu retourner mon ceinturon, mon brave avait décampé !

— Oui, fit un autre, que le diable soit avec lui et la paix avec nous ! Mon avis, voisins, est que nous payions l'écot et que nous retournions chez nous comme frère et frère ; car voilà la vieille horloge de Saint-Giles qui sonne le couvre-feu, et les rues deviennent dangereuses à la nuit.

Sur ce, nos bons bourgeois rajustèrent leurs manteaux et se disposèrent à lever pied, tandis que celui des trois qui semblait le plus résolu ajouta, en portant la main à son André Ferrara [3] : Ceux qui chanteront les louanges du pape sur le High-gate d'Édimbourg feront bien d'apporter le glaive de saint Pierre pour se défendre.

Pendant que la mauvaise humeur excitée par l'insolence du jeune aristocrate s'évaporait ainsi en vaines menaces, Roland Grœme avait à contenir l'indignation bien autrement sérieuse d'Adam Woodcock. — Allons, Adam, ce n'est qu'un coup de houssine à travers le museau, après tout ; — mouchez-vous, essuyez-vous les yeux, et vous n'en verrez que mieux.

— Par cette lumière, que je ne puis voir, tu as été un faux ami pour moi, jeune homme, s'écria Adam Woodcock ; — n'avoir pas embrassé ma querelle, et ne m'avoir pas laissé me revenger moi-même !

— Fi, Adam Woodcock ! répliqua le jeune homme, déterminé à

---

[1] Oreille-de-Cuir.

[2] Pour *bilbao*; on sait que Bilbao en Espagne fut longtemps en possession de fournir des lames d'épées renommées. (L. V.)

[3] Autre expression dérivée du nom d'un célèbre armurier italien. (L. V.)

tourner les tables sur son vieux compagnon [1] et à devenir à son tour le conseiller du bon ordre et d'une conduite pacifique, — fi, Adam! Hélas! pouvez-vous parler ainsi? vous qu'on envoie ici avec moi pour empêcher mon innocente jeunesse de tomber dans des piéges.

— Je voudrais de tout mon cœur que votre innocente jeunesse eût la hart au cou, interrompit Adam, qui commençait à s'apercevoir où tendait l'admonition.

— Et au lieu de mettre devant moi, continua Roland, un exemple de patience et de sobriété, comme on devait l'attendre du fauconnier de sir Halbert Glendinning, vous me videz je ne sais combien de flacons d'ale, outre un gallon de vin et une pleine mesure de liqueur forte!

— Ce n'était qu'un petit pot, dit le pauvre Adam, que la conscience de sa propre indiscrétion réduisit alors à se tenir sur la défensive.

— Et ç'a été bien assez pour vous emporter proprement; — et puis, au lieu d'aller vous coucher pour cuver votre boisson, il faut que vous vous mettiez à brailler vos chansons sur les papes et les païens jusqu'à ce que vous vous soyez presque fait arracher les yeux à coups de houssine; et si je n'étais pas intervenu, moi que votre ingratitude d'ivrogne accuse de vous avoir abandonné, le gaillard vous aurait coupé la gorge, car il dégaînait déjà un whinger aussi large que ma main et affilé comme un rasoir. — Et ce sont là les leçons que vous donnez à un jeune homme inexpérimenté! — Oh, Adam! vous devriez être honteux!

— Marry! *amen*, et de tout mon cœur! Oui, je devrais être honteux de ma folie, pour avoir attendu autre chose qu'une impertinente raillerie d'un page comme toi, qui rirait de son père s'il le voyait dans l'embarras, au lieu de lui prêter aide et secours!

— Mais je vous prêterai mon aide, mon bon Adam, répliqua le page toujours en riant; c'est-à-dire, je te prêterai mon aide pour te conduire à ta chambre, où tu cuveras ton vin et ton ale, ta colère et ton indignation, et où tu te réveilleras demain matin les idées aussi nettes que ta nature te le permet. Seulement, je t'avertirai d'une chose, mon bon Adam: c'est qu'à l'avenir et à toujours, quand tu me railleras pour avoir la tête un peu chaude et la main un peu vive, et pour être un peu trop prompt à jouer du poignard ou de l'épée, ta mercuriale servira de prologue à la mémorable aventure du coup de houssine de *Saint-Michel*.

Ce fut avec ce compliment de condoléance qu'il ramena à leur chambre le malheureux fauconnier, réduit alors à baisser la crête; puis lui-même se mit au lit, où il fut un certain temps avant de pouvoir s'endormir. Si le messager qu'il avait vu était réellement Catherine Seyton, quel mâle visage, quel Termagant ce devait être! et de quel ton inimitable d'insolente assurance elle était douée avec cela! — Son front d'airain ferait baisser le front de vingt pages; et je dois savoir, pensa Roland,

---

[1] Expression proverbiale. (L. V.)

s'ils le baissent aisément. — Et cependant ses traits, son air, la légèreté de sa démarche, son œil pétillant, l'art avec lequel elle disposait son manteau pour ne montrer de sa personne que ce qu'il fallait nécessairement en laisser voir, — je suis charmé qu'il lui reste du moins cette pudeur, — et la voix, et le sourire... c'était Catherine Seyton, ou le diable sous sa ressemblance! Une bonne chose, c'est d'avoir réduit au silence les éternels sermons de cet âne, de cet Adam Woodcock, qui s'est posé avec moi comme prédicateur et gouverneur, dès qu'il a eu laissé derrière lui le perchoir de ses faucons.

Sur cette réflexion confortable, jointe à l'heureuse indifférence de la jeunesse pour les événements du lendemain, Roland Grœme s'endormit profondément.

CHAPITRE XX.

> Eh! m'avez-vous enlevé mon soutien, mon guide, celui qui a instruit ma jeunesse, comme on instruit des faucons sauvages, à user discrètement de mes forces? — Je suis privé de compagnon et de conseil!   *Ancienne Comédie.*

Le lendemain matin, dès la pointe du jour, on frappait à coups redoublés à la porte de l'hôtellerie; et ceux du dehors, annonçant qu'ils venaient au nom du régent, furent reçus sur-le-champ. Quelques minutes après, Michel l'Aile-au-Vent était près du lit de nos voyageurs.

— Sur pied! sur pied! leur cria-t-il; il n'y a pas de sommeil quand Murray a de la besogne à donner.

Les deux dormeurs sautèrent à bas du lit et se mirent à s'habiller.

— Vous, mon vieil ami, dit l'Aile-au-Vent à Woodcock, il va falloir monter à cheval sur-le-champ, avec ce message pour les moines de Kennaquhair, et avec celui-ci pour le chevalier d'Avenel, ajouta-t-il en les remettant tous les deux au fauconnier.

— Il ne s'agit pas de moins que d'ordonner aux moines d'annuler l'élection qu'ils ont faite d'un abbé, je le garantis, dit Adam Woodcock en serrant les deux lettres dans sa valise, et de charger mon maître d'y veiller. — Mettre un frère en chasse de l'autre, c'est un peu moins que franc jeu, à mon avis.

— Ne t'en tourmente pas la barbe, mon vieux, et songe à te mettre en selle à l'instant même; car si ces ordres ne sont pas exécutés, il ne restera sur pied que les murailles nues de l'église de Sainte-Marie, et peut-être bien aussi du château d'Avenel, par-dessus le marché; car j'ai entendu mylord de Morton parler haut avec le régent, et nous sommes dans une passe à ne pas nous amuser avec lui à des bagatelles.

— Mais, touchant l'Abbé de la Déraison, — que disent-ils de cette frasque? — S'ils étaient mal disposés, je ferais mieux d'envoyer les paquets au diable, et de me mettre à l'abri de l'autre côté du Border.

— Oh! cela a passé comme plaisanterie, vu qu'il n'y a pas eu grand mal de fait. — Mais écoute, Adam : quand tu trouverais sur ta route une douzaine de places d'abbés vacantes, pour plaisanter ou pour de bon, avec raison ou déraison, ne remets pas une de leurs mitres sur ton front; — le temps n'est pas à ce jeu-là, mon vieux! — et puis il tarde à notre Vierge de serrer le cou d'un ecclésiastique un peu dodu.

— Elle ne serrera pas le mien en cette qualité-là, repartit le fauconnier tout en enveloppant d'un triple tour de sa cravate l'épaisse rotondité de son cou hâlé du soleil, et appelant en même temps : Monsieur Roland! monsieur Roland! dépêchez-vous! il faut que nous retournions au perchoir, et nous y arriverons les os entiers, grâce au Ciel plus qu'à notre esprit, et sans une boutonnière à l'estomac.

— Bon; mais c'est que le page ne s'en retourne pas avec vous. Le régent a d'autre occupation pour lui.

— Vierge des douleurs! — M. Roland Grœme rester ici, et moi retourner à Avenel! — mais ça ne se peut pas; — l'enfant ne saurait pas se conduire sans moi dans cette immensité du monde, et je doute qu'il obéit à aucun autre sifflet qu'au mien. — Encore il y a des fois où je ne puis pas toujours le faire venir à mon leurre.

La langue de Roland lui démangeait de dire quelque chose au sujet des occasions que chacun d'eux avait eu de recourir à la prudence de l'autre; mais l'anxiété réelle que faisait éprouver à Adam l'idée de leur séparation fit évanouir l'envie qu'avait le page de lui lancer quelque raillerie. Le fauconnier ne l'échappa cependant pas tout à fait; car, s'étant tourné vers le jour de la fenêtre, son ami Michel aperçut son visage et s'écria : Je t'en prie, Adam Woodcock, qu'est-ce qui est donc arrivé à tes yeux? ils sont enflés comme s'ils allaient te sortir de la tête!

— Rien, rien, se hâta-t-il de répondre en jetant à Roland Grœme un regard suppliant; c'est l'effet d'avoir dormi sans oreiller dans ce damné lit.

— Ma foi, Adam, il faut que tu sois devenu étrangement délicat, repartit son vieux camarade; je t'ai vu dormir toute une nuit sans autre oreiller qu'une botte de bruyère, et te lever avec le soleil aussi gaillard qu'un faucon; et maintenant tes yeux ressemblent....

— Paix, Michel! qu'importe quel air ont maintenant mes yeux? — que nous ayons seulement expédié une pomme cuite, et versé par-dessus un pot d'ale pour nous rincer le gosier, et tu verras du changement en moi.

— Et tu seras en humeur de chanter ta joyeuse ballade au sujet du pape?

— Oui, oui ; c'est-à-dire quand nous aurons laissé cette bienheureuse ville à cinq milles derrière nous, si vous voulez prendre votre cheval et me faire la conduite jusque-là.

— C'est que je ne le puis pas ; — je ne peux que m'arrêter un instant pour boire avec vous la goutte du matin, et vous voir monter à cheval. — Je vais voir à ce qu'on le selle, et à ce qu'on fasse cuire la pomme pour toi sans perte de temps.

Durant son absence, le bon fauconnier prit la main du page : — Que je ne chaperonne jamais un faucon, lui dit-il, si je ne suis pas aussi peiné de me séparer de vous que si vous étiez mon propre enfant, pardon de la liberté. — Je ne saurais dire ce qui fait que je vous aime tant, à moins que ce ne soit par la même raison qui faisait que j'aimais ce démon vicieux de galloway brun, que mon maître le chevalier appelait Satan, avant que M. Warden eût changé son nom pour celui de Seyton ; car il disait que c'était par trop hardi de donner à une bête le nom du roi des ténèbres....

— Et c'était bien hardi aussi à lui, ce me semble, de donner à une brute vicieuse le nom d'une noble famille.

— Hé bien, continua Adam, Seyton ou Satan, j'aimais ce bidet plus qu'aucun autre cheval de l'écurie. — Il n'y avait pas à dormir sur son dos ; — il était toujours à gambader, à plonger, à ruer, à mordre, à se cabrer, et il vous donnait de la besogne, et peut-être bien qu'il vous envoyait mesurer la longueur de votre dos sur la bruyère pour achever le tout. Hé bien, je crois que je vous aime mieux qu'aucun garçon du château, parce que vous avez les mêmes qualités.

— Merci, merci, mon bon Adam ; je vous suis bien obligé de la bonne opinion que vous avez de moi.

— Ne m'interrompez donc pas ; — Satan était un bon cheval. — Mais, j'y pense, je donnerai vos noms aux deux fauconneaux, à l'un celui de Roland, et à l'autre celui de Grœme ; et tant qu'Adam Woodcock vivra, soyez sûr que vous aurez un ami. — Touche là, mon cher enfant.

Roland lui rendit de tout cœur sa poignée de main, et Woodcock, après une copieuse rasade, reprit son discours d'adieu.

— Il y a trois choses contre lesquelles il faut vous mettre en garde, Roland, maintenant que vous allez entrer dans ce monde d'embûches sans mon expérience pour vous assister. En premier lieu, ne tirez pas la dague à propos de peu ; — le pourpoint de tout le monde n'est pas aussi bien rembourré que celui de certain abbé que vous savez. Secondement, ne courez pas après chaque jolie fille, comme un émerillon après une grive : — vous ne gagneriez pas toujours une chaîne d'or pour votre peine ; — et par parenthèse, voici votre fanfaronne que je vous rends. — Serrez-la bien ; elle est pesante, et peut vous être utile au besoin de plus d'une façon. Troisièmement, et pour conclure, comme dit notre digne prêcheur, méfiez-vous de la pinte : — elle a mis à sec le jugement de plus sage que vous. Je pourrais vous en citer des exemples, mais j'ose dire que c'est inutile ; car si vous oubliez vos propres mésaventures, vous ne manquerez guère de vous souvenir des miennes. — Ainsi donc, adieu, mon cher enfant !

Roland lui rendit ses bons souhaits, et n'oublia pas de le charger de présenter ses humbles devoirs à sa bonne maîtresse, recommandant en même temps au fauconnier de lui dire combien il regrettait de l'avoir offensée, et de lui exprimer sa détermination de se comporter dans le monde de manière à ce qu'elle n'eût pas à rougir de la généreuse protection qu'elle lui avait accordée.

Le fauconnier embrassa son jeune ami, puis monta son vigoureux et alerte bidet à croupe bien arrondie, que le domestique qui l'avait accompagné tenait prêt à la porte, et il prit la route du Sud. Les pas du cheval rendirent un son sourd et pesant, comme pour indiquer la douleur de l'honnête et digne cavalier. Chaque pas aussi semblait frapper Roland au cœur, en voyant son compagnon s'éloigner avec une lenteur si différente de son activité habituelle, et il lui sembla qu'il se trouvait encore une fois seul au monde.

Il fut tiré de sa rêverie par Michel l'Aile-au-Vent, qui lui rappela qu'il leur fallait retourner sur-le-champ au palais, attendu que le lord régent partait pour les sessions le matin de bonne heure. Ils sortirent donc pour s'y rendre, et l'Aile-au-Vent, vieux domestique favori qui était admis plus près de la personne et de l'intimité du régent que bien des personnages que leur poste mettait plus en évidence, ne tarda pas à introduire Græme dans une petite chambre nattée, où il eut une audience de l'homme qui en ce moment était à la tête de cette pauvre Écosse si déchirée par les factions. Le comte de Murray était enveloppé d'une robe de chambre de couleur foncée, avec une toque et des pantoufles de même étoffe ; mais, même dans ce déshabillé du matin, il tenait à la main sa rapière engaînée, précaution qu'il avait toujours lorsqu'il recevait des étrangers, plutôt par égard pour les vives remontrances de ses amis et de ses partisans, que par aucun sentiment de crainte personnelle. Il répondit par un mouvement de tête silencieux au respectueux salut du page, et fit dans la petite chambre un ou deux tours sans prononcer un mot, fixant sur le jeune homme son regard pénétrant, comme s'il eût voulu percer jusqu'au fond de son âme. Enfin il prit la parole :

— Votre nom, je crois, est Julien Græme ?

— Roland Græme. mylord, et non pas Julien.

— C'est vrai ; — ma mémoire confondait : — Roland Græme, du Territoire Contesté. — Roland, tu connais les devoirs qui appartiennent au service d'une dame ?

— Je dois les connaître, mylord, moi qui ai été élevé si près de la personne de lady Avenel ; mais j'espère ne les jamais pratiquer dorénavant, attendu que le chevalier m'a promis....

— Silence, jeune homme ; c'est à moi de parler, et à vous d'entendre et d'obéir. Il est nécessaire que, du moins pour quelque temps, vous rentriez au service d'une dame, et pour le rang celle-ci n'a pas d'égale en Écosse : ce service rempli, je te donne ma parole de chevalier et de prince qu'une carrière te sera ouverte telle qu'elle pourrait satisfaire l'ambition de quiconque, par sa naissance, serait autorisé à concevoir des vues plus élevées que les tiennes. Je te prendrai dans ma maison et près de ma personne, ou, à ton choix, je te donnerai le commandement d'une compagnie à pied : — dans l'un et l'autre cas, c'est un avancement que le laird le plus fier du pays serait charmé d'assurer à son second fils.

— Oserai-je vous demander, mylord, dit Roland, voyant que le comte s'arrêtait comme pour attendre une réponse, à qui mes humbles services sont d'abord destinés ?

— On vous le dira ensuite, répondit le régent ; puis, comme surmontant une répugnance intérieure à en dire lui-même davantage, il ajouta : — Ou plutôt, pourquoi ne vous dirais-je pas moi-même que vous allez entrer au service d'une très-illustre, — d'une très-infortunée dame. — au service de Marie d'Écosse ?

— De la reine, mylord ! exclama le page, incapable de contenir sa surprise.

— De celle qui fut la reine, repartit Murray, dont la voix exprima un singulier mélange de déplaisir et d'embarras. — Vous devez savoir, jeune homme, que son fils règne à sa place.

Il soupira et montra une émotion en partie naturelle, peut-être, et peut-être en partie affectée.

— Et dois-je servir Sa Grâce dans son lieu d'emprisonnement, mylord ? demanda encore le page, avec une franchise et une simplicité hardie qui déconcertèrent quelque peu l'habile et puissant homme d'état.

— Elle n'est pas emprisonnée, répondit-il avec aigreur ; à Dieu ne plaise ! — elle est seulement séquestrée du gouvernement de l'État et des affaires publiques, jusqu'à ce que le pays ait repris assez de calme pour qu'elle puisse jouir de sa liberté naturelle et sans contrôle, sans qu'elle soit exposée à ce qu'on se serve de son nom royal pour appuyer les machinations des méchants et des brouillons. C'est dans cette intention, ajouta-t-il, qu'en même temps qu'elle va avoir près d'elle, ainsi qu'il convient, telle suite qui pourra convenir à son état de solitude actuelle, il devient nécessaire que ceux qui seront placés autour d'elle soient des personnes sur la prudence desquelles je puisse me reposer. Vous voyez donc que vous allez avoir tout à la fois à remplir un office très-honorable en lui-même, et à le remplir de telle sorte que vous vous fassiez un ami du régent d'Écosse. Tu es, m'a-t-on dit, un jeune homme d'une intelligence singulière, et je m'aperçois à ton regard que tu as déjà compris ce que je pourrais dire sur ce sujet. Les points particuliers de votre devoir sont détaillés tout au long dans ce papier; — mais tous peuvent se résumer en un seul : la fidélité, — j'entends la fidélité envers moi et envers l'État. Vous aurez donc à surveiller toute tentative qui serait faite, ou toute disposition qui serait manifestée dans ce sens, pour ouvrir une communication quelconque avec quelqu'un des lords qui sont devenus chefs de bandes dans l'Ouest, — les Hamilton, les Seyton, les Fleming et autres. Il est vrai que ma gracieuse sœur, réfléchissant à tout le mal qu'ont fait à ce pauvre royaume les mauvais conseillers qui ont abusé autrefois de sa bonté royale, a résolu de se retirer à l'avenir des affaires d'état. Mais notre devoir, comme agissant pour notre royal neveu et en son nom, est de nous tenir en garde contre les maux qui pourraient résulter de tout changement, de toute vacillation dans ses résolutions royales. En conséquence, tu auras à surveiller et à rapporter à notre mère, chez qui notre sœur habite en ce moment, tout ce qui dénoterait une disposition quelconque à s'évader du lieu de sûreté où elle est placée, ou à ouvrir des communications avec le dehors. Si pourtant ton observation découvrait quelque chose de grave et qui excédât le simple soupçon, ne manque pas de m'en informer par un messager spécial que tu m'adresserais directement; cet anneau t'autorisera à disposer d'un cheval et d'un homme pour ce service. — Et maintenant, va. S'il y a dans ta tête la moitié autant d'esprit qu'il y a d'intelligence dans ton regard, tu comprends pleinement tout ce que je pourrais ajouter.—Sers-moi fidèlement, et, aussi sûr que je suis comte, ta récompense sera grande.

Roland Græme salua, et se disposa à se retirer.

Le comte lui fit signe de demeurer. — Je t'ai accordé une grande confiance, jeune homme, dit-il, car tu es le seul de sa suite qui lui ait été envoyé sur mon propre choix. Ses femmes ont été désignées par elle-même; — il eût été trop dur de lui refuser ce privilége, bien que quelques-uns l'aient regardé comme contraire à une sûre politique. Tu es jeune et bien fait. Mêle-toi à leurs folies, et vois si elles ne couvrent pas de plus profonds desseins sous l'apparence de la légèreté féminine. —Si elles préparent une mine, creuse une contre-mine. Du reste, comporte-toi avec décorum et respect envers la personne de ta maîtresse; — elle est princesse, quoique bien malheureuse, et elle a été reine, quoique maintenant, hélas! elle ne le soit plus. Rends-lui donc tous les honneurs et tout le respect compatibles avec ta fidélité au roi et à moi; — et maintenant, adieu. — Un moment : — tu vas faire route avec lord Lindesay, un homme de la vieille roche, rude et honnête, quoique sans formes; aie soin de ne pas l'offenser, car il ne supporte pas aisément la raillerie, et toi, à ce que j'ai entendu dire, tu es un brisecorde¹. Il dit ces derniers mots en souriant, puis il ajouta : J'aurais souhaité que la mission de lord Lindesay eût été confiée à quelque autre seigneur de formes plus douces.

— Et pourquoi auriez-vous souhaité cela, mylord? dit Morton qui entrait en ce moment; le conseil a décidé pour le mieux. — Nous n'avons eu que de trop nombreuses preuves de l'obstination d'esprit de cette dame, et le chêne qui résiste à la hache d'acier tranchant doit être fendu au moyen du coin de fer brut. — Ce jeune homme doit être son page? — Le lord régent vous a sans doute appris, jeune homme, comment vous devez vous conduire en tout ceci; je n'ajouterai qu'un court avis. Vous vous rendez dans le château d'un Douglas, où jamais la trahison ne prospère; — le premier moment du soupçon sera le dernier de votre vie. Mon parent William Douglas n'entend pas raillerie, et si une fois il a sujet de vous croire infidèle, vous vous balancerez au vent, accroché aux créneaux du château, avant que le soleil se soit couché sur la colère du châtelain. — Et la dame y doit-elle avoir un aumônier?

— De temps à autre, Douglas, répondit le régent; il y aurait de la dureté à lui refuser les consolations spirituelles qu'elle regarde comme essentielles à son salut.

— Vous avez toujours trop de mollesse de cœur, mylord. — Quoi! un prêtre perfide communiquer les lamentations de sa pénitente, non-seulement à nos ennemis d'Écosse, mais aux Guises, à Rome, en Espagne, et je ne sais où encore!

— Ne craignez rien; nous prendrons de telles mesures que nulle trahison n'arrivera.

— Veillez-y donc, mylord; vous connaissez mon opinion touchant la fille que vous avez consenti qu'elle reçût comme suivante, — une femme d'une famille qui, entre toutes les autres, lui a toujours été dévouée et a toujours été notre ennemie. Si nous n'y avions pris garde, elle aurait été pourvue d'un page aussi convenable à ses vues que sa suivante. Il m'est revenu un bruit qu'une vieille pèlerine catholique, qui passe parmi eux pour une demi-sainte au moins, était employée à trouver un sujet convenable.

— Nous avons du moins échappé à ce danger, et nous l'avons converti en un point d'avantage en lui envoyant cet enfant de la maison de Glendinning; — et quant à cette suivante, ous ne pouvez lui reprocher une pauvre fille au lieu de ses quatre nobles Maries, et de toutes leurs longues queues de soie?

— Je ne me soucie pas tant de la suivante, mais je ne peux passer sur l'aumônier; — je crois que les prêtres de toutes les communions

---

¹ *Crack-halter*, un homme qui rompt la corde à force de la tendre, qui dépasse les bornes d'une raillerie modérée. (L. V.)

se ressemblent fort les uns les autres. Voilà John Knox, qui s'est montré si vigoureux démolisseur : n'est-il pas ambitieux de devenir réédificateur et fondateur d'écoles et de colléges aux dépens des terres abbatiales, et des rentes épiscopales, et des autres dépouilles de Rome que la noblesse d'Écosse a gagnées par l'épée et l'arc, et dont il voudrait maintenant investir de nouvelles ruches pour chanter le vieux bourdon?

— John est un homme de Dieu, dit le régent, et son plan est une imagination pieuse.

Le sourire composé dont il accompagna ces mots rendit impossible de déterminer s'ils étaient prononcés en approbation ou en dérision du plan du réformateur écossais. Se tournant alors vers Roland Groeme, comme s'il pensait que le jeune homme avait été assez longtemps témoin de cette conversation, il lui ordonna de monter à cheval sur-le-champ, attendu que lord Lindesay était déjà tout prêt. Le page s'inclina et quitta l'appartement.

Guidé par Michel l'Aile-au-Vent, il trouva son cheval tout sellé et tout disposé pour le voyage devant le porche du palais, où déjà étaient réunis une vingtaine d'hommes d'armes, dont le chef ne montrait pas peu de symptômes d'impatience et de mauvaise humeur.

— Est-ce là le singe de page pour lequel nous avons attendu si longtemps, dit-il à l'Aile-au-Vent ; — et mylord Ruthwen arrivera au château longtemps avant nous !

Michel répondit affirmativement, et ajouta que le jeune homme avait été retenu par le régent pour recevoir quelques dernières instructions. Le chef fit entendre un son inarticulé au fond du gosier, comme pour exprimer un assentiment bourru ; et appelant un des domestiques de sa suite : Edward, lui dit-il, chargez-vous de veiller sur le galant, et ne lui laissez parler à personne autre.

Il interpella alors, sous le nom de sir Robert, un gentleman âgé et d'apparence respectable, le seul de la troupe qui parût au-dessus du rang d'un vassal ou d'un domestique, et lui dit qu'il fallait qu'ils montassent à cheval en toute hâte.

Pendant ce temps, et tandis qu'ils suivaient lentement la rue du faubourg, Roland eut le loisir d'examiner plus attentivement l'air et la figure du baron qui les commandait.

Lord Lindesay de Byres était plutôt atteint que cassé par les années. Sa taille encore droite et la vigueur de ses membres annonçaient un homme toujours en état de supporter les travaux et les fatigues de la guerre. Ses épais sourcils à demi grisonnants s'abaissaient sur de grands yeux pleins d'un feu sombre, et dont l'enfoncement peu commun de leurs orbites semblait encore augmenter l'éclat. Ses traits, naturellement forts et durs, le paraissaient encore plus par suite d'une ou deux marques profondes de blessures reçues à la guerre. Ces traits, que la nature semblait avoir destinés à exprimer les passions les plus violentes, étaient ombragés par un bonnet d'acier à front en saillie, mais sans visière, sur le gorgerin duquel tombait la barbe noire, mais grisonnante, du vieux baron, qui lui cachait entièrement le bas du visage. Le reste de son accoutrement se composait d'une large cotte de buffle, jadis doublée de soie et ornée de broderies, mais qui paraissait avoir grandement souffert des voyages, et avoir été fort endommagée par des entailles reçues probablement dans les batailles. Cette cotte couvrait un corselet qui avait été d'acier poli et bien doré, mais qui maintenant était quelque peu attaqué par la rouille. Une épée de forme antique et de taille peu commune, faite pour être maniée des deux mains, sorte d'arme qui commençait alors à devenir hors d'usage, était suspendue à son cou par un baudrier, et était disposée de façon à longer obliquement toute sa personne, la large poignée se montrant au-dessus de son épaule gauche, et la pointe atteignant presque à son talon droit, contre l'éperon duquel elle venait battre lorsqu'il marchait. Cette arme incommode ne pouvait être tirée du fourreau qu'en ramenant en bas la poignée par-dessus l'épaule gauche, — car nul bras humain n'était assez long pour la tirer à la manière ordinaire. L'ensemble de l'équipement était celui d'un guerrier à qui toute recherche est étrangère, et qui est négligent de son extérieur jusqu'à la misanthropie; et le ton bref, dur et hautain dont il usait envers les hommes de sa suite avait le même caractère de rudesse.

Le personnage qui s'avançait avec lord Lindesay à la tête de la cavalcade présentait avec celui-ci un contraste absolu, par les manières, l'extérieur et les traits. Sa chevelure fine et soyeuse était déjà blanchie, quoiqu'il ne parût pas avoir au delà de quarante-cinq à cinquante ans. Sa voix était douce et insinuante, — sa taille mince, grêle, et courbée par l'habitude d'une attitude inclinée; — ses traits pâles avaient une expression de finesse et d'intelligence; — son œil était à la fois vif et plein de douceur, et l'ensemble de ses manières poli et conciliant. Il montait un petit cheval d'amble, tel que ceux dont usaient les dames, les ecclésiastiques, et les autres personnes de professions paisibles; — il portait un habit de voyage en velours noir, avec une toque de même couleur surmontée d'une plume fixée par un médaillon d'or : — par montre, et plutôt comme indice de rang que pour l'usage, il avait à son côté une *épée de marche* (ainsi qu'on nommait des rapières courtes et légères), sans aucune autre arme, ni offensive ni défensive.

La troupe avait alors quitté la ville, et marchait d'un bon pas dans la direction de l'ouest. — Tout en poursuivant leur voyage, Roland Græme eût été charmé d'apprendre quelque chose de son projet et de son but; mais la physionomie du personnage près de qui il avait été placé dans le cortège éloignait toute idée de familiarité. Le baron lui-même n'avait pas un air plus farouche et plus inabordable que son vassal féodal, dont l'épaisse moustache retombait sur ses lèvres, pareille à la herse devant la porte d'un château fort, comme pour empêcher qu'aucun mot ne s'en échappât à moins d'une absolue nécessité. Le reste de la troupe semblait être sous la même influence taciturne, et poursuivait sa marche sans qu'une parole y fût échangée, — plus semblable à une compagnie de chartreux qu'à un parti de soldats. Roland Grœme fut étonné de cette rigueur de discipline; car même dans la maison du chevalier d'Avenel, quoiqu'elle se distinguât par l'exactitude avec laquelle le décorum y était maintenu, une marche était un moment de licence, durant lequel les plaisanteries, les chants, et tout autre passe-temps contenu dans les bornes d'une gaîté décente, étaient entièrement permis Ce silence inhabituel lui fut cependant agréable, en ce sens qu'il lui laissa le temps d'appeler tout ce qu'il possédait de jugement à réfléchir sur sa situation et sur l'avenir qui s'ouvrait devant lui, lesquels eussent paru à toute personne raisonnable dangereux et embarrassants au plus haut degré.

Il était tout à fait évident que par suite de diverses circonstances qui l'avaient entraîné à son insu, il avait formé des liaisons contradictoires avec les deux factions ennemies dont la lutte déchirait le royaume. et cela sans qu'à proprement parler il adhérât ni à l'une ni à l'autre. Il semblait également clair que la même situation dans la maison de la reine déposée à laquelle il venait d'être promu par l'influence du régent, lui avait été destinée par son enthousiaste grand'mère, Magdalen Grœme : car à cet égard les mots qui étaient échappés à Morton avaient été un rayon de lumière; cependant il n'était pas moins clair que ces deux personnes, l'une ennemie déclarée, l'autre sectatrice enthousiaste de la religion chrétienne, — l'une placée à la tête du nouveau gouvernement du roi, l'autre qui regardait ce gouvernement comme une usurpation criminelle, — devaient attendre et requérir des services fort différents de l'individu qu'elles s'étaient ainsi accordées à choisir. Il ne fallait pas de bien profondes réflexions pour prévoir que ces prétentions contradictoires sur ses services pourraient le placer promptement dans une situation où son honneur ne serait peut-être pas moins exposé que sa vie. Mais il n'était pas dans la nature de Roland Grœme de songer au mal avant que le mal ne fût venu, ni de se préparer à combattre des difficultés avant qu'elles n'arrivassent. — Je vais voir cette belle et infortunée Marie Stuart dont on nous a tant parlé, se dit-il, et alors il sera assez temps de décider si je serai pour le roi ou pour la reine. Aucun d'eux ne peut dire que j'aie donné parole ou promesse à l'une ou l'autre des deux factions; car ils m'ont conduit à droite et à gauche comme un Billy [1] aveugle, sans me donner la moin-

---

[1] Forme familière de William; une de ces personnifications familières aux Anglais et aux Écossais. (L. V.)

dre lumière sur ce que j'avais à faire. Mais il est heureux que ce renfrogné de Douglas soit arrivé ce matin dans le cabinet du régent, sans quoi je ne m'en serais pas tiré sans engager ma foi de faire tout ce que le comte attend de moi ; et, après tout, il me semble que ce n'est pas trop franc jeu, de placer un page près de la pauvre dame emprisonnée pour l'épier et la trahir.

Passant ainsi légèrement sur une chose si importante, les pensées de notre étourdi se jetèrent à perte de vue vers des sujets plus agréables. D'abord il admira les tours gothiques de Barnbougle, s'élevant sur un rocher battu par la mer, et dominant un des plus magnifiques paysages d'Écosse ; — puis il se mit à considérer quel beau champ de chasse aux chiens et aux faucons offrirait le terrain accidenté qu'ils parcouraient ; — puis il comparait le trot pesant et régulier qu'ils conservaient dans leur marche actuelle, au délice de franchir avec la rapidité du vent hauteurs et vallées en se livrant à ses divertissements favoris. Comme sous l'influence de ces joyeux souvenirs il avait donné de l'éperon à son cheval et lui avait fait exécuter une caracole, il encourut immédiatement la censure de son grave voisin, qui lui conseilla de garder le pas et d'avancer paisiblement sans rompre l'ordre, s'il ne voulait pas que ses mouvements excentriques attirassent une attention qui pourrait lui devenir fort déplaisante.

Cette mercuriale, et la contrainte sous laquelle le jeune homme se trouvait alors, rappelèrent à son souvenir son dernier guide et compagnon, le complaisant Adam Woodcock, toujours de si joyeuse humeur ; et de ce sujet son imagination ne fit qu'un saut jusqu'au château d'Avenel, à la vie paisible et libre de ses habitants, à la bonté de la protectrice de sa jeunesse, sans oublier les hôtes de ses écuries, de ses chenils et de ses perchoirs à faucons. Mais tous ces sujets de méditation ne tardèrent pas à faire place au souvenir de cette femme-énigme, Catherine Seyton, qui apparaissait à son imagination tantôt sous sa forme féminine, — tantôt sous son accoutrement de page, — tantôt sous les deux aspects à la fois, — comme ces songes étranges qui nous offrent au même instant le même individu sous deux caractères différents. Son mystérieux présent lui revint aussi en mémoire, — l'épée qu'en ce moment il portait à son côté, et qu'il ne devait tirer que sur l'ordre de sa souveraine légitime. Mais il jugeait qu'en toute probabilité le terme de son voyage actuel lui donnerait la clef de ce mystère.

L'esprit occupé de ces pensées, Roland Grœme arriva avec la troupe de lord Lindesay au Queen's-Ferry [1], qu'ils passèrent sur des bâtiments qui les attendaient. Nulle aventure ne leur arriva dans la traversée, si ce n'est qu'un cheval se blessa à la jambe en entrant dans le bateau, circonstance alors très-commune et à la cause de laquelle on n'a remédié que

---

[1] Bac de la Reine. *Voyez* le premier chapitre de l'*Antiquaire*. (L. V.

depuis peu d'années, quand le bac a été complétement régularisé. Un trait plus particulièrement caractéristique de l'époque fut la décharge contre la troupe d'une coulevrine placée sur les créneaux du vieux château de Forsythe, sur le bord septentrional du détroit, le seigneur de Forsythe se trouvant avoir quelque querelle publique ou particulière avec lord Lindesay, et ayant employé cette manière de manifester son ressentiment. Comme l'insulte, néanmoins, n'eut pas de conséquence fâcheuse, elle resta sans vengeance et comme inaperçue; et rien autre chose digne d'attention ne se présenta jusqu'à ce que la cavalcade fût arrivée au bord du Loch-Leven[1], dont la nappe magnifique se déployait aux rayons d'un brillant soleil d'été.

L'ancien château, qui occupe une île presque au centre du lac, rappela au page celui d'Avenel où il avait été élevé. Mais le lac était beaucoup plus étendu, et embelli par plusieurs îlots, outre celui sur lequel était située la forteresse; et au lieu d'être, comme le lac d'Avenel, entouré de toutes parts d'une enceinte de collines, il était abrité au midi seulement par un magnifique rideau de hauteurs, dernier gradin de l'une des montagnes de Lomond, la vaste et fertile plaine de Kinross s'étendant de l'autre côté. Roland Græme regarda avec un certain effroi la forteresse environnée d'eau, qui alors, comme aujourd'hui, consistait seulement en un large donjon ou grande tour carrée, entouré d'une cour que deux tourelles circulaires flanquaient aux angles, et qui renfermait dans son enceinte plusieurs autres bâtiments de moindre importance. Quelques bouquets de vieux arbres rapprochés du château jetaient un peu de vie sur cet aspect de triste reclusion; mais Roland, en contemplant un édifice si complétement isolé, ne put s'empêcher de déplorer la situation d'une princesse captive condamnée à habiter là, aussi bien que la sienne propre. — Il faut, pensa-t-il, que je sois né sous l'astre qui préside aux dames et aux lacs, car je ne puis par aucun moyen échapper au service des unes, ni éviter de demeurer au milieu des autres. Mais si on ne me laisse pas la liberté de chasser et de courir, on réussira aussi aisément à confiner là une troupe de canards sauvages, qu'un jeune homme qui peut nager comme eux.

La troupe était alors arrivée au bord de l'eau, et un des cavaliers, se mettant en avant, déploya le pennon de lord Lindesay, en l'agitant de çà et de là à diverses reprises, en même temps que le baron lui-même faisait entendre un appel retentissant de son bugle. En réponse à ces signaux une bannière fut aussitôt déployée au haut du château, et on aperçut quelques figures qui paraissaient occupées à mettre à flot un bateau amarré près de l'îlot.

---

[1] Le Loch-Leven, dont la plus grande étendue, de l'est à l'ouest, est d'environ trois milles (une de nos lieues communes), est situé dans Kinross-shire, à une douzaine de milles au nord du Frith de Forth. (L. V.)

— Il leur faut quelque temps avant d'être ici avec le bateau, dit le compagnon de lord Lindesay ; ne ferions-nous pas bien d'aller jusqu'au village [1], et de réparer un peu notre toilette, avant de paraître devant...

— Vous pouvez y aller si vous voulez, sir Robert, répondit Lindesay ; je n'ai ni temps ni pensées à perdre à de telles vanités. Elle m'a coûté bien des courses fatigantes, et elle ne peut s'offenser, maintenant, du manteau usé et du pourpoint taché dont je suis couvert. C'est la livrée à laquelle elle a réduit toute l'Écosse.

— Ne parlez pas avec tant de dureté, reprit sir Robert ; si elle a fait mal, elle l'a chèrement payé ; et quand elle a perdu tout pouvoir réel, on ne voudrait pas la priver du peu d'hommages extérieurs dus à la fois à une dame et à une princesse.

— Je vous le répète, sir Robert Melville, faites comme vous voudrez ; — quant à moi, je suis maintenant trop vieux pour m'attifer en élégant et orner le boudoir des dames.

— Le boudoir des dames, mylord! dit Melville en portant les yeux sur la sombre vieille tour ; — est-ce à ce noir château grillé, prison d'une reine captive, que vous donnez un nom si riant?

— Nommez-le comme vous voudrez ; si le régent avait voulu envoyer ici quelqu'un capable de parler à une reine captive, il ne manque pas de damoiseaux dans sa cour qui auraient brigué l'occasion de débiter des discours tirés d'*Amadis des Gaules* ou du *Miroir de la Chevalerie*; mais quand il a envoyé le vieux Lindesay, il savait que Lindesay parlerait à une femme fautive comme le veulent ses anciens méfaits et sa situation actuelle. Je n'ai pas cherché cet emploi, — on me l'a jeté sur les bras ; et je ne m'embarrasserai pas de plus de formes dans son acquit qu'il ne faut absolument en mettre en pareille occasion.

A ces mots lord Lindesay sauta de cheval, et s'enveloppant de son manteau de voyage, il s'étendit tout de son long sur la pelouse, en attendant l'arrivée du bateau, qu'on voyait alors venir à toutes rames du château vers la rive. Sir Robert Melville, qui avait aussi mis pied à terre, se promenait de long en large sur la plage, les bras croisés sur la poitrine, regardant fréquemment dans la direction du château, et présentant sur sa physionomie un mélange de douleur et d'inquiétude. Tous les autres étaient restés à cheval, immobiles comme des statues, sans même qu'on vît remuer les pointes de leurs lances qu'ils tenaient droites en l'air.

Dès que le bateau se fut approché d'une sorte d'embarcadère grossièrement construit près duquel la troupe stationnait, lord Lindesay quitta sa posture indolente, et demanda à celui qui gouvernait pourquoi il n'était pas venu avec un bateau plus grand pour transporter sa suite.

---

[1] Kinross est situé à l'angle sud-ouest du lac. (L. V.)

— S'il vous plaît, répondit le batelier, c'est parce que l'ordre de notre maîtresse est que nous n'amenions pas au château plus de quatre personnes.

— Ta maîtresse est une femme prudente, reprit Lindesay; me soupçonne-t-elle de trahison? — Et si j'en méditais une, qu'est-ce qui nous empêcherait de vous jeter dans le lac, vous et vos camarades, et d'emplir le bateau de mes propres gens?

Le pilote, en entendant ceci, fit un rapide signal à ses hommes de rétrograder, et de se tenir hors de portée du bord près duquel ils étaient.

— Eh, âne que tu es! tu ne penses pas que je veuille sérieusement faire le moindre mal à ta tête de fou? Écoute, l'ami : — je n'irai pas là-bas avec moins de trois personnes de ma suite, — et sir Robert Melville exigera d'être accompagné, pour le moins, d'un domestique; et ce sera à vos propres risques et à ceux de votre maîtresse que vous refuserez de nous admettre, venus ici comme nous le sommes pour affaires de grande importance nationale.

Le batelier répondit avec fermeté, quoique avec la plus grande civilité d'expression, que ses ordres de ne pas conduire au delà de quatre personnes dans l'île étaient positifs, mais qu'il était prêt à retourner pour obtenir que ses instructions fussent modifiées.

— Va, mon ami, dit sir Robert Melville, après qu'il eut vainement fait tous ses efforts pour persuader à son obstiné compagnon de consentir à une réduction temporaire de sa suite; — retourne au château, puisque tu ne peux mieux faire, et obtiens l'ordre de ta maîtresse de nous y transporter, lord Lindesay et moi, avec notre suite.

— Un moment, reprit lord Lindesay; prenez avec vous ce page, qui vient ici comme attaché à la suite de celle que loge votre maîtresse. — Mets pied à terre, drôle, ajouta-t-il en s'adressant à Roland, et embarque-toi avec eux dans ce bateau.

— Et que deviendra mon cheval? dit Grœme; j'en suis responsable à mon maître.

— Je prends la responsabilité sur moi, repartit Lindesay; tu auras assez peu besoin de cheval, de selle ou de bride d'ici à dix ans. — Tu peux prendre le licou, si tu veux; — il pourrait se faire qu'il te servît.

— Si je le pensais, s'écria Roland!... Mais il fut interrompu par sir Robert Melville, qui lui dit d'un ton de bonne humeur : Obéis, mon jeune ami; — la résistance ne saurait t'être utile, et elle pourrait bien te faire courir quelque risque.

Roland Grœme sentit la justesse de ce que lui disait sir Robert, et quoique l'apostrophe de Lindesay ne lui fît plaisir ni par le fond ni par la forme, il jugea que le mieux était de se soumettre à la nécessité et de s'embarquer sans autre observation. Les rameurs se mirent à l'œuvre. Le quai et la troupe de cavaliers stationnée près de là s'éloignèrent des yeux du page, — le château et l'île semblèrent s'en rapprocher dans la même proportion, et au bout de peu de moments il prit terre sous l'ombre d'un vieil arbre dont les immenses rameaux couvraient le lieu de débarquement. Le chef de la barque et Græme sautèrent sur le rivage, et les bateliers, appuyés sur leurs rames, se tinrent prêts à repartir.

CHAPITRE XXI.

> Si la valeur, si l'amour du peuple servaient à quelque chose, la France n'aurait pas pleuré le meurtre du brave Henri de Navarre; si l'esprit et la beauté pouvaient émouvoir la compassion, la Rose d'Écosse n'aurait pas pleuré en vain.
>
> LEWIS, *Élégie composée dans un mausolée royal.*

LA porte de l'avant-cour du château se présenta la majestueuse stature de lady Lochleven, femme dont les charmes, dans sa première jeunesse, avaient captivé Jacques V, qui la rendit mère du célèbre Murray, maintenant régent du royaume. Comme elle était de noble naissance (étant une fille de la maison de Mar), et douée d'une grande beauté, sa liaison avec Jacques ne l'empêcha pas d'être ensuite recherchée en mariage par plusieurs seigneurs du temps, entre lesquels elle avait préféré sir William Douglas de Lochleven. Mais, on l'a dit avec raison,

> « Les vices qui nous charment
> Deviennent contre nous autant de fouets vengeurs. »

La position qu'occupa alors lady Lochleven, comme femme d'un homme de haut rang et de grande influence, et mère d'une famille légitime, ne l'empêchait pas de nourrir en elle un sentiment douloureux de dégradation, alors même qu'elle était le plus fière des talents, du pouvoir et de l'élévation de son fils, devenu le principal régulateur de l'État, mais qui n'en était pas moins le fruit d'une liaison coupable. — Si Jacques lui avait rendu la justice qui lui était due, se disait-elle au fond de l'âme, elle aurait vu dans son fils, comme une source de jouissance et d'orgueil sans mélange, le roi légitime de l'Écosse, et l'un des plus capables qui eussent jamais porté le sceptre. La maison de Mar, qui ne le cédait ni en ancienneté ni en grandeur à celle de Drummond, se serait glorifiée aussi de compter une reine parmi ses filles, et aurait échappé à la tache qu'entraîne la faiblesse d'une femme, même quand cette faiblesse a pour excuse l'amour d'un roi. En même temps que de tels sentiments rongeaient une âme naturellement fière et rigide, ils avaient un effet analogue sur sa physionomie, où se mêlait, aux restes d'une beauté remarquable, une expression de mécontentement et de mélancolie chagrine. Ce qui contribuait peut-être à accroître cette disposition habituelle, c'était que lady Lochleven avait adopté des principes de religion d'une rigidité et d'une austérité peu communes, imitant dans ses idées de foi réformée les pires erreurs des catholiques, et restreignant comme eux les promesses de l'Évangile à ceux qui professaient les mêmes dogmes spéculatifs qu'elle-même.

Sous tous les rapports, l'infortunée reine Marie, qui alors recevait de cette dame une hospitalité forcée, ou qui plutôt était sa prisonnière, était dépendante de son hôtesse. Lady Lochleven détestait en elle la fille de Marie de Guise, de celle qui avait légalement possédé sur le cœur et la main de Jacques ces droits dont elle se regardait comme ayant été injustement privée; et cependant elle la détestait plus encore comme sectatrice d'une religion qui lui était plus odieuse que le paganisme.

Telle était la dame qui, d'un air imposant, et ses traits durs, quoique beaux encore, ombragés par une coiffe de velours noir, interrogea le domestique qui ramenait la barge au château, et lui demanda ce qu'étaient devenus Lindesay et sir Robert Melville. L'homme rapporta ce qui s'était passé, et elle reprit en souriant d'un air de dédain : Il faut flatter les fous et non les combattre. — Retourne à terre, — fais tes excuses comme tu pourras, — dis-leur que lord Ruthven est déjà arrivé au château, et qu'il attend avec impatience la présence de lord Lindesay. Pars, Randal. — Mais, un moment : — quel galopin[1] as-tu amené ici?

— S'il vous plaît, mylady, c'est le page qui doit être attaché au service de...

— Oui, le nouveau mignon mâle; la suivante est arrivée hier. J'aurai une maison bien en ordre, avec cette dame et sa suite ! mais j'espère qu'ils trouveront bientôt quelque autre à qui remettre une pareille charge. Va, Randal; — et vous (se tournant vers Roland Græme), suivez-moi au jardin.

Elle le précéda, d'un pas lent et majestueux, jusqu'à un petit jardin entouré d'un mur de clôture, orné de statues et, au centre, d'une fontaine artificielle, et dont les parterres tristement monotones longeaient le côté de l'avant-cour, avec laquelle il communiquait par une porte basse et cintrée. Dans l'étroit espace de ses allées régulières et

---

[1] C'est l'expression dont se sert l'original. Nous ferons cependant remarquer qu'il ne paraît pas que cette expression, évidemment d'origine française, eût alors précisément l'acception populaire que nous lui donnons aujourd'hui. Le *galopin* d'alors paraît avoir été un petit page; celui qui court, qui *galope* pour exécuter les ordres qu'on lui donne. (L. V.)

bornées, Marie Stuart apprenait alors à jouer le pénible rôle de prisonnière, rôle qu'elle était condamnée, sauf un court intervalle, à remplir jusqu'à la fin de sa vie. Deux suivantes l'accompagnaient dans sa lente et triste promenade; mais le premier regard de Roland Græme fut tout à cette femme si illustre par sa naissance, si distinguée par sa beauté, ses talents et ses malheurs, et de toutes les personnes présentes il ne vit que l'infortunée reine d'Écosse.

Son visage et les contours de sa taille ont laissé sur l'imagination une si profonde empreinte, que même à la distance de près de trois siècles il n'est pas nécessaire de dépeindre au lecteur le plus ignorant et le moins lettré les traits frappants qui caractérisent cette physionomie remarquable, où semblent se combiner à la fois nos idées du majestueux, de l'agréable et du brillant, nous laissant douter s'ils expriment plus heureusement la reine, la beauté, ou la femme de talents accomplis. A la mention seule du nom de Marie Stuart, qui n'a pas sa physionomie devant les yeux, aussi familière que celle de la maîtresse de sa jeunesse ou de la fille favorite de son âge mûr? Ceux-là même qui se sentent obligés de croire, en tout ou en partie, aux accusations dont ses ennemis l'ont chargée, ne peuvent, sans lui donner un soupir, penser à cette physionomie qui exprime tout autre chose que les crimes infâmes dont on l'accusa vivante, et qui jettent encore une ombre sur sa mémoire, s'ils ne la noircissent pas entièrement. Ce front si franc, si ouvert et si noble; — ces sourcils si gracieusement réguliers, et qui cependant étaient sauvés de l'accusation d'insipidité que la régularité entraîne souvent avec elle, par l'expression ravissante des yeux bruns qu'ils encadraient, et qui semblaient raconter mille histoires; — le nez, dessiné avec toute la précision du profil grec; — la bouche, si bien proportionnée, si délicieusement formée, comme si elle n'eût été faite que pour dire ce qui est doux à entendre; — le menton à fossette, — le cou si majestueux et d'une blancheur de cygne : — tous ces traits composent une physionomie dont nous ne sachions pas que le pendant ait jamais existé dans cette sphère élevée de la société où se meuvent des personnages qui commandent une attention générale et sans partage. Il est inutile de dire que les portraits qui existent de cette femme remarquable ne se ressemblent pas entre eux; car, au milieu de leurs différences, chacun d'eux possède des traits généraux que l'œil reconnaît sur-le-champ comme particuliers à la vision que notre imagination a évoquée quand pour la première fois nous avons lu son histoire, ou à l'impression qu'ont faite sur nous les gravures et les peintures nombreuses que nous avons vues. Il est vrai que nous ne pouvons regarder le plus médiocre de ces portraits, quelque imparfaite qu'en soit l'exécution, sans nous dire : Voilà Marie Stuart! et ce n'est pas un faible exemple du pouvoir de la beauté, que ses charmes soient encore un sujet non pas seulement d'admiration, mais d'un intérêt ardent et chevaleresque, après un tel laps de temps. Nous savons que les plus âpres de ceux qui, dans les temps plus rapprochés, ont adopté le point de vue défavorable du caractère de Marie, auraient ressemblé à l'exécuteur, qui, avant de s'acquitter de son effroyable tâche, désira baiser la main si belle de celle sur qui il allait accomplir son horrible devoir

Vêtue en ce moment d'une robe de grand deuil, et avec ce charme de visage, de formes et de manières que la tradition fidèle a rendu familier à chaque lecteur, Marie Stuart s'avança à la rencontre de lady Lochleven, qui, de son côté, s'efforçait de cacher son aversion et ses craintes sous les dehors d'une respectueuse indifférence. La vérité est que plus d'une fois elle avait éprouvé la supériorité de la reine dans cette sorte de sarcasme déguisé, mais pénétrant, par lequel les femmes savent se venger avec succès d'injures réelles et matérielles. On peut mettre en question si ce talent ne fut pas aussi fatal à celle qui le possédait, que tant d'autres dont était douée cette femme si favorisée de la nature et pourtant si malheureuse; car s'il lui procurait souvent un triomphe momentané sur ses geôliers, il ne manquait pas d'aiguiser leur ressentiment, et le sarcasme satirique auquel elle s'était laissée aller eut fréquemment pour représailles les humiliations plus profondes et plus amères qu'ils avaient le pouvoir d'infliger. Personne n'ignore que sa mort fut hâtée à la fin par une lettre qu'elle écrivit à la reine Élisabeth, et dans laquelle elle traitait sa jalouse rivale, ainsi que la comtesse de Shrewsbury, avec la plus mordante ironie.

Lorsque les dames se rencontrèrent, la reine répondit par une inclination de tête au salut de lady Lochleven. — Nous sommes heureuse aujourd'hui, dit-elle; nous jouissons de la compagnie de notre aimable hôtesse à une heure inhabituelle, et durant un intervalle que jusqu'ici il nous a été permis de donner à notre promenade privée. Mais notre bonne hôtesse sait bien qu'elle a en tout temps accès en notre présence, et qu'elle n'a pas besoin d'observer l'inutile cérémonie de requérir notre permission.

— Je suis fâchée que ma présence soit regardée comme une indiscrétion par Votre Grâce, repartit lady Lochleven. Je venais seulement annoncer l'arrivée d'une addition à votre suite (ajouta-t-elle en étendant la main vers Roland Græme), circonstance à laquelle les dames sont rarement indifférentes.

— Oh! je vous demande pardon, mylady; je m'incline jusqu'à terre devant les obligations que j'ai à la bonté de mes nobles, — dirai-je de mes souverains? — qui m'ont accordé une addition si respectable à ma suite personnelle.

— Il est vrai, madame, qu'ils se sont étudiés à montrer leur bonté envers Votre Grâce, quelque peu aux dépens d'une saine politique, peut-être; et j'ai la confiance que leurs actes ne seront pas mésinterprétés.

CHAPITRE XXI.

— Impossible! la bonté qui accorde à la fille de tant de rois, à celle qui est encore reine d'Écosse, une suite composée de deux femmes et d'un enfant, est une grâce que Marie Stuart ne peut jamais assez reconnaître. Eh quoi! ma suite ne sera-t-elle pas ainsi égale à celle de chaque dame châtelaine de votre royaume de Fife, sauf l'absence d'un gentilhomme-écuyer et d'une couple ou deux de laquais à livrée bleue? Mais je ne dois pas oublier, dans ma joie égoïste, le nouvel embarras et les charges nouvelles que cette magnifique augmentation de notre cour va occasionner à notre bonne hôtesse et à toute la maison de Lochleven. C'est cette prudente anxiété, je le sens, qui couvre votre front d'un nuage, ma digne dame. Mais tranquillisez-vous; la couronne d'Écosse a plus d'un beau manoir, et votre fils affectionné, mon non moins affectionné frère, investira le bon chevalier votre époux du plus riche et du meilleur, plutôt que de laisser renvoyer Marie de ce château hospitalier par manque de moyens chez Votre Seigneurie de supporter les charges de son entretien.

— Les Douglas de Lochleven, madame, ont su depuis des siècles comment remplir leurs devoirs envers l'État, sans regarder à la récompense, même quand la tâche était désagréable et dangereuse.

— Allons, ma chère Lochleven, vous êtes par trop scrupuleuse; — je vous en prie, acceptez un bon manoir. Qui pourvoirait à l'entretien de la reine d'Écosse dans cette cour princière qu'on lui a faite, si ce n'étaient ses propres terres de la couronne? — et qui subviendrait aux besoins d'une mère, sinon un fils affectionné comme le comte de Murray, qui en a si merveilleusement le pouvoir et l'inclination? — Ou bien serait-ce, comme vous disiez, le danger de la tâche qui obscurcit la sérénité de votre front hospitalier? — Sans doute un page est une addition formidable à ma compagnie féminine de gardes du corps; et, j'y songe: c'est sans doute pour cette raison que mylord de Lindesay a refusé tout à l'heure de s'aventurer à portée d'une force si formidable sans être accompagné de forces suffisantes.

Lady Lochleven tressaillit et parut quelque peu surprise; et Marie, quittant tout à coup le ton affecté d'affabilité ironique pour celui d'une sévérité impérative, en même temps qu'elle relevait sa belle tête, dit, avec toute la majesté de son rang: Oui, lady de Lochleven, je sais que Ruthven est déjà dans ce château, et que Lindesay attend sur la rive le retour de votre barge pour le conduire ici avec sir Robert Melville. Dans quelle intention ces nobles viennent-ils? — et pourquoi ne m'a-t-on pas informée de leur arrivée, ainsi que l'exigeait la bienséance la plus ordinaire?

— Leur intention, madame, répondit lady Lochleven, ils doivent eux-mêmes vous l'expliquer; — et pour une annonce formelle, elle était inutile, là où Votre Grâce a des gens qui peuvent si bien jouer le rôle d'espions.

— Hélas! ma pauvre Fleming, reprit la reine en se tournant vers la plus âgée de ses deux femmes, tu vas être jugée, condamnée au gibet et exécutée pour avoir espionné la garnison, parce qu'il t'est arrivé de traverser la grande salle pendant que notre bonne lady de Lochleven était à parler de toute l'étendue de sa voix avec son pilote Randal. Mets de la laine noire dans tes oreilles, ma fille, si tu tiens à ce qu'on te les laisse. Souviens-toi qu'au château de Lochleven oreilles et langues sont choses hors d'usage, si ce n'est simplement pour montre. Notre bonne hôtesse peut entendre comme elle peut parler, pour nous tous. — Nous vous dispensons de nous faire plus longtemps cortége, mylady, ajouta-t-elle en s'adressant de nouveau à l'objet de sa haine, et nous nous retirons pour nous préparer à une entrevue avec nos lords rebelles. Nous nous servirons du vestibule de notre chambre à coucher pour salle d'audience. — Vous, jeune homme, continua-t-elle en se tournant vers Roland Græme, et adoucissant tout à coup la mordante ironie de ses manières en une raillerie enjouée, vous qui composez à vous seul toute la partie mâle de notre suite, depuis notre lord grand-chambellan jusqu'au dernier de nos pages, suivez-nous pour disposer notre cour.

Elle se détourna, et prit lentement le chemin du château. Lady Lochleven la regarda s'éloigner, les bras croisés et un sourire d'amer ressentiment sur les lèvres.

— Toute la partie mâle de ta suite! murmura-t-elle, répétant les derniers mots de la reine; il eût été heureux pour toi que ta suite ne fût jamais plus nombreuse. Alors, se retournant vers Roland, dans le chemin de qui elle s'était trouvée placée pendant cette pause, elle se dérangea pour le laisser passer, et lui dit en même temps : As-tu déjà l'oreille aux écoutes? Suis ta maîtresse, mignon, et répète-lui, si tu veux, ce que je viens de dire.

Roland Græme se hâta de rejoindre sa royale maîtresse et ses deux suivantes, qui venaient de franchir une poterne communiquant du château au petit jardin. Ils montèrent deux étages d'un escalier tournant : là se trouvaient trois pièces communiquant de l'une à l'autre, et qui composaient l'appartement de la princesse captive. La première en entrant était une petite salle ou antichambre, d'où on passait dans un grand parloir, et de celui-ci dans la chambre à coucher de la reine. Une autre petite chambre, qui ouvrait sur le même parloir, contenait les lits des dames de sa suite.

Roland Græme s'arrêta, ainsi qu'il convenait à son poste, dans la première de ces trois pièces, pour y attendre les ordres qu'on pourrait lui transmettre. De la fenêtre grillée de la chambre il vit débarquer Lindesay, Melville et leurs gens; et il remarqua qu'ils étaient rejoints par un troisième seigneur, à qui Lindesay cria, de sa voix haute et rude : Mylord de Ruthven, vous avez l'avance sur nous!

En cet instant l'attention du page fut détournée par une explosion de sanglots et de cris partis de l'appartement intérieur, et par les exclamations précipitées que l'effroi arrachait aux femmes, et qui le déterminèrent à courir à leur aide. En entrant dans la chambre de la reine, il la vit qui s'était jetée sur le siége le plus rapproché de la porte, et qui, respirant à peine, était en proie à une violente attaque nerveuse. La plus âgée des deux dames de sa suite la soutenait dans ses bras, tandis que la plus jeune lui bassinait les tempes avec de l'eau à laquelle se mêlaient ses larmes.

— Hâtez-vous, jeune homme! dit la plus âgée d'un ton alarmé; courez, — appelez du secours! — elle s'évanouit.

Mais la reine s'écria, d'une voix faible et entrecoupée : Ne bougez pas, je vous l'ordonne! — n'appelez personne pour être témoin... Je suis mieux; — je vais être remise dans quelques instants. Et, en effet, par un effort violent qui semblait celui d'une lutte contre la mort, elle se redressa sur son siége et s'efforça de rappeler son calme d'esprit, bien que ses traits fussent encore agités des mouvements convulsifs de l'émotion violente de corps et d'âme qu'elle avait éprouvée. — Je suis honteuse de ma faiblesse, mes filles, dit-elle en prenant les mains de ses deux suivantes; mais elle est passée, — et je suis redevenue Marie Stuart. Le ton sauvage de la voix de cet homme, — la connaissance que j'ai de son insolence, — le nom qu'il a prononcé, — le dessein qui les amène, tout cela peut excuser un moment de faiblesse, — et ce ne sera que la faiblesse d'un moment. Elle arracha de sa tête la coiffe ou *curch*, qui s'était dérangée durant sa crise, laissa se dérouler dans toute leur longueur les touffes épaisses et bouclées de sa chevelure brune, que son couvre-chef emprisonnait; — et, passant ses doigts déliés à travers le labyrinthe de ses tresses soyeuses, elle se leva de sa chaise, et resta un moment, image parfaite d'une pythonisse grecque au moment de l'inspiration, dans une disposition qui tenait à la fois de la douleur et de la fierté, du sourire et des larmes. — Nous sommes mal préparée, reprit-elle, à recevoir nos sujets rebelles; mais, autant que nous le pourrons, nous nous efforcerons de nous présenter comme il convient à leur reine. Suivez-moi, mes filles, ajouta-t-elle; que dit ta chanson favorite, ma Fleming?

> « Venez parer votre maîtresse,
> Et parfumer ses bruns cheveux;
> Il faudra que de chaque tresse
> Vos doigts sachent en faire deux. »

Hélas! ajouta-t-elle après avoir récité avec un sourire ces vers d'une ancienne ballade, la violence m'a déjà enlevé les ornements ordinaires de mon rang; et le peu que m'en avait donné la nature a été détruit par le chagrin et les craintes. Néanmoins, tout en parlant ainsi, elle laissait de nouveau ses doigts délicats s'égarer dans l'épaisse forêt de ses beaux cheveux, qui voilait son noble cou et son sein gonflé par l'agitation de ses esprits, comme si, dans son angoisse, elle n'avait pas entièrement perdu la conscience de ses charmes sans rivaux. Roland Grœme, que sa jeunesse, son inexpérience, et le sentiment ardent de ce qui était noble et aimable, plaçaient sous le charme des manières d'une dame si belle et de si haute naissance, semblait avoir été touché par la baguette d'un magicien; la surprise et l'intérêt le tenaient enraciné à sa place, impatient de hasarder sa vie dans une cause aussi belle que devait nécessairement être la cause de Marie Stuart. Celle-ci avait été élevée en France; — elle était douée de la beauté la plus exquise; elle avait été reine, et reine d'Écosse, pays où la connaissance des caractères était aussi essentielle que l'air vital. Sous tous ces rapports, Marie était, de toutes les femmes, la plus prompte à s'apercevoir et à profiter des avantages que lui donnaient ses charmes sur la plupart de ceux qui se trouvaient placés dans la sphère de leur influence. Elle jeta sur Roland un regard qui aurait pu amollir un cœur de roche.

— Mon pauvre enfant, lui dit-elle avec un accent de sensibilité en partie réel, en partie politique, nous vous sommes étrangère; — on vous a fait quitter, pour vous envoyer à cette douloureuse captivité, la société d'une tendre mère, ou d'une sœur, ou de quelque jeune fille avec laquelle vous aviez la liberté de danser gaîment autour de l'arbre de Mai. J'en suis peinée pour vous; — mais vous êtes le seul officier de ma petite cour. — Obéiras-tu à mes ordres?

— Jusqu'à la mort, madame, répondit Grœme d'un ton résolu.

— Hé bien, garde la porte de mon appartement; garde-la jusqu'à ce qu'on emploie la violence, ou que nous soyons convenablement préparée pour recevoir ces importuns visiteurs.

— Je la défendrai jusqu'à ce qu'ils me passent sur le corps! s'écria Roland Grœme, toute l'hésitation qu'il avait éprouvée quant à la ligne de conduite qu'il devait tenir étant complétement dissipée par l'impulsion du moment.

— Non pas, mon bon jeune homme, repartit Marie; ce n'est pas là ce que je te commande. Si j'ai près de moi un sujet fidèle, et Dieu sait s'il m'est nécessaire, j'ai à songer à sa sûreté. Résiste-leur autant qu'il le faudra pour les couvrir de la honte d'employer la violence matérielle, et alors livre-leur passage, je te l'enjoins. Elle accompagna ces mots d'un sourire exprimant à la fois la bienveillance et l'autorité, et, suivie de ses dames, elle entra dans la chambre à coucher.

La plus jeune des deux s'arrêta une demi-seconde avant de suivre sa compagne, et fit signe de la main à Roland Grœme. Déjà depuis longtemps il avait reconnu en elle Catherine Seyton, circonstance qui ne pouvait beaucoup surprendre un jeune homme d'intelligence prompte, qui se souvenait des discours mystérieux des deux matrones dans le cloître abandonné, discours sur lesquels sa rencontre actuelle avec Catherine paraissait jeter tant de lumière. Tel fut néanmoins l'effet puissant de la présence de Marie, que pour le moment il domina même les sentiments d'un jeune amant ; et ce ne fut que lorsque Catherine Seyton eut disparu, que Roland commença à songer aux relations qui allaient s'établir entre eux. — Elle a levé la main vers moi avec un geste de commandement, pensa-t-il ; peut-être voulait-elle affermir mon intention quant à l'exécution des ordres de la reine, car je ne pense pas qu'elle puisse se proposer de m'effrayer par cette sorte de discipline qu'elle a administrée au valet à la jaquette de frise et au pauvre Adam Woodcock. Mais c'est sur quoi nous reviendrons ; en attendant, justifions la confiance qu'a mise en nous cette malheureuse reine. Je crois que mylord de Murray lui-même conviendrait que c'est le devoir d'un page fidèle de défendre sa dame contre la violation de son appartement privé.

En conséquence, il revint au petit vestibule, ferma à clef et au verrou la porte qui ouvrait sur le grand escalier, puis s'assit dans l'attente du résultat. Il n'eut pas longtemps à l'attendre ; — une main rude et vigoureuse essaya d'abord de lever le loquet, puis poussa et secoua la porte avec violence, et lorsqu'on vit qu'elle résistait, une voix cria : Ouvrez la porte, vous autres du dedans !

— Pourquoi et sur quel ordre, dit le page, dois-je ouvrir la porte des appartements de la reine d'Écosse ?

Une seconde tentative aussi vaine que la première, mais qui fit grincer les gonds et les verrous, montra que l'impatient solliciteur serait volontiers entré sans le moindre égard à cette question ; mais enfin on répondit :

— Ouvrez la porte, à vos propres risques ; — lord Lindesay vient parler à lady Marie d'Écosse.

— Lord Lindesay, comme noble écossais, doit attendre le loisir de sa souveraine, repartit le page.

Une altercation sérieuse s'ensuivit parmi ceux du dehors, et Roland y distingua la voix de Lindesay, aisée à reconnaître à sa rudesse, qui répondait à sir Robert Melville, lequel avait apparemment prononcé quelques paroles conciliatrices : Non, non, non ! je te dis que non ! Je placerai un pétard contre la porte plutôt que de me laisser bafouer par une femme dissolue, et braver par un page insolent.

— Mais, du moins, laissez-moi essayer d'abord des moyens de douceur, reprit Melville. La violence envers une dame serait une tache ineffaçable à votre écusson. Ou bien attendez l'arrivée de mylord Ruthven.

— Je n'attendrai pas davantage, repartit Lindesay ; il est haut temps que les affaires se fassent, et que nous retournions au conseil. Mais tu peux essayer tes moyens de douceur, comme tu dis, pendant que je vais donner à mes gens l'ordre de préparer le pétard. Je suis venu ici pourvu d'aussi bonne poudre que celle qui a fait sauter l'église de Field.

— Pour l'amour de Dieu, prenez patience, répliqua Melville; et s'approchant de la porte, il dit, comme parlant aux personnes de l'intérieur : Faites savoir à la reine que moi, son fidèle serviteur, Robert Melville, je la conjure, par égard pour elle-même et pour prévenir de pires conséquences, de vouloir bien ouvrir la porte et admettre lord Lindesay, chargé d'une mission du conseil d'État.

— Je vais porter votre message à la reine, dit le page, et je vous rapporterai sa réponse.

Il fut jusqu'à la porte de la chambre à coucher et y frappa doucement; il fit part de son message à la plus âgée des deux dames de la reine qui vint ouvrir, et qui lui rapporta l'ordre de Marie d'admettre sir Robert Melville et lord Lindesay. Roland Græme revint en conséquence au vestibule et en ouvrit la porte; lord Lindesay s'y présenta aussitôt de l'air d'un soldat qui s'est frayé passage dans une forteresse emportée d'assaut, tandis que Melville, profondément abattu, le suivait d'un pas plus lent.

— Je vous prends à témoin, dit le page à ce dernier, que sans l'ordre exprès de la reine j'aurais défendu l'entrée de toutes mes forces et de tout mon sang contre l'Écosse entière.

— Silence, jeune homme, repartit Melville d'un ton de réprimande grave; n'ajoute pas de brandons au feu; — ce n'est pas le temps de faire florès de ta chevalerie d'enfant.

— Elle n'a même pas encore paru, dit Lindesay, qui alors avait pénétré jusqu'au milieu du parloir ou salle d'audience; quel nom donnez-vous à cette manière de se jouer de nous?

— Patience, mylord, répliqua sir Robert; le temps ne presse pas, — et lord Ruthven n'est pas encore descendu.

En ce moment la porte de l'appartement intérieur s'ouvrit, et l'on vit paraître la reine Marie, qui s'avança d'un air tout particulier de grâce et de dignité, sans paraître nullement émue ni de la visite, ni de la rudesse qui en avait accompagné le début. Elle portait une robe de velours noir; une petite fraise ouverte par-devant laissait à découvert les lignes gracieuses de son cou, mais lui voilait le sein. Une coiffe étroite de dentelle lui couvrait la tête, et un léger voile blanc retombait en larges plis de ses épaules sur sa longue robe noire, de manière qu'il pouvait être ramené à volonté sur le visage et envelopper toute la personne. A son cou était suspendue une croix d'or, et à sa ceinture un rosaire d'or et d'ébène. Elle était suivie de près par ses deux dames, qui restèrent debout derrière elle tant que dura la conférence. Lord Lindesay lui-même, le noble le plus rude de ce siècle de rudesse, ne put se défendre d'un sentiment qui tenait du respect, en voyant l'attitude calme et majestueuse de celle qu'il s'était attendu à trouver livrée à la rage d'une colère impuissante, ou abattue par une inutile et vaine

CHAPITRE XXI.

douleur, ou bien enfin dominée par les craintes qui dans une telle situation pouvaient assaillir une royauté déchue.

— Nous craignons de vous avoir fait attendre, mylord de Lindesay, dit la reine, en même temps qu'elle répondait avec dignité au salut qu'il lui avait fait à contre-cœur; mais une femme ne reçoit pas volontiers ses visiteurs sans donner quelques minutes à sa toilette. Les hommes, mylord, s'assujettissent moins à de telles cérémonies.

Lord Lindesay, portant ses regards sur son costume sale et en désordre, murmura quelque chose d'un voyage précipité, et la reine salua sir Robert Melville avec courtoisie, et même, à ce qu'il sembla, avec bienveillance. Il y eut alors un moment de profond silence, durant lequel Lindesay regardait vers la porte, comme attendant impatiemment le collègue adjoint à leur ambassade. La reine seule ne montrait aucun embarras, et, comme si elle n'eût voulu qu'entamer la conversation, elle s'adressa à lord Lindesay, en jetant un regard sur la longue et embarrassante épée qu'il portait, comme nous l'avons déjà dit, suspendue à son cou.

— Vous avez là un fidèle et formidable compagnon de route, mylord. J'espère que vous ne vous attendez pas à trouver ici d'ennemi contre lequel une arme si terrible puisse être nécessaire? C'est, ce me semble, un ornement quelque peu singulier pour une cour, quoiqu'il y ait en moi, comme cela m'est bien nécessaire, trop du sang et de l'esprit des Stuarts pour craindre une épée.

— Ce n'est pas la première fois, madame, répondit Lindesay en ramenant son épée en avant de manière à en appuyer la pointe sur le parquet, et en appuyant une main sur la large poignée en croix, ce n'est pas la première fois que cette arme s'est trouvée en présence d'un Stuart.

— Il est possible, mylord, qu'elle ait rendu des services à mes ancêtres; — les vôtres étaient des hommes loyaux et fidèles.

— Oui, madame, elle leur a rendu des services, mais de ces services que les rois n'aiment ni à reconnaître ni à récompenser. Elle leur a rendu le même service que la serpette rend à l'arbre qu'elle taille à vif, et auquel elle retranche une végétation superflue et des gourmands stériles qui en absorbent les sucs nourriciers.

— Vous parlez en énigmes, mylord; je veux espérer que l'explication n'emporte avec elle rien d'insultant.

— Vous allez en juger, madame. Archibald Douglas, comte d'Angus, était ceint de cette bonne épée le jour où il acquit le surnom de Bell-the-Cat [1] pour avoir entraîné de force hors de la présence de votre bi-

---

[1] Expression proverbiale, expliquée ainsi qu'il suit dans le glossaire écossais joint par sir Walter Scott à ses romans : S'en prendre à quelqu'un (notamment à quelqu'un de supérieur par le rang et le pouvoir); user de mesures de vigueur sans égard pour les conséquences. (L. V.)

saïeul Jacques troisième du nom, une troupe de mignons, de flatteurs et de favoris, qu'il fit pendre au-dessus du pont de Lander comme avertissement aux reptiles de cette espèce de ce qu'ils risquaient à approcher du trône d'Écosse. Avec cette même arme, le même inflexible champion de l'honneur écossais et de la noblesse écossaise tua d'un seul coup Spens de Kilspindie, courtisan de votre aïeul Jacques IV, qui avait osé parler légèrement de lui en présence du roi. Ils se battirent près du ruisseau de Fala; et Bell-the-Cat, avec cette lame, faucha la cuisse de son adversaire et l'abattit aussi aisément qu'un jeune berger arrache une baguette d'un jeune arbre.

— Mylord, reprit la reine en rougissant, mes nerfs sont trop aguerris pour être affectés même par cette terrible histoire. Puis-je vous demander comment une lame si illustre a passé de la maison de Douglas à celle de Lindesay? Il me semble qu'elle aurait dû être conservée comme une relique précieuse par une famille qui regardait tout ce qu'elle pouvait faire contre ses rois comme fait en faveur de son pays?

— Madame, dit Melville, intervenant avec anxiété, ne faites pas cette question à lord Lindesay; — et vous, mylord, par pudeur, — par convenance, — abstenez-vous d'y répondre.

— Il est temps que madame entende la vérité, repartit Lindesay.

— Et soyez assuré, mylord, que rien de ce que vous lui pourrez dire n'excitera sa colère, dit la reine. Il est des cas où un juste dédain l'emporte toujours sur une juste colère.

— Sachez donc, reprit Lindesay, que sur le champ de Carberry-Hill, quand ce traître infâme, ce perfide meurtrier, Jacques, quelque temps comte de Bothwell, et surnommé duc d'Orkney, offrit de se battre personnellement avec quelqu'un des nobles ligués qui venaient pour le traîner à la justice, j'acceptai son cartel, et reçus en don du noble comte de Morton cette bonne épée, pour m'en servir dans le combat. — Ah! le Ciel me soit en aide! s'il avait eu un grain de plus de présomption ou un grain de moins de couardise, j'aurais fait une telle besogne avec cette bonne lame sur son cadavre de traître, que les chiens et les corbeaux en auraient trouvé les morceaux tout coupés pour leur régal!

Le courage de la reine fut près de défaillir à la mention du nom de Bothwell, — nom lié à une telle suite de fautes, de honte et de désastres [1]. Mais la vanterie prolongée de Lindesay lui donna le temps de se remettre, et elle put répondre avec une apparence de froid mépris: Il est aisé de tuer un ennemi qui n'entre pas en lice. Mais si Marie Stuart avait hérité de l'épée de son père aussi bien que de son sceptre, le plus audacieux des rebelles levés contre elle ne se serait pas plaint aujourd'hui

---

[1] Ceux des lecteurs à qui les incidents de l'histoire de Marie Stuart, auxquels il est fait allusion ici et en d'autres parties du roman, ne seraient pas familiers, peuvent consulter l'*Histoire d'Écosse* de notre auteur, où le règne de la malheureuse Marie est traité avec une prédilection particulière. (L. V.)

CHAPITRE XXI.

qu'ils n'avaient pas avec qui se mesurer. Votre Seigneurie me pardonnera si j'abrége cette conférence. Une courte description d'un sanglant combat suffit à satisfaire la curiosité d'une dame; et à moins que mylord de Lindesay n'ait à nous dire quelque chose de plus important que les hauts faits du vieux Bell-the-Cat, et comment lui-même aurait voulu les rivaliser si le temps et la marée l'eussent permis, nous nous retirerons dans notre appartement privé, et vous, Fleming, vous achèverez de nous lire le petit traité *des Rodomontades espagnoles.*

— Attendez, madame, dit Lindesay, dont à son tour les joues se colorèrent ; je connais trop bien de vieille date votre esprit caustique pour avoir cherché une entrevue à la seule fin que vous pussiez en aiguiser le tranchant aux dépens de mon honneur. Lord Ruthven et moi, avec sir Robert Melville comme adjoint, nous venons trouver Votre Grâce de la part du conseil secret, pour un objet qui intéresse grandement la sûreté de votre vie et le bien de l'État.

— Le conseil secret ? repartit la reine ; en vertu de quel pouvoir peut-il subsister et agir, tandis que moi, de qui il tient son caractère, suis ici retenue sous une injuste contrainte ? Mais n'importe, ce qui touche au bien de l'Écosse ne peut être indifférent à Marie Stuart, de quelque part que cela vienne ; — et quant à ce qui touche à sa propre vie, elle a assez vécu pour en être lasse, même à vingt-cinq ans. Où est votre collègue, mylord ? — pourquoi tarde-t-il ?

— Le voici qui vient, madame, dit Melville ; et lord Ruthven entra au même instant, tenant quelques papiers à la main. La reine, en lui rendant son salut, devint pâle comme la mort ; mais par une résolution forte et soudaine elle se remit à l'instant même où le noble, dont l'apparition semblait soulever de telles émotions dans son sein, entrait dans la salle en compagnie de Georges Douglas, le plus jeune fils du chevalier de Lochleven, et qui remplissait, en l'absence de son père et de ses frères, les fonctions de sénéchal du château, sous la direction de sa grand'mère, la vieille lady Lochleven.

CHAPITRE XXII.

>Je délivre ma tête de ce lourd fardeau, et je dépose ce sceptre pesant. Mes larmes effacent les traces de l'huile sainte, de ma propre main je dépose ma couronne; ma propre bouche abjure mon rang sacré, et relève de tout serment d'obéissance envers moi.
>*Richard II.*

Lord Ruthven avait l'extérieur et les manières qui conviennent au soldat et à l'homme d'état, et le caractère martial de sa taille et de sa physionomie lui avait valu l'épithète populaire de Greysteil, épithète sous laquelle il était désigné par ses intimes, d'après le héros d'un roman en vers alors en vogue. Son costume, qui consistait en une cotte de buffle brodée, avait un caractère semi-militaire, mais sans rien offrir de la sordide négligence de celui de Lindesay. Fils d'un père infortuné, et père d'une famille encore plus malheureuse, il portait dans son regard cette expression de tristesse sinistre par laquelle les physionomistes de l'époque prétendaient distinguer ceux qui étaient prédestinés à une mort violente ou malheureuse.

La terreur que la présence de ce seigneur inspirait à la reine provenait de la part active qu'il avait prise au meurtre de David Rizzio : son père avait présidé à l'exécution de ce crime abominable; et quoique tellement affaibli par une longue et douloureuse maladie qu'il ne pouvait supporter le poids de son armure, il s'était levé de son lit de souffrances pour venir commettre un meurtre en présence de sa souveraine. Son fils assistait aussi à cette tragédie, et y avait joué un rôle actif. Il n'y avait pas sujet de s'étonner que la reine, eu égard à sa situation quand un tel acte d'horreur avait été commis en sa présence, conservât une terreur instinctive des principaux acteurs du meurtre. Elle rendit néanmoins d'un air gracieux le salut de lord Ruthven, et tendit sa main à Georges Douglas, qui fléchit le genou et la baisa avec respect : première marque d'hommage de sujet à souveraine que Roland Grœme vit rendre à la reine captive. Elle y répondit par une inclination de tête silencieuse, et il y eut un court instant de silence, pendant lequel l'intendant du château, homme à l'aspect morose et à l'œil sévère, disposa, sous la direction de Georges Douglas, une table sur laquelle se trouvait tout ce qu'il fallait pour écrire; et le page, obéissant à un signe muet de sa maîtresse, avança un large fauteuil du côté où se trouvait la reine, la table formant ainsi une sorte de barrière qui séparait la reine et les personnes de sa suite, de ses visiteurs si peu agréables. L'intendant se retira alors après une profonde inclination. Dès qu'il eut fermé la porte sur lui, la reine rompit le silence : Avec votre agrément, mylords, je vais m'asseoir. — Il est vrai que mes promenades ne sont pas assez étendues pour m'occasionner une grande fatigue ; néanmoins j'éprouve le besoin de repos un peu plus que d'habitude.

Elle s'assit en effet ; et, appuyant la tête sur une de ses belles mains, elle jeta un regard pénétrant et expressif tour à tour sur les deux seigneurs. Marie Fleming porta son mouchoir à ses yeux ; Catherine Seyton et Roland Græme échangèrent un regard qui montrait que tous deux étaient trop profondément dominés par un sentiment d'intérêt et de commisération pour leur royale maîtresse, pour penser à rien qui leur fût personnel.

— J'attends que vous me fassiez connaître votre mission, mylords, dit la reine après plus d'une minute passée sans qu'un mot eût été prononcé ; — j'attends que vous me fassiez connaître le message dont vous êtes chargés par ce que vous nommez le conseil secret. — Je pense que c'est une pétition pour implorer mon pardon, et pour m'exprimer le désir que je reprenne mon trône légitime, sans user avec toute sévérité du droit de punir ceux qui m'en ont dépossédée ?

— Madame, répondit Ruthven, il nous est pénible d'avoir de dures vérités à dire à une princesse qui nous a si longtemps gouvernés. Mais nous venons offrir le pardon, et non l'implorer. En un mot, madame, nous avons à vous proposer, de la part du conseil secret, de signer ces actes, qui contribueront puissamment à la pacification de l'État, au progrès de la parole de Dieu et au repos de votre vie future.

— Attend-on de moi que je reçoive de confiance ces belles paroles, mylord ? ou bien puis-je entendre le contenu de ces papiers qui doivent produire de si excellents effets, avant qu'on ne me demande de les signer ?

— Sans aucun doute, madame ; c'est notre intention et notre désir que vous lisiez ce que vous êtes requise de signer.

— Requise ? repartit la reine en appuyant sur le mot ; — mais la forme s'accorde avec le fond. — Lisez, mylord.

Lord Ruthven se mit alors à lire une pièce rédigée au nom de la reine, et où on lui faisait dire qu'ayant été appelée fort jeune à l'administration de la couronne et du royaume d'Écosse, elle y avait travaillé diligemment jusqu'à ce qu'elle eût éprouvé un tel épuisement et une telle fatigue de corps et d'esprit, qu'elle s'était sentie incapable d'endurer plus longtemps le travail et les soucis des affaires d'état ; et que puisque la bonté divine lui avait donné un fils, elle désirait lui assurer, même tandis qu'elle vivait encore, sa succession à la couronne à laquelle sa naissance lui donnait droit. « En conséquence, ajoutait l'acte, par suite de l'affection maternelle que nous portons à notre dit fils, nous avons abdiqué et déposé, et par ces lettres données de notre libre et pleine volonté, nous abdiquons et déposons la couronne, et renonçons au gouvernement et à la conduite du royaume d'Écosse, en faveur de notre dit fils, pour qu'il puisse nous succéder en sa qualité de prince natif du royaume, comme si nous en avions été éloignée par la mort et non de notre propre mouvement. Et afin que cette démission de notre autorité royale ait son plein effet de la manière la plus solennelle, et que personne ne prétende cause d'ignorance, nous donnons, concédons et commettons plein pouvoir à nos féaux cousins lord Lindesay de Byres et William lord Ruthven, de paraître en notre nom devant une assemblée de la noblesse, du clergé et de la bourgeoisie, aussi nombreuse qu'elle pourra être réunie à Stirling, et là, en notre nom et pour nous, publiquement et en présence de tous, de déposer la couronne, l'administration et le gouvernement de notre royaume d'Écosse. »

Ici la reine s'écria d'un air d'extrême surprise : Qu'est ceci, mylords? mes oreilles aussi sont-elles devenues rebelles, qu'elles m'abusent par des sons si extraordinaires ? — et cependant il ne serait pas étonnant qu'ayant été si longtemps entourée par la rébellion, elles en imposassent maintenant le langage à mon intelligence. Dites que je me suis trompée, mylords ; — pour votre honneur à vous-mêmes et pour l'honneur de la noblesse d'Écosse, dites que mes très-féaux cousins de Lindesay et de Ruthven, deux barons de renom militaire et d'ancien lignage, ne sont pas venus à la prison de leur indulgente maîtresse dans un dessein tel que ces mots semblent l'annoncer. Par égard pour l'honneur et la loyauté, dites que mes oreilles m'ont abusée.

— Non, madame, répondit Ruthven d'un ton grave, vos oreilles ne vous ont *pas* abusée ; — elles vous abusaient quand elles se fermaient aux prédicateurs de l'Évangile et aux avis de vos honnêtes et fidèles sujets, et qu'elles étaient toujours ouvertes aux flatteries des flagorneurs et des traîtres, des aventuriers étrangers et des mignons domestiques. Le pays ne peut supporter plus longtemps le gouvernement de celle qui ne peut se gouverner elle-même ; ainsi donc je vous prie de vous conformer au dernier vœu bien arrêté de vos sujets et conseillers, et de vous épargner, ainsi qu'à nous, tout débat ultérieur sur des matières si pénibles.

— Et c'est là *tout* ce que mes affectionnés sujets requièrent de moi, mylord? reprit Marie d'un ton d'ironie amère. Se bornent-ils réellement à solliciter une faveur aussi facile que la cession de la couronne, qui m'appartient par droit de naissance, à un enfant à peine âgé d'un an, — une faveur aussi facile que l'échange de mon sceptre contre une quenouille? — Oh non ! c'est trop peu demander pour eux. — Cet autre rouleau de parchemin contient quelque autre demande plus difficile à accorder, et qui mettra peut-être à une plus haute épreuve mon désir de me conformer aux pétitions de mes liges?

— Ce parchemin, repartit Ruthven du même ton d'inflexible gravité, et déroulant en même temps ce second acte, ce parchemin est une déclaration par laquelle Votre Grâce constitue son plus proche parent par le sang, et de tous vos sujets le plus honorable et le plus digne de confiance, James, comte de Murray, régent du royaume durant la minorité du jeune roi. Il est déjà choisi par le conseil secret.

La reine proféra une faible exclamation; et, joignant les mains, elle ajouta : Cette flèche sort-elle de son carquois? — part-elle de l'arc de mon frère? — Hélas! j'attendais son retour de France comme ma seule chance, du moins comme ma chance la plus proche de délivrance. — Et cependant, quand j'ai su qu'il avait pris les rênes du gouvernement, j'ai deviné qu'il rougirait de les tenir en mon nom.

— Madame, reprit Ruthven, je dois vous prier de répondre à la demande du conseil.

— La demande du conseil! dites plutôt la demande d'une troupe de voleurs impatiente de partager les dépouilles dont elle s'est emparée. A une telle demande, transmise par la bouche d'un traître, dont la tête aurait dû être dès longtemps plantée au-dessus des portes de la ville sans ma merci, ou plutôt sans ma faiblesse de femme, Marie Stuart n'a pas de réponse à faire.

— J'espère, madame, dit lord Ruthven, que ce que ma présence peut avoir de désagréable pour vous n'ajoutera pas à votre obstination. Vous voudrez peut-être bien vous rappeler que la mort du mignon Rizzio coûta à la maison de Ruthven sa tête et son chef. Mon père, plus digne que toute une armée de tels sycophantes, mourut en exil et le cœur brisé.

La reine se couvrit le visage de ses deux mains; et les coudes appuyés sur la table, elle pencha la tête et pleura si amèrement, qu'on voyait des ruisseaux de larmes se faire jour entre les doigts blancs et délicats avec lesquels elle cherchait à les cacher.

— Mylords, dit sir Robert Melville, ceci est par trop de rigueur. Que Vos Seigneuries me permettent de leur rappeler que nous sommes venus ici, non pour raviver d'anciens griefs, mais pour trouver le moyen d'en éviter de nouveaux.

— Sir Robert Melville, repartit Ruthven, nous savons le mieux à quelle fin nous avons été envoyés ici, et, en conséquence, il était assez inutile que l'on vous adjoignît à nous.

— Non, par ma main, ajouta lord Lindesay, je ne sais pas pourquoi on nous a embarrassés du digne chevalier, à moins qu'il ne vienne en guise du morceau de sucre que les apothicaires mettent dans leurs médicaments salutaires, mais amers, pour plaire à un enfant volontaire :

— peine bien inutile, ce me semble, quand on a les moyens de leur faire avaler la médecine autrement.

— Vous connaissez mieux que personne vos instructions secrètes, mylords, répliqua Melville. Moi, je crois le mieux obéir aux miennes en m'efforçant de servir de médiateur entre Sa Grâce et vous.

— Silence, sir Robert Melville, dit la reine en se levant, le visage encore rouge d'agitation. — Mon mouchoir, Fleming; — je rougis que des traîtres aient eu le pouvoir de m'émouvoir à ce point. — Dites-moi, mylords, ajouta-t-elle en essuyant ses larmes, dites-moi par quelle procuration terrestre des sujets prétendent récuser les droits d'une souveraine légitime, — renoncer à l'allégeance qu'ils ont jurée, — et enlever la couronne de la tête où l'avait placée la procuration divine?

— Madame, répondit Ruthven, je serai franc avec vous. Depuis la terrible journée de Pinkie-Cleuch, alors que vous n'étiez qu'un enfant au berceau, jusqu'à ce moment où vous êtes devant nous dans la force de l'âge, votre règne n'a été qu'une telle suite tragique de pertes, de désastres, de dissensions civiles et de guerres étrangères, que nos annales n'en offrent pas un autre semblable. Les Français et les Anglais, d'un commun consentement, ont fait de l'Écosse le champ de bataille où ils vident leurs anciennes querelles. — Quant à nous-mêmes, la main de chacun a été levée contre son frère, et une année ne s'est pas passée sans rébellion et meurtre, exil de nobles et oppression du peuple. Nous ne pouvons endurer cela plus longtemps; c'est pourquoi nous vous demandons, comme à une princesse à qui Dieu a refusé le don d'écouter les sages conseils, et sur les actions et les projets de laquelle la bénédiction du Ciel n'est jamais descendue, d'abandonner à un autre la conduite et le gouvernement du pays, afin que quelques débris de ce malheureux royaume puissent encore être sauvés.

— Mylord, dit Marie, il me semble que vous rejetez sur ma tête, victime chargée de vos iniquités, des maux qu'avec bien plus de justice je puis imputer à votre caractère turbulent, sauvage, ingouvernable, — à la violence frénétique avec laquelle vous autres, magnats d'Écosse, entrez en querelle les uns contre les autres, ne reculant devant aucune cruauté pour satisfaire votre colère, tirant d'atroces vengeances des offenses les plus légères, et bravant les sages lois faites par vos ancêtres pour arrêter une telle barbarie; vous révoltant contre l'autorité légitime, et vous comportant comme s'il n'y avait pas de roi dans le pays, ou plutôt comme si chacun était roi dans ses propres domaines. Et maintenant vous rejetez le blâme sur moi, — sur moi, dont la vie a été remplie d'amertume — dont le sommeil a été troublé — dont le bonheur a été détruit par vos dissensions. N'ai-je pas moi-même été obligée de traverser solitudes et montagnes, à la tête de quelques serviteurs fidèles, pour maintenir la paix et réprimer l'oppression? N'ai-je pas endossé le harnais et porté des pistolets à ma selle, contrainte de déposer la douceur de la femme et la dignité de la reine pour montrer l'exemple aux miens?

— Nous accordons, madame, dit Lindesay, que les tumultes occasionnés par votre mauvais gouvernement ont pu quelquefois vous faire tressaillir au milieu d'une mascarade ou d'une gaillarde, et que peut-être bien ils ont interrompu l'idolâtrie de la messe ou les conseils jésuitiques de quelque ambassadeur français. Mais le voyage le plus long et le plus rude que Votre Grâce ait fait, à mon souvenir, a été d'Hawich au château de l'Ermitage; fut-ce pour le bien de l'État ou pour votre propre honneur? c'est ce que je laisse à décider à la conscience de Votre Grâce.

La reine se tourna vers lui avec une indicible douceur d'expression et de manières, et avec ce regard captivant que le Ciel lui avait donné, comme pour montrer que les dons les plus propres à gagner l'affection des hommes peuvent être prodigués en vain. — Lindesay, lui dit-elle, vous ne me parliez pas de ce ton sévère et avec de tels sarcasmes, ce beau soir d'été où vous et moi tirâmes au blanc contre le comte de Mar et Marie Livingstone, et où nous leur gagnâmes la collation du soir, dans le jardin privé de Saint-André. Le maître de Lindesay était alors mon ami, et jurait de combattre toujours pour moi. En quoi ai-je offensé le lord de Lindesay? c'est ce que j'ignore, à moins que les honneurs n'aient changé les manières.

Tout endurci qu'il était, Lindesay parut frappé de cet appel inattendu; mais il répondit presque aussitôt : Madame, il est bien connu que Votre Grâce pouvait dans ce temps-là faire autant de fous de tous ceux qui l'approchaient. Je ne prétends pas avoir été plus sage que les autres. Mais des hommes plus élégants et de meilleurs courtisans eurent bientôt écarté mon grossier hommage, et je pense que Votre Grâce ne peut avoir oublié le temps où la gaucherie de mes tentatives pour prendre les manières qui vous plaisaient était l'amusement des perroquets de cour, des Maries et des femmes de France.

— Je regrette, mylord, de vous avoir offensé par une gaîté étourdie, reprit la reine; je puis seulement dire que cette offense fut bien involontaire. Vous êtes pleinement vengé; car désormais, ajouta-t-elle avec un soupir, ma gaîté ne vous offensera plus.

— Nous perdons notre temps, madame, interrompit lord Ruthven; je dois vous prier de nous faire connaître votre décision sur la grave affaire que je vous ai soumise.

— Quoi, mylord! à l'instant même, et sans avoir un moment à y songer?— Le conseil, comme ils s'intitulent, peut-il avoir attendu ceci de moi?

— Madame, répliqua Ruthven, le conseil pense que depuis le terme fatal qui s'est écoulé entre la nuit du meurtre du roi Henry et la journée de Carberry-Hill, Votre Grâce a dû s'être préparée à la mesure proposée aujourd'hui, comme au moyen le plus aisé d'échapper aux nombreux dangers et aux difficultés de votre situation.

— Grand Dieu! et c'est à titre de faveur que vous me proposez ce que tout roi chrétien doit regarder comme une perte d'honneur égale à la perte de la vie! — Vous m'enlevez ma couronne, mon pouvoir, mes sujets, mes richesses, mon domaine. Au nom de tous les saints, que pouvez-vous offrir, et qu'offrez-vous en effet, en dédommagement de mon adhésion?

— Votre pardon, madame, répondit sévèrement Ruthven; — votre pardon, avec le temps et les moyens de passer le reste de votre vie dans la pénitence et la retraite. — Nous vous donnons le temps de faire votre paix avec le Ciel, et de recevoir le pur Évangile que vous avez toujours repoussé et persécuté.

La reine pâlit à la menace que semblaient clairement inférer ces paroles, ainsi que le ton rude et inflexible dont elles étaient prononcées.

— Et si je n'adhère pas à une requête si brutalement posée, mylord, que s'ensuivra-t-il?

Elle fit cette question d'une voix où le sentiment de crainte naturel à une femme luttait contre celui de la dignité insultée. — Il y eut un moment de silence, comme si personne ne se fût soucié de faire une réponse positive. Enfin Ruthven reprit la parole : Il est, dit-il, peu nécessaire de rappeler à Votre Grâce, qui connaît également les lois et les chroniques du royaume, que le meurtre et l'adultère sont des crimes pour lesquels des reines même ont plus d'une fois déjà été punies de mort.

— Et sur quoi, mylord, fondez-vous une accusation si horrible contre celle qui est devant vous? Les infâmes et odieuses calomnies qui ont empoisonné l'esprit général de l'Écosse et m'ont placée entre vos mains, abandonnée et prisonnière, ne sont sûrement pas une preuve de crime?

— Nous n'avons pas besoin de chercher d'autres preuves, répliqua l'austère lord Ruthven, que le mariage éhonté de la veuve du roi assassiné avec le chef des assassins. — Ceux qui unirent leurs mains dans le fatal mois de mai s'étaient déjà unis de cœur et de conseil dans le forfait qui ne précéda ce mariage que de quelques semaines.

— Mylord! mylord! dit la reine avec feu, rappelez-vous bien qu'il y eut d'autres consentements que le mien donnés à cette fatale union, à ce malheureux acte de la vie la plus malheureuse. Les fausses démarches adoptées par les souverains sont souvent le fait des suggestions de mauvais conseillers; mais ces conseillers sont pires que les démons qui tentent et trahissent, si eux-mêmes sont les premiers à appeler leurs malheureux princes à répondre des conséquences de leurs propres avis. N'avez-vous jamais entendu parler d'une cédule signée par les nobles, mylords, recommandant cette funeste union à l'infortunée Marie? Il me semble qu'en l'examinant avec attention, nous verrions que le nom de

Morton, et celui de Lindesay, et celui même de Ruthven, peuvent se trouver dans cette cédule, qui me pressait d'épouser ce malheureux.

— Ah! ferme et loyal lord Herries, toi qui jamais ne connus ni la fraude ni le déshonneur, tu plias en vain devant moi ton noble genou pour m'avertir du danger, et cependant tu fus le premier à tirer ta bonne épée dans ma cause, quand je souffris pour avoir négligé ton conseil! Chevalier féal et vrai noble, quelle différence entre toi et ces conseillers du mal, qui maintenant menacent ma vie parce que je suis tombée dans les pièges qu'ils avaient semés sous mes pas!

— Madame, dit Ruthven, nous savons que vous êtes orateur; et c'est peut-être pour cette raison que le conseil a envoyé ici des hommes plus familiers avec les armes qu'avec le langage des écoles et des cabales d'état. Nous désirons seulement savoir si, votre vie et votre honneur assurés, vous voudrez renoncer à l'administration de ce royaume d'Écosse?

— Et quelle garantie aurai-je que vous me tiendrez votre parole, si j'échange mon domaine royal contre la reclusion et la liberté de pleurer en secret?

— Notre honneur et notre parole, madame, répondit Ruthven.

— Ce sont des gages trop légers et trop peu solides, mylords; ajoutez au moins une poignée de duvet de chardons pour leur donner du poids dans la balance.

— Partons, Ruthven, dit Lindesay; elle a toujours été sourde aux conseils, sauf à ceux des esclaves et des sycophantes. Qu'elle reste avec son refus, et qu'elle en supporte les conséquences!

— Un moment, mylord, dit à son tour sir Robert Melville; ou plutôt permettez-moi d'avoir seulement quelques minutes d'entretien privé avec Sa Grâce. Si ma présence avec vous a pu être utile à quelque chose, ce doit avoir été comme médiateur; — ne quittez pas le château, je vous en conjure, et ne rompez pas la conférence, avant que je vous aie rapporté les dernières dispositions de Sa Grâce.

— Nous resterons dans la grande salle l'espace d'une demi-heure, dit Lindesay; mais en méprisant notre parole et notre gage d'honneur, elle a blessé l'honneur de mon nom; — qu'elle prenne garde au parti qu'elle va prendre. Si la demi-heure s'écoule sans qu'elle se soit décidée à adhérer aux demandes de la nation, sa carrière ne sera pas bien longue.

Les deux seigneurs quittèrent le parloir avec fort peu de cérémonie, traversèrent le vestibule, et descendirent l'escalier tournant, la longue épée de Lindesay retentissant à chaque pas sur les marches. Georges Douglas les suivit, après avoir échangé avec Melville un geste de surprise et de sympathie.

Dès qu'ils furent partis, la reine, donnant un libre cours à son chagrin, à ses craintes et à son agitation, se laissa tomber sur son siége, se tordit les mains, et parut s'abandonner au désespoir. Ses suivantes, tout en pleurant elles-mêmes, faisaient cependant effort pour la conjurer de se calmer; et sir Robert Melville, mettant un genou à terre devant elle, lui fit la même prière. Après avoir donné cours à une explosion violente de douleur, elle dit enfin à Melville : Ne vous agenouillez pas devant moi, Melville; — ne me rendez pas un hommage dérisoire, quand votre cœur s'est éloigné de moi. — Pourquoi demeurez-vous en arrière avec la reine déposée, la femme condamnée, — avec celle qui peut-être n'a plus que quelques heures à vivre? Vous avez reçu des faveurs de moi aussi bien que les autres; pourquoi continuez-vous plus longtemps qu'eux une vaine montre de gratitude et de respect?

— Madame, dit sir Robert Melville, que le Ciel m'abandonne au moment du besoin si mon cœur ne vous est pas aussi sincèrement dévoué que quand vous étiez au plus haut de votre prospérité!

— Sincèrement dévoué! répéta la reine avec quelque dédain; silence, Melville! que signifie la sincérité et le dévouement qui marchent côte à côte avec la perfidie de mes ennemis? — Ta main et ton épée n'ont jamais fait l'un avec l'autre une connaissance si intime, que je puisse me reposer sur toi en ce qui exigerait de la résolution. — O Seyton! où est ton noble père, lui qui est aussi vaillant que prudent et fidèle!

Roland Græme ne put résister plus longtemps à son ardent désir d'offrir ses services à une princesse si malheureuse et si belle. — Madame, dit-il, si une épée peut faire quelque chose pour appuyer la prudence de ce grave conseiller, ou pour défendre votre juste cause, voici la mienne, et ma main est prête à la tirer et à s'en servir. Et levant son épée de la main gauche, il posa la droite sur la poignée.

Tandis qu'il tenait cette arme ainsi élevée, Catherine Seyton s'écria : Il me semble que je vois un signe de mon père, madame; et, traversant immédiatement la chambre, elle s'approcha de Roland Græme, et, le prenant par le pan de son manteau, lui demanda vivement d'où il tenait cette épée.

— Il me semble, répondit le page avec surprise, que le lieu ni le moment ne permettent pas de plaisanter. — Assurément, Catherine, vous savez mieux que personne d'où me vient cette arme et comment je l'ai eue.

— Que veut dire cette folie? repartit Catherine Seyton; tirez sur-le-champ cette épée du fourreau!

— Si la reine me l'ordonne, dit le jeune homme en portant les yeux vers sa royale maîtresse.

— Fi, Catherine! dit celle-ci; veux-tu pousser le pauvre enfant à une lutte inutile avec les deux soldats les plus renommés d'Écosse?

— Dans la cause de Votre Grâce, s'écria le page, je risquerai ma vie contre eux! A ces mots il tira son arme à demi du fourreau, et un carré de parchemin enroulé autour de la lame tomba sur le plancher. Catherine Seyton le ramassa précipitamment.

— C'est l'écriture de mon père, dit-elle, et sans doute elle apporte à Votre Majesté ses avis de sujet dévoué. Je savais qu'ils devaient vous parvenir par le moyen de cette arme, mais j'attendais un autre messager.

— Par ma foi, belle demoiselle, pensa Roland, si vous ne saviez pas que j'avais avec moi cette missive secrète, je le savais encore bien moins.

La reine jeta les yeux sur la lettre, et resta quelques minutes plongée dans une rêverie profonde. — Sir Robert Melville, dit-elle enfin, ce billet me conseille de me soumettre à la nécessité, et de signer les actes que ces hommes impitoyables ont apportés avec eux, en femme qui cède à la crainte naturelle inspirée par les menaces de rebelles et de meurtriers. Vous êtes un homme sage, sir Robert, et Seyton est aussi judicieux que brave; ni vous, ni lui, je pense, ne voudriez m'égarer en ceci.

— Madame, répondit Melville, si je n'ai pas la force corporelle de lord Herries ou de lord Seyton, je ne le céderai ni à l'un ni à l'autre en zèle pour le service de Votre Majesté. Je ne puis combattre pour vous comme eux, mais je suis aussi disposé qu'eux à mourir pour votre service.

— Je le crois, mon ancien et fidèle conseiller; et crois-moi aussi, Melville, je ne t'ai mal jugé qu'un instant. Lis ce que nous a écrit lord Seyton, et donne-nous ton meilleur avis.

Il parcourut le parchemin des yeux, et répliqua sur-le-champ : O ma chère et royale maîtresse! la trahison seule pourrait vous donner un autre conseil que celui que lord Seyton a exprimé ici. Lui, Herries, Huntly, l'ambassadeur anglais Throgmorton et vos autres amis, sont tous également d'opinion que quels que soient les actes ou déclarations que vous signerez dans l'enceinte de ces murailles, aucun ne peut avoir ni force ni effet, comme extorqués de Votre Grâce par l'emprisonnement, par la souffrance des maux présents, par la crainte des hommes, et par le mal qui pourrait suivre votre refus. Cédez donc au flot, et soyez assurée qu'en signant n'importe quels parchemins ils vous présenteront, vous ne vous engagez à rien, puisque votre signature manque de ce qui seul peut la rendre valide, la libre volonté du signataire.

— Oui, c'est ce que dit lord Seyton; néanmoins il me semble que, pour la fille d'une si longue suite de rois, résigner le droit de sa naissance parce que des rebelles la pressent de menaces, c'est montrer peu de fermeté royale, et que la renommée de Marie en souffrira dans les chroniques futures. D'ailleurs, sir Robert, les traîtres peuvent user d'atroces menaces et de paroles hardies, mais ils n'oseront porter les mains sur notre personne.

— Hélas, madame! ils ont déjà tant osé, et encouru un tel péril par le chemin qu'ils ont fait, qu'ils ne sont plus qu'à un pas de la mesure la plus fatale et la plus désespérée.

— Assurément, reprit la reine, en qui la crainte prédominait de nouveau, des nobles écossais ne voudraient pas se prêter à assassiner une femme sans défense?

— Songez, madame, quels horribles spectacles ont été vus de nos jours; et quelle est l'action si noire pour laquelle il ne se soit pas trouvé de main écossaise prête à tout oser? Lord Lindesay, outre sa grossièreté naturelle et sa dureté de caractère, est proche parent d'Henry Darnley, et Ruthven a ses propres plans, aussi profonds que dangereux. Le conseil, en outre, parle de preuves écrites et verbales, d'une cassette avec des lettres, et de je ne sais quoi encore.

— Ah, mon bon Melville! si j'étais aussi sûre de l'intègre impartialité de mes juges que je le suis de mon innocence... Et cependant...

— Oh, madame, arrêtez! l'innocence elle-même doit quelquefois se soumettre pour un temps à un blâme injurieux. D'ailleurs, vous êtes ici...

Il regarda autour de lui, et s'arrêta.

— Parlez, Melville, dit la reine; jamais aucun de ceux qui ont approché de ma personne ne m'ont voulu de mal. Ce pauvre page même, que j'ai vu aujourd'hui pour la première fois de ma vie, je puis sans danger le mettre en tiers dans votre communication.

— Hé bien, madame, reprit Melville, en une telle occurrence, et ce page ayant été porteur du message de lord Seyton, je me hasarderai à dire devant lui et devant ces nobles dames, dont je ne mets en doute ni le dévouement ni la fidélité, — je me hasarderai, dis-je, à vous rappeler qu'il est d'autres moyens que celui d'un jugement public, par lesquels les souverains déposés perdent souvent la vie; et que, comme dit Machiavel, il n'y a qu'un pas de la prison d'un roi à son tombeau.

— Oh! si seulement la mort était prompte et aisée pour le corps, dit l'infortunée princesse; si ce n'était pour l'âme qu'un changement sûr et heureux, nulle femme au monde ne serait aussi disposée que moi à franchir le dernier pas! — Mais, hélas, Melville! quand nous pensons à la mort, mille péchés que nous avons foulés aux pieds comme des vermisseaux, se redressent contre nous semblables à des serpents flamboyants. C'est bien injurieusement qu'on m'accuse d'avoir aidé à la mort de Darnley; et cependant, sainte Vierge! je n'ai donné que trop lieu au soupçon : — j'ai épousé Bothwell.

— Ne songez pas à cela maintenant, madame; pensez plutôt au moyen immédiat de vous sauver, vous et votre fils. Cédez aux demandes déraisonnables que l'on vous fait aujourd'hui, et comptez que de meilleurs temps viendront bientôt.

— Madame, dit Roland Græme, si tel est votre bon plaisir, je vais à l'instant même traverser le lac à la nage, si on me refuse tout autre moyen de gagner le rivage ; je me rendrai successivement dans les cours d'Angleterre, de France et d'Espagne ; je montrerai que vous n'avez signé ces infâmes déclarations que sous l'impulsion de la crainte de la mort, et je combattrai quiconque dira le contraire.

La reine se tourna vers lui, et avec un de ces sourires enivrants qui, à l'époque du roman de la vie, récompensent de tous les risques, elle tendit la main à Roland, mais sans prononcer un mot. Il fléchit le genou et y posa respectueusement ses lèvres; Melville reprit alors ses instances.

— Madame, dit-il, le temps presse, et il ne faut pas laisser partir ces barques que je vois que l'on prépare. Il y a ici assez de témoins, — vos dames, — ce hardi jeune homme, — moi-même, quand cela pourra servir efficacement votre cause, car je ne voudrais pas me commettre précipitamment dans cette affaire ; — mais, même sans moi, il y a ici assez de témoignages pour montrer que vous avez cédé aux demandes du conseil par force et par crainte, et non par un assentiment sincère et libre. Les barques sont déjà prêtes pour les ramener à terre : — oh ! permettez à votre ancien serviteur de les rappeler.

— Melville, dit la reine, tu es un ancien courtisan ; — quand as-tu jamais vu un prince souverain rappeler en sa présence des sujets qui s'étaient séparés de lui dans des termes tels que ceux dans lesquels ces envoyés du conseil nous ont quittés, les rappeler sans qu'il y ait eu de leur part soumission ni excuse ? — Qu'il m'en coûte la vie et la couronne ; je ne les rappellerai pas en ma présence !

— Hélas, madame ! cette vaine formalité devrait-elle être un obstacle ! Si je vous ai bien comprise, vous n'êtes pas éloignée de prêter l'oreille à un conseil sincère et utile. — Mais votre scrupule est levé ; — je les entends qui reviennent s'informer de votre dernière résolution. — Oh ! suivez l'avis du noble Seyton, et vous pourrez commander encore à ceux qui maintenant jouissent d'un triomphe usurpé. Mais, silence ! je les entends dans le vestibule.

Il achevait à peine, que Georges Douglas ouvrit la porte de la chambre et introduisit les deux nobles envoyés.

— Nous venons, madame, dit lord Ruthven, requérir votre réponse à la proposition du conseil.

— Votre réponse finale, ajouta lord Lindesay ; car à un refus vous pouvez accoupler la certitude d'avoir précipité votre destin, et renoncé à la dernière opportunité de faire votre paix avec Dieu, et de vous assurer un plus long séjour sur terre.

— Mylords, répondit Marie avec une grâce et une dignité inexprimables, les maux auxquels nous ne pouvons résister, il faut nous y soumettre : — je signerai ces parchemins avec autant de liberté de choix que le comporte ma condition. Si j'étais là-bas sur le rivage, avec un rapide genet et autour de moi dix braves et loyaux chevaliers, je signerais ma sentence de condamnation éternelle aussi aisément que la résignation de mon trône. Mais ici, dans le château de Lochleven, entourée d'une eau profonde, — et vous, mylords, à mes côtés, — je n'ai pas la liberté du choix. — Donnez-moi la plume, Melville, et portez témoignage de ce que je vais faire, et pourquoi je le fais.

— Nous espérons, dit lord Ruthven, que Votre Grâce ne se regardera pas comme contrainte, par aucune appréhension venant de nous, à faire ce qui doit être chez elle un acte de sa propre volonté?

La reine s'était penchée vers la table et plaçait le parchemin devant elle, la plume entre les doigts et toute prête pour l'acte important de la signature; mais en entendant lord Ruthven elle s'arrêta court, se releva vivement, et jeta la plume. — Si l'on s'attend, dit-elle, à ce que je déclare que je renonce à ma couronne de plein gré, et autrement que comme y étant contrainte par la menace de maux plus grands pour moi et pour mes sujets, je n'apposerai pas mon nom à un tel mensonge, — non pas même pour obtenir la pleine possession de l'Angleterre, de la France et de l'Écosse! — royaumes qui m'appartiennent de fait ou de droit.

— Prenez garde, madame! dit Lindesay; et saisissant le bras de la reine de sa main couverte d'un gantelet de fer, il le serra, dans la rudesse de sa colère, avec plus de force, peut-être, que lui-même ne le pensait; — prenez garde de lutter avec ceux qui sont les plus forts, et qui peuvent disposer de votre destinée!

Il continuait de lui tenir le bras, en fixant ses yeux sur elle avec une expression farouche et menaçante; Ruthven et Melville proférèrent une exclamation d'indignation, et Douglas, qui jusque-là était resté dans un état d'apathie apparente, fit un pas dans la chambre comme pour intervenir. Le grossier baron lâcha prise, déguisant sous un farouche et dédaigneux sourire la confusion qu'il éprouvait réellement de s'être à ce point laissé emporter à sa colère.

La reine, avec une expression de souffrance, releva immédiatement la manche de sa robe et découvrit le bras qu'il avait pressé, et on vit que la main du baron avait laissé sur la chair l'empreinte violette de ses doigts de fer. — Mylord, dit-elle, comme chevalier et gentilhomme, vous auriez pu épargner à mon faible bras une preuve aussi rude que vous avez la force de votre côté, et que vous êtes déterminé à y recourir. — Mais je vous en remercie; — c'est le signe le plus décisif des termes sur lesquels repose l'affaire d'aujourd'hui. — Je vous prends à témoin, mylords et mesdames, ajouta-t-elle en montrant sur son bras les marques de la pression, que je signe ces déclarations en obéissance au signe manuel de mylord de Lindesay, que vous pouvez voir imprimé sur mon bras [1].

Lindesay voulait parler, mais il en fut empêché par son collègue

---

[1] *Voyez* la note J, à la fin du volume.

CHAPITRE XXII.

Ruthven, qui lui dit : Paix, mylord ! que lady Marie d'Écosse appose sa signature à quoi elle voudra : notre affaire à nous est de l'avoir et de la porter au conseil. Si plus tard on y élevait un débat sur la manière dont elle a été obtenue, il sera assez temps d'y répondre.

Lindesay garda donc le silence, se contentant de murmurer dans sa barbe : Je ne voulais pas la blesser ; mais je crois que la chair d'une femme est aussi délicate que de la neige nouvelle.

Cependant la reine signa précipitamment les deux actes, du même air d'indifférence que s'il se fût agi d'affaires de peu de conséquence ou d'une simple formalité. Quand elle eut terminé cette tâche pénible, elle se leva, et, après avoir salué les lords, se disposa à rentrer dans sa chambre. Ruthven et sir Robert Melville s'inclinèrent, le premier avec une formalité révérencieuse, le second d'un air où son désir de laisser percer sa sympathie était évidemment contenu par la crainte de paraître aux yeux de ses collègues montrer trop d'intérêt à son ancienne maîtresse. Mais Lindesay resta immobile, même quand les deux premiers se disposèrent à s'éloigner. Enfin, comme s'il eût obéi à une impulsion soudaine, il fit le tour de la table qui jusque-là les avait séparés de la reine, mit un genou à terre devant elle, lui prit la main, la baisa, la laissa retomber et se releva. — Mylady, lui dit-il, tu es une noble créature, quoique tu aies abusé des dons les plus précieux de Dieu. Je rends à ton mâle courage et à ta force d'âme cet hommage que je n'aurais pas rendu au pouvoir immérité dont tu as été longtemps revêtue : — je fléchis le genou devant Marie Stuart, non devant la reine.

— La reine et Marie Stuart ont également pitié de toi, Lindesay, dit Marie ; — toutes deux ont pitié de toi, et toutes deux te pardonnent. Aux côtés d'un roi tu as été un soldat honorable ; — ligué avec des rebelles, qu'es-tu autre chose qu'une bonne lame aux mains d'un bandit ? — Adieu, mylord Ruthven, dont la perfidie est plus doucereuse et plus profonde. — Adieu, Melville ; — puisses-tu trouver des maîtres qui comprennent mieux que Marie Stuart la politique d'état, et qui aient les moyens de la récompenser plus richement ! — Adieu, Georges de Douglas, — informez votre respectable aïeule que nous voudrions être seule pour le reste de la journée. — Dieu sait si nous avons besoin de recueillir nos idées !

Tous saluèrent et se retirèrent ; mais à peine étaient-ils arrivés au vestibule que Ruthven et Lindesay étaient déjà en discussion. — Pas de reproches, Ruthven, entendit-on le second dire à son collègue, en réponse à quelques paroles moins distinctes de celui-ci ; — pas de reproches, car je ne les supporterais pas ! Vous m'avez donné en tout ceci le rôle du bourreau, et on permet au bourreau lui-même de demander le pardon de ceux sur lesquels il remplit son office. Je voudrais avoir d'aussi bonnes raisons d'être l'ami de cette dame que j'en ai d'être son ennemi ; — tu verrais si j'épargnerais mon sang et ma vie dans sa cause.

— Tu es un mignon bien doucereux pour embrasser la cause d'une dame, repartit Ruthven, et tout cela pour un beau front et une larme à l'œil ! Il y a bien des années que tu ne penses plus à de telles fariboles.

— Rendez-moi justice, Ruthven. Vous êtes comme un corselet d'acier poli : il reluit mieux, mais il n'en est pas d'un grain plus tendre ;
— et même il est cinq fois plus dur qu'une cuirasse de Glascow en fer battu. Assez. Nous nous connaissons l'un l'autre.

Ils descendirent l'escalier, et on les entendit demander leurs barques. La reine fit alors signe à Roland Grœme de se retirer dans le vestibule, et de la laisser avec ses femmes.

CHAPITRE XXIII.

> Donnez-moi plutôt un morceau sur le gazon, aussi simplement apprêté que vous voudrez ; — pourvu que la source limpide murmure à côté de moi, — et que les oiseaux de l'air, sautillant de branche en branche, gazouillent et se disputent les miettes que je leur jette. — Je n'aime pas vos festins emprisonnés. *Le Bûcheron*, Comédie.

Un enfoncement du vestibule était éclairé par une petite fenêtre, où Roland Grœme se plaça pour observer le départ des lords. Il put voir les cavaliers de leur suite se rassembler sous leurs bannières respectives, — le soleil couchant se réfléchissant sur leurs corselets et leurs morions d'acier tandis que par intervalles ils allaient çà et là, montés ou démontés. Lord Ruthven et lord Lindesay se trouvaient déjà sur l'étroit espace compris entre le château et le lac, et se dirigeaient lentement vers leurs barques, accompagnés de lady Lochleven, de son petit-fils et de leurs principaux officiers. Ils prirent cérémonieusement congé les uns des autres, ainsi que Roland Grœme en put juger à leurs gestes ; puis les bateaux quittèrent leurs amarres, les bateliers se penchèrent sur leurs rames, et les embarcations semblèrent diminuer rapidement aux yeux de Roland, qui n'avait rien de mieux à faire que d'en suivre les mouvements. Telle paraissait être aussi l'occupation de lady Lochleven et de Georges Douglas, qui, revenant de l'embarcadère, se retournaient fréquemment du côté des bateaux, et qui enfin s'arrêtèrent, comme pour en observer la marche, sous la fenêtre où le page était stationné. Comme ils regardaient vers le lac, il put entendre distinctement la voix de la dame, qui disait à son fils : Ainsi son esprit s'est abaissé à sauver sa vie aux dépens de son royaume ?

— Sa vie, madame ! répliqua Georges ; j'ignore qui aurait osé y at-

CHAPITRE XXIII.

tenter dans le château de mon père. Si j'avais songé que ce fût dans une telle intention que Lindesay insistait pour amener ici ses hommes d'armes, ni lui ni eux n'auraient franchi la porte de fer du château de Lochleven.

— Je ne parle pas d'assassinat privé, mon fils, mais d'un jugement, d'une condamnation et d'une exécution publics; car c'est ce dont elle a été menacée, et c'est à de telles menaces qu'elle a cédé. S'il n'y avait pas dans ses veines plus du vil sang des Guises que de sang royal d'Écosse, elle les aurait défiés à leur barbe; — mais tout cela est de même nature, et la bassesse est la compagne naturelle de la dépravation. — Je suis donc dispensée de paraître ce soir en sa gracieuse présence! Toi, mon fils, va rendre tes services habituels au repas de cette reine sans royaume.

— S'il vous plaît, ma mère, je ne me soucie pas beaucoup d'approcher de sa présence.

— Tu as raison, mon fils; aussi je me fie à ta prudence, parce que j'ai remarqué ta circonspection. Elle est comme une île de l'Océan, entourée de gouffres et de sables mouvants; la verdure en est belle et engageante aux yeux, mais nombre de bons vaisseaux qui s'en sont approchés avec trop de témérité y ont trouvé le naufrage. Cependant je ne crains rien pour toi, mon fils, et nous ne pouvons pas, par égard pour notre honneur, souffrir qu'elle prenne un repas sans qu'un de nous y assiste. Elle peut mourir par le jugement du Ciel, ou bien le démon peut étendre la main sur elle dans son désespoir; et alors notre honneur nous oblige à pouvoir montrer que dans notre maison, et à notre table, elle n'a rencontré ni trahison ni négligence.

Ici Roland fut interrompu par une tape vivement appliquée sur l'épaule, et qui lui rappela aussitôt l'aventure d'Adam Woodcock le soir précédent. Il se retourna, s'attendant presque à voir le page de l'hôtellerie de *Saint-Michel*. Il vit, en effet, Catherine Seyton; mais elle avait le costume de son sexe, costume bien différent sans doute, par la coupe et la matière, de celui qu'elle portait lors de leur première rencontre, et convenable à la fois à sa naissance et à son rang, comme fille d'un grand baron et suivante d'une princesse.

— Ainsi, beau page, dit-elle, l'oreille aux écoutes est à ce que je présume une de vos qualités de page?

— Belle sœur, répondit Roland du même ton, si quelques-uns de mes amis sont aussi bien initiés au reste des mystères de notre profession qu'ils le sont à l'art de jurer, de faire le rodomont et de jouer de la houssine, ils n'ont rien à apprendre d'aucun page de la chrétienté.

— A moins qu'il ne faille conclure de ce joli discours que vous-même avez reçu depuis notre dernière rencontre la correction de la houssine, chose dont je ne mets pas en doute la probabilité, je suis fort en peine de savoir ce qu'il signifie. Mais ce n'est pas le moment de débattre cela

—voici que l'on vient avec le souper. Veuillez, sire page, faire votre devoir.

Quatre domestiques entrèrent portant des plats, précédés de ce vieux intendant à mine austère que Roland avait déjà vu, et suivis de Georges Douglas, déjà mentionné comme petit-fils de lady de Lochleven, et qui, en cette occasion, remplissait les fonctions de sénéchal, comme représentant de son père, le seigneur du château. Il entra, les bras croisés sur la poitrine et les regards baissés vers la terre. Avec l'assistance de Roland Grœme, une table fut convenablement disposée dans la seconde pièce, et les domestiques y placèrent, en grande révérence, les plats dont ils étaient chargés, l'intendant et Douglas s'inclinant profondément quand la table fut servie, comme si leur royale prisonnière y eût déjà été assise. La porte s'ouvrit, et Douglas, levant vivement les yeux, les reporta de nouveau vers la terre quand il s'aperçut que lady Marie Fleming entrait seule.

— Sa Grâce ne mangera pas ce soir, dit-elle.

— Laissez-nous espérer qu'elle pourra changer de résolution, repartit Douglas; en attendant, madame, veuillez nous voir accomplir notre devoir.

Un domestique présenta du pain et du sel sur une assiette d'argent, et le vieil intendant coupa successivement pour Douglas un morceau de chacun des plats servis; Douglas goûta de tous, ainsi qu'il était alors d'usage à la table des princes, où souvent on soupçonnait la mort de s'introduire sous les dehors de la nourriture.

— Ainsi, la reine ne viendra pas ce soir? dit Douglas.

— Elle l'a ainsi décidé, répondit la dame.

— En ce cas notre assistance ultérieure devient inutile; — nous vous laissons à votre souper, belles dames, et vous souhaitons le bonsoir.

Il se retira lentement comme il était venu, avec le même air de profond abattement, et fut suivi des serviteurs appartenant au château. Les deux dames se mirent à table, et Roland Grœme, dispos et alerte, se mit en devoir de les servir. Catherine Seyton chuchota quelques mots à sa compagne, qui répliqua par cette question faite à voix basse, mais en regardant le page : Est-il de sang noble, et bien élevé?

Il paraît que la réponse fut satisfaisante, car elle dit à Roland : Asseyez-vous, jeune homme, et mangez avec vos sœurs en captivité.

— Permettez-moi plutôt de remplir mon devoir en les servant, répondit Roland Grœme, jaloux de montrer qu'il n'était pas étranger au ton de haute déférence prescrit par les règles de la chevalerie envers le beau sexe, et surtout envers les dames et les demoiselles de qualité.

— Vous vous apercevrez, sire page, dit Catherine, que vous aurez peu de temps pour votre repas; ne le perdez pas en cérémonies, sans quoi vous pourrez bien vous repentir de votre politesse d'ici à demain matin.

CHAPITRE XXIII.

— Vos discours sont trop libres, jeune fille, reprit la dame plus âgée; la modestie du jeune homme peut vous donner l'exemple de façons plus convenables avec quelqu'un que vous avez vu aujourd'hui pour la première fois.

Catherine Seyton baissa les yeux, mais non avant d'avoir jeté à Roland un regard d'inexprimable malice; sa compagne, plus grave, s'adressa alors au page d'un ton de protection:

— Ne fais pas attention à sa légèreté, jeune homme; — elle ne connaît guère du monde que les formes d'un cloître de province. — Prends place au bout de la table, et répare tes forces après ton voyage.

Roland Græme obéit volontiers, car c'était la première nourriture qu'il goûtait de la journée; Lindesay et ses gens ne semblaient pas donner une pensée aux besoins de l'humanité. Néanmoins, malgré la vivacité de son appétit, une galanterie naturelle à son caractère, le désir de faire reconnaître en lui un jeune homme habitué, par son éducation, à la courtoisie vis-à-vis du beau sexe, et, autant que je sache, le plaisir d'assister Catherine Seyton, tinrent son attention éveillée, durant le repas, sur tous ces petits actes sans nom de devoir et de service que les gentilshommes de cette époque étaient accoutumés à rendre aux dames. Elles n'avaient pas formé un souhait, que Roland était debout prêt à le satisfaire; — il leur versait du vin, — y mêlait de l'eau, — enlevait et remplaçait les assiettes, faisait, en un mot, tous les honneurs de la table d'un air de joyeux empressement, et avec autant de respect que de grâce et de promptitude.

Quand il s'aperçut qu'elles ne mangeaient plus, il se hâta de présenter à la plus âgée des deux dames l'aiguière d'argent, le bassin et la serviette, avec le cérémonial et la gravité qu'il aurait pu montrer pour Marie elle-même. Il remplit ensuite de nouveau le bassin d'eau fraîche, puis, avec le même décorum, il le présenta à Catherine Seyton. Apparemment elle avait résolu de troubler, s'il était possible, le sang-froid de leur zélé chevalier; car en se lavant les mains, elle parvint, comme par accident, à lui lancer quelques gouttes d'eau au visage. Mais si tel était son malicieux dessein, il fut complétement désappointé; car Roland Græme, se piquant intérieurement de ne se pas départir de sa gravité officielle, ne sourit ni ne se troubla, et tout ce que gagna la jeune fille à son étourderie fut une sévère réprimande de sa compagne, qui la taxa de maladresse et de manque de décorum. Catherine s'assit d'un petit air boudeur, à peu près comme un enfant gâté qui guette l'occasion de se venger sur quelqu'un d'une réprimande non méritée.

Cependant lady Marie Fleming fut naturellement très-satisfaite des manières attentives et respectueuses du page; et elle dit à Catherine, après avoir jeté un regard favorable à Roland Græme : Vous aviez raison de dire, Catherine, que notre compagnon de captivité était bien né et bien élevé. Je ne voudrais pas que mes éloges lui inspirassent de la vanité ; mais ses services nous mettront à même de nous passer de ceux que Georges Douglas ne daigne pas nous rendre, si ce n'est quand la reine est présente.

— Hem ! je ne sais trop, répondit Catherine. Georges Douglas est un des plus beaux cavaliers d'Écosse, et c'est plaisir de le voir, même à présent que le sombre ennui du château de Lochleven a versé sur lui la même tristesse que sur tous les autres. Quand il était à Holyrood, qui aurait dit que le jeune et gai Georges Douglas se serait astreint à jouer ici, à Lochleven, le rôle d'un geôlier, sans autre amusement que de donner un tour de clef sur deux ou trois pauvres femmes ? — Office étrange pour un chevalier du cœur-saignant [1]. — Pourquoi ne le laisse-t-il pas à son père ou à ses frères ?

— Peut-être, comme nous, n'a-t-il pas le choix. — Mais tu as bien usé du peu de temps que tu as passé à la cour, Catherine, pour te souvenir de ce que Georges Douglas était alors.

— J'ai usé de mes yeux, ce à quoi je suppose qu'ils ont été destinés, et il y avait là de quoi les employer. Tant que j'ai été au couvent, ils m'étaient devenus bien inutiles ; et maintenant que je suis à Lochleven, ils ne sont bons à rien qu'à regarder cette éternelle broderie.

— Parlez-vous ainsi quand vous n'êtes avec nous que depuis quelques courtes heures ? — Est-ce là cette jeune fille qui voulait vivre et mourir dans un donjon, pourvu qu'il lui fût seulement permis de rester près de sa gracieuse reine ?

— Si vous me grondez tout de bon, je cesse ma plaisanterie. Je ne le céderais pas en attachement pour ma pauvre marraine à la dame la plus grave qui ait jamais eu de sages sentences à la bouche, et autour du cou une fraise à double rang bien empesée ; — vous le savez bien, dame Marie Fleming, et c'est jeter de la honte sur moi que de dire autrement.

Elle va porter un défi à l'autre dame, pensa Roland Grœme ; elle va à coup sûr lui jeter son gant ; et si dame Marie Fleming a seulement le cœur de le relever, nous pourrons avoir un combat en champ clos ! — Mais la réponse de lady Marie Fleming ne respira nullement cette humeur belliqueuse.

— Tu es une excellente et fidèle enfant, ma Catherine, dit-elle ; mais que le Ciel prenne en pitié celui qui un jour aura une créature si belle pour faire son bonheur, et un être si plein de malice pour faire son tourment ! — tu es dans le cas de faire devenir fous vingt maris.

— Il faudra qu'il ait déjà à demi perdu l'esprit, dit Catherine, donnant de nouveau pleine carrière à sa bonne humeur insouciante, celui qui m'en fournira l'occasion. — Mais je suis charmée que vous ne soyez

---

[1] Allusion aux armoiries des Douglas. (L. V.)

pas sérieusement fâchée contre moi, ajouta-t-elle en se jetant dans les bras de son amie, qu'elle embrassa sur les deux joues ; puis elle continua, d'un ton d'excuse et d'épanchement amical : Vous savez, ma chère Fleming, que j'ai à lutter à la fois contre la fierté hautaine de mon père et contre l'esprit indépendant de ma mère, — Dieu les bénisse ! ils m'ont laissé ces deux bonnes qualités, n'ayant guère autre chose à me donner, de la manière dont va le monde. — Je suis donc un peu volontaire et capricieuse ; mais attendez que j'aie seulement passé une semaine dans ce château, et mon esprit, ma chère Fleming, sera aussi soumis et aussi humble que le tien.

Le sentiment de dignité et l'amour de l'étiquette de dame Marie Fleming ne purent résister à cet appel affectueux. A son tour elle embrassa tendrement Catherine Seyton, en même temps que, répondant à la dernière phrase de celle-ci, elle lui dit : Notre-Dame vous préserve, ma chère Catherine, de rien perdre de ce qui convient si bien, dans les limites de la bienséance, à votre gaîté et à votre vivacité d'esprit ! Veillez seulement à ce que votre humeur caustique ne dépasse pas les bornes convenables, et elle ne pourra que nous charmer tous. Mais laisse-moi aller, petite folle : — j'entends le sifflet d'argent de Sa Grâce. Se dégageant en même temps des bras de Catherine, elle se dirigea vers la porte de la chambre de la reine, d'où on avait entendu partir le son ménagé d'un sifflet d'argent, instrument qui maintenant n'est plus employé que par les maîtres d'équipage dans la marine, mais qui à cette époque, où les sonnettes étaient inconnues, était le moyen ordinaire par lequel les dames, même du plus haut rang, appelaient leurs domestiques. Elle avait fait deux ou trois pas vers la porte ; mais là elle se retourna, et se rapprochant des deux jeunes gens qu'elle laissait ensemble, elle leur dit, d'un ton très-sérieux quoiqu'à demi-voix : J'espère qu'il est impossible qu'aucun de nous puisse oublier, en aucune circonstance, que si peu que nous soyons nous formons la maison de la reine d'Écosse, et que dans son malheur toute gaîté puérile et toute plaisanterie enfantine ne pourraient servir qu'à donner un grand triomphe à ses ennemis, qui ont déjà trouvé leur compte à lui reprocher la légèreté des vaines folies auxquelles les jeunes gens et les courtisans se livraient à sa cour. A ces mots elle quitta la salle.

Catherine Seyton parut singulièrement frappée de cette remontrance ; — elle se laissa tomber sur le siège d'où elle s'était levée pour serrer dans ses bras dame Marie Fleming, et pendant un moment elle resta le front appuyé sur ses deux mains ; tandis que Roland Græme la contemplait fixement avec un mélange d'émotions que peut-être lui-même n'aurait pu ni analyser ni expliquer. Lorsque, quittant l'attitude d'accablement où l'avait jetée un sentiment passager de reproche intérieur, elle releva lentement la tête, ses yeux rencontrèrent ceux de Roland, et s'animèrent graduellement de leur vivacité habituelle de gaîté malicieuse, qui, assez naturellement, provoqua une expression analogue dans ceux non moins vifs du page. Ils restèrent ainsi l'espace de deux minutes, chacun d'eux regardant l'autre avec autant de sérieux dans les traits que de gaîté dans les yeux, jusqu'à ce qu'enfin Catherine fut la première à rompre le silence.

— Puis-je vous prier, beau sire, dit-elle du plus grand sérieux, de me dire ce que vous voyez sur ma figure qui excite ces regards de mystère et d'intelligence dont il plaît à Votre Révérence de m'honorer? Il semblerait qu'il y a entre nous quelque merveilleux secret et une étonnante intimité, beau sire, s'il fallait en juger à l'expression prodigieusement fine de vos regards; et cependant, que Notre-Dame ne me soit jamais en aide si jusqu'ici je vous ai vu plus de deux fois en ma vie.

— Et quelles ont été ces heureuses occasions, si je puis être assez hardi pour faire cette question?

— Au couvent de Sainte-Catherine, d'abord; et, en second lieu, durant cinq minutes d'une certaine incursion que ce fut votre plaisir de faire dans la maison de mon seigneur et père, lord Seyton, d'où, à ma grande surprise, et probablement à la vôtre, vous vous tirâtes avec un signe d'amitié et de faveur, au lieu d'en sortir les os brisés, ce qui devait être la récompense la plus probable de votre intrusion, eu égard à l'humeur inflammable des Seyton. — Je suis profondément mortifiée, ajouta-t-elle d'un ton d'ironie, que vos souvenirs aient besoin d'être rafraîchis sur un sujet si important; et il est vraiment humiliant qu'en une telle occasion ma mémoire soit meilleure que la vôtre.

— Votre mémoire n'est déjà pas si minutieusement exacte, belle mistress, puisque vous avez oublié notre troisième rencontre à l'hôtellerie de *Saint-Michel*, où il vous a plu de donner de votre houssine à travers la figure de mon camarade, afin, je le garantis, de montrer que dans la maison de Seyton ni l'humeur inflammable de ses membres, ni l'usage du pourpoint et du haut-de-chausses, ne sont soumis à la loi salique, ni exclusivement réservés à la partie mâle de la famille.

— Beau sire, repartit Catherine en le regardant fixement et d'un air quelque peu surpris, à moins que vos esprits ne vous aient abandonné, je ne puis même conjecturer ce que vous voulez dire.

— Par ma foi, belle mistress, quand je serais un aussi savant sorcier que Michel Scott, j'aurais peine à m'expliquer le rêve que vous me faites faire. Ne vous ai-je pas vue hier au soir à l'hôtellerie de Saint-Michel? — Ne m'avez-vous pas apporté cette épée, en me commandant de ne la tirer du fourreau que sur l'ordre de ma souveraine naturelle et légitime? et n'ai-je pas fait ce que vous aviez requis de moi? Ou bien l'épée n'est-elle qu'une latte, — ma parole une billevesée, — ma mémoire un rêve, — et mes yeux deux organes inutiles, — deux espions maladroits que les corbeaux peuvent m'arracher de la tête?

— Et si vos yeux ne vous servent pas mieux en d'autres occasions que dans votre vision de *Saint-Michel*, je ne vois pas, la douleur à part, que les corbeaux vous fissent un si grand tort en vous en privant.—Mais écoutez : la cloche!—paix, au nom du Ciel! nous sommes interrompus...

Catherine avait raison ; car à peine le béfroi du château eut-il fait retentir du son sourd et lugubre de sa cloche la voûte de l'appartement, que la porte du vestibule s'ouvrit, et qu'on vit entrer l'intendant, avec sa physionomie sévère, sa chaîne d'or et sa baguette blanche. Il était suivi des mêmes domestiques qui avaient placé le dîner sur la table, et qui maintenant se mirent à le desservir avec la même formalité cérémonieuse.

L'intendant resta aussi immobile qu'une vieille toile peinte, pendant que les domestiques s'acquittaient de leur office ; et quand il fut terminé, que le couvert fut entièrement ôté, et la table elle-même enlevée de ses tréteaux et posée contre le mur, il dit à haute voix, sans s'adresser à personne en particulier, et presque du ton d'un héraut lisant une proclamation : Ma noble maîtresse, dame Marguerite Erskine, Douglas par mariage, fait savoir à lady Marie d'Écosse et aux personnes de sa suite, qu'un serviteur du pur Évangile, son révérend chapelain, exposera, expliquera et catéchisera ce soir, comme de coutume, selon les formes de la congrégation évangélique.

— Écoutez, mon cher monsieur Dryfesdale, dit Catherine, je comprends que cette annonce est chez vous une formule journalière. Or, je vous prie de remarquer que lady Fleming et moi — car j'espère que votre insolente invitation ne concerne que nous — avons choisi le chemin de saint Pierre pour aller au Ciel, et qu'ainsi je ne vois personne à qui votre pieuse exhortation, votre catéchisme ou votre leçon puisse être utile, si ce n'est ce pauvre page, qui est aux mains de Satan ainsi que vous, et qui fera mieux d'assister à votre culte que de rester à nous gêner dans nos dévotions mieux entendues.

Le page fut sur le point de donner un démenti formel à ces assertions; mais se rappelant ce qui s'était passé entre lui et le régent, et voyant le doigt de Catherine levé d'une manière significative, il se vit obligé, comme autrefois au château d'Avenel, de se soumettre à une tâche de dissimulation, et il suivit Dryfesdale à la chapelle du château, où il assista aux dévotions du soir.

Le chapelain se nommait Hélias Henderson. C'était un homme à la fleur de l'âge, à qui la nature avait donné des talents dont une aussi bonne éducation que l'époque le comportait avait tiré tout le parti possible. A ces qualités se joignait une faculté d'argumentation nette et pressée, et, par intervalles, une parole heureusement abondante et une éloquence naturelle. La croyance religieuse de Roland Grœme, comme nous avons eu déjà occasion de le faire remarquer, ne reposait sur aucune base certaine, et découlait plutôt de son obéissance aux ordres de sa grand'mère et de son désir secret de contrarier le chapelain du château d'Avenel, que d'un attachement ferme et raisonné à la foi romaine. Ses idées s'étaient depuis peu notablement étendues par suite des scènes qu'il avait traversées; et, sentant qu'il était honteux de ne pas comprendre quelque chose à ces disputes politiques entre les ministres de l'ancienne foi et ceux de la foi réformée, il prêta plus d'attention que jusqu'alors il n'avait été dans sa nature de le faire en de telles occasions, à une discussion animée de quelques-uns des principaux points de dissidence des deux Églises. Ainsi s'écoula le premier jour au château de Lochleven; et, pendant quelque temps, rien ne rompit l'uniformité monotone des journées qui le suivirent.

CHAPITRE XXIV.

> Voilà une triste vie !... Des voûtes sur ma tête, autour de moi des grilles et des barreaux, et mes tristes heures passées avec de non moins tristes compagnons, qui ont trop — beaucoup trop — à penser à leurs propres infortunes, pour prendre part aux miennes.   *Le Bûcheron.*

La vie à laquelle se trouvaient condamnés Marie et le petit nombre de ceux qui formaient sa suite, était isolée et solitaire au plus haut degré, et seulement variée selon que le temps permettait ou rendait impossible la promenade ordinaire de la reine dans le jardin ou sur les créneaux. Elle passait la plus grande partie de la matinée avec ses dames à ces ouvrages de tapisserie dont beaucoup subsistent encore comme preuve de son infatigable application. A ces heures-là, le page avait la liberté du château et de l'île, et même il était parfois invité à accompagner Georges Douglas quand celui-ci faisait quelque partie de pêche ou de chasse sur le lac ou sur ses bords, occasions de distraction qui n'étaient obscurcies que par la singulière mélancolie qui toujours semblait couvrir d'un sombre nuage le front du jeune Douglas et marquer toutes ses actions.
— Et cette tristesse était si profonde, que jamais Roland ne le vit sourire, que jamais il ne lui entendit prononcer un mot étranger à l'objet immédiat de leur exercice.

Les moments les plus agréables de la journée de Roland étaient ceux qu'il lui était permis de donner au service personnel de la reine et de ses dames, ainsi que l'heure du dîner, qu'il passait toujours avec dame Marie Fleming et Catherine Seyton. En ces occasions, il avait fréquemment lieu d'admirer la vivacité d'esprit et l'imagination féconde de cette dernière, qui semblait inépuisable dans ses inventions pour égayer sa maîtresse, et pour bannir, du moins pendant quelques instants, la tristesse qui lui rongeait le sein. Elle dansait, elle chantait, elle récitait des histoires de l'ancien temps ou des temps modernes, avec ce talent naturel dont le plaisir n'est pas dans la vanité de le déployer pour les autres, mais dans le sentiment vif et chaleureux que nous le possédons en nous-mêmes; et cependant ces talents éminents étaient mêlés d'un air de simplicité rustique et de vivacité étourdie qui semblait plutôt appartenir à la jeune villageoise, la coquette de la danse autour de l'Arbre de Mai, qu'à la noble descendante d'un ancien baron. Une teinte de hardiesse tout à fait éloignée de l'effronterie, et bien plus encore de la grossièreté, donnait quelque chose d'étrange et de piquant à tout ce qu'elle faisait ; et Marie, tout en la défendant parfois contre quelques-unes des réprimandes de sa grave compagne, la comparait à un oiseau échappé de sa cage et qui s'abandonne dans les bois à toute la luxuriance de la liberté, en faisant retentir l'air des chants qu'il apprit durant sa captivité.

Les instants qu'il était permis au page de passer en présence de cette créature enchanteresse s'écoulaient si rapidement, que, quelque courts qu'ils fussent, ils compensaient le pesant ennui du reste de la journée. Ces instants étaient cependant toujours très-courts, et nulle entrevue privée entre lui et Catherine n'était permise, ni même possible. Soit par précaution spéciale touchant la maison de la reine, soit par suite de ses idées générales de convenance, dame Fleming semblait particulièrement attentive à empêcher tout rapport séparé entre les deux jeunes gens, et elle employait ici au profit de la seule Catherine tout le fonds de prudence et d'expérience qu'elle avait acquis lorsqu'elle exerçait les fonctions de mère des demoiselles d'honneur de la reine, et qui lui avait valu leur haine cordiale. Les rencontres accidentelles, néanmoins, n'auraient pu être prévenues que si Catherine eût été plus désireuse de les éviter, et Roland Græme moins attentif à les épier. Un sourire, une plaisanterie, un sarcasme dépouillé de sa sévérité par le regard qui l'accompagnait, étaient tout ce qu'en de telles occasions le temps leur permettait; ces sortes d'entrevues passagères ne donnaient ni les moyens ni l'opportunité de revenir sur les circonstances de leurs premières rencontres, non plus qu'elles ne fournissaient à Roland la possibilité d'approfondir de plus près la mystérieuse apparition du page au manteau de velours pourpre à l'hôtellerie de *Saint-Michel*.

Les mois d'hiver se passèrent lentement, et le printemps était déjà avancé quand Roland Græme remarqua un changement graduel dans les manières de ses compagnes de captivité. N'ayant à s'occuper d'aucune affaire personnelle, étant d'ailleurs, comme les jeunes gens de son âge, de son éducation et de sa classe, assez curieux au sujet de ce qui se passait autour de lui, il commença par degrés à soupçonner, et finalement il acquit la conviction, qu'il se tramait entre la reine et ses femmes quelque chose dont elles ne désiraient pas qu'il fût instruit. Il devint même presque certain que par quelques moyens qu'il ne pouvait comprendre la reine Marie entretenait une correspondance en dehors des murailles et au delà des eaux qui entouraient sa prison, et qu'elle nourrissait quelque espoir secret de délivrance ou d'évasion. Dans les entretiens entre elle et ses femmes, entretiens auxquels il était nécessairement présent, la reine ne pouvait toujours éviter de montrer qu'elle était au courant des événements qui avaient lieu dans le monde du dehors, et dont lui-même n'entendait parler que par elle. Il remarqua qu'elle écrivait plus et travaillait moins que ce n'avait été précédemment son habitude, et que, comme si elle eût voulu endormir le soupçon, elle avait avec lady Lochleven des manières plus gracieuses, qui semblaient indiquer qu'elle se soumettait à son sort avec résignation. — Elles me croient aveugle, se dit-il en lui-même, et elles pensent qu'on ne peut se fier à moi à cause de ma jeunesse, ou parce que j'ai été envoyé ici par le régent : hé bien, soit ! — il peut se faire qu'avec le temps elles soient bien contentes de recourir à moi ; et Catherine Seyton, tout endiablée qu'elle est, pourra me trouver un aussi sûr confident que ce sournois de Douglas après lequel elle est toujours à courir. Peut-être bien qu'elles sont fâchées contre moi de ce que je vais écouter maître Élias Henderson ; mais pourquoi m'y ont-elles envoyé ? Et si maître Henderson parle avec vérité et bon sens, et s'il ne prêche que la parole de Dieu, il peut tout aussi bien avoir raison que le pape ou les conciles.

Il est probable que dans cette dernière conjecture Roland Græme avait mis le doigt sur la véritable raison qui avait empêché les dames de l'admettre à leurs conseils. Il avait eu depuis peu plusieurs conférences avec Henderson au sujet de la religion, et lui avait donné à entendre qu'il avait besoin de ses instructions, bien qu'il n'eût pas pensé qu'il fût prudent ou nécessaire de confesser que jusque-là il avait professé les dogmes de l'Église romaine.

Élias Henderson, zélé propagateur de la foi réformée, s'était condamné à la reclusion du château de Lochleven dans l'intention expresse et dans l'espoir de gagner quelques prosélytes sur Rome parmi les personnes de la suite de la reine détrônée, et d'affermir la foi de ceux qui déjà avaient embrassé les doctrines protestantes. Peut-être son ambition prenait-elle un essor un peu plus élevé, et nourrissait-il quelque espoir d'une prosélyte plus distinguée dans la personne de la reine déposée. Mais l'opiniâtreté avec laquelle Marie Stuart et les deux dames de sa suite refusèrent de le voir et de l'entendre fit complétement échouer cette espérance, s'il l'avait conçue.

L'occasion qui se présentait de développer les notions religieuses de Roland Græme, et de l'amener à un sentiment mieux compris de ses devoirs envers le Ciel, fut donc saluée par le digne homme comme une porte que lui ouvrait la Providence pour le salut d'un pécheur. Il ne se doutait pas, à la vérité, qu'il travaillait à la conversion d'un papiste; mais telle était l'ignorance que montrait Roland Græme sur quelques-uns des points essentiels de la doctrine réformée, que M. Henderson, tout en faisant l'éloge de la docilité du page à lady Lochleven et à son petit-fils, manquait rarement d'ajouter qu'il fallait que son vénérable frère Henry Warden fût maintenant bien déchu en forces et en esprit, puisqu'un catéchumène de son troupeau pouvait être si mal assuré dans les principes de sa croyance. Il est vrai que Roland Græme jugea inutile de lui en dire la vraie raison, à savoir, qu'il s'était fait un point d'honneur d'oublier tout ce qu'Henry Warden lui enseignait, aussitôt qu'il n'avait plus été obligé de le répéter comme une leçon apprise par cœur. Celles de son nouvel instructeur, si elles n'étaient pas données d'une manière plus propre à impressionner, étaient reçues par une oreille mieux disposée et s'adressaient à un jugement plus développé, outre que la solitude du château de Lochleven était favorable à des pensées plus graves que celles qui jusque-là avaient occupé l'esprit du page. Il flottait encore, à la vérité, en homme à demi persuadé; mais son attention aux instructions du chapelain lui valut la faveur même de l'austère vieille dame; et une ou deux fois, bien qu'avec de grandes précautions, il lui fut permis d'aller au village de Kinross, situé sur le bord du lac, pour quelques commissions ordinaires de son infortunée maîtresse.

Pendant quelque temps Roland Græme put être considéré comme occupant un terrain neutre entre les deux partis qui habitaient la Tour insulaire de Lochleven; mais à mesure qu'il s'éleva dans l'opinion de la dame du château et de son chapelain, il s'aperçut, à son grand chagrin, qu'il perdait du terrain dans celle de Marie et de ses deux alliées.

Il en vint graduellement à s'apercevoir qu'elles le regardaient comme espionnant leurs discours, et qu'au lieu de la liberté avec laquelle elles parlaient autrefois en sa présence, sans supprimer aucune des émotions naturelles de colère, de douleur ou de joie que le sujet amené sur le tapis pouvait provoquer, leur conversation était maintenant attentivement restreinte aux objets les plus indifférents, et que même on y apportait une réserve étudiée. Ce manque évident de confiance fut accompagné d'un changement analogue dans leur conduite personnelle à l'égard de l'infortuné page. La reine, qui l'avait d'abord traité avec une courtoisie marquée, maintenant lui adressait à peine la parole, sauf pour quelques ordres nécessaires relatifs à son service. Lady Fleming restreignait son attention aux expressions de civilité les plus sèches et les plus froides; Catherine Seyton mit de l'amertume dans ses plaisanteries, et ne lui montra plus que de l'humeur et une excessive réserve dans le peu de relations qu'ils avaient ensemble. Ce qui était encore plus irritant, c'est qu'il vit ou crut voir des marques d'intelligence entre

Georges Douglas et la belle Catherine Seyton ; et son esprit, aigri par la jalousie, en vint presque à se persuader comme une chose certaine que les regards qu'ils échangeaient portaient avec eux des secrets de la nature la plus grave et la plus sérieuse. — Il n'est pas étonnant, pensait-il, que courtisée par le fils d'un orgueilleux et puissant baron elle n'ait plus ni un mot ni un regard pour le pauvre malheureux page.

En un mot, la situation de Roland Græme devint vraiment désagréable, et son cœur, assez naturellement, se révolta contre l'injustice de ce traitement, qui le privait de la seule consolation qu'il eût reçue en se soumettant à un emprisonnement pénible à tout autre égard. Il accusait d'inconséquence la reine Marie et Catherine Seyton (car l'opinion de dame Fleming lui était fort indifférente), qui se montraient fâchées contre lui à raison des conséquences naturelles d'un ordre émané d'elles-mêmes. Pourquoi l'envoyaient-elles entendre cet éloquent prédicateur? Il se disait que l'abbé Ambroise comprenait mieux la faiblesse de leur cause papiste, quand il lui enjoignait de réciter mentalement des *Ave*, des *Credo* et des *Pater* tout le temps que le vieux Henry Warden prêchait ou exposait ses instructions, afin de se mettre en garde contre un seul instant d'attention à sa doctrine hérétique. — Mais je ne supporterai pas cette vie plus longtemps, se dit-il courageusement à lui-même ; supposent-elles que je trahirais ma maîtresse, parce que je vois des motifs de douter de sa religion? — Ce serait, comme on dit, servir le diable pour l'amour de Dieu. — Je rentrerai dans le monde : — celui qui sert les dames peut du moins s'attendre à des regards d'amitié et à des paroles bienveillantes ; et je n'ai pas une âme de gentilhomme pour me soumettre à de froids traitements et au soupçon, en même temps qu'à une longue vie de captivité. — Je parlerai demain à Georges Douglas quand nous sortirons pour la pêche.

Une nuit sans sommeil fut passée à agiter cette magnanime résolution, et il se leva le matin sans avoir encore bien arrêté en lui-même s'il s'y tiendrait ou non. Il arriva qu'il fut appelé par la reine à une heure inaccoutumée, et juste au moment où il allait partir avec Georges Douglas. Il se rendit au jardin pour recevoir ses ordres ; mais comme il avait sa ligne à la main, cette circonstance fit connaître ses intentions antérieures, et la reine, se tournant vers lady Fleming, lui dit : Il faut que Catherine imagine quelque autre amusement pour nous, *ma bonne amie*[1] ; notre page, dans sa discrétion, a déjà pris ses mesures pour le plaisir de la journée.

— Je vous ai dit dès le commencement, répondit lady Fleming, qu'il ne fallait pas que Votre Grâce comptât beaucoup sur la compagnie d'un jeune homme qui a tant de connaissances huguenotes, et qui a des moyens de s'amuser beaucoup plus agréablement qu'avec nous.

---

[1] Ces trois mots sont en français dans le texte. (L. V.)

CHAPITRE XXIV.

— Je voudrais, dit Catherine, dont les traits animés rougirent de mortification, je voudrais que ses amis l'emmenassent pour ne plus revenir, et nous ramenassent à sa place, — si pareille chose peut se trouver, — un page fidèle à sa reine et à sa religion.

— Une partie de vos souhaits peut se réaliser, madame, repartit Roland Grœme, incapable de réprimer plus longtemps l'humeur que lui donnait le traitement qu'on lui faisait éprouver de toutes parts ; — et il fut sur le point d'ajouter : Je vous souhaiterais de tout mon cœur un compagnon à ma place, si l'on en pouvait trouver un, qui fût capable d'endurer les caprices des femmes sans devenir fou. Heureusement il se souvint des remords qu'il avait éprouvés pour s'être abandonné à la vivacité de son caractère en une occasion analogue ; et, fermant la bouche, il retint emprisonné et étouffa sur ses lèvres un reproche si inconvenant en présence d'une reine.

— Pourquoi restez-vous là, reprit la reine, comme si vous aviez pris racine dans le sol?

— J'attends seulement les ordres de Votre Grâce, répondit le page.

— Je n'en ai pas à vous donner. — Retirez-vous, monsieur !

Comme il sortait du jardin pour gagner la barque, il entendit distinctement Marie adresser ce reproche à une des deux dames : Vous voyez à quoi vous nous avez exposée !

Cette petite scène détermina tout à coup la résolution de Roland Grœme de quitter le château s'il était possible, et de faire part de sa résolution à Georges Douglas sans perdre de temps. Ce dernier, morose et silencieux selon sa coutume, s'assit à la poupe du petit esquif dont ils se servaient en de telles occasions, s'occupant à disposer ses engins de pêche, et de temps à autre indiquant par signes à Grœme, qui tenait les rames, sur quel point il devait se diriger. Lorsqu'ils furent à quelque distance du château, Roland, s'appuyant sur ses rames, dit à son compagnon, brusquement et sans préambule : Sous votre bon plaisir, monsieur, j'aurai quelque chose d'important à vous dire.

La mélancolie pensive de la physionomie de Douglas fit subitement place à l'air surpris, impatient et attentif d'un homme qui s'attend à entendre quelque chose d'une nature grave et alarmante.

— Je suis mortellement fatigué de ce château de Lochleven, continua Roland.

— Est-ce là tout? dit Douglas ; je ne sache pas un de ses habitants qui en soit beaucoup plus satisfait.

— Oui ; mais comme je ne suis ni membre de la famille ni prisonnier, je puis raisonnablement désirer d'en sortir.

— Vous n'auriez pas moins raison de désirer le quitter, fussiez-vous l'un et l'autre.

— Mais je ne suis pas seulement fatigué de vivre au château de Lochleven ; je suis déterminé à le quitter.

— C'est une résolution plus aisée à former qu'à exécuter.

— Non pas, si vous voulez bien y consentir, monsieur, ainsi que mylady votre mère.

— Vous vous trompez, Roland; vous vous apercevrez que le consentement de deux autres personnes est également essentiel : — celui de lady Marie votre maîtresse, et celui de mon oncle le régent, qui vous a placé près de sa personne, et qui ne trouvera pas convenable qu'elle change sitôt de serviteurs.

— Faudra-t-il donc que je reste de gré ou de force? repartit le page, quelque peu effrayé d'une face de la question qui se serait présentée plus tôt à une personne de plus d'expérience.

— Du moins il faudra que vous restiez jusqu'à ce que mon oncle consente à votre éloignement.

— Franchement, et pour vous parler comme à un gentilhomme qui est incapable de me trahir, je confesserai que, si je me croyais prisonnier ici, ni murailles ni lac ne m'y retiendraient longtemps.

— Franchement, je ne pourrais beaucoup vous blâmer de la tentative; mais, au bout du compte, mon père, ou mon oncle, ou le comte, ou quelqu'un de mes frères, ou, en un mot, n'importe quel lord du roi entre les mains de qui vous tomberiez, vous ferait en ce cas pendre comme un chien, ou comme une sentinelle qui déserte son poste; et je vous promets que vous auriez peine à leur échapper. Mais ramez vers l'île de Saint-Serf; — voici une brise de l'ouest, et nous allons avoir bonne pêche en restant au vent de l'île, où le remous est le plus fort. Nous reparlerons plus au long de ce que vous venez de me dire, après une heure de pêche.

Cette pêche fut heureuse, quoique jamais deux pêcheurs ne se fussent livrés à ce plaisir silencieux et taciturne avec une taciturnité plus silencieuse.

Quand l'heure fut expirée, Douglas prit les rames à son tour, et, par son ordre, Roland Græme manœuvra la barque en la dirigeant vers le débarcadère du château; mais lui aussi s'arrêta au milieu de la course; et, regardant autour de lui, il dit à Græme : Il est une chose que je pourrais t'apprendre; mais c'est un si profond secret, que, même ici, n'ayant autour et au-dessus de nous que l'eau et le ciel, sans qu'il y ait possibilité qu'on nous entende, je ne puis prendre sur moi de le divulguer.

— Mieux vaut le garder, monsieur, si vous doutez de l'honneur de celui qui peut seul l'entendre.

— Je ne doute pas de votre honneur; mais vous êtes jeune, imprudent et changeant.

— Jeune, je le suis, et je puis être imprudent; — mais qui vous a dit que je fusse changeant?

— Quelqu'un qui peut-être vous connaît mieux que vous ne vous connaissez vous-même.

— Je suppose que vous voulez parler de Catherine Seyton, répliqua le page, dont le cœur battit vivement; mais elle est elle-même cinquante fois plus variable dans son humeur que l'eau sur laquelle nous flottons.

— Mon jeune ami, dit Douglas, souvenez-vous, je vous prie, que Catherine Seyton est une dame de sang et de naissance, et que l'on ne doit pas parler d'elle légèrement.

— Monsieur Georges de Douglas, répliqua Grœme, comme ce que vous me dites a presque l'air d'une menace, je vous prie de remarquer que je fais moins de cas d'une menace que de la nageoire de l'une de ces truites mortes ; et, de plus, je suis bien aise de vous dire que le champion qui voudra prendre la défense de chaque dame de sang et de naissance qu'on accusera de changer de foi et de mode aura probablement assez d'ouvrage sur les bras.

— Allons, repartit le sénéchal, mais d'un ton de bonne humeur, tu es un jeune fou, qui n'est pas fait pour se mêler d'affaires plus sérieuses que le jet d'un filet ou le vol d'un faucon.

— Si votre secret concerne Catherine Seyton, reprit le page, je ne m'en soucie nullement, et vous pouvez le lui dire si vous voulez. Je sais qu'elle peut vous ménager l'occasion de lui parler, comme elle l'a déjà fait.

La rougeur qui monta au visage de Douglas fit connaître au page qu'il avait rencontré juste, quoique, dans le fait, il parlât au hasard ; et cette pensée fut pour lui comme un coup de poignard au cœur. Son compagnon ne répliqua pas, et se remit à ramer vigoureusement jusqu'à ce qu'ils fussent arrivés à l'île, vis-à-vis du château. Les domestiques reçurent le produit de leur pêche, et les pêcheurs, se séparant en silence, prirent tous deux le chemin de leur appartement respectif.

Roland Grœme avait passé environ une heure à murmurer contre Catherine Seyton, contre la reine, contre le régent et toute la famille de Lochleven, Georges Douglas en tête, quand arriva le moment où son devoir l'appelait près de la reine pour le service du dîner. En s'habillant à cet effet, il se plaignit d'un soin qu'en semblables occasions il avait coutume, dans sa vanité enfantine, de regarder comme le plus important de sa journée ; et quand il vint prendre sa place derrière la chaise de la reine, ce fut d'un air de dignité offensée qui ne put échapper à l'observation de Marie, et qui probablement lui parut assez ridicule, car elle dit à demi-voix à ses dames quelque chose en français qui fit rire lady Fleming, et dont Catherine parut s'amuser aussi, quoiqu'à demi déconcertée. Cette plaisanterie, dont le sujet lui était caché, fut naturellement pour l'infortuné page un nouveau sujet d'offense, et donna à sa physionomie un degré de plus de sombre dignité, ce qui aurait pu l'exposer à d'autres railleries, si Marie n'avait paru disposée à accorder à son chagrin indulgence et compassion.

Avec le tact particulier et la délicatesse que jamais femme ne posséda à un plus haut degré, elle chercha à adoucir par degrés l'humeur contrariée de son magnanime écuyer. L'excellence du poisson qu'il avait rapporté de son expédition du matin, la saveur exquise et la belle couleur rouge des truites, qui depuis longtemps avaient valu un renom au lac, lui fournirent d'abord l'occasion d'exprimer ses remercîments à son page pour une addition si agréable à sa table, notamment un jour de jeûne ; et ce sujet la conduisit à s'informer de l'endroit où le poisson avait été pris, de la taille des truites, de leurs particularités, des temps où elles étaient en saison, et la fit passer de là à une comparaison entre les truites du Lochleven et celles qu'on trouve dans les lacs et les rivières du midi de l'Écosse. La mauvaise humeur de Roland Grœme n'était jamais d'une nature obstinée. Elle se dissipa comme le brouillard devant le soleil, et il s'engagea aisément dans une dissertation vive et chaleureuse sur la truite du Lochleven, et sur la truite de mer, et sur la truite de rivière, et sur la *bull-trout*, et sur le *char*, qui jamais ne vient mordre à l'hameçon, et sur le *par*, que quelques-uns regardent comme un jeune saumon, et sur les *herlings*, qui fréquentent le Nith, et sur les *vendisses*, qu'on ne trouve que dans le lac du château de Lochmaben ; et il se lançait en avant avec l'impétuosité passionnée et l'enthousiasme d'un jeune pêcheur, quand il remarqua que le sourire avec lequel la reine l'avait d'abord écouté s'était éteint, et qu'en dépit de ses efforts pour les retenir des larmes lui venaient aux yeux. Il s'interrompit tout à coup, et, inquiet à son tour, il lui demanda s'il avait eu le malheur involontaire de causer quelque déplaisir à Sa Grâce ?

— Non, mon pauvre enfant, répondit la reine ; mais, tandis que vous énumériez les lacs et les rivières de mon royaume, mon imagination abusée me transportait, loin de ces terribles murailles, vers les eaux romantiques du Nithsdale et les tours royales de Lochmaben. — O terre que mes ancêtres ont si longtemps gouvernée, votre reine est maintenant privée des plaisirs que vous dispensez si libéralement, et le plus pauvre mendiant, qui peut librement errer dans le pays d'une ville à l'autre, ne voudrait pas changer son sort contre celui de Marie d'Écosse !

— Votre Altesse, dit lady Fleming, fera bien de se retirer.

— En ce cas, suis-moi, Fleming, repartit la reine ; je ne voudrais pas affliger des cœurs si jeunes par la vue de mes douleurs.

Elle accompagna ces paroles d'un regard de compassion mélancolique qu'elle jeta sur Roland et sur Catherine, qui restèrent alors seuls ensemble dans le salon.

Le page ne trouva pas sa situation peu embarrassante ; car, ainsi que peut l'avoir éprouvé tout lecteur qui se sera trouvé en position pareille, il est fort difficile de conserver toute la dignité d'une personne offensée en présence d'une jeune et jolie fille, quelque raison que nous puissions avoir d'être irrité contre elle. Catherine Seyton, de son côté, restait

CHAPITRE XXIV.

tranquille et silencieuse, comme un esprit de l'autre monde ayant conscience de la terreur que sa présence inspire, et qui se montre charitablement disposé à donner au pauvre mortel intimidé qu'il visite le temps de se remettre, et de se conformer à la grande règle de la démonologie en parlant le premier. Mais, comme Roland ne paraissait pas pressé de profiter de sa condescendance, elle la porta encore plus loin, et ouvrit elle-même la conversation.

— Je vous prie, beau sire, s'il m'est permis de troubler votre auguste rêverie par une question si simple, — que peut être devenu votre rosaire ?

— Je l'ai perdu, madame, — je l'ai perdu il y a quelque temps, répondit Roland d'un ton moitié fâché, moitié embarrassé.

— Et puis-je vous demander aussi, monsieur, pourquoi vous ne l'avez pas remplacé par un autre ? — J'ai presque l'idée de vous en donner un, ajouta Catherine en tirant de sa poche un chapelet à grains d'ébène ornés d'or, afin que vous le gardiez à cause de moi, seulement comme souvenir d'ancienne connaissance.

Il y eut dans l'accent avec lequel ces mots furent prononcés un léger tremblement qui effaça tout à coup de l'esprit de Roland Græme toute idée de ressentiment, et le fit voler aux côtés de Catherine ; mais elle reprit à l'instant même le ton ferme et décidé qui lui était plus ordinaire. — Je ne vous ai pas dit, continua-t-elle, de venir vous asseoir si près de moi ; car la connaissance dont je parlais est raide et froide, morte et enterrée, depuis bien des jours.

— A Dieu ne plaise ! s'écria le page ; elle a seulement sommeillé. Maintenant que vous désirez qu'elle se réveille, belle Catherine, croyez qu'un gage de votre faveur renaissante....

— Non, non, interrompit Catherine, en retirant le rosaire vers lequel il avançait la main en parlant ; en y réfléchissant mieux, j'ai changé d'avis. Que ferait un hérétique de ce saint rosaire, qui a été béni par le père de l'Église lui-même ?

Roland se sentit fort mal à l'aise, car il vit alors clairement où tendait ce début, et sentit que de toute manière il allait se trouver dans une situation fort embarrassante. — Mais, reprit-il, c'était comme gage d'estime que vous me l'offriez ?

— Oui, monsieur, mais cette estime s'adressait au sujet fidèle, au loyal et pieux catholique, à celui qui s'était si solennellement voué en même temps que moi à la même tâche ; et cette tâche, vous devez maintenant le comprendre, était de servir l'Eglise et la reine. C'est à une telle personne, si jamais vous en avez entendu parler, que mon estime était due, et non à celui qui s'associe aux hérétiques, et qui est sur le point de devenir apostat.

— J'aurais eu peine à croire, belle mistress, répliqua Roland d'un ton d'indignation, que la girouette de votre faveur ne tournait qu'à un vent catholique, en la voyant si évidemment se diriger vers Georges Douglas, qui, je crois, est à la fois du parti du roi et protestant.

— Pensez mieux de Georges Douglas, dit Catherine, et ne croyez pas... Mais s'arrêtant court, comme si elle eût trop parlé, elle reprit : Je vous assure, M. Roland, que tous ceux qui vous veulent du bien sont fâchés pour vous.

— Le nombre en est bien petit, je crois, et leur chagrin, s'ils en éprouvent, n'est pas si profond que dix minutes de temps ne puissent le guérir.

— Ils sont plus nombreux, et prennent à vous un intérêt plus profond que vous ne paraissez le croire. Mais peut-être se trompent-ils : — vous êtes le meilleur juge de vos propres affaires ; et si vous préférez l'or et les terres de l'Église à l'honneur, à la loyauté, et à la foi de vos pères, pourquoi seriez-vous retenu plus que d'autres par des scrupules de conscience ?

— Le Ciel m'est témoin, s'écria Roland, que si j'ai quelques opinions différentes... c'est-à-dire si j'ai conçu quelques doutes en fait de religion, ils m'ont été inspirés par la conviction de mon esprit et par la suggestion de ma conscience !

— Oui, oui, votre conscience ! — votre conscience ! répéta-t-elle avec une emphase ironique ; votre conscience est le bouc émissaire, et un robuste, je le garantis : — il portera le fardeau de l'un des meilleurs manoirs de l'abbaye de Kennaquhair, récemment confisqué au profit de notre noble seigneur le roi sur l'abbé et la communauté, pour crime capital de fidélité à leurs vœux religieux, et qui maintenant sera concédé par le haut et puissant traître, etc., James, comte de Murray, au bon écuyer des dames Roland Grœme, pour ses loyaux et fidèles services comme espion en second et sous-geôlier près de la personne de sa légitime souveraine la reine Marie.

— Vous êtes cruellement injuste, Catherine ; oui, bien cruellement injuste ! — Dieu sait que je protégerais cette pauvre dame au risque ou même au prix de ma vie ; — mais que puis-je faire, — que peut-on faire pour elle ?

— Ce qu'on peut faire ? beaucoup, — tout, si les hommes étaient seulement francs et honorables comme l'étaient les Écossais du temps de Bruce et de Wallace. O Roland ! de quelle entreprise vous éloignez maintenant votre cœur et votre bras, par simple inconstance et froideur d'esprit !

— Comment puis-je m'éloigner d'une entreprise qui ne m'a jamais été communiquée ? La reine, ou vous, ou personne autre, m'ont-ils communiqué quelque chose de relatif à son service auquel je me sois refusé ? Ne m'avez-vous pas tous tenu aussi éloigné de vos conseils que si j'étais le plus infâme espion qui ait existé depuis le temps de Ganelon [1] ?

---

[1] Gan, Gano, ou Ganelon de Mayence, est toujours représenté, dans les romans

CHAPITRE XXIV.

— Et qui voudrait se fier à l'ami juré, à l'élève, au compagnon de l'hérétique prêcheur Henderson? Oui, — un maître convenable que vous avez choisi là, au lieu de l'excellent père Ambroise, qui maintenant est expulsé de ses foyers et de l'abri d'un toit, à moins qu'il ne languisse au fond d'un donjon, pour avoir résisté à la tyrannie de Morton, au frère de qui les domaines temporels de cette noble maison de Dieu ont été abandonnés par le régent!

— Est-il possible? l'excellent père Ambroise est-il dans une telle détresse?

— Il regarderait la nouvelle de votre défection de la foi de vos pères comme un malheur plus grand que tout ce que la tyrannie peut lui infliger à lui-même.

— Mais pourquoi, dit Roland vivement ému, pourquoi supposeriez-vous que... que... qu'il en est à mon égard ce que vous dites?

— Oserez-vous le nier? ne conviendrez-vous pas que vous avez bu le poison que vous auriez dû rejeter loin de vos lèvres? — nierez-vous que maintenant il fermente dans vos veines, s'il n'a pas entièrement corrompu les sources de la vie? — Nierez-vous que vous ayez vos doutes, ainsi que vous les qualifiez orgueilleusement, touchant des sujets sur lesquels les papes et les conciles ont interdit le doute? — Votre foi n'est-elle pas chancelante, sinon renversée? — Le prêcheur hérétique ne se vante-t-il pas de sa conquête? — la femme hérétique de cette maison de captivité ne te cite-t-elle pas comme exemple? — la reine et lady Fleming ne croient-elles pas à ta chute? — et y a-t-il encore ici quelqu'un, sauf une seule personne, — oui, je le dirai, et pensez aussi légèrement qu'il vous plaira de ma bienveillance, — y a-t-il ici quelqu'un, excepté moi, qui conserve la moindre lueur d'espoir que vous puissiez encore vous montrer ce qu'autrefois nous vous avons tous cru?

— Je ne sais, dit notre pauvre page, jeté dans un cruel embarras par la vue que lui présentait ainsi de la conduite qu'on avait attendue de lui une femme qui n'avait pas pour lui un moindre intérêt parce qu'il avait fait près d'elle, depuis leur première rencontre, une si longue résidence au château de Lochleven, où nul autre objet aussi aimable n'avait pu ni attirer ni partager son attention, — je ne sais ce que vous attendez ou ce que vous craignez de moi. J'ai été envoyé ici pour servir la reine Marie, et je remplirai envers elle les devoirs d'un serviteur fidèle, à la vie et à la mort. Si quelqu'un avait attendu des services d'un autre genre, je n'étais pas l'homme qui les pouvait rendre. Je n'avoue ni ne désavoue les doctrines de l'Église réformée. — Voulez-vous que je vous dise la vérité? — il me semble que la corruption du clergé catholique est ce qui a attiré ce jugement sur sa tête, et, autant que je sache, il peut se faire que ce

---

relatifs à Charlemagne et à ses paladins, comme le traître par qui les champions chrétiens sont trahis. (W. S.)

soit pour sa réformation. Mais quant à trahir cette malheureuse reine, Dieu sait si j'en ai jamais eu la pensée. Quand même j'aurais d'elle une opinion plus défavorable que comme son serviteur je ne le souhaite, — que comme son sujet je ne l'ose, — je ne la trahirais pas. — Loin de là, — je l'aiderais dans tout ce qui pourrait faciliter sa justification.

— Assez! assez! s'écria Catherine en joignant les mains; ainsi tu ne nous abandonnerais pas s'il se présentait quelque moyen par lequel, en rendant la liberté à notre royale maîtresse, cette cause puisse être honnêtement jugée entre elle et ses sujets rebelles?

— Non, sans doute; — mais écoutez seulement, belle Catherine, ce que me dit lord de Murray quand il m'envoya ici...

— Écoutez ce que dit le diable, interrompit la jeune fille, plutôt que ce que dit un faux sujet, un faux frère, un faux conseiller, un faux ami! un homme élevé du poste d'un petit pensionnaire de la libéralité royale au rang de conseiller de la couronne et de principal distributeur des libéralités d'état; — un homme chez qui rang, fortune, titres, importance et pouvoir ont crû et grandi comme un champignon, à la seule chaleur de la bienveillance d'une sœur qu'en récompense il a séquestrée dans cette triste prison, — que pour la récompenser mieux encore il a déposée, et qu'il assassinerait s'il l'osait!

— Je ne pense pas si mal du comte de Murray, dit Roland Grœme; et pour dire la vérité, ajouta-t-il en souriant, il me faudrait quelque appât particulier pour me faire embrasser l'un des deux côtés avec une résolution ferme et bien arrêtée.

— Hé bien, si c'est là tout, repartit Catherine Seyton d'un ton d'enthousiasme, vous aurez pour récompense les prières des sujets opprimés, — celles du clergé dépossédé, celles de la noblesse insultée; — vous aurez les louanges immortelles des siècles futurs, — la vive reconnaissance du siècle actuel, — la renommée sur terre et la félicité au Ciel! Votre pays vous rendra grâces, — votre reine vous sera redevable, — vous passerez d'un seul coup du dernier degré au degré le plus élevé de la chevalerie; — tous les hommes vous honoreront, toutes les femmes vous aimeront : — et moi, dévouée de si bonne heure avec vous à l'œuvre de la liberté de la reine Marie, je... oui, je vous aimerai plus que... plus que jamais sœur n'a aimé un frère!

— Continuez! — continuez! murmura Roland à demi-voix, mettant un genou à terre, et prenant la main que dans la chaleur de son exhortation Catherine étendait vers lui.

— Non, dit-elle en s'arrêtant, j'en ai déjà trop dit, — beaucoup trop, si je ne vous persuade pas; — beaucoup trop peu, si je vous persuade. Mais j'y réussirai, continua-t-elle en voyant son enthousiasme se réfléchir dans la physionomie du jeune homme, — j'y réussirai, ou plutôt la bonne cause l'emportera par sa propre force : — et c'est ainsi que je t'y consacre. En prononçant ces derniers mots, elle approcha son doigt du front du jeune homme étonné, et, sans le toucher, y traça la forme de la croix; — puis penchant son visage vers lui, elle sembla baiser l'espace vide où elle avait tracé le symbole. Alors, se relevant vivement et dégageant sa main que Roland serrait dans les siennes, elle s'élança dans la chambre de la reine.

Roland Grœme resta dans la position où l'avait laissé l'enthousiaste, un genou à terre, la respiration entrecoupée, les yeux fixés sur l'espace que la belle forme de Catherine Seyton venait d'occuper. S'il n'éprouvait pas un ravissement sans mélange, ses pensées, du moins, participaient de cette sensation enivrante, bien que mêlée de peines et de plaisir, la plus vive, la plus puissante, de celles que nous offre la vie dans sa coupe si mélangée. Il se leva et se retira lentement; et quoique le chapelain, M. Henderson, prêchât ce soir-là son meilleur sermon contre les erreurs du papisme, je ne voudrais pas répondre que dans l'enchaînement de ses arguments il fut suivi avec une attention soutenue par le jeune prosélyte, en vue duquel il avait principalement choisi son texte.

CHAPITRE XXV.

> Et quand la torche de l'amour a mis le cœur en feu, vient dame Raison avec ses préceptes et ses moralités, à peu près aussi utile que le vieux bedeau à barbe grise, quand il tire des voûtes de l'église sa machine à demi détraquée, pour faire jouer son filet d'eau contre un vaste incendie.
>
> *Ancienne Comédie.*

Le lendemain matin, Roland Grœme se trouvait dans une disposition rêveuse qui lui fit chercher les créneaux du château, comme un lieu de promenade où il pourrait, avec le moins de chance d'interruption, se livrer aux pensées qui se pressaient dans son esprit. Mais sa place de retraite fut cette fois mal choisie, car il y fut presque aussitôt rejoint par M. Elias Henderson.

— Je vous cherchais, jeune homme, lui dit le ministre, ayant à vous parler de quelque chose qui vous touche de près.

Le page n'avait pas de prétexte pour éviter la conférence que le chapelain lui annonçait ainsi, bien qu'il sentît qu'elle pourrait devenir embarrassante.

— En vous enseignant vos devoirs envers Dieu, autant que mes faibles connaissances me l'ont permis, continua le chapelain, il est des particularités de vos devoirs envers les hommes sur lesquelles je n'ai voulu insister ni longtemps ni beaucoup. Vous êtes ici au service d'une dame, honorable par sa naissance, méritant toute compassion par rapport à ses malheurs, et qui n'a même que trop de ces qualités extérieures qui captivent l'intérêt et l'affection des hommes. Avez-vous toujours considéré vos sentiments envers cette lady Marie d'Écosse sous leur vrai jour et leur véritable nature?

— Je me flatte, mon révérend, répondit Roland Grœme, de savoir quelles sont les obligations d'un serviteur, dans ma situation, envers sa royale maîtresse, surtout dans l'état d'abaissement et d'infortune où elle est réduite.

— Bien, mon fils; mais c'est ce sentiment-là même, quoique juste et honnête, qui peut, dans le cas actuel, par rapport à lady Marie, t'entraîner dans un grand crime et une grande trahison.

— Comment cela, mon révérend? Je proteste que je ne vous comprends pas.

— Je ne vous parle pas des crimes de cette dame mal conseillée; ce ne sont pas sujets pour les oreilles de son fidèle serviteur. Mais il suffit de dire que cette malheureuse femme a rejeté plus d'offres de grâce, plus d'espérances de glorification, que jamais il n'en fut offert à aucun prince terrestre; et que maintenant, son jour de faveur étant passé, elle est séquestrée dans ce château isolé pour le bien commun du peuple écossais, et peut-être bien aussi pour le bien de son âme à elle-même.

— Mon révérend, dit Roland quelque peu impatienté, je ne sais que trop que mon infortunée maîtresse est emprisonnée, puisque moi-même j'ai le malheur de partager sa reclusion; — ce dont, pour dire la vérité, je suis cordialement fatigué.

— C'est à ce sujet-là même que j'ai à vous parler, repartit doucement le chapelain; mais d'abord, mon bon Roland, portez vos regards sur l'agréable perspective de cette plaine cultivée. Vous voyez, là où la fumée s'élève, ce village à demi caché par les arbres, et vous savez que c'est la demeure de la paix et de l'industrie. D'espace en espace, et chacune sur le bord de son courant d'eau, vous voyez s'élever les tours grisâtres des barons, et des chaumières semées çà et là; et vous savez que là aussi les familles vivent maintenant dans l'union, la lance suspendue à la muraille et l'épée reposant dans son fourreau. Vous voyez encore plus d'une belle église, où les eaux pures de la vie sont offertes aux altérés, et où les affamés sont réconfortés par la nourriture spirituelle. — Que mériterait-il, celui qui porterait le feu et le carnage au milieu d'une scène si belle et si heureuse? — celui qui ferait sortir du fourreau les épées de la gentry, et les ferait se tourner les unes contre les autres? celui qui livrerait aux flammes tour et chaumière, et en éteindrait les cendres avec le sang de ceux qui les habitent? — Que mériterait celui qui relèverait cet ancien Dagon de superstition qu'ont abattu les *dignes* du temps, et qui ferait de nouveau des églises de Dieu autant de hauts lieux de Baal?

— Vous avez tracé un effrayant tableau, mon révérend, répondit Roland Grœme; mais je ne devine pas qui vous accuseriez de l'intention d'effectuer un changement si horrible.

— A Dieu ne plaise que je doive te dire : C'est toi qui es l'homme ! — Prends pourtant garde, Roland Grœme, tout en servant ta maîtresse, de rester fidèle au service encore plus élevé que tu dois à la paix de ton pays et à la prospérité de ses habitants ; sans quoi, Roland Grœme, tu pourrais être l'homme même sur la tête duquel tomberont les malédictions et le châtiment assuré dû à une telle œuvre. Si tu es gagné par le chant de ces sirènes à aider à l'évasion de cette malheureuse dame de cette place de pénitence et de sécurité, c'en est fait en Écosse de la paix des chaumières et de la prospérité des palais ; — et l'enfant encore à naître maudira le nom de l'homme qui aura ouvert l'accès au désordre qui suivra la guerre entre la mère et le fils.

— Je ne connais rien d'un tel plan, mon révérend, et par conséquent je ne puis aider à rien de semblable. — Mon devoir envers la reine a été simplement celui d'un serviteur attaché à sa personne, et c'est une tâche dont parfois j'aurais volontiers voulu être affranchi ; néanmoins...

— C'est pour vous préparer la jouissance d'un peu plus de liberté que j'ai voulu vous pénétrer de la sérieuse responsabilité sous laquelle vos fonctions doivent être remplies. Georges Douglas a dit à lady Lochleven que vous étiez fatigué de ce service, et, en partie par mon intercession, cette bonne dame a résolu que, ne pouvant vous libérer, vous seriez en place employé à certaines commissions dans le pays, qui jusqu'ici ont été remplies par d'autres personnes de confiance. Ainsi donc, venez avec moi vers mylady, car aujourd'hui même vous serez chargé d'une de ces commissions.

— J'espère que vous m'excuserez, mon révérend, dit le page, qui sentit qu'un accroissement de confiance de la part de la dame du château et de sa famille rendrait sa situation doublement embarrassante sous un point de vue moral ; — on ne peut servir deux maîtres, et je craindrais fort que ma maîtresse ne m'excusât pas de prendre de l'emploi sous une autre.

— Ne craignez rien à cet égard ; son consentement sera demandé et obtenu. Je crains qu'elle n'y accède que trop aisément, dans l'espérance de profiter de votre intermédiaire pour entretenir des correspondances avec ses amis, ainsi que s'intitulent faussement ceux qui voudraient faire de son nom le mot d'ordre de la guerre civile.

— Et ainsi je serai exposé au soupçon de tous côtés ; car ma maîtresse me regardera comme un espion placé près d'elle par ses ennemis, en me voyant si avant dans leur confiance ; et lady Lochleven ne cessera jamais de soupçonner la possibilité que je la trahisse, parce que les circonstances me mettront à même de le faire : — j'aimerais mieux rester comme je suis.

Il s'ensuivit une pause d'une ou deux minutes, durant laquelle Henderson examina fixement la physionomie de Roland, comme s'il eût cherché à s'assurer qu'il n'y avait pas dans la réponse plus que ne semblait l'impliquer le sens rigoureux des mots. Il échoua sur ce point, cependant; car Roland, formé dès l'enfance aux habitudes de page, savait prendre une expression de physionomie boudeuse et refrognée, assez bien calculée pour dissimuler toutes les émotions intérieures.

— Je ne te comprends pas, Roland, reprit le ministre ; ou plutôt tu as en tout ceci des pensées plus profondes que je ne croyais être dans ta nature. J'aurais cru que le plaisir d'aller à terre avec ton arc, ton fusil ou ta ligne aurait fait taire tout autre sentiment.

— Et c'est bien ce qui serait arrivé, repartit Roland, qui vit le danger de laisser s'éveiller entièrement les demi-soupçons d'Henderson ; — je n'aurais pensé à rien autre qu'au fusil et à l'aviron, et aux oiseaux sauvages qui me tentent là-bas en nageant au milieu de ces roseaux si loin hors de portée, si vous ne m'aviez pas parlé de mes excursions à terre comme de ce qui devait occasionner l'incendie des villages et des tours, la chute de l'Évangile et la restauration de la messe.

— Suis-moi donc ; nous allons trouver lady Lochleven.

Elle était, quand ils entrèrent, à déjeuner avec son petit-fils Georges Douglas. — La paix soit avec Votre Seigneurie ! dit le ministre en saluant sa patronne ; Roland Græme attend vos ordres.

— Jeune homme, dit la dame, notre chapelain nous a garanti votre fidélité, et nous avons résolu de vous charger de certaines commissions à faire pour nous dans notre village de Kinross.

— Non par mon avis, dit froidement Douglas.

— Je n'ai pas parlé de cela, répliqua la dame avec quelque vivacité. Il me semblerait que la mère de ton père est d'âge à juger par elle-même en une affaire si simple. — Tu vas prendre l'esquif, Roland, et deux de mes gens que te désigneront Dryfesdale ou Randal, et tu vas aller chercher certains objets d'argenterie et de tapisserie qui ont dû arriver hier au soir à Kinross par les fourgons d'Édimbourg.

— Et vous remettrez ce paquet à un de nos gens que vous y trouverez en attente, ajouta Georges Douglas. — C'est le rapport à mon père, ajouta-t-il en regardant sa grand'mère, qui fit un mouvement de tête d'assentiment.

— J'ai déjà fait observer à M. Henderson, dit Roland Græme, que comme mon devoir me retient près de la reine, la permission de Sa Grâce pour ma sortie doit être obtenue avant que je puisse me charger de votre commission.

— Vois à cela, mon fils, dit la vieille dame ; le scrupule de ce jeune homme est honorable.

— Avec votre permission, madame, je n'ai pas envie de me présenter ainsi devant elle de si bonne heure, répondit Douglas d'un ton d'indifférence ; cela pourrait lui déplaire, et ne me serait nullement agréable.

— Et moi, reprit lady Lochleven, quoique son humeur soit devenue plus douce depuis quelque temps, je ne veux pas, sans nécessité, m'exposer à ses sarcasmes.

— Avec votre permission, madame, dit le chapelain, je vais moi-même porter votre requête à la reine. Durant ma longue résidence dans cette maison, elle n'a pas daigné me parler en particulier ni entendre ma doctrine ; cependant, puisse le Ciel favoriser mes labeurs, comme l'amour pour son âme et le désir de la faire entrer dans le droit sentier ont été mes principaux motifs de venir ici.

— Prenez garde, M. Henderson, dit Douglas d'un ton qui semblait presque ironique, prenez garde de vous précipiter trop à la hâte dans une entreprise à laquelle vous n'êtes pas appelé ; — vous êtes instruit, et connaissez l'adage *Ne accesseris in consilium nisi vocatus*[1]. — Qui a requis ceci de vous ?

— Le Maître au service duquel je suis appelé, répondit le prédicateur en levant les yeux au Ciel ; — Celui qui m'a commandé d'être diligent partout et en tout temps.

— Je ne pense pas que votre connaissance des cours et des princes ait été très-intime, continua le jeune esquire.

— Non, monsieur, répliqua Henderson ; mais, comme mon maître Knox, je ne vois rien d'effrayant dans la figure d'une jolie dame.

— Mon fils, dit lady de Lochleven, ne refroidissez pas le zèle de ce digne homme ; — laissez-le faire la commission près de cette malheureuse princesse.

— Plus volontiers que je ne la ferais moi-même, repartit Georges Douglas. Mais quelque chose en lui semblait contredire ses paroles.

Le ministre se retira donc, suivi de Roland Græme ; et ayant demandé une audience de la princesse captive, il fut introduit près d'elle. Il la trouva avec ses dames, s'occupant à broder, suivant son usage de chaque jour. La reine le reçut avec cette politesse que dans les occasions ordinaires elle montrait à tous ceux qui l'approchaient, et le ministre, ouvrant la bouche pour s'acquitter de son message, fut évidemment quelque peu plus embarrassé qu'il ne s'y était attendu. — La bonne dame de Lochleven, dit-il, — s'il plaît à Votre Grâce...

Il fit une courte pause, durant laquelle Marie lui dit en souriant : Ce qui vraiment plairait fort à Notre Grâce, ce serait que lady Loch-

---

[1] N'entre pas dans le conseil sans y être appelé.

leven fût notre *bonne* dame. — Mais poursuivez : — quelle est la volonté de la bonne dame de Lochleven?

— Elle désire, madame, reprit le chapelain, que Votre Grâce permette à ce jeune homme, à votre page Roland Grœme, de se rendre à Kinross au sujet de quelques objets d'intérieur et de quelques tapisseries envoyés pour meubler plus convenablement les appartements de Votre Grâce.

— Lady de Lochleven, dit la reine, use d'un cérémonial inutile en demandant notre permission pour ce qui dépend de son bon plaisir. Nous savons bien que ce jeune homme n'a été laissé si longtemps près de nous que parce qu'on le regardait comme étant plus aux ordres de cette bonne dame qu'aux nôtres. — Mais nous donnons de bon cœur le consentement qu'on nous demande : qu'il aille faire sa commission ; nous ne voudrions pas condamner une créature vivante à la captivité que nous-même sommes forcée d'endurer.

— Oui, madame, repartit le prédicateur ; et, sans doute, il est naturel à l'humanité de se révolter contre sa prison. Cependant il en est qui ont pensé que le temps passé dans une maison de captivité temporelle pouvait être employé de manière à nous racheter de l'esclavage spirituel.

— Je vous entends, monsieur ; mais j'ai entendu votre apôtre, — j'ai entendu maître John Knox ! et, si j'avais dû être pervertie, j'aurais volontiers laissé au plus capable et au plus puissant des hérésiarques le pauvre honneur qu'il eût pu acquérir en triomphant de ma foi et de mes espérances.

— Madame, ce n'est ni aux talents ni à l'habileté du laboureur que Dieu donne la récolte ; — les paroles qui vous furent offertes en vain par celui qu'avec raison vous appelez notre apôtre, au milieu du tumulte et de la gaîté d'une cour, pourraient cependant être mieux reçues dans le loisir que ces lieux vous donnent pour la réflexion. Dieu sait, madame, que je parle en toute simplicité de cœur, en homme qui se comparerait aussi bien aux anges immortels qu'au saint homme que vous avez nommé. Si, pourtant, vous vouliez condescendre à appliquer à leur usage le plus noble ces talents et ce savoir que tous conviennent que vous possédez, — si vous vouliez nous laisser le plus léger espoir que vous pourriez écouter et examiner ce qu'on peut alléguer contre l'aveugle superstition et l'idolâtrie dans lesquelles vous avez été élevée, je suis sûr que les plus puissamment doués de mes frères, que John Knox lui-même, se hâteraient d'accourir ici, et tiendraient le seul salut de votre âme hors des filets des erreurs de l'Église romaine, pour....

— Je vous suis obligée, ainsi qu'à eux, de votre charité, interrompit Marie ; mais, comme je n'ai à présent qu'une chambre de réception, je ne la verrais pas volontiers convertie en un synode de huguenots.

— Au moins, madame, ne soyez pas ainsi obstinément aveuglée dans vos erreurs ! Écoutez quelqu'un qui a été affamé et altéré d'entreprendre la bonne œuvre de votre conversion, qui, pour cela, a veillé et prié, et qui serait heureux de mourir à l'instant où une œuvre si avantageuse à vous-même et si utile à l'Écosse serait accomplie. Oui, madame, si je pouvais seulement ébranler la dernière colonne qui reste encore du temple païen dans ce pays, — permettez-moi d'appeler ainsi votre foi aux déceptions de Rome, — je serais heureux de mourir écrasé sous les ruines !

— Je ne veux pas insulter à votre zèle, monsieur, en vous disant que vous me semblez plus propre à servir de jouet aux Philistins qu'à les écraser ; — votre charité a droit à mes remercîments, car elle s'exprime avec chaleur et peut être sincère dans le but qu'elle se propose. — Mais ayez aussi bonne opinion de moi que je suis disposée à l'avoir de vous, et croyez que je puis désirer aussi vivement de vous rappeler à l'ancienne et unique route, que vous de m'enseigner vos nouveaux chemins de traverse pour le paradis.

— En ce cas, madame, si tel est votre généreux dessein, dit Henderson avec chaleur, qui empêche que nous ne consacrions quelque partie de ce temps qui malheureusement n'est que trop à la disposition de Votre Grâce, à discuter une question si grave ? Vous êtes, du consentement de tous, instruite et spirituelle ; et moi, bien que n'ayant pas les mêmes avantages, je suis fort dans ma cause comme dans une tour de défense. Pourquoi ne donnerions-nous pas quelques heures à nous efforcer de découvrir lequel de nous deux a le mauvais côté dans cette affaire importante ?

— Non, non ; je n'ai jamais prétendu être assez forte pour accepter un combat en champ clos avec un scolastique et un théologien. D'ailleurs, la partie n'est pas égale. Vous, monsieur, vous pourriez vous retirer quand vous sentiriez le combat tourner contre vous, tandis que moi je suis liée au poteau, et n'ai pas la permission de dire que le débat me fatigue. — Je désirerais être seule.

En disant ces derniers mots elle lui fit une profonde révérence, et Henderson, dont le zèle était ardent, à la vérité, mais n'allait pas jusqu'à l'oubli des convenances, rendit le salut et se disposa à se retirer.

— Je voudrais, dit-il, que mes vœux ardents, que mes prières les plus ferventes, pussent procurer à Votre Grâce toute espèce de faveur et de consolation, mais surtout ce en quoi seul est la faveur et la consolation, aussi aisément que le plus léger signe de votre volonté va m'éloigner de votre présence.

Il avait déjà fait quelques pas vers la porte quand Marie lui dit du ton le plus prévenant : Ne me placez pas trop mal dans vos pensées, mon bon M. Henderson ; il peut se faire que si mon séjour ici se prolonge, — ce qu'assurément j'espère ne pas être, comptant ou que mes sujets rebelles se repentiront de leur déloyauté, ou que mes fidèles liges reprendront la haute main, — mais enfin, si mon séjour ici se prolonge, il peut se faire que j'écoute sans déplaisir quelqu'un qui semble aussi raisonnable et aussi accessible à la compassion que vous le paraissez, et que je coure le risque de votre mépris en tâchant de me remémorer et de répéter les raisons que les théologiens et les conciles nous donnent pour la foi qui est en moi, — quoique, Dieu me soit en aide! je craigne que mon latin ne m'ait abandonnée avec mes autres possessions. Il faudra pourtant que ce soit pour un autre jour. En attendant, monsieur, que lady de Lochleven dispose de mon page comme elle l'entendra; — je ne donnerai pas lieu à des soupçons en lui adressant un seul mot avant son départ. — Roland Græme, mon ami, ne perds pas l'occasion de te distraire; — danse, chante, cours, saute. — Tout cela peut se faire joyeusement de l'autre côté du lac; mais il faudrait qu'il ait plus que du vif-argent dans les veines, celui qui folâtrerait ici.

— Hélas, madame! à quoi exhortez-vous la jeunesse, tandis que le temps passe et que l'éternité nous appelle! Est-ce par une gaîté frivole que notre salut peut être assuré, et nos bonnes œuvres peuvent-elles être accomplies sans un tremblement de crainte?

— Je ne puis ni craindre ni trembler, monsieur; de telles émotions sont inconnues à Marie Stuart. Mais si mes larmes et ma douleur peuvent expier l'heure de plaisir innocent dont va jouir cet enfant, soyez assuré que la pénitence sera dûment acquittée.

— Mais, très-gracieuse dame, en ceci vous errez grandement; — toutes nos larmes et toutes nos douleurs sont trop peu pour nos propres fautes et nos folies, et nous ne pouvons en transférer à d'autres le bénéfice, ainsi que l'enseigne faussement votre Église.

— Puis-je vous prier, monsieur, avec aussi peu d'offense que peut en comporter une telle prière, de vous transférer vous-même ailleurs? Nous sommes malade de cœur, et nous ne pouvons être troublée par une plus longue controverse. — Et toi, Roland, prends cette petite bourse. — Se tournant alors vers le ministre, elle lui en fit voir le contenu. — Vous voyez, mon révérend, ajouta-t-elle, qu'elle ne contient que ces deux ou trois testons d'or, monnaie que j'ai trouvée, quoiqu'elle porte ma pauvre effigie, plus active contre moi que de mon côté, de même que mes sujets prennent les armes contre moi, tout en se servant de mon nom comme de ralliement et de signal. — Prends cette bourse, afin que tu ne sois pas privé des moyens de te divertir. Ne manque pas... ne manque pas de me rapporter des nouvelles de Kinross; seulement, qu'elles soient telles que sans soupçon ni offense elles puissent être dites en présence de ce révérend gentleman et de la bonne lady Lochleven elle-même.

Cette dernière intimation était trop positive pour être éludée, et Henderson se retira, à demi mortifié, à demi satisfait de sa réception; car une longue habitude et l'adresse qui lui était naturelle avaient appris à Marie, à un degré extraordinaire, l'art de détourner les discours blessants pour ses sentiments ou pour ses préjugés, sans offenser ouvertement ceux qui les lui tenaient.

Roland Græme se retira avec le chapelain, à un signe de sa maîtresse ; mais il ne lui échappa point que, comme il quittait la chambre à reculons et avec une profonde inclination, selon l'étiquette commandée par la présence de la reine, Catherine Seyton leva son doigt délicat par un geste que lui seul put apercevoir et qui semblait dire : Souviens-toi de ce qui s'est passé entre nous.

Le jeune page reçut alors ses dernières instructions de lady Lochleven.—Il y a aujourd'hui fête au bourg, lui dit-elle ;—l'autorité de mon fils n'a pu jusqu'à présent détruire cet ancien levain de folie que les prêtres de Rome avaient pétri jusque dans l'âme des paysans écossais. Je ne t'ordonne pas de t'en abstenir : — ce serait seulement tendre un piége à ta folie ou t'apprendre à mentir ; mais jouis de ces vanités avec modération, et vois en elles quelque chose que tu dois bientôt apprendre à renoncer et à mépriser. Notre chambellan[1] à Kinross, le docteur Luke Lundin, — car il a la sottise de prendre ce titre de docteur, — t'informera de ce que tu auras à faire relativement à l'objet pour lequel je t'envoie. Souviens-toi que l'on met confiance en toi ; — songe donc à t'en montrer digne.

Si nous nous rappelons que Roland Græme n'avait pas encore dix-neuf ans, et qu'à l'exception de son séjour de quelques heures à Édimbourg et de sa résidence actuelle à Lochleven (résidence qui n'avait que fort peu contribué à augmenter sa connaissance du monde et de ses plaisirs) il avait passé toute sa vie au château solitaire d'Avenel, nous ne nous étonnerons pas que son cœur battît vivement d'espoir et de curiosité, à la perspective de partager les divertissements même d'une assemblée de campagne. Il courut à sa petite chambre, et mit sens dessus dessous la garde-robe (en tout point convenable à son poste) qu'on lui avait envoyée d'Édimbourg, probablement par ordre du comte de Murray. Pour se conformer à la volonté de la reine, il ne s'était jusqu'alors montré devant elle qu'en habit de deuil, ou au moins de couleur sombre. Sa situation, disait-elle, n'en comportait pas de plus gaie. Mais cette fois il choisit le costume le plus éclatant que renfermât sa garde-robe, costume écarlate doublé de satin noir, couleurs royales d'Écosse ; — il passa le peigne dans sa longue chevelure bouclée, — disposa sa chaîne et son médaillon autour d'un chapeau de feutre de la forme la plus nouvelle ; puis, attachant à un ceinturon brodé la belle épée qu'il avait eue d'une façon si mystérieuse, sa parure, jointe à sa bonne mine naturelle et à sa jolie tournure, présenta un échantillon

---

[1] *Chamberlain*; intendant ou bailli de grande maison. (L. V.)

fort agréable et très-recommandable des jeunes élégants de l'époque. Il voulait aller faire son salut d'adieu à la reine et à ses dames, mais le vieux Dryfesdale l'entraîna vers la barque.

Nous n'aurons pas d'audiences privées, mon maître, dit-il; puisqu'on veut mettre en vous un certain degré de confiance, nous tâcherons du moins de vous sauver la tentation que l'occasion pourrait vous donner. — Dieu te garde, enfant, ajouta-t-il en jetant un regard de mépris sur les beaux habits du page; si l'homme à la ménagerie est venu là-bas de Saint-André, aie soin de ne pas t'approcher de lui.

— Et pourquoi cela, je vous prie? dit Roland.

— De peur qu'il ne te prenne pour un de ses singes échappés de sa loge, répondit l'intendant avec un sourire narquois.

— Ce n'est pas toi qui paie mes habits, repartit Roland irrité.

— Ni toi non plus, mon fils, sans quoi ils seraient plus en rapport avec ton mérite et ton poste.

Roland Græme eut peine à retenir la repartie qui lui vint aux lèvres; s'enveloppant de son manteau écarlate, il se jeta dans la barque, que deux rameurs, excités eux-mêmes par la curiosité de voir la fête, poussèrent vigoureusement vers l'extrémité occidentale du lac. Au moment de leur départ, Roland crut apercevoir la tête de Catherine Seyton, s'avançant avec précaution à une embrasure pour le voir s'éloigner. Il ôta son chapeau et l'agita en l'air en signe d'adieu et pour lui faire connaître qu'il l'avait vue. Un mouchoir blanc fut agité une seconde à travers la fenêtre; et, pendant le reste de la petite traversée, la pensée de Catherine Seyton le disputa en lui à l'attente excitée par la fête où il se rendait. A mesure qu'ils approchaient du rivage, les sons de la musique, les chants de joie, les rires, les cris, les acclamations, arrivaient à leur oreille plus distincts et plus bruyants; en un moment le bateau fut amarré, et Roland Græme se hâta d'aller en quête du chambellan, afin que, sachant combien de temps il avait à sa disposition, il pût en tirer le meilleur parti possible.

CHAPITRE XXVI.

> Place au maître de la danse, bergers; divisez vos rangs pressés. — Devant lui marche la musique champêtre, le tambour retentissant, la bruyante cornemuse de guerre, et le cor dont l'écho répète au loin les sons.
>
> SOMERVILLE, *Les Jeux champêtres.*

Il ne s'écoula pas bien du temps avant que Roland Græme eût reconnu, au milieu de la foule joyeuse qui se livrait à ses ébats sur l'esplanade qui s'étend entre le bourg et le lac, un personnage d'une aussi grande importance que le docteur Luke Lundin, à qui était dévolue la charge officielle de représenter le seigneur du pays, et qu'accompagnaient, pour soutenir son autorité, un *piper* ou joueur de cornemuse, un tambour et quatre robustes paysans armés de hallebardes rouillées garnies de rubans de couleurs bigarrées : myrmidons qui déjà, si peu avancée que fût la journée, avaient cassé plus d'une tête aux noms formidables du laird de Lochleven et de son chambellan [1].

Dès que ce dignitaire fut informé que la barque du château était arrivée, avec un jeune homme, vêtu comme un fils de lord tout au moins, qui désirait lui parler sur-le-champ, il rajusta sa fraise et son pourpoint noir, fit faire un demi-tour à son ceinturon, jusqu'à ce que la poignée garnie de sa longue rapière fût bien en évidence, et s'avança vers la plage avec toute la solennité voulue. Solennel, en effet, il avait droit

---

[1] Aux foires d'Écosse, le bailli, ou magistrat, député par le seigneur au nom duquel l'assemblée est tenue, assiste à la foire avec sa garde, juge les légères disputes, et punit sur la place même tout délit de peu d'importance. Son escorte est habituellement armée de hallebardes, et, quelquefois au moins, accompagnée de musique. Ainsi, dans *la Vie et la Mort de Habbie Simpson*, on nous dit de ce fameux ménestrel que

> « At fairs he play'd before the spear-men,
> And gaily graithed in their gear-men;
> Steel bonnets, jacks, and swords shone clear then,
> Like ony bead;
> Now wha shall play before sic wair-men,
> Since Habbie's dead! »

« Aux foires, il jouait devant les porte-lances, aussi bien habillé que le plus élégant d'entre eux;—bonnets d'acier, jacks et épées brillaient alors, reluisants comme les grains d'un rosaire. Aujourd'hui, qui jouera devant de tels hommes d'armes, puisque Habbie est mort! » (W. S.)

d'être, même en des occasions moins importantes, car il avait été élevé pour la vénérable profession de la médecine, comme ne tardaient pas à s'en apercevoir, aux aphorismes dont il ornait ses discours, ceux à qui la science n'était pas étrangère. Ses succès n'avaient pas égalé ses prétentions; mais comme il était voisin du royaume[1] de Fife, et qu'il avait un rapport éloigné de parenté ou d'alliance avec l'ancienne famille Lundin de Lundin, laquelle était liée d'étroite amitié avec la maison de Lochleven, il s'était, par leur crédit, assez confortablement installé dans son poste actuel sur les rives du beau lac de Lochleven. Comme les profits de son office de chambellan étaient modiques, surtout dans les temps de troubles, il les avait quelque peu augmentés par quelque pratique de sa profession originelle; et c'était un dicton commun, que les habitants du bourg et de la baronnie de Kinross ne payaient pas au moulin baronnial une redevance plus obligatoire qu'au monopole médical du chambellan. Malheur à la famille du riche paysan qui osait quitter ce monde sans un passe-port du docteur Luke Lundin! car si ses représentants avaient quelque chose à régler avec le baron, et il était rare qu'il n'en fût pas ainsi, ils étaient certains de trouver un froid ami dans le chambellan. Il avait néanmoins la générosité de donner des soins gratuits aux pauvres, que de temps à autre il guérissait de tous leurs maux à la fois.

Guindé dans une double proportion, comme médecin et comme officier public, et fier des bribes d'érudition qui rendaient son langage presque universellement inintelligible, le docteur Luke Lundin s'approcha du rivage, et salua le page en s'approchant de lui. — Que la fraîcheur du matin soit sur vous, beau sire; — vous êtes envoyé, je le garantis, pour voir si nous observons ici le régime que mylady a prescrit pour extirper toute cérémonie superstitieuse et toute vaine débilité de ces réjouissances auxquelles nous nous livrons ici? Je sais que mylady aurait volontiers voulu les abolir et les abroger tout à fait; — mais comme j'ai eu l'honneur de lui dire, en lui citant les paroles du savant Hercule de Saxe : *Omnis curatio est vel canonica, vel coacta*, — c'est-à-dire, beau sire (car la soie et le velours ont rarement leur latin *ad unguem*[2]), toute cure doit être opérée ou par art et induction de règles, ou par contrainte; — et le sage médecin choisit la première méthode. Auquel argument mylady ayant bien voulu se rendre, j'ai fait mon affaire de mêler l'instruction et la circonspection avec le plaisir (*fiat mixtio*, comme nous disons[3]), de telle sorte que je puis répondre que l'esprit du vulgaire sera épuré et purgé de toute débilité et sottise papistes par le médicament administré de façon à ce que les *primæ viæ*[4] étant nettoyées, M. Henderson, ou tout autre pasteur capable, pourra

---

[1] Titre que portait alors le pays de Fife, au nord du Frith d'Édimbourg. (L. V.)
[2] Sur l'ongle.
[3] Formule pharmaceutique : *Mêlez*. (L. V.)
[4] Les premières voies.

CHAPITRE XXVI.

à volonté y jeter les toniques, et effectuer une cure morale parfaite, *tutò, citò, jucundè*[1].

— Je ne suis pas chargé, docteur Lundin...

— Ne m'appelez pas docteur, interrompit le chambellan, puisque j'ai mis de côté ma robe et mon bonnet fourrés, et que je suis confiné dans cet office temporel de chambellan.

— Oh! monsieur, repartit le page, qui n'était pas sans connaître par ouï-dire le caractère de cet original, le froc ne fait pas le moine, ni la corde l'ermite; — nous avons tous entendu parler des cures opérées par le docteur Lundin.

— Bagatelles, mon jeune monsieur, — bagatelles! dit le médecin, du ton de gravité modeste d'une habileté supérieure; la pratique d'un pauvre gentleman retiré, quelquefois heureuse, quelquefois malheureuse. — Marry! le Ciel a envoyé sa bénédiction, pourtant; — et, je puis le dire, les médecins plus à la mode ont tiré d'affaire moins de malades que moi : *longa robba, corta scienzia*, dit l'Italien. — Ha, beau sire! vous savez l'italien

Roland Græme ne crut pas devoir répondre sur ce point à ce savant homme; et, laissant la question indécise, il lui dit qu'il venait au sujet de certains paquets qui avaient dû arriver à Kinross la veille au soir, et être remis à la garde du chambellan.

— Corbleu! s'écria le docteur Lundin, je crains que notre voiturier, John Auchtermuchty, n'ait eu quelque accident en route, qu'il n'est pas arrivé hier au soir avec ses fourgons; — mauvais pays que celui-ci pour y voyager, mon maître; et le fou veut marcher de nuit, encore, quoique (sans compter toutes les maladies, depuis votre *tussis* jusqu'à votre *pestis*[2], qui sont transportées par l'air de la nuit) il puisse bien tomber au milieu d'une demi-douzaine de coupe-bourses, qui le débarrasseront du même coup de son bagage et de ses maux terrestres. Il faut que j'envoie s'enquérir de lui sur la route, puisqu'il est chargé de quelque chose pour l'honorable famille... et, par Notre-Dame! il a aussi quelque chose pour moi, — certaines drogues qui me sont envoyées de la ville pour la composition de mes alexipharmaques. — C'est chose à y veiller. — Hodge! ajouta-t-il en s'adressant à un de ses redoutables gardes du corps, toi et Toby Telford prenez le gros *aver*[3] brun et la jument noire à courte queue, poussez du côté de Keiry-Craigs, et voyez quelles nouvelles vous pourrez avoir d'Auchtermuchty et de ses fourgons. — J'espère que c'est seulement la potion de la pinte (car c'est le seul *medicamentum* dont use la brute) qui l'aura attardé en route. Otez les rubans de vos hallebardes, drôles, et mettez vos jacks, vos brassards et vos morions, afin que votre présence inspire une cer-

---

[1] Sûrement, vite et agréablement.
[2] Depuis le rhume jusqu'à la peste.
[3] Cheval de travail. (L. V.)

taine terreur si vous faites quelque mauvaise rencontre. Puis il reprit, en se tournant vers Roland Grœme : Je garantis que nous aurons des nouvelles des fourgons avant qu'il soit peu. En attendant, vous verrez nos jeux ; mais d'abord vous voudrez bien entrer dans mon pauvre logis pour y prendre votre coup du matin. Car, que dit l'école de Salerne ?

« Poculum manè haustum
Restaurat naturam exhaustam [1]. »

— Votre savoir est trop profond pour moi, dit le page ; et je crains qu'il n'en soit de même de votre coup du matin.

— Pas du tout, pas du tout, beau sire : — un verre cordial de canarie, imprégné d'absinthe, est le meilleur breuvage antipestilentiel ; et, pour dire la vérité, les miasmes pestilentiels sont maintenant très-communs dans l'atmosphère. — Nous vivons dans un heureux temps, jeune homme, continua-t-il d'un ton de gravité ironique ; et nous avons bien des bénédictions inconnues de nos pères. — Il y a deux souverains dans le pays, un régnant et un prétendant. — C'est assez d'une bonne chose ; — mais si quelqu'un en veut plus, il peut trouver un roi dans chaque fortin du pays ; de façon que si nous ne sommes pas gouvernés, ce n'est pas faute de gouvernants. Puis nous avons une guerre civile pour nous saigner tous les ans, et empêcher la population de mourir de faim ; — et, à la même fin, nous avons la contagion qui se propose de nous visiter, la meilleure de toutes les recettes pour éclaircir un pays et changer les frères cadets en frères aînés. Hé bien, à chacun sa vocation. Vous autres, jeunes gens d'épée, désirez lutter, vous escrimer, et ainsi de suite, contre quelque adversaire expert ; et, pour ma part, j'aime à me mesurer pour la vie ou la mort contre cette contagion.

Tandis qu'ils remontaient la rue du petit village pour gagner la maison du docteur, l'attention de celui-ci fut successivement occupée par les différents individus qu'il rencontrait, et qu'il désignait à l'attention de son compagnon.

— Voyez-vous ce drôle en bonnet rouge et en jaquette bleue, avec un grand bâton noueux à la main ? — je crois que le rustre a la force d'une citadelle : — voilà cinquante ans qu'il est au monde, et il ne lui est jamais arrivé d'encourager les sciences libérales en achetant pour un penny de médicaments. — Mais voyez-vous cet homme à *facies hippocratica?* continua-t-il en désignant du doigt un paysan efflanqué, aux jambes enflées et à la physionomie cadavéreuse ; voilà ce que j'appelle un des hommes les plus dignes de la baronnie. — Il déjeune, goûte, dîne et soupe d'après mes avis, et non sans ma médecine ; et à lui tout seul il ferait plus pour venir à bout d'une provision raisonnable

[1] Breuvage avalé le matin
Refait la nature épuisée.

CHAPITRE XXVI.

de drogues que la moitié du pays. — Comment allez-vous, mon honnête ami? dit-il à l'homme d'un ton de condoléance.

— Bien faiblement, monsieur, depuis que j'ai pris l'électuaire, répondit le patient; il a fait mauvais voisinage avec les deux cuillerées de porridge aux pois et de petit-lait.

— Du porridge aux pois et du petit-lait! Êtes-vous dans la médecine depuis dix ans pour si mal observer votre diète? — Demain matin prenez l'électuaire seul, et ne touchez rien autre de six heures. — La pauvre créature salua, et s'éloigna en clopinant.

Celui à qui le docteur daigna ensuite accorder son attention était un boiteux; mais il était tout à fait indigne de cet honneur, car à la vue du médecin il se mit à courir, et se perdit dans la foule aussi vite que ses infirmités le lui permirent.

— Celui-là est un chien d'ingrat, dit le docteur Lundin; je l'ai guéri de la goutte aux pieds, et maintenant il parle de la cherté de la médecine, et le premier usage qu'il fait des jambes que je lui ai rendues est de se sauver de son médecin. Son *podagra* est devenu un *chiragra*, comme dit l'honnête Martial: — la goutte lui est passée dans les doigts, et il ne peut plus tirer les cordons de sa bourse. Il y a un vieil adage plein de vérité :

« Præmia cùm poscit medicus, Sathan est [1]. »

Nous sommes des anges quand nous venons guérir, — des diables quand nous demandons notre paiement; — mais j'administrerai une purgation à sa bourse, je le lui garantis. Voilà aussi son frère, un sordide rustre. — Holà! hé! Saunders Darlet! vous avez été malade, à ce que j'ai appris?

— Ça s'est remis juste au moment où je pensais à envoyer chercher Votre Honneur, et je suis tout à fait bien à présent; — ça n'était presque rien.

— Écoutez, maraud; j'espère que vous vous souvenez que vous devez au laird quatre *stones*[2] de farine d'orge et un *bow*[3] d'avoine; et je voudrais bien que vous ne m'envoyiez plus des poulets de redevance pareils à ceux du dernier terme, qui avaient l'air aussi chétifs que des malades qu'on vient de renvoyer de l'hôpital; et puis il y a aussi quelque argent arriéré de dû.

— Je pensais, monsieur, repartit l'homme, *more scotico*[4], c'est-à-dire sans répondre directement au sujet sur lequel il était interpellé, je pensais que ce que je pourrais faire de mieux serait d'aller trouver

---

[1] Quand le médecin demande son salaire, c'est le diable.
[2] Le *stone* pèse quatorze livres anglaises. (L. V.)
[3] En anglais *boll*; mesure de six boisseaux. (L. V.)
[4] A la manière écossaise.

Votre Honneur et de prendre tout de même son avis, en cas que mon indisposition revienne.

— Hé bien, venez, drôle, et souvenez-vous de ce que dit l'Ecclésiaste : — « Fais place au médecin, — ne le laisse pas s'éloigner de toi, car tu as besoin de lui. »

L'exhortation du docteur fut interrompue par une apparition qui parut le frapper d'autant d'horreur et de surprise qu'en avait causé sa propre vue à la plupart de ceux à qui il s'était adressé.

La figure qui produisit cet effet sur l'Esculape du village était celle d'une vieille femme de haute stature, qui portait un chapeau à forme élevée et une mentonnière. La première de ces deux parties de son accoutrement ajoutait sans doute à la grandeur apparente de sa taille, et l'autre servait à lui cacher la partie inférieure du visage ; et comme le chapeau lui-même était à grands bords rabattus, on ne voyait guère de sa figure que deux pommettes saillantes et hâlées, et deux yeux qui brillaient d'un feu sombre sous deux épais sourcils gris. Elle était vêtue d'une longue robe de couleur foncée et de forme extraordinaire, garnie aux bords et sur la poitrine d'une sorte de broderie blanche ressemblant aux phylactères juifs, sur laquelle étaient inscrits des caractères de quelque langage inconnu. Elle tenait à la main un bâton de voyage d'ébène.

— Par l'âme de Celse! s'écria le docteur Luke Lundin, c'est la vieille mère Nicneven elle-même ; — elle est venue me braver dans mes propres limites, et dans l'exercice même de mon office! — Prends garde à ta cotte, la vieille! comme dit la chanson. — Hob Anster, qu'on se saisisse d'elle sur-le-champ et qu'on l'envoie à la Tolbooth[1] ; et s'il se trouve ici quelques frères zélés qui veulent servir la mégère selon ses mérites et lui faire faire un plongeon dans le lac, comme à une sorcière qu'elle est, qu'on ne les en empêche en aucune façon.

Mais, cette fois, les mirmidons du docteur Lundin ne se montrèrent pas pressés de lui obéir. Hob Anster hasarda même une remontrance, en son nom et au nom de ses confrères : — Pour sûr, il était là pour exécuter les ordres de Son Honneur ; et malgré tout ce qu'on disait de l'habileté et des sorcelleries de la mère Nicneven, il se confierait en Dieu et mettrait la main sur le collet de la vieille sans rien craindre. Mais ce n'était pas une prophétesse ordinaire que cette mère Nicneven, comme Jeanne Jopp qui demeurait au Brierie-Baulk. Elle avait des lords et des lairds qui feraient des pieds et des mains pour elle. Moncrieff de Tippermalloch, qui était papiste, et le laird de Carslogie, un chaud partisan de la reine, étaient tous deux à la foire, avec il ne savait combien d'épées et de boucliers à leur queue, et à coup sûr il y aurait du grabuge si les officiers mettaient la main sur la vieille sor-

---

[1] Prison. (L. V.)

cière papiste qui était si bien épaulée ; d'autant plus que les meilleurs hommes du laird, tels qu'il n'en restait pas au château, étaient à Édimbourg avec lui, et qu'il craignait que Son Honneur le docteur ne trouvât que bien peu de gens qui le soutinssent, si les lames sortaient du fourreau.

Le docteur se rendit à contre-cœur à ce conseil prudent, et ne fut consolé que par la promesse de son fidèle satellite « que la vieille serait empoignée bel et bon la première fois qu'elle mettrait les pieds sur le territoire de Kinross. »

— Et en ce cas, dit le docteur à son compagnon, le feu et le fagot seront le meilleur de sa bienvenue.

Il fit cette remarque assez haut pour être entendu de la vieille elle-même, qui n'en lança pas moins au docteur, en passant près de lui, un regard de mépris de l'air de supériorité le plus insultant.

— Par ici, continua le médecin en introduisant son hôte dans sa maison, par ici ; — prenez garde de vous heurter contre une retorte, car il est hasardeux pour l'ignorant de marcher dans les voies de l'art.

Le page ne trouva pas l'avertissement inutile ; car, outre une confusion d'oiseaux empaillés, de lézards et de serpents en bocaux, de paquets de simples suspendus à des cordes et d'autres épandus pour sécher, pour ne rien dire des émanations diverses et confondues qui par leur nature annonçaient une officine d'apothicaire, il avait en outre à éviter des monceaux de charbon, des creusets, des matras, des fourneaux et les autres ustensiles d'un laboratoire de chimie.

Parmi ses autres qualités philosophiques, le docteur Lundin possédait à un haut degré le défaut d'ordre et de propreté ; et sa vieille ménagère, dont la vie, disait-elle, se passait à tout mettre en ordre, était allée avec les jeunes gens chercher sa part de la gaîté de la foire. Il y eut donc bien du remuement et du tintement parmi les jarres, les bouteilles et les fioles, avant que le docteur pût mettre la main sur la potion salutaire dont il avait fait un si chaud éloge ; puis il lui fallut une nouvelle recherche non moins longue et tout aussi bruyante au milieu des canettes ébréchées et des terrines fêlées avant de trouver un vase dans lequel on pût la verser. Les deux objets enfin réunis, le docteur donna l'exemple à son hôte en vidant d'un seul trait un plein verre du cordial, et en claquant ses lèvres par forme d'approbation pendant qu'il le dégustait.

— Roland, à son tour, se décida à avaler la potion que son hôte lui recommandait si vivement, mais que lui trouva si abominablement amère qu'il lui tarda de s'échapper du laboratoire pour chasser par un verre d'eau le goût de ce poison. En dépit de ses efforts, il fut néanmoins retenu par la loquacité de son hôte, et il lui fallut entendre l'histoire de la mère Nicneven.

— Je ne me soucie pas de parler d'elle en plein air et dans la foule, dit le docteur ; non par frayeur comme ce chien couard d'Anster, mais parce que je ne veux pas donner lieu à une querelle, n'ayant pas le temps aujourd'hui de m'occuper de coups de dagues, de boutonnières aux pourpoints ni d'os brisés. On appelle la vieille sorcière prophétesse : — je ne crois pas qu'elle pût prédire quand une couvée de poulets brisera la coquille. — On dit qu'elle lit au ciel : — ma chienne noire en sait autant qu'elle quand elle aboie à la lune. — On prétend que la vieille drôlesse est une magicienne, une sorcière, et je ne sais quoi encore : — *inter nos*, je ne contredirai jamais une rumeur qui peut la conduire au bûcher qu'elle mérite si largement ; mais je n'en crois pas moins que les histoires de sorcières qu'on nous tinte aux oreilles sont toutes autant de friponneries, de commérages et de contes de vieilles femmes.

— Mais, au nom du Ciel, qu'est-elle donc pour que vous fassiez tant de bruit à propos d'elle ?

— C'est une de ces maudites vieilles qui ont l'habitude de prendre impudemment sur elles de donner des avis aux malades et de les guérir, par la vertu de quelques méchantes herbes, de certaines rimes ou de certains charmes, de quelques juleps, de la diète, de boissons ou de cordiaux.

— Assez, assez ! Si elles composent des cordiaux, qu'elles aillent au diable, elles et tous leurs pareils !

— Bien dit, jeune homme ; quant à moi, je ne connais pas de pareille peste pour le pays que ces vieilles diablesses incarnées qui hantent la chambre des malades dont le cerveau est affaibli, et qui sont assez fous pour souffrir qu'elles interviennent dans le progrès régulier d'une cure savante, conduite d'après les règles de l'art, et qu'elles la troublent et y mettent obstacle avec leurs sirops, et leurs juleps, et leur diascordium, et leur mithridate, et leur poudre de mylady What-shall-call'um [1], et leurs pilules de la digne dame Trashem, et qui font ainsi des veuves et des orphelins, et frustrent le médecin régulier, et cela pour gagner les épithètes de femme savante, de voisine habile, et autres noms pareils. — Mais assez là-dessus. La mère Nicneven [2] et moi nous nous retrouverons un jour, et elle apprendra qu'il est dangereux d'avoir affaire au docteur.

— Voilà une parole vraie, et bien des gens l'ont éprouvé ; mais, avec votre permission, je voudrais bien aller faire un tour, et voir les divertissements de la foire.

---

[1] Mylady Comment-l'appellerons-nous. Sorte de personnification multiple désignant ces mille et un noms dont sont baptisés les remèdes empiriques. Les pilules de la digne dame Trashem rentrent dans le même cas. (L. V.)

[2] C'était le nom donné à la grande Mère Sorcière, la véritable Hécate des superstitions populaires de l'Écosse. Son nom a été quelquefois donné à des sorcières qu'on regardait comme se rapprochant d'elle par leur habileté supérieure dans le « Noir grimoire de l'enfer. » (W. S.)

—C'est une bonne idée ; et moi aussi, je devrais être à la foire. D'ailleurs, la pièce nous attend, jeune homme : — aujourd'hui *totus mundus agit histrionem* [1].

Ils sortirent donc, et se rendirent sur le théâtre de la scène joyeuse.

CHAPITRE XXVII.

> Voyez cette pelouse verdoyante où la foule se presse. Les nymphes réjouies s'avancent, précédées par de joyeux paysans ; toute distinction cesse, perdue dans la gaîté commune, et le vassal enhardi s'appuie sans qu'on l'en reprenne sur le bras de son opulent seigneur.
>
> SOMERVILLE, *Les Jeux champêtres.*

A réapparition du chambellan dans la rue du village fut saluée de vives acclamations par la foule bruyante, comme un gage que la pièce, ou représentation dramatique, que son absence avait fait différer, ne tarderait certainement pas maintenant à commencer. Tout ce qui ressemblait à ce plus intéressant de tous les amusements était d'origine récente en Écosse, et attirait en proportion l'attention publique. Tous les autres divertissements furent interrompus. La danse autour du mai s'arrêta ; — le cercle des danseurs se rompit et se dispersa, et chacun d'eux, conduisant sa danseuse par la main, courut au théâtre champêtre. Une sorte de trêve fut conclue entre un énorme ours brun et quelques mâtins acharnés après sa robe velue, sous la médiation du gardien de la ménagerie et d'une demi-douzaine de bouchers et de fermiers, qui, à force de coups et de tiraillements, parvinrent à séparer les malheureux animaux dont depuis plus d'une heure la furie avait été leur plus grand plaisir. Le ménestrel ambulant se vit abandonné par les auditeurs qu'il avait réunis, au passage le plus intéressant de la ballade qu'il leur débitait, et juste au moment où il envoyait son aide, le bonnet à la main, recueillir leurs offrandes. L'indignation l'arrêta court au milieu de *Rosewal et Lilian* ; et replaçant son *rebec*, ou violon à trois cordes, dans sa case de cuir, il suivit la foule, tout en enrageant, au spectacle qui venait de supplanter le sien. Le jongleur avait mis fin à ses exercices et cessé de vomir des flammes et de la fumée, se bornant à respirer à la manière des simples mortels plutôt que de jouer gratuitement le rôle d'un dragon ardent. En un mot, tous les autres jeux furent suspendus, tant la foule se pressa avec impatience vers le lieu de la représentation.

[1] Tout le monde fait l'histrion.

On se tromperait grandement si l'on voulait se former une idée de cette représentation dramatique d'après nos théâtres modernes ; les grossières exquisses de Thespis différaient beaucoup moins des tableaux exposés par Euripide sur le théâtre d'Athènes, avec ses décorations magnifiques et toute la pompe des costumes et de la mise en scène. Ici il n'y avait ni décorations, ni théâtre, ni machiniste, ni parterre, ni loges, ni galeries, ni foyer ; et ce qui pouvait, dans la pauvre Écosse, consoler quelque peu de ce qui manquait d'ailleurs, c'était qu'on ne demandait pas d'argent à la porte. Pareille à la troupe du magnanime Bottom [1], les acteurs avaient pour théâtre une pelouse, et pour loge l'abri d'un buisson d'aubépine ; les spectateurs furent disposés sur un banc artificiel qui entourait les trois quarts de l'espace réservé comme théâtre, l'autre quart ayant été laissé ouvert pour l'entrée et la sortie des personnages. Ce fut là que prit place le bienveillant auditoire, le chambellan au centre comme le personnage le plus éminent de la réunion, tous trop disposés au plaisir et à l'admiration pour qu'il restât en eux la moindre pensée de critique.

Les personnages qui paraissaient et disparaissaient devant les spectateurs attentifs et enchantés étaient ceux qui chez toutes les nations occupent le théâtre aux premiers pas de l'art dramatique : — des vieillards trompés par leurs femmes et par leurs filles, pressurés par leurs fils et jouets de leurs domestiques ; un capitaine matamore, un fripon vendeur d'indulgences, un rustre et une dame de la ville fantasque et coquette. Au milieu de ces divers personnages, et plaisant plus à lui seul que tous les autres ensemble, était le fou privilégié, le *Gracioso* de la comédie espagnole, avec sa coiffure façonnée en crête, et sa marotte, bâton terminé par une figure sculptée, allant, venant, sortant et rentrant, tenant à la main un bonnet de fou, se mêlant à toutes les scènes de la pièce, se jetant à travers l'intrigue sans avoir lui-même aucune part à l'action, et de temps à autre transférant ses quolibets des acteurs à l'auditoire, toujours prêt à tout applaudir.

L'esprit de la pièce, qui n'était pas du genre le plus raffiné, était principalement dirigé contre les pratiques superstitieuses de la religion catholique ; et l'artillerie dramatique avait en cette occasion été pointée par un personnage qui n'était rien moins que le docteur Lundin lui-même, lequel n'avait pas seulement enjoint au directeur de la troupe de choisir une des nombreuses satires composées contre les papistes (et dont plusieurs avaient une forme dramatique), mais qui même, comme le prince de Danemark [2], lui avait fait insérer ou, pour employer sa propre expression, infuser çà et là quelques plaisanteries de sa façon sur ce sujet inépuisable, espérant par là adoucir la rigueur de lady Lochleven

---

[1] Dans le *Songe d'une Nuit d'été* de Shakspeare. (L. V.)

[2] *Hamlet.* (L. V.)

contre les passe-temps de cette nature. Il ne manquait pas de donner un coup de coude à Roland, assis derrière lui, pour éveiller plus particulièrement son attention sur ces passages favoris. Quant au page, qui n'avait pas même eu jusque-là l'idée d'un pareil spectacle, quelque simple qu'il fût, il en suivait les scènes avec le ravissement de plaisir soutenu que les hommes de toute condition apportent pour la première fois à une représentation dramatique, riant et applaudissant bruyamment de la voix et des mains. Un incident vint enfin détourner son intérêt de l'action qui se passait sur la scène.

Un des principaux personnages de la partie comique du drame était, ainsi que nous l'avons déjà dit, un trafiquant d'indulgences, un de ces pèlerins ambulants qui colportaient de place en place des reliques réelles ou supposées, au moyen desquelles ils excitaient la dévotion en même temps que la charité du bas peuple, et généralement trompaient tout à la fois l'une et l'autre. L'hypocrisie, l'impudence et la dépravation de ces vagabonds affublés du masque de la religion avaient fait d'eux un objet constant de satire, depuis le temps de Chaucer jusqu'à celui d'Heywood. Leur représentant actuel ne manqua pas de se conformer à leur caractère traditionnel, produisant des os de porcs en guise de reliques, et vantant les vertus de petites croix d'étain qui avaient été agitées dans la sainte écuelle de Lorette, aussi bien que celles des coquilles rapportées de la châsse de Saint-Jacques de Compostelle, tous objets qu'il vendait aux dévots catholiques à un prix presque aussi élevé que celui que les antiquaires modernes mettent volontiers à des babioles de même valeur intrinsèque. A la fin, le pèlerin tira de sa valise une petite fiole d'eau pure, dont il se mit à vanter la qualité dans les vers suivants :

> Or, écoutez tous, bonnes gens :
> Bien loin, là-bas, vers l'Orient,
> Est la terre de Babylone,
> La première où le soleil donne
> En se levant, frais et dispos,
> De sa couche au milieu des eaux.
> Dans ce pays, on peut en croire
> La légende et la sainte histoire,
> On trouve un rocher merveilleux,
> Dans un réduit mystérieux,
> D'où surgit une eau pure et claire,
> Tombant dans un bassin de pierre,
> Où Suzanne portait ses pas,
> Pour baigner ses chastes appas. —
> Par la chaleur et la froidure,
> J'ai rapporté cette onde pure,
> A travers maints pays lointains.
> Cette eau, par le pouvoir des saints,
> Douée de vertu sans pareille,
> Offre une étonnante merveille.
> Femme ou fille a-t-elle tout bas

> Fait en secret quelque faux pas,
> Que l'on ne dit pas à sa mère,
> Et que le mari n'aime guère,
> Sous son nez mettez cette eau-là,
> Et soudain elle éternuera.

La plaisanterie, ainsi que doit s'en apercevoir tout d'abord le lecteur versé dans l'ancien style du drame, roulait sur le même pivot que dans les vieux fabliaux de la Corne à boire du roi Arthur et du Manteau mal taillé. Mais l'auditoire n'était ni assez érudit ni assez épilogueur pour en reprendre le défaut d'originalité. La puissante relique fut successivement présentée, après toutes les grimaces et les bouffonneries convenables au sujet, au nez de chacun des personnages féminins du drame, dont aucun ne soutint l'épreuve supposée qui devait témoigner de sa retenue, et qui, au contraire, au plaisir infini des spectateurs, éternuèrent tous plus fort et plus longtemps que peut-être eux-mêmes n'y avaient compté. La bouffonnerie semblait enfin épuisée, et le pèlerin se disposait à passer à quelque nouvelle plaisanterie, quand le fou ou *clown* de la pièce, s'emparant secrètement de la fiole où était contenue l'eau merveilleuse, l'approcha soudainement du nez d'une jeune fille qui se trouvait placée au premier rang des spectateurs, le visage en grande partie couvert de son *muffler* ou voile de soie noire, et dont l'attention paraissait absorbée par l'action de la scène. Le contenu de la fiole, dûment préparé pour soutenir l'honneur de la légende du pèlerin, excita chez la demoiselle un violent accès d'éternuments, témoignage de fragilité qui fut reçu de l'auditoire par des acclamations et des rires bruyants. Ces acclamations et ces rires tournèrent cependant presque aussitôt contre le bouffon lui-même, quand la jeune fille insultée, dégageant une main des plis de sa mante avant même que le paroxysme fût bien passé, appliqua au mauvais plaisant un soufflet qui le fit reculer de trois pas en chancelant, pour aller s'étendre de toute sa longueur aux pieds du pèlerin.

Personne ne plaint un mystificateur qui trouve son maître; aussi le clown trouva-t-il peu de sympathie quand, se relevant de terre et grommelant d'un air piteux contre le traitement qu'on venait de lui faire éprouver, il voulut invoquer l'assistance et la compassion des spectateurs. Le chambellan seul, se regardant comme insulté dans sa dignité, ordonna à deux de ses hallebardiers d'amener la coupable devant lui; mais, à l'approche des deux estafiers, la virago se mit rapidement en attitude de défense, comme déterminée à résister à leur autorité; et, après l'échantillon de vigueur et de résolution qu'elle avait déjà montré, ceux-ci ne parurent pas fort empressés d'exécuter leur commission. Cette indécision dura une demi-minute, et ce fut la demoiselle elle-même qui la fit cesser. Changeant complétement alors d'attitude et de manières, elle s'enveloppa dans sa mante de l'air de modestie convenable à une jeune fille, et se dirigea de son propre mouvement vers l'important personnage, suivie et gardée par les deux courageux satellites. Pendant qu'elle traversait l'espace vide qui la séparait du docteur, et, plus encore, lorsqu'elle se tint debout au pied du siège magistral qu'occupait le représentant du laird, la jeune fille déploya cette légèreté et cette souplesse de démarche, et montra cette grâce naturelle de manières, que les connaisseurs en beauté féminine savent en être rarement séparée. En outre, son corsage brun et son jupon court de même couleur laissaient voir une taille bien prise et une jolie jambe. Ses traits étaient cachés par le voile; mais le docteur, en qui sa gravité n'excluait pas la prétention d'être expert dans cette école de connaisseurs dont nous parlions tout à l'heure, en voyait assez pour juger favorablement de la pièce sur l'échantillon.

Il débuta néanmoins d'un air des plus sévères : —Hé bien, effrontée, dit-il, qu'avez-vous à alléguer pour que je n'ordonne pas qu'on vous fasse faire un plongeon dans le lac, pour avoir levé la main sur cet homme en ma présence?

—Marry! repartit la coupable, je dirai que Votre Honneur ne jugera pas un bain froid favorable à ma santé.

—Peste de la matoise! dit le docteur à l'oreille de Roland Grœme; et, pour matoise, je garantis qu'elle l'est : —sa voix est douce comme un sirop.—Mais, ma jolie fille, reprit-il, vous nous laissez voir étonnamment peu de votre visage;— veuillez bien écarter votre mentonnière

—J'espère que Votre Honneur m'excusera jusqu'à ce que nous ayons moins de témoins; car j'ai des connaissances, et je n'aimerais pas à être connue dans le pays pour la pauvre fille que ce mauvais drôle a prise pour objet de sa bouffonnerie.

—Ne crains rien pour ta bonne renommée, mon doux petit morceau de sucre candi! car je te proteste, vrai comme je suis chambellan de Lochleven, Kinross et autres lieux, que la chaste Suzanne elle-même n'aurait pu aspirer cet élixir sans sternutation, car ce n'est autre chose, dans le fait, qu'une fiole de vinaigre du soleil, ou une distillation soigneusement faite d'*acetum* rectifié, préparé de mes propres mains. En conséquence, comme tu as dit que tu viendrais me trouver en particulier, et que tu as exprimé la contrition de l'offense dont tu t'es rendue coupable, tout ce que j'ordonne, quant à présent, est que l'on continue comme si nulle interruption de la marche prescrite n'avait eu lieu.

La demoiselle fit une révérence et retourna lestement à sa place. La pièce continua, mais elle n'attirait plus l'attention de Roland Grœme.

La voix, la taille, et ce que le voile laissait voir du cou et de la chevelure de la jeune villageoise, offraient une telle ressemblance avec Catherine Seyton, qu'il lui sembla être abusé par les illusions d'un songe fantastique. La scène mémorable de l'hôtellerie lui revint à la mémoire, avec toutes ses circonstances aussi inexplicables que merveilleuses. Les histoires d'enchantements qu'il avait lues dans les romans étaient-elles réalisées par cette fille extraordinaire? Pouvait-elle se transporter hors des murailles si bien gardées du château de Lochleven, auxquelles un large lac servait de fossés (il y porta les yeux comme pour s'assurer qu'il existait encore), et que l'on surveillait avec le soin scrupuleux que réclamait la sécurité d'une nation? — Pouvait-elle surmonter tous ces obstacles, et faire de sa liberté un usage assez insouciant et assez dangereux pour venir se faire publiquement une querelle dans une foire de village? Roland se sentit incapable de décider ce qui faisait le plus d'elle une créature inexplicable, ou l'adresse qu'il avait dû lui falloir pour se mettre en liberté, ou la conduite qu'elle tenait étant libre.

Perdu dans ses réflexions, il tenait son regard fixé sur celle qui en était l'objet; et à chacun de ses mouvements il découvrait ou croyait découvrir quelque chose qui lui rappelait encore plus fortement Catherine Seyton. Il est vrai que plus d'une fois l'idée s'offrit à lui que peut-être il s'abusait lui-même en transformant en une identité absolue une certaine ressemblance accidentelle. Mais alors la rencontre de l'hôtellerie de *Saint-Michel* lui revenait à l'esprit, et il lui paraissait improbable au dernier point que, dans des circonstances si diverses, l'imagination seule eût pu deux fois lui jouer le même tour. Cette fois, cependant, il résolut d'éclaircir ses doutes, et, à cet effet, il resta durant le reste de la pièce comme un limier en arrêt, prêt à s'élancer sur le lièvre à l'instant où il va partir. Celle qu'il épiait si attentivement, de peur qu'à la fin du spectacle elle ne s'échappât dans la foule, ne semblait pas se douter le moins du monde qu'elle fût observée; mais le digne docteur remarqua la direction des yeux de son jeune voisin, et, par une résolution magnanime, renonça aux intentions qu'il avait eues de devenir le Thésée de cette Hippolyte, par déférence pour les droits de l'hospitalité, qui lui interdisaient de contrecarrer son jeune ami dans ses poursuites amoureuses. Il se permit seulement une ou deux plaisanteries doctorales sur l'attention soutenue que le page donnait à l'inconnue, et sur sa propre jalousie; ajoutant, néanmoins, que si tous deux devaient être présentés en même temps à la patiente, il ne doutait pas que le plus jeune ne lui parût la meilleure des deux prescriptions. — Je crains, ajouta-t-il, que nous n'ayons pas de quelque temps des nouvelles de ce coquin d'Auchtermuchty, car la vermine[1] que j'ai envoyée après lui ne paraît pas vouloir revenir plus que les corbeaux de l'arche. Ainsi vous avez une heure ou deux à votre

---

[1] Terme familier aux chasseurs; animaux regardés comme *non nobles* en vénerie. (L. V.)

disposition, maître page; et comme voilà les ménétriers qui vont commencer leurs accords, à présent que la pièce est finie, ma foi, si vous avez du goût pour la danse, la pelouse est là-bas et votre partner ici près. — Je me flatte que vous me regarderez comme excellant dans mes diagnostiques; car je n'ai besoin que de la moitié d'un œil pour voir quelle est votre maladie, et je vous ai administré un agréable remède :

« Discernit sapiens res quas confudit asellus ¹, »

comme dit Chambers.

Le page entendit à peine la fin de ce docte adage, ainsi que la recommandation que lui fit le chambellan de ne pas s'écarter, au cas où les fourgons arriveraient soudainement et plus tôt qu'on ne les attendait, — tant était grande sa double impatience de se débarrasser de son savant compagnon et de satisfaire sa curiosité au sujet de la demoiselle inconnue. Toutefois, dans la hâte qu'il mit à se diriger vers elle, il trouva le temps de réfléchir que pour s'assurer l'occasion de causer avec elle en particulier il ne fallait pas l'alarmer en l'accostant. Il composa donc ses manières et sa démarche, et prenant les devants avec l'assurance convenable sur trois ou quatre garçons du village qui avaient eu la même intention que lui, mais qui étaient plus embarrassés de formuler leur requête, il lui fit connaître que comme substitut du vénérable chambellan il venait réclamer l'honneur de sa main comme partner pour la danse.

— Le vénérable chambellan fait très-bien d'exercer par substitut cette partie de son autorité, dit franchement la demoiselle en lui tendant la main ; et je suppose que les lois de la fête ne me laissent d'autre alternative que d'accepter son fidèle délégué.

— Pourvu, belle demoiselle, que le délégué dont il a fait choix ne vous soit pas tout à fait désagréable.

— C'est sur quoi, beau sire, je vous en dirai davantage quand nous aurons dansé la première mesure.

Catherine Seyton avait pour la danse un remarquable talent, et elle était quelquefois appelée à l'exercer pour l'amusement de sa royale maîtresse. Roland Græme en avait été souvent témoin, et parfois même, sur l'ordre de la reine, il avait, en de telles occasions, été le partner de Catherine Seyton. Il connaissait donc parfaitement la manière de danser de Catherine, et il remarqua que par la grâce, l'agilité, la justesse d'oreille et la précision des pas, sa partner actuelle lui ressemblait exactement, sauf que la gigue écossaise qu'il dansait maintenant avec elle demandait un mouvement plus violent et plus rapide et plus d'agilité

¹ Le sage distingue ce que l'âne confond.

rustique que les graves *pavens*, les *lavoltas* et les *courantes* qu'il lui avait vu exécuter dans la chambre de la reine Marie. L'exercice actif de la danse lui laissait peu de temps pour la réflexion, et ne lui en laissait pas du tout pour la conversation ; mais quand leur pas de deux fut terminé, au milieu des acclamations des villageois, qui avaient été rarement témoins d'une exécution si parfaite, il saisit l'occasion, en cédant le terrain à un autre couple, d'user de son privilége de partner, et d'entrer en conversation avec la jeune fille mystérieuse dont il tenait encore la main.

— Belle partner, lui dit-il, ne puis-je pas vous demander le nom de celle qui m'a accordé une telle faveur?

— Vous le pouvez, repartit la jeune fille ; mais la question est de savoir si je vous répondrai.

— Et pourquoi?

— Parce que personne ne donne rien pour rien ; — et vous ne pouvez me rien dire en retour que je me soucie d'apprendre.

— Ne pourrais-je pas vous dire mon nom et ma famille en échange des vôtres?

— Non, car vous ne savez grand'chose ni de l'un ni de l'autre.

— Comment! répliqua le page avec quelque aigreur

— Ne vous mettez pas en colère pour cela ; je vous montrerai dans un instant que j'en sais sur vous plus que vous n'en savez vous-même.

— En vérité! Pour qui donc me prenez-vous?

— Pour l'autour sauvage qui n'était encore qu'un fauconneau sans plumes quand un chien l'apporta dans sa gueule à un certain château ; — pour le faucon qu'on n'ose pas laisser voler, de peur qu'il ne se trompe de gibier et ne se jette sur une charogne ; — pour le faucon qu'on est obligé de tenir chaperonné jusqu'à ce qu'il sache faire l'usage convenable de ses yeux, et puisse distinguer le bon du mauvais.

— Hé bien, — soit ; je comprends une partie de votre parabole, ma belle mistress. — Peut-être en sais-je autant de vous que vous en savez de moi, et pourrais-je bien me passer des informations dont vous êtes si chiche.

— Prouvez-moi cela, et je vous accorderai plus de pénétration que je ne vous en avais cru.

— Ce sera prouvé à l'instant. La première lettre de votre nom est un S, et la dernière un N.

— Admirable! Continuez de deviner.

— Il vous plaît aujourd'hui de porter le snood [1] et la robe, et peut-être que demain on pourra vous voir en chapeau à plume, en haut-de-chausses et en pourpoint.

---

[1] Ruban avec lequel les jeunes filles d'Écosse, qui ne portaient jamais de chapeau, retenaient leurs cheveux. (L. V.)

CHAPITRE XXVII.

— Dans le rond! dans le rond! vous avez touché le blanc! dit la demoiselle, qui retenait avec peine son envie de rire.

— Vous savez aveugler les gens à coups de houssine, aussi bien que vous emparer de leur cœur.

Ces derniers mots furent prononcés à voix basse et d'un ton de tendresse qui, à la grande mortification de Roland, et un peu aussi à son déplaisir, augmenta plutôt qu'il ne calma la disposition de sa partner à l'hilarité. Ce fut à peine si elle put reprendre assez de sang-froid pour lui dire : Si vous aviez jugé ma main si formidable (et en même temps elle la dégageait de celle de Roland), vous ne l'auriez pas serrée si fort ; mais je m'aperçois que vous me connaissez si bien qu'il est inutile que je vous montre mon visage.

— Belle Catherine, reprit le page, il serait indigne de vous avoir jamais vue, et bien plus encore d'avoir si longtemps demeuré au même service et sous le même toit que vous, celui qui pourrait se méprendre à votre air, à vos gestes, à votre tournure en marchant ou en dansant, au tour de votre cou, à la symétrie de vos formes ; — personne ne pourrait être assez stupide pour ne vous pas reconnaître à tant de preuves ; mais pour moi je jurerais que c'est vous rien qu'à cette boucle de cheveux qui s'échappe de votre voile.

— Et naturellement aussi au visage que ce voile couvre, dit la jeune fille en écartant vivement sa mentonnière, qu'elle voulut replacer aussi vite. Elle laissa voir les traits de Catherine ; mais un degré inhabituel de pétulance impatiente les animait, lorsqu'une sorte de gaucherie dans le maniement de son voile l'empêcha de le rajuster avec cette dextérité qui était un des grands talents des coquettes du temps.

— Que le diable mette le chiffon en pièces! exclama la demoiselle en cherchant à ramener son voile ; et cette exclamation fut proférée d'un ton si ferme et si décidé, que le page en tressaillit. Il regarda encore le visage de sa danseuse, et ce nouveau coup d'œil ne fit que confirmer le témoignage du premier. Il l'aida alors à rajuster sa mentonnière, et tous deux restèrent un instant silencieux. Ce fut la demoiselle qui parla la première, car Roland Græme était confondu de surprise devant les contradictions que semblait offrir Catherine Seyton dans sa personne et son caractère.

— Vous êtes surpris, lui dit-elle, de ce que vous voyez et entendez.
— Mais les temps qui font que les femmes deviennent hommes sont les moins convenables de tous pour que les hommes se changent en femmes ; et cependant vous êtes vous-même en danger d'une telle métamorphose.

— Moi, en danger de devenir femme !

— Oui, vous, malgré la hardiesse de votre réplique. Alors que vous devriez rester attaché à votre religion, parce qu'elle est assaillie de tous côtés par des traîtres, des rebelles et des hérétiques, vous la laissez s'échapper de votre cœur comme l'eau glisse de la main. Si vous êtes détourné de la foi de vos pères par la crainte que vous inspire un traître, n'est-ce pas vous montrer femme? — Si vous vous laissez gagner par les arguments captieux d'un héraut d'hérésie, ou par les éloges d'une vieille puritaine, n'est-ce pas vous montrer femme? — Si vous êtes séduit par l'espoir des dépouilles et de l'avancement, n'est-ce pas vous montrer femme? — Et, au lieu de vous étonner de m'entendre proférer une menace ou une imprécation, ne devriez-vous pas plutôt vous étonner de vous-même, qui, prétendant à un noble nom et aspirant à la chevalerie, pouvez être en même temps lâche, imbécile et intéressé?

— Je voudrais qu'un homme m'accusât de pareille chose! il verrait, avant d'être plus vieux d'une minute, s'il a ou non le droit de m'appeler lâche.

— Prenez garde à ces gros mots-là; vous disiez tout à l'heure que je porte quelquefois le haut-de-chausses et le pourpoint.

— Mais vous n'en restez pas moins Catherine Seyton, quoi qu'il vous plaise porter, repartit le page en s'efforçant de reprendre la main qu'elle lui avait retirée.

— Il est vrai qu'il vous plaît de m'appeler ainsi, répliqua la jeune fille en continuant de lui refuser sa main; mais j'ai encore bien d'autres noms.

— Et ne voulez-vous pas répondre à celui qui vous distingue au-dessus de toutes les filles d'Écosse?

La demoiselle, sans se laisser prendre à ces douceurs, se tint toujours sur la réserve, et fredonna gaîment un fragment d'ancienne ballade :

> « Pour les uns, ô mon amour,
> Mon nom est Jack, Paul ou Pierre;
> Mais quand je vais à la cour,
> Mon nom est Will [1] le Volontaire. »

— Will le Volontaire! exclama le page avec impatience; dites plutôt Will du Wisp ou Jack à la Lanterne [2]; car jamais il n'y eut météore plus trompeur ni plus errant!

— Si je suis telle, je ne demande pas aux fous de me suivre; — s'ils me suivent, c'est parce que cela leur plaît, et ce doit être à leurs propres risques.

— Mais, ma chère Catherine, parlez sérieusement un instant.

— Si vous voulez m'appeler votre chère Catherine, quand je vous ai donné tant de noms à choisir, je vous demanderai comment, en me supposant échappée de cette tour pour deux ou trois heures de ma vie,

---

[1] Abréviation de William. (L. V.)

[2] *Will of the Wisp*, Guillaume au Bouchon de Paille, et *Jack with the Lantern*, Jacques à la Lanterne, sont des noms populaires du feu follet. (L. V.)

CHAPITRE XXVII.

vous avez la cruauté de me demander d'être sérieuse durant les seuls moments joyeux que j'aie vus peut-être depuis des mois?

— Oui, belle Catherine; mais il est des moments d'un sentiment profond et vrai, qui valent dix mille ans de la gaîté la plus animée; et tel fut celui où, hier, vous fûtes si près...

— Si près de quoi? interrompit vivement la demoiselle.

— Où vous approchâtes vos lèvres si près du signe que vous aviez tracé sur mon front.

— Mère du Ciel! s'écria-t-elle d'un ton encore plus emporté et avec un geste plus mâle qu'elle ne les avait eus jusque-là, — Catherine Seyton approcher ses lèvres du front d'un homme, et tu dis que tu es cet homme! — Vassal, tu mens!

Le page resta confondu; mais, s'imaginant qu'il avait alarmé la délicatesse de la demoiselle en faisant allusion à un moment d'enthousiasme et à la manière dont elle l'avait manifesté, il s'efforça de balbutier une excuse. Quelque gauche et peu intelligible que fût cette excuse, elle fut acceptée par sa compagne, qui, à la vérité, avait réprimé son indignation après la première explosion. — N'en parlons plus, dit-elle; et maintenant, séparons-nous. Notre entretien peut attirer l'attention plus qu'il n'est convenable pour vous et pour moi.

— Mais permettez-moi, du moins, de vous suivre dans quelque endroit écarté.

— Vous n'osez pas.

— Je n'ose pas! Où oseriez-vous aller que je n'osasse vous y suivre?

— Vous craignez un feu follet; comment feriez-vous face à un dragon vomissant des flammes, avec une magicienne montée sur sa croupe.

— Comme sir Eger, comme sir Grime, comme sir Greysteil¹; mais y a-t-il à voir ici de semblables fadaises?

— Je vais chez la mère Nicneven, et elle est assez sorcière pour gouverner le diable cornu, avec un fil de soie rouge pour bride et une baguette de frêne pour houssine.

— Je vous suivrai.

— Que ce soit donc à quelque distance, dit la jeune fille.

Et, s'enveloppant de sa mante avec plus de succès que lors de sa première tentative, elle se mêla à la foule, et se dirigea vers le village, suivie à distance par Roland Græme, qui eut soin de prendre toutes les précautions possibles pour que son dessein ne fût pas remarqué.

---

¹ Anciens paladins britanniques. (L. V.)

CHAPITRE XXVIII.

> Oui, c'est celle dont les yeux veillèrent sur ton enfance, et qui épia, avec un tremblement d'espoir, l'aurore de ta jeunesse ; c'est elle qui maintenant, la vue obscurcie par l'âge, et plus encore par les larmes, est condamnée à voir ton déshonneur.
> *Ancienne Comédie.*

L'ENTRÉE de la rue principale, ou pour mieux dire de la seule rue de Kinross, la demoiselle dont Roland Græme suivait les pas retourna la tête comme pour s'assurer qu'on n'avait pas perdu ses traces ; puis elle s'enfonça dans une ruelle des plus étroites, bordée d'un double rang de chétives chaumières à demi ruinées. Elle s'arrêta une seconde à la porte de l'une de ces misérables habitations, porta de nouveau les yeux vers le haut de la ruelle du côté de Roland Græme, puis leva le loquet, ouvrit la porte, et disparut à sa vue.

Quelque hâte que mît le page à suivre son exemple, la difficulté qu'il trouva à découvrir le secret du loquet, qui ne levait pas tout à fait à la manière ordinaire, et à pousser la porte qui ne céda pas à son premier effort, retarda d'une ou deux minutes son entrée dans le cottage. Un passage sombre et enfumé régnait, selon l'usage, entre le mur extérieur de la cabane et le *hallan* ou mur de terre qui servait de cloison entre ce passage et l'intérieur. Au bout du corridor, et dans le hallan, était pratiquée une porte donnant entrée dans le *ben* ou chambre intérieure du cottage ; et quand la main de Roland Græme se posa sur le loquet de cette porte, une voix de femme prononça les mots *Benedictus qui veniat in nomine Domini, damnandus qui in nomine inimici*[1]. En entrant dans la chambre, il aperçut la femme que le chambellan lui avait désignée sous le nom de mère Nicneven, assise près du foyer étroit et bas. Mais il n'y avait personne autre dans la pièce. Roland Græme, étonné de la disparition de Catherine Seyton, porta les yeux autour de lui sans beaucoup s'occuper de la prétendue sorcière, qui enfin commanda son attention par le ton dont elle lui dit : Que cherches-tu ici ?

— Je cherche, dit le page fort embarrassé, je cherche...

Mais sa réponse fut interrompue par la vieille, qui, fronçant d'un air austère ses épais sourcils gris, de manière à couvrir son front de plis profonds, se leva, et se dressant de toute sa hauteur, arracha le mouchoir

---

[1] Béni soit qui vient au nom du Seigneur, damné soit qui vient au nom de l'Ennemi.

qui lui couvrait la tête, saisit Roland par le bras, et s'approchant d'une petite fenêtre à travers laquelle la lumière tombait en plein sur son visage, montra aux regards étonnés du jeune homme la physionomie de Magdalen Græme. — Non, Roland, dit-elle, tes yeux ne te trompent pas; ils te montrent bien réellement les traits de celle que tu as abusée, de celle dont tu as changé le vin en fiel, le pain de joie en poison amer, les espérances en un noir désespoir; — c'est elle qui en ce moment te demande ce que tu cherches ici. — Celle dont le plus grand péché envers le Ciel a été de t'aimer plus même que le bien de toute l'Église, et de ne pouvoir sans répugnance te consacrer à la cause de Dieu, — celle-là te demande maintenant : Que cherches-tu ici?

Elle tenait, en parlant, son grand œil noir fixé sur les traits du jeune homme, et l'expression de son regard était celle avec laquelle l'aigle fixe sa proie avant de la mettre en pièces. Roland se sentit en ce moment hors d'état de répondre ou de se dégager. Cette enthousiaste extraordinaire avait conservé sur lui jusqu'à un certain point l'ascendant qu'elle avait exercé sur son enfance; connaissant en outre la violence de son caractère et l'impatience avec laquelle elle supportait toute contradiction, il sentit que toute réponse qu'il pourrait faire la jetterait probablement dans un accès de fureur. Il se tut donc ; et Magdalen Græme reprit, avec une véhémence toujours croissante : Encore une fois, que cherches-tu, malheureux enfant? — Cherches-tu l'honneur que tu as renoncé, la foi que tu as abandonnée, les espérances que tu as détruites? — ou bien est-ce moi que tu cherches? moi, la seule protectrice de ta jeunesse, la seule mère que tu aies connue, afin de pouvoir fouler aux pieds mes cheveux blancs, de même que tu as déjà foulé aux pieds les vœux les plus chers de mon cœur?

— Pardonnez-moi, ma mère, dit Roland Græme ; mais en vérité et en raison je ne mérite pas votre blâme. J'ai été traité parmi vous tous — par vous-même, ma mère respectée, aussi bien que par les autres — comme un homme qui aurait manqué des attributs ordinaires du libre arbitre et de la raison humaine, ou que du moins on ne jugeait pas propre à les exercer. J'ai été conduit dans un pays d'enchantements, et des charmes ont été répandus autour de moi ; — chacun m'a abordé sous un déguisement, — chacun m'a parlé en paraboles, — j'ai été comme quelqu'un qui parcourt un songe pénible et plein d'illusions, et maintenant vous me blâmez de n'avoir pas eu le sens, et le jugement, et la fermeté d'un homme raisonnable et bien éveillé, qui sait ce qu'il fait et pourquoi il le fait ! S'il faut qu'on marche avec des masques et des esprits, qui se transportent d'un lieu à un autre comme si c'étaient des visions plutôt que des réalités, la foi la plus robuste et la tête la plus sage n'y tiendraient pas. Je cherchais, puisqu'il faut que j'avoue ma folie, je cherchais cette Catherine, Catherine que la première vous m'avez fait connaître, et que le plus étrangement du monde je trouve dans ce village de Kinross, la plus gaie parmi les plus gais, quand il n'y a qu'un moment je l'ai laissée dans les murailles si bien gardées de Lochleven, triste compagne d'une reine emprisonnée ; — je la cherchais, et au lieu d'elle je vous trouve, ma mère, plus étrangement déguisée qu'elle-même ne l'était.

— Et qu'as-tu affaire avec Catherine Seyton ? reprit la matrone d'un ton sévère ; est-ce un moment et un monde à suivre des jeunes filles, ou à danser autour d'un mai ? Quand la trompette appelle chaque Écossais fidèle sous l'étendard de la souveraine légitime, est-ce dans le boudoir d'une dame qu'on te trouvera consumant ton temps ?

— Non, par le Ciel, non plus qu'emprisonné entre les murs d'un vieux château ! Je voudrais que le son de la trompette se fît entendre en ce moment même, car je crains que rien autre chose ne puisse dissiper les visions chimériques dont je suis entouré.

— Elle sonnera, n'en doute pas ; et le son qu'elle fera entendre sera si fort et si terrible que jamais l'Écosse n'entendra le pareil jusqu'à ce que la dernière trompette, et la plus retentissante de toutes, annonce aux montagnes et aux vallées que les temps ne sont plus. En attendant, sois seulement brave et constant ; — sers Dieu et honore ta souveraine ; — reste fidèle à ta religion. — Je ne puis — je ne veux — je n'ose te demander ce qui en est des terribles soupçons qui sont venus jusqu'à moi touchant ta chute : — n'accomplis pas ce sacrifice maudit, — et même encore à cette heure tardive tu peux être ce que j'avais espéré du fils de mes plus chères espérances ! — Que dis-je, le fils de *mes* espérances ? — tu seras l'espoir de l'Écosse, son orgueil et son honneur ! — tes souhaits même les plus insensés pourront peut-être s'accomplir : — Je devrais rougir de mêler des motifs plus vils à la noble récompense que je t'annonce ; — j'ai honte, étant ce que je suis, de parler des vaines passions de la jeunesse autrement qu'avec mépris et avec des paroles de censure. Mais il faut gagner les enfants par l'offre de dragées pour les déterminer à prendre une potion salutaire, et amener les jeunes gens à d'honorables exploits par la promesse du plaisir. Écoute-moi donc, Roland. L'amour de Catherine Seyton ne sera que pour celui qui accomplira la délivrance de sa maîtresse ; et crois-moi, il peut être un jour en ton pouvoir d'être cet heureux amant. Abjure donc le doute et la crainte, et prépare-toi à faire ce que la religion réclame, ce que ton pays demande de toi, ce que ton devoir, comme sujet et comme serviteur, requiert également de ta part ; et sois certain que le moyen le plus prompt d'atteindre aux vœux de ton cœur, même les plus hardis et les plus démesurés, est d'obéir à l'appel de ton devoir.

Comme elle cessait de parler, on entendit frapper deux coups à la porte intérieure. La matrone rajusta précipitamment sa mentonnière et reprit sa place près de l'âtre, puis elle demanda qui était là.

—*Salve in nomine sancto*[1], répondit-on du dehors.
—*Salvete et vos*[2], répliqua Magdalen Græme.

Alors entra un homme dans le costume ordinaire des gens de la suite d'un seigneur, portant à sa ceinture une épée et un bouclier. — Je vous cherchais, ma mère, dit-il, ainsi que celui que je vois avec vous. Alors, s'adressant à Roland Græme, il lui dit : N'as-tu pas un paquet que t'a remis Georges Douglas?

— C'est vrai, répondit le page, se rappelant tout à coup celui qui le matin avait été remis à ses soins; mais je ne puis le remettre à qui que ce soit sans quelque signe qu'on est en droit de me le demander.

— Vous avez raison, répliqua l'homme; et il ajouta en lui parlant à l'oreille : Le paquet que je demande est le rapport à son père; — ce signe suffira-t-il?

— Oui, dit le page; et, tirant le paquet de son sein, il le remit au messager.

— Je vais revenir dans un moment, dit celui-ci; et il quitta le cottage.

Roland était alors assez revenu de sa surprise pour interroger à son tour sa parente, et lui demander comment il se faisait qu'il la trouvât sous un déguisement si précaire et dans un lieu si dangereux. — Vous ne pouvez ignorer, lui dit-il, la haine que lady de Lochleven porte aux gens de votre... je veux dire de notre religion ; — votre déguisement actuel vous expose à des soupçons de plus d'une sorte, et tous également dangereux pour vous; et soit comme catholique, ou comme sorcière, ou comme amie de la malheureuse reine, vous ne courez pas de moindres hasards si vous êtes prise dans les limites de la juridiction des Douglas, car, dans le chambellan qui administre leur autorité, vous avez, pour des raisons à lui personnelles, un irréconciliable ennemi.

— Je le sais, dit la matrone, les yeux étincelants de triomphe; je sais que, vain de son habileté scolastique et charnelle, Luke Lundin voit avec une jalousie haineuse les bénédictions que les saints ont accordées à mes prières et à la vertu des saintes reliques, dont l'attouchement, dont la simple présence même, ont si souvent éloigné la maladie et la mort. — Je sais qu'il voudrait me déchirer et me mettre en pièces; mais il y a sur le dogue une chaîne et une muselière qui contiendront sa furie, et la servante du Maître n'a rien à redouter de lui tant que la tâche imposée par le Maître n'est pas accomplie. Quand cette heure sera venue, que les ombres du soir descendent sur moi au milieu des tonnerres et de la tempête; le temps sera bienvenu qui affranchira mes yeux de voir le crime, et mes oreilles d'entendre le blasphème. Sois seulement constant; — joue ton rôle comme j'ai joué et comme je jouerai le mien, et ma délivrance de ce monde sera pareille à celle du

---

[1] Salut, au nom de celui qui est saint.

[2] Salut à vous.

bienheureux martyr dont l'ascension au ciel est saluée par les psaumes et les chants des anges, tandis que la terre le poursuit de huées et de malédictions.

En ce moment l'homme rentra dans le cottage.—Tout va bien, dit-il; le temps tient toujours pour la nuit de demain.

— Quel temps? qu'est-ce qui tient? s'écria Roland; j'espère que le paquet de Douglas n'est pas tombé...

— Rassure-toi, jeune homme, interrompit le messager: tu as ma parole et mon signe de reconnaissance.

— J'ignore si le signe est bien celui auquel j'aurais dû remettre le message, et je n'attache pas grande importance à la parole d'un étranger.

—Quoi! dit la matrone, quand tu aurais remis entre les mains d'un loyal sujet un paquet confié à tes soins par un des ennemis de la reine, — y aurait-il grand mal à cela, tête chaude que tu es?

—Par saint André! ce n'en serait pas moins un très-grand mal, repartit le page. C'est l'essence même de mes devoirs, dans ce premier degré de la chevalerie, d'être fidèle à la confiance qu'on a mise en moi; et si le diable lui-même m'avait chargé d'un message, et que je lui eusse engagé ma foi qu'il serait fidèlement exécuté, je ne le trahirais pas pour un ange de lumière.

—Par la tendresse que j'ai eue autrefois pour toi, s'écria la matrone, je te tuerais de mes propres mains, quand je t'entends parler de devoir à des rebelles et à des hérétiques une foi plus ferme que celle que tu dois à ton Église et à ton prince!

—Patience, ma bonne sœur, reprit l'homme; je vais lui donner des raisons qui contre-balanceront les scrupules qui l'assiégent.—Le sentiment est honorable, quoiqu'en ce moment il puisse être intempestif et mal placé.—Suivez-moi, jeune homme.

—Avant que j'aille faire rendre compte à cet étranger, dit le page à la matrone, est-il quelque chose que je puisse faire pour votre bien et votre sûreté?

—Rien, répondit-elle; rien, sauf ce qui sera le plus d'accord avec ton honneur;—les saints qui m'ont protégée jusqu'ici me prêteront secours selon que j'en aurai besoin. Suis le sentier de la gloire ouvert devant toi, et ne pense à moi que comme à celle de toutes les créatures vivantes qui sera la plus heureuse d'entendre exalter ta renommée.—Suivez l'étranger;—il a pour vous des nouvelles auxquelles vous vous attendez peu.

L'étranger restait sur le seuil comme attendant Roland, et dès qu'il vit celui-ci se disposer à partir, il prit les devants d'un bon pas. S'enfonçant encore plus avant dans la ruelle, Roland vit qu'elle n'était plus alors bordée d'habitations que d'un seul côté, et que l'autre côté était formé par un vieux mur assez élevé, au-dessus duquel on voyait passer les rameaux de quelques arbres. Continuant de descendre encore assez loin, ils arrivèrent à une petite porte pratiquée dans le mur. Le guide de Roland s'arrêta, jeta un regard autour de lui pour s'assurer que personne n'était en vue, puis tirant une clef de sa poche il ouvrit la porte et entra, en faisant signe à Roland Grœme de le suivre. L'étranger referma ensuite soigneusement la porte en dedans. Pendant ce temps le page eut un moment pour examiner le lieu où il se trouvait, et voir qu'il était dans un petit verger très-soigneusement entretenu.

L'étranger lui fit parcourir une ou deux allées ombragées par des arbres chargés de fruits d'été, et le conduisit ainsi jusqu'à un berceau de feuillage, où, se plaçant sur le banc de gazon qui en occupait un des deux côtés, il fit signe à Roland de s'asseoir sur le banc opposé ; après un instant de silence, il ouvrit l'entretien en ces termes : Vous m'avez demandé une meilleure garantie que la parole d'un simple étranger, pour vous donner toute certitude que j'étais autorisé par Georges Douglas à recevoir le paquet dont il vous avait chargé?

— C'est précisément le point sur lequel je vous demande une explication, dit Roland. Je crains d'avoir agi à la hâte ; s'il en est ainsi, je dois racheter ma faute du mieux que je pourrai.

— Ainsi vous me regardez comme vous étant parfaitement étranger? Examinez mes traits plus attentivement, et voyez s'ils ne vous rappelleront pas ceux d'un homme que vous avez autrefois connu.

Roland le regarda avec attention ; mais les idées rappelées à son esprit étaient tellement incompatibles avec le costume bas et servile de la personne placée là devant lui, qu'il ne se hasarda pas à exprimer l'opinion à laquelle il était irrésistiblement conduit.

— Oui, mon fils, reprit l'étranger qui vit son embarras, vous voyez bien en effet devant vous le malheureux père Ambroise, qui jadis regarda ses soins comme couronnés par votre préservation des piéges de l'hérésie, mais qui maintenant est condamné à pleurer en toi un parjure !

La bonté de cœur de Roland Grœme égalait au moins sa vivacité de caractère. — Il ne put voir de sang-froid son ancien maître, le guide spirituel qu'il avait vénéré, dans une situation indiquant un si triste changement de fortune ; il se précipita à ses pieds, embrassa ses genoux et versa d'abondantes larmes.

— Que signifient ces larmes, mon fils? dit l'abbé ; si elles sont versées sur vos propres péchés et vos folies, sûrement c'est une rosée agréable au Ciel, et qui pourra vous profiter ; — mais ne pleurez pas, si c'est pour moi qu'elles coulent. Vous voyez à la vérité le supérieur de la communauté de Sainte-Marie sous le costume d'un pauvre homme d'épée, qui vend à son maître sa lame, son bouclier, et au besoin sa vie, pour un grossier habit à sa livrée et quatre marcs par an. Mais un tel vêtement convient au temps, et il va aussi bien à ses prélats dans la période de l'église militante, que le bâton pastoral, la mitre et la crosse aux jours du triomphe de l'Église.

— Par quel destin... Mais pourquoi le demanderais-je? Catherine Seyton m'avait en quelque sorte préparé à ceci. Et pourtant, que le changement dût être si absolu, — la destruction si complète!...

— Oui, mon fils, tes yeux ont vu dans ma promotion, à moi indigne, à la stalle abbatiale, le dernier acte spécial de solennité sainte dont sera témoin l'église de Sainte-Marie, jusqu'à ce qu'il plaise au Ciel de rappeler l'Église de sa captivité. Quant à présent, le berger est frappé, — oui, presque renversé sur la terre, les ouailles sont dispersées, et les châsses des saints et des martyrs, et des pieux bienfaiteurs de l'Église, sont livrées aux oiseaux de nuit et aux satyres du désert.

— Et votre frère, le chevalier d'Avenel, — n'a-t-il rien pu faire pour votre protection?

— Il a lui-même encouru le soupçon des pouvoirs du jour, qui ne sont pas moins injustes pour leurs amis que cruels pour leurs ennemis. Je ne m'en affligerais pas, si je pouvais espérer que ce sera pour lui une occasion de rentrer dans la bonne voie; mais je connais l'âme d'Halbert, et je crains plutôt que cela ne le pousse à faire preuve de fidélité pour leur malheureuse cause, par quelque acte peut-être encore plus pernicieux pour l'Église et plus offensant pour le Ciel. Laissons cela; parlons maintenant de ce qui nous a réunis. — Je me flatte que vous vous trouverez satisfait, si je vous donne ma parole que le message dont Georges Douglas vous avait chargé m'était destiné?

— En ce cas, Georges de Douglas est donc...

— Un sincère ami de sa reine, Roland; et bientôt, j'espère, ses yeux s'ouvriront aux erreurs de ce qu'à tort il nomme son Église.

— Mais alors qu'est-il pour son père? qu'est-il pour lady de Lochleven, en qui il a trouvé une mère? dit le page avec vivacité.

— Leur meilleur ami à tous les deux, maintenant et dans l'éternité, s'il se trouve être l'heureux instrument pour racheter le mal qu'ils ont fait et celui qu'ils font encore.

— Il n'en est pas moins vrai que je n'aime pas ce bon service qui commence par une violation de confiance.

— Je ne blâme pas tes scrupules, mon fils; mais le temps qui a brisé et détruit l'allégeance des chrétiens envers l'Église et celle des sujets envers leur prince, a dissous tous les moindres liens de la société; et en de tels jours, de simples liens humains ne sauraient entraver notre marche, non plus que les ronces et les épines qui s'attachent aux vêtements du pèlerin ne doivent retarder la sienne dans le chemin qui mène au but où le conduit son vœu.

— Cependant, mon père... repartit le jeune homme; puis il s'arrêta et parut hésiter.

— Parle, mon fils, dit l'abbé; parle sans crainte.

— Ne soyez donc pas offensé, mon père, si je vous fais observer que c'est là précisément ce dont nous reprennent nos adversaires, quand ils disent qu'en cherchant des moyens pour la fin, nous commettrons volontiers un grand mal moral pour opérer un bien éventuel.

— Les hérétiques ont fait jouer sur vous leurs artifices ordinaires, mon fils; ils voudraient bien nous enlever le pouvoir d'agir avec prudence et en secret, quand la supériorité de forces qu'ils possèdent ne nous permet pas de lutter avec eux à termes égaux. Ils nous ont réduits au dernier état de faiblesse et d'épuisement, et maintenant ils voudraient proscrire les moyens légitimes par lesquels la faiblesse supplée aux forces qui lui manquent, et se défend contre ses puissants ennemis. Le limier pourrait aussi bien dire au lièvre : N'emploie pas ces ruses pour m'échapper, retourne-toi et combats-moi de front, que l'hérétique armé et puissant peut demander au catholique opprimé et foulé aux pieds de déposer la prudence du serpent qui peut seule lui laisser l'espoir de relever la Jérusalem sur laquelle nous pleurons, et que notre devoir est de rebâtir. — Mais nous reviendrons sur ce sujet. Et maintenant, mon fils, je te recommande au nom de ta foi de me dire sincèrement et en détail ce qui t'est arrivé depuis que nous nous sommes séparés, et quel est l'état présent de ta conscience. Ta parente, notre sœur Magdalen, est une femme excellemment douée, et en qui le Ciel a mis un zèle que ni incertitudes ni dangers ne peuvent refroidir; mais cependant ce n'est pas tout à fait un zèle selon la raison, et c'est pourquoi, mon fils, je voudrais être moi-même ton interrogateur et ton conseiller, dans ces jours de ténèbres et de stratagèmes.

Avec le respect qu'il devait à celui dont il avait reçu sa première instruction, Roland Grœme fit un récit rapide des événements que connaît le lecteur; et en même temps qu'il ne déguisait pas au prélat l'impression qu'avaient faite sur son esprit les arguments du prédicateur Henderson, il laissa accidentellement et presque involontairement entrevoir à son père confesseur l'influence que Catherine Seyton avait acquise sur lui.

— C'est avec joie que je m'aperçois, mon cher fils, dit l'abbé, que je suis arrivé à temps pour t'arrêter sur le bord du précipice dont tu t'approchais. Ces doutes dont tu te plains, ce sont les herbes qui croissent naturellement sur un sol vigoureux, et qui demandent la main soigneuse du laboureur pour les extirper. Il te faut étudier un petit volume que je mettrai dans tes mains en temps opportun, et où, par la grâce de Notre-Dame, j'ai placé sous un jour un peu plus clair qu'ils ne l'avaient été jusqu'ici les points débattus entre nous et ces hérétiques, qui sèment parmi nous la même ivraie qu'autrefois les Albigeois et les Lollards mêlaient furtivement au bon grain. Mais ce n'est pas par la raison que tu dois espérer de surmonter ces insinuations de l'Ennemi; on en vient quelquefois à bout par une résistance opportune, mais plus souvent en sachant fuir à propos. Il faut fermer les oreilles aux arguments de l'hérésiarque, quand les circonstances ne te permettront pas d'éviter sa compagnie. Attache tes pensées au service de Notre-Dame, tandis qu'il prodiguera en vain ses sophismes hérétiques. Es-tu incapable de maintenir ton attention sur des objets pieux, pense à tes plaisirs terrestres, plutôt que de tenter la Providence et les saints en prêtant une oreille attentive à la doctrine de l'erreur : — pense à ton faucon, à ton chien, à ta ligne, à ton épée et à ton bouclier; — pense même à Catherine Seyton, plutôt que de livrer ton âme aux leçons du tentateur. Hélas, mon fils! ne crois pas qu'accablé de malheurs, et courbé par l'affliction plus que par les années, j'aie oublié l'effet de la beauté sur le cœur de la jeunesse. Dans les veilles mêmes de la nuit, brisé par la pensée d'une reine emprisonnée, d'un royaume déchiré, d'une Église livrée au pillage et à la dévastation, d'autres pensées que celles-là se glissent dans mon âme, avec d'autres sentiments qui ont appartenu à une époque de ma vie plus ancienne et plus heureuse. Qu'il en soit ainsi : — nous devons porter notre fardeau de notre mieux ; et ce n'est pas en vain que ces passions ont été mises en nous, puisque, comme maintenant en ce qui te regarde, elles peuvent venir en aide à des résolutions fondées sur des motifs plus élevés. Cependant, prends-y garde, mon fils, cette Catherine Seyton est fille d'un des plus fiers aussi bien que des plus dignes barons d'Écosse, et ta condition, quant à présent, ne te permet pas d'aspirer si haut. Mais cela est ainsi ; — le Ciel emploie à ses desseins même la folie humaine, et l'affection ambitieuse de Douglas contribuera, aussi bien que la tienne, à la fin désirée.

— Quoi! mon père, mes soupçons sont donc fondés! — Douglas aime....

— Oui, mon fils, et d'un amour aussi mal placé que le tien; mais garde-toi de lui, — ne le traverse pas, — ne lui fais pas obstacle.

— C'est à lui de ne pas me traverser et de ne me pas faire obstacle, s'écria le page; car je ne lui céderai pas un pouce de terrain, eût-il dans le corps l'âme de tous les Douglas qui ont vécu depuis le temps du Sombre Homme Gris [1].

— Prends patience, fol enfant, et songe que tes prétentions ne peuvent jamais se rencontrer avec les siennes. — Mais trêve à ces vanités, et employons mieux le peu de temps qui nous reste encore à passer ensemble. A genoux, mon fils, et reviens à ton devoir de confession depuis si longtemps interrompu, afin, advienne que pourra, que l'heure puisse trouver en toi un fidèle catholique, absous de ses péchés par l'au-

---

[1] *Dark Grey Man.* Selon une tradition ancienne, quoique improbable, les Douglas auraient tiré leur nom d'un guerrier qui s'était hautement distingué dans une action. Quand le roi demanda par qui la bataille avait été gagnée, on dit que ceux qui l'entouraient lui répondirent : Sholto Douglas, sire; ce qui, dit-on, signifie *ce sombre homme gris*. Mais, sans aucun doute, le nom est territorial, et vient de la rivière et du dale (ou vallée) de Douglas. (W. S.)

torité de la sainte Église. Que ne puis-je le dire, Roland, avec quelle joie je te revois encore une fois dans cette attitude salutaire! *Quid dicis, mi fili?*

— *Culpas meas*, répondit le jeune homme; et, selon le rituel de l'Église catholique, il se confessa et reçut l'absolution, à laquelle fut attachée la condition d'accomplir certaines pénitences prescrites.

Quand cette cérémonie religieuse fut terminée, un vieillard, dans le costume d'un paysan aisé, s'approcha du berceau et salua l'abbé: — J'ai attendu la fin de vos dévotions, dit-il, pour vous dire que le chambellan fait chercher après ce jeune homme, et qu'il serait bien qu'il se remontrât sans délai. Bienheureux saint François! si les hallebardiers venaient le chercher ici, ils arrangeraient bien mon jardin! — Ils sont dans leurs fonctions, et ne regardent pas où ils marchent, quand bien même ils écraseraient à chaque pas des jasmins et des giroflées!

— Nous allons le congédier, mon frère; mais, hélas! est-il possible que de telles bagatelles occupent votre esprit, au moment d'une crise aussi terrible que celle qui se prépare?

— Révérend père, repartit le propriétaire du jardin, car tel était cet homme, combien de fois ne vous ai-je pas prié de garder vos éminents conseils pour des esprits aussi éminents que le vôtre! Que m'avez-vous demandé que je ne vous aie pas accordé sans observations, quoiqu'à contre-cœur?

— Ce que je vous demanderais, mon frère, dit l'abbé Ambrosius, ce serait d'être vous-même, de vous souvenir de ce que vous avez été, et à quoi vous étiez lié par vos anciens vœux.

— Je vous dis, père Ambrosius, répliqua le jardinier, que la patience du meilleur saint qui ait jamais dit un *pater noster* serait épuisée par les épreuves auxquelles vous avez mis la mienne. — Ce que j'ai été, il est inutile d'en parler à présent; — personne ne sait mieux que vous, père, à quoi j'ai renoncé dans l'espoir de trouver aise et tranquillité pour le reste de mes jours, — et personne aussi ne sait mieux comment ma retraite a été envahie, mes arbres à fruit rompus, mes parterres foulés aux pieds, ma tranquillité troublée, et mon sommeil même chassé de ma couche, depuis que cette pauvre reine, que Dieu bénisse, a été envoyée à Lochleven. — Je ne la blâme pas; prisonnière comme elle est, il est naturel qu'elle souhaite sortir d'un pareil lieu, où il y a à peine place pour un jardin passable, et où les brouillards du lac, à ce qu'on m'a dit, font périr toutes les fleurs de primeur. — Je dis donc que je ne puis la blâmer de chercher à recouvrer sa liberté; mais pourquoi serais-je mêlé aux plans formés à cette fin? — pourquoi mes innocents berceaux, que j'ai plantés de mes propres mains, deviendraient-ils des lieux de conspirations secrètes? — pourquoi ma petite jetée, que j'ai construite pour ma barque à pêcher, est-elle devenue un havre pour de secrètes embarcations? — en un mot, pourquoi serais-je entraîné dans des affaires dont le billot et la hart doivent vraisemblablement être le terme? Je vous avoue, révérend père, que c'est ce que je ne puis m'expliquer.

—Mon frère, repartit l'abbé, vous êtes sage, et vous devez savoir....

—Je ne le suis pas,—je ne le suis pas, répliqua l'horticulteur d'un ton d'humeur, en se bouchant les oreilles. Je ne suis pas sage,—et on ne m'a jamais appelé ainsi que quand on avait à m'engager dans quelque acte d'insigne folie.

—Mais, mon bon père....

—Je ne suis pas bon non plus, interrompit le jardinier revêche; je ne suis ni bon ni sage.—Si j'avais été sage, vous n'auriez pas été reçu ici; et si j'étais bon, il me semble que je vous enverrais ailleurs tramer des complots pour la destruction de la tranquillité du pays. Que signifie de disputer à propos d'une reine ou d'un roi, quand on pourrait rester en paix *sub umbrâ vitis suæ*[1]? et c'est ce que je ferais, d'après le précepte de la Sainte-Écriture, si, comme vous dites, j'étais sage et bon. Mais tel que je suis, j'ai le cou sous le joug, et vous pouvez me faire tirer quel poids vous voudrez.—Suivez-moi, jeune homme. Ce révérend père, qui, dans son habit d'homme d'armes, fait presque une aussi bonne figure que moi, conviendra avec vous d'une chose au moins : c'est que vous êtes resté assez longtemps ici.

—Suis le bon père, Roland, dit l'abbé, et souviens-toi de mes paroles :—Un jour approche qui va mettre à l'épreuve le caractère de tout franc Écossais ;—puisse ton cœur se trouver fidèle comme l'acier de ton épée!

Le page salua en silence, et ils se séparèrent; le jardinier, malgré son grand âge, marchant en avant d'un très-bon pas, tout en marmottant en partie à lui-même, en partie à son compagnon, à la manière des vieillards dont l'intelligence est affaiblie : Quand j'étais un personnage, et que j'avais à mes ordres ma mule et mon palefroi d'amble, je vous garantis que j'aurais aussi bien pu voler dans l'air que marcher de ce pas. J'avais ma goutte et mes rhumatismes, et cent autres choses encore, qui me mettaient les fers aux pieds ; et maintenant, grâces à Notre-Dame et à un honnête travail, je puis marcher de pair avec le meilleur marcheur de mon âge de tout le royaume de Fife.—C'est une honte que l'expérience soit si longtemps à venir!

Tout en murmurant ainsi, ses yeux vinrent à tomber sur une branche de poirier qui penchait à terre faute de soutien ; et oubliant tout à coup sa hâte, le vieillard s'arrêta et se mit gravement à l'attacher en position convenable. Roland Græme avait autant d'adresse que de bonne volonté; il prêta immédiatement son aide, et en moins de deux mi-

---

[1] A l'ombre de sa vigne.

nutes la branche fut soutenue et rattachée d'une manière qui satisfit complétement le vieillard. — Ce sont des bergamotes, dit-il en regardant l'arbre avec complaisance, et si vous voulez traverser le lac en automne, vous en goûterez ; — le château de Lochleven n'a pas les pareilles. — Le jardin n'y est qu'une méchante lande, et le jardinier, Hugh Houkham, n'entend guère son métier ; — ainsi venez ici en automne, maître page, quand vous voudrez manger des poires. Mais à quoi pensé-je ? — avant que ce temps-là soit venu, on pourra bien vous avoir donné des poires aigres pour des prunes. Suis l'avis d'un vieillard, jeune homme, qui a vu de meilleurs jours que tu n'en peux espérer, et a occupé de plus hautes places que celles où tu peux aspirer ; — courbe ton épée en serpette et fais un plantoir de ta dague : — ta vie en sera plus longue et ta santé meilleure. — Viens m'aider dans mon jardin, et je te montrerai la vraie manière d'*enter* à la française, ce que les Southrons appellent greffer. Fais ce que je te dis, et fais-le vite ; car un ouragan se prépare sur le pays, et ceux-là seulement échapperont qui seront trop au-dessous de l'orage pour que leurs branches en puissent être rompues.

A ces mots, il fit sortir Roland Græme par une porte différente de celle par où il était entré, fit le signe de la croix et récita une bénédiction en le quittant ; puis, tout en continuant de marmotter dans ses dents, il rentra dans le jardin et en referma la porte en dedans.

CHAPITRE XXIX.

> Prie Dieu que d'ici à longtemps elle ne prenne pas une allure masculine !
> *Henry VI.*

ROLAND Græme, en quittant le jardin du vieillard, se trouva dans un pâturage herbeux, où erraient en liberté deux vaches appartenant au jardinier, et qui le séparait encore du village. Il le traversa, tout en méditant profondément sur les paroles de l'abbé. Le père Ambroise avait exercé sur lui avec assez de succès cette influence puissante que les premiers instituteurs de notre enfance conservent sur les années plus mûres de notre jeunesse. Et cependant, quand Roland Græme se reportait à ce que le père avait dit, il ne pouvait s'empêcher de soupçonner qu'il avait plutôt cherché à éluder une controverse entre les deux églises, qu'à repousser les objections et à résoudre les doutes que les instructions d'Henderson avaient soulevés. — Mais il n'en avait pas le temps, se dit le page à lui-même, et je n'avais pas non plus assez de calme et de connaissances pour me poser en juge sur des points d'une telle importance. D'ailleurs il y aurait de la bassesse à abandonner ma religion tandis que le vent de la fortune est tourné contre elle, à moins que je ne sois placé dans une situation telle que ma conversion, si elle avait lieu, fût pure comme la lumière du jour de toute imputation d'intérêt personnel. J'ai été élevé dans la foi catholique, — dans la foi de Bruce et de Wallace : — cette foi, je la conserverai jusqu'à ce que le temps et la raison m'aient convaincu qu'elle est erronée. Je servirai cette pauvre reine comme un sujet doit servir une souveraine emprisonnée et opprimée : ceux qui m'ont placé à son service ont à s'en blâmer eux-mêmes. — Ils m'ont envoyé ici, moi, gentleman élevé dans les voies de la loyauté et de l'honneur, quand ils auraient dû chercher quelque fripon complaisant, flagorneur et fourbe, qui aurait pu être tout à la fois page attentif près de la reine et espion obséquieux au profit de ses ennemis. Puisqu'il me faut choisir entre l'aider et la trahir, je me déciderai selon qu'il convient à son serviteur et à son sujet. Mais Catherine Seyton !... Catherine Seyton, aimée de Douglas, et me flattant ou m'éloignant au gré de son loisir ou de son caprice, — quelle conduite tiendrai-je avec la coquette ? Par le Ciel ! à la première occasion que je trouverai il faudra qu'elle me rende quelque raison de sa conduite, ou je romprai avec elle pour jamais !

Comme il prenait cette magnanime résolution, il franchit la barrière qui fermait l'entrée du petit enclos, et presque immédiatement il fut salué par le docteur Luke Lundin.

— Ha ! mon très-excellent jeune ami, lui dit le docteur, d'où venez-vous ? — Mais je vois : — oui, le jardin du voisin Blinkhoolie est un agréable lieu de rendez-vous, et vous êtes de l'âge où les garçons ont un œil ouvert sur une jolie fille, et l'autre sur une bonne prune. Hé mais ! vous paraissez tout triste et tout pensif : — je crains que la jeune fille ne se soit trouvée cruelle, ou les prunes pas assez mûres. Et au fait, j'ai idée que les damas du voisin Blinkhoolie auront eu peine à se garder pendant l'hiver : — il épargne le jus saccharin dans ses confitures. Mais du courage, mon garçon, il y a plus d'une Kate [1] dans Kinross ; et quant au fruit acide, un verre de mon *aqua mirabilis* double est un excellent spécifique, — *probatum est*.

Le page lança un coup d'œil irrité au facétieux docteur ; mais réfléchissant aussitôt que le nom de Kate, qui avait provoqué son déplaisir, avait probablement été cité par amour pour l'allitération [2], il dissimula sa colère, et se borna à demander si on avait des nouvelles des fourgons.

---

[1] Abréviation familière de Catherine. Mais Kate est pris ici dans un sens proverbial. (L. V.)

[2] A cause de l'analogie de la première syllabe de Kate et de Kinross. (L. V.)

CHAPITRE XXIX.

— Parbleu, il y a une heure que je vous cherche pour vous dire que vos objets sont portés à votre bateau, et que le bateau attend votre bon plaisir. Auchtermuchty est seulement tombé en compagnie d'un paresseux coquin comme lui, un broc d'eau-de-vie entre eux. Vos bateliers sont à leurs rames, et on a déjà fait deux signaux de la tour de garde pour avertir qu'au château on est impatient après votre retour. Pourtant il est temps pour vous de prendre un léger repas; et comme votre ami et votre médecin, je crois que vous feriez mal de vous exposer l'estomac vide à la brise du lac.

Roland Græme n'eut rien de plus pressé que de retourner, aussi promptement que possible, à la place où la barque était amarrée au rivage, et il résista à toute offre de rafraîchissement, quoique le docteur promît, comme prélude de la collation, un agréable apéritif, — une décoction d'herbes que lui-même avait recueillies et distillées. Il est vrai que comme Roland n'avait pas oublié son coup du matin, ce souvenir put bien contribuer à le faire tenir ferme dans son refus de toute nourriture dont une décoction d'herbes devait être le préliminaire. Comme ils se dirigeaient vers le bateau (car la politesse cérémonieuse du digne chambellan n'avait pas permis au page de s'y rendre seul), Roland Græme crut distinguer le costume de Catherine Seyton au milieu d'un groupe qui semblait s'être réuni autour d'une troupe de musiciens ambulants. Il quitta brusquement son compagnon, et d'un saut il fut au milieu de la foule et aux côtés de la demoiselle. — Catherine, lui dit-il à l'oreille, est-il bien que vous soyez encore ici? — ne voulez-vous pas revenir au château?

— Au diable vos Catherines et vos châteaux! répondit aigrement la jeune fille; n'avez-vous pas eu tout le temps de vous débarrasser de vos folies? Partez! je ne désire pas votre compagnie, et il y aura du danger à me l'imposer....

— Oho! mais s'il y a du danger, ma toute-belle Catherine, pourquoi ne voulez-vous pas me permettre de rester pour le partager avec vous?

— Sot indiscret, le danger est tout de ton côté; pour parler clairement, le risque que tu cours est que je te ferme la bouche avec la poignée de ma dague. A ces mots, elle se détourna de lui avec hauteur et s'enfonça dans la foule des curieux qui s'écartaient pour lui faire place, quelque peu étonnés de la vigueur toute masculine avec laquelle elle s'ouvrait un chemin au milieu d'eux.

Comme Roland, quoique fort irrité, se disposait à la suivre, il fut retenu de l'autre côté par le docteur Luke Lundin, qui lui rappela la barque prête à partir, les deux signaux qu'avait déjà faits le drapeau de la tour, le danger de la brise froide pour un estomac vide, et l'inutilité de perdre plus de temps pour des coquettes et des prunes sures. Roland fut ainsi en quelque sorte entraîné jusqu'à sa barque, et obligé de donner l'ordre du retour au château de Lochleven.

La petite traversée fut bientôt achevée, et le page fut salué au lieu de débarquement par la sévère et caustique bienvenue du vieux Dryfesdale. — Ainsi, mon jeune galant, vous voilà revenu à la fin, après un délai de six heures et deux signaux du château! Mais je garantis que quelque frivole bombance vous aura trop occupé pour vous laisser le temps de penser à votre service et à vos devoirs. Où est la note de la vaisselle et des autres objets? Fasse le Ciel que la quantité n'en soit pas diminuée sous la garde soigneuse d'un surveillant si attentif!

— La quantité diminuée sous ma garde, sire intendant? repartit le page d'un ton courroucé; dites-le sérieusement, et, par le Ciel, vos cheveux gris auront peine à protéger votre langue impudente!

— Trêve à vos fanfaronnades, mon jeune écuyer; nous avons des verrous et des cachots pour les tapageurs. Va trouver mylady et fais le rodomont devant elle, si tu l'oses; — elle te donnera un sujet sérieux de te fâcher, car il y a longtemps qu'elle s'impatiente après toi.

— Hé bien, où est lady de Lochleven? car j'imagine que c'est d'elle que tu parles?

— Oui-da? — et de qui parlerais-je donc? — Qui a droit de commander dans ce château, si ce n'est lady de Lochleven?

— Lady de Lochleven est ta maîtresse; mais la mienne est la reine d'Écosse.

L'intendant le regarda fixement un instant, d'un air où le soupçon et l'aversion se cachaient mal sous une affectation de mépris. — Le jeune coq vantard, dit-il, se trahira par l'imprudence de son chant. J'ai remarqué depuis peu ton changement de manières à la chapelle; — oui, et durant les repas votre échange de coups d'œil avec certaine demoiselle qui rit comme toi de tout ce qui est grave et digne. Il y a en vous, mon maître, quelque chose sur quoi il faut avoir l'œil ouvert. Mais, si vous voulez savoir laquelle a droit de vous donner des ordres, de lady de Lochleven ou de cette autre dame, vous les trouverez ensemble dans l'antichambre de lady Marie.

Roland se hâta de s'y rendre, charmé d'échapper à la pénétration malveillante du vieillard, et fort en peine en même temps de s'expliquer quel motif particulier avait pu conduire lady de Lochleven à l'appartement de la reine à cette heure de l'après-midi, contre toutes ses habitudes. Il ne tarda pas cependant à en deviner la raison. — Elle veut, se dit-il, être présente quand je vais arriver devant la reine, afin de juger s'il existe quelque secrète intelligence entre nous; — il faut que je sois sur mes gardes.

Dans cette résolution il entra au parloir, où la reine, assise dans sa chaise, sur le dos de laquelle s'appuyait lady Fleming, tenait depuis près d'une heure lady Lochleven debout devant elle, à l'augmentation manifeste de la mauvaise humeur très-visible de celle-ci. Roland Græme, en entrant dans le salon, fit un profond salut à la reine, puis un autre à la châtelaine, et il attendit ensuite qu'on l'interrogeât. Lady Lochleven et la reine prirent la parole presque en même temps. — Ainsi, jeune homme, lui dit la première, vous voici enfin revenu?

Et ici elle s'arrêta d'un air indigné, tandis que la reine poursuivait sans faire attention à elle : — Vous êtes le bienvenu ici, Roland ; — on a trouvé en vous la fidèle colombe et non le corbeau. — Néanmoins je suis sûre que je vous aurais pardonné, si, une fois sorti de cette arche entourée d'eau où nous sommes enfermées, vous n'étiez pas revenu vers nous. J'espère que vous aurez rapporté une branche d'olivier, car notre bonne et digne hôtesse s'est fort impatientée de votre longue absence, et jamais nous n'avons eu plus besoin de quelque symbole de paix et de réconciliation.

— Je regrette d'avoir été retardé, madame, répondit le page ; mais par suite du retard de la personne à qui étaient confiés les objets pour lesquels j'étais envoyé, je ne les ai eus qu'à une heure avancée.

— Vous voyez, dit la reine à lady Lochleven, nous ne pouvions vous persuader, chère hôtesse, que vos effets de ménage étaient sous bonne garde et en toute sûreté. Il est vrai que nous pouvons excuser votre anxiété, attendu que ces nobles appartements sont si mesquinement meublés que nous n'avons pu même vous offrir le soulagement d'un tabouret, depuis tout le temps que vous nous procurez le plaisir de votre société.

— La volonté, madame, en a manqué plus que les moyens.

— Quoi ! repartit la reine en regardant autour d'elle et en affectant la surprise, il y a donc des tabourets dans cette pièce ? — un, deux, — oui, jusqu'à quatre, en comptant celui qui est cassé : — ô royal ameublement ! — nous ne les avions pas remarqués. — Plairait-il à mylady de s'asseoir ?

— Non, madame, répondit lady Lochleven ; je vais plutôt vous soulager de ma présence. Tant que je suis près de vous, mes membres âgés peuvent plutôt supporter la fatigue, que mon esprit se plier à accepter une courtoisie contrainte.

— Si vous le prenez ainsi, lady de Lochleven, repartit la reine en se levant et en désignant du doigt son siége vide, j'aimerais mieux que vous prissiez ma place : — vous ne serez pas la première de votre famille qui l'aurez fait.

Lady Lochleven s'inclina avec un geste négatif, et parut retenir avec peine l'aigre réponse qui lui vint aux lèvres.

Durant cette conversation piquante, l'attention du page avait été presque entièrement occupée par l'arrivée de Catherine Seyton, qui sortit de la chambre du fond dans les habits qu'elle portait habituellement près de la reine, et dont rien dans les manières n'annonçait ni la hâte ni la confusion inséparables d'un changement précipité de costume, non plus que la crainte intime de se voir découverte dans une démarche hasardeuse. Roland Grœme se risqua à la saluer lorsqu'elle parut ; mais elle lui rendit son salut d'un air d'extrême indifférence tout à fait incompatible, dans l'opinion du page, avec les circonstances dans lesquelles ils se trouvaient à l'égard l'un de l'autre. — Sûrement, pensa-t-il, elle ne peut raisonnablement s'attendre à me faire douter du témoignage de mes propres yeux, comme elle l'a essayé au sujet de l'apparition dans l'hôtellerie de *Saint-Michel*. — J'essaierai si je ne puis lui faire sentir que ce serait une peine inutile à elle, et que la confiance en moi est le parti le plus sage et le plus sûr qu'elle ait à prendre.

Ces pensées lui avaient rapidement traversé l'esprit, quand la reine, après son altercation avec la dame châtelaine, lui adressa de nouveau la parole : — Quelles nouvelles des amusements de Kinross, Roland Grœme ? il me semble qu'ils étaient animés, si j'en puis juger par quelques sons affaiblis de gaîté et de musique qui sont parvenus jusqu'à ces fenêtres grillées, et qui expiraient en les traversant, comme doit y expirer tout ce qui ressemble à de la joie. — Mais tu as l'air aussi triste que si tu arrivais d'un conventicule de huguenots!

— Et peut-être en vient-il, madame, dit lady de Lochleven, à l'adresse de qui cette flèche oblique était décochée. J'aime à croire qu'au milieu de ces amusements frivoles il se sera trouvé quelque occasion d'assister à une exposition de doctrine, à meilleure fin que cette vaine gaîté, qui brille et s'évanouit comme la flamme d'un fagot d'épines, ne laissant aux fous qui la recherchent que cendres et poussière.

— Marie Fleming, dit la reine en tournant la tête et en serrant sa mante autour d'elle, je souhaiterais que la grille de l'âtre fût garnie d'une couple de ces fagots d'épines que lady de Lochleven décrit si bien. Il me semble que l'air humide du lac, qui séjourne dans ces chambres voûtées, les rend horriblement froides.

— Le bon plaisir de Votre Grâce sera satisfait, dit lady de Lochleven ; cependant, oserai-je vous rappeler que nous sommes en été?

— Je vous remercie de l'information, ma bonne lady, car les prisonniers apprennent mieux leur calendrier de la bouche de leur geôlier que par aucun changement qu'eux-mêmes ressentent dans les saisons. — Nous vous demandions donc, Roland Grœme, quelles nouvelles des divertissements ?

— Ils étaient gais, madame, répondit le page; mais ils n'avaient rien de particulier, ni qui soit digne de l'oreille de Votre Altesse.

— Oh! vous ne savez pas combien mon oreille est devenue indulgente pour tout ce qui parle de liberté et des plaisirs de ceux qui sont libres. Il me semble que j'aurais mieux aimé voir les rondes joyeuses des villageois autour du mai que la fête la plus splendide dans l'enceinte d'un palais. Ne pas voir de murailles, — sentir sous son pied le vert gazon, et pouvoir le fouler librement et sans contrainte, cela vaut tout ce que l'art et la magnificence peuvent ajouter aux divertissements royaux.

— J'espère, reprit lady Lochleven, s'adressant à son tour au page, qu'au milieu de ces folies il n'y a eu aucun de ces désordres auxquels elles conduisent si aisément?

Roland donna un léger coup d'œil à Catherine Seyton, comme pour commander son attention, en même temps qu'il répondait : — Je n'ai rien vu de ce genre, madame, qui fût digne de remarque, — rien absolument, sauf qu'une demoiselle quelque peu hardie a fait faire à sa main une connaissance par trop intime avec la joue d'un des acteurs de la comédie, et a couru le risque de prendre un bain forcé dans le lac.

En prononçant ces mots il jeta rapidement un second coup d'œil sur Catherine; mais celle-ci soutint avec la plus grande sérénité de manières et de physionomie l'insinuation qu'il avait jugée ne pouvoir être jetée devant elle sans exciter en elle un certain sentiment de crainte et de confusion.

— Je n'embarrasserai pas plus longtemps Votre Grâce de ma présence, dit alors lady Lochleven, à moins que vous n'ayez quelque chose à m'ordonner.

— Nous n'avons rien à ordonner à notre bonne hôtesse; tout ce dont nous avons à vous prier est qu'une autre fois vous ne vous croyiez pas obligée de sacrifier si longtemps près de nous un temps que vous pouvez mieux employer ailleurs.

— Vous plairait-il d'ordonner à ce jeune homme de nous suivre, afin qu'il puisse me rendre quelque compte de ces objets qui ont été envoyés ici pour l'usage de Votre Grâce?

— Nous ne pouvons pas refuser ce qu'il vous plaît de requérir, madame. Accompagne mylady, Roland, si en effet nos ordres sont nécessaires pour cela. Nous entendrons demain l'histoire de tes plaisirs à Kinross. Pour ce soir nous te dispensons de ton service.

Roland Græme suivit lady de Lochleven, qui ne manqua pas de lui faire nombre de questions sur ce qui s'était passé à la foire, questions auxquelles il s'attacha à répondre de la manière la plus propre à endormir tout soupçon qu'elle aurait pu avoir de sa disposition à favoriser la reine Marie, ayant surtout soin d'éviter la plus légère allusion à l'apparition de Magdalen Græme et de l'abbé Ambrosius. Enfin, après avoir soutenu un long interrogatoire assez minutieux, il fut congédié avec des expressions qui pouvaient être regardées, venant d'une femme aussi réservée que l'austère lady de Lochleven, comme exprimant un certain degré de faveur et d'appui.

Son premier soin fut de se procurer quelques rafraîchissements, qui lui furent fournis avec plus d'empressement par un obligeant maître d'hôtel qu'ils ne l'auraient été par Dryfesdale; car en cette occasion celui-ci était très-disposé à suivre la coutume de la maison de Pudding-Burn[1], où ceux qui

> « En temps voulu ne se présentaient pas
> N'avaient plus rien jusqu'au prochain repas. »

Quand Roland Græme eut achevé le sien, la reine l'ayant congédié pour la soirée, et goûtant fort peu la société que lui offrait le château, il s'y déroba pour descendre au jardin, où il avait permission de passer ses moments de loisir quand il lui plaisait. L'habileté de celui qui en avait dessiné les promenades s'y était exercée à tirer le plus de parti possible d'un petit espace, et par le double moyen de haies vives et d'abris de pierre ornés de sculptures grossières, il s'était efforcé de donner aux allées autant de variété et de détours que le comportaient les limites resserrées du jardin.

Le jeune homme s'y promenait tristement, passant en revue les événements de la journée, et rapprochant ce que l'abbé lui avait donné à entendre des remarques que lui-même avait faites sur la conduite de Georges Douglas. — Il faut que cela soit, telle fut la conclusion pénible, mais inévitable, à laquelle il arriva. Il faut que ce soit par son aide qu'elle peut ainsi, comme un fantôme, se transporter de place en place, et se montrer à volonté de l'un ou de l'autre côté du lac. — Il faut que cela soit, se répéta-t-il encore ; elle entretient avec lui une correspondance suivie, intime et secrète, tout à fait incompatible avec les regards favorables qu'elle a quelquefois jetés sur moi, et qui détruit les espérances qu'elle devait savoir que ces regards devraient nécessairement m'inspirer. Et cependant (car l'amour espère encore quand la raison désespère) la pensée lui vint tout à coup à l'esprit qu'il se pouvait qu'elle n'encourageât la passion de Douglas qu'en tant qu'elle pourrait servir les intérêts de sa maîtresse, et qu'elle était d'un naturel trop franc, trop noble et trop candide pour lui offrir des espérances qu'elle n'aurait pas intention de réaliser. Perdu dans ces diverses conjectures, il s'assit sur un banc de gazon d'où l'on dominait à la fois d'un côté la vue du lac, et de l'autre la partie du château où étaient situés les appartements de la reine.

Le soleil était alors couché depuis quelque temps, et le crépuscule de mai faisait rapidement place à la sérénité d'une belle nuit. Une ondulation presque insensible gonflait et affaissait tour à tour les eaux du lac, sous la légère et douce influence d'une brise du midi qui ridait à peine la surface sur laquelle elle passait. Dans le lointain on apercevait encore obscurément les contours de l'île de Saint-Serf, jadis foulée par la sandale de tant de pèlerins, alors que le saint lieu était habité par un homme de Dieu, — maintenant négligée ou profanée, comme le refuge de prêtres

---

[1] Poudding-Brûlé.

fainéants qui, avec justice, avaient dû faire place aux moutons et aux génisses d'un baron protestant.

Tandis que Roland tenait ses regards fixés sur cette île, qui ne paraissait plus qu'une tache noirâtre au milieu de la légère teinte bleue des eaux qui l'entouraient, le dédale de la discussion polémique se représenta de nouveau à sa pensée. Ces hommes avaient-ils été justement exilés, comme de licencieux frelons qui pillaient et déshonoraient tout à la fois l'active population de la ruche? ou bien la main de l'avarice et de la rapine avait-elle expulsé du temple non les débauchés qui polluaient l'autel, mais les prêtres fidèles qui venaient y apporter leur pieuse et sincère offrande? Dans cet instant de méditation, les arguments d'Henderson se levaient devant lui avec une double force, et pouvaient à peine être repoussés par l'appel que l'abbé Ambroise avait fait de son jugement à ses sentiments, — appel qu'il avait trouvé plus puissant au milieu du tumulte de la vie active que maintenant dans le calme de la réflexion. Ce n'était qu'avec effort qu'il détournait son esprit de ce sujet embarrassant; et ce qu'il trouva de mieux à cet effet fut de porter les yeux vers la façade de la tour, et de tenir son regard fixé sur la clarté vacillante qui s'échappait encore de la fenêtre de Catherine Seyton, et qu'éclipsait de temps à autre l'interposition du corps de la belle habitante entre la lumière et la fenêtre. Enfin, cette lumière s'éloigna ou s'éteignit, et avec elle disparut aussi le nouveau sujet de méditations qu'elle avait apporté à l'esprit du jeune amant. Oserai-je confesser le fait sans faire une injure irréparable à son caractère comme héros de roman? Peu à peu ses yeux devinrent pesants; doutes spéculatifs de controverse religieuse et conjectures inquiètes sur l'état des affections de sa maîtresse, tout se mêla bientôt et se confondit dans sa rêverie; les fatigues d'un jour d'agitation l'emportèrent sur les sujets de réflexions pénibles qui occupaient son esprit, et il s'endormit profondément.

Il ne fut tiré de son sommeil paisible que par la voix d'airain de la cloche du château, dont les sons graves et solennels, franchissant la largeur du lac, allaient éveiller les échos du Benarty, éminence dont la pente escarpée encaisse la rive méridionale du Loch-Leven. Roland, réveillé en sursaut, se leva vivement, car cette cloche était toujours sonnée à dix heures, comme signal de fermer les portes du château et de remettre les clefs au sénéchal. Il courut donc en toute hâte à la poterne par laquelle le jardin communiquait au bâtiment, et il eut la mortification, juste comme il y arrivait, d'entendre le verrou glisser dans son enveloppe avec un grincement discordant, et pénétrer dans la gâche de pierre du linteau de la porte.

— Un moment! un moment! cria le page; laissez-moi rentrer, avant de fermer le guichet.

La voix de Dryfesdale répondit du dedans, du ton aigre et sournois qui lui était habituel : L'heure est passée, beau maître. — Vous n'aimez pas le dedans de ces murailles : — hé bien, faites fête complète, et passez la nuit dehors, comme vous y avez passé la journée.

— Ouvre la porte, s'écria le page indigné, ou, par saint Giles, j'en ferai repentir ta chaîne d'or !

— Ne fais pas de scandale ici, repartit l'inflexible Dryfesdale, et garde tes serments païens et tes sottes menaces pour ceux qui s'y arrêtent; — j'ai fait mon office, et je porte les clefs au sénéchal. — Adieu, mon jeune maître ! la fraîcheur de la nuit fera du bien à votre sang échauffé.

L'intendant avait raison en ceci; car la brise rafraîchissante était bien nécessaire pour calmer l'accès de colère fiévreuse qui le transportait, et le remède n'opéra même pas de sitôt. Enfin, après avoir fait à grands pas quelques tours dans le jardin, épuisant sa fureur en vains serments de vengeance, Roland Grœme commença à comprendre qu'il devait plutôt rire de sa situation que s'en fâcher sérieusement. Pour un homme élevé dans les habitudes de la chasse, une nuit passée en plein air n'était pas un grand inconvénient, et la méchanceté mesquine de l'intendant lui parut plus digne de son mépris que de son courroux. — Plaise à Dieu, se dit-il, que le renfrogné vieillard se borne toujours à de pareilles vengeances ! il a souvent l'air d'être capable de nous jouer des tours plus noirs. Revenant donc au banc de gazon qu'il avait déjà occupé, et qu'abritait en partie une haie de houx, il s'enveloppa de son manteau, s'étendit sur le siége de verdure, et s'efforça de retrouver ce sommeil que la cloche du château avait si inutilement interrompu.

Le sommeil, comme les autres biens de ce monde, est d'autant plus avare de ses faveurs qu'on les recherche davantage. Plus Roland invoquait son secours, plus il s'éloignait de ses paupières. Il avait été complétement réveillé, d'abord par le son de la cloche, puis par son accès de colère, et il lui était difficile de retrouver immédiatement un repos paisible. Enfin, quand son esprit fut fatigué d'un dédale de réflexions peu agréables, il réussit à s'assoupir d'un sommeil léger. Il en fut tiré de nouveau par la voix de deux personnes qui se promenaient dans le jardin, et dont la conversation, après s'être quelque temps mêlée aux rêves du page, finit par l'éveiller tout à fait. Étonné au plus haut point, il s'assit sur le banc qui lui servait de lit, ne comprenant pas comment à une pareille heure deux personnes pouvaient se trouver et s'entretenir au dehors du château si bien gardé de Lochleven. Il eut d'abord l'idée que ce qu'il entendait provenait d'êtres surnaturels; sa seconde pensée fut qu'il s'agissait de quelque tentative des amis et partisans de la reine Marie; puis enfin il imagina que Georges Douglas, dépositaire des clefs en sa qualité de sénéchal, et pouvant ainsi entrer et sortir à volonté, profitait de cette facilité pour jouir d'un rendez-vous de Catherine Seyton dans le jardin du château. Il fut confirmé dans cette dernière opinion par le son de la voix qui demandait bien bas : Tout est-il prêt ?

CHAPITRE XXX.

> Il est des cœurs où la colère reste cachée et silencieuse comme la poudre meurtrière sous la voûte d'un château, jusqu'à ce que l'occasion, pareille à la mèche allumée, vienne en approcher la flamme : alors partent à la fois l'éclair et le tonnerre, et les échos annoncent au loin les déchirements et la dévastation.
>
> *Ancienne Comédie.*

Profitant d'une brèche dans la haie, et du secours de la lune qui venait de se lever dans son plein, Roland Græme fut parfaitement à même de reconnaître et d'observer sans être aperçu les personnes et les mouvements de ceux qui venaient si inopinément de troubler son repos ; et ce qu'il vit confirma ses appréhensions jalouses. Ils étaient en conversation animée à cinq ou six pas du lieu de sa retraite, et il n'eut pas de peine à reconnaître la haute taille et la voix grave de Douglas, ainsi que le costume et l'accent non moins remarquables du page de l'hôtellerie de *Saint-Michel*.

— J'ai été à la porte de la chambre du page, disait Douglas ; mais il n'y est pas ou ne veut pas répondre. Elle est verrouillée en dedans, selon l'habitude, et nous ne pouvons y passer ; — je ne sais ce que son silence présage.

— Vous avez mis en lui trop de confiance, repartit l'autre ; un fat à cervelle éventée, sur l'esprit changeant et la tête chaude duquel il n'y a pas d'impression durable à faire.

— Ce n'a pas été moi qui ai voulu me confier à lui ; mais on m'assurait que nous le trouverions bien disposé pour nous au moment du besoin, attendu que...

Ici il baissa tellement la voix que Roland ne put entendre la fin de la phrase, ce qui le contraria d'autant plus vivement qu'il comprit parfaitement bien que lui-même était le sujet de leur conversation.

— Quant à moi, reprit le page d'un ton plus élevé, je l'ai écarté par de belles paroles qui en imposent aux sots ; — mais si vous vous méfiez de lui, servez-vous de votre dague et ouvrez-nous le passage.

— Ce serait trop imprudent ; d'ailleurs, comme je vous l'ai dit, la porte de sa chambre est fermée et verrouillée. Je vais encore essayer de l'éveiller.

Græme comprit sur-le-champ que les dames, s'étant aperçues, n'importe comment, qu'il était au jardin, avaient assuré en dedans la porte de la première chambre dans laquelle il couchait, sorte de sentinelle placée à cet unique accès de l'appartement de la reine. Mais alors, d'où venait que Catherine Seyton fût dehors, si la reine et l'autre dame étaient encore dans leurs chambres, et que l'entrée en fût fermée au verrou? — Je verrai à l'instant même le fond de ces mystères, se dit-il, et alors je remercierai mistress Catherine, si c'est réellement elle, de l'obligeant usage qu'elle engageait Douglas à faire de sa dague; — ils me cherchent, à ce que je comprends : ils ne me chercheront pas en vain.

Douglas, sur ces entrefaites, était rentré dans le château, et la poterne était restée ouverte derrière lui. L'étranger était seul dans l'allée du jardin, les bras croisés sur la poitrine, et les yeux levés avec impatience vers la lune, comme s'il l'eût accusée de le trahir par la splendeur de son éclat. En un moment Roland fut devant lui. — Voici une belle nuit, mistress Catherine, lui dit-il, pour une jeune fille qui veut courir déguisée, et venir à un rendez-vous dans un verger !

— Silence ! dit le page étranger, silence, maître fou, et dis-nous en un seul mot si tu es ami ou ennemi !

— Comment serais-je ami de quelqu'un qui m'abuse par de belles paroles, et qui aurait voulu que Douglas m'expédiât d'un coup de son poignard ?

— Au diable Georges Douglas et toi aussi, maudite tête folle, insigne brouillon ! nous allons être découverts, et alors le dernier mot sera la mort.

— Catherine, reprit Roland, vous en avez agi faussement et cruellement avec moi, et le moment d'une explication est maintenant venu; — ni ce moment ni vous ne m'échapperont.

— Insensé ! je ne suis ni Kate ni Catherine ; — la lune est assez claire pour qu'on puisse distinguer le hart [1] de la biche.

— Cette ruse ne vous servira pas, belle mistress, repartit Roland en saisissant le pan du manteau de l'étranger ; cette fois, du moins, je saurai à qui j'ai affaire.

— Lâchez-moi, dit l'autre en cherchant à se dégager ; et d'un ton où la colère semblait aux prises avec l'envie de rire, il ajouta : Est-ce ainsi que vous en usez avec une Seyton ?

Mais comme Roland, encouragé peut-être par cette hilarité à supposer que sa violence n'était pas une offense impardonnable, continuait de la retenir par son manteau, elle ajouta d'un ton plus sévère et où perçait le ressentiment seul : Fou, laisse-moi aller ! — il y va en ce moment de la vie ou de la mort. — Je ne voudrais pas te frapper, et cependant prends garde !

En même temps elle fit un effort subit pour lui échapper, et ce mou-

---

[1] Jeune cerf. (L. V.)

vement fit partir un pistolet qu'elle tenait à la main ou qu'elle avait sur elle.

Ce son de guerre donna immédiatement l'alarme aux gardes vigilantes du château. La sentinelle sonna du cor, mit la cloche en branle, et fit en même temps retentir les cris : Trahison ! trahison ! Aux armes ! aux armes !

La forme de Catherine Seyton, qu'au premier moment de surprise le page avait lâchée, s'était évanouie dans l'obscurité ; mais le clapotement des rames se fit entendre, et presque au même moment cinq ou six arquebuses et un fauconneau furent successivement tirés des remparts du château, comme pointés sur quelque objet apparaissant à la surface du lac. Confondu de ces incidents, Roland ne vit rien de mieux pour la protection de Catherine (en supposant qu'elle fût dans la barque qu'il avait entendue s'éloigner du bord) que d'avoir recours à Georges de Douglas. Il courut, dans cette intention, vers l'appartement de la reine, d'où il entendit partir un bruit confus de voix et de pieds. En y entrant, il se trouva mêlé à un groupe où chacun se regardait d'un air étonné. A l'extrémité supérieure de la chambre était la reine, en costume de voyage, et ayant près d'elle non-seulement lady Fleming, mais Catherine Seyton, qui semblait douée du pouvoir d'être partout en même temps ; elle était vêtue des habits de son sexe, et tenait à la main la cassette où Marie renfermait le peu de joyaux qu'il lui avait été permis de conserver. A l'autre bout de la pièce était lady de Lochleven, vêtue à la hâte, comme quelqu'un qu'une alarme soudaine a subitement arraché au sommeil, et entourée de domestiques, les uns portant des torches, d'autres tenant à la main des épées nues, des pertuisanes, des pistolets, ou telles autres armes sur lesquelles ils étaient tombés dans la précipitation d'une alarme nocturne. Entre ces deux partis se trouvait Georges Douglas, les bras croisés, les yeux baissés vers la terre, semblable à un criminel pris en flagrant délit, qui ne sait comment nier, et qui pourtant répugne à avouer sa faute.

—Parle, Georges de Douglas, dit lady de Lochleven ; parle, et lave-toi de l'horrible soupçon qui pèse sur ton nom. Dis : Un Douglas ne fut jamais infidèle à sa foi, et je suis un Douglas. Dis cela, mon cher enfant, et c'est tout ce que je te demande pour disculper ton nom, même du crime abominable dont les apparences t'accusent. Dis que la fourberie seule de ces malheureuses femmes et de ce perfide enfant avait comploté une évasion si funeste à l'Écosse, — si pernicieuse pour la maison de ton père.

—Madame, dit le vieux intendant Dryfesdale, je dois dire, quant à ce vaurien de page, qu'il n'a pu ouvrir les portes, puisque moi-même je l'ai enfermé ce soir en dehors du château. N'importe qui ait machiné cette escapade nocturne, la part qu'il y a eue ne paraît pas avoir été grande.

— Tu mens, Dryfesdale! s'écria la dame; tu voudrais jeter le blâme sur la maison de ton maître, pour sauver l'indigne vie d'un fils de gipsy.

— Sa mort me serait plus désirable que sa vie, repartit l'intendant d'un ton mécontent; mais la vérité est la vérité.

A ces mots, Douglas releva la tête et se redressa de toute sa hauteur, et il prit la parole du ton calme et déterminé d'un homme dont la résolution est arrêtée. — Que la vie de personne ne soit mise en danger pour moi, dit-il. Moi seul....

— Douglas, interrompit la reine, êtes-vous fou? Ne parlez pas, je vous l'enjoins.

— Madame, répliqua-t-il en s'inclinant devant elle de l'air du plus profond respect, je voudrais de tout mon cœur obéir à vos ordres; mais il leur faut une victime : que du moins leurs coups ne tombent pas sur l'innocent. — Oui, madame, continua-t-il en s'adressant à lady de Lochleven, moi seul ici suis coupable. Si la parole d'un Douglas a encore quelque poids sur vous, croyez celle que je vous donne que cet enfant est innocent. Sur votre conscience, je vous adjure de ne lui pas faire de mal, non plus que de ne pas augmenter de rigueur envers la reine, parce qu'elle aura embrassé l'occasion de liberté qu'un sincère loyalisme, — qu'un sentiment encore plus profond, — lui avaient offerte. Oui! j'ai médité l'évasion de la plus belle, de la plus persécutée des femmes; et loin de regretter d'avoir, pendant un temps, trompé la méchanceté de ses ennemis, je m'en glorifie, et je suis prêt à sacrifier ma vie même pour sa cause.

— Que Dieu ait compassion de ma vieillesse, dit lady de Lochleven, et me donne la force de supporter ce fardeau d'affliction! O princesse née dans un moment de malheur, quand cesserez-vous d'être un instrument de séduction et de ruine pour tous ceux qui vous approchent! O antique maison de Lochleven, si longtemps renommée pour la naissance et l'honneur, funeste a été l'heure qui a conduit la corruptrice sous ton toit!

— Ne parlez pas ainsi, madame, reprit son petit-fils; les anciens honneurs de la famille de Douglas brilleront d'un nouveau lustre, quand un de ses fils mourra pour la plus outragée des reines, — pour la plus aimable des femmes!

— Douglas, dit la reine, dois-je en ce moment, — oui, en ce moment même où peut-être je vais perdre pour jamais un fidèle sujet, dois-je avoir à te reprocher d'oublier ce que tu me dois comme ta reine?

— Malheureux enfant! reprit la désolée lady de Lochleven, es-tu tombé à ce point dans les piéges de cette Moabite? — as-tu vendu ton nom, ton allégeance, ton serment de chevalier, ce que tu dois à tes parents, à ton pays et à ton Dieu, pour une larme feinte ou le sourire perfide de lèvres qui ont flatté le faible François, — trompé mortellement l'imbécile Darnley, — lu de doucereuses poésies avec le mignon Chastelet, — chanté des lais d'amour avec le mendiant Rizzio, — et qui se sont jointes avec transport à celles de l'infâme et licencieux Bothwell?

— Ne blasphémez pas, madame! s'écria Douglas; — et vous, belle reine, princesse vertueuse autant que belle, ne réprimandez pas en ce moment la présomption de votre vassal! Ne pensez pas que le simple dévouement d'un sujet eût pu me pousser au rôle auquel je m'étais voué. Vous méritez bien que chacun de vos liges meure pour vous; mais j'ai fait plus, — j'ai fait ce que l'amour seul pouvait faire faire à un Douglas : — j'ai eu recours à la feinte! Adieu donc, reine de tous les cœurs, et souveraine de celui de Douglas! — Quand vous serez affranchie de cet infâme esclavage, — et vous le serez, s'il reste une justice au Ciel, — quand vous chargerez d'honneurs et de titres l'heureux mortel qui vous aura délivrée, donnez une pensée à celui dont le cœur aurait préféré à toutes les récompenses un baiser sur votre main! — Donnez une pensée à sa fidélité, et laissez tomber une larme sur sa tombe! Et se précipitant aux pieds de Marie Stuart, il s'empara de sa main et y pressa ses lèvres.

— Sous mes yeux! exclama lady de Lochleven; — oses-tu bien courtiser l'objet de ta passion adultère en présence d'une mère? — Arrachez-le d'auprès d'elle, et tenez-le sous bonne garde! Sur votre vie, saisissez-le! ajouta-t-elle, voyant que ses domestiques se regardaient les uns les autres avec hésitation.

— Ils hésitent, dit Marie. Sauve-toi, Douglas, je te l'ordonne!

Il se releva par un mouvement subit, et tout en s'écriant : Ma vie et ma mort sont à vous! il tira son épée et se fit jour au milieu de ceux qui se trouvaient entre lui et la porte. La promptitude et la rapidité de son mouvement furent tels que la violence la plus décidée aurait seule pu l'arrêter; et comme il était autant aimé que craint des vassaux de son père, aucun d'eux ne voulut l'employer contre lui.

Lady Lochleven demeura confondue de son évasion subite. — Suis-je entourée de traîtres? s'écria-t-elle. Sus à lui, vilains! — qu'on le poursuive et qu'on l'arrête, mort ou vif!

— Il ne peut quitter l'île, madame, dit Dryfesdale; j'ai la clef de l'amarre du bateau.

Mais deux ou trois de ceux qui s'étaient mis à sa poursuite, soit par curiosité, soit pour obéir aux ordres de leur maîtresse, crièrent d'en bas qu'il s'était élancé dans le lac.

— Brave Douglas! s'écria la reine; — ô franc et noble cœur, qui préfère la mort à l'emprisonnement!

— Feu sur lui! cria lady de Lochleven; s'il y a ici un fidèle serviteur de son père, qu'il mette à mort l'apostat, et que le lac couvre notre honte!

On entendit le bruit d'un ou deux coups de feu, tirés probablement pour obéir à lady Lochleven plutôt que dans l'intention sérieuse de toucher le but; et Randal, qui entra immédiatement après, dit que M. Georges avait été recueilli par une barque du château qui se tenait à quelque distance.

— Montez une barge, et poursuivez-les, dit la dame châtelaine.

— Ce serait tout à fait inutile, répliqua Randal; ils sont maintenant à moitié chemin, et la lune est couverte d'un nuage.

— Et ainsi le traître a échappé! reprit lady Lochleven, en portant les mains à son front avec un geste de désespoir; l'honneur de notre maison est à jamais perdu, et nous serons tous regardés comme complices de cette infâme trahison!

— Lady de Lochleven, lui dit la reine en s'avançant vers elle, vous avez détruit cette nuit mes plus chères espérances; — vous avez changé en un plus dur esclavage la liberté que j'entrevoyais, et lancé loin de moi la coupe de joie au moment même où je la portais à mes lèvres : — et cependant j'éprouve pour votre douleur la pitié que vous refusez à la mienne. — Je serais heureuse de vous consoler si je le pouvais; mais comme je ne le puis, je voudrais du moins ne pas vous quitter avec des sentiments de haine.

— Éloignez-vous, femme orgueilleuse! répliqua la dame; qui sut jamais aussi bien que vous faire les blessures les plus profondes sous les dehors de la bienveillance et de la courtoisie? — qui sut jamais aussi bien, depuis le grand traître, trahir en embrassant?

— Lady Douglas de Lochleven, reprit la reine, en ce moment tu ne peux m'offenser, — non, pas même par le langage grossier et indigne d'une femme que tu me tiens en présence de domestiques et de serviteurs armés. J'ai cette nuit contracté assez d'obligations envers un membre de la maison de Lochleven, pour effacer de mon esprit tout ce que la maîtresse de cette maison peut faire ou dire dans l'égarement de sa passion.

— Nous vous sommes grandement obligée, princesse, dit lady Lochleven, faisant sur elle-même un violent effort et passant du ton de l'emportement à celui d'une amère ironie; notre humble maison n'a été que bien rarement favorisée du sourire de bouches royales : et si cela dépend de moi, elle n'échangera pas sa grossière honnêteté contre les honneurs de cour que Marie d'Écosse peut maintenant accorder.

— Ceux qui savent si bien prendre, repartit Marie, peuvent se regarder comme dispensés de l'obligation que l'on contracte en recevant. Et si j'ai maintenant peu à offrir, c'est la faute des Douglas et de leurs alliés.

— Ne craignez rien, madame, répliqua lady de Lochleven du même ton d'amertume : vous conservez un trésor que votre prodigalité ne peut épuiser, non plus que votre pays offensé ne peut vous en priver. Tant que vous aurez à souhait de belles paroles et des sourires de séduction, vous n'aurez pas besoin d'autres moyens de corruption pour entraîner la jeunesse à des folies.

La reine, souriant à demi, jeta un regard sur une large glace placée contre l'un des côtés de la chambre, et qui, éclairée en ce moment par la lumière des torches, réfléchit les nobles contours de son visage et de sa personne. — Notre hôtesse devient flatteuse, ma Fleming, dit-elle; nous n'aurions pas cru que les chagrins et la captivité nous eussent laissée si bien pourvue de ce genre de richesses que les dames prisent le plus.

— Votre Grâce va pousser cette méchante femme à un accès de fureur, repartit Fleming à voix basse. Je vous conjure à genoux de vous souvenir qu'elle est déjà mortellement offensée, et que nous sommes en son pouvoir.

— Je ne l'épargnerai pas, Fleming; ce serait contre ma nature. Elle a répondu à ma sincère compassion par l'insulte et l'outrage : je veux les lui rendre. — Si elle ne trouve pas pour me répondre de paroles assez piquantes, qu'elle ait recours à son poignard si elle l'ose !

— Lady Lochleven, dit lady Fleming à voix haute, ferait sûrement bien maintenant de se retirer, et de laisser Sa Grâce prendre quelque repos.

— Oui, répliqua-t-elle, ou de laisser Sa Grâce, ou les mignonnes de Sa Grâce, chercher quelle sotte mouche elles peuvent maintenant envelopper de leurs filets. Mon fils aîné est veuf : — n'aurait-il pas été plus digne des flatteuses espérances par lesquelles vous avez séduit son frère ? — Il est vrai que le joug du mariage a déjà été supporté trois fois ; — mais l'Église de Rome le nomme un sacrement, et ses sectateurs le regardent peut-être comme un de ceux qu'on ne peut recevoir trop souvent.

— Et les sectateurs de l'Église de Genève, répliqua Marie rouge d'indignation, ne regardant *pas* le mariage comme un sacrement, se dispensent parfois, dit-on, de la sainte cérémonie.—Puis, comme effrayée des conséquences que pouvait avoir cette allusion aux erreurs de jeunesse de lady Lochleven, la reine ajouta : Allons, ma Fleming, nous lui faisons trop d'honneur par cette altercation ; nous allons rentrer dans notre chambre à coucher. Si elle veut nous troubler de nouveau cette nuit, il faudra qu'elle en fasse forcer la porte. A ces mots, elle se retira dans sa chambre, suivie de ses deux femmes. Lady Lochleven, en quelque sorte étourdie par ce dernier sarcasme, et non moins profondément irritée parce qu'elle se l'était attiré elle-même, restait comme une statue à la place où elle avait reçu un si sanglant affront. Dryfesdale et Randal cherchèrent, par leurs questions, à la rappeler à elle-même.

— Quels sont les ordres de mylady pour la sûreté du château? dit le premier.

— N'allons-nous pas doubler les sentinelles, et n'en placerons-nous pas une sur les bateaux et une autre dans le jardin? ajouta Randal.

— Ne voulez-vous pas qu'on expédie des dépêches à sir William à Édimbourg, pour l'informer de ce qui est arrivé? reprit Dryfesdale; et ne devrait-on pas donner l'alarme à Kinross, de peur qu'on n'ait réuni des forces sur les bords du lac?

— Fais tout ce que tu voudras, répondit lady Lochleven, revenant à elle-même et se disposant à se retirer. Tu passes pour être un bon soldat, Dryfesdale : prends toutes les précautions nécessaires. — Juste Ciel! faut-il que j'aie été ainsi ouvertement insultée!

— Serait-ce votre bon plaisir, continua Dryfesdale en hésitant, que cette personne, — cette dame, — fût plus strictement gardée?

— Non, vassal! répondit lady Lochleven avec emportement; ma vengeance ne descend pas à des moyens si bas. Mais j'aurai une vengeance plus digne de moi, ou la tombe de mes ancêtres couvrira ma honte!

— Et vous l'aurez, madame, dit Dryfesdale. — Avant que deux soleils se soient couchés, vous serez pleinement vengée.

Lady Lochleven ne répondit pas; — peut-être n'entendit-elle pas ces derniers mots, car en ce moment même elle sortait de la chambre. Sur l'ordre de Dryfesdale, le reste des assistants se retira, quelques-uns pour aller remplir les devoirs de sentinelles, les autres pour se livrer au repos. Mais l'intendant resta après que tous furent partis; et Roland Græme, qui se trouvait alors seul avec lui dans l'appartement, fut surpris de voir le vieux soldat s'approcher d'un air plus cordial qu'il ne l'avait jamais eu jusque-là, mais qui jurait avec ses traits refrognés.

— Jeune homme, lui dit-il, je t'avais fait injure; — et c'est ta faute, car tes manières m'avaient paru aussi légères que la plume que tu portes à ton chapeau; et il est sûr que tes habits fringants, et ta disposition à la gaîté frivole et aux folies, m'avaient fait te juger quelque peu défavorablement. Mais cette nuit j'ai vu de ma fenêtre (où je m'étais mis pour voir comment tu disposais de toi-même dans le jardin), j'ai vu, dis-je, les efforts loyaux que tu as faits pour retenir le compagnon de perfidie de celui qui n'est plus digne d'être appelé du nom de son père, et qui doit être retranché de sa maison comme une branche pourrie. J'allais descendre à ton aide quand le pistolet a parti; et la sentinelle (mauvais drôle que je soupçonne de s'être laissé suborner) s'est vue alors forcée de donner l'alarme, ce que peut-être le coquin aurait pu faire plus tôt s'il l'eût voulu. C'est pourquoi, pour expier mon injustice envers vous, je serais disposé à vous faire une courtoisie, si vous vouliez l'accepter de moi.

— Puis-je d'abord vous demander de quoi il s'agit?

— Tout simplement de porter la nouvelle de cette découverte à Holyrood, où tu pourras te mettre en fort bonne grâce aussi bien près du comte de Morton et du régent lui-même que de sir William Douglas, attendu que tu as vu l'affaire d'un bout à l'autre, et que tu y as pris une part honorable. Ta fortune sera ainsi entre tes propres mains, et j'espère qu'alors tu cesseras de penser aux vanités frivoles, et que tu apprendras à marcher dans ce monde en homme qui pense au monde à venir.

— Sire intendant, répondit Roland Grœme, je vous remercie de votre courtoisie, mais je ne puis faire votre commission. Je ne vous dirai pas qu'étant au service de la reine je ne puis prendre parti contre elle; mais, laissant cette raison-là à part, il me semble que ce serait un mauvais chemin vers la faveur de sir William de Lochleven que d'être le premier à lui annoncer la défection de son fils. — Je ne pense pas non plus que le régent soit très-flatté d'apprendre le manque de foi de son vassal, ni Morton la trahison de son parent.

— Hum ! dit l'intendant, faisant entendre ce son inarticulé qui exprime une surprise mêlée de déplaisir. — Au surplus, comme il vous plaira; car tout écervelé que vous puissiez être, vous savez comment vous comporter dans le monde.

— Je vous ferai voir que mon système est moins égoïste que vous ne pensez; car je regarde la vérité et la gaîté comme valant mieux que la gravité et l'astuce, — oui, et au bout du compte comme pouvant lutter contre elles. — Vous ne m'avez jamais moins aimé qu'en ce moment, sire intendant. Je sais bien que vous ne m'accorderez pas une confiance réelle, et je suis résolu à ne pas accepter pour monnaie courante de fausses protestations. Reprenez votre ancienne manière d'être; — soupçonnez-moi, épiez-moi d'aussi près que vous voudrez. Je vous mets au défi; — vous avez trouvé à qui parler.

— Par le Ciel, jeune homme ! dit l'intendant en lui lançant un regard de méchanceté profonde, si tu oses tenter quelque trahison contre la maison de Lochleven, ta tête noircira au soleil au haut de la tour de garde !

— Celui qui refuse la confiance ne peut commettre de trahison; et quant à ma tête, elle est aussi bien assurée sur mes épaules que sur aucune tour que jamais maçon ait bâtie.

— Adieu donc, merle bavard, qui est si vain de sa langue et de son plumage ! Prends garde au piége et au gluau.

— Adieu, vieux corbeau enroué ! ton vol solennel, ton plumage noir et ton croassement ne sont pas des charmes contre l'arbalète et le petit plomb, et c'est ce dont tu pourras t'apercevoir. — C'est guerre ouverte entre nous, chacun pour la cause de notre maîtresse; et que Dieu montre le bon droit !

— Amen ! et qu'il défende les siens ! Je ferai savoir à ma maîtresse quelle addition tu as faite à cette compagnie de traîtres. Bonne nuit, monsieur Tête-de-Plume !

— Bonsoir, signor Raccoleur, répliqua le page. Et dès que le vieil intendant fut parti, il ne songea plus qu'à prendre quelque repos.

CHAPITRE XXXI.

> Empoisonné? — mauvais régal! — Mort, oublié, abandonné!
> *Le roi Jean.*

QUELQUE fatigué que fût Roland du château de Lochleven, — quelque regret qu'il pût avoir que le projet d'évasion de Marie eût échoué, je ne sais s'il s'éveilla jamais avec des idées plus agréables que le lendemain du jour qui avait vu avorter le plan formé par Georges Douglas pour la délivrance de la reine. D'abord il avait la conviction la plus parfaite qu'il avait mal interprété les demi-mots de l'abbé, et que les affections de Douglas étaient fixées non sur Catherine Seyton, mais sur Marie Stuart; puis, après l'explication qui avait en quelque sorte eu lieu entre l'intendant et lui, il se sentait libre, sans manquer à aucun engagement d'honneur envers la famille de Lochleven, de contribuer de son mieux à l'exécution de tout plan qui pourrait être formé à l'avenir pour l'évasion de sa royale maîtresse; et indépendamment de son penchant pour l'entreprise, il savait qu'il ne pouvait trouver de route plus sûre pour gagner la faveur de Catherine Seyton. Il ne chercha plus maintenant qu'une occasion d'informer celle-ci qu'il s'était dévoué à cette tâche, et la fortune fut assez propice pour lui en fournir une singulièrement favorable.

A l'heure ordinaire, le déjeuner fut apporté par l'intendant avec les formes accoutumées; mais dès qu'il l'eut fait placer sur la table dans la chambre intérieure, il dit à Roland, en le regardant avec une expression sardonique : Je vous laisse, mon jeune monsieur, faire l'office d'écuyer tranchant ; — il a été trop longtemps rempli pour lady Marie par un membre de la maison de Douglas.

— L'eût-il été par le plus illustre de tous ceux qui ont jamais porté ce nom, repartit Roland, l'office aurait été un honneur pour lui.

L'intendant sortit, sans répondre à cette bravade autrement que par un regard sombre et méprisant. Græme, ainsi laissé seul, s'étudia, en homme engagé dans un labeur d'amour, à imiter aussi bien qu'il lui était possible la grâce et la courtoisie avec lesquelles Georges de Douglas avait coutume de remplir son office cérémonial aux repas de la reine d'Écosse. C'était plus qu'une vanité de jeune homme : — il y avait un dévouement généreux dans le sentiment avec lequel il entreprenait la tâche, comme un brave soldat prend la place d'un camarade tombé au premier

CHAPITRE XXXI.

rang de la bataille. — Je suis maintenant leur seul champion, se dit-il ; advienne que pourra, je serai, de tous mes moyens et de tout mon pouvoir, aussi fidèle, aussi digne de confiance, aussi courageux, qu'aucun Douglas ait jamais pu l'être.

En ce moment Catherine Seyton entra seule, contre sa coutume ; et ce qui ne l'était pas moins, c'est qu'elle entra en portant un mouchoir à ses yeux. Roland Græme s'approcha d'elle le cœur palpitant et les regards baissés, et lui demanda à voix basse et en hésitant si la reine se trouvait bien.

— Pouvez-vous le supposer ? répondit Catherine ; pensez-vous que son cœur et son corps soient faits d'acier et de fer, pour endurer le cruel désappointement d'hier au soir et les infâmes sarcasmes de cette sorcière puritaine ? — Plût à Dieu que je fusse homme, pour lui prêter un secours plus efficace !

— Si celles qui portent des pistolets, des bâtons et des poignards ne sont pas des hommes, ce sont au moins des amazones ; et ce n'est pas moins formidable.

— Vous pouvez lancer vos traits d'esprit, monsieur ; je ne suis d'humeur ni à m'en amuser ni à y répondre.

— Hé bien, alors, écoutez-moi en toute sérieuse vérité. Et d'abord, permettez-moi de dire que les choses se seraient mieux passées la nuit dernière, si vous m'aviez admis dans vos conseils.

— Et c'était bien notre dessein ; mais qui pouvait deviner que monsieur le page aurait la fantaisie de passer toute la nuit au jardin, comme quelque chevalier lunatique d'un roman espagnol, — au lieu d'être dans sa chambre quand Douglas vint pour lui donner communication de notre projet.

— Et pourquoi avoir tant différé une confidence si importante ?

— Parce que vos communications avec Henderson, et — pardonnez-moi — l'impétuosité naturelle et la légèreté de votre caractère, nous faisaient redouter de vous confier avant le dernier moment un secret de telle conséquence.

— Et pourquoi au dernier moment ? dit le page, offensé de ce franc aveu ; pourquoi en ce moment-là plutôt qu'en tout autre, puisque j'avais le malheur d'encourir un tel soupçon ?

— Allons, — vous voilà encore fâché, reprit Catherine ; et pour vous traiter comme vous le méritez, je devrais cesser de vous parler de tout ceci. Mais je veux être magnanime et répondre à votre question. Sachez donc que nous avions deux raisons pour nous confier à vous. D'abord nous ne pouvions guère l'éviter, puisque vous couchez dans la chambre que nous avions à traverser ; en second lieu…

— Oh ! vous pouvez vous dispenser d'une seconde raison, quand la première fait de votre confiance en moi un cas de nécessité.

— Paix, et laissez-moi parler. En second lieu, comme je le disais, il y a parmi nous une folle qui croit que le cœur de Roland Grœme est bon, quoique sa tête soit légère, — que son sang est pur, quoiqu'il soit parfois trop bouillant, — que sa foi et son honneur sont sûrs comme l'étoile conductrice, quoique sa langue soit quelquefois bien loin d'être discrète.

Catherine prononça cet aveu presque à voix basse et les yeux fixés sur la terre, comme si elle eût craint de rencontrer ceux de Roland tandis qu'elle le laissait s'échapper de ses lèvres. — Et cette unique amie, s'écria le jeune homme au comble du ravissement, celle qui seule rendait justice au pauvre Roland Grœme, et à qui son âme généreuse apprenait à distinguer les folies de la tête des fautes du cœur, — ne me direz-vous pas qui elle est, chère Catherine, afin que je sache à qui je dois les remercîments de la plus vive reconnaissance?

— Oh! dit Catherine, les yeux toujours baissés, si votre cœur ne vous dit pas...

— Bonne et chère Catherine! interrompit le page en s'emparant de sa main et en fléchissant le genou devant elle.

— Si, dis-je, reprit Catherine en dégageant doucement sa main, votre cœur ne vous le dit pas, il est bien ingrat; car puisque la bonté maternelle de lady Fleming...

Le page se releva brusquement. — Par le Ciel, Catherine, dit-il, votre langue porte autant de déguisements que votre personne! Mais vous ne faites que vous moquer de moi, cruelle fille. Vous savez bien que lady Fleming n'accorde pas plus d'attention à qui que ce soit que la princesse abandonnée qu'on a représentée sur cette vieille tapisserie à figures.

— Cela peut être, mais vous ne devriez pas parler si haut.

— Bah! fit le page; mais en même temps baissant la voix, il ajouta : Elle ne se soucie de personne que d'elle et de la reine. Et vous savez, d'ailleurs, qu'il n'est aucune de vous dont je prise l'opinion, si je n'ai pas la vôtre pour moi; — non, pas même celle de la reine Marie!

— Ce n'en est que plus honteux pour vous, si cela est ainsi, dit Catherine avec le plus grand sang-froid.

— Mais aussi, belle Catherine, pourquoi attiédir ainsi mon ardeur, quand je me dévoue corps et âme à la cause de votre maîtresse?

— C'est parce qu'en agissant ainsi, répondit Catherine, vous dégradez une cause si noble en y associant un motif moins élevé et entaché d'égoïsme. Croyez-moi, continua-t-elle, les yeux étincelants et les joues couvertes d'une vive rougeur, ils ont des femmes une opinion fausse et déshonorante, — je parle des femmes qui en méritent le nom, — ceux qui pensent qu'elles recherchent uniquement la satisfaction de leur vanité, et qu'elles préfèrent la basse ambition de régner sans partage sur l'admiration et l'affection d'un amant, à la vertu et à l'honneur de l'homme qu'elles ont distingué. Celui qui sert avec ardeur et dévouement sa religion, son prince et son pays, n'a pas besoin de recourir pour plaider sa cause aux lieux communs d'une passion romanesque : — la femme qu'il honore de son amour devient sa débitrice, et elle lui doit, en récompense de ses glorieux travaux, une affection égale à celle qu'il lui a vouée.

— Vous offrez à de tels travaux un prix glorieux, dit le jeune homme en fixant ses yeux sur elle avec enthousiasme.

— Rien qu'un cœur qui sait les apprécier. Celui qui délivrerait de ces donjons cette princesse outragée, et qui la remettrait libre au milieu de ses nobles loyaux et courageux, dont les cœurs brûlent de la revoir, — où est la jeune Écossaise que n'honorerait pas l'amour d'un tel héros, serait-elle issue du sang royal, et lui serait-il le fils du plus pauvre villageois qui ait jamais conduit une charrue!

— Je suis déterminé à entreprendre l'aventure. Mais dites-moi d'abord, belle Catherine, et parlez-moi comme si vous vous confessiez au prêtre : — Cette pauvre reine, je sais qu'elle est malheureuse, — mais, Catherine, la croyez-vous innocente? On l'accuse de meurtre.

— Est-ce que je crois l'agneau fautif, parce qu'il est assailli par le loup? Croirai-je que le soleil est moins pur, parce que les vapeurs de la terre en ont obscurci les rayons?

Le page soupira et baissa les yeux. — Je voudrais, dit-il, que ma conviction fût aussi profonde que la vôtre! Mais une chose est claire, c'est qu'elle souffre une captivité injuste. — Elle s'était rendue sur capitulation, et les conditions lui en ont été refusées. — Je soutiendrai sa cause jusqu'à la mort!

— Le ferez-vous? — le ferez-vous en effet? s'écria Catherine en lui prenant la main à son tour. Oh! sois seulement aussi ferme dans tes résolutions, que tu as d'ardeur et de courage; sois fidèle à la foi que tu viens d'engager, et les siècles à venir honoreront en toi le sauveur de l'Écosse!

— Mais quand j'aurai heureusement travaillé à gagner cette Lia qu'on nomme l'Honneur, tu ne me condamneras pas, ma Catherine, à un nouveau terme de service pour cette Rachel qu'on nomme l'Amour?

— C'est ce dont nous aurons tout le temps de parler, dit Catherine en dégageant de nouveau sa main qu'il serrait dans les siennes; mais l'Honneur est le frère aîné, et c'est à lui qu'il faut songer d'abord.

— Je puis ne pas l'obtenir; mais je ne m'épargnerai pas pour lui, et un homme ne peut faire plus. Et sachez, belle Catherine, — car vous devez connaître la plus secrète pensée de mon cœur, — sachez que non-seulement l'Honneur, — que non-seulement cet autre frère plus beau que je ne puis mentionner sans vous voir froncer le sourcil, — mais que de plus les ordres rigoureux du devoir, m'obligent de concourir à la délivrance de la reine.

— En vérité! vous aviez toujours eu des doutes à ce sujet.

— Oui, mais alors sa vie n'était pas menacée.

— Et est-elle maintenant plus en danger qu'auparavant? demanda Catherine avec terreur.

— Ne vous alarmez pas. Mais vous avez entendu en quels termes votre royale maîtresse s'est séparée de lady de Lochleven?

— Trop bien, — oh! trop bien. Hélas! faut-il qu'elle ne puisse gouverner son ressentiment royal, et s'abstenir d'altercations telles que celles-là!

— Ce qui s'est passé entre elles, jamais femme ne l'a pardonné à une autre femme. J'ai vu le front de lady Lochleven devenir tour à tour pâle et pourpre, quand la reine l'a courbé dans la poussière, en lui reprochant sa honte devant tous les domestiques du château, et au moment où celle qu'elle humiliait ainsi était dans la plénitude de son pouvoir; j'ai entendu le serment de ressentiment mortel et de vengeance qu'elle a murmuré aux oreilles d'un homme qui y a répondu de façon à montrer, je le crois, qu'il ne sera que trop prêt à exécuter les volontés de sa maîtresse.

— Vous m'épouvantez!

— Ne le prenez pas ainsi; — appelez à votre aide la partie mâle de votre caractère. Nous contrecarrerons et nous déjouerons ses plans, quelque dangereux qu'ils puissent être. Pourquoi me regardez-vous ainsi? pourquoi pleurez-vous?

— Hélas! dit Catherine, parce que vous, que je vois là devant moi vivant et respirant, dans toute la chaleur et l'audace aventureuse de la jeunesse, quoique vous en ayez encore la gaîté insouciante, — vous, que je vois là également plein de généreuse ardeur et d'imprévoyance du danger, aujourd'hui, demain, ou d'ici à bien peu de temps, vous serez peut-être étendu et gisant, cadavre mutilé et insensible, sur le carreau de ces odieux donjons! et alors, qui sera cause, si ce n'est Catherine Seyton, que votre carrière aura été ainsi interrompue au moment même où vous vous y élanciez si brave et si joyeux? Hélas! celle que vous avez choisie pour tresser votre guirlande peut trop probablement avoir à préparer votre linceul!

— Hé bien, soit, Catherine, dit le page avec toute la chaleur de son jeune enthousiasme; prépare donc mon linceul! si tu le mouilles de larmes telles que celles que la pensée de ma mort fait maintenant tomber de tes yeux, mes restes en seront plus honorés que, vivant, je ne le serais d'un manteau de comte. Mais honte sur cette faiblesse de cœur! le temps demande un esprit plus ferme. — Sois femme, Catherine, ou plutôt sois homme : — tu sais être homme quand tu le veux.

Catherine essuya ses larmes et s'efforça de sourire.

— Il ne faut pas m'interroger, dit-elle, sur ce qui trouble à ce point votre esprit; vous saurez tout en temps convenable; — vous sauriez même tout maintenant, si ce n'est..... Paix! voici venir la reine.

Marie sortit de sa chambre, plus pâle que d'habitude, et paraissant épuisée par une nuit sans sommeil, aussi bien que par les pénibles pensées qui avaient dû assiéger son esprit durant ses heures d'insomnie; et cependant son air de langueur, loin de déparer sa beauté, substituait seulement la faiblesse délicate de la femme aimable à la grâce majestueuse de la reine. Contre sa coutume, sa toilette avait été dépêchée fort à la hâte, et ses cheveux, ordinairement arrangés avec grand soin par lady Fleming, s'échappant de sa coiffe à peine ajustée, tombaient, en longues touffes abondantes naturellement bouclées, sur un cou et sur un sein moins soigneusement voilés que d'habitude.

Lorsqu'elle parut au seuil de sa chambre, Catherine, séchant précipitamment ses larmes, courut à la rencontre de sa royale maîtresse, s'agenouilla devant elle, lui baisa la main, puis, se relevant aussitôt, se plaça de l'autre côté de la reine, jalouse de partager avec lady Fleming l'honneur de lui prêter son aide et l'appui de son bras. Le page, de son côté, s'avança pour disposer le siège d'apparat qu'elle occupait d'ordinaire, arrangea le coussin, plaça le tabouret où devaient poser ses pieds, puis se retira à l'autre bout de la table, et se tint prêt pour le service à la place qu'occupait son prédécesseur, le jeune sénéchal. Le regard de Marie s'arrêta un instant sur lui, et ne put s'empêcher de remarquer ce changement de personnes. Ce n'était pas son cœur qui pouvait refuser au moins de la compassion à un brave jeune homme qui souffrait pour sa cause, quoiqu'il eût été guidé dans son entreprise par une passion trop présomptueuse : les mots « Pauvre Douglas ! » s'échappèrent de ses lèvres, peut-être à son insu; et, s'appuyant sur le dossier de sa chaise, elle porta son mouchoir à ses yeux.

— Oui, madame, dit Catherine, affectant un ton d'enjouement pour égayer sa souveraine, notre brave chevalier est banni d'ici, en effet : — l'aventure ne lui était pas réservée; mais il a laissé après lui un jeune écuyer, non moins dévoué au service de Votre Grâce, et qui vous offre par ma bouche son bras et son épée.

— S'ils peuvent en quelque chose être utiles à Votre Grâce, ajouta Roland Græme en s'inclinant profondément.

— Hélas ! dit la reine, à quoi bon, Catherine? — pourquoi appeler de nouvelles victimes à être enveloppées dans mes cruelles infortunes et à partager ma ruine? — ne ferions-nous pas mieux de cesser la lutte, que d'entraîner ainsi avec nous dans la destruction chaque âme généreuse qui fait un effort pour nous servir? Je n'ai eu autour de moi que trop de complots et d'intrigues depuis mon berceau, au pied duquel les nobles rivaux luttaient à qui gouvernerait au nom de l'enfant orpheline. Sûrement il serait temps que ces troubles dangereux eussent une fin. Ne puis-je appeler ma prison un couvent, et ma séquestration une retraite volontaire du monde et de ses voies?

— Ne parlez pas ainsi devant vos fidèles serviteurs, madame, repartit Catherine, pour décourager leur zèle en même temps que vous leur brisez le cœur. Fille de tant de rois, repoussez à cette heure des sentiments indignes de la royauté ! — Venez, Roland ; et nous, les plus jeunes de ses serviteurs, montrons-nous dignes de sa cause ; — plions le genou devant elle, et conjurons-la de rappeler des sentiments plus magnanimes et de redevenir elle-même. Conduisant alors Roland Græme près du siége de la reine, ils mirent tous deux un genou à terre devant elle. Marie se leva de sa chaise, et en même temps qu'elle tendait une main à baiser au page, elle séparait de l'autre les tresses bouclées qui ombrageaient le beau front de l'enthousiaste Catherine.

— Hélas, mignonne, dit-elle (car elle se plaisait souvent à donner ce nom d'amitié à sa jeune suivante), faut-il que vous unissiez ainsi à mon malheureux destin la fortune de vos jeunes existences ! — N'est-ce pas un aimable couple, ma chère Fleming ? et cela ne déchire-t-il pas le cœur de penser que je dois être leur ruine ?

— Non, non, gracieuse souveraine ! s'écria Roland Græme ; c'est nous qui serons vos libérateurs.

— *Ex ore parvulorum !* dit la reine en levant les yeux au ciel ; si c'est par la bouche de ces enfants que le Ciel m'appelle à revenir aux nobles pensées qui conviennent à ma naissance et à mes droits, le Ciel leur accordera sa protection, et à moi le pouvoir de récompenser leur zèle ! — Alors se tournant vers Fleming, elle ajouta aussitôt : Tu sais, ma bonne amie, si rendre heureux ceux qui l'ont servie n'a pas toujours été le passe-temps favori de Marie. Quand j'ai été réprimandée par les austères prédicateurs de l'hérésie calviniste, — quand j'ai vu les physionomies altières de mes nobles se détourner de moi, ce n'a-t-il pas été parce que je me mêlais aux innocents plaisirs de la jeunesse enjouée, et que, plutôt pour leur amusement que pour le mien, j'avais pris part aux mascarades, aux chants et aux danses des jeunes gens de ma maison ? Hé bien, je ne m'en repens pas, — quoique Knox appelât cela un péché et Morton une dégradation : — j'étais heureuse, parce que je voyais le bonheur autour de moi ; et malheur à la misérable jalousie qui peut trouver le mal dans les épanchements d'une gaîté sans défiance ! — Fleming, si nous remontons sur notre trône, ne devrons-nous pas avoir un joyeux jour de joyeuses fiançailles, dont nous ne devons maintenant nommer ni l'époux ni la fiancée. Mais cet époux aura la baronnie de Blairgowrie, et c'est un don digne d'une reine, et la guirlande de la fiancée sera formée des plus belles perles qu'on ait jamais tirées des profondeurs du Loch-Lomond ; et toi-même, Marie Fleming, toi la plus habile de toutes celles qui aient jamais arrangé la chevelure d'une reine, et qui dédaignerais de toucher à celle d'aucune femme de moindre rang, toi-même, pour l'amour de moi, les entrelaceras dans les tresses de la fiancée. — Vois, ma Fleming ; suppose que ce soient des boucles pareilles à celles de notre Catherine : est-ce qu'elles déshonoreraient ton habileté ?

Et en même temps elle passait affectueusement la main sur la tête de sa jeune favorite, tandis que sa suivante plus âgée répondait d'un ton d'abattement : — Hélas! madame, où laissez-vous s'égarer vos pensées?

— C'est vrai, ma chère Fleming; mais est-il bon et humain de les rappeler à ma situation présente? Dieu sait que cette nuit elles n'y sont restées que trop fidèlement! — Allons, je veux rappeler la joyeuse vision, ne serait-ce que pour vous punir. Oui, à cette heureuse noce, Marie elle-même oubliera le poids de ses chagrins et les travaux d'état, et encore une fois elle conduira une mesure. — A quelle noce avons-nous dansé la dernière fois, ma chère Fleming? Je crois que les soucis ont troublé ma mémoire, et pourtant il y a là quelque chose dont je devrais me souvenir... Ne peux-tu m'aider? — tu le peux, je le sais.

— Hélas, madame!

— Quoi! ne veux-tu pas me rendre même ce service? C'est par trop tenir à ta manière de voir plus grave, qui taxe mon discours de folie. Mais tu as été élevée à la cour, et tu m'entendras quand je dirai que la reine *ordonne* à lady Fleming de lui rappeler où elle a conduit le dernier branle.

Pâle comme la mort, et la physionomie défaite comme si elle allait s'enfoncer dans les entrailles de la terre, la dame de cour, n'osant refuser plus longtemps d'obéir, dit en balbutiant : Gracieuse souveraine, — si ma mémoire ne me trompe pas, — ce fut à un bal masqué à Holyrood, au mariage de Sébastien.

La malheureuse reine, qui jusque-là l'avait écoutée avec un sourire mélancolique, excité par la répugnance avec laquelle lady Fleming laissait tomber ses paroles une à une, l'interrompit à ce mot funeste par un cri si déchirant que la voûte de l'appartement en retentit, et que Roland et Catherine se relevèrent précipitamment, alarmés et pleins de terreur. Cependant, entraînée par l'enchaînement d'idées horribles que ce mot avait si subitement évoquées, Marie sembla être un moment, non-seulement hors d'elle-même, mais hors des bornes de la raison.

— Traîtresse! s'écria-t-elle en s'adressant à lady Fleming, tu veux assassiner ta souveraine. Appelez mes gardes françaises; — à moi, à moi, mes Français[1]! — Je suis entourée de traîtres dans mon propre palais; — ils ont égorgé mon époux. Rescousse[2]! rescousse pour la reine d'Écosse! Elle s'élança de sa chaise; ses traits, tout à l'heure si doux et si suaves dans leur pâleur, enflammés maintenant d'une fureur frénétique, semblaient ceux d'une Bellone. — Nous prendrons nous-même la campagne, continua-t-elle; avertissez la cité, avertissez le Lothian et le

---

[1] Ces derniers mots sont en français dans le texte.

[2] Vieux mot français très-fréquent dans le style chevaleresque, et qui signifie *secours*. Le mot anglais est *rescue*. (L. V.)

Fife ; — sellez notre barbe d'Espagne, et ordonnez à notre Français Paris de veiller à ce que notre poitrinal¹ soit chargé! Mieux vaut mourir à la tête de nos braves Écossais, comme notre aïeul à Flodden, que le cœur brisé de chagrins, comme notre infortuné père!

— Soyez patiente, soyez calme, ma chère maîtresse! disait Catherine ; puis, s'adressant à lady Fleming d'un ton d'humeur, elle ajouta : Comment avez-vous pu dire quelque chose qui lui rappelât son époux?

Ce dernier mot fut jusqu'à l'oreille de la malheureuse princesse, qu le releva avec une extrême volubilité. — Mon époux! quel époux? C. n'est pas Sa Majesté très-chrétienne ; il est malade, il ne peut monter à cheval. — Ce n'est pas Lennox ; c'était du duc d'Orkney que tu voulais parler?

— Pour l'amour de Dieu, madame, contenez-vous! dit lady Fleming.

Mais nulle supplication ne pouvait détourner l'imagination excitée de la reine du cours d'idées où elle était entrée. — Dites-lui de venir ici à notre aide, continua-t-elle, et d'amener avec lui ses agneaux, comme il les appelle, — Bowton, Hay de Talla, Black Ormiston, et son parent Hob. Oh! comme ils sont noirs et comme ils sentent le soufre! Quoi! enfermé avec Morton? si Douglas et Hepburn couvent le complot ensemble, quand l'oiseau brisera sa coquille il épouvantera l'Écosse. N'est-ce pas vrai, ma Fleming?

— Elle s'égare de plus en plus, dit celle-ci ; nous avons trop d'oreilles ici pour ces étranges paroles.

— Roland, dit Catherine, au nom de Dieu, sortez! vous ne pouvez nous aider ici. Laissez-nous seules avec elle. Partez, partez!

Et en même temps elle le poussait vers la porte de l'antichambre. Cependant, même après être sorti de la pièce où se trouvait la reine et que la porte en fut refermée, il put encore l'entendre parler d'un ton élevé et impérieux, comme si elle eût donné des ordres, jusqu'à ce qu'enfin la voix s'éteignit en un gémissement faible et prolongé.

Catherine revint alors à l'antichambre. — Ne soyez pas trop inquiet, dit-elle ; la crise est maintenant passée. Mais tenez la porte fermée ; ne laissez entrer personne jusqu'à ce qu'elle soit plus calme.

— Au nom de Dieu, que signifie ceci? répliqua le page ; qu'y avait-il dans les paroles de lady Fleming, pour exciter un transport si étrange?

— Oh! lady Fleming, lady Fleming, dit Catherine, répétant les paroles de Roland d'un ton d'impatience, — lady Fleming est une folle ; elle aime sa maîtresse, mais elle sait si peu comment exprimer son attachement, que si la reine lui demandait du poison, elle regarderait comme un point de devoir de ne pas résister à ses ordres. Je lui aurais

---

¹ *Petronel.* Sorte de petite arquebuse. On trouve aussi *pétrinal.* (L. V.,

arraché sa coiffe empesée de la tête ! La reine m'aurait aussi aisément tiré le cœur de la poitrine qu'elle m'aurait fait sortir ce mot Sébastien des lèvres. Dire que cette pièce de tapisserie est une femme, et qu'elle n'a pas l'esprit de faire un mensonge !

— Et quelle est cette histoire de Sébastien ? Par le Ciel, Catherine, vous êtes tous des énigmes vivantes !

— Et vous, vous êtes un aussi grand fou que Fleming. Ne savez-vous pas que la nuit où Henry Darnley fut assassiné et où l'on fit sauter l'église de Field, l'absence de la reine fut occasionnée par un bal qu'elle donnait à Holyrood pour le mariage de ce Sébastien, un de ses domestiques favoris, avec une des femmes attachées à son service personnel ?

— Par saint Giles ! je ne m'étonne plus de son accès de colère ; la seule chose dont je m'étonne est l'absence d'esprit qui a pu la pousser à faire une telle question à lady Fleming.

— Je ne puis me l'expliquer non plus ; mais on dirait qu'un violent chagrin ou un accès de terreur obscurcit parfois la mémoire, et répand un nuage comme celui que produit l'explosion d'un canon, sur les circonstances dont ils ont été accompagnés. Mais je ne suis pas venue ici pour y rester à faire assaut de moralités avec Votre Sagesse ; je venais simplement pour donner à mon ressentiment contre cette maladroite de lady Fleming le temps de se refroidir. Je crois qu'il est un peu calmé maintenant, et que je pourrai endurer sa présence sans être tentée d'endommager sa coiffe ou sa basquine. Mais vous, gardez bien la porte ; je ne voudrais pas pour ma vie qu'aucun de ces hérétiques la vît dans ce malheureux état où l'ont conduite le succès de leurs complots diaboliques, et qu'ils ne manqueraient pas d'appeler, dans leur jargon nasillard, le jugement de la Providence.

Au moment même où elle quittait l'antichambre, le loquet de la porte d'entrée était soulevé du dehors. Mais le verrou que Roland avait tiré résista aux efforts de la personne qui voulait entrer. — Qui est là ? dit Grœme en élevant la voix.

— C'est moi, répondit la voix rude et grave de l'intendant Dryfesdale.

— Vous ne pouvez entrer maintenant.

— Et pourquoi cela ? je ne suis venu que pour remplir mon office, et pour m'enquérir de ce que signifient les cris partis de l'appartement de la Moabite. Pourquoi donc ne puis-je entrer, telle étant ma mission ?

— Simplement parce que le verrou est mis, et que ma fantaisie n'est pas de le retirer. J'ai aujourd'hui le bon côté de la porte, comme vous l'aviez la nuit dernière.

— Tu es bien malavisé, petit impertinent, de me parler de cette manière-là ! Je vais informer mylady de ton insolence.

— L'insolence n'est destinée que pour toi seul, en retour de ta discourtoisie envers moi. Quant à l'information qu'envoie prendre ta maîtresse, j'ai une réponse plus courtoise à y faire : — tu peux lui dire que la reine est indisposée, et qu'elle désire n'être troublée ni par des visites ni par des messages.

— Je vous conjure, au nom de Dieu, reprit le vieillard d'un ton plus solennel qu'auparavant, de me dire si sa maladie prend réellement de l'empire sur elle !

— Elle ne veut de secours ni de vous ni de votre maîtresse ; — ainsi donc, retirez-vous, et ne nous troublez pas davantage. Nous n'avons pas besoin de votre aide, et nous ne l'accepterons pas.

Sur cette intimation positive, l'intendant se retira, et descendit les escaliers grommelant et mécontent.

CHAPITRE XXXII.

> C'est le fléau des rois d'être entourés d'esclaves, qui dans un mouvement d'humeur voient un ordre de meurtre, et ne connaissent d'autre loi qu'un coup d'œil du maître.
>
> *Le roi Jean.*

La dame de Lochleven était seule dans sa chambre, s'efforçant avec un zèle sincère, mais impuissant, d'arrêter ses yeux et son attention sur la Bible placée devant elle, volume gothique relié en velours orné de broderies, et orné d'agrafes et de fermoirs d'argent massif. Mais tous ses efforts ne pouvaient détourner son esprit du souvenir irritant de ce qui s'était passé la veille au soir entre elle et la reine, scène dans laquelle celle-ci lui avait rappelé par un sarcasme si amer une faute de jeunesse si longtemps pleurée.

— Devrais-je donc, se dit-elle, m'irriter à ce point de ce qu'une autre me reproche ce dont moi-même je n'ai jamais cessé de rougir ? et cependant, de quel droit cette femme, qui recueille — qui du moins a recueilli — les fruits de ma folie, et a écarté mon fils du trône, de quel droit me reprocherait-elle ma honte, et cela devant tous mes domestiques et les siens ? N'est-elle pas en mon pouvoir ? ne me craint-elle pas ? Ha ! rusé tentateur, je lutterai courageusement avec toi, et je chercherai ailleurs des forces que je ne trouve pas dans mon cœur blessé.

Elle reprit le volume sacré, et elle s'efforçait de fixer son attention sur son contenu, quand elle fut troublée par un coup frappé à la porte de la chambre. Elle s'ouvrit sur l'ordre qu'elle en donna, et l'intendant Dryfesdale entra, et resta debout devant elle, l'air troublé et le front couvert d'une sombre expression.

— Qu'est-il arrivé, Dryfesdale, qui te donne cet air soucieux? lui dit sa maîtresse. Y a-t-il de mauvaises nouvelles de mon fils ou de ses enfants?

— Non, mylady, répondit Dryfesdale, mais vous avez été outrageusement insultée hier au soir, et je crois que ce matin la vengeance égale l'insulte. Où est le chapelain?

— Que voulez-vous dire par d'aussi sombres insinuations et par une question si soudaine? Le chapelain, vous le savez bien, est allé à Perth pour assister à une assemblée des frères.

— Peu m'importe; ce n'est qu'un prêtre de Baal.

— Dryfesdale, reprit la dame avec sévérité, que signifie ceci? J'ai toujours entendu dire que dans les Pays-Bas tu frayais avec les prédicateurs anabaptistes, ces sangliers qui dévastent la vigne; — mais les ministres qui me conviennent ainsi qu'à ma famille doivent convenir à mes serviteurs.

— J'aurais voulu avoir un bon et saint conseil, cependant, continua l'intendant, comme s'il n'eût pas entendu la réprimande de sa maîtresse et se fût parlé à lui-même. Cette femme de Moab...

— Parle d'elle avec respect, interrompit lady Lochleven; elle est fille de roi.

— Hé bien, soit; elle sera bientôt en un lieu où l'on fera peu de différence entre elle et la fille d'un mendiant. — Marie d'Écosse se meurt.

— Elle se meurt, et dans mon château! s'écria lady Lochleven en se levant vivement; — de quelle maladie, ou par quel accident?

— Patience, mylady. C'est moi qui ai tout fait.

— Toi, traître infâme! — Comment as-tu osé...

— Je vous ai entendu insulter, mylady; — je vous ai entendue demander vengeance: — j'ai juré que vous l'auriez, et je viens maintenant vous en apporter des nouvelles.

— Dryfesdale, j'espère que tu extravagues?

— Je n'extravague pas, mylady. Ce qui était écrit de moi un million d'années avant que je ne visse le jour, devait s'exécuter par moi. Elle a maintenant dans ses veines ce qui, je le pense, arrêtera bientôt les ressorts de sa vie.

— Cruel scélérat! tu ne l'as pas empoisonnée?

— Et si je l'avais empoisonnée, où serait le mal? Les hommes empoisonnent les animaux malfaisants; — pourquoi ne pas les débarrasser de même de leurs ennemis? En Italie on le ferait pour une cruzade.

— Lâche ruffian, ôte-toi de ma vue!

— Ayez meilleure opinion de mon zèle, mylady, et ne jugez pas sans regarder autour de vous. Lindesay, Ruthven et votre parent Morton ont poignardé Rizzio, et cependant vous ne voyez pas maintenant de sang sur leurs broderies. — Lord Semple a poignardé le lord de Sanquhar : — son bonnet en pose-t-il d'une ligne plus de travers sur son front ? Quel noble, en Écosse, n'a pas eu part, par politique ou par vengeance, à quelque acte de cette nature ? — et qui le leur reproche ? Ne vous laissez pas abuser par ces mots ; — une dague ou un breuvage vont au même but, et ne diffèrent guère : — une fiole de verre emprisonne l'un, et un fourreau de cuir l'autre ; — l'un opère sur le cerveau, l'autre verse le sang. — Néanmoins, je n'ai pas dit que j'eusse rien donné à cette dame.

— Oses-tu bien te jouer ainsi de moi ? comme tu peux vouloir sauver ton cou de la corde qu'il mérite, dis-moi toute la vérité de cette histoire. — Tu es depuis longtemps connu pour un homme dangereux.

— Oui, au service de mon maître je puis être froid et tranchant comme mon épée. Sachez donc, mylady, que la dernière fois que je fus à terre je consultai une femme habile et puissante appelée Nicneven, dont tout le pays parle depuis quelque temps. Des fous lui demandaient des charmes pour se faire aimer, les avares des moyens d'augmenter leurs biens ; quelques-uns l'interrogeaient sur l'avenir : — souhait oiseux, puisqu'on ne peut le changer ; d'autres voulaient avoir l'explication du passé : — demande encore plus oiseuse, puisqu'on ne peut le rappeler. J'entendis leurs questions avec mépris, et demandai les moyens de me venger d'un ennemi mortel ; car je me fais vieux, et ne peux plus me fier à ma lame de Bilbao. Elle me donna un paquet : — Mêle cela, me dit-elle, avec quelque liquide, et ta vengeance est complète.

— Scélérat ! et tu l'as mêlé à la nourriture de cette prisonnière, à l'éternel déshonneur de la maison de ton maître ?

— Pour racheter l'honneur outragé de la maison de mon maître, j'ai mêlé le contenu du paquet avec la jarre d'eau de chicorée ; elles manquent rarement de la mettre à sec, et la femme l'aime par-dessus tout.

— C'est une œuvre de l'enfer ! s'écria lady Lochleven, d'avoir demandé cette poudre aussi bien que de l'avoir fournie. — Éloigne-toi, misérable, que nous voyions s'il est encore temps de porter secours !

— Elles ne nous recevront pas, madame, à moins que nous n'entrions de force. — J'ai été deux fois à la porte sans pouvoir obtenir entrée.

— Nous la ferons jeter à terre, s'il le faut ! — Un moment ; dis à Randal de se rendre ici sur-le-champ. — Randal, il est arrivé un horrible malheur. — Envoie à l'instant même une barque à Kinross : on dit que le chambellan Luke Lundin est habile. — Amène-nous aussi cette infâme sorcière Nicneven ; il faudra d'abord qu'elle neutralise son propre charme, puis nous la ferons réduire en cendres dans l'île de Saint-Serf. Pars ! pars ! — Dis-leur de faire force de voiles et de rames, par tout le bien qu'ils peuvent attendre des Douglas !

CHAPITRE XXXII.

— Il ne sera pas aisé de trouver la mère Nicneven, ni de l'amener ici à ces conditions-là, dit Randal.

— Alors donne-lui pleine assurance de sûreté. — Veilles-y, car ta propre vie doit répondre de la guérison de cette dame.

— J'aurais pu deviner cela, dit Dryfesdale d'un ton d'humeur ; mais ce qui me console, c'est que j'ai vengé ma propre cause aussi bien que la vôtre. Elle m'a raillé et bafoué, et elle a encouragé son impudent mignon de page à tourner en ridicule ma démarche grave et mon langage posé : j'ai senti que cela m'imposait le devoir de me venger d'eux.

— Rends-toi à la tourelle de l'ouest, reprit lady Lochleven, et restes-y renfermé jusqu'à ce que nous voyions comment tout ceci se terminera. Je connais ton caractère résolu ; — tu ne tenteras pas de t'échapper.

— Non pas même quand les murailles de la tourelle seraient des coquilles d'œufs, et que le lac serait recouvert d'une nappe de glace, repartit Dryfesdale. Je sais bien, et suis fort dans la croyance, que l'homme ne fait rien de lui-même, et qu'il n'est que l'écume de la vague, qui s'élève, se change en bulles et éclate, non de son propre fait, mais par l'impulsion plus puissante du destin qui le pousse. Cependant, mylady, si je puis donner un conseil au milieu de ce zèle pour la vie de la Jézabel d'Écosse, n'oubliez pas ce qui est dû à votre propre honneur, et tenez l'affaire aussi secrète que vous pourrez.

A ces mots le sombre fataliste s'éloigna de sa maîtresse, et se rendit tranquillement au lieu de détention qui lui était assigné.

Lady Lochleven profita de son dernier avis, et se contenta d'exprimer la crainte que la prisonnière n'eût pris quelque nourriture malsaine, et n'en fût sérieusement incommodée. L'alarme se répandit dans le château, et tout y fut bientôt en confusion. Randal partit pour aller chercher Lundin, avec les remèdes propres à être opposés au poison ; et sa maîtresse lui renouvela ses recommandations d'amener la mère Nicneven si on pouvait la trouver, avec plein pouvoir de lui engager la parole de lady de Lochleven qu'elle n'aurait aucun risque à courir.

Cependant cette dernière s'était rendue à la porte de l'appartement de la reine, où elle était entrée en pourparler avec le page, qu'elle pressait en vain d'ouvrir.

— Jeune insensé ! lui dit-elle, ta vie et celle de ta maîtresse sont en danger. — Ouvre, te dis-je, ou je vais faire abattre la porte.

— Je ne puis ouvrir la porte sans en avoir l'ordre de ma royale maîtresse, répondit Roland ; elle a été très-mal, et maintenant elle dort. — Si vous l'éveillez en usant de violence, que les conséquences en retombent sur vous et sur vos gens !

— Jamais femme fut-elle dans une passe si terrible, exclama lady Lochleven. — Du moins, téméraire enfant, prends garde que personne ne touche à la nourriture, et notamment à la jarre d'eau de chicorée.

Elle courut alors à la tourelle, où Dryfesdale s'était consigné de lui-même avec le plus grand calme. Elle le trouva occupé à lire : — Ton infâme potion devait-elle opérer promptement? lui demanda-t-elle.

—Lentement, répondit l'intendant. La sorcière me demanda ce que je préférais ; — je lui dis que j'aimais une vengeance lente et sûre. — La vengeance, lui dis-je, est le breuvage le plus exquis que l'homme goûte sur terre : il doit le savourer goutte à goutte, et non l'avaler d'un seul trait.

—Contre qui, malheureux, pouvais-tu méditer une vengeance si barbare?

—J'en ai plus d'un sujet, mais le principal était cet insolent page.

—L'enfant! — homme inhumain, qu'a-t-il pu faire pour mériter ta haine?

—Il s'est élevé dans votre faveur, et vous l'avez honoré de vos commissions : — c'était une chose. Il s'est élevé dans celle de Georges Douglas aussi : — c'en était une autre. C'était le favori du calviniste Henderson, qui me haïssait parce que mon esprit repousse une prêtrise distincte et séparée. La reine moabite l'affectionnait, — les vents soufflaient pour lui de tous les points opposés; — le vieux serviteur de votre maison était à peine regardé parmi vous : — par-dessus tout, dès la première fois que j'ai vu son visage il m'a tardé de me défaire de lui.

— Quel démon ai-je élevé dans ma maison ! — Puisse Dieu me pardonner le péché de t'avoir donné la nourriture et le vêtement !

— Vous n'aviez pas le choix, mylady. Longtemps avant que ce château ne fût bâti, — oui, longtemps avant que l'îlot qui le supporte n'élevât sa tête au-dessus de l'azur des eaux, j'étais destiné à être votre esclave fidèle, et vous à être mon ingrate maîtresse. Ne vous souvenez-vous pas quand je m'enfonçai dans les rangs des Français victorieux, du temps de la mère de cette femme, et en retirai votre époux, alors que ceux qui avaient été suspendus aux mêmes mamelles que lui ne tentaient pas de le secourir?—Souvenez-vous comment je plongeai dans le lac quand la barque de votre petit-fils chavira pendant la tempête, comment je l'abordai et la ramenai sauve à terre. Madame, — le vrai serviteur d'un baron écossais est celui qui ne regarde ni à sa vie ni à celle de personne autre, sauf son maître. Et quant à la mort de la femme, j'aurais essayé plus tôt la potion sur elle si M. Georges n'eût goûté de tout ce qu'on lui servait. Sa mort, — ne serait-ce pas la plus heureuse nouvelle que l'Écosse eût jamais entendue? N'est-elle pas de la souche sanguinaire des Guise, dont l'épée s'est rougie si souvent du sang des saints de Dieu? N'est-elle pas la fille du misérable tyran Jacques, que le Ciel précipita de son trône et de son orgueil, comme fut frappé le roi de Babylone?

— Silence, scélérat ! interrompit lady Lochleven, — mille souvenirs divers se pressant dans son esprit à la mention du nom de son royal amant ; silence, et ne trouble pas la cendre des morts, — la cendre d'un roi malheureux ! Lis ta Bible, et puisse Dieu te faire la grâce de profiter de son contenu mieux que tu ne l'as fait jusqu'à présent ! Elle s'éloigna précipitamment, et à peine avait-elle passé la porte que des larmes abondantes lui vinrent aux yeux, et qu'elle fut obligée de s'arrêter et de recourir à son mouchoir pour les essuyer. — Je ne m'attendais pas à ceci, dit-elle, pas plus qu'à tirer de l'eau d'un caillou ou de la sève d'un arbre desséché. J'ai vu d'un œil sec l'apostasie et la honte de Georges Douglas, l'espérance de la maison de mon fils, — l'enfant de mon amour ; et cependant je pleure maintenant sur celui qui depuis si longtemps est étendu dans son tombeau, — sur celui à qui je dois cela, que sa fille peut jeter sur mon nom la raillerie et l'insulte ! Mais elle est *sa* fille ; — mon cœur, que tant de motifs endurcissent contre elle, se sent amollir quand un regard de ses yeux place inopinément devant moi l'image de son père ; — et chaque fois, sa ressemblance avec cette vraie fille de la maison de Guise, sa mère détestée, a de nouveau raffermi ma résolution. Mais elle ne doit pas — elle ne doit pas mourir dans ma maison, et par un aussi abominable crime. Grâce à Dieu, l'effet de la potion est lent, et peut être combattu. Je vais retourner à son appartement. — Mais ce scélérat endurci, dont nous prisions tant la fidélité, faut-il qu'il nous en ait donné une telle preuve ! Quel miracle peut réunir dans le même cœur tant de méchanceté à tant de dévouement !

Lady Lochleven ne savait pas combien les esprits d'une certaine nature sombre et déterminée peuvent être entraînés par le vif ressentiment d'injures et d'insultes légères, auquel vient se joindre l'amour du gain et l'intérêt personnel, combinés surtout avec l'étrange et indigeste fanatisme des opinions que cet homme avait puisées chez les ignorants sectaires d'Allemagne ; elle ne savait pas à quel point les doctrines du fatalisme, qu'il avait si décidément embrassées, pervertissent la conscience humaine, en représentant nos actions comme le résultat d'une inévitable nécessité.

Durant la visite qu'elle avait faite au prisonnier, Roland avait fait part à Catherine de la conversation qu'il avait eue avec elle à la porte de l'antichambre. La prompte et vive intelligence de cette jeune fille comprit à l'instant la nature des appréhensions manifestées par lady Lochleven ; mais ses préventions l'entraînèrent au delà de la vérité.

— Ils voulaient nous empoisonner, s'écria-t-elle avec un sentiment d'horreur, et voilà la liqueur fatale qui aurait accompli le crime ! — Oui, dès que Douglas a cessé d'être notre dégustateur, il était probable que nos aliments recevraient un assaisonnement mortel. Toi, Roland, qui en devais faire l'essai, tu étais sans peine condamné à mourir avec nous. O ma chère lady Fleming, pardon, mille fois pardon des injures que je vous ai dites dans ma colère ! — vos paroles ont été inspirées du Ciel pour nous sauver la vie, et surtout celle de la reine outragée. Mais que faire maintenant? Cette vieille crocodile du lac va revenir tout à l'heure verser ses larmes hypocrites sur notre dernière agonie. — Lady Fleming, qu'allons-nous faire?

— Que Notre-Dame nous assiste! répondit celle-ci; que voulez-vous que je vous dise? — à moins que nous ne fassions notre plainte au régent.

— Que nous ne nous plaignions au diable, repartit Catherine avec impatience, et que nous n'accusions sa digne acolyte au pied de son trône brûlant! — La reine dort encore, — il nous faut gagner du temps. La vieille empoisonneuse doit ignorer que son plan n'a pas réussi; l'araignée venimeuse qu'elle est n'a que trop de moyens de raccommoder sa toile rompue. — La jarre d'eau de chicorée, ajouta-t-elle. — Roland, si tu es un homme, aide-moi; — vide la jarre dans la cheminée ou par la fenêtre; — coupe, hache les viandes comme si nous avions fait notre repas d'habitude, mais laisses-en les morceaux dans les plats et sur les assiettes, et ne goûte à rien si tu tiens à la vie. Je vais m'asseoir près de la reine, et je lui dirai à son réveil dans quelle terrible passe nous nous trouvons. Son esprit de ressources et son sang-froid nous dirigeront dans ce qu'il y a de mieux à faire. En attendant, et jusqu'à nouvel ordre, fais bien attention, Roland, que la reine est dans un état de torpeur, — et que lady Fleming est indisposée : — ce rôle (ajouta-t-elle à voix basse) lui conviendra le mieux, et épargnera à son esprit la peine de travailler en vain. Moi, je suis moins mal, tu comprends.

— Et moi?

— Vous? vous êtes tout à fait bien. — Qui pense à empoisonner des roquets ou des pages?

— Cette légèreté convient-elle en ce moment?

— Parfaitement, parfaitement; si la reine m'approuve, je vois clairement comment cette tentative manquée peut nous être fort utile.

Tout en parlant, elle se mit à l'œuvre, activement aidée par Roland. La table offrit bientôt la même apparence que si le repas eût été fait comme de coutume; puis les deux dames entrèrent aussi doucement que possible dans la chambre à coucher de la reine. Sur un nouvel appel de lady Lochleven, le page ouvrit la porte et la reçut dans l'antichambre, lui demandant pardon de ne pas avoir ouvert d'abord, et alléguant pour excuse que la reine était tombée dans un sommeil pesant depuis son déjeuner.

— Elle a donc bu et mangé? demanda lady Lochleven.

— Assurément, répondit le page, comme c'est l'usage ordinaire de Sa Grâce, sauf les jours de jeûne de l'Église.

— La jarre? reprit-elle; puis l'examinant à la hâte, elle ajouta : Elle est vide; — est-ce que lady Marie a bu toute cette eau?

— Une grande partie, madame; et j'ai entendu lady Catherine Seyton reprocher en plaisantant à lady Marie Fleming d'avoir pris plus qu'une juste part de ce qui restait, de sorte qu'elle n'en a eu qu'assez peu.

— Et sont-elles en bonne santé?

— Lady Fleming se plaint de léthargie, et paraît plus pesante que de coutume; quant à lady Catherine de Seyton, elle se sent la tête un peu plus étourdie que d'ordinaire.

Il éleva un peu la voix en faisant cette réponse, pour apprendre aux deux dames le rôle assigné à chacune d'elles, et non, peut-être, sans le secret désir de porter aux oreilles de Catherine la plaisanterie de page cachée dans le partage.

— Je veux entrer dans la chambre de la reine, reprit lady Lochleven ; il faut absolument que j'y entre.

Comme elle avançait vers la porte, la voix de Catherine Seyton se fit entendre de l'intérieur : — Personne ne peut entrer ici, dit-elle ; — la reine dort.

— On ne m'arrêtera pas, jeune fille, répliqua lady de Lochleven ; je sais qu'il n'y a pas de barre intérieure, et j'entrerai malgré vous.

— Il est vrai qu'il n'y a pas de barre intérieure, repartit Catherine avec fermeté, mais il y a les crampons où cette barre devrait être ; et dans ces crampons j'ai passé mon bras, comme fit une de vos ancêtres, qui, plus honorablement employée que les Douglas de nos jours, défendit ainsi la chambre à coucher de sa souveraine contre des assassins. Essayez donc votre force, et voyez si une Seyton ne peut rivaliser en courage avec une fille de la maison de Douglas

— Je n'ose tenter le passage à un tel risque, dit lady de Lochleven ; — il est étrange, malgré tous les justes sujets de blâme qui s'attachent à elle, que cette princesse conserve un tel empire sur l'esprit de ceux qui l'entourent! — Damoiselle, je te jure sur mon honneur que je viens pour la sûreté et l'avantage de la reine. Éveille-la, si tu l'aimes, et prie-la de me permettre d'entrer. — Jusque-là je n'approcherai pas de la porte.

— Tu ne vas pas éveiller la reine? dit lady Fleming.

— Quel choix avons-nous? répondit judicieusement la jeune fille ; à moins que vous ne jugiez plus convenable d'attendre que lady Lochleven vienne jouer elle-même le rôle de dame de la chambre. Son accès de patience ne sera pas long, et il faut que la reine soit préparée à la recevoir.

— Mais tu vas occasionner une nouvelle crise à Sa Grâce en la troublant ainsi.

— A Dieu ne plaise! mais si cela arrive, il faut que la crise passe pour un effet du poison. J'espère mieux des choses ; j'espère que la reine en s'éveillant sera en état d'asseoir un jugement dans cette terrible occurrence. Toi, ma chère lady Fleming, attache-toi en attendant à paraître aussi lourde et aussi appesantie que ta vivacité d'esprit le permettra.

Catherine s'agenouilla au chevet de la reine, et lui baisant la main à plusieurs reprises, elle réussit enfin à l'éveiller sans l'alarmer. Elle parut surprise de se trouver tout habillée au lit; mais elle se mit sur son séant, et se montra si parfaitement calme, que Catherine Seyton jugea sans danger de l'informer sans autre préambule des circonstances où elles se trouvaient. Marie pâlit et fit plusieurs fois le signe de la croix, en apprenant l'imminent danger qu'elle avait couru. Mais, comme l'Ulysse d'Homère,

> « Ses yeux s'ouvraient à peine,
> Que déjà son esprit était libre et présent; »

et elle comprit tout d'abord sa situation, avec ses dangers et ses avantages.

— Nous ne pouvons mieux faire, dit-elle après sa conférence hâtive avec Catherine, en même temps qu'elle la pressait sur son sein et la baisait au front, nous ne pouvons mieux faire que de suivre le plan si heureusement imaginé par ton esprit fertile et ta courageuse affection. Ouvre la porte à lady Lochleven : — elle trouvera son égale en artifice, sinon en perfidie. Fleming, ferme le rideau, et place-toi derrière. — Tu es plus habile comme dame d'atours que comme actrice; respire péniblement, et, si tu veux, pousse de légers gémissements : ce sera tout ton rôle. Écoutez! les voici venir. Maintenant, Catherine de Médicis, puisse ton esprit m'inspirer, car un froid cerveau du nord n'est pas ce qu'il faut pour une telle scène!

Introduite par Catherine Seyton, et s'avançant aussi légèrement que possible, lady Lochleven parut à l'entrée de la chambre à demi éclairée, et fut conduite près de la couche où Marie, pâle et épuisée par l'insomnie de la nuit ainsi que par les scènes d'agitation du matin, était étendue dans un état d'immobilité bien propre à confirmer les craintes les plus graves de son hôtesse.

— Que Dieu nous pardonne nos péchés! exclama lady de Lochleven, oubliant son orgueil et se jetant à genoux près du lit; il n'est que trop vrai, — elle est assassinée!

— Qui est dans la chambre? dit Marie, comme si elle fût sortie d'un pesant sommeil; Seyton, Fleming, où êtes-vous? J'entends une voix étrangère. Qui est de service? — Appelez Courcelles.

— Hélas! sa mémoire est à Holyrood, quoique son corps soit à Lochleven. — Pardonnez, madame, continua lady Lochleven, si j'appelle votre attention sur moi. — Je suis Catherine Erskine, de la maison de Mar, par mariage lady Douglas de Lochleven.

— Ha! notre obligeante hôtesse, qui a mis tant de soins à notre logement et à notre nourriture. — Nous vous avons embarrassée trop et trop longtemps, bonne lady de Lochleven, mais nous nous flattons maintenant que votre tâche d'hospitalité touche à sa fin.

— Ses paroles me percent le cœur comme autant de poignards! — C'est le cœur brisé, madame, que je prie Votre Grâce de me dire quel mal vous ressentez, et quels secours on peut y apporter, s'il en est temps encore.

— Oh! mon mal ne vaut pas qu'on en parle, ni qu'un médecin s'en occupe; — je sens de la pesanteur dans les membres, — j'éprouve du froid au cœur : — les membres et le cœur d'un prisonnier sont rarement autres. — Il me semble que l'air pur et la liberté m'auraient bientôt rendue à la vie; mais, ainsi que les États l'ont ordonné, la mort seule peut briser les portes de ma prison.

— S'il était possible, madame, que la liberté pût vous rendre une parfaite santé, je m'exposerais au ressentiment du régent, — de mon fils sir William, — de tous mes amis, plutôt que de vous laisser terminer votre vie dans ce château!

— Hélas! madame, dit lady Fleming, qui crut le moment propice pour montrer qu'on avait trop peu tenu compte de son adresse, il ne s'agirait que d'essayer quel bien la liberté pourrait produire sur nous; car moi-même je crois qu'une libre promenade sur la pelouse me ferait grand bien au cœur.

Lady de Lochleven, qui était toujours à genoux, se leva, et lança un regard pénétrant à la doyenne des trois malades : — Êtes-vous si sérieusement indisposée, lady Fleming? dit-elle.

— Très-sérieusement, madame, et surtout depuis le déjeuner.

— A l'aide! à l'aide! exclama Catherine, impatiente de couper court à une conversation qui ne promettait rien de bon à ses plans; à l'aide! la reine va passer. Secourez-la, lady Lochleven, au nom de l'humanité!

La dame châtelaine s'empressa de soutenir la tête de la reine, qui, tournant les yeux de son côté d'un air d'extrême langueur, lui dit : Merci, ma chère lady de Lochleven; — malgré ce qui s'est passé depuis quelque temps entre nous, je n'ai jamais mésinterprété ni méconnu votre affection pour notre maison. Elle a été prouvée, à ce que j'ai entendu dire, avant que je sois née.

Lady de Lochleven s'était agenouillée de nouveau; elle se releva vivement; et, après avoir fait quelques tours dans la chambre à pas précipités, elle ouvrit brusquement la fenêtre, comme si sa poitrine oppressée eût eu besoin du grand air.

— Que Notre-Dame me pardonne! se dit Catherine à elle-même. Combien il faut que l'amour du sarcasme soit profondément implanté dans notre esprit, à nous autres femmes, puisque la reine, avec tout son bon sens, risquera de tout perdre plutôt que de retenir un trait satirique! Se baissant alors vers la reine et lui pressant le bras, elle s'aventura à lui dire : Pour l'amour de Dieu, madame, contenez-vous!

— Tu es trop présomptueuse, Catherine, répliqua Marie; mais immédiatement elle ajouta à voix basse : Pardonne-moi, mon enfant ; mais quand j'ai senti à ma tête et à mon cou les mains meurtrières de la vieille sorcière, j'ai éprouvé un tel dégoût et une telle haine, qu'il fallait que je disse quelque chose ou que je mourusse. Mais je m'étudierai à mieux me conduire; — seulement veille à ce qu'elle ne me touche pas.

— Dieu soit loué! dit lady Lochleven en se retirant de la fenêtre; voici venir la barque aussi vite que voiles et rames peuvent faire voler le bois sur l'eau. — Elle amène le médecin et une femme, — certainement, d'après l'apparence, celle même en quête de qui j'étais. Si *elle* pouvait sortir de ce château, notre honneur sauf, je voudrais qu'*elle* fût sur le haut de la plus sauvage montagne de Norvége, ou plutôt je voudrais y avoir été moi-même avant de m'être chargée d'un tel dépôt!

Tandis qu'elle tenait cet *à parte*, enfoncée dans l'embrasure d'une fenêtre, Roland Græme observait d'une autre croisée la marche rapide du bateau qui creusait dans le lac un long sillon d'écume. Lui aussi s'aperçut qu'à la poupe était assis le médecin-chambellan, couvert de son manteau de velours noir, et que sa propre parente, Magdalen Græme, sous les faux dehors de la mère Nicneven, était debout à la proue, les mains jointes et dirigées vers le château, et toute son attitude annonçant, même à cette distance, son impatience enthousiaste de prendre terre. Ils y touchèrent enfin; et tandis que la sorcière supposée était retenue dans une salle inférieure, le médecin fut conduit à l'appartement de la reine, où il entra avec toute la gravité convenable à sa profession. Catherine, sur ces entrefaites, s'était éloignée du lit de la reine, et avait trouvé l'occasion de dire à l'oreille de Roland : Il me semble, rien qu'à voir ce manteau de velours râpé et cette barbe solennelle, qu'il ne serait pas bien difficile de brider cet âne-là; mais ta grand'mère, Roland : — le zèle de ta grand'mère nous perdra, si on ne la prévient pas qu'il faut dissimuler.

Roland se glissa sans répondre vers la porte de la chambre, traversa le parloir, et pénétra sans obstacle dans l'antichambre; mais quand il tenta de passer outre, le mot Arrière! arrière! que se renvoyèrent de l'un à l'autre deux hommes armés de carabines, le convainquit que les soupçons de lady Lochleven, même au milieu de ses alarmes, ne s'étaient pas tellement endormis qu'elle eût négligé la précaution de faire garder ses prisonniers par des sentinelles. Il fut donc forcé de revenir au parloir, où il trouva la maîtresse du château en conférence avec son savant médecin.

— Trêve à votre jargon et à vos balivernes solennelles, Lundin (ce fut en ces termes qu'elle débuta avec l'homme de l'art), et faites-moi connaître à l'instant même, supposé que vous puissiez le dire, si cette dame a pris quelque chose de dangereux.

— Mais, ma bonne lady, — mon honorée maîtresse, — à qui je suis également soumis en ma double qualité de médecin et d'officier de sa maison, procédez raisonnablement avec moi. Si cette illustre malade ne veut répondre à mes questions que par des signes et des gémissements, — si cette autre honorable dame ne veut rien faire que de bâiller au visage quand je m'enquiers des diagnostiques, — et si cette autre jeune demoiselle, que je déclare être une jeune fille très-avenante...

— Ne me parlez ni de beauté ni de demoiselles, interrompit lady Lochleven; je vous demande si elles sont sérieusement indisposées. — En un mot, docteur, ont-elles pris du poison, oui ou non?

— Les poisons, madame, répondit le savant médecin, sont de diverses sortes. Vous avez les poisons animaux, tels que le *lepus marinus* mentionné par Dioscoride et Galien, — il y a les poisons minéraux et semi-minéraux, tels que ceux qui sont composés de régulus sublimé d'antimoine, de vitriol, et de sels arsénicaux; — vous avez les poisons tirés des herbes et des végétaux, tels que l'*aqua cymbalariæ*, l'opium, l'*aconitum*, les cantharides, et autres; — il y a aussi....

— Foin du docte sot! exclama la dame; et moi-même je ne vaux pas mieux, d'attendre un oracle d'une telle souche.

— Mais si mylady voulait avoir un peu de patience.... si je savais quelle nourriture elles ont prise, et si je pouvais voir seulement les restes de ce qu'elles ont mangé à leur dernier repas... car quant aux symptômes externes et internes, je ne puis rien découvrir qui y ressemble; car, comme dit Galien dans son second livre *De Antidotis*...

— Laisse-moi, docteur ignare! interrompit de nouveau la dame. — Envoyez-moi cette sorcière; il faudra qu'elle avoue ce qu'elle a donné à ce misérable Dryfesdale, ou bien les *pilniewinks* et les *thumbikins* [1] lui feront sortir l'aveu des jointures des doigts!

— L'art n'a d'autre ennemi que l'ignorant, dit le docteur mortifié, ayant soin, cependant, de voiler sa remarque sous la version latine, et se retirant à part dans un coin pour voir quelle serait l'issue de tout ceci.

Deux minutes après, Magdalen Grœme entra dans le salon, habillée comme nous l'avons vue à la foire, mais sa mentonnière rejetée en arrière, et sans annoncer en rien l'intention de se déguiser. Elle était escortée de deux gardes, de la présence desquels elle ne semblait même pas s'apercevoir, et qui la suivaient d'un air timide et embarrassé, provenant sans doute de la croyance qu'ils avaient en son pouvoir surnaturel, jointe à l'effet produit par la hardiesse et l'assurance de sa démarche. Elle regarda fixement lady de Lochleven, qui parut supporter avec un grand dédain la confiance qu'annonçaient l'air et les manières de la matrone.

---

[1] Anciens instruments de torture qu'on appliquait aux pouces. (L. V.)

— Misérable femme! dit la châtelaine, après avoir essayé, un moment avant de lui adresser la parole, de lui imposer par la dignité sévère de son regard, quelle est cette poudre que tu as donnée à un serviteur de cette maison nommé Jasper Dryfesdale, pour qu'il s'en pût servir pour une vengeance lente et secrète? — avoues-en la nature et les propriétés, ou, par l'honneur des Douglas, je te livre au feu et au poteau avant que le soleil soit couché!

— Hélas! repartit Magdalen Grœme, depuis quand un Douglas ou un serviteur des Douglas est-il si dépourvu de moyens de vengeance, qu'il lui faille venir en demander à une pauvre femme solitaire? Les tours où vos captifs se consument dans un tombeau dont la pitié n'approcha jamais sont encore debout sur leurs fondations : — les crimes dont leurs voûtes ont été témoins ne les ont pas encore fait s'entr'ouvrir ; — vos gens ont encore leurs arbalètes, leurs pistolets et leurs dagues : — pourquoi chercheriez-vous des herbes ou des charmes pour exécuter vos vengeances?

— Écoute-moi, sorcière insensée... Mais à quoi servirait de te parler?
— Amenez Dryfesdale ici, pour qu'ils soient confrontés.

— Vous pouvez en épargner la peine à vos gens, répliqua Magdalen Grœme. Je ne suis pas venue ici pour être confrontée avec un ignoble valet, ni pour répondre aux interrogatoires de la maîtresse de l'hérétique Jacques : — je suis venue pour parler à la reine d'Écosse. — Faites-moi place!

Et tandis que lady Lochleven restait confondue de l'audace de cette femme, et de l'insulte qu'elle venait de lui jeter, Magdalen Grœme pénétra dans la chambre de la reine, et s'agenouillant sur le plancher, elle s'inclina comme si elle eût voulu, à la manière orientale, toucher la terre de son front.

— Salut, princesse! dit-elle; salut, fille de tant de rois, mais plus favorisée qu'aucun d'eux en ce que tu es appelée à souffrir pour la vraie foi! — salut à toi, dont la couronne d'or pur a été éprouvée à la fournaise sept fois ardente de l'affliction! — Écoute les consolations que Dieu et Notre-Dame t'envoient par la bouche de ta servante indigne.
— Mais d'abord.... Alors, baissant la tête, elle se signa à plusieurs reprises, et, toujours à genoux, parut réciter rapidement quelque formule de dévotion.

— Saisissez-la et traînez-la au massymore! s'écria avec fureur lady de Lochleven, — traînez la sorcière au cachot le plus profond, car le diable seul, qui est son maître, peut lui avoir inspiré assez de hardiesse pour insulter la mère de Douglas dans son propre château!

Le médecin osa prendre sur lui d'intervenir : — Je vous en prie, honorable dame, dit-il, qu'il lui soit permis de parler sans interruption. Peut-être apprendrons-nous quelque chose concernant la potion qu'elle s'est aventurée, contrairement aux lois et aux règles de l'art,

CHAPITRE XXXII.

à administrer à ces dames, par l'intermédiaire de l'intendant Dryfesdale.

— Pour un fou, c'est sagement conseiller, repartit lady de Lochleven ; — je mettrai un frein à mon indignation jusqu'après leur conférence.

— A Dieu ne plaise, honorable dame, reprit le docteur Lundin, que vous la conteniez plus longtemps ; — rien ne serait plus dangereux pour votre honorable personne. Et véritablement, s'il y a de la sorcellerie en cette affaire, il est regardé comme certain par le vulgaire, et même par des auteurs solides en démonologie, que trois scrupules de cendres de sorcière bien et dûment brûlée au poteau, sont un grand *catholicon* en telle matière, de même que l'on prescrit *crinis canis rabidi,* du poil du chien qui a mordu le malade, dans les cas d'hydrophobie. Je ne garantis ni l'un ni l'autre des deux traitements, attendu qu'ils sortent de la pratique régulière des écoles ; mais, dans le cas présent, il ne peut y avoir grand mal à essayer, sur cette vieille nécromancienne et empirique, quel en sera le résultat : *Fiat experimentum* (comme nous disons) *in corpore vili*[1].

— Paix, bavard stupide ! dit lady Lochleven ; elle va parler.

En ce moment Magdalen Græme se relevait, et le pied en avant, un bras étendu, le regard fixé sur la reine, elle prenait l'air et l'attitude d'une sibylle inspirée. Ses cheveux gris s'échappant en arrière de sa coiffe et flottant sur ses épaules, son œil lançant des éclairs sous son épais sourcil, l'effet de ses traits expressifs, quoique amaigris, augmenté par un enthousiasme approchant de la démence, tout dans son apparence frappa d'une sorte de terreur ceux qui l'entouraient. Ses yeux se portèrent autour d'elle d'un air égaré pendant quelques moments, comme si elle eût cherché quelque chose qui pût l'aider à rassembler toute sa puissance d'expression ; un tremblement nerveux agitait ses lèvres, comme si elle eût voulu parler, et que les expressions qui se présentaient à elle eussent été insuffisantes pour rendre ce qu'elle voulait dire. Marie elle-même subit l'influence contagieuse d'une sorte de pouvoir magnétique ; elle se souleva sur son lit, sans qu'il lui fût possible de détourner les yeux de ceux de Magdalen, et on eût dit qu'elle attendait l'oracle d'une pythonisse. Elle n'attendit pas longtemps ; car dès que l'enthousiaste se fut recueillie, son regard devint fixe, ses traits prirent un nouveau degré d'énergie, et quand elle eut commencé à parler, les mots coulèrent de ses lèvres avec une abondance qui aurait pu passer pour de l'inspiration, et qu'elle-même, peut-être, prenait pour telle.

— Lève-toi, dit-elle, reine de France et d'Angleterre ! lève-toi, lionne d'Écosse, et ne sois pas effrayée de te voir enveloppée dans le

[1] Qu'un corps vil serve à l'expérience.

filet des chasseurs! Ne t'abaisse pas à feindre avec les traîtres que tu rencontreras bientôt sur le champ de bataille. L'issue du combat est dans les mains du Dieu des armées, mais c'est par le combat que ta cause sera jugée. Renonce donc aux artifices des mortels vulgaires, et prends l'attitude qui convient à une reine! Toi qui défends la seule vraie foi, l'arsenal du Ciel t'est ouvert! fidèle fille de l'Église, prends les clefs de saint Pierre pour lier et pour délier! — princesse royale du pays, prends le glaive de saint Paul pour frapper et retrancher! Il est des ténèbres dans ta destinée, — mais ce n'est pas dans ces tours, ce n'est pas sous l'autorité de leur maîtresse altière, que ta destinée doit s'accomplir. — Sur une terre étrangère, la lionne peut subir le pouvoir de la tigresse, mais non sur sa propre terre : — ce n'est pas en Écosse que la reine d'Écosse peut rester longtemps captive; — le sort d'une fille royale des Stuarts n'est pas dans les mains du traître Douglas. Que lady de Lochleven double ses verrous et creuse encore ses cachots, ils ne te retiendront pas : — chaque élément te viendra en aide plutôt que de te laisser captive; — plutôt que cette maison continue d'être ton lieu de captivité, la terre apportera ses tremblements, l'eau ses vagues, l'air ses tempêtes, le feu ses flammes dévorantes, pour la ruiner et la renverser. — Écoutez et tremblez, vous tous qui combattez contre la lumière; car celle qui vous fait ces prédictions en a reçu l'assurance!

Elle se tut, et le médecin stupéfait s'écria : Si jamais de nos jours il y eut une énergumène, une démoniaque possédée, il y a un démon qui parle par la bouche de cette femme!

— Fourberie! dit lady de Lochleven, se remettant de sa surprise; tout ici est fourberie et imposture. — Entraînez-la au donjon!

— Lady de Lochleven, dit Marie, se levant de son lit et s'avançant de quelques pas avec sa dignité habituelle, avant de faire arrêter personne en notre présence, écoutez un seul mot de moi. J'ai quelques torts envers vous : — je vous ai crue instruite du projet meurtrier de votre vassal, et je vous ai trompée en vous laissant croire qu'il avait eu son effet. J'ai eu tort envers vous, lady de Lochleven, car je m'aperçois que votre intention de me secourir était sincère. Nous n'avons pas touché au breuvage, et le seul mal que nous éprouvions en ce moment est le besoin de liberté.

— C'est un aveu digne de Marie d'Écosse, reprit Magdalen Græme; et apprenez, d'ailleurs, que la reine eût-elle pris ce breuvage jusqu'à la lie, il était aussi inoffensif que l'eau d'une source sanctifiée. Croyez-vous, femme orgueilleuse, ajouta-t-elle en s'adressant à lady Lochleven, que moi — moi! — j'aurais été assez misérable pour mettre du poison entre les mains d'un serviteur ou d'un vassal de la maison de Lochleven, sachant qui cette maison renfermait? J'aurais aussi bien fourni le poison qui aurait dû tuer ma propre fille!

— Serai-je ainsi bravée dans mon propre château! s'écria lady Lochleven ; qu'on la conduise au donjon ! — elle subira ce qui est dû aux empoisonneuses et aux sorcières.

— Un instant encore, lady de Lochleven, reprit Marie ; et vous, dit-elle à Magdalen, gardez le silence, je vous l'ordonne. — Votre intendant, madame, a de son propre aveu attenté à ma vie et à celle des gens de ma maison, et cette femme a fait de son mieux pour nous sauver, en lui remettant une chose inoffensive en place des substances mortelles qu'il attendait d'elle. Il me semble que je ne vous propose qu'un échange généreux, en vous disant que je pardonne de tout mon cœur à votre vassal, et que je laisse à Dieu et à la conscience de cet homme le soin de me venger, pour que vous pardonniez aussi la hardiesse de cette femme en votre présence ; car nous nous flattons que vous ne regardez pas comme un crime qu'elle ait substitué un breuvage innocent au poison mortel qui devait remplir notre coupe?

— Dieu me préserve, madame, repartit lady Lochleven, de regarder comme un crime ce qui a sauvé à la maison de Douglas l'accusation flétrissante d'avoir manqué à l'honneur et à l'hospitalité ! Nous avons écrit à notre fils pour l'informer du méfait de notre vassal, et il faut qu'il attende sa sentence, qui très-probablement sera la mort. Quant à cette femme, son commerce est réprouvé par l'Écriture et puni de mort par les sages lois de nos ancêtres : — elle aussi doit attendre sa sentence.

— Et n'ai-je donc le droit de rien demander à la maison de Lochleven, pour le danger que j'ai si récemment couru dans l'enceinte de son château? Je ne demande en retour que la vie d'une femme faible et âgée, dont le cerveau, comme vous-même en pouvez juger, paraît quelque peu affecté par l'âge et les souffrances.

— Si lady Marie a été menacée d'un danger dans la maison de Douglas, repartit l'inflexible lady de Lochleven, on peut jusqu'à un certain point regarder comme une compensation que les machinations que lady Marie a tramées aient coûté à cette maison l'exil d'un fils.

— N'intercédez pas plus longtemps pour moi, ma gracieuse souveraine, dit Magdalen Grœme ; ne vous abaissez pas jusqu'à lui devoir un seul des cheveux gris de ma tête. Je savais à quel risque je servais mon Église et ma reine, et j'ai toujours été prête à donner mon humble vie en rançon. C'est une consolation de penser qu'en m'assassinant, ou en me privant de ma liberté, ou même en touchant à un seul de mes cheveux gris, la maison dont elle exalte tant l'honneur aura comblé la mesure de sa honte, en violant l'assurance solennelle d'un sauf-conduit écrit. — Et tirant un papier de son sein, elle le présenta à la reine.

— C'est une assurance solennelle de sécurité pour la vie et les membres, dit la reine Marie, avec l'espace pour aller et venir, sous la signature et le sceau du chambellan de Kinross, accordée à Magdalen Grœme, communément nommée la mère Nicneven, en considération de ce qu'elle consent à venir, pour l'espace de vingt-quatre heures si on l'en requiert, dans l'enceinte du château de Lochleven.

— Drôle, dit la châtelaine en se tournant vers le chambellan, comment avez-vous osé lui accorder une telle protection?

— J'ai agi sur les ordres de Votre Seigneurie, transmis par Randal, ainsi qu'il peut en porter témoignage, répliqua le docteur Lundin : je suis seulement comme l'apothicaire, qui compose la potion d'après l'ordonnance du médecin.

— Je me souviens, — je me souviens; mais je n'entendais parler que d'un sauf-conduit donné dans le cas où elle aurait eu sa résidence dans une autre juridiction, et n'aurait pu par conséquent être arrêtée sur notre mandat.

— Lady de Lochleven n'en est pas moins liée par l'acte de son délégué, et tenue d'accorder le sauf-conduit, reprit la reine.

— Madame, repartit la châtelaine, la maison de Douglas n'a jamais violé son sauf-conduit, et ne le fera jamais : — elle a trop eu à souffrir d'un tel manque de foi dont elle-même fut victime; quand l'aïeul de Votre Grâce, Jacques II, au mépris des droits de l'hospitalité et de sa propre assurance écrite de sécurité, poignarda de sa propre main le brave comte de Douglas, à trois pas de la table où il venait de s'asseoir, hôte honoré du roi d'Écosse.

— Il me semble, dit la reine d'un ton d'indifférence, qu'en considération d'un fait si tragique et surtout si récent, car je crois qu'il n'y a guère que cent vingt ans qu'il a eu lieu, les Douglas auraient dû montrer pour la société de leurs souverains moins d'empressement que vous, lady de Lochleven, ne semblez en avoir pour la mienne.

— Que Randal reconduise la sorcière à Kinross, reprit lady Lochleven, et qu'il l'y remette en pleine liberté, en l'avertissant que si, à l'avenir, elle se remontre dans nos limites, ce sera au péril de sa tête. — Et que Votre Sagesse lui tienne compagnie, dit-elle au chambellan. Ne craignez pas pour votre réputation, ajouta-t-elle, quoique je vous renvoie en telle société; car en accordant qu'elle soit sorcière, ce serait perdre des fagots que de vous brûler comme sorcier.

Le chambellan, la crête basse, se mit en devoir de s'éloigner; mais Magdalen Grœme, se recueillant, paraissait vouloir répondre, quand la reine la prévint : — Bonne mère, lui dit-elle, nous vous remercions du fond de cœur de votre zèle sincère pour notre personne, et nous vous prions, comme votre souveraine, de vous abstenir de tout ce qui pourrait vous mettre personnellement en danger; et c'est aussi notre volonté que vous vous éloigniez d'ici sans adresser un mot de plus à qui que ce soit dans ce château. Comme don actuel, prenez ce petit reliquaire; — il nous a été donné par notre oncle le cardinal, et a été béni par le saint père lui-même; et maintenant, partez en paix et en silence. — Quant à vous, savant docteur, continua Marie en s'avançant vers Luke Lundin,

CHAPITRE XXXII.

qui la salua d'une manière doublement embarrassée, le respect craintif que lui inspirait la présence de la reine lui faisant craindre d'en faire trop peu, en même temps qu'il redoutait le déplaisir de sa maîtresse dans le cas où il lui arriverait d'en trop faire ; — quant à vous, savant docteur, comme ce n'est pas votre faute, quoique sûrement ç'ait été heureux pour nous, que cette fois nous n'ayons pas eu besoin de votre habileté, il ne serait pas convenable, malgré les circonstances où nous nous trouvons, que nous laissions notre médecin nous quitter sans avoir reçu de nous tel don que nous lui pouvons offrir.

A ces mots, et avec la grâce qui ne l'abandonnait jamais, quoique dans le cas actuel elle cachât peut-être une légère ironie, elle présenta au chambellan une petite bourse brodée ; la main tendue, le dos courbé, et sa face doctorale assez rapprochée de terre pour qu'un physionomiste qui l'eût ainsi aperçue de derrière entre les jambes du docteur eût pu même ainsi la prendre pour sujet de ses observations métoposcopiques, Luke Lundin allait accepter la récompense offerte par une main si belle et si illustre. Mais lady Lochleven s'interposa ; et regardant le chambellan, elle dit à haute voix : Nul serviteur de notre maison, sans déposer au même instant ce caractère et encourir par suite tout notre déplaisir, ne se permettra de recevoir un don quelconque de lady Marie.

Triste et confus, le chambellan quitta lentement son humble attitude, et ramena son corps dans une ligne verticale ; puis il sortit, suivi de Magdalen Grœme, après que celle-ci, par un geste muet, mais expressif, eut baisé le reliquaire qu'elle venait de recevoir de la reine, et que, les mains jointes et les yeux levés au ciel, elle eut paru appeler la bénédiction d'en haut sur la royale prisonnière. Au moment où elle sortit du château et se dirigea vers l'endroit où était amarrée la barque, Roland Grœme, désirant vivement communiquer avec elle, s'il était possible, se jeta sur son passage, et peut-être eût-il réussi à échanger quelques mots avec sa grand'mère, qui n'était gardée que par le triste chambellan et ses deux hallebardiers : mais elle parut avoir pris dans le sens le plus strict et le plus absolu l'ordre que lui avait donné la reine d'être silencieuse ; car elle ne répondit aux signes répétés du page qu'en portant un doigt à ses lèvres. Le docteur Lundin ne fut pas si réservé. Le regret du don généreux qu'on l'avait contraint de refuser, et cette abnégation forcée qu'on lui avait imposée, avaient aigri l'esprit de ce digne fonctionnaire. — C'est ainsi, mon ami, dit le savant médecin en secouant la main de Roland au moment de lui faire ses adieux, c'est ainsi que le mérite est récompensé. J'étais venu pour guérir cette malheureuse dame, — et je maintiens qu'elle en vaut la peine ; car, qu'on dise d'elle ce qu'on voudra, elle a les manières les plus séduisantes, la voix douce, le sourire gracieux, et un mouvement de main des plus majestueux. Si elle n'était pas empoisonnée, dites, mon cher M. Roland, était-ce ma faute, à moi qui étais prêt à la guérir si elle l'avait été? — Et maintenant on me refuse la permission d'accepter mes honoraires bien gagnés! — O Galien! ô Hippocrate! le bonnet gradué et l'écarlate de docteur en sont-ils venus là! *Frustrà fatigamus remediis ægros* [1].

Il s'essuya les yeux et monta sur l'esquif, qui s'éloigna de terre et vogua joyeusement sur le lac que ridait le vent d'été [2].

CHAPITRE XXXIII.

> La mort loin de nous? — non, hélas! elle est toujours nos côtés, et nous menace incessamment de son dard. Sommes-nous en santé, elle se cache au fond de notre coupe; sommes-nous étendus sur notre lit de douleur, elle se rit de nos médecines : nous ne pouvons ni marcher, ni nous asseoir, ni monter à cheval, ni voyager, que la mort ne soit là pour nous saisir quand il lui plaît.
>
> *Le Moine espagnol.*

APRÈS la scène d'agitation dont le salon de la reine venait d'être le théâtre, lady de Lochleven rentra dans son appartement, et ordonna que l'intendant fût appelé devant elle.

— Est-ce qu'on ne t'a pas désarmé, Dryfesdale? dit-elle en le voyant entrer, portant, comme de coutume, l'épée et la dague.

— Non, répondit le vieillard; comment m'aurait-on désarmé? Votre Seigneurie, quand elle m'a ordonné de me rendre au donjon, ne m'a pas parlé de déposer mes armes; et je ne crois pas qu'aucun de vos domestiques, sans votre ordre ou celui de votre fils, osât approcher de Jasper Dryfesdale dans un tel dessein. Vous rendrai-je maintenant mon épée? — Elle ne vaut pas grand'chose à présent; car elle a tant combattu pour votre maison, qu'elle en est venue au point de ne plus guère être qu'un morceau de vieux fer, comme le vieux couteau à chapeler du panetier.

— Tu as tenté un crime horrible, — l'empoisonnement d'une personne qui nous est confiée.

— Confiée? — hum! je ne sais ce que mylady pense à cet égard, mais le monde du dehors pense qu'elle vous a été confiée à cette fin-là même; et vous auriez été bien soulagée si la chose avait fini comme je me le proposais, sans que vous en fussiez ni pis ni plus sage.

---

[1] Vainement nous fatiguons les malades de remèdes.
[2] *Voyez* la note K, à la fin du volume.

— Misérable, et aussi sot que scélérat! qui n'a pas su même exécuter le crime qu'il avait médité!

— J'ai fait ce qu'homme pouvait faire; je suis allé trouver une femme, — une femme sorcière et papiste : — si je n'ai pas eu de poison, c'est qu'il en était autrement ordonné là-haut. J'y suis allé de franc jeu; mais l'affaire à moitié faite peut se raccommoder, si vous voulez.

— Scélérat! je suis en ce moment même sur le point d'envoyer un exprès à mon fils, afin d'avoir ses ordres sur ce qu'il faut faire de toi. Prépare-toi pour la mort, si tu le peux.

— Celui qui regarde la mort, mylady, comme une chose qu'il ne peut éviter, et qui a son heure fixe et certaine, celui-là y est toujours préparé. Celui qui est pendu en mai ne mangera pas de *flaunes*[1] en été; ainsi tout est dit pour le vieux serviteur. Mais qui chargerez-vous, je vous prie, d'un si beau message?

— Il ne manquera pas de messagers.

— Par ma main! vous en manquerez, au contraire; votre château est assez mal muni d'hommes, eu égard aux postes qu'il faut faire garder, ayant la charge que vous avez. Voilà la sentinelle, et deux autres que vous avez renvoyés pour avoir agi de connivence avec M. Georges; puis pour la tour du guet, pour la bailie[2], pour le donjon, — cinq hommes montent chaque garde, et il faut la plupart du temps que les autres dorment sous le harnais. Vous affaiblir encore d'un autre homme, ce serait faire mourir les sentinelles à la peine, — ce qui serait mal entendre le gouvernement d'une maison. Faire venir de nouveaux soldats serait dangereux, la charge requérant des hommes éprouvés. Je ne vois qu'une chose pour sortir de là : — je ferai moi-même votre commission près de sir William Douglas.

— Ce serait une ressource, en effet! — et quel jour la commission serait-elle faite d'ici à vingt ans?

— Elle serait faite aussi vite que pourraient la faire l'homme et le cheval; car malgré que je ne me soucie guère des derniers jours de la vie d'un vieux soldat, pourtant je serais bien aise de savoir aussitôt que possible si mon cou est à moi ou au bourreau.

— Tiens-tu si peu à la vie?

— Si j'y tenais, j'aurais fait plus de cas de celle des autres. — Qu'est-ce que la mort? — c'est seulement cesser de vivre; — et qu'est-ce que vivre? — c'est voir une succession fatigante de la lumière et des ténèbres, du sommeil et de la veille, de la faim et des repas. Votre mort n'a plus besoin ni de chandelle ni de pinte, ni de feu ni de lit de plume; et le coffre du menuisier lui sert d'éternel pourpoint.

— Malheureux! ne crois-tu pas qu'après la mort vienne le jugement?

---

[1] Sorte de gâteaux ou de crêpes. (L. V.)

[2] Prison. (L. V.)

— Madame, comme ma maîtresse, je ne puis discuter vos paroles; mais, spirituellement parlant, vous n'êtes encore qu'une cuiseuse de briques en Egypte[1], ignorante de la liberté des saints; car, comme me l'a bien fait voir cet homme doué du Ciel, Nicolaus Schœfferbach, qui fut martyrisé par ce sanguinaire évêque de Munster, celui-là ne peut pécher qui ne fait qu'exécuter ce à quoi il est prédestiné, puisque...

— Silence! interrompit la châtelaine; — ne me réponds pas par tes audacieux et présomptueux blasphèmes, mais écoute-moi. Tu as été longtemps le serviteur de notre maison...

— Le serviteur né des Douglas; — ils ont eu le meilleur de moi. Je les ai servis depuis que j'ai quitté Lockerbie : — j'avais alors dix ans, et vous pourrez bientôt y ajouter la soixantaine.

— Ton infâme tentative a échoué, ainsi tu n'es coupable que d'intention. Tu méritais d'être pendu au haut de la tour de garde; et pourtant, dans l'état présent de ton esprit, ce ne serait que donner une âme à Satan. J'accepte donc ton offre : — pars, — voici mon message. — Je veux seulement y ajouter une ligne, pour lui demander de m'envoyer une couple de fidèles serviteurs pour compléter la garnison. Que mon fils fasse de toi ce qu'il voudra. Si tu es prudent, tu décamperas pour Lockerbie dès que ton pied aura touché la terre ferme, et tu laisseras le message trouver un autre porteur; en tout cas, veille à ce qu'il ne s'égare pas.

— Non, madame; — je suis né, comme je disais, serviteur des Douglas, et dans mon vieil âge je ne serai pas le corbeau messager. — Votre message à votre fils sera fait aussi fidèlement que s'il s'agissait du cou d'un autre. Je prends congé de Votre Honneur.

Lady Lochleven donna ses ordres, et le vieillard fut passé à terre pour procéder à son pèlerinage extraordinaire. Il est nécessaire que le lecteur l'accompagne dans son voyage, que la Providence avait déterminé ne pas devoir être de longue durée.

A son arrivée au village, l'intendant, quoique sa disgrâce eût transpiré, fut promptement pourvu d'un cheval, sur les ordres du chambellan; et les chemins n'étant nullement regardés comme sûrs, il partit de compagnie avec Auchtermuchty, le voiturier public, dans l'intention de faire route avec lui jusqu'à Édimbourg.

Le digne voiturier, selon l'invariable coutume de tout conducteur, cocher de voitures publiques et autres membres de la même confrérie, depuis les plus anciens temps jusqu'à nos jours, ne manquait jamais de bonnes raisons pour s'arrêter en route aussi souvent qu'il le voulait; et l'endroit qu'il affectionnait le plus particulièrement comme lieu de relâche était un cabaret peu éloigné d'une vallée romantique bien connue

---

[1] Allusion au travail dégradant auquel les Hébreux furent astreints pendant leur séjour en Égypte. (L. V.)

CHAPITRE XXXIII.

sous le nom de Kairie Craigs. Un attrait d'un genre tout différent de celui qui y suspendait la marche d'Auchtermuchty et de ses fourgons continue encore de planer sur ce lieu pittoresque, dont personne n'a visité les environs sans souhaiter d'y rester longtemps et d'y revenir bientôt.

Arrivé près de son *howff*[1] favori, toute l'autorité de Dryfesdale (fort diminuée, à la vérité, par le bruit de sa disgrâce) ne put déterminer le voiturier, aussi obstiné que les brutes qu'il conduisait, à passer outre sans sa halte accoutumée, pour laquelle la distance parcourue ne lui fournissait guère de prétexte. Le vieux Keltie, l'aubergiste, qui a laissé son nom à un pont voisin de la maison qu'il habitait, reçut le voiturier avec sa cordialité habituelle, et le fit entrer sous prétexte d'une affaire importante, bien qu'il ne s'agît, je pense, que de vider ensemble un mutchkin d'usquebaugh. Tandis que les deux amis étaient ainsi occupés, l'ex-intendant, une double dose de morosité dans le geste et le regard, entra d'un air mécontent dans la cuisine du lieu, où ne se trouvait qu'un voyageur. C'était un jeune homme élancé, ayant à peine dépassé l'âge de l'adolescence et portant un costume de page, mais dont le regard et les manières avaient un air de hauteur aristocratique et de hardiesse allant jusqu'à l'insolence, qui aurait pu faire conclure à Dryfesdale que l'étranger avait des prétentions à un rang supérieur, s'il n'eût pas su par expérience combien ces airs de supériorité étaient souvent pris par les domestiques et les suivants militaires de la noblesse écossaise. — Recevez le bonjour du pèlerin, vieillard, lui dit le jeune homme ; vous venez, à ce que je crois, du château de Lochleven. — Quelles nouvelles de notre jolie reine? — Jamais plus belle colombe ne fut enfermée dans un si misérable pigeonnier.

— Ceux qui parlent de Lochleven et de ses habitants parlent de ce qui regarde les Douglas, répondit Dryfesdale ; et ceux qui parlent de ce qui regarde les Douglas le font à leurs risques et périls.

— Parlez-vous en crainte d'eux, vieillard, ou voulez-vous me faire une querelle pour eux? — J'aurais cru que votre âge eût dû vous refroidir le sang.

— Jamais, tant qu'on trouvera à chaque coin des faquins à cervelle vide pour le tenir chaud.

— La vue de tes cheveux gris tient le mien froid, repartit l'enfant, qui s'était levé vivement et qui se rassit aussitôt.

— C'est heureux pour toi, reprit l'intendant, sans quoi je t'aurais rafraîchi avec cette baguette de houx. Je crois que tu es un de ces bretailleurs qui s'en vont clabaudant dans les cabarets et les tavernes, et qui, si les mots étaient des piques et les jurements autant d'André-Ferrara, auraient bientôt rétabli la religion de Babylone dans le pays et la Moabite sur le trône.

[1] Auberge, bouchon. (L. V.)

— Par saint Bennet de Seyton, s'écria le jeune homme, je vais te frapper au visage, vieux radoteur hérétique mal embouché !

— Saint Bennet[1] de Seyton ! répéta l'intendant ; une belle garantie, que saint Bennet, et pour un beau nid d'oiseaux-loups comme celui des Seytons ! — Je vais t'arrêter comme traître au roi Jacques et au digne régent. — Holà ! John Auchtermuchty ! à l'aide contre un traître au roi !

En même temps il porta la main au collet du jeune homme et tira son épée. John Auchtermuchty mit le nez à la porte ; mais à la vue de l'arme nue il s'enfuit plus vite qu'il n'était venu. Keltie, l'aubergiste, se tenait au seuil sans prendre parti ni pour l'un ni pour l'autre, se contentant de leur crier : Messieurs ! messieurs ! pour l'amour du Ciel !... et autres exclamations de même nature. Une lutte s'ensuivit, dans laquelle le jeune homme, exaspéré par l'audace de Dryfesdale, et ne pouvant se dégager aussi aisément qu'il l'avait cru de l'étreinte déterminée du vieillard, tira sa dague, et, prompt comme l'éclair, lui en porta dans la poitrine et dans le corps trois coups dont le moindre était mortel. Le vieillard tomba sur le plancher en poussant un profond gémissement, et l'hôte proféra une nouvelle exclamation de pitié et de surprise.

— Paix, chien de braillard ! dit l'intendant blessé ; des coups de poignard et des mourants sont-ils de telles raretés en Écosse, qu'il vous faille crier comme si la maison s'écroulait ? — Jeune homme, je ne te pardonne pas, car il n'y a rien entre nous à pardonner. Tu as fait ce que j'ai fait à plus d'un, — et je souffre ce que je les ai vus souffrir ; — il était réglé que tout cela serait ainsi et non autrement. Mais si tu veux me rendre service, tu feras parvenir cette lettre par voie sûre à sir William de Douglas ; et vois à ce que ma mémoire ne souffre pas, comme si je n'avais pas fait promptement ma mission par crainte pour ma vie.

Le jeune homme, dont la colère s'était évanouie dès que le coup avait été porté, prêtait au moribond une attention compatissante, quand une autre personne entra dans la cuisine, la figure presque entièrement cachée dans son manteau, et s'écria : Juste Ciel ! Dryfesdale ! Dryfesdale mourant !

— Oui, répondit le blessé ; et qui aurait voulu être mort avant que ses oreilles eussent entendu la voix du seul Douglas qui ait jamais été traître. — Mais pourtant la chose est au mieux comme elle est. Mon brave assassin, et vous autres tous, restez un peu en arrière, et laissez-moi parler à ce malheureux apostat. — Agenouillez-vous près de moi, M. Georges. — Vous avez su que j'avais failli dans ma tentative de faire disparaître cette pierre d'achoppement moabite et son entourage : — je leur avais donné ce qui, à ce que je pensais, devait éloigner la tentation de tes voies ; — et ce que j'ai fait, quoique j'en aie montré d'autres

---

[1] Saint Bénédict ou saint Benoît. (L. V.)

raisons à ta mère et aux autres, je l'ai fait principalement pour l'amour de toi.

— Pour l'amour de moi, vil empoisonneur! Après avoir commis un meurtre si horrible, si peu provoqué, aurais-tu voulu y mêler mon nom?

— Et pourquoi non, Georges de Douglas? C'est à peine si je puis encore respirer, mais je dépenserais ce qui me reste de souffle à soutenir mon argument. N'as-tu pas, en dépit de l'honneur que tu dois à tes parents, de la foi qui est due à ta religion, de la fidélité qui est due à ton roi, été entraîné par les charmes de cette belle enchanteresse, au point que tu aurais voulu l'aider à s'évader de sa prison, et lui prêter ton bras pour remonter au trône dont elle a fait une place d'abomination? — Non, non, ne t'éloigne pas de moi; — ma main, quoique déjà raidie, a encore assez de force pour te retenir. — A quoi visais-tu? — à épouser cette sorcière d'Écosse? — Je te garantis que tu pouvais réussir : — son cœur et sa main ont été souvent gagnés à un prix moindre que celui que toi, fou que tu es, te regardais comme heureux d'y mettre. Mais un serviteur de la maison de ton père devait-il te voir embrasser le sort de l'idiot Darnley et du scélérat Bothwell, — le sort de l'imbécile assassiné et du pirate encore en vie, — tant qu'une once de mort-aux-rats pouvait te sauver?

— Pense à Dieu, Dryfesdale, et cesse de proférer de telles horreurs. — Repens-toi si tu peux; — sinon, du moins, tais-toi. — Seyton, aide-moi à soutenir ce misérable moribond, afin qu'il puisse se recueillir pour de meilleures pensées, s'il est possible.

— Seyton! répéta le mourant; Seyton! est-ce de la main d'un Seyton que j'ai reçu le dernier coup? — Il y a une sorte de rétribution en ceci, — puisque la maison a presque perdu une sœur de mon fait. Puis fixant ses yeux presque éteints sur le jeune homme, il ajouta : Il a absolument ses traits et sa tournure! — Baisse-toi, jeune homme, et laisse-moi te voir de plus près; — je voudrais te reconnaître quand nous nous rencontrerons dans l'autre monde, car les homicides y feront troupe ensemble, et moi aussi j'ai été homicide. Malgré quelque résistance, il attira le visage de Seyton plus près du sien, le regarda fixement, et ajouta : Tu as commencé jeune : — ta carrière n'en sera que plus courte; — oui, tu en verras la fin, et cela bientôt. — Jeune plante arrosée du sang d'un vieillard ne prospère jamais. — Pourtant, pourquoi te blâmerais-je? — Étranges tours du sort! murmura-t-il, cessant de s'adresser à Seyton; je n'ai pu accomplir ce que je voulais, et lui a fait ce qu'il n'avait peut-être pas dessein de faire. — C'est une chose étonnante, que votre volonté s'oppose toujours à la force irrésistible du flot de la destinée! — qu'il faille que nous luttions avec le torrent, quand nous pourrions nous laisser entraîner au courant! — Ma tête ne peut plus suivre le fil de mon idée; — je voudrais que Schœfferbach fût ici.

— Mais pourquoi? — je pars pour un voyage où le vaisseau peut marcher sans pilote. — Adieu, Georges de Douglas! — je meurs fidèle à la maison de ton père. En prononçant ces derniers mots il tomba dans les convulsions, et il expira bientôt après.

Seyton et Douglas restaient les yeux fixés sur le mourant, et, quand tout fut fini, Seyton fut le premier à rompre le silence. — Sur ma vie, Douglas, ce n'était pas mon intention, et je suis fâché de ce qui arrive; mais il a mis les mains sur moi, et m'a forcé de défendre ma liberté avec ma dague, du mieux que je pourrais. Quand ce serait dix fois ton ami et serviteur, tout ce que je puis dire c'est que j'en suis fâché.

— Je ne te blâme pas, Seyton, repartit Douglas, quoique je déplore cet accident. Il est au-dessus de nous une destinée à laquelle nous sommes soumis, quoique ce ne soit pas comme l'envisageait ce malheureux, qui, égaré par je ne sais quel illuminé étranger, employait le terrible mot comme une excuse toute prête pour tout ce qu'il lui plaisait de faire. — Mais il faut examiner la lettre.

Ils se retirèrent dans une pièce intérieure, et y restèrent un certain temps en consultation; mais ils furent dérangés par l'arrivée de Keltie, qui, d'un air embarrassé, vint demander le bon plaisir de M. Georges Douglas sur ce qu'il fallait faire du corps. — Votre honneur sait, ajouta-t-il, que je me fais mon pain avec les vivants, et non pas avec les corps morts; et le vieux M. Dryfesdale, qui n'était qu'une assez triste pratique tant qu'il était en vie, occupe ma salle publique maintenant qu'il est défunt et qu'il ne peut plus demander ni ale ni eau-de-vie.

— Attache-lui une pierre au cou, dit Seyton, et quand le soleil sera couché, porte-le au Loch d'Ore, fais-lui faire un plongeon, et laisse-le en trouver le fond tout seul.

— Sous votre permission, monsieur, il n'en sera pas ainsi, dit Georges Douglas. — Keltie, tu as de l'attachement pour moi, et tu ne t'en repentiras pas. Envoie ou porte le corps à la chapelle du Mur d'Écosse ou à l'église de Ballingry, et fais telle histoire que tu voudras sur sa mort dans une querelle avec quelques tapageurs qui buvaient chez toi. Auchtermuchty n'en sait pas davantage, et les temps ne sont pas assez tranquilles pour qu'on fasse de longues enquêtes sur de tels événements.

— Laisse-le dire la vérité, reprit Seyton, en tant qu'elle ne pourra pas nuire à nos plans. — Dis qu'Henry Seyton a eu une rencontre avec lui, mon cher camarade; — je me soucie comme d'un bodle de cuivre de la querelle qui s'ensuivra.

— Une querelle avec les Douglas fut toujours chose à craindre, cependant, dit Georges, un ton de déplaisir se mêlant à la gravité de manières qui lui était naturelle.

— Non pas quand le meilleur du nom est de mon côté.

— Hélas, Henry! si tu veux parler de moi, je ne suis que la moitié d'un Douglas dans cette entreprise : — ma tête, mon cœur et mon bras sont à demi paralysés. — Mais je penserai à celle qu'on ne peut jamais oublier, et je redeviendrai tout ce que fut jamais le meilleur de mes ancêtres. — Keltie, dis que c'est Henry Seyton qui a tué Dryfesdale ; mais, prends-y garde, pas un mot de moi ! Qu'Auchtermuchty porte cette lettre à mon père, à Édimbourg (il l'avait recachetée de son propre sceau) ; et voici pour te payer de la dépense des funérailles, et t'indemniser de ta perte de pratiques.

— Et du lavage du plancher, ajouta l'hôte, ce qui ne sera pas une petite affaire ; car le sang, à ce qu'on dit, n'est pas facile à effacer tout à fait.

— Quant à votre plan, reprit Georges de Douglas en s'adressant à Seyton, et revenant à l'entretien que l'arrivée de Keltie avait interrompu, il a un bon côté ; mais, sous votre permission, vous êtes vous-même trop jeune et vous avez le sang trop ardent, outre d'autres raisons qui s'opposent à ce que vous y preniez le rôle que vous y voulez avoir.

— Nous consulterons sur cela le père abbé, repartit le jeune homme. Irez-vous à Kinross ce soir ?

— C'est mon intention ; — la nuit sera sombre et favorable pour un homme qui s'enveloppe dans son manteau¹. — Keltie, j'oubliais de vous dire qu'il faudra faire mettre sur la tombe de cet homme une pierre rappelant son nom, ainsi que son seul mérite, qui fut d'être un fidèle serviteur des Douglas.

— De quelle religion était l'homme ? demanda Seyton ; il a dit quelques paroles qui m'ont fait craindre d'avoir envoyé un sujet à Satan avant son temps.

— Je ne puis vous dire grand'chose à cet égard ; il était connu pour n'aimer ni Rome ni Genève, et il parlait des lumières qu'il avait acquises parmi les farouches sectaires de la Basse Allemagne : — mauvaise doctrine, si nous en jugeons par les fruits. Dieu nous garde de juger présomptueusement les secrets du Ciel !

— Amen ! ainsi que de faire ce soir aucune mauvaise rencontre.

— Ce n'est pas ton habitude de faire une telle prière ?

— Non ; je vous laisse cela à vous, quand vous êtes pris de scrupules sur votre engagement contre les vassaux de votre père. Mais je voudrais avoir les mains purifiées du sang de ce vieillard avant d'en répandre d'autre. — Je me confesserai ce soir à l'abbé, et j'espère avoir une pénitence légère pour avoir débarrassé la terre d'un pareil mécréant. Tout ce que je regrette, c'est qu'il n'ait pas eu une vingtaine d'années de moins. — Au surplus, il a tiré l'acier le premier : c'est une consolation.

---

¹ *Voyez* la note L, à la fin du volume.

CHAPITRE XXXIV.

> Oui, Pedro, — viens avec le masque et la lanterne, l'échelle de corde et les autres ustensiles de clair de lune ;
> — Hé bien, mon jeune maître, tu pourras tromper la vieille duègne, gagner la suivante, suborner le valet ; mais sache que moi, son père, je remplis le rôle du griffon, inapprivoisable et sans sommeil, à l'épreuve de la fraude et de la séduction, et que je garde le trésor caché de ses charmes.
>
> *Le Moine espagnol.*

L'ENCHAÎNEMENT de notre récit nous ramène au château de Lochleven, où nous allons reprendre l'ordre des événements de ce jour remarquable où Dryfesdale avait quitté le château. Il était plus de midi, heure ordinaire du dîner, et cependant rien n'annonçait que l'on songeât à servir le repas de la reine. Marie s'était retirée dans sa chambre, où elle était tout occupée à écrire. Ses trois suivants étaient réunis dans le salon, et très-disposés à compter les minutes de retard du dîner ; car on peut se souvenir qu'ils n'avaient pas déjeuné. — Je crois, en conscience, dit le page, qu'ayant vu que leur plan d'empoisonnement n'avait pas réussi, parce qu'ils se sont trompés d'adresse pour leurs ingrédients de mort, ils se disposent maintenant à essayer comment la famine opérera sur nous.

Lady Fleming fut quelque peu alarmée à cette remarque ; mais elle se rassura en faisant observer que la cheminée de la cuisine avait fumé toute la matinée d'une manière qui contredisait la supposition. Au même instant Catherine s'écria : — Les voilà qui traversent la cour avec les plats ; lady Lochleven elle-même en tête, enveloppée de sa fraise la plus haute et la plus raide, avec son tour de cou et ses manches de chypre[1], et ses larges farthingales de velours rouge à l'ancienne mode.

— Sur ma parole, dit le page qui s'était aussi approché de la fenêtre, je crois que c'est dans ces farthingales-là même qu'elle a captivé le cœur du bon roi Jamie[2], ce qui a valu un si bon frère à notre pauvre reine.

— Cela ne peut guère être, M. Roland, répliqua lady Fleming, registre vivant des variations de la mode ; car les farthingales ne vinrent en usage qu'à l'époque où la reine régente fut à Saint-André, après la bataille de Pinkie, et on les appelait alors des *vertugadins* ; ainsi...

---

[1] *Cyprus*, sorte de crêpe. (L. V.)
[2] Forme familière du mot James ou Jacques. (L. V.)

Elle allait poursuivre cette importante discussion; mais elle fut interrompue par l'entrée de lady de Lochleven, qui précédait les domestiques porteurs des plats, et qui s'acquitta cérémonieusement du devoir de goûter de chaque mets. Lady Fleming exprima courtoisement le regret que lady de Lochleven se fût chargée d'un office si peu agréable.

— Après l'étrange incident d'aujourd'hui, madame, repartit la châtelaine, mon honneur et celui de mon fils exigent que je goûte de tout ce qui sera servi à celle qui fait ici un séjour involontaire. Veuillez informer lady Marie que j'attends ses ordres.

— Sa Majesté, répliqua lady Fleming en appuyant dûment sur le mot, va être informée que lady Lochleven attend.

Marie parut sur-le-champ, et adressa la parole à son hôtesse avec une courtoisie qui approchait même de la cordialité. — C'est noblement agir, lady Lochleven, dit-elle; car bien que nous-même personnellement n'appréhendions aucun danger sous votre toit, nos dames ont été fort alarmées par l'événement de ce matin, et votre présence, en les rassurant, jettera plus de gaîté dans notre repas. Veuillez vous asseoir.

Lady de Lochleven obéit à l'ordre de la reine, et Roland remplit comme de coutume ses fonctions de page et celles d'officier tranchant. Mais nonobstant ce qu'avait dit la reine, le repas fut silencieux et triste, et tous les efforts que fit Marie pour animer la conversation expirèrent sous les réponses solennelles et glaciales de lady Lochleven. Il devint enfin évident que la reine, qui avait considéré les avances qu'elle avait faites comme une condescendance de sa part, et qui tirait avec raison quelque vanité de ses moyens de plaire, se trouvait offensée de la conduite répulsive de son hôtesse. Elle jeta un regard expressif à lady Fleming et à Catherine, avec un léger mouvement d'épaules; puis elle garda le silence. Une pause s'ensuivit, et lady Douglas fut la première à reprendre la parole : — Je m'aperçois, madame, dit-elle, que je suis un obstacle à la gaîté de vos jolies compagnes. Je vous prie de m'excuser : je suis une veuve; seule ici et chargée d'un devoir des plus périlleux, — abandonnée de mon petit-fils, trahie par mon serviteur de confiance. Je suis peu digne de l'honneur que vous me faites en m'offrant un siége à votre table, où je sais que l'esprit et l'enjouement sont habituellement attendus de chaque convive.

— Si lady de Lochleven parle sérieusement, repartit la reine, nous nous étonnons qu'elle ait la simplicité de s'attendre à ce que nos repas actuels soient assaisonnés par la gaîté. Si elle est veuve, elle est libre et honorée, à la tête de la maison de son défunt époux. Mais je connais au moins une veuve dans le monde devant laquelle les mots abandon et trahison ne devraient jamais être prononcés, car personne n'a fait de leur signification une expérience aussi amère.

— Mon intention, madame, n'était pas de vous rappeler vos infortunes en mentionnant les miennes, répliqua lady de Lochleven; et il se fit de nouveau un profond silence.

Marie s'adressa enfin à lady Fleming. — Ma bonne[1], lui dit-elle, nous ne pouvons commettre de péché mortel ici, gardées et renfermées comme nous le sommes; mais si nous le pouvions, ce silence de chartreux nous pourrait servir en quelque sorte de pénitence. Si tu as mal ajusté ma guimpe, ma chère Fleming, ou si Catherine a fait un point de travers dans sa broderie en pensant à quelque autre chose qu'à son ouvrage, ou si Roland Grœme a manqué un canard sauvage à l'aile, ou brisé un carreau à facettes[2] à la fenêtre de la tourelle, comme cela lui est arrivé il y a huit jours, voici le moment de penser à vos péchés et de vous en repentir.

— Madame, je parle en toute révérence, reprit lady Lochleven; mais je suis vieille, et je réclame le privilége de l'âge. Il me semble que les personnes de votre suite pourraient trouver des sujets de repentir plus convenables que les bagatelles que vous mentionnez — encore une fois, je vous demande pardon — comme si vous plaisantiez tout à la fois du péché et du repentir.

— Vous avez rempli pour nous les fonctions de dégustateur, lady Lochleven, repartit la reine; je m'aperçois que vous voudriez y joindre celles de notre père confesseur. — Et puisque vous voulez que notre conversation soit sérieuse, puis-je vous demander pourquoi la promesse du régent — puisque tel est le titre que prend votre fils — n'a pas été tenue envers moi à cet égard? De temps à autre cette promesse a été renouvelée, et non moins constamment violée. Il me semble que ceux qui prétendent à tant de gravité et de sainteté, ne devraient pas priver les autres des secours religieux que leur conscience appelle.

— Madame, le comte de Murray a en effet été assez faible pour céder en cela à vos malheureux préjugés, et un prêtre du pape s'est présenté de sa part à notre bourg de Kinross. Mais Douglas est seigneur et maître de son propre château, et il ne permettra pas que le seuil en soit obscurci, non, ne serait-ce que pour un seul moment, par l'ombre d'un émissaire appartenant à l'évêque de Rome.

— Il me semble qu'en ce cas il serait bien que mylord régent m'envoyât dans quelque lieu où il y aurait moins de scrupules et plus de charité.

— En ceci, madame, vous méconnaissez également et la nature de la charité et celle de la religion. La charité donne à ceux qui sont dans le délire les médicaments qui peuvent les rappeler à la santé. mais elle leur refuse ces recherches et ces liqueurs perfides qui flattent le palais et aggravent la maladie.

---

[1] Cette expression est en français dans l'original.

[2] *Quarrel-pane*, taillé en diamant; littéralement, ayant la forme d'une tête de *quarrel* ou trait d'arbalète. (W. S.)

— Cette charité que vous professez, lady Lochleven, c'est de la cruauté pure, sous le déguisement hypocrite de sollicitude amicale. Je suis opprimée parmi vous comme si vous vouliez à la fois la destruction de mon corps et la perte de mon âme ; mais le Ciel n'endurera pas toujours une telle iniquité, et ceux qui en sont les agents les plus actifs peuvent s'attendre à recevoir avant peu leur récompense.

En ce moment, Randal entra dans la salle, la physionomie si bouleversée que lady Fleming ne put retenir un faible cri, et que la reine tressaillit évidemment ; lady Lochleven, quoique trop hardie et trop fière pour laisser percer le moindre signe d'alarme, demanda précipitamment ce qu'il y avait.

— Dryfesdale a été tué, madame, répondit Randal ; il a été assassiné, au moment où il venait à peine de débarquer, par le jeune maître Henry Seyton.

Ce fut alors au tour de Catherine de tressaillir et de pâlir. — Le meurtrier du vassal des Douglas s'est-il échappé ? demanda vivement lady Lochleven.

— Il n'y avait personne pour l'arrêter que le vieux Keltie et le voiturier Auchtermuchty, et ce n'était pas de pareils hommes qui pouvaient retenir un des jeunes gens les plus intrépides d'Écosse, et qui était sûr d'avoir à peu de distance des amis et des partisans.

— Et le crime est-il complet ?

— Complet et archi-complet ; un Seyton a rarement besoin de frapper deux fois. — Mais le corps n'a pas été dépouillé, et la lettre de Votre Honneur continuera son chemin pour Édimbourg avec Auchtermuchty, qui quittera Keltie-Bridge demain de bonne heure. — Marry ! il a bu deux bouteilles d'eau-de-vie pour faire passer sa frayeur, et maintenant il les cuve à côté de ses bêtes.

Il y eut un instant de silence après ce fatal rapport. La reine et lady Douglas se regardaient l'une l'autre comme si chacune d'elles eût cherché en elle-même moyen de tirer avantage de l'incident dans la controverse toujours soulevée entre elles. — Catherine Seyton tenait son mouchoir à ses yeux, et pleurait.

— Vous voyez, madame, les maximes et les actes sanguinaires des papistes aveuglés, dit lady Lochleven.

— Dites plutôt, madame, répliqua la reine, Vous voyez le jugement mérité du Ciel sur un empoisonneur calviniste.

— Dryfesdale n'était pas de l'Église de Genève, ni de celle d'Écosse, dit vivement lady Lochleven.

— Ce n'en était pas moins un hérétique ; il n'y a qu'un guide sûr et qui jamais n'égare : tous les autres conduisent également à l'erreur.

— Bien, madame ; j'espère que ce crime vous réconciliera avec votre retraite, en vous montrant quel est le caractère de ceux qui pourraient vous désirer en liberté. Ce sont tous des tyrans altérés de sang et des monstres de cruauté, depuis le Clan-Ranald et le Clan-Tosach dans le nord, jusqu'aux Fernihersts et aux Buccleuchs dans le sud; — depuis les assassins Seytons dans l'est, et...

— Il me semble, madame, que vous oubliez que je suis une Seyton? interrompit Catherine en retirant son mouchoir de son visage, en ce moment rouge d'indignation.

— Si je l'avais oublié, belle mistress, vos manières hardies me l'auraient rappelé, repartit lady Lochleven.

— Si mon frère a tué le scélérat qui a voulu empoisonner sa sœur et sa souveraine, tout ce dont je suis fâchée, c'est qu'il ait épargné au bourreau la tâche qui lui revenait. Au surplus, quand ç'aurait été le meilleur Douglas du pays, ce serait un honneur pour lui d'être tombé sous l'épée d'un Seyton.

— Adieu, belle mistress, dit lady de Lochleven en se levant pour se retirer; ce sont les jeunes filles comme vous qui font les étourdis, les dissipés et les querelleurs. Il faut bien, vraiment, que les jeunes gens s'élèvent dans les bonnes grâces de quelque demoiselle évaporée, qui croit danser à travers la vie comme dans une gaillarde française. Elle fit alors sa révérence à la reine, et ajouta : — Adieu, madame, jusqu'à l'heure du couvre-feu, où je serai peut-être plus hardie que bienvenue en assistant à votre souper. — Suis-moi, Randal, et raconte-moi plus en détail ce sanglant événement.

— C'est un événement extraordinaire, dit la reine après le départ de lady Lochleven; et tout scélérat qu'il était, je voudrais que cet homme eût eu le temps du repentir. Nous ferons faire quelque chose pour son âme, si nous regagnons jamais notre liberté et que l'Église veuille accorder une telle grâce à un hérétique. — Mais dis-moi, Catherine, ma mignonne, — ce frère qui est si intrépide, comme le disait ce drôle, te ressemble-t-il toujours aussi étonnamment qu'autrefois?

— Si Votre Grâce veut parler du caractère, elle sait si je suis aussi intrépide que cet homme nous l'a représenté.

— Eh mais! tu es assez vive et assez hardie, en conscience; mais tu ne m'en es pas moins chère. — Ce que je te demande, c'est si ce frère jumeau te ressemble autant qu'autrefois par la tournure et les traits. Je me souviens que ta bonne mère alléguait comme une raison pour te destiner au cloître, que si vous étiez tous deux dans le monde, on te ferait sûrement honneur de quelques-unes des frasques de ton frère.

— Je crois, madame, répondit Catherine, que même encore à présent il y a certaines gens assez extraordinairement simples pour avoir peine à nous distinguer l'un de l'autre, surtout quand pour se divertir mon frère a pris des habits de femme. — Et en même temps elle lança un coup d'œil rapide à Roland Græme, pour qui cette conversation fut un rayon de lumière aussi doux que le fut jamais pour le prisonnier celui que sa porte entr'ouverte laissa pénétrer dans son cachot, quand on vint lui annoncer qu'il était libre.

— Ce frère doit être un beau cavalier, s'il te ressemble ainsi. Je crois qu'il était en France ces dernières années, de sorte que je ne l'ai pas vu à Holyrood.

— On n'a jamais trouvé beaucoup à reprendre à son air, madame; mais je voudrais qu'il eût moins de cet esprit colère et emporté que les malheurs du temps ont contribué à répandre parmi nos jeunes nobles. Dieu sait que je ne regrette pas qu'il risque sa vie dans la cause de Votre Grâce, et que je ne l'en aime que mieux pour l'ardeur avec laquelle il travaille à votre délivrance; mais à quoi bon aller se prendre de querelle avec un vieux scélérat, un vassal, et souiller en même temps son nom et ses mains en répandant le sang d'un tel misérable?

— Patience, Catherine! je ne veux pas que tu accuses mon jeune et brave chevalier. Avec Henry pour chevalier, et Roland Græme pour fidèle écuyer, il me semble que je ressemble à une princesse de roman, qui pourra bientôt défier les donjons et les armes de tous les méchants magiciens. — Mais ma tête souffre de l'agitation de cette journée. Apporte-moi la *Mer des Histoires*, et reprends à l'endroit où nous en sommes restées mercredi. — Que Notre-Dame te guérisse la tête, ma fille! ou plutôt puisse-t-elle te guérir le cœur! — Je te demandais la *Mer des Histoires*, et tu m'apportes la *Chronique d'Amour!*

Une fois embarquée sur la *Mer des Histoires*, la reine prit sa tapisserie et travailla deux heures entières, pendant que lady Fleming et Catherine lui faisaient alternativement la lecture.

Quant à Roland Græme, il est probable que ses pensées secrètes continuèrent de rester avec les *Chroniques d'Amour*, malgré la censure que la reine semblait avoir jetée sur cette branche d'études. Il se rappelait maintenant mille circonstances dans la voix et les manières qui auraient dû lui faire aisément distinguer le frère de la sœur, si son esprit eût été moins frappé; et il se sentait honteux que sachant en quelque sorte par cœur les moindres particularités des gestes de Catherine, de ses paroles et de ses manières, il eût pu la croire capable, malgré sa fougue et sa légèreté, de prendre la démarche hardie, le ton haut et l'assurance impertinente qui s'accordaient assez bien avec le caractère mâle et impétueux de son frère. Il chercha à plusieurs reprises à saisir un regard des yeux de Catherine, afin de pouvoir juger de la disposition où elle était à son égard depuis qu'il avait fait cette découverte: mais il n'y put réussir; car lorsque Catherine ne lisait pas elle-même, elle semblait prendre tant d'intérêt aux exploits des chevaliers teutons contre les païens d'Esthonie et de Livonie, qu'il ne put rencontrer ses yeux, même pour une seconde. Mais quand la reine, faisant fermer le livre, leur ordonna de la suivre au jardin, Marie, peut-être à dessein (car l'anxiété de Roland n'avait pu échapper à une observatrice aussi exercée) lui fournit une occasion favorable d'accoster l'objet de ses pensées. La reine leur ordonna de se tenir à quelque distance, tandis qu'elle engageait lady Fleming dans une conversation privée, dont l'objet, ainsi que nous l'avons appris d'une autre autorité, fut le mérite comparatif du collet monté et de la fraise tombante. Il aurait fallu que Roland fût plus gauche et plus craintif que jeune amant ne le fut jamais, s'il ne s'était pas efforcé de mettre cette occasion à profit.

— Il m'a tardé toute cette après-dînée, belle Catherine, dit le page, de vous demander jusqu'à quel point vous avez dû me juger sot et stupide, d'avoir été capable de vous confondre avec votre frère.

— La méprise fait effectivement peu d'honneur à mes manières, repartit Catherine, puisque celles d'un jeune étourdi ont été si aisément confondues avec elles. Mais avec le temps je deviendrai plus sage ; et à cet effet, je suis résolue de ne plus songer à vos folies, mais de corriger les miennes.

— Des deux sujets de méditations, ce sera le plus léger.

— Je ne sais, dit très-gravement Catherine ; je crains que vous et moi nous n'ayons à nous reprocher d'impardonnables folies.

— J'ai été fou, d'une folie impardonnable. Mais vous, aimable Catherine...

— Moi, interrompit Catherine du même ton de gravité inhabituelle, j'ai trop longtemps souffert que vous employiez avec moi de telles expressions. — Je crains de ne pouvoir les permettre plus longtemps, et je me reproche la peine que je vous puis causer.

— Et que peut-il être arrivé pour changer si subitement nos rapports, et pour modifier, avec une cruauté si soudaine, toute votre conduite à mon égard?

— Je ne puis guère le dire, si ce n'est que les événements d'aujourd'hui m'ont pénétrée de la nécessité d'observer plus de distance entre nous. Un hasard pareil à celui qui vous a révélé l'existence de mon frère peut faire connaître à Henry les termes dont vous avez usé avec moi ; et toute sa conduite, hélas ! aussi bien que ce qu'il a fait aujourd'hui, ne me donne que trop lieu de redouter les conséquences.

— Quant à cela, ne craignez rien, belle Catherine : je suis bien en état de me protéger contre des risques de cette nature.

— C'est-à-dire que vous vous battriez contre mon frère pour montrer votre affection à sa sœur? J'ai entendu la reine, dans ses heures de tristesse, dire que les hommes, en amour ou en haine, sont les animaux les plus égoïstes de la création ; et votre insouciance en tout ceci ressemble bien à ce qu'elle disait. Mais ne soyez pas si déconcerté : — vous n'êtes pas pire que les autres.

— Vous êtes injuste envers moi, Catherine ; je ne pensais qu'à l'épée dont je serais menacé, et ne me souvenais pas en quelles mains votre imagination l'avait placée. Si votre frère était devant moi, son épée nue à la main, vous ressemblant comme il vous ressemble par la voix, la tournure et les traits, il pourrait verser tout mon sang avant que je pusse trouver dans mon cœur la force de résister à son attaque.

— Hélas! ce n'est pas mon frère seul. Mais vous ne vous souvenez que des circonstances singulières dans lesquelles nous nous sommes rencontrés sur un pied d'égalité, et je puis dire d'intimité. Vous ne pensez pas que du moment que je rentrerais chez mon père, il y aurait entre nous un gouffre que vous ne pourriez franchir qu'au risque de votre vie. Votre seule parente connue est une femme d'habitudes étranges et bizarres, appartenant à un clan hostile et rompu [1]; — le reste de votre famille est inconnu. — Pardonnez-moi de vous dire ce qui est une vérité incontestable.

— L'amour, belle Catherine, méprise les généalogies.

— L'amour peut les mépriser; mais lord Seyton ne les méprisera pas.

— La reine, ta maîtresse et la mienne, intercédera. Oh! ne m'éloignez pas de vous au moment où je me croyais le plus heureux! — Et si j'aidais à sa délivrance, n'avez-vous pas dit vous-même que vous et elle deviendriez mes débitrices?

— Toute l'Écosse le deviendrait alors; mais quant aux preuves effectives que vous pourriez attendre de notre gratitude, vous devez vous souvenir que je suis entièrement sous la dépendance de mon père, et il est probable que la pauvre reine sera pour longtemps plus dépendante de la volonté des nobles de son parti qu'en situation de leur imposer la sienne.

— Hé bien, soit; mes actions imposeront au préjugé lui-même! — nous sommes dans un temps de déplacements, et j'y aurai ma part. Le chevalier d'Avenel, tout haut placé qu'il soit maintenant, s'est élevé d'une origine tout aussi obscure que la mienne.

— Oui-da! c'est ainsi que parle le redoutable chevalier du roman, s'ouvrant un chemin jusqu'à la princesse emprisonnée au milieu des démons et des dragons ardents!

— Mais si je puis mettre la princesse en liberté, et lui rendre la liberté de faire son choix, sur qui, ma chère Catherine, ce choix s'arrêtera-t-il?

— Délivrez la princesse de sa captivité, et elle vous le dira, répondit la jeune fille; et rompant tout à coup l'entretien, elle rejoignit la reine si subitement, que la reine s'écria à demi-voix :

— Pas de mauvaises nouvelles, j'espère, — pas de dissensions dans ma petite cour? — Alors remarquant la rougeur de Catherine, ainsi que l'œil brillant du page et son front épanoui : Non, non, ajouta-t-elle,

---

[1] Un clan rompu, *broken clan*, était celui qui n'avait pas de chef en état de trouver des répondants de la bonne conduite de ses hommes, — un clan d'*outlaws*; et les Græmes du Territoire Contesté étaient dans ce cas. (W. S.)

je vois que tout va bien. — Ma petite mignonne, monte à mon appartement, et rapporte-moi... attends, — oui, rapporte-moi mon sachet à odeurs.

Ayant ainsi donné à sa favorite le meilleur moyen de cacher sa confusion, la reine continua, prenant Roland à part : Je dois au moins avoir deux fidèles sujets en Catherine et en vous ; car quelle souveraine autre que Marie favoriserait aussi volontiers le sincère amour ? — Oui, vous portez la main à votre épée, — à votre *petite flamberge*[1] : — c'est bien ; le temps montrera bientôt si toutes les protestations que l'on nous fait sont sincères. — Je les entends sonner le couvre-feu à Kinross. Remontons ; — cette vieille a promis de nous gratifier de nouveau de sa présence à notre repas du soir. N'était-ce l'espérance d'une délivrance prochaine, sa vue me ferait devenir folle. Mais j'aurai de la patience.

— J'avoue, dit Catherine, qui les rejoignait en ce moment même, que je voudrais pouvoir être Henry quelques instants seulement, avec tous les priviléges d'un homme ; — je grille d'envie de jeter mon assiette au nez de cette vieille confiture sèche composée d'orgueil, de raideur cérémonieuse et de méchanceté !

Lady Fleming réprimanda sa jeune compagne de cette explosion d'impatience ; la reine en rit, et ils se rendirent au salon, où presque immédiatement arriva le souper, accompagné de la dame du château. La reine, forte de ses prudentes résolutions, endura sa présence avec courage et résignation, jusqu'au moment où sa patience fut mise à une nouvelle épreuve par une formalité qui jusqu'alors n'avait pas fait partie du cérémonial du château. Quand l'autre domestique se fut retiré, Randal entra, portant les clefs du château réunies par une chaîne, et les remit révérencieusement à lady Lochleven, en annonçant que la sentinelle était posée et que les portes étaient fermées.

La reine et ses dames échangèrent un regard de désappointement, de colère et de contrariété ; et Marie dit à haute voix : Nous ne pouvons regretter l'exiguïté de notre cour, quand nous voyons notre hôtesse y remplir en personne tant d'offices différents. Outre ses fonctions de grand intendant et de grand aumônier de notre maison, elle remplit ce soir celles de notre capitaine des gardes.

— Et elle continuera de les remplir à l'avenir, madame, repartit lady Lochleven avec la plus grande gravité ; l'histoire d'Écosse peut n'apprendre combien un devoir est mal rempli, quand c'est un substitut qui en est chargé. — Nous avons entendu parler, madame, de favoris plus récents qu'Olivier Sinclair[2], et aussi indignes de confiance que lui.

---

[1] Les mots italiques sont en français dans le texte.
[2] Favori de Jacques V, qui, dit-on, se montra indigne de ce titre. (W. S.)

— Oh! madame, mon père avait ses favorites aussi bien que ses favoris. — Il y avait lady Sandilands, lady Olifaunt¹, et quelques autres, ce me semble ; mais leurs noms n'ont pu rester dans la mémoire d'une aussi grave personne que vous.

Lady Lochleven jeta à la reine un regard foudroyant ; mais elle se maîtrisa et quitta l'appartement, emportant à la main le pesant trousseau de clefs.

— Dieu soit loué des fautes de jeunesse de cette femme ! dit la reine ; si elle n'avait pas ce côté faible, je pourrais bien perdre mes paroles avec elle. — Cette tache est tout l'opposé de ce qu'on rapporte de la marque des sorcières : — là je lui peux faire sentir ma pointe, quoique partout ailleurs elle soit insensible. — Mais qu'en dites-vous, mesdemoiselles ? — voici une nouvelle difficulté. — Comment se procurer ces clefs ? — Il n'y a pas à tromper ni à séduire ce dragon, j'imagine.

— Que Votre Grâce me permette de lui faire une question, dit Roland. Si vous vous trouviez une fois de l'autre côté des murailles du château, pourriez-vous avoir des moyens de transport pour atteindre l'autre bord du lac, et une protection quand vous seriez là ?

— Fiez-vous à nous pour cela, Roland, répondit la reine ; sur ce point notre plan est assez bien combiné.

— En ce cas, si Votre Grâce veut me permettre de dire mon avis, je crois qu'en ceci je pourrais être de quelque utilité.

— Comment cela, mon bon Roland ? — Parle, parle sans crainte.

— Mon patron, le chevalier d'Avenel, était dans l'usage d'obliger les jeunes gens élevés chez lui d'apprendre à manier la hache et le marteau, et à travailler le bois et le fer ; — il avait coutume de nous parler des anciens champions du Nord, qui forgeaient eux-mêmes leurs armes, et du capitaine highlandais Donald-nan-Ord, ou Donald du Marteau, qu'il avait connu, et qui avait l'habitude de travailler à l'enclume un marteau à chaque main. Certaines gens disaient qu'il prisait cet art, parce que lui-même était de sang roturier. Quoi qu'il en soit, j'y ai acquis quelque pratique, comme lady Catherine Seyton le sait en partie ; car depuis que nous sommes ici, je lui ai fait une broche d'argent.

— Oui, dit Catherine ; mais vous devriez dire à Sa Grâce que votre habileté était si grande, que le bijou s'est rompu au bout d'un jour, et je l'ai jeté de côté.

— Ne la croyez pas, Roland ; je la vis pleurer quand il se brisa, et elle en mit les fragments dans son sein. Mais quant à votre plan, — votre habileté irait-elle jusqu'à forger un second trousseau de clefs ?

— Non, madame, parce que je ne connais pas les gardes des serrures.

¹ Les noms de ces dames, et celui d'une troisième favorite de Jacques, sont conservés dans une épigramme trop leste pour qu'on puisse la citer. (W. S.)

Mais je suis convaincu que je pourrais faire un paquet de clefs assez ressemblant à cet odieux trousseau que lady Lochleven vient d'emporter, pour que si l'on parvenait à les échanger, n'importe comment, elle ne pût s'apercevoir de la substitution.

— Et la bonne dame, grâce au Ciel, est quelque peu aveugle, reprit la reine ; mais une forge, mon enfant, et le moyen de travailler sans être remarqué ?

— La forge de l'armurier, où j'avais coutume de travailler quelquefois avec lui, est dans le souterrain de la tourelle ; — il a été renvoyé avec le gardien, parce qu'on le soupçonnait d'être trop attaché à Georges Douglas. Les domestiques sont accoutumés à m'y voir occupé, et je garantis que je trouverai quelque prétexte qui passera avec eux comme argent comptant, pour mettre en œuvre le soufflet et l'enclume.

— Le plan a un côté qui promet ; mettez-vous-y en toute hâte, mon enfant, et prenez garde qu'on ne découvre la nature de votre travail.

— Je prendrai la liberté de tirer le verrou pour me mettre à l'abri du hasard des visiteurs, de sorte qu'avant d'ouvrir la porte j'aurai le temps de cacher ce à quoi je travaillerai.

— Cette précaution-là même n'attirera-t-elle pas le soupçon, dans un lieu où il a l'œil si constamment ouvert ? observa Catherine.

— Nullement, répliqua Roland ; Grégoire l'armurier, de même que tous les bons forgerons, s'enfermait pour travailler à ses ouvrages soignés. D'ailleurs, il faut risquer quelque chose.

— Séparons-nous donc pour ce soir, reprit la reine, et Dieu vous bénisse, mes enfants ! Si la tête de Marie revient jamais au-dessus de l'eau, vous vous élèverez tous avec elle.

CHAPITRE XXXV.

> C'est un temps de danger, non de réjouissance, alors que les hommes d'église se couvrent d'un masque.
>
> *Le Moine espagnol.*

L'ENTREPRISE de Roland Græme paraissait réussir. Quelques menus bijoux dont le travail ne surpassait pas la matière (ils étaient faits de l'argent qu'avait fourni la reine) furent judicieusement offerts à ceux dont on avait le plus à craindre la curiosité au sujet de la mise en activité de la forge et de l'enclume, et Roland parvint ainsi à leur faire regarder son travail comme profitable pour eux et innocent en lui-même. Ouvertement on voyait le page occupé de bagatelles de cette sorte ; en secret, il forgea un certain nombre de clefs tellement semblables par le poids et la forme à celles que chaque soir on présentait à lady Lochleven, qu'à moins d'un examen attentif il aurait été difficile d'en apercevoir la différence. Il leur donna une teinte sombre et rouillée au moyen du sel et de l'eau, et il les apporta enfin à la reine d'un air triomphant, environ une heure avant le son du couvre-feu. Elle les regarda avec satisfaction, mais en même temps d'un air de doute. — Je conviens, dit-elle, que les yeux de lady Lochleven, qui ne sont pas des meilleurs, pourront bien y être trompés, si nous pouvons lui passer ces clefs en place des instruments réels de sa tyrannie; mais comment y réussir, et qui, dans ma petite cour, osera tenter ce *tour de jongleur* [1] avec quelque chance de succès ? Si nous pouvions seulement l'engager dans quelque sujet sérieux d'argumentation ? — Mais ceux que je soutiens avec elle ont toujours été d'une nature qui lui fait serrer ses clefs avec plus de force, comme si elle se disait en elle-même : Je tiens là ce qui me met au-dessus de vos brocards et de vos reproches ; — et même pour sa liberté, Marie Stuart ne pourrait s'abaisser à parler autrement à cette orgueilleuse hérétique. — Que faire ? Lady Fleming mettra-t-elle son éloquence à contribution pour lui décrire les dernières coiffures arrivées de Paris ? — hélas ! la bonne dame n'a pas changé de mode pour sa parure de tête depuis la bataille de Pinkie, autant que je sache. Ma *mignonne* Catherine lui chantera-t-elle quelqu'un de ces airs touchants qui nous vont à l'âme à moi et à Roland Græme ? — hélas ! dame Marguerite Douglas aimerait mieux entendre un psaume huguenot de Clément Marot sur l'air *Réveillez-vous, belle endormie.* — Cousins et fidèles conseillers, que faire ? car réellement notre esprit s'y perd. — Notre homme d'armes, notre champion et garde du corps, Roland Græme, attaquera-t-il courageusement la vieille dame, et lui enlèvera-t-il les clefs par *voie de fait ?*

— Non pas ! dit Roland ; avec la permission de Votre Grâce, je ne doute pas que je ne puisse conduire cette affaire plus prudemment. Car bien qu'au service de Votre Grâce je ne craigne pas...

— Une troupe de vieilles femmes, interrompit Catherine, toutes armées de quenouilles et de fuseaux ; quoiqu'il n'ait guère de goût pour les piques et les pertuisanes qui pourraient se dresser aux cris de : Au secours ! Douglas ! Douglas !

— Ceux qui ne craignent pas la langue d'une belle dame, répliqua le page, n'ont besoin de rien craindre. — J'ai la presque certitude, gracieuse souveraine, que je réussirai à échanger ces clefs contre celles de lady Lochleven ; mais je crains la sentinelle qui est maintenant placée, chaque nuit, dans le jardin qu'il nous faut nécessairement traverser.

---

[1] Cette expression est en français dans le texte, ainsi que celles qui sont en lettres italiques dans la suite de ce chapitre.

— Les derniers avis que nous avons reçus de nos amis de l'autre côté du lac, dit la reine, nous ont promis assistance sur ce point.

— Et Votre Grâce est-elle parfaitement sûre de la fidélité et de la vigilance de ces amis du dehors?

— Quant à leur fidélité, j'en répondrais sur ma vie, ainsi que de leur vigilance. Je vais te donner la preuve à l'instant même, mon fidèle Roland, qu'ils sont ingénieux et fidèles comme toi-même. Viens. — Catherine, suis-nous; nous n'emmènerons pas seul un si gentil page dans notre chambre particulière. Ferme soigneusement la porte du parloir, Fleming, et avertis-nous au moindre bruit de pas que tu entendras; — ou plutôt, reste, et toi, Catherine, va à la porte : — tu as l'oreille et l'esprit plus fins, ajouta-t-elle en se penchant à son oreille. — Ma bonne Fleming, c'est toi qui vas nous accompagner; — sa respectable présence, dit-elle de nouveau à voix basse à Catherine, sera une aussi sûre sentinelle sur Roland que tu pourrais l'être toi-même : — ainsi, ne sois point jalouse, *mignonne*.

Lady Fleming les précéda, un flambeau à la main, dans la chambre à coucher de la reine, petite pièce qu'éclairait une fenêtre en saillie.

— Regarde à la fenêtre, Roland, lui dit Marie; parmi les diverses lumières qui commencent à paraître çà et là au village de Kinross, et à briller d'une lueur pâle à travers le crépuscule, n'en vois-tu pas une isolée des autres, et qui semble plus rapprochée du bord de l'eau? — De la distance où elle est, elle n'a pas plus d'apparence que la clarté de l'humble ver luisant, et cependant, mon bon Roland, cette lumière est plus chère à Marie Stuart qu'aucune étoile qui scintille à la voûte azurée du ciel. Par ce signal, je sais que plus d'un cœur fidèle médite ma délivrance; et sans cette pensée, sans l'espoir de liberté qu'elle me donne, il y a longtemps que je me serais courbée sous ma destinée et que je serais morte le cœur brisé. Vingt plans ont été conçus et abandonnés, mais la lumière brille encore; et tant qu'elle brillera, l'espoir ne m'abandonnera pas. — Oh! que de soirées j'ai passées à méditer avec amertume sur nos projets ruinés, et espérant à peine que je dusse revoir ce bienheureux signal! mais il s'est rallumé soudainement, et, comme le feu Saint-Elme dans une tempête, il a ramené avec lui l'espérance et la consolation, là où il n'y avait plus que découragement et désespoir!

— Si je ne me trompe, dit Roland, la lumière part de la maison de Blinkhoolie, le jardinier du Mail.

— Tu as de bons yeux, repartit la reine; c'est là en effet que mes fidèles — que Dieu et les saints versent leurs bénédictions sur eux! — tiennent conseil pour ma délivrance. La voix d'une malheureuse captive expirerait sur ces eaux azurées longtemps avant de pouvoir arriver jusqu'à eux; et cependant je puis entretenir des communications. — Je veux tout te confier : — je vais demander à ces fidèles amis si le moment de la grande tentative est proche. — Place la lampe à la fenêtre, Fleming.

Elle obéit, et la retira immédiatement. Presque aussitôt la lumière de la cabane du jardinier disparut.

— Maintenant, compte, ajouta la reine Marie, car le cœur me bat si fort que je ne puis compter moi-même.

Lady Fleming se mit délibérément à compter un, deux, trois; et quand elle fut arrivée à dix la lumière du rivage montra de nouveau sa pâle lueur.

— Notre-Dame soit bénie! s'écria la reine; il n'y a que deux jours que j'ai pu compter jusqu'à trente avant que la lumière ne reparût. L'heure d'une délivrance approche. Puisse Dieu bénir ceux qui y travaillent avec un tel zèle pour moi, — hélas! et avec de tels risques pour eux! — et que Dieu vous bénisse aussi, mes enfants! — Venez, il faut rentrer au salon. Notre absence pourrait exciter des soupçons, s'ils arrivaient pour servir le souper.

Ils retournèrent au salon, et la soirée se termina comme de coutume.

Le lendemain, à l'heure du dîner, un incident inaccoutumé se présenta. Pendant que lady Douglas de Lochleven remplissait à la table de la reine son devoir journalier de dégustateur, on vint lui dire qu'un homme d'armes était arrivé de la part de son fils, mais sans lettre ni aucun message autre que ce dont il était chargé verbalement.

— Vous a-t-il donné son mot d'ordre? demanda la dame châtelaine.

— Il l'a réservé, je pense, pour l'oreille de Votre Seigneurie, répondit Randal.

— Il a bien fait; dites-lui d'attendre dans la grande salle [1]. — Mais non. — Avec votre permission, madame (s'adressant à la reine), je vais le recevoir ici.

— Puisqu'il vous plaît de recevoir vos domestiques en ma présence, dit la reine, je ne puis...

— Mes infirmités doivent me servir d'excuse, madame, interrompit lady Lochleven; la vie qu'il me faut mener ici s'accorde mal avec les années qui ont passé sur ma tête, et me force d'écarter le cérémonial.

— Oh! ma bonne lady, répliqua la reine, je voudrais que rien dans ce château ne nous imposât de contrainte plus lourde que ces chaînes de fils d'araignée du cérémonial; mais les verrous et les barreaux sont choses plus dures à s'en prendre à eux.

Comme elle disait ces mots, la personne annoncée par Randal entra dans la chambre, et Roland Græme reconnut tout d'abord l'abbé Ambrosius.

— Quel est votre nom, mon ami? lui dit lady Lochleven.

— Edward Glendinning, répondit l'abbé en saluant.

[1] *Hall.*

— Es-tu du sang du chevalier d'Avenel?

— Oui, madame, et de très-près, répondit le prétendu soldat.

— C'est assez vraisemblable, car le chevalier est fils de ses propres œuvres, et il s'est élevé d'un obscur lignage au rang éminent qu'il occupe maintenant dans l'État. — Mais c'est un homme sûr et d'une valeur éprouvée, et son parent est le bienvenu près de nous. Vous professez la vraie foi, sans nul doute?

— N'en doutez pas, madame, dit l'ecclésiastique déguisé.

— Sir William Douglas t'a-t-il donné un signe de reconnaissance pour moi?

— Oui, madame; mais il doit être dit en particulier.

— Tu as raison, dit lady Lochleven en se dirigeant vers une embrasure de fenêtre; dis-moi en quoi ce signe consiste.

— Ce sont les paroles d'un ancien barde.

— Répète-les.

L'abbé récita à voix basse deux vers tirés d'un vieux poëme intitulé la Chouette :

« Douglas! Douglas!
Tendre et fidèle. »

— Fidèle sir John Holland[1]! dit lady Douglas, apostrophant le poëte, jamais cœur plus affectionné n'inspira une rime, et l'honneur de Douglas fut toujours célébré par ta harpe! Nous vous recevrons parmi nos hommes d'armes, Glendinning; — seulement, Randal, veille à ce qu'il soit seulement posé aux postes extérieurs, jusqu'à ce que nous ayons reçu de notre fils de plus amples renseignements sur son compte. — Tu ne crains pas l'air de la nuit, Glendinning?

— Dans la cause de celle devant qui je me trouve, je ne crains rien, madame.

— Notre garnison est donc renforcée d'un soldat digne de confiance. — Va à l'office, et qu'on y ait soin de toi.

Après le départ de lady Lochleven, la reine dit à Roland Græme, qui alors ne la quittait presque plus : La vue de cet étranger m'a prévenue en sa faveur; je ne sais pourquoi, mais je suis persuadée que c'est un ami.

— La pénétration de Votre Grâce ne la trompe pas, répondit le page; et il lui apprit que celui qui jouait le rôle du soldat nouvel arrivant n'était autre que l'abbé de Sainte-Marie lui-même.

La reine se signa et leva les yeux au ciel. — Pécheresse indigne que je suis, dit-elle, faut-il que par amour pour moi un aussi saint homme

---

[1] Le poëme du *Howler* (la Hulotte ou la Chouette) de sir John Holland est connu des amateurs par la belle édition présentée au club Bannatyne par M. David Laing. (W. S.)

et si haut placé dans les dignités spirituelles porte le vêtement d'un ignoble soldat, et coure le risque de mourir de la mort d'un traître !

— Le Ciel protégera son serviteur, madame, dit Catherine Seyton ; l'aide de l'abbé attirerait la bénédiction d'en haut sur notre entreprise, si elle n'était déjà bénie par elle-même.

— Ce que j'admire dans mon père spirituel, reprit Roland, c'est l'assurance avec laquelle il me regardait, sans que le moindre signe indiquât qu'il me connût. Je n'aurais pas cru que chose pareille fût possible, depuis que j'ai cessé de croire qu'Henry et Catherine fussent la même personne.

— Mais n'avez-vous pas remarqué, dit la reine, avec quelle adresse le bon père éludait les questions de lady Lochleven, et comme il la trompait tout en lui disant la vérité ?

Roland pensa au fond du cœur que quand la vérité était dite dans l'intention de tromper, ce n'était guère qu'un mensonge dissimulé. Mais ce n'était pas le moment d'agiter de telles questions de conscience.

— Maintenant, attention au signal du rivage ! exclama Catherine ; mon cœur me dit que ce soir nous verrons deux lumières au lieu d'une briller du jardin d'Eden. — Ainsi donc, Roland, remplissez courageusement votre rôle, et nous danserons sur la pelouse, comme des fairies, au clair de la lune !

Le pressentiment de Catherine ne l'avait pas trompée. Dans la soirée, la clarté de deux lumières au lieu d'une partit du cottage, et ce fut avec un battement de cœur que le page entendit qu'on ordonnait de poser la nouvelle recrue en sentinelle à l'extérieur du château. Quand il apprit ces nouvelles à la reine, elle lui tendit la main ; — il mit un genou à terre pour la porter à ses lèvres ; mais il s'aperçut qu'elle était humide et froide comme le marbre. — Pour l'amour de Dieu, lui dit-il, ne vous laissez pas décourager en ce moment, madame ; — ne vous laissez pas abattre maintenant !

— Invoquez Notre-Dame, ma noble maîtresse, dit lady Fleming ; — invoquez votre sainte patronne.

— Invoquez l'esprit des cent rois dont vous descendez ! s'écria le page ; à cette heure décisive, la résolution d'un monarque vaut l'aide de centaines de saints.

— O Roland Grœme ! dit Marie d'un ton de profond accablement, soyez-moi fidèle ; — tant d'autres m'ont trahie ! Hélas ! je n'ai pas toujours été fidèle à moi-même ! Un pressentiment me dit que je mourrai captive, et que cette tentative hardie nous coûtera la vie à tous. Il m'a été prédit en France, par un devin, que je mourrais en prison, et de mort violente ; voici venir l'heure. — Oh ! fasse le Ciel qu'elle me trouve préparée !

— Madame, dit Catherine Seyton, souvenez-vous que vous êtes reine. Mieux vaut mourir tous en essayant courageusement de conquérir notre liberté, que de rester ici pour y être empoisonnés, comme on se débarrasse de la vermine incommode qui hante les vieilles maisons.

— Vous avez raison, Catherine, repartit la reine, et Marie se comportera d'une manière digne d'elle-même. Mais, hélas! dans sa légèreté, votre jeune courage ne peut guère concevoir les causes qui ont abattu le mien. Pardonnez-moi, mes enfants, et adieu pour quelques moments : — je vais me préparer d'esprit et de corps à cette redoutable aventure.

Ils se séparèrent, jusqu'à ce que le son du couvre-feu les réunit de nouveau. La reine se montra grave, mais ferme et résolue; lady Fleming, avec l'art d'un courtisan expérimenté, savait parfaitement déguiser les terreurs de son âme; l'œil de Catherine brillait d'un nouveau feu, comme s'il eût été animé de toute la hardiesse du projet, et le demi-sourire qui entr'ouvrait ses jolies lèvres semblait jeter un défi méprisant aux risques et aux conséquences de la découverte. Roland, qui sentait combien le succès dépendait de son adresse et de son audace, appelait à lui toute sa présence d'esprit, et s'il se sentait faiblir un moment, il portait les yeux sur Catherine, qu'il croyait n'avoir jamais vue si belle. — Je puis échouer, pensait-il; mais avec cette récompense en perspective, il faudra qu'ils appellent le diable à leur aide avant de l'emporter sur moi. Dans cette disposition résolue, il se tint comme un limier en arrêt, la main, le cœur et l'œil tendus à faire naître et à saisir l'occasion d'exécuter leur projet.

Les clefs avaient été présentées à lady Lochleven avec le cérémonial accoutumé. Elle avait le dos tourné à la fenêtre, qui, de même que celle de la chambre de la reine, dominait la vue de Kinross, ainsi que de l'église située à quelque distance du bourg et plus près du lac, entre lequel et le bourg étaient alors éparses quelques chaumières. Le dos tourné à la fenêtre, comme nous disions, et faisant face à la table, sur laquelle elle avait posé les clefs pour un instant tandis qu'elle goûtait les différents plats qui y étaient placés, lady de Lochleven paraissait veiller avec encore plus d'attention que de coutume — ainsi, du moins, semblait-il aux prisonniers, — sur le lourd et volumineux trousseau de fer, instrument de leur captivité. Au moment où, après avoir terminé son cérémonial de dégustateur de la table de la reine, elle se disposait à reprendre les clefs, le page, qui se trouvait près d'elle et lui avait présenté les plats l'un après l'autre, regarda de côté vers le cimetière, et s'écria qu'il voyait des chandelles des morts dans le caveau. Lady Lochleven n'était pas sans éprouver quelque atteinte des superstitions du temps; le sort de ses fils la rendait plus accessible aux présages, et ce qu'on nommait une lumière des morts, vu dans le lieu de sépulture de la famille, annonçait un trépas. Elle tourna la tête vers la fenêtre, — vit une lueur éloignée, — oublia pour une seconde sa surveillance, — et dans cette seconde perdit tout le fruit de sa vigilance antérieure. Le page tenait les fausses clefs sous son manteau, et avec une extrême dextérité il les substitua aux véritables. Mais en enlevant celles-ci toute son adresse ne put prévenir un léger bruit. — Qui touche aux clefs? dit la châtelaine ; et pendant que le page répondait que la manche de son manteau les avait dérangées, elle jeta un regard autour d'elle, prit le trousseau qui maintenant remplaçait les clefs véritables, puis se tourna de nouveau vers la fenêtre pour examiner les prétendues chandelles des morts.

— Ces lumières, dit-elle après un instant d'examen, ne viennent certainement pas du cimetière, mais bien de la chaumière du vieux jardinier Blinkhoolie. Je voudrais bien savoir quel métier fait ce rustre, que depuis quelque temps il a toujours eu de la lumière chez lui jusqu'à une heure avancée de la nuit. Je le croyais un homme industrieux et paisible; — s'il se met à hanter mauvaise compagnie et à recevoir des coureurs de nuit, il faudra que la place soit débarrassée de lui.

— Peut-être travaille-t-il à ses paniers? dit le page, voulant arrêter le cours de ses soupçons.

— Ou à ses filets? repartit la châtelaine.

— Oui, madame, pour la truite et le saumon.

— Ou bien pour les sots et les fripons ; mais c'est ce qu'on examinera demain. — Je souhaite le bonsoir à Votre Grâce et à sa compagnie. — Randal, suis-nous. Et Randal, qui avait attendu dans l'antichambre après avoir remis le trousseau de clefs, escorta sa maîtresse comme de coutume, tandis qu'au sortir de l'appartement de la reine elle se retirait dans le sien.

— Demain? dit le page, se frottant les mains d'un air joyeux en répétant les derniers mots de lady Lochleven : les fous comptent sur le lendemain, les sages mettent le jour même à profit. — Puis-je vous prier, ma gracieuse souveraine, de vous retirer chez vous pour une demi-heure, jusqu'à ce que tout le château soit livré au repos? Il faut que je passe de l'huile sur ces bienheureux instruments de notre liberté. Courage et constance, et tout ira bien, pourvu que nos amis du rivage ne manquent pas d'envoyer la barque dont vous avez parlé.

— Ne craignez rien quant à eux, dit Catherine, ils sont fidèles comme l'acier ; — que notre chère maîtresse conserve seulement son noble et royal courage[1].

— Ne doute pas de moi, Catherine, repartit la reine; il y a un moment je me suis sentie abattue, mais j'ai rappelé l'esprit et l'ardeur de mon ancien temps, alors que j'avais coutume d'accompagner mes nobles en armes, et que je souhaitais être homme comme eux pour éprouver quelle vie c'était d'être dans les camps avec l'épée et le bouclier, le *jack* et le casque!

— Oh ! l'alouette ne vit pas d'une vie plus gaie, et ne chante pas de

---

[1] Voyez la note M, à la fin du volume.

chansons plus légères et plus joyeuses que le joyeux soldat ! repartit Catherine. Votre Grâce sera bientôt au milieu d'eux, et la vue d'une telle souveraine triplera à l'heure du besoin la valeur de chaque soldat de votre armée. — Mais il faut que je songe à ce que j'ai à faire.

— Nous avons peu de temps devant nous, dit la reine Marie ; une des deux lumières du cottage est éteinte, — ce qui annonce que la barque est au large.

— Ils rameront très-lentement, dit le page, et se serviront de l'aviron quand la profondeur de l'eau le permettra, pour éviter le bruit. — Soyons chacun à nos tâches. — Je vais communiquer avec le bon père.

A l'heure silencieuse de minuit, quand tout fut tranquille dans le château, le page mit la clef dans la serrure du guichet qui ouvrait sur le jardin, et qui était situé au pied d'un escalier descendant de l'appartement de la reine. — Tourne doucement et sans bruit, formidable pêne, dit-il en lui-même, si jamais huile adoucit la rouille ! et ses précautions avaient été si bien prises, que le pêne glissa dans sa gâche sans bruit et sans résistance. Il ne s'aventura pas à passer le seuil ; mais échangeant un mot avec l'abbé déguisé, il lui demanda si la barque était prête.

— D'ici à une demi-heure, répondit la sentinelle. Elle est au pied de la muraille, trop près de la berge pour être aperçue du garde de la tour ; mais je crains qu'elle ait peine à échapper à son attention quand elle reprendra le large.

— L'obscurité et un profond silence peuvent favoriser son départ comme son arrivée. Hildebrand est de garde à la tour, — un drôle à cervelle pesante, qui regarde un broc d'ale comme la meilleure armure de tête pour une garde de nuit. Il y a à parier qu'il dort.

— Alors, amenez la reine, et je vais appeler Henry Seyton pour les aider à s'embarquer.

Marchant sur la pointe du pied et sans le moindre bruit, osant à peine respirer et tremblant au seul bruissement de leurs robes, les belles prisonnières descendirent l'une après l'autre l'escalier tournant, sous la conduite de Roland Græme, et furent reçues à la poterne par Henry Seyton et l'abbé. Le premier parut prendre aussitôt sur lui toute la direction de l'entreprise. — Mylord abbé, dit-il, donnez le bras à ma sœur ; — je conduirai la reine, — et ce jeune homme aura l'honneur de guider lady Fleming.

Ce n'était pas le moment de disputer sur cet arrangement, quoique ce ne fût pas celui qu'aurait préféré Roland Græme. Parfaitement au fait des sentiers du jardin, Catherine Seyton prit les devants avec la légèreté d'une sylphide, conduisant l'abbé plutôt qu'elle ne recevait son aide. — La reine, en qui le courage dont la nature l'avait douée avait fait taire les craintes qu'auraient excusées son sexe, ainsi que mille réflexions pénibles, s'avançait d'un pas ferme, soutenue par Henry

CHAPITRE XXXV.

Seyton ; — tandis que lady Fleming fatiguait de ses terreurs encore plus que de son poids le pauvre Roland Græme, qui formait l'arrière-garde et portait sous son autre bras un petit paquet où l'on avait renfermé divers objets nécessaires appartenant à la reine. La porte du jardin qui communiquait au rivage céda sous une des clefs dont Roland s'était emparé, non pourtant avant qu'il en eût essayé plusieurs : — moment d'anxiété et de terreur ! Les dames furent alors en partie conduites, en partie portées, au bord du lac où les attendaient un bateau et six rameurs ; ceux-ci s'étaient couchés au fond de l'embarcation pour échapper à l'observation. Henry Seyton plaça la reine à la poupe ; l'abbé s'offrit pour aider Catherine, qui était assise aux côtés de la reine avant qu'il eût articulé son offre ; et Roland Græme avait soulevé lady Fleming pour la déposer aussi dans la barque, quand une pensée soudaine se présenta à lui. — Quel oubli ! quel oubli ! exclama-t-il ; attendez-moi seulement une demi-minute. Et reposant à terre la dame d'atours que la peur paralysait presque, il lança dans le bateau le paquet dont il était porteur, et rentra précipitamment dans le jardin avec la rapidité silencieuse d'un oiseau lancé à tire d'aile.

— Par le Ciel, il nous trahit à la fin ! s'écria Seyton ; je l'avais toujours craint !

— Il est fidèle comme le Ciel même, dit Catherine, et je le soutiendrai.

— Silence, ma sœur, par honte, si ce n'est par crainte ! — Camarades, au large, et ramez comme s'il y allait de votre vie !

— Aidez-moi, aidez-moi à m'embarquer ! exclama lady Fleming, qui se vit abandonnée ; et elle proféra cette invocation plus haut que la prudence ne le voulait.

— Au large ! — au large ! réitéra Henry Seyton ; laissons tout derrière nous, puisque la reine est sauve.

— Permettrez-vous ceci, madame ? reprit Catherine d'un ton suppliant ; vous livrez votre libérateur à la mort.

— Je ne l'abandonnerai pas, répondit la reine. — Seyton, je vous ordonne d'attendre à tout risque.

— Pardonnez-moi si je vous désobéis, madame, dit l'intraitable jeune homme ; et après avoir tendu la main à lady Fleming pour l'aider à passer sur la barque, il se mit lui-même à pousser l'embarcation au large.

Elle était déjà à quelques pieds du rivage, et les rameurs lui faisaient décrire un demi-tour pour porter la proue en avant, quand Roland Græme reparut sur le bord. Prenant aussitôt son élan, il atteignit la barque d'un saut, et renversa Seyton, qui se trouvait en avant. Le jeune homme proféra une imprécation étouffée, et arrêta Græme qui allait se placer à l'arrière. — Votre place n'est pas avec de nobles dames, dit-il ; — restez à l'avant et gouvernez la barque. — Maintenant partons, — partons! faites force de rames, pour Dieu et la reine!

Les rameurs obéirent, et se mirent à ramer vigoureusement.

— Pourquoi n'avez-vous pas enveloppé le bout des rames? dit Roland Grœme; le clapotement va éveiller l'attention de la sentinelle. Ramez, camarades, et arrivez promptement hors de portée de l'arquebuse; car si le vieil Hildebrand, la sentinelle, n'a pas soupé d'un porridge aux pavots, tout ce chuchotement ne peut pas manquer de l'éveiller.

— Tout cela vient de ton propre délai, répliqua Seyton; tu auras un compte à me rendre plus tard pour cela et pour autre chose.

Mais les craintes de Roland furent trop tôt réalisées pour qu'il eût le temps de répondre: la sentinelle, à moitié endormie, n'avait pas entendu le bruit des voix, mais elle fut réveillée par celui des rames. Son appel se fit immédiatement entendre: — Une barque! — une barque! Amenez, ou je fais feu! Et comme l'équipage continuait de jouer des rames, il se mit à crier: Trahison! — trahison! sonna la cloche du château, et déchargea son arquebuse sur le bateau.

A la clarté et au bruit de la détonation, les dames se pressèrent l'une contre l'autre comme une troupe d'oiseaux sauvages effrayés, tandis que les hommes pressaient les rameurs de redoubler de vitesse. Ils entendirent plus d'une balle siffler à la surface du lac, à peu de distance de leur petite barque; et d'après les lumières qui brillèrent comme des météores de fenêtre en fenêtre, il devint évident que le château tout entier avait reçu l'alarme, et que leur évasion était découverte.

— Gagnez le large! exclama de nouveau Seyton; raidissez-vous sur vos rames, ou je vais vous activer de la pointe de ma dague. — Ils vont mettre immédiatement une barque à notre poursuite.

— C'est à quoi j'ai paré, dit Roland; je n'étais retourné que pour fermer sur eux porte et guichet, et pas un bateau ne démarrera de l'île cette nuit, si des portes de bon chêne et des verrous de fer peuvent tenir des hommes enfermés dans des murailles de pierre. — Et maintenant je me démets de mon office de portier de Lochleven, et je remets les clefs à la garde du Kelpie [1].

Tandis que le lourd paquet de clefs s'enfonçait dans le lac, l'abbé, qui jusqu'alors était resté en prières, s'écria: Sois béni, mon fils! car ta prudence et ta prévoyance nous font honte à tous [2].

— Je connaissais, dit Marie, respirant plus librement maintenant qu'ils étaient hors de portée de la mousqueterie, je connaissais la fidélité, la promptitude et la sagacité de mon écuyer; — il faut que je le

---

[1] Esprit des eaux. (L. V.)

[2] *Voyez* la note N, à la fin du volume.

CHAPITRE XXXV.

voie lié d'amitié intime avec mes chevaliers non moins fidèles, Douglas et Seyton. — Mais où donc est Douglas ?

— Ici, madame, répondit la voix grave et mélancolique du batelier placé près d'elle, et qui remplissait les fonctions de pilote.

— Hélas ! était-ce donc vous qui vous placiez devant moi quand les balles pleuvaient autour de nous ?

— Croyez-vous, dit-il à voix basse, que Douglas aurait cédé à qui que ce fût la chance de protéger la vie de la reine aux dépens de la sienne ?

Ici le dialogue fut interrompu par la décharge d'une ou deux de ces petites pièces d'artillerie appelées fauconneaux, employées alors à la défense des châteaux. Les coups étaient tirés trop au hasard pour avoir aucun effet ; mais la clarté plus vive, et le bruit plus retentissant répété avec plus de force par les échos nocturnes de Bennarty, épouvantèrent les prisonnières et leur imposèrent silence. La barque était arrivée contre une sorte de jetée ou de débarcadère attenant à un vaste jardin, avant qu'aucune d'elles eût tenté de prononcer une parole. Les passagers prirent terre ; et tandis que l'abbé rendait à haute voix des actions de grâces au Ciel, qui avait ainsi favorisé leur entreprise, Douglas jouit de la plus douce récompense de sa dangereuse entreprise, en conduisant lui-même la reine à la maison du jardinier. N'oubliant cependant pas Roland Græme, même en ce moment de terreur et d'épuisement, Marie commanda expressément à Seyton de prêter son assistance à Fleming, tandis que d'elle-même, et sans en attendre l'invitation, Catherine prit le bras du page. Seyton remit presque aussitôt lady Fleming aux soins de l'abbé, alléguant qu'il avait à veiller après leurs chevaux ; et ses gens, se débarrassant de leurs surtouts de bateliers, se hâtèrent de l'accompagner.

Pendant que Marie passait dans le cottage le peu de minutes nécessaires pour préparer les chevaux, elle aperçut dans un coin le vieillard à qui le jardin appartenait, et l'invita à s'approcher. Il parut obéir en quelque sorte à contre-cœur.

— Comment, frère, lui dit l'abbé, si lent à saluer ta reine et maîtresse, rendue à la liberté et à son royaume !

Le vieillard, ainsi admonesté, s'avança enfin, et en fort bons termes félicita Sa Grâce de sa délivrance. La reine répondit à son compliment de la manière la plus gracieuse, et ajouta : Il nous reste à vous offrir quelque récompense immédiate pour votre fidélité, car nous savons que votre maison a été longtemps le refuge où se sont réunis nos fidèles serviteurs pour concerter les mesures de notre délivrance. A ces mots elle offrit une bourse d'or, puis elle ajouta : Plus tard, nous reconnaîtrons plus dignement vos services.

— A genoux, frère, dit l'abbé ; à genoux donc, et remerciez Sa Grâce de ses bontés.

— Mon bon frère, répliqua le jardinier d'un ton d'humeur, vous qui étiez autrefois de quelques degrés au-dessous de moi, et qui êtes encore de bien des années plus jeune, laissez-moi faire mes remercîments à ma manière. Des reines se sont jadis agenouillées devant moi, et en vérité mes genoux sont trop vieux et trop raides pour plier même devant l'aimable visage de cette dame. — Sous la faveur de Votre Grâce, si les serviteurs de Votre Grâce ont occupé ma maison au point que je ne pouvais plus l'appeler mienne; — s'ils ont foulé mes fleurs aux pieds, dans le zèle de leurs allées et venues nocturnes, et s'ils ont détruit l'espoir de ma récolte de fruits en amenant leurs chevaux de guerre dans mon jardin, tout ce que je demande en retour à Votre Grâce, c'est qu'elle veuille bien choisir sa résidence aussi loin de moi que possible. Je suis un vieillard qui voudrais bien me traîner jusqu'à ma tombe aussi doucement que faire se pourra, en paix avec les hommes et tranquillement occupé de mes paisibles labeurs.

— Je vous promets de grand cœur, brave homme, que je ne ferai pas une seconde fois ma résidence de ce château, si je puis l'empêcher. Mais acceptez cet argent : — ce sera un faible dédommagement du dégât que nous avons fait dans votre petit jardin et dans votre verger.

— J'en remercie Votre Grâce, mais cela ne me donnerait pas le moindre dédommagement. Les travaux ruinés de toute une année ne sont pas si aisément remplacés chez celui qui n'a peut-être qu'une année à vivre; et d'ailleurs on me dit qu'il me faut quitter ce lieu et devenir errant dans mon vieil âge, — moi qui n'ai rien sur terre que ces arbres à fruit, quelques vieux parchemins, et quelques secrets de famille qui ne valent pas la peine d'en parler. Quant à de l'or, si je l'avais aimé, j'aurais pu rester lord-abbé de Sainte-Marie; et cependant, je ne sais trop : — car si l'abbé Boniface n'est plus que le pauvre paysan Blinkhoolie, son successeur, l'abbé Ambrosius, n'en a pas moins subi une métamorphose encore pire, lui que voilà sous le déguisement d'un homme d'épée et de bouclier.

— Ha! exclama la reine, est-ce bien là en effet l'abbé Boniface dont j'ai entendu parler? — C'est moi, en effet, bon père, qui aurais dû demander votre bénédiction à genoux !

— Ne pliez pas le genou devant moi, madame ! La bénédiction d'un vieillard, qui n'est plus un abbé, vous accompagnera à travers monts et vallées. — J'entends le bruit des pas de vos chevaux.

— Adieu, mon père, reprit la reine. Quand nous serons de retour à Holyrood, nous ne t'oublierons pas, non plus que ton jardin dévasté.

— Oubliez-nous l'un et l'autre, dit l'ex-abbé Boniface, et que Dieu soit avec vous !

Comme ils sortaient en toute hâte de la maison, ils entendirent le vieillard grommeler et se parler à lui-même, en même temps qu'il poussait précipitamment derrière eux les verrous et les barres.

— La vengeance des Douglas atteindra le pauvre vieillard, dit la reine. Dieu me soit en aide, je ruine tous ceux dont j'approche!

— On a songé à sa sûreté, repartit Seyton; il ne faut pas qu'il reste ici, mais il sera conduit en secret à un lieu plus sûr. Je voudrais déjà voir Votre Grâce en selle. — A cheval! — à cheval!

La petite troupe de Seyton et de Douglas se trouva portée à une dizaine d'hommes par l'adjonction de ceux qui étaient demeurés près des chevaux. La reine et ses dames, ainsi que tous ceux que la barque avait apportés, furent à cheval en un instant; et se tenant à l'écart du village, qui déjà avait reçu l'alarme par les feux du château, ils atteignirent bientôt la rase campagne, Douglas leur servant de guide, et s'éloignèrent alors aussi rapidement que le permettait la nécessité de se maintenir réunis et en bon ordre.

CHAPITRE XXXVI.

> Il monta un coursier d'un noir d'ébène, et elle une jument grise; il avait à son côté un petit bugle, et tous deux partirent d'un bon pas.
> *Ancienne Ballade.*

L'INFLUENCE de l'air frais, la course accélérée des chevaux sur un terrain accidenté, le son des clochettes dont les brides étaient garnies, enfin l'excitation produite à la fois et par le sentiment de la liberté et par la sensation d'un mouvement rapide, dissipèrent peu à peu l'espèce d'accablement et de stupéfaction que la reine Marie n'avait d'abord pu dominer. Elle ne put à la fin cacher le changement qui s'opérait en elle au cavalier qui se tenait près d'elle, et qu'elle prenait pour le père Ambrosius; car Seyton, avec toute l'impétuosité capiteuse d'un jeune homme, fier, et non sans raison, du succès de sa première aventure, se donnait tout le mouvement et toute l'importance du commandement de la petite troupe, qui, pour employer le langage du temps, escortait la fortune de l'Écosse. Tantôt il courait à la tête de l'avant-garde, tantôt il arrêtait son fringant coursier jusqu'à ce que l'arrière-garde l'eût rejoint, exhortant les cavaliers à maintenir un ordre régulier, malgré la rapidité de leur marche, et ordonnant à ceux qui restaient en arrière d'employer l'éperon et de ne laisser aucun intervalle s'établir dans leur ligne; puis de temps à autre il s'approchait de la reine ou de ses dames, s'informant comment elles supportaient leur voyage précipité, et si elles avaient quelques ordres pour lui. Mais tandis que Seyton s'occupait ainsi de l'ensemble de la marche, avec quelque avantage pour l'ordre et la régularité, et une bonne dose d'ostentation personnelle, le cavalier qui chevauchait près de la reine lui consacrait sans partage son attention tout entière, comme s'il avait eu à veiller sur un être d'une nature supérieure. Quand le terrain devenait raboteux et la route dangereuse, il abandonnait presque entièrement le soin de sa propre monture, et tenait constamment la main sur la bride de la reine; s'il se présentait à traverser une rivière ou un ruisseau un peu large, son bras gauche la maintenait en selle, tandis que de la main droite il tenait les rênes du palefroi.

— Je n'aurais pas cru, révérend père, dit la reine, une fois qu'ils venaient ainsi de passer un gué, que le couvent formât d'aussi bons cavaliers. — Celui à qui elle s'adressait soupira, mais ne fit pas d'autre réponse. — Je ne sais, continua la reine Marie, si ce que j'éprouve est dû au sentiment de la liberté, ou au plaisir de me livrer à mon exercice favori, dont j'ai si longtemps été privée, ou à tous les deux ensemble, mais il me semble que j'ai des ailes; — jamais poisson dans l'eau, jamais oiseau dans l'air n'ont éprouvé la rapidité de sensations délicieuses avec lesquelles je parcours ainsi ces plaines au souffle du vent de la nuit. Et même, tel est l'effet magique de me sentir encore une fois en selle, que je pourrais presque jurer que je suis montée en ce moment sur ma favorite Rosabelle, qui n'eut jamais sa pareille en Écosse pour la vitesse, la douceur du mouvement et la sûreté du pied.

— Et si le cheval qui porte un fardeau si cher pouvait parler, repartit la voix grave et mélancolique de Georges de Douglas, ne vous répondrait-il pas : Quelle autre monture que Rosabelle devait en un tel moment servir à sa bien-aimée maîtresse? et quel autre que Douglas devait lui tenir les rênes?

La reine Marie tressaillit, car elle prévit d'un seul coup d'œil tous les malheurs que la passion profonde de cet enthousiaste jeune homme ne devait que trop probablement produire pour elle-même et pour lui; mais ses sentiments comme femme, sentiments de gratitude et de compassion, ne lui permirent pas de faire sentir sa dignité comme reine, et elle tâcha de continuer l'entretien sur un ton d'indifférence.

— Il me semblait avoir entendu dire, reprit-elle, que dans le partage de mes dépouilles Rosabelle était devenue la propriété d'Alice, la favorite et dame des pensées de lord Morton.

— Le noble palefroi avait effectivement été réservé à un lot si bas; il était tenu sous quatre clefs et gardé par une foule nombreuse de valets et de domestiques : — mais la reine Marie avait besoin de Rosabelle, et Rosabelle est ici.

— Et convenait-il, Douglas, quand de si terribles risques de toute espèce devaient nécessairement être affrontés, convenait-il que vous en augmentiez les périls pour vous-même pour un objet de si peu d'importance qu'un palefroi?

— Appelez-vous objet de peu d'importance ce qui vous a procuré un moment de plaisir? — N'avez-vous pas tressailli de joie quand je vous ai dit que vous montiez Rosabelle? — et pour vous acheter ce plaisir, ne dût-il durer que le temps que dure un éclair, Douglas n'aurait-il pas risqué mille fois sa vie?

— Paix, Douglas! paix! ce langage n'est pas convenable; et d'ailleurs, ajouta-t-elle après un instant d'hésitation, je voudrais parler à l'abbé de Sainte-Marie. — Mais, Douglas, je ne veux pas que vous quittiez mes rênes de cet air de déplaisir.

— De déplaisir, madame! hélas! la douleur est tout ce que je puis ressentir à vos mépris trop certains. — Je pourrais aussi bien témoigner du déplaisir au Ciel de ce qu'il me refuse l'accomplissement du vœu le plus extravagant que mortel puisse former.

— Restez à ma bride, néanmoins; il y a place de l'autre côté pour le lord-abbé. Et, d'ailleurs, je doute que son assistance pût nous être aussi utile à Rosabelle et à moi que nous l'a été la vôtre, si le chemin la requérait de nouveau.

L'abbé vint se placer de l'autre côté du palefroi de la reine, et elle entra immédiatement en conversation avec lui sur la situation des partis et sur le plan le plus convenable qu'elle eût à embrasser par suite de sa délivrance. Douglas prit peu de part à cette conversation, et jamais sans être directement interpellé par la reine : toute son attention semblait, comme auparavant, être absorbée par le soin de la sûreté personnelle de Marie. Celle-ci apprit, cependant, une nouvelle obligation qu'elle lui avait, puisque c'était grâce à lui que l'abbé, à qui il avait communiqué le mot de passe de la famille, avait été introduit dans le château comme partie de la garnison.

Longtemps avant l'aube du jour ils terminèrent leur rapide et périlleux voyage devant les portes de Niddrie, château situé dans le West-Lothian et appartenant à lord Seyton. Au moment où la reine allait descendre de cheval, Henry Seyton, prévenant Douglas, la reçut dans ses bras, puis, mettant un genou à terre, pria Sa Majesté d'entrer dans la maison de son père, son fidèle serviteur.

— Votre Grâce, ajouta-t-il, peut se reposer en parfaite sécurité. — Le château a déjà une garnison suffisante pour votre protection; et j'ai envoyé un courrier à mon père, que nous pouvons nous attendre à voir arriver d'un moment à l'autre à la tête de cinq cents hommes. Ne soyez donc pas effrayée si votre sommeil est troublé par un bruit de chevaux, et dites-vous seulement qu'il y aura là pour vous garder quelques vingtaines de présomptueux Seytons de plus.

— Et une reine d'Écosse ne peut être gardée par de meilleurs amis que les présomptueux Seytons, repartit la reine Marie. Rosabelle volait avec la rapidité et presque avec la douceur de la brise d'été; mais il y a longtemps que je n'ai voyagé, et je sens que le repos sera le bienvenu. — Catherine, ma mignonne, il vous faudra coucher cette nuit dans mon appartement, et me faire les honneurs du château de votre noble père. — Merci, merci à tous mes dévoués libérateurs. — Des remercîments et le bonsoir est tout ce que je puis maintenant offrir; mais si je regagne le haut de la roue de la fortune, je n'aurai pas son bandeau. Marie Stuart gardera les yeux ouverts et reconnaîtra ses amis. — Seyton, je n'ai pas besoin de recommander à vos soins et à votre honorable hospitalité le vénérable abbé, Douglas et mon page.

Henry Seyton s'inclina ; Catherine Seyton et Fleming suivirent la reine à son appartement, où, leur confessant qu'il lui aurait été difficile en ce moment de tenir sa promesse de rester les yeux ouverts, elle se mit au lit, et ne s'éveilla le lendemain qu'assez tard dans la matinée.

La première pensée de Marie à son réveil fut de douter de sa liberté; et sous cette impression elle sauta de son lit, jeta à la hâte sa mante sur ses épaules et courut regarder à la fenêtre de sa chambre. Vue délicieuse! au lieu de la nappe de cristal du Loch-Leven, dont le vent seul troublait la surface, un paysage boisé et coupé de landes s'étendait devant elle, et le parc autour du château était occupé par les troupes de ses nobles les plus chers et les plus dévoués.

— Lève-toi, lève-toi, Catherine! s'écria la princesse dans son ravissement; lève-toi et viens ici ! — voici des épées et des lances en de fidèles mains, et des armures étincellent sur de loyales poitrines. Voici des bannières, mon enfant, flottant au vent aussi légèrement que des nues d'été. — Grand Dieu ! quel plaisir c'est pour mes yeux fatigués d'en démêler les devises : — celle de ton père, le brave Seyton, — celle du noble Hamilton, — celle du fidèle Fleming. — Vois, — vois ! — ils m'ont aperçue, et se pressent en foule vers la fenêtre !

Elle ouvrit la fenêtre de toute sa grandeur, et la tête nue, d'où retombait en arrière sa chevelure en désordre, son beau bras, à peine voilé par sa mante, répondit par un signe à leurs acclamations joyeuses, dont l'écho retentissait au loin. Après ce premier transport de joie et d'enthousiasme, elle se souvint combien elle était légèrement vêtue, et se couvrant le visage de ses deux mains, où ce souvenir avait fait monter une vive rougeur, elle se retira brusquement de la fenêtre. Le motif de sa retraite fut aisément deviné, et accrut encore l'enthousiasme général pour une princesse à qui son empressement à reconnaître les services de ses sujets avait fait oublier son rang. Les beautés sans ornements de la femme aimable firent même plus d'impression sur ces guerriers que n'en aurait pu faire tout le déploiement de sa splendeur royale; et ce qui aurait pu sembler trop libre dans l'état où elle s'était montrée devant eux, était plus qu'expié par l'enthousiasme du moment et par la délicatesse dont sa retraite précipitée avait fait preuve. Les acclamations s'éteignaient à peine qu'aussitôt elles se renouvelaient et faisaient retentir avec plus de force les bois et les

CHAPITRE XXXVI.

hauteurs environnants; et bien des serments furent faits ce matin-là sur la croix de l'épée, que la main ne déposerait pas l'arme avant que Marie Stuart ne fût rendue à tous ses droits. Mais que sont les promesses, que sont les espérances des mortels? Dix jours ne devaient pas s'écouler avant que ces hommes si braves et si dévoués ne fussent tous tués, captifs ou en fuite.

Marie se jeta sur le siège le plus rapproché, et rouge encore de honte, quoique souriant à demi, elle s'écria : Ma mignonne, que vont-ils penser de moi? — me montrer à eux les pieds nus passés à la hâte dans mes pantoufles, — les bras et le cou nus aussi! — oh! le mieux qu'ils puissent supposer est que sa résidence dans ce donjon là-bas a fait perdre l'esprit à leur reine! Mais mes sujets rebelles m'ont vue exposée alors que j'étais dans une affliction profonde; pourquoi garderais-je un plus froid cérémonial avec ces hommes fidèles et loyaux? — Appelle Fleming, néanmoins; — je me flatte qu'elle n'a pas oublié la petite cassette où est renfermée ma garde-robe. — Nous devons nous faire aussi belles que nous pourrons, mignonne.

— Ho! madame, notre bonne lady Fleming n'était pas en état de se rappeler quelque chose.

— Vous plaisantez, Catherine, dit la reine quelque peu offensée; il n'est sûrement pas dans sa nature d'oublier son devoir au point de nous laisser sans moyens de changer de vêtements?

— Roland Grœme y a songé, madame; car il a jeté dans la barque la cassette où se trouvent les habits et les joyaux de Votre Altesse, au moment où il a couru fermer la porte. — Je n'ai jamais vu page aussi maladroit que ce jeune homme; — le paquet m'est presque tombé sur la tête.

— Il te fera réparation, mon enfant, pour cette offense-là et pour toutes les autres. Mais appelle Fleming, et songeons à nous habiller pour recevoir nos fidèles lords.

Grâces aux précautions prises et à l'habileté de lady Fleming, la reine parut devant ses lords assemblés dans une parure qui convenait à sa dignité naturelle, quoiqu'elle n'y pût rien ajouter. Avec la courtoisie la plus captivante, elle exprima à chacun d'eux ses remercîments pleins de gratitude, et honora non-seulement chacun des nobles, mais encore beaucoup des barons de moindre rang, de son attention particulière.

— Et où allons-nous maintenant, mylords? dit-elle; quelle direction avez-vous arrêté de suivre?

— Nous allons nous rendre à Drafane-Castle, si tel est le bon plaisir de Votre Majesté, répondit lord Arbroath; de là nous irons à Dumbarton, mettre la personne de Votre Grâce en sûreté; après quoi il nous tarde d'éprouver si ces traîtres nous attendront en rase campagne.

— Et quand partons-nous?

— Si la fatigue de Votre Grâce le permet, répondit lord Seyton, nous nous proposons de monter à cheval après le déjeuner.

— Votre bon plaisir est le mien, mylords ; nous règlerons maintenant notre voyage sur votre sagesse, comme nous espérons ensuite avoir l'avantage d'en être aidée pour le gouvernement de notre royaume.

— Vous nous permettrez, à mes dames et à moi, mylords, de déjeuner avec vous. — Il nous faut être nous-mêmes à demi soldats, et mettre le cérémonial de côté.

Une foule de têtes couvertes du heaume d'acier s'inclinèrent profondément à cette offre gracieuse. En ce moment, parcourant des yeux les chefs assemblés, et n'apercevant ni Douglas ni Roland Grœme, la reine s'informa d'eux à demi-voix à Catherine Seyton.

— Ils sont ici près dans l'oratoire, madame, et assez tristes, répondit Catherine ; et la reine remarqua que les yeux de sa favorite étaient encore rouges de larmes.

— Cela ne doit pas être, reprit la reine. Entretiens la compagnie un instant ; — je vais les chercher et les introduire moi-même.

Elle se rendit à l'oratoire, où le premier qu'elle rencontra fut Georges Douglas, debout dans une embrasure de fenêtre, le dos appuyé contre la muraille et les bras croisés sur la poitrine. Il tressaillit en apercevant la reine, et ses traits prirent pour un instant une vive expression de plaisir ; mais cette expression fit presque aussitôt place à celle de mélancolie profonde qui leur était plus habituelle.

— Que signifie ceci, Douglas ? lui dit-elle ; pourquoi celui qui a conçu le premier et exécuté avec tant de hardiesse l'heureux plan de notre délivrance, fuit-il la compagnie des autres nobles et celle de la souveraine qu'il a obligée ?

— Madame, répondit Douglas, ceux que vous honorez de votre présence amènent des suivants pour aider à votre cause, ils apportent des richesses pour soutenir votre rang, — ils peuvent vous offrir des salles pour y célébrer des banquets, et des châteaux inexpugnables pour votre défense. Moi, je n'ai ni maison ni terres ; — je suis déshérité par ma mère et sous le poids de sa malédiction ; — je suis désavoué par tout ce qui porte mon nom, par tout ce qui est de mon sang ; — je n'apporte à votre étendard rien qu'une simple épée, et la pauvre vie de celui qui la porte.

— Est-ce un reproche que vous me voulez faire, Douglas, en me montrant ce que vous avez perdu à cause de moi ?

— Dieu m'en préserve, madame ! si c'était encore à faire, eussé-je à perdre un rang dix fois plus élevé, dix fois autant de richesses et vingt fois plus d'amis, mes pertes seraient payées par le premier pas que vous feriez, comme reine et en liberté, sur le sol de votre royaume natal.

— Et qu'avez-vous, alors, pour ne pas vous réjouir avec ceux qui se réjouissent de mon heureuse délivrance ?

— C'est que tout déshérité et tout désavoué que je suis, madame, je n'en suis pas moins un Douglas, et qu'avec la plupart de ces nobles ma famille est en hostilité depuis des siècles ; — une froide réception de leur part serait une insulte, et une réception amicale serait encore plus humiliante.

— Par pudeur, fi, Douglas ! secouez cette humeur sombre indigne d'un homme. — Je puis te faire marcher de pair avec le premier d'entre eux en titres et en fortune, et, crois-moi, je le ferai. — Venez donc vous joindre à eux, je vous l'ordonne.

— Ce mot suffit, madame ; — j'y vais. Qu'il me soit seulement permis de dire que ce que j'ai fait je ne l'aurais fait ni pour des richesses ni pour des titres. — Marie Stuart ne veut pas me récompenser, et la reine ne le peut pas.

A ces mots il quitta l'oratoire, se mêla aux nobles, et se plaça au bout de la table. La reine le regarda s'éloigner et porta son mouchoir à ses yeux.

— Que Notre-Dame ait pitié de moi ! dit-elle ; je n'ai pas plutôt vu la fin des soucis de ma prison, que ceux qui m'assiégeaient comme femme et comme reine m'entourent et me pressent de nouveau. — Heureuse Élisabeth ! pour qui l'intérêt politique est tout, et dont le cœur ne trahit jamais la tête ! — Et maintenant il faut que j'aille à la recherche de cet autre enfant, si je veux empêcher qu'il n'y ait des dagues tirées entre lui et le jeune Seyton.

Roland Græme était dans le même oratoire, mais assez éloigné de Douglas pour n'avoir pu entendre ce qui s'était passé entre la reine et lui. Lui aussi était soucieux et pensif ; mais son front s'éclaircit à la question de la reine : — Hé bien, Roland ? vous négligez vos fonctions ce matin. Êtes-vous si fatigué de votre course de la nuit ?

— Oh non, gracieuse souveraine ; mais on me dit que le page de Lochleven n'est pas le page de Niddrie-Castle, et il a plu à M. Henry Seyton de me démettre ainsi en quelque sorte de mes fonctions.

— Le Ciel me pardonne, dit la reine, combien ces jeunes coqs commencent tôt à dresser les ergots ! — Mais avec des enfants et des jeunes gens, du moins, je puis être reine. — Je veux vous voir amis. — Que l'on m'envoie ici Henry Seyton.

Au moment même où elle prononçait ces derniers mots à voix haute, celui qu'elle avait nommé entra.

— Approchez, Henry Seyton, lui dit-elle. — Je veux que vous donniez la main à ce jeune homme, qui a si bien aidé au plan de mon évasion.

— Volontiers, madame, répondit Seyton, pourvu que le jeune homme veuille me donner l'assurance qu'il ne touchera pas la main d'une autre Seyton qu'il sait bien. Il a déjà pris ma main pour celle de ma sœur ; pour gagner mon amitié, il faut qu'il abandonne toute prétention à son amour.

— Henry Seyton, repartit la reine, vous convient-il de mettre une condition à l'exécution de mes ordres ?

— Madame, répliqua Henry, je suis le serviteur du trône de Votre Grâce, le fils de l'homme le plus loyal d'Écosse. Nos biens, nos châteaux, notre sang, sont à vous; mais notre honneur est sous notre propre garde. J'en pourrais dire plus si....

— Parlez donc, impérieux enfant, s'écria la reine. A quoi me sert d'être délivrée de ma captivité de Lochleven, si je suis ainsi courbée sous le joug de mes prétendus libérateurs, et empêchée de faire justice à celui qui a aussi bien mérité de moi que vous-même?

— Ne vous troublez pas ainsi pour moi, noble souveraine, dit Roland. Ce jeune homme, étant le fidèle serviteur de Votre Grâce, et le frère de Catherine Seyton, porte en lui ce qui apaisera ma colère la plus bouillante.

— Je t'avertis encore une fois, reprit Henry Seyton avec hauteur, de ne tenir aucun discours d'où l'on puisse inférer que la fille de lord Seyton te serait quelque chose de plus que ce qu'elle est pour tout fils de paysan en Écosse.

La reine allait intervenir de nouveau, car le rouge commençait à monter au visage de Roland, et il devenait quelque peu douteux que son amour pour Catherine pût maîtriser encore longtemps la fougue naturelle de son caractère. Mais l'intervention d'une autre personne jusque-là inaperçue prévint celle de Marie. Il y avait dans l'oratoire une châsse séparée, fermée d'une balustrade élevée de chêne sculpté à jour, dans laquelle était placée une statue de saint Bennet d'une sainteté particulière. De cet enfoncement, où probablement elle avait été occupée à ses dévotions, sortit tout à coup Magdalen Græme, qui interpella Henry Seyton, en réponse à l'offense de ses dernières expressions. — Et de quelle argile sont donc faits ces Seytons, dit-elle, que le sang des Græmes ne puisse aspirer à se mêler au leur? Sachez, orgueilleux enfant, que quand j'ai appelé ce jeune homme le fils de ma fille, j'ai certifié sa descendance de Malise comte de Strathern, surnommé Malise au Brandon Ardent; et je n'imagine pas que le sang de votre maison coule d'une source plus éminente.

— Bonne mère, repartit Seyton, il me semble que votre sainteté devrait vous rendre supérieure à ces vanités mondaines; et il me semble qu'en effet elle vous en a rendue quelque peu oublieuse, puisqu'une noble descendance exige que le nom et le lignage du père soient aussi bien établis que ceux de la mère.

— Et si je dis qu'il vient du sang d'Avenel du côté paternel, n'aurai-je pas désigné un sang aussi richement coloré que le tien?

— D'Avenel? dit la reine; mon page est un descendant d'Avenel?

— Oui, gracieuse princesse, et le dernier héritier mâle de cette ancienne maison. — Son père est Julien Avenel, qui tomba les armes à la main contre les Southrons.

— J'ai entendu raconter cette histoire de douleur, repartit la reine : ainsi ce fut ta fille qui suivit ce malheureux baron au champ de bataille, et mourut sur son corps? Hélas! combien de manières sait trouver l'affection d'une femme pour opérer son propre malheur! L'histoire a souvent été racontée et chantée par les ménestrels. — Ainsi, Roland, tu es cet enfant du malheur, qui fut laissé parmi les morts et les mourants? Henry Seyton, il est ton égal par le rang et la naissance.

— Il le serait à peine, dit Henry, alors même qu'il serait légitime ; mais si l'histoire et la ballade disent vrai, Julien Avenel fut un chevalier sans foi, et sa maîtresse une fille fragile et crédule.

— Par le Ciel, tu mens! s'écria Roland Grœme en portant la main à son épée. Mais l'arrivée de lord Seyton prévint toute violence.

— Venez à mon aide, mylord, lui dit la reine, et séparez ces deux jeunes emportés.

— Quoi, Henry! dit le baron, mon château et la présence de la reine ne peuvent-ils réprimer ton insolence et ton impétuosité? — Et avec qui as-tu une querelle? — Si mes yeux ne me trompent pas, c'est avec le jeune homme même qui m'a si vaillamment secouru dans ma rencontre avec les Leslies! — Laisse-moi voir, jeune homme, le médaillon que tu portes à ta toque. — Par saint Bennet! c'est bien le même. — Henry, si tu tiens à ma bénédiction, je t'ordonne de ne pas avoir de dispute avec lui....

— Et si vous faites cas de mes ordres, ajouta la reine ; il m'a rendu un éminent service.

— Oui, madame, répliqua le jeune Seyton, comme quand il porta à Lochleven le billet renfermé dans le fourreau d'épée. — Marry! le digne jeune homme ne savait pas plus ce qu'il portait qu'un cheval de bât.

— Mais moi, qui l'ai consacré à cette grande œuvre, dit Magdalen Grœme ; — moi, par les avis et le concours de qui cette héritière légitime du trône a été délivrée de son esclavage ; — moi, qui n'ai pas craint de risquer dans cette grande action la dernière espérance d'une maison qui n'existe plus que par lui ; — moi, du moins, je le savais et je l'ai conseillé ; et quelque mérite qui m'en puisse revenir, que la récompense, très-gracieuse reine, descende sur ce jeune homme. Mon ministère se termine ici. — Vous êtes libre, — princesse souveraine, à la tête d'une brave armée, entourée de vaillants barons. — Mes services ne pourraient plus vous servir, et peut-être bien vous préjudicieraient-ils ; votre fortune repose maintenant sur le cœur et l'épée des hommes. — Puissent-ils se trouver aussi sûrs que l'a été la foi des femmes!

— Vous ne nous quitterez pas, bonne mère, dit la reine, — vous dont les démarches en notre faveur ont été si efficaces, vous qui avez bravé tant de dangers et porté tant de déguisements pour aveugler nos ennemis et affermir nos amis, — vous ne nous quitterez pas à l'aurore de notre fortune renaissante, avant que nous ayons eu le temps de vous connaître et de vous remercier?

— Vous ne pouvez, repartit Magdalen Grœme, connaître celle qui ne se connaît pas elle-même. — Il est des temps où dans ce corps de femme il y a la force du héros de Gaza, dans ce cerveau fatigué la sagesse du conseiller le plus sage ; — puis le brouillard revient sur moi, et alors ma force devient faiblesse, et ma sagesse folie. J'ai parlé devant des princes et des cardinaux, — oui, noble princesse, même devant les princes de ta propre maison de Lorraine; et je ne sais d'où venaient les paroles de persuasion qui coulaient de mes lèvres et étaient recueillies par leurs oreilles. — Et maintenant, même quand les paroles de persuasion me sont le plus nécessaires, il y a quelque chose qui étouffe ma voix et arrête mes paroles.

— S'il est quelque chose en mon pouvoir qui te puisse être agréable, reprit la reine, me l'indiquer seulement te servira autant qu'aurait pu le faire toute ton éloquence.

— Souveraine dame, répondit l'enthousiaste, je rougis qu'en ce moment suprême quelque chose de la fragilité humaine s'attache à une femme dont les saints ont entendu les vœux, dont le Ciel a favorisé les labeurs dans la bonne cause. Mais il en sera ainsi tant que l'esprit vivant sera emprisonné dans l'argile mortelle : — je céderai à la folie, continua-t-elle en versant des larmes, et ce sera la dernière. Prenant alors Roland par la main, elle le conduisit aux pieds de la reine, mit un genou à terre, et le fit s'agenouiller lui-même sur les deux genoux. — Puissante princesse, reprit-elle, regardez cette fleur : — elle fut recueillie par un étranger compatissant sur un sanglant champ de bataille, et il se passa un long temps avant que mes yeux inquiets pussent voir, avant que mes bras pussent presser tout ce qui me restait de ma fille unique. Pour l'amour de vous, et pour celui de la foi sainte que vous et moi nous professons, j'ai pu abandonner cette plante, alors qu'elle était encore délicate, à des soins étrangers, — oui, aux soins de mains ennemies, par qui peut-être son sang eût été versé comme du vin, si l'hérétique Glendinning avait su qu'il avait dans sa maison l'héritier de Julien Avenel. Depuis lors, je ne l'ai vu que quelques heures, en des moments d'incertitude et de craintes ; et maintenant je me sépare pour jamais de l'enfant de mon amour, — oui, pour jamais! — Oh! au nom des fatigues que j'ai endurées pour votre juste cause sur cette terre et sur les terres étrangères, donnez votre protection à celui que je ne dois plus appeler mon enfant!

— Je vous jure, bonne mère, dit la reine profondément affectée, que pour l'amour de vous et de lui je prends sur moi le soin de son bonheur et de sa fortune !

— Je vous remercie, fille de rois, reprit Magdalen ; et elle pressa de ses lèvres d'abord la main de la reine, puis le front de son petit-fils. — Et maintenant, dit-elle, séchant ses larmes et se relevant avec dignité, la terre a eu ce qu'elle réclamait : le Ciel réclame le reste. — Lionne d'Écosse, marche à la victoire ! et si les prières d'une femme consacrée à son vœu peuvent te servir, elles s'élèveront de plus d'un pays et du pied de plus d'une châsse lointaine. J'irai comme une âme en peine de contrée en contrée, de temple en temple ; et là où le nom même de mon pays est inconnu, les prêtres demanderont quelle est la reine de cette lointaine région du nord pour laquelle la vieille pèlerine est si fervente dans ses prières. Adieu ! que l'honneur et la prospérité terrestre soient ton partage, si telle est la volonté du Ciel ; — sinon, puisse la pénitence que tu accompliras ici-bas assurer ta félicité au delà de ce monde ! — Que personne ne me parle ni ne me suive ! — ma résolution est prise ; — mon vœu ne peut être rompu.

En prononçant ces derniers mots, elle s'éloigna rapidement, et son dernier regard fut pour son petit-fils bien-aimé. Il aurait voulu se lever et la suivre, mais la reine et lord Seyton l'en empêchèrent.

— Ne la contrariez pas maintenant, lui dit ce dernier, si vous ne voulez pas la perdre pour toujours. Bien des fois nous avons vu la sainte mère, et souvent au moment du plus grand besoin ; mais l'accompagner malgré elle, ou la contrarier dans ses desseins, sont des crimes qu'elle ne peut pardonner. J'ai confiance que nous la reverrons quand elle le croira nécessaire. — C'est une sainte femme, assurément, et dévouée tout entière à la prière et à la pénitence ; ce qui la fait regarder par les hérétiques comme une femme dont le cerveau est troublé, tandis que les vrais catholiques voient en elle une sainte.

— Laissez-moi donc espérer, mylord, que vous m'aiderez dans l'exécution de sa dernière prière, dit la reine.

— Quoi ! dans la protection de mon jeune second ? — ce sera avec joie, — c'est-à-dire en tout ce que Votre Majesté pourra croire convenable de me demander. — Henry, donne à l'instant ta main à Roland Avenel, — car je présume que c'est ainsi qu'il faut maintenant le nommer.

— Et il sera lord de la baronnie, ajouta la reine, si Dieu protége la justice de nos armes.

— Ce ne pourrait être que pour la rendre à ma bonne protectrice, qui l'occupe maintenant, dit le jeune Avenel. J'aimerais mieux ne posséder de ma vie un pouce de terre, que de lui voir perdre une perche des siennes à cause de moi.

— Son caractère est au niveau de sa naissance, dit la reine en regardant lord Seyton. — Henry, tu n'as pas encore donné ta main ?

— Elle est à lui, repartit Henry en la lui tendant avec une certaine apparence de courtoisie ; mais en même temps il ajouta, en s'approchant de l'oreille de Roland : Malgré tout ceci, tu n'auras pas celle de ma sœur.

— Plairait-il à Votre Grâce, reprit lord Seyton, maintenant que tout est réglé, d'honorer notre humble déjeuner de sa présence? Il serait temps que nos bannières se réfléchissent dans la Clyde. Il nous faut monter à cheval dans un aussi court délai que possible.

CHAPITRE XXXVII.

> Oui, monsieur ; — notre antique couronne, dans ces temps d'agitation, fut souvent remise au sort d'un coup de dé. — Le ducat du joueur, si souvent risqué, perdu et regagné, connut à peine autant de hasards.
>
> *Le Moine espagnol.*

Notre objet n'est pas d'entrer dans la partie historique du règne de l'infortunée Marie, ni de raconter comment, dans la semaine qui suivit son évasion de Lochleven, ses partisans se rassemblèrent autour d'elle avec leurs suivants, formant une brave armée montant à six mille hommes. Un tel jour a été récemment jeté par M. Chalmers sur les plus minutieux détails de l'époque, dans son excellente histoire de la reine Marie, qu'on peut en toute sûreté y renvoyer le lecteur pour toutes les informations qui nous ont été conservées sur cette période intéressante. Il suffit à notre dessein de dire que tandis que le quartier-général de Marie était à Hamilton, le régent et ses adhérents avaient, au nom du roi, assemblé une armée à Glasgow, inférieure par le nombre, à la vérité, à celle de la reine, mais formidable par les talents de Murray, de Morton, du laird de Grange et d'autres, qui, dès leur jeunesse, avaient fait leur éducation militaire dans les guerres étrangères et domestiques.

Dans ces circonstances, il était évidemment de la politique de la reine Marie d'éviter un conflit, assurée qu'elle était qu'une fois sa personne en sûreté le nombre de ses adhérents s'accroîtrait nécessairement de jour en jour ; au lieu qu'on devait s'attendre à ce que les forces de ses adversaires diminuassent, ainsi qu'il était fréquemment arrivé dans l'histoire antérieure de son règne, et à ce que leur moral s'affaiblît. Ses conseillers en étaient si bien convaincus, qu'ils décidèrent que leur première démarche serait de placer la reine dans le château fort de Dunbarton, où elle attendrait le cours des événements, l'arrivée des secours de France, et les levées que faisaient ses partisans dans toutes les provinces d'Écosse. En conséquence, des ordres furent donnés pour que tout le monde, cavaliers et fantassins, se tînt sous les armes et prêt à suivre l'étendard de la reine en équipement de bataille, la détermination avouée étant de l'escorter jusqu'au château de Dunbarton en dépit de ses ennemis.

La revue fut passée dans la plaine d'Hamilton-Moor, et la marche commença dans toute la pompe des temps féodaux. La musique militaire retentissait, bannières et pennons flottaient au vent, les armures étincelaient au soleil, les lances brillaient et scintillaient comme les étoiles par la gelée. Le belliqueux spectacle de la parade guerrière fut encore relevé en cette occasion par la présence de la reine elle-même, qui, entourée d'une suite brillante de dames et d'officiers de sa maison, et d'une garde spéciale de gentilshommes au milieu de laquelle on distinguait le jeune Seyton et Roland, donnait à la fois de l'éclat et de la confiance à l'armée, dont les colonnes nombreuses se déployaient en avant, autour d'elle et en arrière. Nombre d'ecclésiastiques se joignirent aussi à la cavalcade, la plupart d'entre eux ne se faisant pas scrupule de prendre les armes et de déclarer leur intention de les porter pour la défense de Marie et de la foi catholique. L'abbé de Sainte-Marie n'avait pas suivi leur exemple. Roland n'avait pas aperçu ce prélat depuis la nuit de leur évasion de Lochleven, et il le vit alors, couvert des vêtements de son ordre, venir se placer près de la personne de la reine. Roland s'empressa d'ôter son bassinet, et de demander la bénédiction de l'abbé.

— Je te la donne, mon fils! dit le prêtre. Je te vois maintenant sous ton nom véritable, et sous l'extérieur qui te convient. Le heaume à la branche de houx sied bien à ton front; — j'attendais depuis longtemps l'heure où tu le prendrais.

— Ainsi vous connaissiez mon origine, bon père?

— Je la connaissais; mais c'était un secret que j'avais reçu de ta grand'mère sous le sceau de la confession, et que je n'étais pas libre de dévoiler tant qu'elle-même ne l'aurait pas découvert.

— Quelle était sa raison pour un tel mystère, mon père?

— Peut-être la crainte de mon frère : — crainte mal fondée, car pour un royaume Halbert n'aurait pas voulu dépouiller un orphelin; outre que votre titre, votre père n'aurait-il même pas fait à votre mère la réparation que, je l'espère, elle reçut de lui, n'aurait pu, en temps tranquilles, être opposé à celui de l'épouse de mon frère, fille du frère aîné de Julien.

— Ils n'ont pas besoin de craindre que je le leur dispute. L'Écosse est assez grande, et il y a assez de domaines à y gagner, sans dépouiller mon bienfaiteur. Mais donnez-moi la preuve, révérend père, que mon père rendit justice à ma mère; — montrez-moi que j'ai le droit légitime de prendre le nom d'Avenel, et faites-moi ensuite votre esclave pour jamais !

— Oui, j'ai appris que les Seytons t'avaient reproché cette tache à ton écusson. J'ai cependant entendu dire à l'abbé Boniface quelque chose qui peut, si cela se trouve vrai, te laver de ce reproche.

— Dites-le-moi, mon père, oh! dites-le-moi; et le dévouement de ma vie entière...

— Téméraire enfant! je ne ferais que pousser à la folie ton caractère impatient, en excitant des espérances qui peuvent ne se réaliser jamais; — et le moment actuel permet-il d'y songer? Songe à la périlleuse entreprise dans laquelle nous sommes engagés, et si tu as un péché non confessé, ne néglige pas la seule occasion propice que peut-être le Ciel t'accordera pour la confession et l'absolution.

— Il sera assez temps de penser à toutes les deux, j'espère, quand nous serons à Dunbarton.

— Oui, tu chantes aussi haut que les autres;—mais nous ne sommes pas encore à Dunbarton, et il y a un lion dans le chemin.

— Voulez-vous parler de Murray, de Morton, et des autres rebelles de Glasgow, mon révérend père? Allons donc! ils n'osent pas regarder en face la bannière royale.

— C'est ce que disent comme toi bien des gens plus vieux que toi, et qui devraient être plus sages. — Je viens d'arriver des comtés du midi, où j'ai laissé nombre de chefs renommés en train d'armer pour la cause de la reine. — J'avais laissé ici les lords pensant et agissant en hommes sages et circonspects;— à mon retour je les retrouve se comportant comme des insensés. — Uniquement par orgueil et par vaine gloriole, ils veulent braver l'ennemi, et faire passer la reine comme en triomphe devant les murs de Glasgow, et à la barbe de l'armée opposante. — Rarement le Ciel sourit à une confiance si intempestive. Nous aurons une rencontre, et cela de propos délibéré.

— Hé bien, tant mieux! s'écria Roland; le champ de bataille fut mon berceau.

— Prends garde qu'il ne soit ton lit de mort, répliqua l'abbé. Mais à quoi bon prêcher à l'oreille des jeunes loups les dangers de la chasse? Avant la fin de cette journée, vous saurez peut-être quels sont ces hommes que vous méprisez inconsidérément.

— Eh! que sont-ils donc? dit Henry Seyton, qui les rejoignait en ce moment; leurs nerfs sont-ils de laiton et leur chair de fer?—le plomb pourra-t-il les percer et l'acier les entamer? — S'ils ne sont invulnérables ni au plomb ni à l'acier, révérend père, vous n'avons pas grand'-chose à craindre.

— Ce sont de méchants hommes, repartit l'abbé, mais le métier de la guerre ne demande pas des saints. — Murray et Morton sont connus pour les meilleurs généraux d'Écosse. Personne n'a jamais vu le dos de Lindesay ni celui de Ruthven.—Kirkcaldy de Grange a été surnommé par le connétable de Montmorency le premier soldat d'Europe. — Mon frère, nom trop honorable pour une telle cause, s'est fait connaître au loin comme chef habile.

— Tant mieux ! tant mieux ! dit Seyton d'un ton de triomphe ; nous allons avoir tous ces traîtres de rang et de renom devant nous sur un loyal champ de bataille. Notre cause est la meilleure, nous sommes les plus forts par le nombre, nous ne leur cédons ni par le cœur ni par les membres : — Saint Bennet, et en avant !

L'abbé ne répliqua pas et parut absorbé dans ses réflexions. Son anxiété se communiqua jusqu'à un certain point à Roland Avenel, qui, chaque fois que leur chemin les amenait sur une côte ou sur une éminence, jetait un coup d'œil inquiet vers les tours de Glasgow, comme s'il se fût attendu à apercevoir les indices de la sortie de l'ennemi. Non pas qu'il craignît le combat ; mais l'issue en était d'une telle importance pour son pays et pour lui-même, que le feu naturel de son courage en devenait moins ardent, quoique plus intense. Amour, honneur, renommée, fortune, tout semblait dépendre du résultat d'une seule rencontre, imprudemment hasardée peut-être, mais qui semblait maintenant devoir être inévitable et décisive.

Lorsque enfin leur marche fut devenue presque parallèle à la cité de Glasgow, Roland s'aperçut que les hauteurs qui leur faisaient face étaient déjà occupées en partie par des forces rangées, comme leur propre armée, sous la bannière royale d'Écosse, et sur le point d'être soutenues par des colonnes d'infanterie et des escadrons de cavalerie qui venaient de sortir des portes de la ville, et qui s'avançaient rapidement pour appuyer les troupes déjà postées vis-à-vis des forces de la reine. Cavalier sur cavalier arrivait au galop de l'avant-garde, avec la nouvelle que Murray avait pris la campagne avec toute son armée, que son objet était d'intercepter la marche de la reine, et son dessein évidemment de hasarder une bataille. Ce fut alors que la fermeté de chacun fut mise subitement à une épreuve difficile, et que ceux qui avaient cru trop présomptueusement qu'ils passeraient sans combattre furent quelque peu déconcertés quand ils se trouvèrent tout à coup, et avec si peu de temps pour délibérer, en regard d'un ennemi résolu. — Les chefs se réunirent immédiatement autour de la reine, et tinrent à la hâte un conseil de guerre. Le tremblement des lèvres de Marie trahissait la crainte qu'elle s'efforçait de cacher sous une attitude hardie et un air de dignité. Mais ses efforts étaient surmontés par le douloureux souvenir de l'issue désastreuse du dernier combat auquel elle avait été présente, à Carberry-Hill ; et lorsqu'elle voulut demander à ceux qui l'entouraient leur avis sur l'ordre de bataille, elle s'informa involontairement s'il n'y avait pas moyen d'échapper sans en venir à un engagement.

— Échapper! s'écria lord Seyton ; quand nous nous trouverons un contre dix en présence des ennemis de Votre Altesse, je pourrai songer à échapper ; — mais non pas quand nous sommes trois contre deux !

— Bataille! bataille! exclamèrent les lords assemblés ; nous chasserons les rebelles de leur poste avantageux, comme le lévrier poursuit le lièvre sur le flanc de la montagne.

— Il me semble, nobles lords, dit l'abbé, qu'il vaudrait tout autant les prévenir et les empêcher de prendre cet avantage. — Notre route traverse ce hameau là-haut sur la hauteur, et celui des deux partis qui aura la bonne fortune de s'en emparer, avec ses petits jardins et ses enclos, aura atteint un poste de grande défense.

— Le révérend père a raison, dit la reine. Oh! hâte-toi, Seyton, hâte-toi, et arrives-y avant eux! — ils marchent comme le vent.

Seyton s'inclina profondément, et tourna la tête de son cheval. — Votre Altesse m'honore, dit-il ; je vais sur-le-champ aller en avant, et m'emparer du passage.

— Pas avant moi, mylord, qui ai le commandement de l'avant-garde. dit lord Arbroath.

— Avant vous et avant tous les Hamiltons d'Écosse, répliqua Seyton, ayant l'ordre de la reine. — Suivez-moi, messieurs, mes vassaux et parents! — Saint Bennet, et en avant! *Set on!*

— Suivez-moi, mes nobles parents et braves tenanciers! cria à son tour Arbroath ; nous allons voir qui atteindra le premier le poste du danger. Pour Dieu et la reine Marie!

— Lutte fatale! précipitation de mauvais présage! dit l'abbé quand il les vit eux et leurs suivants courir en toute hâte et à l'envi l'un de l'autre vers le pied de la colline qu'il s'agissait de gravir, sans attendre que leurs gens fussent rangés en ordre. — Et vous, messieurs, continua-t-il, s'adressant à Roland et à Seyton qui se disposaient à suivre ceux qui couraient ainsi désordonnément au combat, laisserez-vous la personne de la reine sans garde?

— Oh! ne m'abandonnez pas, messieurs! dit la reine ; — Roland, Seyton, ne m'abandonnez pas! — Il y a assez de bras pour frapper dans ce funeste combat ; — n'éloignez pas de moi ceux sur lesquels je compte pour ma sûreté!

— Nous ne pouvons pas abandonner Sa Grâce, dit Roland en regardant Seyton et en faisant faire volte-face à son cheval.

— Je m'étais toujours attendu à ce que tu trouverais cela, repartit le fougueux jeune homme.

Roland ne répondit pas, mais il se mordit les lèvres jusqu'au sang, et poussant son cheval près du palefroi de Catherine Seyton, il murmura à demi-voix : Je n'ai jamais pensé avoir rien fait pour vous mériter ; mais aujourd'hui je me suis entendu accuser de couardise, et pour l'amour de vous mon épée est restée au fourreau.

CHAPITRE XXXVII.

— Il y a au milieu de nous tous un esprit de vertige, dit la demoiselle ; mon père, mon frère et vous, vous êtes tous également privés de raison. Vous ne devriez songer qu'à cette pauvre reine, et vous êtes tous possédés de vos absurdes jalousies. — De vous tous, le moine est le seul soldat et le seul homme de sens. — Mylord abbé, continua-t-elle en élevant la voix, ne ferions-nous pas mieux de nous retirer à l'ouest et d'attendre l'événement que Dieu nous enverra, au lieu de rester ici sur le chemin, exposant la personne de la reine et embarrassant la marche des troupes?

— Vous auriez raison, ma fille, répondit l'abbé, si nous avions seulement quelqu'un pour nous guider jusqu'à l'endroit où la personne de la reine pourrait être en sûreté. — Nos nobles courent au combat sans jeter une pensée sur la cause même de la guerre.

— Suivez-moi, dit un chevalier ou homme d'armes, bien monté et complétement couvert d'une armure noire, mais ayant la visière de son heaume fermée, et ne portant ni cimier sur son casque ni devise sur son écu.

— Nous ne suivrons pas un étranger, dit l'abbé, sans quelque garantie de sa fidélité.

— Je suis étranger et en vos mains, repartit le cavalier ; si vous en voulez savoir davantage sur moi, la reine elle-même sera ma répondante.

La reine était restée fixée à la place où elle se trouvait, comme si la crainte lui eût enlevé la faculté de se mouvoir, quoiqu'elle continuât machinalement de sourire et de saluer de la tête et de la main, tandis que les bannières s'inclinaient et que les lances se baissaient devant elle, à mesure qu'à l'exemple et comme à l'envi de Seyton et d'Arbroath, chaque corps pressait sa marche en avant du côté de l'ennemi. Mais à peine le cavalier noir lui eut-il dit quelques mots à l'oreille, qu'elle exprima son assentiment à ce qu'il avait annoncé ; et lorsqu'à voix haute et d'un ton d'autorité il reprit : Messieurs, le bon plaisir de la reine est que vous me suiviez, — Marie ajouta avec une sorte d'empressement : Oui, oui !

Tous furent en mouvement à l'instant ; car le chevalier noir, secouant une sorte d'apathie que ses manières annonçaient à sa première apparition, poussa son cheval çà et là avec une adresse et une agilité qui révélaient le cavalier accompli, et mit la petite suite de la reine en ordre de marche. Prenant alors la conduite de l'escorte, il la guida sur la gauche vers un château qui couronnait une éminence à pente douce, d'où la vue s'étendait au loin sur le pays environnant, et d'où l'on découvrait notamment les hauteurs que les deux armées voulaient occuper, et qui paraissaient devoir être bientôt un théâtre de lutte et de combat.

— Ces tours, dit l'abbé, adressant la question au cavalier noir, à qui appartiennent-elles? — sont-elles en ce moment en des mains amies?

— Elles sont inhabitées, répondit l'étranger, ou du moins leurs habitants ne nous sont pas hostiles. — Mais engagez ces jeunes gens, sire abbé, à faire plus de diligence; — c'est un mauvais moment pour satisfaire leur vaine curiosité, en observant l'engagement d'un combat auquel ils ne doivent pas prendre part.

— Ma chance n'en est que pire, dit Henry Seyton, qui l'avait entendu; j'aimerais mieux être en ce moment sous la bannière de mon père, que d'être fait chambellan d'Holyrood pour m'être bien et patiemment acquitté de mon devoir actuel de garde pacifique.

— Votre place sous la bannière de votre père ne tardera pas à être dangereuse, dit Roland Avenel, qui, tout en pressant son cheval vers l'ouest, n'en portait pas moins ses regards du côté des deux armées. Je vois là-bas un corps de cavalerie qui vient rapidement de l'est, et qui gagnera le village avant que lord Seyton puisse y arriver.

— Ce n'est que de la cavalerie, repartit Seyton en regardant attentivement; elle ne peut garder le village sans arquebuses.

— Regardez de plus près, observa Roland; vous verrez que chaque cavalier qui avance d'un si bon pas au sortir de Glasgow porte un fantassin en croupe.

— Par le Ciel! il a raison, dit le cavalier noir; il faut qu'un de vous deux en porte la nouvelle à lord Seyton et à lord Arbroath, afin qu'ils ne devancent pas nos hommes de pied et qu'ils marchent en meilleur ordre.

— La mission me revient, dit Roland, car j'ai signalé le premier le stratagème de l'ennemi.

— Avec votre permission, dit à son tour Seyton, c'est la bannière de mon père qui est engagée, et il convient mieux que ce soit moi qui aille à son secours.

— Je m'en rapporterai à la décision de la reine, repartit Roland Avenel.

— Qu'y a-t-il encore? — quelle nouvelle querelle? dit la reine Marie. — N'y a-t-il pas là-bas dans cette sombre armée assez d'ennemis pour Marie Stuart, et faut-il que ses amis mêmes deviennent ennemis les uns des autres?

— Madame, répondit Roland, le jeune maître de Seyton et moi nous disputions seulement à qui devra quitter votre personne pour porter à l'armée un message fort important. Il pensait que son rang lui donne droit d'en être chargé, et moi je jugeais que ma personne étant de moindre importance il valait mieux que ce fût moi qui m'exposasse...

— Non pas, interrompit la reine; s'il faut que l'un de vous deux me quitte, que ce soit Seyton.

Henry Seyton s'inclina assez bas pour que les plumes blanches de son casque se mêlassent à la crinière flottante de son impatient cheval

CHAPITRE XXXVII.

de guerre; puis, se remettant ferme en selle et agitant sa lance en l'air d'un air de triomphe et de résolution, il enfonça ses éperons dans les flancs de son coursier, et, lui faisant franchir tous les obstacles qui se présentèrent sur son chemin, partit comme un trait dans la direction de la bannière de son père.

— Mon père! mon frère! s'écria Catherine avec une expression de douloureuse angoisse; — ils sont au milieu du péril, et moi je suis en sûreté!

— Plût à Dieu, dit Roland, que je fusse près d'eux, et que je pusse racheter chaque goutte de leur sang au prix de deux du mien!

— Ne sais-je pas que tu le désires? repartit Catherine; — une femme pourrait-elle dire à un homme ce que je t'ai presque dit, si elle pensait que dans le cœur de cet homme il y eût place pour la crainte ou pour la faiblesse? — Il y a, dans ce son éloigné des approches de la bataille, quelque chose qui me plaît même en m'effrayant. Je voudrais être homme, pour pouvoir éprouver ce plaisir farouche sans mélange de terreur!

— Avancez! avancez, lady Catherine Seyton! cria l'abbé, quoiqu'ils montassent la colline d'un pas rapide et fussent alors presque au pied des murs du château; — avancez, et venez aider lady Fleming à soutenir la reine: — elle devient de plus en plus faible.

On fit halte, et après avoir aidé Marie à mettre pied à terre, on se disposait à la soutenir pour gagner la porte du château. — Non pas là, — non pas là, dit-elle d'une voix presque éteinte; — je ne rentrerai jamais dans ces murs!

— Soyez reine, madame, dit l'abbé, et oubliez que vous êtes femme.

— Oh! combien d'autres choses il me faut oublier, répliqua l'infortunée Marie à demi-voix, avant de pouvoir regarder d'un œil ferme ces lieux bien connus! — Il me faut oublier les jours que j'ai passés ici comme épouse du malheureux.... de celui qu'ils ont assassiné....

— Ce château est celui de Crookstone, dit lady Fleming; c'est ici que la reine tint sa première cour après son mariage avec Darnley.

— O mon Dieu, dit l'abbé, ton bras est sur nous! — Prenez cependant courage, madame; — vos ennemis sont les ennemis de la sainte Église, et Dieu va décider aujourd'hui si l'Écosse sera catholique ou hérétique.

Le bruit sourd et continu de décharges d'artillerie et de mousqueterie apporta un terrible chorus aux paroles de l'abbé, et parut bien plus efficace que son exhortation pour rappeler les esprits de la reine.

— Gagnons cet arbre, dit-elle en désignant un if qui couronnait un petit monticule près du château; je le connais bien: — de là vous aurez une perspective aussi étendue que des pics du Schehallion.

Et se dégageant de ceux qui lui prêtaient leur assistance, elle se dirigea d'un pas assuré, quoiqu'il y eût dans sa démarche une sorte d'égarement, vers le tronc vénérable de l'if. L'abbé, Catherine et Roland Avenel la suivaient, tandis que lady Fleming tenait en arrière les personnes inférieures de sa suite. Le cavalier noir suivait aussi la reine, s'attachant à elle comme l'ombre au corps, mais restant toujours à une distance de quatre ou cinq pas. — Les bras croisés sur la poitrine, le dos tourné à la bataille, il ne semblait occupé que de contempler Marie à travers les barres de sa visière fermée. La reine ne le regardait pas, et tenait ses yeux attachés sur les rameaux étendus de l'if.

— Oui, noble et bel arbre, dit-elle, comme si sa vue l'eût arrachée au souvenir de la scène actuelle, et eût surmonté l'horreur qui l'avait oppressée à sa première approche de Crookstone; oui, te voilà aussi vert, aussi beau que jamais, quoique tu entendes des sons de guerre au lieu de serments d'amour. Tout est perdu depuis que je ne t'ai vu: — amour et amant, — serments et celui qui les fit, — roi et royaume!
— Comment va la bataille, mylord abbé? — bien pour nous, j'espère? — et cependant, que peuvent voir les yeux de Marie, autre que des malheurs, de la place où je suis!

Ceux qui l'entouraient tenaient leurs yeux avidement fixés sur le champ de bataille; mais tout ce qu'ils pouvaient découvrir était qu'on le disputait avec acharnement. Chacun des petits enclos et des jardins cottagers du village que leur vue dominait en plein, et qui présentaient, quelques moments auparavant, avec leurs lignes de sycomores et de frênes, un tableau si calme et si tranquille à la lumière douce d'un soleil de mai, était maintenant converti en une ligne de feux au-dessus de laquelle planait un dôme de fumée; et le bruit constant et soutenu de la mousqueterie et du canon, mêlé aux cris de ceux des combattants qui en venaient aux mains, montrait que jusque-là ni l'un ni l'autre des deux partis n'avait cédé le terrain.

— Combien d'âmes se séparent de leur enveloppe terrestre pour le ciel ou pour l'enfer, au milieu de ces effrayants tonnerres! dit l'abbé. Que ceux qui croient en la sainte Église joignent leurs oraisons aux miennes pour implorer la victoire dans ce terrible combat.

— Pas ici! — pas ici! s'écria l'infortunée reine; ne priez pas ici, mon père, ou priez en silence. — Mon esprit est trop déchiré par le passé et le présent pour oser approcher du trône céleste. — Ou bien, si vous voulez prier, que ce soit pour celle dont les plus tendres affections ont été les plus grands crimes, et qui n'a cessé d'être reine que parce que comme femme elle fut tendre et abusée.

— Ne conviendrait-il pas que je m'avançasse un peu plus près des deux armées, dit Roland, pour voir quel sera le sort de la journée?

— Oui, oui, au nom du Ciel, dit l'abbé; car si nos amis sont dispersés, notre fuite doit être prompte. — Mais prends garde de trop approcher du conflit, et songe qu'à ton retour sont attachées d'autres vies que la tienne.

— Oh! n'allez pas trop près, ajouta Catherine; mais ne manquez pas de voir comment les Seytons combattent, et comment ils se comportent.

— Ne craignez rien, je serai sur mes gardes, dit Roland Avenel; et sans attendre d'autre réponse, il poussa son cheval vers le lieu du combat, ayant soin de se tenir sur les parties du terrain les plus élevées et les plus découvertes, et regardant toujours avec précaution autour de lui, de peur de se jeter dans quelque parti ennemi. A mesure qu'il approchait, le bruit de la mousqueterie devenait plus aigu et retentissait avec plus de force à ses oreilles, les cris devenaient de plus en plus bruyants, et il sentait ce battement de cœur pressé, ce mélange de crainte naturelle, de vive curiosité et d'anxiété sur l'issue douteuse de l'affaire, que même les hommes les plus braves éprouvent quand ils approchent seuls d'une scène d'intérêt et de danger.

Enfin il arriva à si peu de distance, que, d'une place élevée qu'abritaient des buissons et des broussailles, il put distinctement apercevoir l'endroit où la lutte était soutenue avec le plus d'acharnement. C'était un chemin creux conduisant au village, et dans lequel l'avant-garde de la reine s'était avancée avec plus de précipitation et de courage que de réflexion, dans le dessein de se mettre en possession de ce poste avantageux. Elle s'était trouvée prévenue dans son plan : les haies et les enclos étaient déjà occupés par l'ennemi, que conduisaient le célèbre Kirkcaldy de Grange et le comte de Morton; et elle n'éprouva pas de médiocres pertes en essayant d'avancer de vive force pour en venir de près aux mains avec les hommes d'armes du côté opposé. Mais comme les troupes de la reine se composaient principalement de nobles et de barons, avec leurs parents et suivants, ils avaient poussé en avant au mépris du danger et des obstacles; et quand Roland arriva sur le lieu du combat, ils étaient aux prises corps à corps à la gorge de la passe avec l'avant-garde du régent, et s'efforçaient de la pourchasser du village à la pointe de la lance, en même temps que l'ennemi, également déterminé à conserver l'avantage qu'il avait pris, faisait des efforts non moins opiniâtres pour repousser les assaillants.

Des deux côtés on était à pied et armé à l'épreuve, de sorte que lorsque les longues lances des premiers rangs furent fixées de part et d'autre dans les écus des rangs opposés, et engagées dans les corselets et les cuirasses, la lutte ressembla à celle de deux taureaux qui, pressant avec force leurs fronteaux l'un contre l'autre, restent dans cette posture des heures entières, jusqu'à ce que la supériorité de force ou d'opiniâtreté de l'un des deux renverse l'autre à terre ou l'oblige à prendre la fuite. Ainsi pressés dans l'effroyable lutte qui ondulait lentement d'un point à un autre, selon que l'un ou l'autre des deux partis prenait le dessus, ceux qui tombaient étaient également foulés aux pieds des amis et des ennemis ; ceux dont les armes étaient brisées se retiraient du premier rang, où d'autres les remplaçaient ; tandis que les derniers rangs, ne pouvant prendre autrement part au combat, tiraient leurs pistolets par-dessus la tête de leurs camarades, ou bien lançaient contre l'ennemi, en guise de javelines, soit leurs dagues, soit les pointes ou les poignées des armes brisées.

Dieu et la reine ! retentissait d'un côté ; tandis que de l'autre tonnait le cri Dieu et le roi ! Ainsi des compatriotes s'entr'égorgeaient au nom de leurs souverains, et au nom de leur créateur défiguraient son image. La voix des capitaines donnant leurs ordres se faisait souvent entendre au milieu du tumulte, et se mêlait aux cris de ralliement des chefs de chaque détachement, aux hurlements des combattants et aux gémissements des blessés et des mourants.

L'engagement durait depuis près d'une heure. Les forces des deux partis semblaient épuisées ; mais ni leur rage ni leur obstination n'étaient diminuées, quand Roland, qui avait l'œil et l'oreille à tout ce qui se passait autour de lui, vit une colonne d'infanterie, en tête de laquelle étaient quelques cavaliers, tourner la base de la hauteur où il se trouvait, et, mettant ses longues lances en arrêt, attaquer en flanc l'avant-garde de la reine, dont le front était engagé dans une lutte acharnée. Le premier coup d'œil lui fit voir que le chef qui dirigeait ce mouvement était son ancien maître le chevalier d'Avenel ; le second le convainquit que l'effet en serait décisif. Le résultat de cette attaque de troupes fraîches et en bon ordre sur le flanc de combattants déjà fatigués d'une lutte prolongée et opiniâtre, fût en effet instantané.

La colonne assaillante, qui jusque-là avait montré une ligne sombre, serrée et unie de casques surmontés de panaches, fut subitement rompue et précipitée en désordre en aval de l'éminence qu'elle s'était si longtemps efforcée d'emporter. En vain entendait-on les chefs encourager leurs suivants à tenir ferme au combat, et les voyait-on résister personnellement alors que toute résistance était évidemment inutile ; ils étaient tués, ou renversés à terre, ou entraînés par le flot mêlé des fuyards et des poursuivants. Quelles furent les pensées de Roland en contemplant la déroute, et en sentant que tout ce qui lui restait à faire était de tourner bride et de tâcher de mettre la personne de la reine en sûreté ! Cependant, tout cuisants que pouvaient être sa douleur et sa honte, toutes deux furent oubliées quand presque au pied du terrain élevé qu'il occupait il aperçut Henry Seyton, que la confusion avait séparé des siens, couvert de poussière et de sang, et se défendant avec un courage désespéré contre plusieurs ennemis qui s'étaient réunis autour de lui, attirés par son armure brillante. Sans perdre un moment, Roland descendit l'éminence de toute la vitesse de son coursier, se précipita d'un bond au milieu du parti ennemi, porta autour de lui trois ou quatre coups qui en renversèrent deux et écartèrent les autres ; puis, tendant la main à Seyton, il l'exhorta à saisir fortement la crinière de son cheval.

— Nous vivrons ou nous mourrons ensemble aujourd'hui, lui dit-il ; seulement ne lâchez pas prise jusqu'à ce que nous soyons sortis de la presse, et alors mon cheval est le vôtre.

Seyton l'entendit et rassembla ce qui lui restait de forces ; et Roland, joignant ses efforts à ceux du blessé, parvint à l'emmener hors de danger, et à le conduire jusque derrière la place d'où lui-même avait vu la conclusion désastreuse du combat. Mais ils furent à peine sous l'abri des arbres que Seyton lâcha prise, et que, malgré les efforts de Roland pour le soutenir, il tomba étendu sur le gazon. — Ne vous embarrassez pas plus longtemps de moi, dit-il ; ceci est ma première et ma dernière bataille, et j'en ai déjà trop vu pour désirer voir la fin. Hâtez-vous de sauver la reine, et rappelez-moi à Catherine ; on ne la prendra plus désormais pour moi, ni moi pour elle. Le dernier coup d'épée a fait une distinction éternelle.

— Laissez-moi vous aider à monter mon cheval, repartit vivement Roland, et vous pouvez encore être sauvé ; je saurai trouver mon chemin à pied. — Tournez-lui seulement la tête vers l'ouest, et il vous emportera aussi vite et avec autant de douceur que le vent.

— Je ne monterai plus de coursier, Roland ; adieu ! Je t'aime mieux en mourant que durant ma vie je n'aurais jamais pensé le faire. — Je voudrais ne pas avoir sur les mains le sang de ce vieillard ! — *Sancte Benedicte, ora pro me*[1] ! — Ne reste pas à regarder un mourant, mais hâte-toi de sauver la reine !

Ces mots lui coûtèrent les derniers efforts de sa voix, et à peine étaient-ils prononcés qu'Henry n'était plus. Ils rappelèrent Roland au sentiment du devoir qu'il avait presque oublié ; mais ils n'arrivèrent pas à son oreille seulement.

— La reine ! où est la reine ? dit sir Halbert Glendinning, qui parut en cet instant, suivi de deux ou trois cavaliers. Roland ne répondit pas ; mais, tournant bride et se confiant à la vitesse de son cheval, il lui lâcha les rênes en même temps qu'il lui faisait sentir l'éperon, et prit par monts et par vaux la direction du château de Crookstone. Plus pesamment armé et montant un cheval moins rapide, sir Halbert Glendinning le suivait la lance couchée, en lui criant : Sire à la branche de houx, fais halte, et montre quel droit tu as de porter cet insigne ; ne te sauve pas ainsi couardement, et ne déshonore pas l'emblème que tu ne mérites pas de porter ! — Halte, sire couard, ou par le Ciel, je vais te frapper de ma lance au dos, et te tuer comme un lâche !

---

[1] Saint Bennet, priez pour moi ! — Bennet est la forme écossaise du nom de Benoît (L. V.)

— Je suis le chevalier d'Avenel, je suis sir Halbert Glendinning.

Mais Roland, dont l'intention n'était pas d'avoir une rencontre avec son ancien maître, et qui savait en outre que la sûreté de la reine dépendait de sa célérité, ne répondit pas un mot aux défis ni aux reproches que sir Halbert continuait de lui jeter de loin; faisant au contraire aussi bon usage que possible de ses éperons, il poursuivit sa course encore plus rapidement qu'auparavant; et il avait gagné une centaine de pas d'avance sur celui qui le poursuivait lorsqu'i arriva assez proche de l'if où il avait laissé la reine pour la voir qui remontait déjà à cheval ainsi que sa suite : — Les ennemis! les ennemis! cria-t-il de tous ses poumons. — A cheval, mesdames! — Messieurs, faites votre devoir pour protéger la reine!

A ces mots il fit faire un demi-tour à son cheval, et évitant le choc de sir Halbert Glendinning, chargea si rudement de sa lance un des hommes d'armes du chevalier, qui suivait celui-ci presque sur la même ligne, qu'il renversa homme et cheval. Il tira alors son épée et attaqua le second cavalier de la suite de Glendinning, tandis que le chevalier noir se jetait à la rencontre de ce dernier, et qu'ils se précipitaient l'un contre l'autre avec une telle impétuosité que les deux chevaux roulèrent sur la poussière et que les deux cavaliers vidèrent les arçons. Ni l'un ni l'autre ne fut en état de se relever, car la lance de Glendinning avait percé le chevalier noir de part en part, et le chevalier d'Avenel, étouffé par le poids de son propre cheval, et d'ailleurs cruellement froissé par sa chute, ne semblait guère en meilleur état que celui qu'il avait mortellement blessé.

— Rends-toi, secouru ou non secouru, sire chevalier d'Avenel, dit Roland, qui avait mis un second antagoniste hors de combat, et qui était accouru pour empêcher Glendinning de renouveler le conflit.

— Je ne puis faire autrement que de me rendre, puisque je ne puis plus combattre, répondit sir Halbert; mais j'ai honte d'adresser un pareil mot à un couard tel que toi.

— Ne m'appelle pas couard, repartit Roland en ouvrant sa visière et en aidant son prisonnier à se relever, car sans les marques de bienveillance que j'ai reçues de toi, et encore plus de ta dame, je t'aurais tenu tête comme le devait un brave.

— Le page favori de ma femme! s'écria sir Halbert étonné. Ah, misérable enfant! j'ai appris ta trahison à Lochleven.

— Ne lui fais pas de reproches, mon frère, dit l'abbé; il n'a été qu'un agent dans les mains du Ciel.

— A cheval! à cheval! s'écria Catherine Seyton; en selle et partons, ou nous sommes tous perdus. Je vois notre brave armée en fuite d'ici à plusieurs lieues. A cheval, mylord abbé! à cheval, Roland! ma gracieuse lige, à cheval! Nous devrions être déjà à plus d'un mille d'ici.

— Regarde ces traits, dit Marie, désignant du doigt le chevalier mourant, qu'une main compatissante avait débarrassé de son casque; regarde ces traits, et dis-moi si celle qui cause la perte de tous ceux qui l'aiment doit faire un pas de plus pour sauver sa misérable vie!

Le lecteur doit avoir depuis longtemps anticipé sur la découverte que le cœur de la reine avait faite avant que ses yeux ne la lui confirmassent. C'étaient les traits du malheureux Georges Douglas, sur lesquels la mort imprimait son cachet.

— Regarde, regarde-le bien, continua la reine ; ainsi il en a été de tout ce qui aima Marie Stuart ! La royauté de François, l'esprit de Chastelet, la puissance et la bravoure de l'élégant Gordon, les chants mélodieux de Rizzio, la noble prestance, la jeunesse et la grâce de Darnley, l'adresse audacieuse et les manières courtoises de Bothwell, et maintenant la passion si profonde et si dévouée du noble Douglas, — rien n'a pu les sauver; leurs regards s'arrêtaient sur la malheureuse Marie, et l'avoir aimée était un crime qui méritait une mort prématurée ! A peine la victime avait-elle conçu pour moi une pensée bienveillante, que la coupe empoisonnée, la hache et le billot, la dague et la mine, étaient prêts pour les punir d'avoir laissé tomber un peu d'affection sur une misérable telle que moi ! Ne m'importunez pas ; je ne veux pas fuir plus loin. — Je ne puis mourir qu'une fois, et je veux mourir ici.

Tandis qu'elle parlait ainsi, ses larmes tombaient abondamment sur le visage du mourant, qui continuait de fixer son regard sur elle avec une expression passionnée que la mort même put à peine altérer. —

— Ne pleurez pas pour moi, dit-il d'une voix affaiblie, mais songez à votre sûreté. Je meurs dans mon armure comme le devait un Douglas, et j'emporte en mourant la compassion de Marie Stuart !

Il expira à ces mots, sans que ses yeux se détournassent du visage de la reine; celle-ci, dont le cœur était de cette nature tendre et douce qui, dans la vie privée et avec un compagnon d'existence mieux assorti que Darnley, aurait pu la rendre heureuse, restait à pleurer près du corps inanimé; elle fut enfin rappelée à elle-même par l'abbé, qui crut nécessaire d'employer des remontrances d'une sévérité inaccoutumée.

— Nous aussi, madame, dit-il, nous, les serviteurs dévoués de Votre Grâce, nous avons des amis et des parents à pleurer. Je laisse un frère dans un péril imminent; l'époux de lady Fleming, le père et le frère de lady Catherine, sont tous restés sur ce champ sanglant, tués, il est à craindre, ou prisonniers. Nous oublions le sort de nos plus proches et de nos plus chers pour veiller sur notre reine, et elle est trop occupée de ses propres douleurs pour donner une pensée aux nôtres.

— Je ne mérite pas votre reproche, mon père, dit la reine en arrêtant ses larmes ; mais j'y suis docile. — Où nous faut-il aller ? — que nous faut-il faire ?

— Il faut fuir, et cela à l'instant même, repartit l'abbé; où ? c'est à quoi il n'est pas si aisé de répondre, mais nous pourrons en discuter sur la route. Aidez la reine à se remettre en selle, et en avant[1] !

Ils partirent, en effet. — Roland resta un moment en arrière pour donner aux suivants du chevalier d'Avenel l'ordre de transporter leur maître au château de Crookstone ; et pour lui dire que la seule condition qu'il mettait à sa liberté était sa parole que lui et ses gens garderaient le secret sur la direction dans laquelle la reine avait fui. Au moment où il tournait bride pour s'éloigner, il aperçut l'honnête physionomie d'Adam Woodcock, lequel le regardait d'un air ébahi et avec une expression de surprise dont en tout autre moment il aurait ri de bon cœur. C'était un des deux hommes d'armes qui avaient éprouvé la pesanteur du bras de Roland, et en ce moment ils se reconnurent l'un l'autre, ce dernier ayant levé sa visière, et le digne yeoman s'étant débarrassé de sa barrette ou casque à barres de fer, afin d'être plus à même d'assister son maître. Dans cette barrette, qui reposait à terre, Roland n'oublia pas de jeter quelques pièces d'or (fruit de la libéralité de la reine) ; et avec un signe de souvenir affectueux et d'ancienne amitié, il partit au grand galop pour rejoindre la reine, la poussière soulevée par son escorte étant déjà loin au bas de la colline.

— Ce n'est pas de la monnaie de fées[2], dit l'honnête Adam en pesant l'or dans sa main ; — et c'était bien monsieur Roland lui-même, c'est une chose certaine, — la main toujours aussi ouverte, et, par Notre-Dame ! (en se frottant les épaules) le poing toujours aussi prêt à taper ! — C'est ce que mylady sera charmée d'apprendre, car elle le pleure comme si c'était son fils. Et il faut voir comme il est pimpant ! Mais ces garçons à la main légère sont aussi sûrs de prendre le dessus que la mousse de monter au haut de la pinte : — soyez plus solide, vous restez fauconnier.

A ces mots, il vint aider ses camarades, dont le nombre s'était alors augmenté, à transporter son maître dans le château de Crookstone.

---

[1] *Voyez* la note O, à la fin du volume

[2] On sait que, d'après les traditions se rapportant aux fées ou plutôt aux *fairies* du Nord, l'argent qui provenait d'elles se changeait ordinairement en ardoises quand on y portait la main. (L. V.)

CHAPITRE XXXVIII.

> Ma terre natale, bonsoir !
> BYRON.

BIEN des larmes amères tombèrent des yeux de la reine Marie, durant sa fuite précipitée, sur ses espérances déchues, ses prévisions d'avenir et ses amis massacrés. La mort du brave Douglas et celle du bouillant mais courageux Henry Seyton, semblaient affecter la reine autant que la chute du trône où elle avait été si près de remonter. Catherine Seyton dévorait en secret sa propre douleur, et ne songeait qu'à relever le courage abattu de sa maîtresse ; et l'abbé, portant sur l'avenir ses pensées inquiètes, cherchait en vain à former quelque plan qui eût pour lui la moindre chance de succès. Le jeune Roland, car lui aussi se mêlait aux débats agités à la hâte par les compagnons de fuite de la reine, conservait seul son sang-froid et son calme d'esprit.

— Votre Majesté a perdu une bataille, dit-il ; — votre ancêtre Bruce en perdit sept l'une après l'autre avant de s'asseoir triomphant sur le trône d'Écosse, et de proclamer d'une voix victorieuse dans les champs de Bannockburn l'indépendance de son pays. Ces bruyères, que nous pouvons traverser à notre volonté, ne valent-elles pas mieux que le château de Lochleven, avec ses serrures, ses gardes, et le lac qui lui sert de fossés ? — Nous sommes libres, — et c'est là un mot dans lequel il y a de quoi nous consoler de toutes nos pertes.

Il faisait résonner une note hardie, mais qui n'eut pas d'écho dans le cœur de Marie.

— Mieux eût valu, dit-elle, que j'eusse encore été à Lochleven, que d'avoir vu le massacre qu'ont fait les rebelles parmi les sujets qui s'offraient à la mort à cause de moi. Ne me parlez pas de tenter de nouveaux efforts : — ils ne pourraient que vous coûter la vie, à vous, mes amis, qui me les recommandez ! Je ne voudrais pas supporter de nouveau ce que j'ai senti quand, du haut de cette éminence, j'ai vu les épées des farouches cavaliers de Morton faire un tel ravage parmi les fidèles Seytons et les Hamiltons pour leur dévouement à leur reine ; — je ne voudrais pas éprouver de nouveau ce que j'ai éprouvé quand ma mante a été teinte du sang de Douglas versé pour l'amour de Marie Stuart : — non, je ne le voudrais pas, dussé-je régner à ce prix sur tout ce qu'enclosent les mers de la Bretagne ! Trouvez-moi quelque lieu où je puisse cacher ma tête infortunée, qui apporte la destruction sur tout ce qui l'aime : — c'est la dernière faveur que Marie réclame de ses fidèles serviteurs.

Dans cet accablement d'esprit, mais n'en poursuivant pas moins sa fuite avec une rapidité non ralentie, la malheureuse Marie, après avoir été rejointe par lord Herries et un petit nombre de suivants, fit enfin sa première halte à l'abbaye de Dundrennan, distante de près de soixante milles du champ de bataille[1]. Dans ce coin éloigné du Galloway, où la réforme n'avait pas encore strictement sévi contre les moines, quelques-uns d'entre eux continuaient d'occuper paisiblement leurs cellules; et le prieur, les larmes aux yeux, vint recevoir respectueusement la reine fugitive à la porte de son couvent.

— Je vous apporte la ruine, bon père, lui dit la reine lorsqu'elle fut descendue de son palefroi.

— Elle est la bienvenue, répondit le prieur, si elle fait cortége au devoir.

Après avoir mis pied à terre, la reine, soutenue par ses dames, resta un instant à considérer son palefroi, lequel, épuisé de fatigue et la tête basse, semblait déplorer la détresse de sa maîtresse.

— Mon bon Roland, lui dit Marie à demi-voix, veille à ce qu'on ait soin de Rosabelle. — Interroge ton cœur, et il te dira pourquoi je te fais cette requête futile, même en un pareil moment.

Elle fut conduite à son appartement, et dans la consultation précipitée que tinrent les personnes de sa suite, la fatale résolution de la retraite en Angleterre fut décidément adoptée. Dans la matinée cette résolution reçut l'approbation de la reine, et un messager fut dépêché au Gardien de la frontière anglaise pour obtenir de lui pour la reine d'Écosse un sauf-conduit et l'hospitalité. Le lendemain, l'abbé Ambroise se promenait dans le jardin de l'abbaye avec Roland, à qui il exprimait sa désapprobation du parti auquel on s'était arrêté. — C'est folie et ruine, dit-il; mieux eût valu qu'elle se confiât aux sauvages Highlanders ou aux hommes indisciplinés des Borders, qu'à la bonne foi d'Élisabeth. Une femme se livrer à une rivale! — l'héritière présomptive du trône d'Angleterre à une reine jalouse et sans enfants! — Roland, Herries est sincère et loyal, mais son conseil a perdu sa maîtresse.

— Oui, la ruine nous suit partout, dit un vieillard tenant une bêche à la main et portant le costume de frère lai, et que dans la chaleur de son exclamation l'abbé n'avait pas aperçu. — Ne me regardez pas avec cet air étonné! continua-t-il; — c'est bien moi qui fus l'abbé Boniface à Kennaquhair, moi qui étais le jardinier Blinkhoolie à

[1] Dundrennan est un village des environs de Kirkcudbright, peu éloigné de la côte du Frith de Solway. (L. V.)

Lochleven, qu'on a pourchassé de place en place jusqu'à celle où j'ai fait mon noviciat. et maintenant vous voilà venus pour me faire déguerpir de nouveau! — J'ai mené une vie bien dure, pour quelqu'un qui a toujours regardé la paix comme son bien le plus cher!

— Nous vous débarrasserons bientôt de notre compagnie, bon père, dit l'abbé, et la reine, je le crains, ne troublera plus votre retraite.

— Oui, oui, vous m'en avez déjà dit autant, repartit le vieillard d'un ton d'humeur, et je n'en ai pas moins été renvoyé de Kinross. et pillé par des soldats sur la route. — Ils m'ont pris le certificat que vous savez bien, — celui du baron... oui, c'était un maraudeur comme eux. — Vous me l'aviez demandé, et je n'avais jamais pu le trouver; mais ils l'ont trouvé, eux. — Il constatait le mariage de... de... la mémoire me manque. — Voyez combien les hommes se ressemblent peu! Le père Nicolas vous aurait conté cent histoires de l'abbé Ingelram, que Dieu ait pitié de son âme! — Il était, je vous le garantis, dans sa quatre-vingt-sixième année, et moi je n'ai pas plus de... attendez...

— N'est-ce pas Avenel, le nom que vous cherchez, bon père? dit Roland avec une impatience dont il tâcha cependant de modérer l'expression, de peur d'alarmer ou d'offenser le faible vieillard.

— Oui, c'est juste: — Avenel, Julien Avenel; — vous avez parfaitement dit le nom. — Je conservais toutes les confessions particulières. m'y regardant comme tenu par mes vœux. — Je ne pus pas trouver la pièce quand mon successeur Ambrosius m'en parla; — mais les soldats la trouvèrent, et le chevalier qui commandait le détachement se frappa la poitrine avec une telle force, que son haubert en sonna comme une cruche vide.

— Sainte Marie! s'écria l'abbé, pour qui un tel papier a-t-il pu avoir un tel intérêt? Quelle était l'apparence du chevalier? quelles étaient ses armes, ses couleurs?

— Vous me faites perdre la tête avec vos questions; — c'est tout au plus si j'osais le regarder. — Ils m'accusaient d'être porteur de lettres pour la reine, et ils ont fouillé ma malle; — tout ceci provient de vos machinations de Lochleven.

J'espère, dit l'abbé à Roland, qui se tenait près de lui le corps agité d'un tremblement d'impatience, j'espère que le papier est tombé entre les mains de mon frère; — j'ai entendu dire qu'il avait été envoyé en vedette avec ses gens entre Stirling et Glasgow. — Le chevalier ne portait-il pas un rameau de houx à son casque? — ne pouvez-vous pas vous souvenir de cette circonstance?

— Oh, me souvenir! — me souvenir! dit le vieillard avec humeur; comptez autant d'années que j'en compte, si vos complots vous y laissent arriver, et voyez de quoi et jusqu'où vous vous souviendrez.

— C'est vraiment tout au plus si je me souviens des poiriers que j'ai greffés ici de mes propres mains, il y a quelque cinquante ans.

En ce moment le son retentissant d'un bugle se fit entendre du rivage.

— C'est le son de mort de la royauté de la reine Marie! dit Ambroise; on a reçu la réponse du gardien anglais, réponse favorable, sans doute, car quand la trappe d'un piége fut-elle fermée à la proie pour laquelle elle était disposée? — Ne vous laissez pas abattre, Roland; — tout ceci sera tiré à clair. — Mais en ce moment nous ne devons pas quitter la reine. — Suivez-moi, — faisons notre devoir et reposons-nous de l'issue sur Dieu. — Adieu, bon père, je reviendrai te voir avant peu.

Il se disposa à quitter le jardin avec Roland, qui le suivait un peu à contre-cœur. L'ex-abbé reprit sa bêche.

— Je pourrais m'affliger pour ces hommes, dit-il, oui, et pour cette pauvre reine; mais à quoi servent les chagrins de ce monde chez un homme de quatre-vingts ans? Et puis voici une rare matinée de rosée pour les choux verts de primeur.

— Ses facultés sont affaiblies par l'âge, dit Ambroise tout en entraînant Roland vers le rivage; il faut lui laisser prendre son temps pour se recueillir. — Nous ne pouvons avoir maintenant qu'une seule pensée, le destin de la reine.

Ils ne tardèrent pas à arriver au lieu où elle se trouvait, entourée de sa petite suite, et ayant près d'elle le sheriff du Cumberland, gentilhomme de la maison de Lowther, revêtu d'un riche costume et accompagné de soldats. L'aspect de la reine offrait un singulier mélange d'empressement et de répugnance à partir. Ses paroles et ses manières avec ceux qui l'entouraient étaient des paroles et des manières d'espoir et de consolation, et elle semblait vouloir se persuader à elle-même que la démarche qu'elle allait faire était sans danger, et qu'elle pouvait se reposer entièrement sur l'assurance qu'elle avait reçue d'une bonne réception; mais le tremblement de ses lèvres et l'égarement de ses yeux trahissaient à la fois et sa douleur de quitter l'Écosse, et ses craintes en se confiant à la foi douteuse de l'Angleterre.

— Soyez le bienvenu, mylord-abbé, dit-elle en s'adressant à Ambroise; et vous, Roland Avenel, nous avons pour vous de joyeuses nouvelles. — L'officier de notre affectionnée sœur nous offre, au nom de sa maîtresse, un asyle sûr contre les rebelles qui nous ont chassée de notre royaume; — seulement je suis peinée d'être obligée de me séparer de vous pour un court espace de temps.

— Vous séparer de nous, madame! dit l'abbé. Votre bienvenue en Angleterre débute-t-elle donc par la diminution de votre suite et le renvoi de vos conseillers?

— Ne le prenez pas ainsi, bon père, repartit Marie; le Gardien et le sheriff, fidèles serviteurs de notre royale sœur, jugent nécessaire de suivre à la lettre ses instructions dans le cas présent, et ne peuvent prendre sur eux que de me recevoir avec les dames de ma suite seulement. Un exprès sera dépêché immédiatement de Londres, pour m'assigner un lieu de résidence; et je vous ferai tous prévenir aussitôt que ma cour sera formée.

— Votre cour formée en Angleterre! reprit l'abbé, et tandis qu'Élisabeth vit et règne! — Cela arrivera quand nous verrons deux soleils au ciel.

— Ne le pensez pas, répliqua la reine; nous avons pleine assurance de la bonne foi de notre sœur. — Élisabeth aime la renommée, et tout ce que sa puissance et sa sagesse lui en ont acquis n'égalera pas celle que lui vaudra son hospitalité pour une sœur infortunée! — tout ce qu'elle pourra faire par la suite de bon, de sage et de grand, n'effacerait pas le reproche d'avoir abusé de notre confiance. — Adieu, mon page, — maintenant mon chevalier, — adieu pour peu de temps. — Je sécherai les larmes de Catherine, ou je pleurerai avec elle jusqu'à ce que ni elle ni moi ne puissions plus pleurer. Elle tendit sa main à Roland, qui, tombant à genoux, la baisa avec une vive émotion. Il allait rendre le même hommage à Catherine, quand la reine, prenant un air d'enjouement, lui dit : Sur ses lèvres, fol enfant! — et toi, Catherine, ne prends pas cet air réservé; — il faut que ces gentilshommes anglais voient que, même dans notre froid climat, la beauté sait comment on récompense la bravoure et la fidélité!

— Nous n'en sommes pas à apprendre la puissance des beautés de l'Écosse, ni le feu de la valeur écossaise, dit avec courtoisie le sheriff du Cumberland. — Je voudrais qu'il fût en mon pouvoir d'offrir à toutes les personnes de la suite de celle qui est elle-même la maîtresse des beautés écossaises un aussi bon accueil en Angleterre que mes humbles soins pourraient le leur procurer; mais les ordres de notre reine sont positifs dans le cas où pareille circonstance se présenterait, et ce n'est pas à son sujet à les contester. — Puis-je rappeler à Votre Majesté que la marée s'écoule rapidement?

Le sheriff prit la main de la reine, et déjà elle avait posé le pied sur le pont volant par lequel elle devait passer dans le bateau, quand l'abbé, sortant tout à coup de la stupeur douloureuse dans laquelle l'avait plongé ce que venait de dire le sheriff, s'élança dans l'eau et saisit la mante de Marie.

— Elle l'a prévu! — elle l'a prévu! s'écria-t-il; — elle a prévu votre fuite dans ses états, et dans cette prévision elle a donné des ordres pour que vous fussiez ainsi reçue. Princesse aveuglée, déçue et condamnée, vous mettez le sceau à votre sort si vous quittez ce rivage!

— Reine d'Écosse, tu ne quitteras pas ton héritage! continua-t-il en s'attachant à sa mante avec plus de force; des hommes qui te sont dévoués deviendront rebelles à ta volonté, pour te sauver de la captivité ou de la mort. Ne crains pas les haches d'armes et les arbalètes prêtes à obéir au premier signe de cet homme; — nous lui résisterons par la force. Oh! que n'ai-je le bras belliqueux de mon frère! — Roland Avenel, tire ton épée!

La reine resta irrésolue et effrayée, un pied sur la planche, l'autre sur le sable de son rivage natal qu'elle allait quitter pour toujours.

— A quoi bon cette violence, sire prêtre? dit le sheriff du Cumberland; je suis venu ici sur l'ordre de votre reine et pour son service, et je partirai à sa moindre parole, si elle rejette l'aide que je lui puis offrir. Ce n'est pas chose merveilleuse que la sagesse de notre reine ait prévu qu'une circonstance telle que celle-ci pourrait se présenter au milieu des déchirements de votre pays agité, et que tout en se montrant disposée à accorder une franche hospitalité à sa royale sœur, elle ait jugé prudent d'interdire aux restes d'une armée débandée le passage de la frontière anglaise.

— Vous entendez, dit la reine Marie, dégageant doucement sa robe de la prise de l'abbé; vous entendez que c'est de notre pleine volonté que nous quittons ce rivage. Et sans nul doute, nous resterons parfaitement libre de passer en France ou de revenir dans nos propres états, selon que nous le déterminerons. — D'ailleurs, il est trop tard. — Votre bénédiction, mon père, et que Dieu vous protége!

— Puisse-t-il avoir compassion de toi, princesse, et te protéger aussi! dit l'abbé en se retirant. Mais mon cœur me dit que je te regarde pour la dernière fois!

Les voiles furent déployées, les rames se mirent en mouvement, et le bâtiment s'éloigna rapidement à travers le Frith qui sépare les rivages du Cumberland de ceux du Galloway. Mais tant que le vaisseau put être aperçu à l'horizon, les serviteurs que venait de congédier la reine restèrent sur la grève, en proie au doute et à l'abattement; et longtemps, bien longtemps, ils purent distinguer le mouchoir de Marie, qu'elle agitait en signe d'adieu à ses fidèles partisans et aux rivages de l'Écosse.

CHAPITRE XXXVIII.

Si d'heureuses nouvelles d'une nature privée eussent pu consoler Roland du départ et des malheurs de sa royale maîtresse, il l'aurait été par celles qu'il reçut quelques jours après que la reine eut quitté Dundrennan. Un courrier hors d'haleine — qui n'était autre qu'Adam Woodcock — y apporta des dépêches de sir Halbert Glendinning pour l'abbé, qui n'avait pas encore quitté Dundrennan, non plus que Roland, et qui mettait vainement Boniface à la torture par de nouvelles questions. La lettre du chevalier contenait une pressante invitation à son frère de venir établir pour quelque temps sa résidence au château d'Avenel. — « La clémence du régent, disait-il, s'est étendue sur Roland et sur vous, et il vous pardonne à tous les deux sous la condition que vous resterez pour un temps sous ma garde. Et j'ai certaines choses à vous communiquer touchant la parenté de Roland, que non-seulement vous entendrez volontiers, mais qui m'obligeront aussi de prendre désormais quelque intérêt à la vie d'un jeune homme qui se trouve être le proche parent de celle dont je suis l'époux. »

L'abbé se tut après avoir lu cette lettre, comme s'il eût réfléchi à ce qu'il lui convenait le mieux de faire. Pendant ce temps Woodcock prit Roland à part : — Prenez garde, M. Roland, lui dit-il, que quelque niaiserie papiste ne vous détourne, le prêtre ou vous, de la vraie curée. Voyez-vous, vous vous êtes toujours comporté en brin de gentilhomme. Lisez cela, et remerciez Dieu qui a jeté le vieil abbé Boniface sur notre chemin, pendant que deux des gens des Seytons le conduisaient vers cette abbaye de Dundrennan. Nous le fouillions pour des renseignements sur ce bel exploit de Lochleven, qui a coûté la vie à tant d'hommes, et qui m'a valu un assortiment d'os malades, — et nous avons trouvé ce qui va mieux à votre dessein qu'au nôtre.

Le papier qu'il lui remit était en effet une attestation du père Philippe, signant sacristain indigne et frère de la communauté de Sainte-Marie, attestation établissant « que, sous le sceau du secret, il avait uni dans le saint sacrement du mariage Julien Avenel et Catherine Grœme ; mais que Julien s'étant repenti de son union, lui, père Philippe, avait eu la faiblesse coupable de consentir à cacher et à déguiser ce mariage, conformément à un complot concerté entre lui et ledit Julien Avenel, par suite de quoi la pauvre demoiselle avait été induite à croire que la cérémonie avait été faite par quelqu'un qui n'était pas dans les saints ordres et qui n'avait pas autorité à cet effet. Laquelle coupable dissimulation le soussigné regardait comme ayant été cause qu'il avait été abandonné aux déceptions d'un démon des eaux, ensuite de quoi il s'était trouvé sous un charme qui l'avait forcé de répondre à toutes les questions, même sur les matières les plus graves, par de frivoles lambeaux de vieilles chansons, outre qu'à partir de ce moment il avait toujours été affligé de douleurs rhumatismales. En conséquence, il avait déposé cette attestation et confession, avec l'indication du jour et de la date dudit mariage, dans les mains de son légitime supérieur Boniface, abbé de Sainte-Marie, *sub sigillo confessionis* [1]. »

Il paraissait, par une lettre de Julien, soigneusement pliée avec le certificat, que l'abbé Boniface s'était en effet mêlé de l'affaire, et qu'il avait obtenu du baron la promesse d'avouer publiquement son mariage ; mais la mort de Julien et de sa malheureuse épouse, ainsi que l'abdication de l'abbé, son ignorance du sort de leur infortuné rejeton, et par-dessus tout le caractère insouciant et inactif du bon père, avaient laissé tomber l'affaire dans un oubli total, jusqu'à ce qu'elle eût été rappelée par hasard dans une conversation avec l'abbé Ambroise au sujet des vicissitudes de la famille d'Avenel. Sur la demande de son successeur, le ci-devant abbé fit une recherche de la pièce ; mais comme il ne voulait pas que d'autres que lui portassent les yeux sur les papiers relatifs à des affaires spirituelles et à des confessions importantes qu'il avait consciencieusement conservés, cette pièce aurait pu rester à jamais cachée au milieu d'eux sans les recherches plus actives de sir Halbert Glendinning.

— De sorte que vous devez être à la fin l'héritier d'Avenel, M. Roland, après que mylord et mylady seront partis pour leur dernière demeure, dit Adam ; et comme je n'ai qu'une grâce à demander, j'espère que vous ne m'attraperez pas par un non.

— Assurément, s'il est en mon pouvoir de dire oui, mon fidèle ami.

— Hé bien donc, si je vis pour voir ce jour-là, il faut continuer de nourrir les fauconneaux avec de la chair non lavée, continua Woodcock, faisant effort pour parler, comme s'il eût douté de la manière dont sa requête serait reçue.

— Tu les nourriras pour moi avec ce que tu voudras, dit Roland en riant ; je ne suis pas de bien des mois plus vieux que quand j'ai quitté le château, mais j'espère avoir recueilli assez d'esprit pour ne pas contrecarrer un homme habile dans sa propre vocation.

— En ce cas je ne changerais pas de place avec le fauconnier du roi, ni avec celui de la reine non plus ; — mais on dit qu'on va la mettre au perchoir et qu'elle n'aura plus besoin de fauconnier. — Je vois que cela vous afflige d'y penser, et je pourrais m'en affliger de compagnie ; mais à quoi bon ? — un homme aura beau s'enrouer à la héler, la fortune volera toujours de son propre vol.

L'abbé et Roland partirent pour Avenel, où le premier fut tendrement reçu par son frère, tandis que lady Avenel pleurait de joie en trouvant, dans l'orphelin dont elle avait fait son protégé et son favori, le

---

[1] Sous le sceau de la confession.

seul rejeton survivant de sa propre famille. — Sir Halbert Glendinning et les serviteurs de sa maison ne furent pas peu surpris du changement qu'une courte connaissance du monde avait produit dans Roland, et ils se réjouirent de retrouver, dans le page espiègle, gâté et plein de présomption, un jeune homme modeste et réservé, connaissant trop ses espérances et son caractère pour exiger avec chaleur ou pétulance la considération qu'on s'empressait de lui accorder volontairement. Le vieux majordome Wingate fut le premier à chanter ses louanges, auxquelles mistress Lilias fit hautement écho, toujours dans l'espérance que Dieu lui enseignerait le véritable Évangile.

Depuis longtemps le cœur de Roland y inclinait en secret, et le départ du bon abbé pour la France, avec l'intention d'y entrer dans quelque maison de son ordre, éloigna la principale difficulté qui l'empêchât d'abjurer la foi catholique. Un autre obstacle eût pu se trouver dans les sentiments que la parenté et la gratitude lui commandaient pour Magdalen Græme ; mais il n'y avait pas longtemps qu'il résidait à Avenel lorsqu'il apprit que sa grand'mère était morte à Cologne, dans l'accomplissement d'une pénitence, trop rude pour son âge, qu'elle s'était imposée en faveur de la reine et de l'Église d'Écosse, dès qu'elle avait eu nouvelle de la défaite de Langside. Le zèle de l'abbé Ambrosius fut mieux entendu ; il se retira dans le couvent écossais de ***, et y vécut de telle sorte que la confrérie était disposée à réclamer pour lui les honneurs de la canonisation. Mais il devina leurs desseins, et il les pria, à son lit de mort, de ne pas rendre de tels honneurs au corps d'un pécheur comme eux, leur demandant seulement d'envoyer son corps et son cœur pour être enterrés dans le caveau mortuaire des Avenels, au monastère de Sainte-Marie, afin que le dernier abbé de cette maison célèbre reposât au milieu de ses ruines *.

Longtemps avant que ce moment n'arrivât, Roland Græme avait épousé Catherine Seyton, qui fut renvoyée après deux années de résidence près de sa malheureuse maîtresse, celle-ci commençant alors à être soumise à une contrainte plus rigoureuse qu'elle ne l'avait été d'abord. Elle revint chez son père, et comme Roland était reconnu pour le successeur et l'héritier légitime de l'ancienne maison d'Avenel, dont les domaines avaient été notablement accrus par la bonne administration de sir Halbert Glendinning, la famille de Catherine Seyton n'éleva pas d'objections contre le mariage. Sa mère était déjà morte lors de sa première entrée au couvent ; et son père, dans les temps de troubles qui suivirent la fuite de la reine Marie en Angleterre, ne se montra pas opposé à une alliance avec un jeune homme qui, malgré sa fidélité pour la reine Marie, n'en jouissait pas moins d'une certaine influence près du parti dominant, à cause de sir Halbert Glendinning.

* Voyez la note P, à la fin du volume.

Roland et Catherine furent donc unis en dépit de leurs croyances différentes; et la Dame Blanche, dont les apparitions avaient été rares depuis que la maison d'Avenel semblait pencher vers son extinction, fut revue alors se jouant près de sa source consacrée, la taille entourée d'une ceinture d'or large comme un baudrier de comte.

NOTES

DE L'ABBÉ.

(A) Page 24.

GLENDONWYNE DE GLENDONWYNE.

C'ÉTAIT une maison d'ancienne origine et de grande conséquence, comptant des membres qui combattirent à Bannockburn et à Otterburn, et qui était étroitement liée d'alliance et d'amitié aux grands comtes de Douglas. Le chevalier de notre histoire raisonne comme la plupart des Écossais l'auraient fait dans sa situation ; car tous ceux qui appartiennent au même clan sont vulgairement regardés comme issus de la même souche, et comme ayant droit à la noblesse héréditaire de la branche principale. Cette opinion, bien que parfois idéale, a encore tant de force, même à cette époque d'innovations, qu'on peut la remarquer comme trait de différence nationale entre mes compatriotes et les Anglais. Si vous demandez à un Anglais de bonne naissance si une personne du même nom est liée avec lui par le sang, il répondra (si *in dubio*) : Non, — c'est un simple homonyme. Faites une question semblable à un Écossais (j'entends un natif d'Écosse), il répond : Il est de notre clan ; j'ose dire qu'il y a parenté, quoique je ne sache pas à quel degré. L'Anglais songe à prévenir une sorte de rivalité de société ; la réponse de l'Écossais est fondée sur l'ancienne idée de fortifier le clan.

(B) Page 63.

CELLULE DE SAINT-CUTHBERT.

Je puis faire remarquer ici que ceci est une scène toute d'imagination. Saint Cuthbert, personnage d'une sainteté bien établie, avait sans doute plusieurs endroits consacrés à son culte sur les Borders, où il florissait durant sa vie ; mais la chapelle de Tillmouth est le seul qui offre quelque ressemblance avec l'ermitage décrit dans le texte. Cette chapelle avait, en effet, une source fameuse par la puissance dont elle était douée de satisfaire trois vœux de chaque dévot qui buvait à la fontaine avec une foi suffisante dans son efficacité. C'est en cet endroit, dit-on, que le saint prit terre avec son cercueil de pierre, dans lequel il descendit la Tweed depuis Melrose, et le cercueil de pierre y est longtemps demeuré, en témoignage du fait. On dit que feu sir Francis Blake Delaval prit la mesure exacte du cercueil, et s'assura, par les principes de l'hydrostatique, qu'il avait réellement pu surnager. Un profane fermier du voisinage avait annoncé son intention de convertir ce dernier lit du saint en auge pour son porc; mais la profanation fut rendue impossible, soit par le saint lui-même, soit par quelqu'un de ses dévots, car le lendemain matin on trouva le sarcophage de pierre brisé en deux morceaux.

La chapelle de Tillmouth, avec ces points de ressemblance, se trouve cependant, par rapport à Melrose, dans une direction directement opposée à celle qui est attribuée à la Cellule supposée de Saint-Cuthbert à l'égard de Kennaquhair.

(C) Page 74.

L'AUTOUR.

La comparaison est tirée de quelques beaux vers d'une ancienne ballade intitulée *Fause Foodrage* (le changement en nourrice), publiée dans les Chants des Borders d'Écosse (*Minstrelsy of the Scottish Border*). Une reine déposée, pour sauver son fils des traîtres qui ont tué son père, le change contre la fille d'un serviteur fidèle; puis elle indique l'éducation que de part et d'autre ils devront donner aux deux enfants, et les signes particuliers par lesquels les deux mères pourront se faire savoir des nouvelles de leur progéniture.

« And you shall learn my gay goss-hawk
Right well to breast a steed;
And so will I your turtle dow
As well to write and read.

« And you shall learn my gay goss-hawk
To wield both bow and brand;
And so will I your turtle dow
To lay gowd with her hand.

« At kirk or market when we meet,
We'll dare make no avow,
But : Dame, how does my gay goss-hawk?
Madam, how does my dow? »

« Et vous apprendrez à mon bel autour à bien diriger un coursier; et moi j'apprendrai à votre tourterelle à écrire et à lire.

« Et vous apprendrez à mon bel autour à manier l'arc et l'épée; et moi j'apprendrai à votre tourterelle à parfaire une robe de ses propres mains.

« A l'église ou au marché, quand nous nous rencontrerons, nous n'oserons pas nous faire de confidence; nous nous dirons : Dame, comment va mon bel autour? Madame, comment va ma tourterelle? »

(D) Page 93.

COUVENT DE SAINTE-BRIGITTE.

Cette localité est imaginaire, de même que la Cellule de Saint-Cuthbert; mais dans la peinture du délabrement de l'intérieur j'ai emprunté une ou deux idées à

NOTE E.   399

une histoire qui m'a été racontée par mon père. Dans sa jeunesse — il peut bien y avoir de cela quatre-vingts ans, car il était né en 1729 — il eut occasion de visiter une dame âgée qui résidait dans un château fort renommé du Border ; une portion très-limitée des vastes ruines suffisait à l'arrangement des habitants, et mon père s'amusait à parcourir la partie non occupée. Dans une salle à manger dont le plafond était richement orné de nervures et de pendentifs, était déposé un énorme tas de foin après lequel des veaux étaient occupés des deux côtés. Comme mon père escaladait un escalier en ruines tournant et obscur, son chien avait pris les devants, et probablement lui sauva la vie, car l'animal tomba par une trappe ou ouverture pratiquée dans l'escalier, avertissant ainsi son maître du danger de la montée. Comme le chien continuait de hurler à une grande profondeur, mon père obtint du vieux sommelier, qui seul connaissait la plupart des détours du château, qu'il ouvrit une sorte d'étable dans laquelle Kill-Buck [1] fut trouvé sain et sauf, l'endroit étant rempli de ce qui garnissait les étables d'Augias, et la chute du chien ayant ainsi été fort adoucie.

(E) Page 107.

L'ABBÉ DE LA DÉRAISON.

Nous apprenons, d'une autorité qui n'est rien moins que celle de Napoléon Bonaparte, que du sublime au ridicule il n'y a qu'un pas ; et la transition est si facile d'un extrême à l'autre, que le vulgaire de tout rang y est particulièrement sujet. Ainsi, l'envie de rire devient irrésistible alors que la solennité et la gravité du moment, du lieu et des circonstances rendent l'hilarité particulièrement inconvenante. Certaines sortes de licence générale, pareille à celle qui inspira les anciennes saturnales et le carnaval des temps modernes, ont été généralement tolérées chez le peuple de tous les temps, et dans presque tous les pays. Mais ce qui est, je pense, particulier à l'Église catholique romaine, c'est qu'en même temps qu'elle s'étudiait à rendre ses rites imposants et magnifiques par tout ce qu'y pouvait ajouter la pompe, la musique, l'architecture et l'apparat extérieur, elle fermait cependant les yeux, en des occasions spéciales, sur les extravagances d'un vulgaire grossier, qui, dans presque tous les pays catholiques, jouissait, ou du moins s'emparait du privilège de faire un certain seigneur des réjouissances, lequel, sous les noms d'Abbé de la Déraison, d'Enfant-Évêque, de Président des Fous, occupait les églises, profanait les saintes places par une imitation dérisoire des rites sacrés, et chantait d'indécentes parodies des hymnes de l'Église. L'indifférence du clergé, même quand son pouvoir était le plus grand, pour les spectacles indécents que toujours il tolérait et qu'il encourageait quelquefois, offre un contraste frappant avec la susceptibilité avec laquelle il voyait toute tentative sérieuse de s'attaquer, par prédication ou par écrit, à quelque partie que ce fût des doctrines de l'Église. Ce contraste ne peut se comparer qu'à l'apathie singulière avec laquelle les prêtres catholiques enduraient, et souvent même admiraient les nouvelles licencieuses que Chaucer, Dunbar, Boccace, Bandello et d'autres, composèrent sur les mœurs relâchées du clergé. Il semble que dans

[1] Tue-Daim.

ces deux cas les ecclésiastiques aient cherché à passer un compromis avec les laïques, et qu'ils leur aient permis de satisfaire de temps à autre leur humeur grossière par d'indécentes satires, pourvu qu'ils s'abstinssent d'aborder toute question sérieuse touchant le fondement des doctrines sur lesquelles était assis l'immense édifice du pouvoir de l'Église.

Mais les divertissements ainsi tolérés prirent un caractère tout différent dès que les doctrines protestantes commencèrent à prévaloir, et la licence à laquelle leurs ancêtres s'étaient livrés par simple gaîté de cœur, et sans la moindre intention de déshonorer la religion par leurs extravagances, fût alors continuée par le bas peuple comme un moyen de témoigner tout son mépris pour le clergé romain et ses cérémonies.

Je puis citer, par exemple, le cas d'un appariteur envoyé à Borthwick par le primat de Saint-André, pour apporter une citation au seigneur de ce château, appariteur auquel on opposa un Abbé de la Déraison, sur l'ordre duquel l'officier de la cour spirituelle fut plongé dans une écluse de moulin, et obligé d'avaler le parchemin contenant la citation.

Le lecteur sera peut-être diverti par la bizarrerie des détails suivants de cet incident, qui eut lieu dans le château de Borthwick en 1547. Il paraît qu'en conséquence d'un procès entre M. Georges Hay de Minzeane et le lord Borthwick, des lettres d'excommunication avaient été rendues contre celui-ci, à cause de la contumace de certains témoins. William Langlands, appariteur ou massier (*bacularius*) du siége de Saint-André, présenta ces lettres au curé de l'église de Borthwick, le requérant d'en donner lecture au prône de la grand'messe. Il paraît que les habitants du château se livraient en ce moment même au divertissement favori de l'installation de l'Abbé de la Déraison, sorte de farce dans laquelle était élu un prélat dérisoire, qui, de même que le lord de Misrule (le seigneur des ébats) en Angleterre, tournait en ridicule toute espèce d'autorité légale, et particulièrement le rituel ecclésiastique. Cet extravagant personnage, nonobstant le caractère de l'appariteur, entra dans l'église avec sa suite, fit saisir sans hésitation l'officier du primat, et le traînant à l'écluse du moulin au côté méridional du château, le força de sauter dans l'eau. Non content de cette immersion partielle, l'Abbé de la Déraison décida que M. William Langlands n'était pas encore suffisamment baigné, et en conséquence il le fit prendre par ses assistants et plonger dans l'eau couché sur le dos, afin de lui faire faire un plongeon de la manière la plus satisfaisante et la plus complète. Le malheureux appariteur fut alors ramené à l'église, où, comme reconfortant après son bain, les lettres d'excommunication furent déchirées en morceaux, et les fragments infusés dans une coupe de vin; et l'abbé de circonstance pensant probablement qu'un parchemin coriace était un manger un peu sec, Langlands fut contraint, après avoir avalé les lettres, de les arroser de vin, puis il fut renvoyé par l'Abbé de la Déraison avec la consolante assurance que si de telles lettres arrivaient encore pendant qu'il exercerait son office, elles prendraient la même route.

Une scène analogue se présente entre un assesseur (*sumner*) de l'évêque de Rochester, et Harpool, serviteur de lord Cobham, dans la vieille pièce de *sir John Oldcastle*, quand Harpool force l'officier de l'église à avaler sa citation. Le dialogue, que nous allons rapporter, contient quelques-unes des plaisanteries qu'on peut supposer être appropriées à la singularité d'une telle occasion.

NOTE E.

HARPOOL.

Marry, monsieur! est-ce là le parchemin du procès?

L'ASSESSEUR.

Oui, marry! c'est lui.

HARPOOL.

Et c'est le sceau de cire?

L'ASSESSEUR.

C'est le sceau de cire.

HARPOOL.

Si c'est là le parchemin et le sceau de cire, vous allez manger ce parchemin et cette cire, ou je ferai un parchemin de votre peau et de la cire de votre cervelle. Avale, coquin, avale!

L'ASSESSEUR.

Je suis l'assesseur de mylord de Rochester; je suis venu pour remplir mon office, et tu en répondras.

HARPOOL.

Ne fais pas le récalcitrant, coquin, et joue des dents. Tu ne mangeras pas pis que tu n'as apporté. Tu avais apporté cela pour mylord; voudrais-tu apporter pour mylord pis que tu ne voudrais manger toi-même?

L'ASSESSEUR.

Monsieur, je n'avais pas apporté cela pour que mylord le mangeât.

HARPOOL.

Ah! me donnez-vous du *Monsieur*, maintenant? Mais il n'en sera ni plus ni moins; je vous le ferai manger pour l'avoir apporté.

L'ASSESSEUR.

Je ne puis pas manger cela.

HARPOOL.

Vous ne pouvez pas? Sang-dieu! je vous rosserai jusqu'à ce que vous trouviez un estomac. (*Il le bat.*)

L'ASSESSEUR.

Ho! assez! assez, mon bon monsieur Servingman! Je vais le manger.

HARPOOL.

Mâchez, drôle! ruminez, coquin! ou je vais vous mettre en compote. De la cire dure est la partie la plus pure du miel.

L'ASSESSEUR.

Le plus pur du miel! — Oh, Seigneur! monsieur! oh! oh!

HARPOOL.

Mangez, mangez! c'est une nourriture salutaire, maraud, très-salutaire. Ne pouviez-vous pas, en honnête assesseur, marcher avec votre confrère le diable pour recevoir vos rentes d'intendant, sans venir avec un procès dans la maison d'un seigneur? Le sceau serait-il aussi large que le plomb qui couvre l'église de Rochester, il faudrait que tu le mangeasses.

L'ASSESSEUR.

Oh! je suis presque suffoqué, — je suis presque suffoqué!

HARPOOL.

N'y a-t-il personne là-dedans? — Voulez-vous faire honte à mylord? est-ce qu'il n'y a pas de bière dans la maison? Holà, sommelier! (*Entre le sommelier.*)

LE SOMMELIER.

Me voici, me voici!

HARPOOL.

Donne-lui de la bière. De la vieille peau de mouton coriace est un repas un peu sec.

(Première partie de *Sir John Oldcastle*, acte II, scène 1re.)

(F) Page 108.

LE HOBBY-HORSE [1].

Ce spectacle, la jument de comédie (*play-mare*) d'Écosse, tenait une place élevée parmi les amusements des jours de fête. Il faut bien le distinguer des chevaux de bois que nous donnent nos nourrices. C'est lui qui inspire l'exclamation d'Hamlet :

« Mais, hélas, hélas! le hobby-horse est oublié. »

Il y a une scène très-comique dans la pièce des *Femmes contentes* (*Women pleased*) de Beaumont et Fletcher, où un savetier puritain, Hope-on-High-Bombye, refuse de danser avec le hobby-horse. Il y avait beaucoup de difficulté et une grande variété dans les mouvements qu'on attendait du hobby-horse.

Le savant M. Douce, qui a tant contribué à l'éclaircissement de nos antiquités théâtrales, nous a donné une relation détaillée de cette cérémonie et des burlesques exercices d'équitation qui l'accompagnaient.

« Le hobby-horse, dit M. Douce, était représenté par un homme affublé d'assez de carton peint pour former la tête et les parties postérieures d'un cheval, ce qui manquait du quadrupède étant dissimulé par un long manteau ou une pièce de drap qui venait presque toucher à terre. Cet homme déployait en cette occasion toute son habileté en exercices burlesques d'équitation. Dans la pièce de Sympson intitulée *the Law-Breakers* (*les Ennemis de la Loi*), 1636, un meunier remplit le personnage du hobby-horse, et, irrité de ce que le maire de la ville se soit mis en rivalité avec lui, il s'écrie : « Que le maire joue le hobby-horse parmi ses confrères, s'il le veut; j'espère que nos citadins ne manquent pas de hobby-horse. Me suis-je acquitté de mes courses? ai-je bien tenu les rênes? ai-je fait mes gambades, mes ambles, mes faux trots, mon petit trot, mes pas de Canterbury? et M. le maire me fera-t-il descendre du hobby-horse? Ai-je emprunté les sonnettes de devant du cheval, et ses plumes, et ses affûtiaux? Est-ce que sa crinière n'était

---

[1] Littéralement le *cheval-marotte*, le *cheval-jeannot*. (L. V.)

pas bien tondue et frisée à neuf ? et M. le maire devra-t-il me faire descendre du hobby-horse ? » DOUCE, *Illustrations*, vol. II, p. 468.

(G) Page 108.

REPRÉSENTATION DE ROBIN HOOD ET DE LITTLE JOHN.

La représentation de Robin Hood était le jeu de mai par excellence d'Angleterre et d'Écosse, et sans doute cette personnification favorite était souvent renouvelée, quand l'Abbé de la Déraison, ou d'autres prétextes d'extravagances, amenaient un degré de licence inhabituel.

Le clergé protestant, qui avait autrefois tiré avantage des occasions que ces jeux lui donnaient de diriger ses propres satires et la moquerie du bas peuple contre l'Église catholique, commença à s'apercevoir que quand on lâchait la bride à ces sortes de passe-temps, l'assiduité et le recueillement au service divin en souffraient beaucoup, et que la situation d'esprit dans laquelle il peut être profitable en était grandement troublée. Le célèbre évêque Latimer raconte d'une manière très-naïve comment, tout évêque qu'il était, il se vit obligé de céder la place à Robin Hood et à sa troupe

« Un jour que je revenais de Londres à cheval pour retourner chez moi, j'envoyai dire le soir à la ville que j'y prêcherais le lendemain matin, parce que c'était un dimanche, et que j'avais pensé que c'était œuvre de dimanche. L'église était sur mon chemin, et avec mon cheval et ma compagnie je m'y rendis (je pensais trouver grande compagnie dans l'église), et quand j'arrivai, la porte de l'église était fermée. Je m'arrêtai là une demi-heure et plus. A la fin on trouva la clef, et un des paroissiens vint à moi et me dit : « Monsieur, ce jour-ci est un jour affairé pour nous, nous ne pouvons vous entendre ; c'est le jour de Robin Hood. Toute la paroisse est dehors pour aller se réunir pour Robin Hood. Ne les laissez pas, je vous prie. » Je fus forcé de faire place à Robin Hood. Je pensais que mon rochet serait respecté, si je ne l'étais pas ; mais il ne me servit de rien, et je fus forcé de céder la place aux gens de Robin Hood. Ce n'est pas matière à rire, mes amis ; c'est matière à pleurer, matière grave, très-grave. Sous le prétexte de se rassembler pour Robin Hood, pour un traître, un voleur, renvoyer un prédicateur, dédaigner son office, préférer Robin Hood à la dispensation de la parole de Dieu ! et tout cela vient de prélats non prédicants. C'est un royaume mal partagé, que celui qui renferme des esprits assez pervertis pour préférer Robin Hood à la parole de Dieu ! » — *Sixième sermon de l'évêque Latimer devant le roi Edward*.

Tandis que les protestants anglais préféraient ainsi la représentation de l'outlaw au prêche de leur excellent évêque, le clergé calviniste d'Écosse, en tête duquel était le célèbre John Knox, et que soutenait l'autorité des magistrats d'Edimbourg, lesquels, dans les derniers temps, avaient été exclusivement tirés du sein du parti réformé, ne pouvait parvenir à contenir la rage de la populace, quand on tenta de la priver du privilége de représenter la solennité de Robin Hood.

John Knox raconte que le 21 juin 1561, Archibald Douglas de Kilspindie, prévôt d'Édimbourg, David Symmer et Adam Fullarton, baillis de la même ville, firent traduire aux assises un ouvrier cordonnier appelé James Gillon, précédemment arrêté pour avoir fait le rôle de Robin Hood dans Edimbourg, et qui fut condamné pour ce fait à être pendu. Le syndic des artisans, craignant qu'il n'y eût du tumulte, s'adressa audit prévôt et aux baillis, et tous prièrent John Knox de surseoir à l'exécution jusqu'à ce qu'on en eût référé au lord duc; mais il fut répondu qu'on ne pouvait retarder le cours de la justice. Le jour de l'exécution, et lorsque déjà le bourreau avait dressé le gibet, des hommes et des enfants de la confrérie de Gillon se portèrent en foule au lieu de l'exécution, renversèrent l'échelle, abattirent la potence, chassèrent le prévôt et les baillis, et les tinrent renfermés dans une échoppe d'écrivain public, pendant que d'autres, se portant à la tolbooth (prison), en forcèrent les portes et mirent en liberté non-seulement le condamné, mais aussi les autres prisonniers. Nous allons rapporter le récit original de cette émeute et de ses suites, dans le vieux style où nous le trouvons consigné :

(1561.) « Vpon the xxi day of Junii, Archibalde Dowglas of Kilspindie, provost of Edr., David Symmer and Adame Fullartoune, baillies of the samyne, causit an cordinare servant, callit James Gillon, takin of befoir, for playing in Edr. with Robene Hude, to wnderly the law, and put him to the knawlege of ane assyize qlk yaij haid electit of yair favoraris, quha with schort deliberatioun condemnit him to be hangit for ye said cryme. And the deaconis[1] of ye craftismen fearing vproare, maid great solistatuis at ye handis of ye said provost and baillies, and als requirit John Knox, minister, for eschewing of tumult, to superceid ye executioun of him, vnto ye tyme yai suld adverteis my lord duke yairof. And yan, if it was his mind and will yat he should be disponit vpoun, ye said deaconis and craftismen sould convey him yaire; quha answerit yat yai culd na way stope ye executioun of justice. Quhan ye tyme of ye said pouer mans hanging approchit, and yat ye hangman was cum to ye jibbat with ye ledder, vpoune ye qlk ye said cordinare should have bene hangit, ane certaine and remanent craftischilder, quha was put to ye horne with ye said Gillione, ffor ye said Robene Hude's *playes*, and vyris yair assistaris and favoraris, past to wappinis, and yai brak down ye said jibbat, and yan chacit ye said provost, baillies, and Alexr. Guthrie, in ye said Alexander's writing buith, and held yame yairin; and yairefter past to ye tolbuyt[2], and becaus the samyne was steiket, and ounawayes culd get the keyes thairof, thai brake the said tolbuith dore with foure barberis, per force (the said provost and baillies luck and thairon), and not onlie put thar the said Gillione to fredome and libertie, and brocht him furth of the said tolbuit, bot alsua the remanent personaris being thairintill, and this done, the said craftismen's servants, with the said condempnit cordonar, past doun to the Netherbow[3], to have past furth thairat; bot becaus the samyne on their coming thairto was closet, that i past vp agane the Hie streit[4] of the said bourghe, to the Castelhill[5], and in this menetyme the saidis provost et baillies and thair assistaris being in the writing buith of the said Alexr. Gutherie, past and enterit in the said tolbuyt, and in the said servandes passage vp the Hie streit, then schot furth thairof at thame ane dog, and hurt an servand

---

[1] Syndic. (L. V.)

[2] L'ancienne tolbooth ou prison d'Édimbourg, qui joue un si grand rôle dans les premiers chapitres du *Cœur de Midlothian*. (L. V.)

[3] Porte ou passage voisin du Grass-market (marché aux herbes), où était située l'ancienne tolbooth. (L. V.)

[4] *High street* (Grande rue), prolongation occidentale de la Canongate. — *Voyez* le plan du Vieil Édimbourg, dans le *Cœur de Midlothian*. (L. V.)

[5] *Castle-hill*; montée qui, de l'extrémité occidentale de High-street, conduit au château d'Édimbourg. (L. V.)

of the said childer. This being done, thair was nathing vthir but the one partie schuteand out and castand stane furth of the said tolbuyt, and the vther partie schuteand haybuttis in the same agane. And sua the craftismen's servandis, aboue written, held and inclosit the said provost and baillies continewallie in the said tolbuyth, frae three houris efternone, quhill aucht houris at even, and na man of the said town prensit to relieve thair said provost and baillies. And than thai send to the maisters of the Castell, to caus tham, if thai mycht, stay the said servandis, quha maid ane maner to do the same, bot thai could not bring the same to ane finall end, ffor the said servands wold on nowayes stay fra, quhill thai had revengit the hurting of ane of them; and thairefter the constable of the Castell come down thairfra, and he with the said masters treatet betwix the said parties in this manner: — That the said provost and baillies sall remit to the said craftischilder all actioun, cryme and offens that thay had committit aganes thame in any tyme begane: and band and oblast thame never to pursew them thairfor; and als commandit their maisters to resane them agane in thair services, as thai did befoir. And this being proclamit at the Mercat Cross', thai scalit, and the said provost and baillies come furth of the same tolbouyth²,» etc., etc., etc.

John Knox, qui a écrit fort au long sur cette scène de tumulte, nous apprend qu'elle fut excitée par les syndics des métiers, qui, mécontents de la supériorité que les magistrats s'étaient arrogée sur eux, ne voulurent pas prêter leur assistance pour apaiser le tumulte. — « Ils veulent être seuls magistrats, disaient les syndics récusants; hé bien, qu'ils gouvernent à eux seuls la populace; » et en conséquence ils furent tranquillement prendre leur *penny* ³ *de quatre heures*, et laissèrent les magistrats se tirer d'affaire comme ils pourraient. Nombre de personnes furent excommuniées pour cet outrage, et ne furent plus admises aux cérémonies de l'église jusqu'à ce qu'elles eussent fait expiation.

(H) Page 129.

IMPUISSANCE DES MAUVAIS ESPRITS A ENTRER DANS UNE MAISON SANS Y ÊTRE INVITÉS.

Il y a une croyance populaire touchant les mauvais esprits, qu'ils ne peuvent pénétrer dans une maison sans y être invités, et même attirés de force en deçà du seuil. On trouve un exemple de cette superstition dans les Contes des Génies, où un enchanteur est supposé s'être introduit dans le divan du sultan.

« Ainsi puissent être confondus les ennemis de Mahomet! dit l'illustre Misnar; mais apprenez-moi, ô sages, sous la ressemblance duquel de vos frères cet enchanteur malfaisant a pénétré ici. — Puisse le seigneur de mon âme, l'ermite des fidèles de Quéda, triompher de tous ses ennemis! répondit Balihu. Comme je voyageais dans les montagnes de Quéda, où je ne voyais ni traces de pas d'animaux, ni un seul oiseau voler dans l'air, voilà que je vins à une caverne dans les

---

¹ *Market-Cross*, la Croix du Marché. Croix qui se trouvait habituellement sur la place principale des villes à marché, et où se faisaient les proclamations, etc. (L. V.)

² Nous avons conservé littéralement, même avec ses variations dans les mêmes mots, l'orthographe de cette ancienne pièce. (L. V.)

³ Probablement leur petite bière, leur *bière à deux sous*. (L. V.)

profondeurs de laquelle je trouvai ce magicien maudit, à qui je déroulai l'invitation du sultan des Indes ; puis il se joignit à moi, et nous nous dirigeâmes vers le divan. Mais avant que nous n'entrions, il me dit : Avance la main, et pousse-moi devant toi dans l'intérieur du divan en invoquant le nom de Mahomet, car les mauvais esprits sont sur moi et me tourmentent. »

J'ai su qu'une grande partie de ces beaux contes, et notamment celui du Sultan Misnar, était puisée aux pures sources orientales par l'éditeur, M. James Ridley.

Mais c'est Coleridge qui, dans le beau fragment de *Christabel*, avec lequel il nous soumet au supplice de Tantale, a tiré de cette croyance populaire le parti le plus pittoresque. Notre ingénieux poëte n'a-t-il pas lieu de craindre que les siècles futurs ne désirent le rappeler de son lieu de repos, comme Milton désirait

« Évoquer celui qui avait laissé à moitié contée l'histoire du vaillant Cambuscan ? »

Les vers auxquels je fais allusion sont ceux où Christabel conduit dans le château de son père un être mystérieux et malveillant, sous le déguisement d'une étrangère en proie à la douleur :

« They cross'd the moat, and Christabel
Took the key that fitted well ;
A little door she open'd straight,
And in the middle of the gate :
The gate that was iron'd within and without.
Where an army in battle array had march'd out.

« The lady sank, the like thro' pain,
And Christabel, with might and main,
Lifted her up, a weary weight,
Over the threshold of the gate.
Then the lady rose again,
And moved as she were not in pain.

« So free from danger, free from fear,
They cross'd the court :—right glad they were,
And Christabel devoutly cried
To the lady by her side :
« Praise we the Virgin, all divine,
Who hath rescued thee from this distress ! »
— « Alas ! alas ! » said Geraldine,
« I cannot speak from weariness. »
So free from danger, free rom fear,
They cross'd the court :—right glad they were. »

« Elles traversèrent le fossé, et Christabel prit la clef qui s'adaptait bien ; elle ouvrit une petite porte pratiquée au milieu de la grande entrée. L'entrée était garnie de fer en dedans et en dehors, et une armée rangée en bataille y aurait pu passer.

« La dame défaillit, comme vaincue par la douleur ; Christabel l'enleva d'un bras vigoureux et la déposa, pesant fardeau ! au delà du seuil de l'entrée. Alors la dame se releva, et marcha comme si elle n'eût rien éprouvé.

« Ainsi affranchies de dangers et de craintes, elles traversèrent la cour.—

NOTE I. 407

Pleines de joie elles étaient ; et Christabel dit dévotement à la dame qui était à ses côtés : Louons la Vierge toute divine qui t'a secourue dans cette détresse. — Hélas! hélas! repartit Géraldine, je ne puis parler tant je suis lasse. Ainsi affranchies de dangers et de craintes, elles traversèrent la cour : — Pleines de joie elles étaient. »

(1) Page 150.

SEYTEN OU SEYTON.

Georges, cinquième lord Seyton, fut invariablement fidèle à la reine Marie à travers tous les changements de fortune de cette malheureuse princesse. Il était grand-maître du palais, et il avait son portrait, où il était représenté avec les insignes de cet office, et au bas duquel on lisait cette devise :

> *In adversitate, patiens ;*
> *In prosperitate, benevolus.*
> *Hazard, yet forward.*

En diverses parties de son château il inscrivit, comme exprimant son *Credo* religieux et politique, la légende

UN DIEU, UNE FOY, UN ROY, UNE LOY.

Il refusa le titre de comte que lui offrit la reine Marie en même temps qu'elle créait son frère naturel comte de Mar, et ensuite de Murray.

Sur le refus qu'il fit de cet honneur, Marie écrivit ou fit écrire les vers suivants en latin et en français :

> Sunt comites, ducesque alii ; sunt denique reges :
> Sethoni dominum sit satis esse mihi.

Il y a des comtes, des rois et des ducs ; ainsi c'est assez pour moi d'être seigneur de Seton.

Ce distique nous rappelle « l'orgueil qui singe l'humilité » dans la devise de la maison de Coucy :

> « Je ne suis roi ne duc, prince ne comte aussi :
> Je suis le sire de Coucy. »

Après la bataille de Langside, lord Seton fut obligé pour sa sûreté de se retirer à l'étranger, et il resta deux ans en exil, temps durant lequel il fut réduit pour vivre à conduire un fourgon en Flandre.

Il revint en faveur sous le règne de Jacques VI, et après être rentré dans ses propriétés territoriales, il se fit peindre dans ses habits de charretier, conduisant

> Patient dans l'adversité,
> Bienveillant en prospérité.
> Hasarde, mais avance.

on chariot à quatre chevaux, à l'extrémité nord de la splendide galerie du château de Seton. Il paraît avoir aimé passionnément les arts ; car il existe un beau portrait de lui où il est représenté au milieu de sa famille. M. Pinkerton, dans son *Iconographie écossaise,* a publié une gravure de ce curieux portrait. L'original est la propriété de lord Somerville, lié de proche parenté avec la famille Seton, et se trouve actuellement à la maison de pêche de Sa Seigneurie, nommée *le Pavillon*, près de Melrose.

(J) Page 220.

ABDICATION DE LA REINE MARIE.

Les détails de cet événement remarquable donnés dans le chapitre XXII sont purement imaginaires ; mais le fond en est historique. Sir Robert Lindesay, frère de l'auteur des *Mémoires*, fut d'abord investi de la mission délicate de persuader à la reine emprisonnée de résigner sa couronne. Comme il refusa net de s'en charger, on se décida à y envoyer lord Lindesay, un des hommes les plus rudes et les plus violents de son parti, et ses instructions portaient d'user d'abord de moyens de douceur, et, s'ils ne réussissaient pas, d'en venir à des termes plus rigoureux. Knox associe lord Ruthven à Lindesay dans cette mission alarmante. Il était fils de ce lord Ruthven qui joua le premier rôle dans le meurtre de Rizzio, et il y avait peu de merci à attendre de son adjonction à lord Lindesay.

L'emploi de pareils agents annonçait, de la part de ceux qui tenaient la personne de la reine en leur pouvoir, la résolution d'en venir aux dernières extrémités si Marie se montrait opiniâtre. Pour éviter ce pressant danger, sir Robert Melville fut dépêché à Lochleven par les amis de la reine, portant avec lui, cachées dans le fourreau de son épée, des lettres adressées à la reine par le comte d'Athole, par Maitland de Lethington, et même par Throgmorton, l'ambassadeur anglais, qui alors était favorable à l'infortunée Marie, la conjurant de céder à la nécessité des temps, et de souscrire à tous les actes que Lindesay pourrait placer devant elle, sans s'effrayer de leur teneur ; et l'assurant qu'en agissant ainsi dans l'état de captivité où elle était placée, elle ne serait obligée par ce qu'elle aurait signé, ni en loi, ni en honneur, ni en conscience, quand elle aurait recouvré sa liberté. Se soumettant, par l'avis d'une partie de ses sujets, aux menaces d'une autre partie, et apprenant que Lindesay était arrivé dans une humeur de vanterie, c'est-à-dire de menace, la reine, « avec quelque répugnance et avec des larmes, » dit Knox, signa une résignation de sa couronne à son fils encore enfant, et un second acte constituant le comte de Murray régent. Tous les historiens semblent s'accorder en ce point, qu'en cette occasion Lindesay se conduisit avec une grande brutalité. Les actes furent signés le 24 juin 1567.

(K) Page 330.

COMPLOT SUPPOSÉ CONTRE LA VIE DE MARIE.

Un romancier, pour employer la phrase écossaise, n'a besoin que d'un cheveu pour en faire une entrave. Tout le détail de la conspiration supposée de l'intendant contre la reine Marie est basé sur un mot qui se rencontre dans une des lettres de cette dernière, où elle affirme que Jasper Dryfesdale, un des domestiques du laird de Lochleven, avait menacé de tuer Georges Douglas, pour la part qu'il avait prise à l'évasion de la reine, et juré qu'il planterait une dague dans le propre cœur de Marie. — CHALMERS, *Life of queen Mary*, vol. I, p. 278.

(L) Page 337.

UN HOMME ENVELOPPÉ DE SON MANTEAU (*muffled man*).

L'expression *muffled man* signifie généralement un homme déguisé, et originellement celui qui porte le manteau de manière à lui cacher le bas du visage. Je possède une ancienne pièce de fer sur laquelle est la représentation d'un voleur ainsi accoutré, s'efforçant de pénétrer dans une maison à la garde de laquelle est un chien qu'il cherche inutilement à apaiser en lui offrant de la nourriture. La devise est *Spernit dona fides* (la fidélité repousse les dons). C'est une portion d'une grille à feu qui, dit-on, a appartenu à l'archevêque Sharpe.

(M) Page 355.

COURAGE DE LA REINE MARIE.

Dans la périlleuse expédition du comté d'Aberdeen, l'ambassadeur anglais Randolf fait à Cecil le récit suivant de la conduite de la reine Marie :

« En toutes ces affaires, je puis assurer à Votre Honneur que je n'ai pas vu la reine effrayée une seule fois, et que je ne l'ai jamais vue plus gaie; je n'aurais jamais cru trouver en elle un pareil cœur. Tout ce qu'elle regrettait, quand les lords et les autres, à Inverness, revinrent le matin de leur garde de la nuit, c'était de ne pas être homme pour savoir quelle vie c'était de coucher toute la nuit dans les champs, et de courir le grand chemin avec un jack et un casque, un bouclier de Glasgow et un sabre. » — RANDOLP, *to Cecil, September 18, 1562.*

L'auteur de la lettre que nous venons de citer semble avoir éprouvé l'impression que Catherine Seyton regarde comme attachée à la présence de la reine au milieu de ses sujets en armes.

« Bien que nous n'ayons pensé ni ne nous soyons attendu à autre chose ce jour-là qu'à nous battre ou jamais, — quels coups désespérés devaient être donnés, quand chacun devait combattre sous les yeux d'une si noble reine et de tant de dames si belles, nos ennemis pour nous les enlever, et nous pour sauver notre honneur en ne les laissant pas enlever de nos mains, c'est ce que je laisse à juger à Votre Honneur ! » (*Le même au même*, 24 septembre 1562.)

(N) Page 358.

ÉVASION DE LA REINE MARIE DE LOCHLEVEN.

Il est bien connu que l'évasion de la reine Marie de Lochleven fut effectuée par Georges Douglas, frère cadet de sir William Douglas, le seigneur du château;

mais les circonstances secondaires de l'événement sont enveloppées d'assez de confusion, provenant de ce que deux agents du même nom y jouent un rôle. On a toujours supposé que Georges Douglas fut conduit à favoriser l'évasion de Marie par l'ambitieux espoir qu'un tel service pourrait lui mériter sa main. Mais les intentions de Georges furent découvertes par son frère sir William, et il fut expulsé du château. Il continua néanmoins d'errer dans le voisinage, et entretint une correspondance avec la royale prisonnière et d'autres habitants de la forteresse.

Si nous en croyons l'ambassadeur anglais Drury, la reconnaissance pour Georges Douglas porta la reine à lui proposer sa main, projet qui ne pouvait guère être sérieux, puisqu'elle était encore la femme de Bothwell, mais qui, s'il en fut réellement question, put être suggéré par le dessein de flatter l'ambition du régent Murray, et de se concilier sa faveur, vu qu'il était, on peut s'en souvenir, frère utérin de Georges Douglas, à qui un honneur si éminent fut, dit-on, destiné.

La proposition, si elle fut sérieusement faite, fut regardée comme inadmissible, et Marie en revint à ses projets d'évasion. Le manque de réussite de la première tentative fut accompagné de quelques particularités romanesques qui auraient pu être avantageusement introduites dans le roman. Drury fait à Cecil le récit suivant de l'affaire :

« Mais après, le 25 du mois dernier (avril 1567), elle tenta une évasion et fut bien près de réussir, par suite de son habitude de rester tard au lit le matin. Voici comment les choses se passèrent. La blanchisseuse entra chez elle de bonne heure, comme cela lui était déjà arrivé plusieurs fois, et la reine, d'après un arrangement secret, s'affubla la tête du capuchon de la blanchisseuse, et s'étant chargée du paquet de hardes et enveloppée le visage du *muffler,* sortit du château et entra dans la barque pour passer le lac. Au bout d'un moment, un de ceux qui ramaient dit en plaisantant : Voyons donc quelle sorte de dame c'est; et en même temps il fit un mouvement pour écarter son *muffler.* Pour se défendre, elle découvrit ses mains, qu'ils s'aperçurent être très-belles et très-blanches; ce qui leur fit soupçonner qui elle était, commençant à se douter de son entreprise. Elle fut cependant peu effrayée, et elle leur ordonna sur leur vie de la conduire au rivage, ordre auquel ils n'eurent pas égard, et au contraire ils revinrent vers le château, tout en lui promettant de lui garder le secret, notamment près du lord de la maison, sous la garde duquel elle était. Il semble qu'elle sût où se réfugier si elle avait une fois gagné terre; car ledit Georges Douglas, avec un certain Sempil et un troisième individu nommé Beton, rôdait encore au petit village appelé Kinross, tout près du bord du lac. Ces deux derniers hommes avaient été fidèles serviteurs de la reine, et, à ce qu'il paraît, ne lui conservaient pas moins d'affection qu'autrefois. » — Bishop Keith's *History of the affairs of church and state in Scotland*, p. 490.

Nonobstant ce désappointement, dont les historiens ont peu parlé, Marie renouvela ses tentatives d'évasion. Il y avait au château de Lochleven un nommé William Douglas, probablement quelque parent du baron, jeune garçon d'environ dix-huit ans. Ce jeune homme se trouva aussi accessible aux prières et aux promesses de la reine Marie que l'avait été le frère de son patron, Georges Douglas, avec lequel il faut se garder de confondre William. Ce fut le jeune William qui joua le rôle communément attribué à son supérieur Georges, en dérobant les clefs du château sur la table où elles étaient posées, tandis que lord William était à souper. Il fit sortir la reine et une femme de chambre de l'appartement où elles étaient enfermées, leur fit franchir la porte, s'embarqua avec elles sur un petit bateau, et les conduisit sur l'autre bord. Pour prévenir une poursuite immédiate, il eut la précaution de fermer à clef la porte grillée de la tour, et de jeter les clefs dans le lac. Ils trouvèrent Georges Douglas et le serviteur de la reine, Beton, qui les attendaient, ainsi que lord Seyton et James Hamilton d'Orbieston à la tête d'une troupe de fidèles suivants avec lesquels ils s'enfuirent au château de Niddrie, et de là à Hamilton.

Dans la narration de cet événement romanesque, l'histoire et la tradition ont également confondu les deux Douglas, et attribué à Georges l'heureuse exécution de l'évasion hors du château, dont en réalité le mérite appartient au jeune homme nommé William, ou plus fréquemment le petit Douglas, soit à cause de sa jeunesse, soit d'après sa petite stature. Le lecteur remarquera que dans le roman le rôle du petit Douglas a été assigné à Roland Græme. En tout autre cas, il serait fastidieux de désigner dans un ouvrage d'amusement des points aussi minutieux d'exactitude historique; mais l'intérêt général qui s'attache au sort de la reine Marie donne de l'importance à tout ce qui se lie à ses malheurs.

(O) Page 386.

BATAILLE DE LANGSIDE.

Je suis averti de la manière la plus polie par D. Mac Vean, esq., de Glasgow, que j'ai été inexact dans mes localités, en rendant compte de la bataille de Langside. Il me fait observer que le château de Crooksktone se trouve à quatre milles à l'ouest du champ de bataille, et plutôt à l'arrière-garde de l'armée de Murray. La place d'où réellement Marie vit la déroute de sa dernière armée est le château de Cathcart, qui se trouve à un mille et demi à l'est de Langside, et qui était ainsi vers l'arrière-garde de l'armée de la reine. J'ai été égaré en ceci par l'autorité de mon défunt ami James Grahame, l'excellent et aimable auteur du *Sabbat*, dans son drame dont la reine Marie est l'héroïne, ainsi que par une tradition d'après laquelle Marie aurait vu la bataille du château de Crookstone, ce qui semblait tellement accroître l'intérêt de la scène que dans ce cas particulier je n'ai pas voulu faire céder la fiction à la vérité, laquelle est incontestablement en faveur du système de M. Mac Vean.

Il est singulier combien la tradition, qui est parfois un guide sûr vers la vérité, est en d'autres cas portée à nous égarer. Sur le célèbre champ de bataille de Killiecrankie, le voyageur est frappé par la vue d'une de ces colonnes frustes de pierres non dégrossies, qui indiquent les lieux d'anciens conflits. Un ami de l'auteur, bien au fait des circonstances de la bataille, se trouvait près de ce pilier et portait les yeux de là sur le paysage environnant, quand un berger highlandais accourut du haut de la colline pour offrir ses services comme cicerone, et commença par l'informer que Dundee avait été tué près de cette pierre, qui avait été érigée à sa mémoire. — Fi, Donald! repartit mon ami; pouvez-vous faire une telle histoire à un étranger? Je suis bien sûr que vous savez que Dundee fut tué assez loin d'ici, près de la maison de Farcally, et que cette pierre était ici longtemps avant la bataille, en 1688. — Ouais! ouais! fit Donald sans se montrer honteux le moins du monde, Votre Honneur a raison, et je vois que vous savez tout ce qui en est. Il est bien vrai qu'il ne fut pas tué sur la place, et qu'il vécut jusqu'au lendemain matin ; mais tous les gentlemen saxons aiment mieux qu'on leur dise qu'il fut tué à la grande pierre. — C'est sur le même principe d'être agréable à mes lecteurs que je conserve le château de Crookstone au lieu de celui de Cathcart.

Toutefois, si l'auteur a pris quelque liberté en portant le champ de bataille un peu trop à l'est, il a été passablement exact dans les incidents de l'engagement, ainsi qu'il ressort de la comparaison du roman avec le récit suivant d'un ancien écrivain :

« Le régent était dehors à pied, lui et toute sa suite, excepté le laird de Grange, Alexandre Hume de Manderston, et environ deux cents *borderers*. Le laird de Grange avait déjà examiné le terrain, et avec toute la diligence imaginable ordonné à chaque cavalier de prendre en croupe un des fantassins du régent, pour se porter sur leurs derrières, et de courir en toute hâte au haut de la colline de Langside pour y établir les fantassins avec leurs couleuvrines à la tête d'un défilé escarpé, où se trouvaient quelques cottages et des jardins présentant un grand avantage. Le feu continuel de ces soldats tua plusieurs hommes de l'avant-garde conduite par les Hamiltons, qui, pleins de courage et d'ardeur, gravissaient la colline, et qui étaient déjà hors d'haleine quand l'avant-garde du régent en vint aux mains avec eux. Là le digne lord Hume combattit à pied, sa pique à la main, très-vaillamment, soutenu par son beau-frère le laird de Cessford, qui le releva quand il fut renversé à terre par nombre de coups qu'il reçut au visage de pistolets qu'on lui lançait après les avoir déchargés. Il fut aussi blessé par l'atteinte de bâtons, et reçut dans les jambes un grand nombre de coups de lance ; car lui et de Grange, au moment de la rencontre, criaient à leurs hommes de laisser les ennemis baisser leurs lances, puis de relever les leurs ; et ces lances étaient tellement enchevêtrées dans les autres jacks (armures), que quelques-uns des pistolets et des longs bâtons lancés par ceux qui étaient derrière restaient sur les lances ainsi engagées.

« Du côté de la reine le comte d'Argyle commandait la bataille, et le lord d'Arbroath l'avant-garde. Mais le régent confia au laird de Grange, qu'il connaissait pour un capitaine expérimenté, le soin spécial de prévoir tout danger, et de courir d'une aile à l'autre, pour encourager et soutenir les combattants partout où il en serait le plus besoin. Il s'aperçut, dès le premier moment qu'on en fut venu aux mains, que l'aile droite de l'avant-garde du régent reculait et paraissait disposée à fuir ; cette avant-garde était composée pour la plus grande partie de vassaux de la baronnie de Renfrew. Sur quoi il courut à eux, et leur dit que l'ennemi tournait déjà casaque, leur demandant de tenir bon et de soutenir le combat jusqu'à ce qu'il eût amené des troupes fraîches pour le soutenir. Partant alors au grand galop il dit au régent que l'ennemi était ébranlé et en fuite derrière le petit village, et qu'il désirait avoir quelques troupes fraîches pour les y conduire. Il ne manqua pas d'hommes de bonne volonté, tels que lord Lindesay, le laird de Lochleven, sir James Balfour, et tous les serviteurs du régent, qui le suivirent en toute diligence, et renforcèrent cette aile qui commençait à plier. Ces troupes fraîches attaquèrent l'ennemi en flanc et de front, et le forcèrent incontitent de lâcher pied et de tourner casaque, après avoir longtemps soutenu leur attaque et repoussé les autres çà et là avec leurs lances. Il n'y avait pas un grand nombre de cavaliers pour les poursuivre, et le régent leur criait de faire quartier et de ne pas tuer ; de Grange n'était pas cruel, de sorte qu'il y eut peu de tués et de prisonniers. Le seul carnage fut au premier moment de la rencontre.

NOTE P. 413

par la fusillade des soldats que de Grange avait postés à la tête du défilé à l'abri de quelques fossés. »

Il est à remarquer qu'au passage de la petite ville de Renfrew, quelques partisans, adhérents de la maison de Lennox, ayant tenté d'arrêter la reine Marie et ceux qui l'accompagnaient, ceux-ci furent obligés de se frayer un passage de vive force, non sans effusion de sang.

(P) Page 395.

ENTERREMENT DU COEUR DE L'ABBÉ DANS LE CAVEAU DES AVENELS.

Ce n'était pas l'intention originelle de l'auteur de donner par là l'explication de la recherche du cœur mentionnée dans l'Introduction du *Monastère*. Cela devait se rapporter au cœur de Robert Bruce. On sait généralement que ce grand monarque, étant à son lit de mort, légua au bon lord James de Douglas la tâche de porter son cœur à la Terre Sainte, pour remplir jusqu'à un certain point son désir d'accomplir une croisade. Après que Douglas eut été tué en combattant contre les Maures d'Espagne, sorte de *hors-d'œuvre* militaire pour lequel il n'aurait pu alléguer aucun appel régulier du devoir, ses suivants rapportèrent le cœur de Bruce, et le déposèrent dans l'église de l'abbaye de Melrose, le Kennaquhair du roman.

Cette abbaye a toujours été de la part de Bruce l'objet d'une faveur particulière. Nous avons déjà vu son extrême sollicitude pour que chacun des révérends frères reçût chaque jour un plat supplémentaire d'amandes bouillies, de riz au lait, ou d'autre chose analogue, sous le titre de *plat du roi*, et cela sans que le service ordinaire de leur table en souffrît d'ailleurs ni quant à la quantité ni quant à la qualité. Mais ce ne fut pas la seule marque de bénignité du bon roi Robert envers les moines de Melrose ; car par une charte datée du 29 mai 1326, il donna à l'abbé de Melrose la somme de 2,000 livres sterling pour rebâtir l'église de Sainte-Marie, ruinée par les Anglais ; et il n'y a guère à douter que la principale partie des restes qui offrent un si parfait spécimen d'architecture gothique à son époque la plus pure, ne date de cette magnifique dotation. L'argent devait être pris sur les revenus des terres de la couronne, sur ceux des domaines confisqués au profit du roi, et sur d'autres propriétés et possessions royales.

Une lettre très-curieuse écrite à son fils environ trois semaines avant sa mort, m'a été indiquée par mon ami M. Thomas Thompson, sous-archiviste d'Écosse. Elle montre si bien l'affection de son royal auteur pour la communauté de Melrose, qu'elle est tout à fait digne d'être insérée dans un ouvrage lié jusqu'à un certain point à l'histoire d'Écosse.

LITERA DOMINI REGIS ROBERTI AD FILIUM SUUM DAVID.

« Robertus, Dei gratiâ rex Scottorum, David precordialissimo filio suo, ac ceteris successoribus suis, salutem, et sic ejus precepta tenere, ut cum suâ benedictione possint regnare. Fili carissime, dignè censeri videtur filius qui, paternos in bonis mores imitans, piam ejus nititur exequi voluntatem ; nec propriè sibi sumit nomen heredis, qui salubribus predecessoris affectibus non adheret. Cupientes, igitur, ut piam affectionem et sinceram dilectionem quam ergà monasterium de Melros, ubi cor nostrum ex speciali devotione disposuimus tumulandum, et ergà religiosos ibidem Deo servientes, ipsorum vitâ sanctissimâ nos ad hoc excitante. concepimus; Tu ceterique successores mei piâ sinceritate prosequamini, ut, ex vestro dilectionis affectu dictis religiosis nostri causâ post mortem nostram ostenso, ipsi pro nobis ad orandum fervenciùs et forciùs animentur : Vobis precipimus quantùm possumus, instanter supplicamus, et ex toto corde injungimus, Quatinùs assignacionibus quas eisdem viris religiosis et fabrice Ecclesie sue de novo fecimus, ac eciam omnibus aliis donacionibus nostris, ipsos liberè gaudere permittatis, Easdem potiùs si necesse fuerit augmentantes, quàm diminuentes, ipsorum peticiones auribus benevolis admittentes, ac ipsos contrà suos invasores et emulos piâ defensione protegentes. Hanc autem exhortacionem, supplicacionem et preceptum tu, fili ceterique successores nostri, prestanti animo complere curatis, si nostram benedictionem habere velitis, unâ cum benedictione filii summi Regis, qui filios docuit patrum voluntates in bono perficere, asserens in mundum se venisse non ut suam voluntatem faceret, sed paternam. In testimonium autem nostre devotionis ergà locum predictum sic à nobis dilectum et electum concepte, presentem literam religiosis predictis dimittimus, nostris successoribus in posterum ostendendam. Data apud Cardros, undecimo die maii, anno regni nostri vicesimo quarto. »

Si cette charte est parfaitement authentique, et il n'y a pas apparence de supposition, elle suscite un doute singulier dans l'histoire d'Écosse. La lettre annonce que le roi a déjà destiné son cœur à être déposé à Melrose. La résolution de l'envoyer en Palestine sous la charge de Douglas doit avoir été adoptée entre le 11 mai 1329, date de la lettre, et le 7 juin de la même année, époque de la mort de Bruce; ou autrement nous devons supposer que la commission de Douglas n'était pas seulement de porter le cœur de Bruce en Palestine, mais aussi de le rapporter sauf à l'abbaye de Melrose, où il devait être finalement déposé.

Il serait inutile de chercher par quel caprice l'auteur fut conduit à rejeter entièrement de son histoire l'incident du cœur de Bruce; il lui suffit de dire qu'il s'est trouvé incapable de remplir le canevas qu'il avait préparé, et peu disposé à poursuivre la mise en œuvre des ressorts surnaturels que la première ébauche de son plan avait admis.

FIN DES NOTES DE L'ABBÉ.

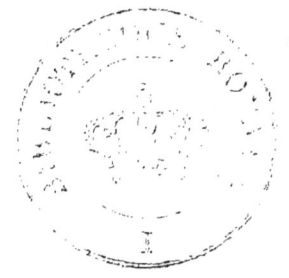

www.ingramcontent.com/pod-product-compliance
Lightning Source LLC
Chambersburg PA
CBHW050914230426
43666CB00010B/2165